晚清重臣

李鸿章

姚传华 著

作家出版社

前言

常言道：乱世出英雄，盛世出庸吏。

李鸿章的一生就是在列强入侵、内乱迭起、腐败无能的大清朝乱世中度过的。

“一万年来谁著史，八千里外觅封侯。”李鸿章正是为了这一人生目标，从一介儒士，到晚清第一重臣，叱咤风云四十多年，在风雨飘摇的清王朝政坛上，竟展他那高超的裱糊匠技艺，用他的“痞子”外交与列强周旋，在晚清历史上留下浓墨重彩的一笔，后人对他的评价也褒贬不一。

碌碌无为之人称作庸人，被颂扬之人称作英雄，弄权欺世之人称作奸雄。誉满天下未必不是虚名，遭天下诽谤的未必不是伟人。

长期以来，史学家总是以平发（太平军）、剿捻（捻党）论李鸿章之功，以数次与列强签订丧权辱国的不平等条约谓之卖国，谓之罪。人们不禁要问，为什么与列强议和签约的人总是李鸿章？这些条约是在什么背景下签署的？李鸿章在其中又是发挥了何等的作用？是忠臣还是奸臣，是维护民族利益还是卖国贼？考察鸦片战争后的中国近代史，你会发现，李鸿章在充当大清国替罪羊的同时，却一直致力于与列强斡旋，尽可能地维护国家和民族的利益。

李鸿章生活在封建帝王时代，深受孔孟儒学熏陶，穷则独善其身，达则兼济天下。正心、修身、齐家、治国、平天下。圣贤君子，驯化臣民，儒学精髓所在。毋庸置疑，李鸿章的确是孔孟之道忠实信徒，但这并不能抹杀李鸿章一代乱世英豪的美名。

清史是这样评价李鸿章：中兴名臣，独主国事数十年，内政外交，常以一身当其冲。国家倚为重轻，名满全球，中外震仰，近世所未有也。

梁启超评价李鸿章：吾敬李鸿章之才，吾惜李鸿章之识，吾悲李鸿章之遇。

康有为评价李鸿章：谤满天下，未必不为伟人。

孙中山评价李鸿章：我中堂佐治以来，无利不兴，无弊不革，艰难险阻，尤所不辞。

毛泽东评价李鸿章：水浅舟大。

伊藤博文评价李鸿章：忠臣、儒臣、兵家、政治家、外交家，集此五种于一身者，华夏三千年以来自孔明之后，唯他一人。

美国总统格兰特评价：李鸿章、俾斯麦、迪斯雷利、甘必大世界四大伟人。

然而，李鸿章在朝廷里却遭到屡屡非议。据史料记载李鸿章从政四十多年中，遭到弹劾就达八百次之多！由此，李鸿章也成为大清王朝遭遇弹劾次数最多的大臣。

中国几千年的历史，可以说就是一部统治者与反抗者，掌权者与篡权者血淋淋的生与死的搏杀史。胜者为王败者为寇，所谓人才，也不过都是些熟谙杀伐的人士。

李鸿章离开我们已经一个多世纪了。一百二十多年来，奸臣、卖国贼、刽子手等恶名妇孺皆知。时至今日，当我们理性地审视中国近代那段腐朽黑暗的历史，审视李鸿章所处的那段乱世，从他的所作所为我们能发现，李鸿章确是一位被错骂了的民族英雄。他有着灿烂而辉煌的人生！

他，从一介儒士，到晚清第一重臣，中国的杰出的外交家，洋务运动的先驱！

他，创立了第一支西式装备的军队淮军，第一支近代海军，从而奠定了中国近代陆军和海军的基础。

他，因为洋务，曾被天下文人唾骂，被世俗功利之人崇拜；因为洋务而名扬天下，以至于西方列强只知道中国有位李鸿章，而不知中国皇帝是谁。

他，创建了第一家兵工厂，促成第一批留学学童出国，开设第一家轮船公司，修建了中国第一条铁路、第一座煤矿、第一座铁矿、第一座水泥厂、第一条电报线路、第一所陆军学堂、第一所水师学堂、第一所西医学堂、第一家纺织厂等，四十多个第一！

历史，之所以为历史，就是不容篡改与磨灭的史实。

李鸿章作为一个颇具争议的近代历史人物，绝非完人。他崇洋媚外，妄自尊大，独断专行，任人唯亲。特别是北洋后期，疏于对水师、陆师管束，导致军中腐败之风盛行，战斗力低下。在出兵朝鲜的问题上，为了保存实力，优柔寡断，决策失误，将中国拖入一场准备不足仓促上阵的战争，甚至还有人说他是个大贪官。但这些都不能抹杀李鸿章中兴名臣，中国近代民族工业之父，近代陆军海军的奠基人，近代改革开放先驱的地位。可以说，李鸿章的一生充满传奇色彩，不同的立场角度看李鸿章有不同的结论，功过是非任由后人评说。

2023 年 8 月

目录

第一章

少年壮志

1823年2月15日（道光三年正月初五），李鸿章出生于庐州府合肥县东乡磨店祠堂郢村。本名章桐，字渐甫，号少荃，家中排行老二，又称李二公子、李二少爷。父亲李文安，道光十八年进士，历任刑部主事，员外郎，督捕司郎中，记名御史。母亲李氏，一位身世离奇，封建社会少有不裹足的乡村妇女，被称大脚女人。大哥李瀚章，以拔贡生投师曾国藩门下，经举荐出任湖南益阳知县。三弟李鹤章、四弟李蕴章、五弟李凤章、六弟李昭庆，还有两个妹妹，兄妹共八人。大妹许配记名提督合肥籍的张绍棠，小妹许配江苏候补知府合肥籍的费日启。李家一门两名进士，三人朝中做官，在当地可谓门庭显赫荣华富贵。

李家原本并不姓李，而姓许（也有说姓赵），祖籍也不在安徽。因祖辈涉及官案，从江西湖口迁至庐州（也有说系山东）改姓李。李家在李鸿章曾祖辈时，也只是普通的庄户人家，靠几十亩田地养家糊口，生活并不富裕。到了李鸿章爷爷辈时，家境渐渐富裕，至1838年（道光十八年）李文安榜中进士，朝廷做官，李家名声开始显赫，家境也逐渐富裕起来。

李鸿章成长的年代，正是世界变革动荡时期。法国大革命风潮刚刚平息，拿破仑遭遇滑铁卢战败被囚禁，西欧各国平息了自相残杀战争，开始对东方虎视眈眈。而此时闭关自守的大清帝国也是多事之秋，北因伊犁分界与俄国争斗，南因鸦片战争与英国纠葛不断。

少年时期的李鸿章，便把自己的前途与理想寄托于科举功名，希望有朝一日能像父亲一样榜中进士，光耀门庭。

李鸿章童年时和别的孩子一样在私塾读书，但很快就表现出特有的聪慧，那时的启蒙老师正是自己的父亲。道光八年，六岁的李鸿章开始在父亲开办的“棣华书屋”读书。当时，李文安尚未考取进士，故而一面以开馆办学收教生徒维持家中生计，一面苦读经书立志功名。

道光十八年，李文安终于如愿以偿。父亲考取进士后，李鸿章被送入庐州城跟随周菊初老先生继续读书。这年的夏天，周菊初领着几个学童前往城外淝河边游泳消暑。到了河边，周菊初灵机一动想借机考考学童。于是，脱下衣衫挂于河岸一棵老柳树的树枝上，吟诗上句：“千年古树作衣架。”让学童接答后句。几个学童无法接诗，李鸿章却很快接上：“百里淝河作泳池。”周菊初听后大为赞赏，以至李鸿章长大后将孙女嫁给他为妻。

1840年（道光二十年），李鸿章考取秀才，那年他才十八岁，已是仪表堂堂，满腹经纶。三年后李鸿章被庐州府选为优贡生，意味着李鸿章取得了可以进京参加殿试的资格。已在刑部做官的李文安，写信给李鸿章鼓励他努力苦读，参加殿试博取功名。

李鸿章为表雄心壮志，写下“一肩行李又吟囊，检点诗书喜欲狂。帆影波痕淮浦月，马蹄草色蓟门霜。故人共赠王祥剑，荆女同持陆贾装。自愧长安居不易，翻教食指累高堂”的诗句。

初入仕途

1844年（道光二十四年），李鸿章第一次入京参加殿试，赴京途中作诗十首，其中“丈夫只手把吴钩，意气高于百尺楼。一万年来谁著史，三千里外欲封侯。定将捷足随途骥，哪有闲情逐水鸥？”成为日后激励许多举子的名诗。然而，此次殿试他却名落孙山。李文安鼓励儿子不要气馁，并领李鸿章拜同科进士，已经担任侍讲学士的曾国藩为师。

三年后，李鸿章再次参加殿试，终于榜中进士，名列二甲第十三名，入翰林院任庶吉士（朝廷中负责起草官文的官员）。

李鸿章二十四岁及第，比父亲李文安考取进士时年龄小了许多，可谓年轻有为，前途无量。道光三十年四月，朝廷“引见丁未科散馆人员”，李鸿章被改授为翰林院编修充武英殿。那时，父子同朝为官，在合肥县东乡一时传为佳话。

李鸿章进入武英殿任编修后，依然拜曾国藩门下研学经世致用之学。同时，在父亲引领下，拜访了吕贤基、王茂荫等皖籍官员，开阔视野汲取为官之道。

武英殿编修虽然文名很高，却是休闲之所，李鸿章在完成编纂清史草拟文稿之余，博览群书，潜心钻研经史。李鸿章不仅喜欢历史，更喜好艺文，他反对雕章琢句而内容空虚的文章，赞赏委曲婉转平易流畅的唐宋散文及安徽桐城派文风，写成《文以载道赋》书册在京城广为流传。就在李鸿章踌躇满志，等待升迁的时候，广西爆发了太平天国运动。

1851 年（咸丰元年）7 月，洪秀全发布团营令，各地拜上帝会万余人云集金田。当地官员获悉后，迅即派清军前来镇压。洪秀全、杨秀清指挥拜上帝党徒于平南思旺和金田附近的彩村江两次大败清军，声势大振。接着，由洪秀全、杨秀清、萧朝贵、冯云山、韦昌辉、石达开组成反抗朝廷的起义领导集团。洪秀全于金田村庄严宣告起义，打起“有福同享，有田同耕”的政治纲领，建立起太平军。接着，洪秀全封五军主将，颁布简明军律。规定全体将士蓄发易服，头裹红巾，从金田开始了轰轰烈烈的太平天国运动。

太平天国运动得到广大劳苦民众的拥护，太平军从广西出发后，沿途民众踊跃参军，势力迅速壮大，很快攻入湘、鄂。次年七月，攻克郴州、围攻湖南省府长沙，年底攻占武汉三镇，随即水陆大军挥师东下，势如破竹，锐不可当。

1853 年 2 月 24 日，太平军攻占安徽省会安庆，安徽巡抚蒋文庆服毒殉国。朝廷委任前漕运总督周天爵署理安徽巡抚。周天爵赴任后不敢南进，只能将宿州作为他的巡抚行辕，组织指挥安徽剿匪。

太平天国起义爆发时，咸丰刚继位一年，面对突如其来的变故，年轻的皇帝一筹莫展，谕旨八旗军、各省绿营军围追堵截，欲将太平军扼杀。岂料，八旗、绿营毫无战斗力，见太平军便闻风丧胆，不战而逃。在这样的情况下，江南一带有钱有势的地主士绅开始创办团练，购买洋枪洋炮，协助清军抗击“粤匪”入侵，很快成为一支新生的军事力量。

咸丰接报后，下达谕旨：江南江北在籍官吏，各尽其能创办团练围堵“发贼”。因太平军官兵都留着长发，故称之为“发贼”。

代拟奏折

这天，李鸿章和往常一样处理完编修差事，骑着他那体格健壮的枣红马前往位于城西的琉璃厂闲逛。琉璃厂为京城做官的汉人官员及各地来京参加科举考试的举人集中居住的地方，因此这里出售古书、古玩及笔墨纸砚文房四宝的店铺较多，加之离他和父亲居住的官邸不远，所以这儿便成了李鸿章闲暇时最喜欢的去处。

“卖报！卖报！请看今天的《宫门抄》，粤匪攻克安徽省府安庆，安徽巡抚蒋文庆自杀殉国！皇上谕旨，江南江北在籍官员各尽其能，举办团练围堵发贼！”随着报童的叫卖声，路人纷纷争相抢购。

李鸿章闻声跳下马，走上前去，一块铜板购买了一份《宫门抄》。走至路边，稍加浏览后，顿然感悟到施展才华出人头地、光耀门庭的机会到了！于是，跨上快马赶往被他称为吕叔叔的吕贤基家。

吕贤基，安徽旌德人，字羲音，号鹤田，比李文安小两岁，道光十五年进士，任工部左侍郎（正三品），具有上朝和直接给皇上呈递奏折的资格。

到了吕宅，仆人接下马匹，缰绳拴到马桩上后，引领李鸿章前往灶房见过吕贤基妻子乔氏。乔氏告诉李鸿章，老爷正与赵大人、袁大人书房下棋。

乔氏说的赵大人、袁大人，李鸿章都认识。赵大人就是赵畇，字芸谱，号岵存，安徽太湖县人，道光二十一年进士，上书房行走。袁大人便是袁甲三，字午桥，河南项城人，道光十五年进士，为军机处兵科给事中。

书房里，赵畇执黑子，袁甲三执白子，一场围棋正对垒中，吕贤基手捧茶壶观战一旁。三人也在谈论江南战事及朝廷鼓励沿江的京城官员返乡领办团练抗击粤匪的事。

进了书房，李鸿章拱手弯腰向三人行礼后道：“三位叔叔也在谈论办团练的事呢？”说着，袖筒中取出那册《宫门抄》向吕贤基嘿嘿一笑道：“晚辈也是为这件事而来的。”

吕贤基放下茶壶接过《宫门抄》稍加浏览后道：“李二公子，跟几位叔叔说说你的想法。”

李鸿章道：“我江淮正遭粤匪蹂躏，安庆、池州、铜陵、和州尽落长毛之手。所谓国家有难匹夫有责，晚辈身为七尺男儿，家乡父老正饱受粤匪蹂躏、捻寇滋扰，家园被毁，财物被劫，民不聊生，我等岂能偷安一隅，京城坐享皇恩？若三位前辈有意返乡创办团练抗击粤匪，少荃愿效犬马之劳！”

赵畇停下手中棋子，以赞许的目光看着李鸿章，道：“李二公子，说得好啊！”

袁甲三赞赏道：“李二公子，好样的！”

吕贤基赞许的目光上下打量一下李鸿章后道：“既然如此，芸谱、午桥，不妨请李二公子就返乡领办团练抗击粤匪之事，帮我等代拟一道奏折，明日早朝呈递皇上如何？”

赵昀表态道："赞成！"

袁甲三表态道："早闻李二公子文笔好，现在就拟！"

李鸿章一笑道："晚辈献丑了！"说完，坐到书桌前，展开文稿，拿起墨笔在吕贤基的指导下挥笔疾书，不一会儿，洋洋洒洒五百言的返乡领办团练的奏折便草拟完毕。

保家卫国

李鸿章策马扬鞭返回家时，父亲李文安已经从刑部散班回到家中，国史馆担任誊录的五弟李凤章也回来了。

李氏父子居住的官邸位于皇城外，离琉璃厂不远的一处独门独院的房宅，虽说不大，但书房、客厅、卧房、灶房、马厩、饭厅一应俱全。

李文安，嘉庆六年（1801）出生，字式和，号玉川，又号玉泉，别号愚荃。道光十八年（1838）与曾国藩同登戊戌保榜进士第112名，殿试三甲，朝考以主事用。道光二十一年（1841）入刑部，主管广西、奉天、山西司员，监理提牢厅兼行秋审处。

李凤章，字桂山，号稚荃，李文安的第五子，少年时跟随父亲京城读书。成年后，李文安通过关系安排至国史馆当了一名誊录。

李凤章告诉李鸿章，大哥从湖南给父亲来信了，父亲正在书房给大哥回信。李鸿章将缰绳交给仆人小斋子（大名刘斗斋）后，便径直走向书房。一进书房，便迫不及待地向父亲报告，吕贤基、赵昀、袁甲三准备响应朝廷号召返乡创办团练围剿"发贼"，答应一旦皇上批准，还领他一起返乡。

听完儿子的话，李文安停下墨笔，将信将疑地看着李鸿章问道："他们会愿意吗？"

李鸿章激动地告诉父亲道："愿意，愿意！三位叔叔都愿意！明天早朝，呈递皇上奏折还是少荃草拟的呢。"

李文安放下墨笔，语调深沉地对李鸿章道："李家深受皇恩，恩同山岳，当下粤匪滋事祸害家乡，吾儿当应知恩图报，保家报国报效万一！"

李鸿章欣喜地道："这么说大是支持少荃的了？"

李文安点点头，推过长子李瀚章给他写的信札，对李鸿章道："这是你大哥湖南写来的信，你先看看。"说完，继续挥笔写信。

李鸿章接过信札，稍加浏览后便激动地道："大哥去给老师的湘军当粮台官啦！四弟也去了湖南帮助大哥做了助理粮台？好！太好了！"

李凤章跑入书房，向父亲嚷嚷道："大，整天抄抄写写誊录太没意思了，稚荃要和二哥一起返回家乡跟着吕大人、赵大人他们一起办团练，打长毛！"

李文安道："现在不行，等你二哥回去后拉起了队伍后再说！"

"哼！大就是偏心！大哥、二哥想干什么大都会同意，稚荃干什么大都说不行。"李凤章噘起嘴，气鼓鼓地跑出了书房。

帮办团练

让吕贤基想不到的是，由李鸿章代为草拟的"返乡领办团练"的奏折，第二天早朝，吕贤基通过执事太监呈递给咸丰后，咸丰看后龙颜大悦，当众夸奖道："好一个替朝廷分忧，好一个共赴国难！尔等瞧瞧，这是工部左侍郎吕贤基、上书房行走赵畇、兵科给事中袁甲三连署给朕的奏折，他们要替朕排忧解难，主动请缨回籍领办团练！这是自南方粤匪、北方捻党兴乱以来，朝中大臣主动向朕请旨回籍领办团练，清剿粤匪的第一本奏折呀！"

当天下午，圣旨便送达吕宅。圣旨写道："着工部左侍郎吕贤基为安徽团练大臣，上书房行走赵畇、兵科给事中袁甲三帮办安徽团练，克日动身前往安徽领办团练抗击粤匪。钦此！"

直到这个时候，吕贤基妻子乔氏、吕贤基的父母、儿子吕锦文才知道此事。乔氏如丧考妣痛哭流涕，父亲也责备儿子一介书生手无缚鸡之力如何领办团练，与穷凶极恶的长毛打仗？正在备考殿试的儿子虽然不敢当面责备父亲，也挂上了脸色。

吕贤基也暗自叫苦，一时冲动，上了李二公子的当。

很快，谕旨又到：安徽团练大臣吕贤基长春宫觐见！

为褒扬吕贤基的壮举，咸丰在长春宫召见了吕贤基。召见时，咸丰告诉吕贤基道："江淮乃通江达海贯穿南北之要冲之地，先前朕已委任周天爵署安徽巡抚皖北创办团练，是以剿灭捻匪，吕爱卿携赵畇、袁甲三此去，务当遏粤匪东犯，阻粤匪于皖江。"

吕贤基信誓旦旦表态道："臣当誓死抗匪以报圣恩！"同时，奏请武英殿编修李鸿章帮办团练，并兵部、吏部派随员若干，得到了咸丰批准。

咸丰召见吕贤基，批准李鸿章帮办团练的消息，李鸿章很快获悉。带着这个喜讯，李鸿章匆匆返回家中向父亲报喜。结果这条喜讯非但没让父亲高兴，反而遭父亲一顿训斥。

原来，就在李鸿章代为草拟的那份返乡创办团练抗击粤匪的奏折获得咸丰批准后，京城里的皖籍官员便传开了，说是李文安想让儿子出人头地，指使儿子怂恿皖籍大臣回乡办团练。李鸿章听了父亲的话一头雾水，那天他前往吕宅，虽有怂恿之意，奏折确实是他草拟的，但无论是吕贤基还是赵畇、袁甲三都是他们自愿的，结果让父亲背上了黑锅。李鸿章心里不服，要领父亲前往吕贤基家说明情由。人言可畏，李文安觉得儿子的话有些道理，便更衣乘坐马车携李鸿章前往吕宅赔礼道歉。

父子俩赶到吕宅前，吕贤基的工部几名部下，王茂荫等几位皖籍官员都来看望吕贤基，众人聚集客厅议论纷纷。

王茂荫，字椿年，号子怀，安徽歙县人，道光十二年进士，户部员外郎。

王茂荫道："玉川教子无方，同为皖人怎么能怂恿儿子做出这等离谱的事呢？"

吕贤基解释道："子怀听鹤田说，这事不怪玉川。那天李二公子带着那份《宫门抄》前来找我，我也是一时冲动糊里糊涂就答应了。而且，那份奏折还是我指导下由李二公子执笔写成的。"

众人听吕贤基这么一说，这才恍然大悟。

李文安领着李鸿章走入吕家客厅，面对众人李文安抱拳道："各位大人，玉川教子无方，祸及吕大人，我把犬子也领来了，让他当面向吕大人赔不是。"

李鸿章瞟一眼父亲辩白道："吕世叔，那份呈递皇上的奏折是在您的指导下，晚辈草拟的。再说，吕世叔请旨皇上恩准，晚辈也要随同吕世叔一起返乡办团练的呀！"

说话间，赵畇、袁甲三走入客厅。

赵畇向众人抱拳道："诸位大人，诸位大人，你们误会李二公子了！那份呈递皇上的奏折，岵存和鹤田、午桥不仅完全同意，还都亲自签了名。皇上谕旨下了，此乃天意，天意呀！玉川仁兄也别责备儿子了。"

袁甲三接过话头道："午桥作证，确实如此！"

王茂荫苦涩一笑向李氏父子抱拳道："对不起玉川兄、李二公子了，子怀不知内情，所谓不知者不为错，请多包涵。"

吕贤基道："国难当前，粤匪作乱，祸及家乡，理应报效朝廷，只是我离开京城后，还望各位兄台多多照顾家人。鹤田略备家宴，一来感谢各位前来探视；二来也算提前举行的饯行酒吧！"

袁甲三亮起嗓门道："饯行酒！饯行酒！"

赵畇乐呵呵地道："岵存今日反客为主，来来来，各位大人请！"

返回家乡

几天后，安徽团练大臣吕贤基率领帮办赵畇、袁甲三、李鸿章及兵部、吏部随员一行，自京城出发了。

李文安对桀骜不驯的儿子还是不放心，特别安排仆人刘斗斋随同一起前往安徽，还亲自送别儿子到西城外再次一番叮嘱。

此时的安徽，南有太平军，北有捻党，两股反抗朝廷力量遥相呼应，周天爵驻守宿州的任务就是阻止两股反清势力联合起来。

初夏时节，广袤的淮北平原麦浪滚滚，一望无垠。吕贤基率领的一行人出京城经直隶过山东进入皖北，前往宿州与周天爵见面。

到了宿州，吕贤基听取了周天爵安徽匪情的情况报告后，即以安徽巡抚、安徽团练大臣的名义下达通令，要求各州（府）县创办团练。李鸿章主动请命返回庐州创办团练，得到了吕贤基、周天爵的批准。

宿州短暂停留后，李鸿章便携带周天爵、吕贤基给庐州知府胡元炜、合肥知县张文斌签署的官文，与三位叔叔及周天爵告别后，带领刘斗斋策马扬鞭向庐州而去。

庐州，今天的合肥，地处安徽中部，江淮之间。素有"江南唇齿，淮右襟喉"之称，自古兵家必争之地。1667年（康熙六年），江南左布政使司改为安徽布政使司，安徽正式建省，省会设在安庆。

李鸿章的家宅所在的合肥县东乡祠堂郢村毗邻集镇，这个小集镇叫磨店。磨店因一家制作石磨、石磙、石臼等石器作坊而得名。此处地处庐州府通往北方的官道，起先只是供官员、驿差及南来北往的商客打尖的地方，后来，因为有生意可做，人们纷纷向这儿聚集，一处热闹的乡村集市便形成了。

李鸿章带领刘斗斋沿着官道策马而来，不远处，一处白墙青瓦古色古香的集市展现在眼前。

刘斗斋勒住缰绳，对李鸿章道："二少爷，我们到家了。"

李鸿章勒住缰绳，环顾街头挨挨挤挤的店铺，感慨道："想当年，本少爷六岁时，便在父亲开办的棣华书屋读书。记得书屋门临方塘，水光照屋，杨柳数株，四季花香，一处学童读书习字绝佳的地方。”

刘斗斋问道：“后来呢？”

李鸿章回答道：“后来，父亲考取举人，书屋停办，本少爷便前往庐州城跟随周老先生读书。”

主仆俩各自骑着马走入青石板铺成的街道，穿行于行人熙熙攘攘的街头。忽然，几个顽皮的孩童围上前来，有认识李鸿章的孩童高声叫道：“祠堂郢李家京城当大官的二少爷回来啦！”而后，带领孩子们把路堵住，嚷嚷“给糖吃”。

刘斗斋见状匆忙跳下马对孩子们道：“伢子们，伢子们啊，这是战马，性子烈，可别乱碰它，当心被踢着，要是踢着哪儿，可不是闹着玩的。”

几名孩童一起嚷嚷道：“给糖吃！给糖吃！”

刘斗斋从行李包中掏出一把麦芽糖分发给孩童们。拿到糖果后，孩子们才欢天喜地地跑开了。

家人团聚

李家老宅为一处三进砖瓦房院落，这样的建筑在当地也是少见的。这处院子里住着李鸿章母亲李老太太，李鸿章妻子周思仪和大女儿镜蓉、小女儿琼芝，三弟李鹤章一家，四弟李蕴章妻子宁氏，五弟李凤章妻子郭氏，六弟李昭庆一家。老大李瀚章携家小在湖南总理湘军粮台，老四李蕴章给大哥当助手。现下，李家老宅只有老三李鹤章、老六李昭庆陪伴母亲。

李鸿章主仆二人还没到家，早有孩童跑来向李老太太报喜了！李老太太便召集媳妇们跟随她出门迎接京城做官的儿子归来。

有关这位具有传奇身世的李老太太不得不多说几句，而要说清老太太的传奇身世，又不得不从李鸿章的祖父李殿华说起。

李殿华年轻的时候也是个读书人，参加过几次乡试，结果都是名落孙山。后来，李殿华便放弃了考取功名的念想，转而培养儿子。李文安是李殿华的第四个儿子，而李老太太却是李殿华从荒郊野外“捡”回来的弃婴。

话说李文安三岁那年的秋天，李殿华做买卖回家，途经一处乱坟岗，忽听婴儿啼哭声。人命关天，李殿华便走去观看，原来是一名被遗弃正出天花的女婴，心怜之下，便将弃婴抱回家中。李殿华懂得点医术，便用草药治好了女婴的天花。天花治疗好后，女婴脸上却留下了少许不起眼的麻点。从此，这个弃婴便成了李家的一员，成了李文安的妹妹，李殿华给她取名李小妹。

李小妹一天天长大，懂事后才知道自己的身世，她要报答养父救命和养育之恩。七岁开始，便开始帮着干家务，干农活。李小妹的勤快，受到李家上下的喜爱，李文安也渐渐喜欢上了这个“捡”回来的小妹妹。

在考取功名的道路上，李文安跟父亲差不多，也是屡考不中。不过，李文安与父亲不同的是性格倔强，具有不达目标誓不罢休的坚强毅力。李文安除了性格倔强外，心地更是善良，当他每天看到李小妹屋里屋外不辞辛劳地劳作，便在暗中默默地许下心愿，一定要娶她为妻。

李文安八岁开始启蒙读书，考过童子试后的第二年，十八岁的李文安征得父亲同意娶李小妹为妻。此后，这位身世传奇的女人，先后给李家生下李瀚章、李鸿章、李鹤章、李蕴章、李凤章、李昭庆六个儿子和两个女儿。

李鸿章牵着马刚到家门口，镜蓉、琼芝便叫着大迎上前来。李鸿章将马缰绳交给刘斗斋后，蹲下身子搂过两个女儿，父女之间一番亲热。

李老太太领着周氏、石氏、宁氏、郭氏、戴恭谨等媳妇孙子孙女来见李鸿章，众人簇拥着李二公子走入庭院，穿过庭院进入客厅叙话。而镜蓉、琼芝等孩子则跟着刘斗斋去马厩要糖果吃去了。

得知李鸿章从京城回来了，李鹤章、李昭庆也赶了回来。

李鹤章，1825 年（道光五年）出生，字季荃，诸生，李家老三。

李昭庆，1835 年（道光十五年）出生，字子明，号幼荃，国学生，李家老小，排行老六。

兄弟相见后，李鸿章向母亲和两位弟弟说出奉旨返乡创办团练打长毛的任务，得到了母亲、李鹤章、李昭庆的支持。母亲还拿出两千元咸丰通宝，外加两千两银子银票，作为儿子招兵买马拉队伍的开销。

李昭庆告诉哥哥，为防范发贼来犯，他和三哥响应官府号召在磨店也拉起了一支团练队伍，人虽不多但都是年轻人，若有需要可以拉出来编入团练。

李鹤章告诉李鸿章，听说长毛要从安庆打来庐州，庐州周边不少地方都拉起了团练。近的，在西乡就有周公山的张树声、张树珊、张树屏兄弟，紫蓬山的周盛波、周盛传兄弟，柿树岗的唐殿魁、唐定奎，大潜山的刘铭传，董大圩的董凤高；远的，夏阁有张遇春，六家畈的吴毓芬、吴毓兰兄弟；庐江的潘鼎新，吴庆香、吴长庆父子创办的团练。这些圩堡山寨的头目他都认识，可以带领哥哥去逐一拜访。

听了两个弟弟的介绍，李鸿章心里已经有了底数。

第二章

拉起队伍

次日一大早，李鸿章便在李鹤章的陪同下前往庐州城，拜访庐州知府胡元炜、合肥知县张文斌，呈交周天爵、吕贤基共同签署的“创办合肥团练”的官文，接着便开始了招兵买马。

李鸿章第一站便选择了大潜山，拜访天不怕地不怕的山大王刘铭传。

大潜山位于合肥县西乡，属于大别山余脉，有二潜山、三潜山、罗大山、莲花山、马头山等山丘环列周边。以上诸山中大潜山为最高的一座，海拔289米，刘铭传的蟠龙寨就建在这座山上。

刘铭传，字省三，号大潜山人，1836年（道光十六年）出生于合肥县西乡大潜山下的蟠龙墩。刘铭传童年时曾得过天花，脸上留有麻点，人称“刘麻子”，又因男孩中排行老小，又叫“幺麻子”。

刘铭传正在他的山寨巡视，族侄刘盛休跑来报告，安徽团练帮办东乡磨店集李家二少爷前来山寨造访。

朝廷官员前来造访，对山寨来说还是第一次，非同小可！刘铭传听完族侄报告赶紧赶往山寨迎接朝廷官员。

在合肥县的东乡磨店，李家父子进士，老子儿子朝中做官，名声家喻户晓。刘铭传虽然一介粗人，不爱学习，没有文化，但他对有文化而且能榜中进士的人十分敬仰。

寨门外，当刘铭传一眼看到李鸿章伟岸的身躯，堂堂的仪表，睿智的眼神，顿然被折服。简单寒暄后，将李鸿章一行引入“忠义堂”里叙话。走入所谓的忠义堂，李鹤章递上一只包裹，对刘铭传道：“给，这是安徽团练帮办李大人给刘大帅的见面礼。”

刘铭传接过包裹，在手里掂了掂后道：“李大人真是客气。”

李鸿章一笑道：“一点小意思，不成敬意，还望刘大帅笑纳。”

刘铭传一笑道：“那，那我就不客气了。”接着吩咐手下道：“摆上椅子，请李大人入座。”

李家兄弟入座后，刘铭传坐到大帅椅子上，族侄刘盛藻拿出烟枪，划着洋火点着烟深深吸了几口，边吸边窥视李鸿章。少顷，递上烟枪，冲着李鸿章道：“李大人吸一口，这土烟虽说味道呛点，可有劲。”

李鹤章连忙阻拦道：“我二哥不会吸烟。”

刘盛藻眼睛一翻道：“李大人嫌烟孬？”

刘盛藻，1828年（道光八年）出生，字子午，秀才出身，在蟠龙寨既是刘铭传的军师，也是会计，还是刘铭传的私塾老师。

李鸿章一笑，接过烟枪道：“我吸。”刚吸一口便咳嗽起来。

李鹤章责备道：“哎，哎哎，我说麻子，我二哥千里迢迢从京城赶回来，是有正事找你，你们叔侄一唱一和这是干什么呢？”

刘铭传漫不经心地道：“正事，什么正事？不急，不急。”对族侄刘盛休道：“子征（刘盛休字），去喊几个弟兄抄起家伙耍几套给李大人看看。”

说话间，十几名手持钢刀、棍棒的乡勇在刘盛休带领下跑入大厅，拉开架势，演练起来……少顷，演练结束，众团勇退下。

李鸿章夸奖道：“真是强将手下无弱兵啊，个个骁勇强悍，开眼界，真是开了眼界。”

刘铭传谦逊道：“李大人过奖。”接着目光转向李鸿章问道：“李大人亲自前来山寨造访，莫非想来招安？”

李鸿章诧异的目光看了看刘铭传道：“大帅果然非同凡响。”

刘铭传道：“长毛建都金陵，捻子推波助澜，八旗老爷兵个个都是酒囊饭袋，绿营兵不堪一击，皇帝老爷金銮殿屁股坐不稳了，就命你们这些汉臣回乡办团练，帮皇帝老爷保江山，是也不是？”

李鸿章越发诧异地看着刘铭传道：“刘大帅也知道这些？”

刘铭传道：“江湖险恶，既然我刘麻子人在江湖，没有眼观六路耳听八方的本事，能守得住我这蟠龙山寨吗？”

李鹤章伸出大拇指夸奖道：“麻子兄弟，有你的。”

刘铭传哈哈一笑道：“要不别人能叫我麻子嘛。麻子啥意思，就是点子多呗。”

李鸿章忍不住一笑道：“既然省三兄弟已经知晓愚兄来意，那兄弟的意思如何呀？”

刘盛藻探询的口吻问道：“李大人觉得我的这支队伍能拉得出去吗？”

李鸿章脱口而出道：“以一当十！”

刘铭传摇摇手道：“刘麻子是个粗人，说话喜欢直来直去，就目前局势，说句心里话，铭传心里也是十五个吊桶打水七上八下，拿不定主意。”

李鸿章问道：“省三以为洪、杨匪逆果能成大器？”

刘铭传连连摇头道：“难。”

李鸿章赞许的目光审视刘铭传道：“愿听其详。”

刘盛藻道：“洪秀全算什么东西，跟老子一样一个乡村穷秀才，自命神仙下凡，蛊惑人心，让那么多受蒙蔽的人去替他卖命，结果一打下江宁城，自己便称王称帝，不是好东西，最终也绝不会一统天下，成不了霸业。”

李鸿章道：“那省三兄弟还有何顾虑？”

刘铭传道：“朝廷无能屈服外寇，动辄割地赔银子，回过头来又苛捐杂税来盘剥百姓。照这样下去，别说长毛、捻子谋反，刘麻子也会反的。”

李鸿章不时赞许点头道：“贤弟果然有独到见识。”

刘铭传道：“天下最苦的是谁？老百姓。老百姓图什么？他们只图一日三餐有饭吃，有衣穿，有房住，不受人欺侮，图的是过个安稳日子，管你这个朝那个朝的，哪个当皇帝。历朝历代，从古至今，老百姓还是老百姓。我刘麻子之所以竖起旗子拉起队伍，就是替穷苦人打抱不平，有老子在，那些欺压百姓的恶财主就不敢耀武扬威。”

李鸿章鼓掌道：“说得好！说得好啊！”

李鹤章道：“难道你年纪轻轻就这样待在大潜山上一辈子做你的山大王？”

刘铭传道：“身为七尺男儿谁不想轰轰烈烈干一番事业，这样才不枉为男人，不枉费一生。”

李鸿章道：“好贤弟，看来你我想到一起了！”

刘盛藻道：“李二公子朝廷命官，与我等绿林合伍不怕有辱斯文？”

李鸿章道：“匪患连连，烽烟四起，民不聊生，国家安危，翰林为何不能成绿林？”

刘铭传试探地问道：“李二公子，跟着你干果能成气候？”

李鸿章道：“常言道：乱世出枭雄。现在正是你我实现人生抱负的极好时机呀！”

刘盛藻猛然站起对手下道：“兄弟们，拿酒来！”

刘盛休捧来一坛子烧酒，倒入碗中。李鸿章、李鹤章、刘铭传、刘盛藻各自端起一碗，一起喝干后，刘铭传不仅表态大潜山蟠龙寨六十多名兄弟接受朝廷招安，同时还表态，带领李鸿章前往紫蓬山面见周盛波、周盛传兄弟，劝说他们加入团练，抗击长毛为朝廷效力。

周氏兄弟

周盛波，1830年（道光十年）出生，字海舲，合肥县西乡人。

周盛传，1833年（道光十三年）出生，字薪如，与周盛波为亲兄弟。

咸丰三年，太平军陷安庆，皖北土匪纷起，周家兄弟便招收乡勇数十人于紫蓬山下建造圩寨保卫家乡。

骑上小毛驴，刘铭传带领李氏兄弟前往紫蓬山。路上，刘铭传向李鸿章吹嘘道：“铭传与紫蓬山的周盛波、周盛传，柿树岗的唐殿魁、唐定奎，还有周公山陆家畈的张树声、张树珊、张树屏三兄弟，我们都是歃血为盟的结拜兄弟，称得上庐州豪杰，方圆百里，只要我等一声号令，应者云集，拉出一支团练队伍简直易如反掌。”

李鹤章告诉哥哥道：“在西乡这些圩堡、山寨的当家人中，省三年纪最小，但他讲义气，威信很高。”

刘铭传补充道：“除了讲义气，就是不怕死敢拼命！”

李鸿章马上抱拳道：“那就全仰仗省三贤弟了。”

刘铭传毛驴上扭过身体，冲着李鸿章一笑道：“只是，一旦兄弟们替朝廷立下战功，到时候，李大人别忘了向皇上保奏让弟兄们个个都能混上个一官半职的，好光耀门庭呢。”

李鸿章承诺道：“只要各位兄弟替朝廷立了战功，李某定会向周大人、吕大人禀报，极力保举。”

说话间，李家兄弟在刘铭传骑着毛驴引领下已经到了紫蓬山下周家兄弟的圩堡门前。李鸿章吩咐弟弟下马前去通报，刘铭传则摇摇手，而后，拍了拍毛驴的脖子，只见小毛驴昂起脑袋“哦噢！哦噢！”叫了几声。不一会，周盛波便领着弟弟周盛传走出圩堡寨门。

刘铭传向周家兄弟介绍了李鸿章身份和来意，接着，告诉周家兄弟他的决定。听完刘铭传的话，周家兄弟像迎接贵客一样将李鸿章一行领入圩堡会客厅，爽快地表态道："紫蓬山周家圩堡四十五名兄弟，接受朝廷招安加入合肥团练。"

张家兄弟

周公山殷家畈张家三兄弟的父亲张荫谷，与李鸿章父亲李文安庐州府学读书时就是好朋友，李鸿章小的时候就已经认识，因此，没有再让刘铭传当向导，而是携三弟鹤章直接前往拜访。

张树声，1824 年（道光四年）出生，字振轩，廪生出身。

张树珊，1825 年（道光五年）出生，字海柯。

张树屏，1826 年（道光六年）出生，字建侯。

张家在当地算是一个大户人家，书香门第。父亲张荫谷与李鸿章的父亲年轻时的经历差不多，虽然都勤奋学习，但科场始终不顺。考中秀才后，三应秋试未能榜中后，便把心思放到操持家业辅导儿子们读书求取功名上。

年初，太平军进入安徽后，他便带领儿子在家乡招募乡勇，于周公山下殷家畈筑堡寨兴办团练，防范太平军侵扰。当时，在西乡张树声的周公山，刘铭传的大潜山，周盛波、周盛传兄弟的紫蓬山圩堡都是出了名的。

老朋友的公子奉旨前来招民团拉起队伍抗击粤匪，向来对朝廷忠心耿耿的张家父子，闻听李鸿章来意后受宠若惊。张荫谷、张树声不仅表态，张家的百名民团全部接受官府招安，同时，还奉上银票千两，用作团练购置刀枪、服装及训练的日常开销。听了张家父子的表态，李鸿章满心欢喜。于是，在张家父子引领下，现场观看了一下这支百人的张家乡勇操演后，对这支训练有素的队伍表示十分满意，并要求张家父子迅速扩充队伍，人马越多越好。

接纳周公山张家父子团练后，李鸿章又请刘铭传出面，带领前往柿树岗面见唐殿魁、唐定奎兄弟。

唐殿魁，1832 年（道光十二年），字荩臣，合肥县西乡人。

唐定奎，1833 年（道光十三年），字俊侯。

有刘铭传引见，现身说法，唐家兄弟爽快表态，柿树岗三十多名团练接受整编加入合肥团练参加剿匪为朝廷效力。

初试锋芒

东拼西凑拉起了一支两百多人的队伍，李鸿章满心欢喜，带上三弟鹤章策马扬鞭赶往凤阳府，向已经从宿州迁移至凤阳府的周天爵、吕贤基报喜。

剿匪的紧要关头李鸿章拉起了一支两百多人的团练队伍，周天爵、吕贤基十分高兴，一番夸奖后，给李鸿章下达了第一道剿匪令，除掉合肥东乡捻党头目夏金书父子，端掉捻党庐州老窝。

李鸿章领命返回庐州后，先是不动声色，装扮成瞎眼算命先生，由刘斗斋引路亲自去了一趟夏村进行一番侦察，摸清夏村村落的位置，特别是夏家父子经常召集捻党分子开会的夏氏祠堂，还有通向村落的几条道路。侦察结束后，返回家中绘制出草图，而后，让李鹤章安排手下分头前往柿树岗、大潜山、紫蓬山、周公山通知各圩堡寨主，次日下午紫蓬山周氏兄弟的圩堡开会。

次日上午，李鸿章与李鹤章、刘斗斋各自骑上一匹马，赶往紫蓬山周氏兄弟的圩堡。午后，张树声、张树珊兄弟，刘铭传、刘盛藻叔侄，唐殿魁、唐定奎兄弟都按时赶到周氏兄弟圩堡。李鸿章首先定下这支团练队伍的名称为“合肥团练”，确定张树声为合肥团练临时管带，李鹤章、刘铭传、唐殿魁、周盛波、张树珊为队官，分别统领各圩堡、山寨的乡勇，接受他的领导受他节制。规定没有战事时各圩堡自行组织农耕或训练，一旦官府命令便迅速集结开赴战场。

合肥团练的组织机构确立后，李鸿章传达了安徽团练大臣吕贤基，署安徽巡抚周天爵下达的清剿抓捕捻党头目夏金书，捣毁东乡夏村捻党据点的指令。接着，拿出秘密探访夏村绘制的草图，提出此次行动的时间，集结地点，各圩堡、山寨抽调的团练人数和分工。

第一次领受朝廷官员下达的战斗任务，各圩堡、山寨的头目们都很激动，个个摩拳擦掌，纷纷向李鸿章表态，活捉捻匪头目夏金书，捣毁东乡夏村捻匪聚集窝点！

这是一个月黑风高的春日夜晚，位于夏村西南角落的一处树林里，按照预先约定，各圩堡、山寨的当家人各自带领的一小队精悍的团勇陆续赶到树林集结。张树声清查完人数后，向李鸿章报告：“人员到齐！”

李鸿章下达了行动任务：刘铭传、周盛波率领乡勇四十人封堵祠堂前门；张树珊、周盛传率领乡勇二十名，封堵祠堂左侧门；唐殿魁、唐定奎、李鹤章率领乡勇二十人封堵祠堂右侧门，其余的乡勇由李鸿章、张树声率领，于祠堂周边相机策应。

就在此时，离树林不远处的夏氏祠堂却是灯火通明，一百多名捻党党徒正聚集祠堂。夏金书向党徒鼓动道："各位父老乡亲们，盟主飞鸽传来好消息，洪天王江宁登基，天国已经成立，而且很快就要派天兵前来庐州。洪天王宣布，天国就是要建立有田同耕、有饭同吃、有衣同穿、有钱同使，无处不均匀，无人不温饱的幸福生活！"

夏金书的父亲带头喊叫道："我们要造反！我们要跟着洪天王造反，推翻清廷过好日子！"

众党徒跟着高喊："我们要造反！我们要跟着洪天王造反过好日子！"

一阵躁动后，夏金书继续鼓动道："当下，我们的首要任务就是要制造声势，迎接天兵的到来。因此，本捻主宣布，明日攻打庐州府！"

众党徒一阵躁动，就在这时，一名祠堂外站岗的党徒忽然冲进祠堂大声喊叫道："不好，不好啦！一帮不知哪里来的民团把祠堂包围了！"

听完这名党徒报告，全祠堂里的人顿时慌作一团，不知所措。

夏金书迅即抄起一把钢刀大声道："不要乱，跟我来，从祠堂正门冲出去！"

夏金书父亲也抄起一把钢刀大声道："一部分人跟我来，从祠堂的左侧门冲出去！"

当夏金书手持钢刀率领数十名惊慌失措的党徒跑至祠堂正门时，冷不防，刘铭传手持钢刀率先冲入祠堂，大声喝道："我等乃安徽帮办团练李大人率领的合肥团练，命尔等全部退回祠堂，反抗者死！"

夏金书闻言，"哇哇"一阵怪叫，举起钢刀砍向刘铭传。刘铭传闪身躲过，接着回身照准夏金书的脖子就是一刀。只听夏金书一声惨叫，倒地毙命。众捻党党徒见状纷纷跪地喊叫"练爷饶命"！

夏金书的父亲手持钢刀带领一帮捻党党徒跑至祠堂左侧门，被张树珊、周盛传率领的乡勇堵住。夏金书父亲挥刀砍向周盛波，周盛波举起钢刀照准夏父胸口猛砍一刀。夏父一声惨叫，倒在血泊中。

部分党徒欲从祠堂右侧门逃跑，被唐殿魁、唐定奎、李鹤章率领的乡勇堵住。众党徒见夏家父子全被杀死，纷纷跪在祠堂院落乞求饶命！

这时，李鸿章在张树声陪同下走入祠堂院落，见一个个跪地求饶的无知党徒，大声道："捻党谋反，祸国殃民，皇上谕旨凡加入捻党者格杀勿论！"

听李鸿章这么一说，党徒们个个吓得哭爹叫娘，乞求饶命。

李鸿章继续道："本官念你们愚昧无知受人蒙蔽，姑且先饶尔等一命，如若日后胆敢再加入捻党，对抗朝廷，夏家父子就是你们的下场。"

众捻党党徒磕头谢恩连连道："不敢了，再也不敢了！"

李鸿章大手一挥道："都回去吧！"

众党徒闻声，一个个争先恐后跌跌撞撞跑出祠堂，唯恐晚了一步，丢了性命。

一场捕杀捻匪匪首任务胜利结束，李鸿章下令，将夏家父子脑袋割下，焚烧捻匪聚集窝点，胜利而归。

驻守运漕

五月初，朝廷任命仓场侍郎，安徽学政李嘉端为安徽巡抚。

李嘉端抵达庐州后，便奏请朝廷批准，将安徽帮办团练李鸿章调出，委派他专办团练，并于庐州城庐州府学内设立团练公所（今合肥四中附近），成为李嘉端领导下的一支独立的剿匪力量。

太平军开始北伐、西征，由林凤祥、李开芳率领的北伐军首先挺进安徽，连克滁州、临淮关，直逼凤阳府。李嘉端命李鸿章率领乡勇驻防太平军运输粮草的水路要道运漕镇。同时，命令巢湖夏阁的团练张遇春参与驻守，归李鸿章节制。

领受任务后，李鸿章率领张树声、刘铭传、周盛波、周盛传、唐殿魁及张遇春等各圩堡山寨乡勇，共计四百多人，带着四门劈山炮，几百斤土制火药，一百多条鸟铳，浩浩荡荡从庐州经巢县来到运漕驻防。他们的任务是扼守运漕，阻断太平军通过运河运送粮草，阻止太平军通过水路进攻庐州。

驻防后，李鸿章率领的乡勇也小胜过几股运送粮草的太平军，没有领教过太平军厉害的李鸿章觉得太平军战力不过如此，便渐渐放松了警惕。正巧，运漕住着一位庐州来运漕做买卖的同乡，叫袁百顺。既然是同乡，加之袁百顺非常敬慕李鸿章，常邀请李鸿章前往家中喝茶聊天，一来二往两人成了好朋友。

这天，太平军头目洪仁达率领运送粮草船队通过运漕，接密探报告，有一支乡勇驻扎运漕，专门干扰破坏太平军的运送粮草船队，领头是一名朝廷官员名叫李鸿章。洪仁达决定，拔掉这颗钉子，活捉清狗李鸿章。

洪仁达选择一个没有月色的夜晚，率领一支精干队伍，乘船悄然沿河而上，袭击运漕。沉睡的乡勇忽听到炮声，吓得不知所措。李鸿章也被炮声惊醒，慌忙披衣下床，一出营帐，只见火光四起，杀声震耳，乡勇们哪里是太平军的对手，被砍杀得抱头鼠窜，丢盔弃甲各自逃命而去，李鸿章成了光杆司令。

有太平军高声叫喊："活捉清狗李鸿章！"

李鸿章一听更是慌了，像没头的苍蝇一般在街头东奔西突，而太平军却在身后紧追不舍。李鸿章心里暗暗叫苦"弄妈的，这回完了！"不觉拐了一个弯跑入一条小巷内。正在危急关头，只见高墙大院的一扇侧门吱呀一声打开，一个人伸手将李鸿章拉了进来，门随手关上。李鸿章定睛一看，原来是同乡袁百顺，心里好一阵高兴。袁百顺迅即将李鸿章领入地下室藏了起来。太平军前来搜查，袁百顺从容地披衣举灯开了门。十几个太平军冲进屋子，房里房外，一番搜查，没有发现李鸿章影子后，便离开了袁家。

李鸿章躲过一劫。第二天，在袁百顺的护送下，骑上一匹快马安全离开了运漕，狼狈不堪返回庐州。

抓捕陆匪

成了光杆司令的李鸿章狼狈不堪逃回庐州，很没面子地去面见李嘉端。李嘉端问明情况后，并没有责备他，相反还给予一番鼓励。接着，交给了李鸿章一项新的任务，前往凤阳向吕贤基、周天爵领命，抓捕正在定远县策划武装暴动的捻党匪首陆遐龄。

为了迎接太平军北伐、西征，陆遐龄联络定远各地党徒准备发起一场武装起义。所谓"捻"，即农村百姓迎神赛会时要搓捻子燃油，将油脂点燃，烧油捻纸用来作法，于节日时聚众表演，为人驱除疾病、灾难以牟利。早期捻子是向乡民募捐香油钱，购买油捻纸。后来，也有恐吓取财、勒索而实与盗贼无异的现象。捻党由此得名。捻党反清活动分散，每一股称为一捻，少则几人、几十人。多者不过二三百人。越是荒年，人数越多。这些党徒"居者为民，出者为捻"，多是一些生路艰难的农众。吕贤基要李鸿章捕杀的夏金书，就是一个活动于合肥县东乡的捻党小头目。

这次，李鸿章吸取了运漕的教训，不求兵众，但求兵精。他让张树声、刘铭传、李鹤章各挑选二十名武功好的乡勇，梁元驿站集合后开赴定远。

到了定远县境，李鸿章安排三名乡勇头目分头打探匪首陆遐龄下落，自己赶往凤阳府向吕贤基领命。

两天后，刘铭传派族侄刘盛休赶来凤阳向李鸿章报告，陆遐龄等捻党头目正聚集定远荒沛桥。李鸿章接报后，一面安排刘盛休通知张树声、李鹤章率部赶往荒沛桥会同刘铭传围堵捻匪，一面向吕贤基报告，而后迅速赶往荒沛桥组织抓捕匪首陆遐龄。

三支乡勇队伍在村落外的一片树林秘密集结后，李鸿章将六十人的乡勇分成三路，分从东、西、南三个方向同时展开围捕行动。

当三路抓捕乡勇队伍刚进入村落，忽然传来一阵急促的铜锣声。接着，便见陆遐龄等七八名捻党头目在数十名妇女儿童的保护下，向村西南方向逃窜而去。接着，又传来一阵铜锣声，数十名头扎红色头巾，手持钢叉、木棒的村民拥上前来，挡在乡勇队伍前。

刘铭传见状，拔出钢刀，向李鸿章请示道：“李大人，怎么办？”

李鸿章大手一挥道：“撤！”

抓捕行动失败，李鸿章只能携带三支乡勇队伍赶往凤阳，向吕贤基、周天爵复命。周天爵给李鸿章支招：“陆匪是个大孝子，对父亲百般孝顺，据眼线报告，老东西现在正在炉桥镇一户亲戚家躲避，只要抓住老东西，不愁抓捕不到匪首陆遐龄。”

李鸿章将抓捕陆遐龄父亲的任务交给了李鹤章。很快，在周天爵安排的向导带领下，轻松抓捕到了陆遐龄父亲。陆父被押回凤阳，李鸿章与张树声、刘铭传、李鹤章一番谋划后，诱捕陆遐龄计划开始实施。

诱捕成功

父亲炉桥被周天爵派人抓捕押解凤阳府吊在鼓楼旗杆上的消息，陆遐龄很快获悉。作为一名孝子，对年迈父亲遭此劫难心急如焚，不顾伙伴们的反对，执意冒险进城解救父亲。

父亲被吊旗杆的第三天夜晚，陆遐龄带领几名手下，攀爬城墙进入城里，前往府衙门前广场解救父亲。

有团练惊叫：“陆匪！陆匪来救父啦！”

随着团练的叫喊声，三名蒙面黑影蹿入旗杆下，迅即抽出钢刀，与几名值守团勇打斗起来。

陆遐龄武功当地小有名气，十八岁那年凭借一套少林红拳考中凤阳府的武生员（武秀才），也是凭着自己一身好武功，吸引了众多年轻党羽。

陆遐龄一声大叫：“爹，儿子来救你啦！”正欲爬上旗杆，解开吊索放下父亲时，一张大网从天而降，将陆遐龄套在网中，任凭武功高强也无法逃脱。

“堂主！”另外两名蒙面黑衣人，挥刀欲来解救。忽而，几十只火把，从广场四周迅速汇集而来……

李鸿章大声道：“把旗杆包围起来！”

随着李鸿章的命令下达，张树声、刘铭传、李鹤章率领数十名乡勇将旗杆团团围住。

套在网中难以逃脱的陆遐龄大声喊叫道：“我们中计啦！别管我啦，快走！”

“堂主保重！”两名蒙面黑衣人迅即丢下两颗烟幕弹，借助烟雾掩护，逃之夭夭，而陆遐龄只能束手就擒。

张树声走上前去，冲着陆遐龄道：“陆匪，还想跑吗？”

陆遐龄网中向旗杆上瞟一眼道：“一人做事一人当，陆某所犯朝廷之事，与家父毫无关系！”

刘铭传一声令下：“把旗杆上的网兜放下来！”

随着刘铭传的喊叫声，网兜缓缓落到地上，刘盛休慢慢从网兜里爬了出来，边爬嘴里还边嘟囔着：“憋死我了！”

陆遐龄见状气急败坏地骂道：“你们，你们欺骗老子！”

刘铭传走上前来，风趣道：“那是为了保护你老子，一把年纪的人了，经得住吊那么久吗？”

匪首陆遐龄诱捕成功，吕贤基、周天爵欣喜异常，向朝廷奏报喜讯，定远捻党匪首陆遐龄被抓捕，皖北捻党匪患暂时清除。几天后，陆遐龄父子被绑赴刑场斩首示众。

第三章

浪战高手

太平军地官正丞相李开芳率部进入皖北后，派出一支几百人的小股部队前来庐州筹备粮饷。李嘉端接报后，紧急召集按察使张印塘、布政使刘裕珍、知府胡元炜、合肥知县张文斌、团练帮办李鸿章、参将马良勋、同知邹汉勋、副将松安、都司戴文澜等官员商议御敌之策。

仅仅几百人的太平军，就把这些腐败官员吓破了胆，有的提出官府从庐州城撤出，有的提出奏报朝廷派兵，还有的提出调所有团练入城，与城防兵一起守卫庐州。官员、将领们各执己见，莫衷一是。最后，还是李鸿章提出用城防与虚张声势吓阻太平军并举的办法。这一办法得到了李嘉端、张印塘的赞同。

会议结束后，李嘉端下令，李鸿章率领合肥团练，于店埠、麻布桥一线虚张声势，吓阻前来庐州抢夺粮饷的小股粤匪。领受任务后，李鸿章向李嘉端提出：需要战鼓百只，鸟铳百杆，营帐百顶，龙旗数十面，兵服数百套，锅灶若干。

李嘉端下令胡元炜、张文斌紧急筹备，最大可能满足李鸿章的要求。

离开李嘉端临时办公场所后，李鸿章返回团练公所，吩咐刘斗斋快马赶往紫蓬山、大潜山、周公山、柿树岗、磨店通知乡勇头目，前来公所召开紧急会议。

傍晚时分，张树声、张树珊、唐殿魁、唐定奎、周盛波、周盛传、刘铭传、李鹤章等各路乡勇头目都赶来团练公所。李鸿章首先通报太平军由滁州进入皖北的军情，传达李嘉端的指示，接着部署他的“虚张声势”吓阻试图前来庐州抢夺粮饷的小股粤匪的办法。

各乡勇头目领受任务后，迅即返回，按照李鸿章部署的战术，一番准备后，次日一早，各圩堡、山寨乡勇便向预定阻吓地点，店埠、麻布桥集结。

各圩堡、山寨乡勇抵达预定地点后，李嘉端、张印塘、胡元炜、张文斌押着一队装载着战鼓、龙旗、军服、帐篷、鸟铳、火药、锅灶的马车，在李鸿章的引领下赶至阻击点。

李鸿章下令分发战鼓、旗帜、军服、帐篷、鸟铳、锅灶……

各圩堡、山寨的乡勇们穿上清军军服，戴上军帽，一个个神气活现。接着，三五一组，搭起帐篷，插上三角“龙旗”，架起锅灶，一派绿营正规军的架势。

换上清军士兵服装后，李鸿章命令李鹤章、唐殿魁各自率领数十人的队伍，扛着鸟铳，整齐列队在店埠至麻布桥之间来回走动。

李嘉端携张印塘、马良勋、邹汉勋等官员前线巡视后，对李鸿章摆下的“虚张声势”阵势非常满意，当即许诺，若吓阻战术成功保住庐州城免遭粤匪袭扰，定会奏报朝廷为其请功。

这一招果然奏效，那支已经从凤阳行进至定远的太平军，没敢贸然向庐州方向行进，而是派出密探前往打探。

这天，几名团练扭着一名装扮成乞丐的太平军奸细来营帐面见李鸿章，奸细交代，李开芳下令一支五百人的太平军准备袭击庐州府抢夺粮饷。可当他们行进至定远时，探哨报告店埠、麻布桥一线有大批清军、民团设防，所以，不敢轻举妄动。李鸿章让奸细回去后报告他的头目，朝廷为了守卫庐州府，从六安、寿春调来大批部队，连同合肥城防军及团练数千人等待粤匪前来进犯！

李鸿章这招“虚张声势”战术发挥了作用，这支原本南下庐州抢夺粮饷的太平军掉头向西而去。

险情解除后，李嘉端上奏朝廷，连同抓捕捻匪头目陆遐龄累积战功，请求给予李鸿章奖赏。不久朝廷下旨，给予李鸿章“六品顶戴并蓝翎”的奖励。

焚烧粮船

南窜小股太平军刚被吓走，一股西征太平军携带船队进入巢湖沿岸的柘皋、夏阁、东关、长临河等地征收军粮，装满军粮的船队停泊在柘皋河巢湖河口。

李嘉端接到密探报告后，命李鸿章率领合肥团练偷袭粤匪粮船。李鸿章接到命令后，吩咐刘斗斋快马赶往周公山、紫蓬山通知张树声、刘铭传，及李鹤章前来团练公所商议。

三名团勇头目赶到后，李鸿章传达了李嘉端焚烧太平军粮船指示，张树声、刘铭传、李鹤章听后激动得摩拳擦掌，表示再好好干一场。

为摸清敌情，次日，四人装扮成商人模样，骑上快马赶往太平军运粮船队停泊的柘皋河巢湖河口，进行实地察看。当四人牵着马匹登上龟山向湖边看去，但见黄底红边的天国旗帜高高飘扬，桅杆林立，几十只满载粮食的商船停泊在柘皋河入湖口。

李鸿章询问道："你们看，湖岸、河汊、河边码头都有长毛值守，如何下手？"

张树声道："等到夜深人静时，派几个水性好的乡勇泅水上船，点燃粮袋不就可以了？"

刘铭传摇摇头道："没那么轻松的事！"

李鸿章问道："省三，以你之见该怎么办？"

刘铭传道："其实，铭传想出的这个法子也算不上什么高招，都是小时候玩过的小把戏。你们看，前几天刚下过一场秋雨，入湖的河水流速快流量大，这正是可利用的有利条件。如果我们准备数十只装上洋油的小木盆，各个木盆中都点上用蛋壳制成漂浮在油上的小灯，当这些木盆顺水而下，碰撞到长毛运粮的大木船后就会倾覆，继而点燃木盆中的洋油。如此，众多木盆一起被点燃，便很快会在水面上形成一场大火，大火就会烧着木船，木船上的粮食也会被点燃。如此，不冒任何风险，便可完成巡抚大人下达的焚烧粤匪粮船的任务。"

李鸿章激动地一拍大腿道："妙！"

李鹤章激动地向刘铭传跷起大拇指道："实在是妙！"

张树声激动道："麻子兄弟就是点子多！"

返回庐州城后，李鸿章便带领张树声、刘铭传、李鹤章赶往安徽巡抚临时办公地点。到了李嘉端的签押房，李鸿章汇报了焚烧太平军运粮船队的计划及大致偷袭方案。李嘉端听后马上吩咐手下找来小木盆、洋油、鸡蛋、灯芯，在院子里一座小池塘做实验。不一会，手下将木盆、洋油、灯芯等物品都备齐了，李嘉端亲自将倒入洋油的小木盆放入水中，将鸡蛋壳做成的小油灯点燃，小心翼翼放入木盆中。而后，吩咐手下搬起几块砖石丢入水中，小木盆在浪花的推动下摇晃起来，漂浮在小木盆洋油上的蛋壳跟着倾覆，灯芯很快点燃盆中洋油。

只见，“轰”的一声燃起了火苗来。

李嘉端激动地鼓掌道：“妙招！妙招！这主意谁想出来的？”

李鸿章指了指刘铭传道：“他，大潜山蟠龙寨寨主，刘铭传！”

李嘉端跷起大拇指夸奖道：“刘寨主好主意！好主意啊！”

刘铭传道：“谢大人夸奖，为确保此次偷袭成功，草民还有一个辅助方案。”

李嘉端迫不及待地道：“快快说来！”

刘铭传不紧不慢地道：“据我们登上龟山窥视，守卫运粮船队的长毛人很多，为了确保火烧粤匪粮船成功，建议再挑选七八名水性好的乡勇，口含芦柴携带洋油瓦罐潜伏水中，一旦木盆燃起，迅速从水下钻出，爬上粤匪粮船，将油罐中的洋油洒在船上的粮袋上，如此，上下结合，定能大获成功！”

听完刘铭传的话，张树声惊得嘴都合不拢了，跷着大拇指连连道：“佩服！佩服！”

李鸿章接着道：“接下来，就得请李大人为我们准备至少百只以上小木盆，洋油二十桶！”

李嘉端表态道：“李帮办请放心，本抚马上做出安排。”

离开安徽巡抚临时办公地后，李鸿章做了安排，由李鹤章准备马车运送木盆、洋油等物品，明日傍晚前赶到龟山西北树林；张树声、刘铭传返回山寨、圩堡后，各挑选水性好的乡勇五名，并精干乡勇三十名，明日傍晚前赶至集结地点。同时，安排刘斗斋前往紫蓬山、柿树岗通知周氏兄弟、唐氏兄弟，各携带乡勇三十名，明日傍晚抵达集结地点待命。

次日傍晚，李鸿章携刘斗斋、李鹤章、李昭庆押送的装载着木盆、洋油及其他物品的马车车队首先赶到龟山西北的一片树林。不一会，张树声、张树珊、刘铭传、刘盛藻率领的乡勇陆续赶到。

夜深人静后，李鸿章携张树声、张树珊、李鹤章、刘铭传、刘盛藻登上龟山山顶，再次察看停泊河口的太平军运粮船队后，下达了行动命令：十名潜水乡勇首先行动。接着，张树声、张树珊、李鹤章、刘铭传、刘盛藻率领众乡勇，携带木盆、洋油、洋火等物品，前往柘皋河上游三百米处，分头往木盆里倒入洋油，放入蛋壳，放上灯芯，做好放流准备。

李鸿章一声令下：“点灯，分批放流！”

上百只点燃油灯的木盆，星火点点，第一批，第二批，第三批……木盆顺着河流冲向河口。

一名站岗的太平军忽然发现，河道上星星点点鬼火一般的黑东西快速漂流而下，深更半夜忽然见到这般奇异景象，吓得惊叫道："鬼火！鬼火！"

听到惊叫声，停泊在河口湖湾里粮船的船舱灯全都亮了起来，数十名太平军提着钢刀纷纷跑出船舱，嚷嚷道："什么情况？""鬼在哪儿？"

就在此时，第一批小木盆撞击到木船船帮上，木盆里点亮油灯的蛋壳受到撞击后发生倾斜，灯芯快速点燃木盆中的洋油，一只，两只，三只……一只接着一只燃烧起来。此时，潜入水里的乡勇，纷纷携带油罐浮出水面，爬上粮船，挥洒洋油。顿时，木盆、粮船、水面都燃起了大火，熊熊大火连成一片。看守粮船的太平军、船主纷纷跳入水中逃命，因为洋油的火焰十分凶猛，这些人大多被烧死，或被油烟闷死。

站立河口岸边高处的李鸿章，看着眼前的大火，得意地道："古有吴军火烧曹船，今有李鸿章河口火烧长毛粮船！"

就在火烧太平军粮船战斗结束，准备撤退的时候，一队太平军举着火把喊杀声中杀来，正得意中的李鸿章及几位团练头目顿时紧张起来。

原来，这是一队驻守裕溪河湖口专门募集粮饷的太平军西征部队，获悉运粮船队遭乡勇偷袭，遂追杀而来。

刘盛藻首先叫喊道："大潜山的弟兄们，长毛大队人马来报复啦，快跑啊！"说完，带领大潜山乡勇跑去。

刘铭传见状向李鸿章抱拳道："对不起了，麻子也该走了。"跟着手下跑去。

张树珊见大潜山的乡勇带头跑了，向哥哥道："哥，大潜山的弟兄都跑了，我们也跑吧！"一把拉过张树声道："哥，快跑吧！晚了就来不及了！"说着拉着张树声便跑。

李鸿章一声叹息道："真是一帮乌合之众！"

李昭庆跑上前来，对李鸿章道："二哥，都跑了，我们也跑吧！"

李鹤章跑上前来，对李鸿章道："二哥，快跑啊！"拉着李鸿章的手便跑。

刘斗斋牵着四匹马跑上前来道："二少爷，三少爷，六少爷！快上马，跟着小斋子。"

李氏三兄弟各自跨上马，在刘斗斋的引领下，沿着湖边一条小道，策马扬鞭奔逃而去。

天亮后，李氏兄弟一行才返回庐州。进了城，李鸿章让三弟、六弟先去团练公所，自己去面见李嘉端复命。

见到巡抚大人，李鸿章报喜也报忧，喜的是柘皋河口焚毁粤匪粮船二十余只；忧的是，驻守裕溪河湖口粤匪前来报复，团练一盘散沙望风而逃，毫无组织纪律，毫无战斗力。

李嘉端安慰道："李大人一介书生，能做到这一步已经很不容易了。"

李鸿章反思道："大人说的也是，这些天里他们跟着下官定远、凤阳抓捕捻党匪首，吓阻粤匪，焚烧粮船，可朝廷给了他们什么呢？能给他们什么呢？"

李嘉端哀叹道："战火四起，府库空虚，哪来还能拿出银子？即便如此，大敌当前还望李大人想尽一切办法，安抚各山寨寨主，齐心协力抵御粤匪！"

李鸿章表态道："大人放心，下官定会尽力而为之！"

回到团练公所，兄弟三人相对而坐，缄默无语。良久，李鹤章劝说李鸿章道："二哥，你还是回京城另谋高就去吧，打长毛这个冒险的差事不适合你。"

李鸿章道："回京城，你想让我就这样狼狈不堪去面见父亲，去向皇上复命？"

李鹤章道："可现在身无纹银，兵无一卒，二哥成了光杆司令了！"

李鸿章道："丈夫只手把吴钩，意气高于百尺楼，仗可以打败，斗志不可无。"

刘斗斋捧着几笼热气腾腾的小笼包子走来："二少爷、三少爷吃点东西吧，刚出笼的热包子。"

李鹤章道："你们吃吧，没胃口。"

李鸿章道："大丈夫能屈能伸，受到这么点挫折就连饭都不吃啦，没出息。"说着，挽起肮脏的袖子道："车到山前自有路，穷通有命无须卜，吃。"揭开笼盖，抓起一只包子，狼吞虎咽吃起包子来，边吃边对弟弟道："快吃点，吃完你们俩先回去，免得妈不放心，二哥要在公所好好待几天，想想这几个月来的功过得失。"

阻击粤匪

1853 年（咸丰三年）9 月 25 日，洪秀全命翼王石达开坐镇安庆，主持西征战事。10 月 25 日，石达开命春官正丞相胡以晃、殿左九指挥曾天养，安庆宣誓北上，拉开进军皖北序幕。

11 月，原任漕运总督周天爵卒于亳州，朝廷谕旨袁甲三为安徽提督统率安徽各军，与吕贤基赴庐州力保皖中重镇庐州不失，赵畇则返回家乡太湖创办团练。

吕贤基、袁甲三策马扬鞭率领随从赶来庐州，李嘉端率张印塘、胡元炜、李鸿章等官员出拱辰门迎接。

安徽巡抚衙门临时办公场所会客厅里，吕贤基向李嘉端、张印塘、胡元炜、李鸿章等宣读了朝廷“力保庐州不失”的谕旨。

听完朝廷谕旨，李嘉端焦急地道：“吕大人啊，安徽兵力空虚，庐州城守军不足百人，如何抵御数万发贼？”

吕贤基道：“本大臣已经奏请朝廷，请求火速增兵庐州。”

李嘉端道：“只怕等到援军赶到，庐州已经失陷。”

吕贤基苦涩一笑道：“时局已至此，我等都尽力而为吧！面见几位大人后，鹤田也将尽快赶往舒城，调集六安守军及桐城、舒城乡勇，阻击北犯粤匪。”

张印塘道：“印塘也将奉旨赶往集贤关协同绿营军阻止粤匪北犯！”

李鸿章道：“少荃尽力说服各圩堡乡勇，投入保卫庐州城的战斗！”

散会后，李鸿章护送吕贤基及其随从南熏门出城门离开庐州城。临别前，吕贤基拉住李鸿章的手语调深沉地道：“国运不济，生灵涂炭，大敌当前，你我或许是最后一面。贤侄有胆有识，智勇双全，日后必成为大清栋梁之材！保重！”说完，跨上战马，策马扬鞭而去。

看着吕贤基悲壮离去的情形，想到一时冲动怂恿吕贤基请旨皇上返回家乡领办团练，预感结局，阵阵悔意油然而生。

西征太平军势如破竹，胡以晃、曾天养部攻下安庆城北要地集贤关后，占领桐越，重镇舒城陷入太平军重重包围中。

舒城陷落

李鸿章获悉舒城陷入太平军围困后，心急如焚。他首先想到的是，一定要在长毛包围舒城城池之前解救出吕贤基，否则，心中的愧疚一辈子都磨灭不去。然而，想从长毛眼皮底下救走朝廷一位大臣并非易事，他需要山大王们的帮忙，尤其是像刘铭传这样的智多星。

骑上战马，带上刘斗斋快马加鞭，由团练公所出发西门出城，一路向西，第一站便是大潜山。岂料，刘盛休告诉李鸿章，真是不凑巧，叔叔去寿春看朋友去了，不在山寨。其实，刘麻子就在山寨，只是不想再跟着李鸿章冒险而已。

吃了闭门羹，李鸿章便马不停蹄赶往紫蓬山周家兄弟圩堡。到了圩寨，李鸿章让看门乡勇禀告寨主，合肥团练李总统前来拜访。不一会，看门的乡勇告诉李鸿章，大当家、二当家都不在圩堡，不知去哪儿了。再次吃了闭门羹，李鸿章带领刘斗斋策马赶往柿树岗，结果也是吃了闭门羹。李鸿章心里明白，这些山大王，对要啥没啥的官府、对他这位团练帮办已经毫无兴趣，加之山大王们都知道，长毛个个凶狠残暴，大队人马兵临舒城，庐州城危在旦夕，这个时候找上门来，分明是来召集队伍为朝廷卖命的。

接连碰壁后，李鸿章把最后希望放到了周公山。快马赶到周公山面见张家兄弟，希望得到帮助。张树珊则直接表态，无能为力！张树声则稍婉转一些，他告诉李鸿章，昨天，他刚派密探赶往舒城打探，舒城城外长毛云集，所搭建的营帐一眼望不到尽头，这个时候区区几百乡勇前往舒城救人，等于送死。

乘兴而来，扫兴而去。返回的路上，李鸿章觉得这些圩堡、山寨当家人拒绝他的请求似乎也有他们的道理。在组织架构上，人家就是保卫家乡的乡勇，跟官府没有任何关系。再说了，李鸿章能给他们什么呢？要钱没钱，要官他说了不算，自己也就是一个刚刚享受六品顶戴花翎的芝麻官。但是，解救吕贤基的念头却始终绷在心头。打虎亲兄弟，上阵父子兵，李鸿章只能指望三弟李鹤章、六弟李昭庆了。

从西乡直接返回磨店祠堂郢。回到家中，见过母亲后，李鸿章将李鹤章、李昭庆叫到书房，向他们讲述当下严峻的军情，及赶往舒城解救吕大人的想法。亲兄弟就是亲兄弟，李鹤章二话没说，当即向李鸿章表态，可以从东乡拼凑百十人，随二哥赶往舒城解救吕大人。

向来天不怕地不怕的李昭庆，跃跃欲试要跟随两个哥哥一起赶往舒城。虎口救人风险太大，李家老宅不能没有一个男人，而且，老六也是母亲最喜欢的老汉儿。在李鸿章、李鹤章再三劝说下李昭庆才被说服。为了不让母亲和女人们担惊受怕，三兄弟约定，对母亲和各自的老婆严格保密！

东拼西凑，一支百十人乡勇队伍拉出来了。于是，在李鸿章的率领下星夜兼程赶往舒城。可是，当他们抵达舒城时，小小舒城已经被曾天养率领的太平军团团围住。李鸿章几次试图混入城里被太平军阻拦后，只能望着困守城池中的吕贤基，含泪而去。

舒城在强大太平军轮番攻击下，坚持了数十天后，11 月陷落，吕贤基投水殉国。

保卫庐州

太平军再克舒城，安徽团练大臣吕贤基投水殉国！咸丰接报下旨将李嘉端、袁甲三革职，庐州知府胡元炜免职留用戴罪立功。谕旨湖北按察使江忠源为安徽巡抚并兼安徽提督，命他星夜兼程赶往庐州救急。

通往庐州府的乡野大道上，马蹄声声，尘土飞扬，几面“楚”军战旗迎风飘扬，江忠源身骑战马率领三千多楚勇从南昌出发浩浩荡荡行进而来。

江忠源，1812年（嘉庆十七年）出生，湖南新宁人，字常孺，号岷樵，举人出身。江忠源率领的这支“楚勇”队伍，可是有着辉煌的战绩的队伍。太平天国起义后，江忠源组建楚勇开赴广西参战，并在蓑衣渡之战中击毙冯云山。此后，江忠源转战湖南、湖北、江西。长沙保卫战中，击毙西王萧朝贵；南昌保卫战也是战功显赫，官至按察使。

与此同时，寿春镇总兵玉山率兵勇两千人抵达庐州城外；集贤关败北的张印塘率领兵勇千人，抵达庐州南门外；福建署建宁镇总兵音德布率五千人从六安出发赶往庐州。

就在各路人马陆续抵达庐州，一场庐州保卫战即将打响之际，有一个人却充当了不光彩的角色。这个人就是被革职戴罪立功的庐州知府胡元炜。

这天，胡元炜正在签押房处理公务，一名随从引领一位自称胡元炜湖南新宁老乡求见。既然家乡人来拜访，胡元炜没加思考便吩咐手下将来人引入签押房。

胡元炜上下打量一下来人，试探地问道：“这位乡人是……”

来人诡异地一笑道：“胡大人贵人多忘事，连我都不记得啦？”走上前去，先是书案上放上六只金元宝，而后递上一只信封对胡元炜道：“请胡大人先看看这封信，就知晓我是谁了。”

胡元炜瞟一眼六只金灿灿的金元宝，将信将疑的目光瞟来人一眼，接过信札，当他看到信封上赫然醒目的“天国东王府”五个红色大字时，手中信件差点跌落地上。毕竟是官场上混过多年的人，他很快恢复了镇静，挥挥手让手下离开，然后，小声问道：“你是何人？”

来人奸诈一笑道：“东王府尚书侯谦芳。”

侯谦芳，广西人，籍贯不详，随太平军从广西一直到天京（南京），封天朝总宣诏书，封恩赏丞相，调杨秀清的东王府，任东殿吏部二尚书。

江忠源是太平军的老对手老冤家，这也是杨秀清不惜重金要击败他的目的。

胡元炜向门外瞟一眼，压低嗓门呵斥道："你，你好大胆子！不怕我杀你这个奸细！"

侯谦芳要挟道："我天国十万大军已分从桐城、舒城兵发庐州，克取庐州易如反掌。东王念你一介书生，生不逢时，空有满腹经纶，却无以救民报国。故而令属下前来劝说胡大人归顺天朝，以避庐州百姓生灵涂炭，战火之灾，殃及家人！"

胡元炜惊恐的眼神看着侯谦芳语无伦次地道："侯，侯大人的意思是……"

侯谦芳见胡元炜已经就范，哄骗道："东王让属下转告胡大人，大清统治中国天数已尽，天国将会一统天下，若胡大人配合我天国大军攻克庐州，进而收复皖北各州府，胡大人便是日后安徽巡抚！"

"让胡某担任安徽巡抚！"胡元炜睁大眼睛看着侯谦芳，结结巴巴道，"这，这，可能吗？"

侯谦芳进一步笼络道："胡大人明智人士，何去何从，请自行决断！过几天，侯某还会再来！告辞！"

老师信札

增援庐州的清军陆续赶到，江忠源作为安徽军政一把手，第一次召集各路人马头目部署保卫庐州城的战备会议。

江忠源首先介绍了舒城陷落后当下安徽面临的军情，宣读了朝廷确保庐州不失的谕旨，接着鼓励大家道："庐州乃江淮门户，朝廷为保庐州不失，除了已经抵达庐州的各路大军外，陕甘提督舒兴阿所部五千，云南总兵德布音所部三千，江南提督和春率一千三百人马，还有本抚胞弟江忠浚也率部从湖南星夜兼程赶赴庐州。"

会议结束后，江忠源留下安徽布政使刘裕珍，询问道："刘大人，安徽团练帮办李鸿章现在何处？"

刘裕珍回答道："舒城陷落后，团练大臣吕贤基投水殉国，李帮办情绪消沉，应该在磨店集老家赋闲。"

江忠源吩咐道："立即派人把李帮办请来！"

舒城陷落，吕贤基投水殉国对李鸿章的打击太大。一是基于愧疚，是他一手将家乡的这位叔长辈送上了不归路；二是自责，自责在强大的粤匪面前，自己这般无能，无能到一帮圩寨的山大王都无法调动。这条硬汉病倒了，在祖宅躺了好几天，请来郎中，在母亲和妻子的精心调理下才渐渐好转。但是，却丧失了当年进京赶考时“丈夫只手把吴钩，意气高于百丈楼”，大丈夫应当在沙场建功立业，意气风发高于百尺之楼的英勇无畏气魄。

然而，就在李鸿章遇到人生第一次意气消沉之时，老师曾国藩让江忠源给他捎来的信札，似乎又给了李鸿章报效朝廷沙场建功的勇气。

曾国藩在李鸿章心目中是一位十分敬重的老师，虽然父亲与曾国藩都是道光十八年的进士，但在年龄上父亲却比曾国藩大了十岁。学识与年龄不能画等号，父亲虽然比曾国藩大十岁，但父亲在学识上和官职升迁上远远不如。李文安入刑部为官后，便把李鸿章接来京城，以“年家子”的身份，让儿子拜曾国藩为师。

“同年”之谊在当年官场上可不是一般的关系，“同年”是他们情感的纽带，也是官场利益共同体。李鸿章在考取功名前跟着曾国藩学习四书五经；考取功名后又跟着曾国藩学习义理经世之学，帮助巨大，受益匪浅。

李鸿章还记得，第一次在父亲引领下拜见曾国藩是在京城碾子胡同（今地安门内大街东侧）。曾国藩的三角鼠目，刀刻一般少有笑容的脸庞，单薄矮小的个头曾让李鸿章看不起。但随着阅读曾国藩的文章，听他讲述四书五经，义理和经世之学，李鸿章不得不打内心深处生出对曾国藩的佩服与敬仰！而李鸿章高大的躯体，端庄的五官，落落大方的言谈，文雅的举止，流畅的文笔，也给曾国藩留下很好印象。料定，此生日后可堪大用！

安徽巡抚行营，李鸿章见到了新任安徽巡抚江忠源，一番寒暄后，江忠源转交了曾国藩的信札。李鸿章接过信札，小心翼翼打开。曾国藩信札中写道：“岷樵到庐，求贤孔殷，足下及鹤翁、午翁如有所知，幸尽告之。庐州乃皖中要冲，万不可被粤匪所踞，悉少荃乡办团练小有成就，俟望岷樵到庐后，鼎力相助，拱卫庐州。”

第四章

投票择主

各路援军云集庐州城外，一场大战即将打响之际，一次由张树声召集的各圩堡、山寨头目特别会议在紫蓬山下的周家兄弟圩堡召开。

原来这些山大王都不是糊涂蛋，面对来势汹涌的太平军，先是张树声派人去舒城打探后，又推荐刘铭传、周盛波前往舒城打探，而后，张树声又前往庐州城打探，才决定召开这次特别会议。

刘铭传介绍了舒城街头看到的许多舒城、桐城等地的青壮男丁，争相报名参加太平军的热闹场面，周盛波介绍了一些财主向太平军捐款捐物的情况。

两人介绍完舒城打探来的情况后，张树声介绍道："安徽巡抚李嘉端、安徽提督袁甲三因抗击粤匪不力被朝廷免职，新任安徽巡抚江忠源率领楚勇三千已经抵达庐州城。集贤关撤退的张印塘，福建署建宁镇总兵音德布率五千人，寿春总兵玉山所部也抵达庐州。除此之外，陕甘提督舒兴阿所部五千人，云南总兵德布音所部三千，正星夜兼程赶赴庐州。"

张树珊道："看来，庐州要有一场大战了！"

唐殿魁道："振轩兄，说吧，召集弟兄们前来意欲何为？"

张树声道："简单地说，就是该把弟兄们的圩堡、山寨的宝押在李鸿章身上，还是押在太平军身上。"

周盛传道："这年头，有奶便是娘，跟着朝廷干要啥没啥，太平军那么受老百姓欢迎，弟兄们就跟着他们干。如果打下庐州城，说不定弟兄们还都能封个什么官当。"

张树珊道："长毛算什么东西，还不跟弟兄们一样，草莽流寇。"

周胜波道："要是长毛得了天下呢？"

唐殿魁："你们少读圣贤书，自古以来都是武打江山文做官，别看长毛现在闹得欢，嚣张一时，绝成不了大气候。"

刘铭传道："要麻子说呀，除了振轩兄台说过的两条路，还有一条就是谁也不跟，你我弟兄们仍然守着各自的圩堡、山寨做山大王。"

张树珊道："男子汉大丈夫，一辈子守在家门口有何出息？"

张树声："好好好，大家都别争了。"从地上提起三口坛子，对众头目道："弟兄们看好了，我面前放了三口坛子，上面分别写着朝廷、太平、山寨。待会，各圩寨大当家、二当家每人掏出一只铜板攥于掌中，依次走过桌前，每个人的手都要塞入三口坛中，最后看看哪一口坛子里的铜板多，我们就选择走哪条路，大家以为如何？"

周盛传称赞道："好主意！"

唐殿魁表态道："赞同！"

张树声道："既然大家都赞同这种做法，那就请各位投铜板吧。我打头炮。"说着将拖在胸前的辫子甩到身后，掏出一块铜板攥在手中，依次将手伸入三只坛子中后走开。

刘铭传站起道："麻子第二个。"

各圩寨的大当家、二当家纷纷站起，依次走过桌前将攥着铜板的手伸入三口坛子中……少顷，各庄主回到座位。

张树声道："既然各圩堡、山寨当家人都投过铜板了，那我就开宝了。"

刘铭传道："开吧！"

唐定奎催促道："张庄主快开，大家都等待结果呢。"

张树声首先抓起写有"圩堡"的坛子，坛口朝下，却没掉下一块铜板；接着抓起写有"太平"的坛子，坛口朝下，同样没有掉下一个铜板。张树声环顾众头目，一笑道："还要再开下去吗？"

众圩寨头目连连摇头道："不用啦！"

张树声道："跟着朝廷干，其实就是跟着李鸿章干。"

刘铭传道："跟着李鸿章干！"

周盛波道："盛波早就看出来了，李鸿章有大将风范，遇事不惊，智谋过人，日后必成大器！"

周盛波表态道："那弟兄们就铁定了心跟着李鸿章干！"

张树声道："大家安静，安静。只是树声要说的是，既然大家心都想到一块去了，那以后就不能再像在东关那样，毫无军纪，想走就走，想溜就溜了。”

刘铭传一甩后脑勺的辫子，嘿嘿一笑，挠挠头道：“下次不会了。”

张树声道：“大敌当前，我等都是歃血为盟的好兄弟，在我西乡团练最关键一次命运抉择之时，有必要重温一下盟约。”

众圩寨头目站起，齐声道：“有福同享，有难同当，情同手足，生死不离，如有异心，天诛地灭！”

重归门下

这天，李鸿章带领李鹤章、李昭庆于团练公所门前拉起“招募乡勇，保卫家乡”的横幅，摆上长桌为重新创建团练招兵买马。

李昭庆向路人喊叫道：“报名了啊，报名参加团练啦，有衣穿，有饭吃，每月还有军饷！哎，快来报名啦！”

李鹤章大声道：“巡抚江大人有令，凡参加团练者月饷白银一两六钱，打仗有功者论功行赏！”

即便兄弟俩喊破嗓门，前来报名者也是寥寥无几。

刘斗斋捧着一包烤烧饼赶来，向李氏三兄弟道：“二少爷，三少爷，六少爷，刚出炉的刘鸿盛萝卜丝鲜肉烧饼，快趁热吃吧！”

李鸿章接过纸包，嗅了嗅道：“好久没吃到过刘鸿盛萝卜丝鲜肉烧饼了！”拿起一块烧饼便啃起来。

李鹤章、李昭庆也凑上前来，拿起烧饼啃食起来。就在这时，几匹高头大马在李氏兄弟面前停下。李鸿章还没反应过来，就见张树声、刘铭传、周盛波、唐殿魁相继跳下战马，四人走至李鸿章面前齐刷刷地一起抱拳道：“我等前来向主帅报到，西乡各圩堡乡勇重归李帅门下！”

刘铭传道：“我等山野草民，重利忘义，还请李大人海涵！”

唐殿魁道：“李大人海涵！”

张树声道：“我们已经商量好了，决意跟着李大人，报效朝廷。歃血盟誓，有福同享，有难同当，情同手足，生死不离，如有异心，天诛地灭！”

李鸿章看着眼前的四位头目，放下尚未啃完的烧饼，分别握住四人的手，激动得泪流满面，连连道：“好兄弟！好兄弟们啊！”

见此情形，李鹤章、李昭庆、刘斗斋都激动得鼓起掌来！

简单叙话后，李鸿章吩咐李鹤章、李昭庆继续街头招募乡勇，自己则带领四位圩堡当家人去面见江忠源。

楚军军营里，山大王们见到了江巡抚，李鸿章激动地向江忠源报告重新归队的西乡圩堡乡勇喜讯，向江忠源逐一介绍了四位圩堡的当家人，及各自手下所拥有的乡勇数量。江忠源听完李鸿章介绍，对四位圩堡大当家深明大义，危难之时挺身而出抗击粤匪，保家卫国大为赞赏！允诺此次保卫庐州城战斗中，根据表现论功行赏！四位山大王听了巡抚大人的训话，个个心潮澎湃，摩拳擦掌，誓言英勇杀敌，报效朝廷。

会见结束后，江忠源领着四位山大王前往楚军军营参观了一番，向他们介绍了楚勇队伍战桂林，保长沙，毙命粤匪南王冯云山、西王萧朝贵的辉煌战绩，期待与庐州团勇一起，抗击粤匪守卫庐州城再立新功！

坚壁清野

江忠源下令遣散城墙之外五里以内百姓，朝廷及地方官员家小尽数离家避难；各乡组织乡勇自保，百姓藏匿家中所有食粮家禽家畜，实施坚壁清野。

长毛穷凶极恶，从广西、湖南、湖北、江西、安徽、江苏一路杀来，凡在朝廷当官的人家，无论官职高低，家小妻儿一律斩尽杀绝。

磨店距庐州城不足三十里，李家父子进士，李鸿章合肥创办团练，李瀚章总理湘军粮饷，湘军为太平军的死对头，太平军各级头目早已将李家列入“黑名册”必予以除之。

李鸿章跟随江忠源忙于庐州城内防务，没有时间顾及家中之事，便吩咐李昭庆带领刘斗斋返回祠堂郢，禀告老太太离家避难。

李老太太召集各房媳妇商议后做出安排，媳妇各回娘家，因李鸿章妻子周氏娘家在庐州城，不能携带女儿返回，便跟随李老太太前往六安山里避难。

老太太指令下达后，各房媳妇纷纷返回各自房间，将穿的用的盖的垫的捆绑打包忙碌起来。李昭庆雇来六辆马车，如同搬家一样，将李家女人们、孩子们，能搬走的值钱的东西全部带走。安排妥帖后，李昭庆叮嘱刘斗斋，从岗子集、寿州前往六安。

忙碌了好几天，分头送走一家老小后，李昭庆赶往庐州城向二哥、三哥复命。李鸿章、李鹤章对老六的安排非常满意。这样，李氏兄弟便可丢下包袱全身心投入保卫庐州城的战斗中去了。

庐江的潘鼎新、吴长庆前来庐州，找到团练公所向李鸿章请战，愿意率领各自乡勇参加保卫庐州城战斗。李鸿章非常高兴，欢迎他们前来参加守卫城池战斗，并将二人引见给张树声、刘铭传、李鹤章、唐殿魁等乡勇头目认识。

潘鼎新，1828 年（道光八年）出生，字琴轩，安徽省庐江县广寒乡人。道光二十九年中举，次年春闱会试至国史馆承修臣传，后在家乡办团练。

吴长庆，1829 年（道光九年）出生，字家善，安徽庐江岱鳌山人。

果然，李鸿章一家走后没几天，一小股太平军便赶来磨店祠堂郢，但李家早已人去屋空。没有抓捕到李鸿章家人，倒是把李家老宅十几石稻米，几十床被褥，几坛烧酒，几篓香油，几十斤盐巴等生活用品搜罗一空。

侦察敌情

为了摸清城外太平军的布防情况，江忠源找来李鸿章，交代安排乡勇前往粤匪营地实地侦察，摸清底细。李鸿章把这一任务交给了刘铭传。

就在刘铭传带领刘盛休深入太平军各营地秘密侦察的时候，李鸿章也没闲着，装扮成拿手的算命先生，在李昭庆陪同下到太平军营地进行实地侦察。

李昭庆问哥哥道："打探长毛布防的任务不是交给刘麻子了吗，二哥为何还要亲自出马？"

李鸿章道："刘铭传虽然精明，可他毕竟还是粗人，地头熟，鬼点子多，打探些粤匪简单的驻防情况当然没有问题，可粤匪的军制他不懂，不懂粤匪的军制，就很难知道庐州城外东西南北都驻防了什么样的军队，都有谁担任指挥。"

李昭庆道："可这太冒险啦，一旦让长毛发现破绽，可是要掉脑袋的。"

李鸿章道："所谓不入虎穴焉得虎子，即使有风险也得要做！"

其实，李鸿章对刘铭传并不完全了解，他并不是一个只会点小聪明的粗人。为了完成侦察任务，不光自己亲自下山，还把会剃头手艺的族侄刘盛休也派上了用场。因为太平军的军纪禁止留辫子，以此区别清国的男人，所以都留长发，因而就有了长毛军、发贼的诨号。男人们都留着长发，但头发、胡须长长后需要剃，这就让刘盛休有了机会。一连几天，刘盛休挑着剃头挑子，打着为天军免费剪发刮胡子的旗号，毫无顾忌地行走在城外太平军各营地。

这天，刘盛休根据刘铭传的安排来到胡以晃的帅营侦察。刘盛休挑着剃头挑子刚进入太平军营地，就被两名卫兵拦住，明晃晃的钢刀架在刘盛休的脖子上，逼迫交代是否清狗派来的密探。所谓强将手下无弱兵，刘盛休虽然还不到十五岁，十岁时便开始跟随刘铭传闯荡江湖，小小年纪也算是“老江湖”了。面对卫兵的威胁，刘盛休毫无惧色坦然应对。就在双方吵吵嚷嚷的时候，胡以晃走出营帐。

胡以晃，广西南平人，太平军著名军事统帅，天国官员中唯一的武秀才。

胡以晃走上前来询问道：“吵吵嚷嚷的，干什么呢？”

一名卫兵报告，抓住一名清狗派来的密探。刘盛休却大喊冤枉，向胡以晃辩解道：“这位圣军长官，庐州百姓得知圣军来了穷苦百姓就要过上好日子了，都高兴得不得了，有钱出钱，有力出力。虽说草民只是个小剃头匠，也想来为圣军做点服务，可你的部下非要说草民是清狗派来的侦探，真是冤死草民了！”

听刘盛休这么一说，胡以晃挥手让卫兵放下钢刀，看了看剃头挑子，笑嘻嘻地询问道：“小师傅真的是来为圣军服务的？”

刘盛休道：“可不就是！百姓都在说你们太平军好啊！太平军来了，是男人都是兄弟，是女人都是姐妹，人人平等，有饭同吃，有衣同穿，老百姓都盼望过上这样的好日子呢！这不，来送点小手艺。”

胡以晃听完刘盛休的话，拍了拍他的肩膀，夸奖道：“说得好，小兄弟说得好。来，把本帅的胡须修一修！”

“好嘞！”刘盛休激动地从剃头挑子上，取下板凳，忙碌起来。

几天后，李鸿章携刘铭传带着侦察到的太平军布防情报，绘制的地图，前来向江忠源报告。庐州东五里处驻扎的是粤匪殿前右十检点，检点张朝爵，营帐大小八十座，将士约一师，又一卒女兵，总兵约三千七百员；城西南三里处驻扎的是殿左二十七检点，指挥曾天浩，殿前左七检点，指挥许宗扬，扎营大小两百座，将士约两师，另壮勇一旅，总兵力约三千五百员；城南胡以晃、曾天养各率领将士约三千员驻扎，大小营帐三百五十座。城北四里处驻扎的是殿左二十一检点，指挥不详，另有一旅番号待侦，扎大小营帐一百余座，总兵力约两千五百员；城东南三里处，驻扎的是殿左二十三检点，指挥梁立泰，将士约两师，又壮勇一旅，女兵两卒，总兵约四千员，计有大小营帐三百座。

看完李鸿章亲自绘制的太平军城外各营地分布及兵力部署，侦察结果与先前粤匪吹嘘的十万圣军相差了十倍。而正在星夜兼程赶往庐州城的按察使张印塘所部，寿春总兵玉山所部，总兵音德布所部，江南提督和春所部，江忠浚所率楚勇，加上城内守军及乡勇，数量上大大超过胡以晃、曾天养所率领的太平军。

有了这样翔实的敌情侦察，江忠源心里有了底数，长长地舒了口气。调整一下守卫城池的兵力部署后，就等着各路援军抵达庐州与粤匪展开大决战了！

不堪一击

面对各路清军前来增援庐州，曾天养、胡以晃决定采用“内困城敌，外拒援敌”的作战策略。

胡以晃调集殿前右十检点及本人所统的兵员，八千人马，携带火炮二十门，对扎营岗子集的弱旅寿春总兵玉山所部发起偷袭。

这天夜里，胡以晃将八千人马分成三路，悄然包围了玉山的营地。一阵猛烈的炮击后，清军营地火光四起，抱头鼠窜的清军乱成一团，胡以晃下令杀入营地。

此次突袭大获成功，玉山被当场砍杀割下脑袋，士兵千人被砍杀，其余的丢盔弃甲逃命而去。

总兵音德布率部由六安方向来援，刚进至大西门一带，遭遇太平军攻击。音德布挥军杀来，太平军又诈败退走，吸引清军追赶。清军果然上当。此战，斩杀清军数人，音德布军不敢再战，一气退到六十里外的官亭不敢靠近庐州。

两战皆胜，大大激励了太平军士气。接着，胡以晃与曾天养一起，各率精锐分从两路包抄驻扎在大蜀山脚下陕甘总督舒兴阿的马队。

此时的八旗军已是弱旅，见太平军冲杀过来，未战先败，四下逃散，溃不成军！舒兴阿望兵兴叹，任由败兵逃窜，这一逃就是二十里，直到太平军不再追击才停下。舒兴阿是陕甘总督（从一品），在各路援军统帅中级别最高，他带头撤退，其余各军跟风后退。如此，万余清军在城外当“观客”，坐视太平军攻城。

胡以晃、曾天养发现清狗如此一盘散沙不堪一击，可以放心大胆攻击庐州城池了。胡以晃是攻坚战高手，自然有对付江忠源的法子。

12 月初，太平军修筑工事配置火力，架设火炮轰击城墙，六千余士兵拿着云梯，从德胜门、水西门、大东门、小东门、南熏门同时发起进攻，与清兵及楚勇、乡勇展开厮杀。

此次战斗中，担任西城门守卫任务的各路团练在李鸿章指挥下，顽强战斗，多次击退太平军进攻。

城外援兵来了不少，却都成了看客，江忠源心急如焚，却又毫无办法，只能组织城内守军及团勇坚守待援。

1854 年 1 月 10 日，江忠源之弟江忠浚带湘勇一千五百余人赶至庐州城西。12 日，江南提督和春也率千余人赶至庐州东郊驻守。和春与江忠源素有交往，友情甚笃，但自己的部队力量过于薄弱，无法与粤匪单独作战。于是，请求官品最高的舒兴阿发兵救援，以此带动其他充当“看客”的各路援军一起投入战斗，解庐州之围。遗憾的是，舒兴阿只是口头应允却迟迟按兵不动。

眼看着哥哥被困在城里，江忠浚更是焦急，骑上战马，围着庐州城外向各位援军头目求援，甚至下跪乞求，依然没有得到各位头目的响应。

江忠浚只能率领自己的部下，冲破太平军的阻拦，试图杀入城内解救哥哥，然而，几次冲杀都告失败，江忠浚彻底绝望了。

庐州陷落

太平军攻城受阻的时候，胡元炜深夜安排手下出城给曾天养、胡以晃送去庐州城郭及沟涵图，为太平军挖地道炸开城墙提供帮助。

胡元炜湖南新宁人，与江忠源是同县老乡，对于这个老乡，江忠源信任有加，虽然是已经被免职留任官员，江忠源还是把镇守城西的重任交给了他。

有了胡元炜提供的城郭图及沟涵图，胡以晃改变了攻城方案，安排数名精壮士兵日夜不停于水西门外挖掘地道通达城墙下。地道挖好后，胡以晃下令士兵往地道里放上炸药，等待一声令下点燃引信炸开城墙。

1 月 9 日，太平军声东击西，大张旗鼓攻击东边的德胜门，暗中却在西边引爆炸药。轰然一声巨响，水西门月城城垛被轰塌十余丈，太平军乘机杀入城中。危急关头，江忠源率领援军赶到，一场拼杀将太平军堵了回去，并迅速修复被炸塌的城墙。

一场厮杀虽然再次挡住了太平军的进攻，但庐州城却面临“军饷告竭，诸物不备，援兵虽集，见死不救”的困境。负责驻守南城门的乡勇因没有吃的，更缺少御寒的衣物被褥，成批成批逃离。对此，李鸿章也是无能为力。

太平军稍作休整，14 日深夜，再次炸开城墙，而后组织敢死队，顺城墙缺口一拥而上。与此同时，突破口以外的太平军，也利用守城乡勇缒城逃跑的绳子奋勇登城。

守城乡勇得知大批长毛攻入城里纷纷弃城逃离。不一会，南熏门城楼上就剩下李氏三兄弟了。李鸿章似乎还在犹豫，被两个弟弟连拉带拽带下城楼，打开城门，跑过护城河桥，很快消失在夜幕中。

拂晓时分，胡以晃、曾天养率大队人马冲入城内，江忠源等大小官员败退到城西北的金斗圩一带。胡以晃率百余骑紧追不舍，斩杀安徽布政使刘裕珍、参将马良勋、同知邹汉勋、副将松安、都司戴文澜、合肥知县张文斌等。

江忠源抱病指挥巷战，身负重伤，投水殉国。江忠源投河自尽之后，胡元炜开始做城内清军将士的思想工作，让他们放下武器，跟着他向太平军投降。

驻守城外的江忠浚获悉庐州城失陷，哥哥投水自杀，尸骸还漂浮在鱼塘中无人敢去收殓时，痛哭流涕，决议冒死也要带哥哥回家！遂在城外一家棺材铺购买一只上等棺材，组织两百人的敢死队，打着“楚勇”战旗，从西城门杀入城中。几名把守城门的太平军士兵上前阻拦，被江忠浚挥刀砍杀，其他的几名士兵，见状吓得连忙躲开。

正带领手下在城里搜寻残余的清军士兵、乡勇的胡以晃接到守卫城门士兵报告，一队打着“楚勇”战旗，还抬着一只黑漆棺材的敢死队冲破城门，正向金斗圩而去。

听完士兵的报告，胡以晃似乎明白了什么，当即吩咐手下通知下去，不许阻拦，任其自由进城出城。对于这位湘勇猛将，从广西到湖南，再从湖南到安徽，多有交手，总体战局败多胜少。但胡以晃敬佩这样一位铮铮铁骨的湖南汉子！

却说江忠浚带领的敢死队在一位好心人的引领下，没有受到任何阻拦，赶到了金斗圩，在一鱼塘边找到了身穿官袍漂浮在鱼塘里的哥哥。一声“哥哥呀！你死得好惨啊！”便晕倒在塘埂上。

当江忠浚苏醒过来后，才知道哥哥的遗骸已经从水中捞起，收殓入棺。江忠浚走至棺材旁，看了看面带伤痕的哥哥，含泪道:“哥哥，弟弟带你回家！”

一阵号子声响过，八名楚勇抬起棺材离开水塘边！江忠浚扶着哥哥的灵柩一路前行，当护棺的队伍走过街头时，只见街头两边一队队太平军士兵整齐列队街头，目光护送灵柩队伍眼前走过！

江忠源的灵柩出西城门时，忽然城楼上“砰砰砰”响起了六次炮声。见此情形，等候在城门外接应灵柩的楚勇迅即冲上前来。就在此时，胡以晃身披战袍走上前来，抱拳向江忠浚道:“忠浚贤弟无须紧张，这是本帅特意安排为岷樵仁兄灵柩送行的礼炮！”

江忠浚好奇的目光上下打量一眼胡以晃，问道：“你是谁？”

胡以晃一笑道：“你哥的老对手，天国春官正丞相胡以晃是也！”说完，转身向灵柩举起钢刀致礼道：“岷樵仁兄天堂路上一路走好！”

咸丰震怒

庐州失陷，安徽巡抚江忠源投水自尽，布政使刘裕珍、参将马良勋、同知邹汉勋、副将松安、都司戴文澜、合肥知县张文斌等一干官员全部遭粤匪杀害。消息传到京城，咸丰大怒，对众大臣道：“朕为了守卫皖中要冲庐州，不惜千里调遣重兵前去增援，舒兴阿、音德布、和春、张印塘、德布音，这些贪生怕死之徒，屡屡错失聚歼粤匪良机，致使庐州失陷，还断送了朕之爱卿江忠源。着安徽按察使张印塘，陕甘提督舒兴阿，云南总兵德布音，江南提督和春，福建建宁镇总兵音德布，一应革职，拿京问罪。”

还是人称“鬼子六”的恭亲王奕䜣头脑清楚，大清国已经是条千疮百孔的破船，今日的八旗军再不是入关时的八旗军，已经毫无战斗力。维护大清王朝最后的军政大臣，若统统都被革职问罪，还有谁能为摇摇欲坠的大清王朝效力？于是，向咸丰建议舒兴阿、音德布、德布音、和春等将官暂留军中戴罪立功，令和春统领安徽各军，待收复庐州后再行议处。肃顺、穆荫、载垣等大臣对奕䜣的建议都表示支持，咸丰见大臣们都支持奕䜣的建议，下旨：各路溃军统归和春节制，待收复庐州后，再行议处。谕旨：漕运总督福济接任安徽巡抚，尽快收复庐州，挽回皖北战局。

户部右侍郎王茂荫请奏道：“启禀皇上，庐州乃我江淮要冲，江宁门户，现庐州已被粤匪所据，乃我朝心头之患。臣同乡刑部郎中记名御史李文安，老成练达，为守兼优，籍隶合肥，情形甚为熟悉，乡里素有推重。该处团练整齐，若令回籍督办团练，呼应必灵。臣保奏刑部督捕司郎中李文安回乡与其子李鸿章共办团练，辅助福济、和春，庐州城指日可复。”

咸丰爽快地答应道：“准奏！只要能早日收复庐州，别说再派一位团练大臣，就是再派十个百个，朕也准。”

李文安刚从刑部大牢提讯人犯返回家中，圣旨送达：着刑部督捕司郎中李文安为安徽军务参赞，回乡与其子李鸿章办理团练，辅佐安徽巡抚福济、江南提督和春克取庐州。钦此！

看着父亲从太监手中捧过圣旨，李凤章询问父亲道：“大，这是怎么回事啊？”

李文安摇摇头对儿子道：“圣旨已下，赶紧收拾行装，跟大回庐州吧。”

次日一早，李文安便携带几包行李，赶上马车带领儿子出发了。

马车出了城，在刺骨寒风中悠悠晃晃一路走来，当行走到一高坡时，李文安吩咐儿子停下马车。坐在马车上的李文安，透过车窗，看着冬日下空无人烟一片凄凉的郊野，感慨万端。

李凤章问道：“大在想什么？”

李文安问儿子道：“还记得这地方吗？”

李凤章应道：“记得，大和凤儿就是在这儿送别二哥和吕大人回乡办团练的。”

李文安感慨道：“今日大要步你二哥的后尘，回乡办团练。”

李凤章愤愤道：“哼，稚荃知道，都是那个南蛮子王茂荫背后捣的鬼。”

李文安责备道：“不许胡说，大此次回乡和你二哥一起领办团练，协助新任安徽巡抚福大人、江南提督和大人收复庐州，是皇上的谕旨。”

李凤章道：“福大人不是当年二哥殿试的考官吗？”

李文安道：“正是。”

李凤章道：“那太好了，福大人既是大的老知己，又是二哥的恩师，大家齐心协力，一定能打败长毛收复庐州。”

李文安感慨道：“谈何容易呀！何时平胡虏，良人罢远征啊。”

父子团练

福济继任安徽巡抚，父亲奉旨返回家乡办团练的消息传到庐州，李鸿章既喜又忧，喜的是，当年殿试主考老师前来安徽担任巡抚，自己有了更好的用武之地；忧的是，父亲临老还要披挂出征，未免有些强人所难。

李鸿章安排李鹤章、李昭庆前往梁园驿站迎接父亲、五弟，叮嘱接到父亲后，领他去店埠新任安徽巡抚行营面见福济，自己陪同和春、张印塘前往店埠面见安徽新任巡抚大人福济。

福济，字元修，道光十三年进士，满洲镶白旗人，曾是李鸿章丁未科会试时的副考官，也算是李鸿章的老师。这次，接到继任安徽巡抚谕旨后，便携带幕僚及漕丁六百名从淮安府出发赶来庐州赴任。因庐州城被太平军占据，福济只能在店埠安营扎寨。

福济在行营接见了李鸿章、和春、张印塘等官员。

和春向福济汇报道：“下官遵皇上谕旨，与安徽按察使张印塘收拢庐州周边参战各军累计兵员万人，现分扎城北岗子集、城西大蜀山、城东周谷堆等地。”

李鸿章报告道：“学生报告老师，合肥东乡、西乡及巢湖、庐江等团练千员可以调用。”

福济连连道：“好好！令尊已经从京城出发返回家乡创办团练，这样你们李氏父子一起办团练啦！”接着告诉三人道：“本抚也带来漕丁六百员，另外，已经奏报朝廷，河南巡抚琦善拨精兵二千扼关山、涧溪，防贼北窜；又请仍兼督淮北盐课，藉济安徽军饷，均得到恩准。”

张印塘夸奖道：“福大人考虑得真是周全。”

和春抱拳道：“下官愿在福大人指挥下，尽快收复庐州城，以报答皇恩！”

福济抱拳道：“我等共同努力，收复庐州！”

此次见面后，和春、张印塘返回兵营，李鸿章则被福济留在身边当了幕僚。

第五章

父子见面

李鹤章带领李昭庆梁园驿站等了两天，终于等来了父亲和老五凤章。在这样的非常时期，不寻常的场合父子相见，丝毫没有久别亲人相逢的欢愉，有的都是各自沉甸甸的心情。

李鹤章告诉父亲，根据二哥的交代接到父亲后，便赶往店埠面见新任巡抚福大人。于是，父子四人马不停蹄赶往店埠。

福济行营，李文安携李鹤章、李凤章、李昭庆三个儿子向福济报到。

李鸿章见到已经显得苍老的父亲，一句“大！”泪水便湿润了眼眶。

李文安向李鸿章摇摇手，转向福济道：“福大人，下官李文安奉旨返乡创办团练，日后，还望福大人多多支持。”

福济一笑道：“李大人过谦了，所谓打虎亲兄弟，上阵父子兵，还望你们父子鼎力相助，尤其少荃领办的合肥团练早有所闻啦！我等都是奉旨相聚于此，只有齐心协力清剿粤匪收复庐州，以报答皇恩！”

李文安向福济逐一介绍李鹤章、李凤章、李昭庆三个儿子，及正在湖南为曾国藩的湘军筹备粮饷的长子李瀚章、四子李蕴章。

福济听完介绍后，环顾站在面前的李家四个儿子道：“老大瀚章带领老四蕴章为湘军经理粮饷，鹤章、昭庆跟随二哥鸿章办团练，老五凤章跟着老子办团练，如此，李氏一家父子七人全都为朝廷效力！敬佩！敬佩！”

李文安店埠短暂逗留，交代李鸿章、李鹤章、李昭庆办好团练好好为朝廷效力后，便携李凤章前往巢湖岸边六家畈找他的学生吴毓芬、吴毓兰创办团练去了。

六家畈位于巢湖东岸一座滨湖小镇，该镇多为吴姓人家，其中吴毓芬、吴毓兰兄弟曾在李文安开办的私塾读过书，哥哥吴毓芬还考取了秀才。

吴毓芬，1821 年（道光元年）出生，字伯华；吴毓兰，1823 年（道光三年）出生，字香畹。

吴家在当地也算大户人家，自从太平军进入安徽后，吴氏兄弟修筑圩寨招募团练自保家乡。兄弟俩得知老师李文安前来招兵买马创办团练打长毛，二话不说，吴氏圩堡带头加入团练。

有了吴氏兄弟及吴同仁、吴育仁等吴姓人的支持。武举人出身的张遇春，也带领夏阁一百多名乡勇加入了李文安创办的团练，就这样一支团练队伍很快拉起来了。李文安将团练公所放在了巢湖岸边的中庙，开始设立营地，购买刀枪等器械，组织团勇正式开始训练。

攻克含山

收复庐州是福济的首要任务，敌我战力对比上，虽然清军加上乡勇在兵力上占有优势，但战斗力不强；而守卫庐州的太平军将领，从曾天养到二十二检点李秀成，守城的将领换了，守城兵力也是越来越少，但个个英勇善战以一当十，加之守城之战，占有地形优势。从咸丰四年二月开始，福济便命和春、张印塘、李鸿章组织兵力、乡勇，向庐州城发起进攻，一直打到八月，清军也没能攻克城池，而太平军同样无法打破清军的围攻，双方陷入僵持状态。

福济是个文人，不懂用兵之道，打仗上一切都听和春和张印塘的，而和春、张印塘都是戴罪立功之人，也不是那么真心实意地去为福济卖命，所以，才出现那样的僵持状况。

与此同时，湘军却高歌猛进，一克武汉，再破半壁山、田家镇防线，势如破竹。战报传到庐州，福济坐不住了，召集和春、张印塘、李文安、李鸿章、副都统忠泰等将领，行营召开会议商议对策。

李鸿章提出改变强攻庐州城计划，借用湘军挥师东进大好战局，先取含山、巢县，断绝太平军的外援，待庐州城中长毛粮饷耗尽之时，再乘其乱而攻之。

李鸿章的提议得到了福济、和春、张印塘等与会将领一致赞成。

福济更是对李文安许诺道："若此次少荃能攻下含山，本抚将奏请朝廷给予令公子重赏！"

张印塘建议道："印塘建议，攻克含山之战由少荃任总指挥！"

李文安瞟一眼李鸿章连忙道："雨樵兄台高看犬子了，他没这个能力！"

张印塘道："所谓士隔三日当刮目相看，玉川兄台可是小看了你的儿子了，少荃回乡这一年多，办团练拉队伍，抓捕捻党匪首夏金书、陆遐龄，焚烧发贼粮船，守卫庐州城池，可是战功赫赫呀！"

李鸿章向父亲道："大，有湘军东进大势，有福大人、和大人、张大人几位前辈做坚强后盾，各圩寨乡勇团结一心，定可攻克含山！"

和春表态道："玉川仁兄放心，不会让二公子的乡勇孤军奋战，本督将派千总莫清云、把总佐领吉顺率领吉林马队支援！"

忠泰表态道："若李帮办攻克含山，本都统将立即率部攻打巢县！斩杀匪首罗肃光！"

李文安表态道："既然各位大人都对犬子如此有信心，那玉川积极配合荃儿，倾力合作拼死一战不负三位大人所望。"

李鸿章激动地道："谢谢大！也谢谢各位前辈大人！"

两天后，李文安、李鸿章父子携吴毓芬、吴毓兰兄弟，装扮成商人前往太平军军粮周转地的含山进行实地侦察。通过一番侦察了解到，原来古镇含山很小，概括地说就是一山一河一桥一街。一山就是一座不足百米高土山包含山头；一河就是运河，运河穿镇而过，运河两边停泊的都是太平军运粮的木船；一桥就是横跨运河上的寒山桥，这座石拱桥沟通了运河两岸；一街就是一条南北向的青石板铺成的古街，街道两边酒馆五家，米粮、杂货、棺材、弹花、豆腐、炒货、洋布、茶铺等铺面十多家。太平军的粮仓及保护粮仓长毛的营地，就在运河边上的含山头下，守兵及运送军粮的太平军加起来将近千人，头目是一名广西籍的老长毛，叫罗秀光。

侦察中，李鸿章将太平军粮仓、军营及船只停泊位置绘制成草图，商定出初步攻占方案后，李氏父子赶往福济行营向福济、和春报告。李氏父子汇报完太平军含山兵力及军营、粮仓、船只等情况后，提出了作战方案：兵力上，拟调集合肥、庐江、巢湖所有圩堡、山寨乡勇约千人投入战斗。攻击时间选定晚上，打法上，首先火炮向长毛的营地、粮仓及停泊运河边的船只展开炮击，待炮火点燃长毛的军营、粮仓、船只后，吉顺率骑兵分从运河两岸杀入敌军军营砍杀，而后乡勇分从含山山头及运河两岸杀向敌人军营，一举歼灭含山发贼。

和春对李氏父子提出的作战方案大加赞赏，表态调集足够多的劈山炮投入战斗，福济当即批准了这一作战计划。

这是一个春寒料峭的夜晚，忽然，一阵震耳的炮声打破古镇夜晚的宁静。炮弹爆炸点燃了太平军营房，点燃了粮仓。顷刻间，火光四起，睡梦中被惊醒的太平军不知发生了什么，一个个抱头鼠窜逃出被炮火点燃的营房。

李鸿章一声令下："骑兵、乡勇出击！"

随着李鸿章一声令下，战马嘶鸣，喊杀声震耳，各路乡勇在头目率领下跟随马队杀向太平军军营。顿时，血液四溅，惨叫声此起彼伏，这场大屠杀，从午夜一直持续到黎明。千名太平军官兵及头目罗秀光尽数被杀。

战后，福济奏请朝廷为李氏父子请功，李文安封赏知府换顶戴，李鸿章赏知府衔。其他参战部队及各圩寨乡勇均得到数目不等的银两的奖赏。

暴毙军营

攻克含山后，福济便召集和春、张印塘、李文安父子、忠泰等将领召开会议，提出乘胜追击收复巢县的作战计划。开会时，福济鼓动道："湘军势如破竹，皇上龙颜大悦，参战功臣均封官晋爵大加赏赐，我等也要乘胜而战，再克巢县，彻底切断庐州粤匪东援通道。"

和春鼓动忠泰道："忠大人，能否克服巢县就看你的了。"

忠泰表态道："福大人、和大人，末将愿领命克复巢县！"

李鸿章表态道："属下愿意率领所部配合行动。"

张印塘提醒道："巢县非东关，城池坚不可摧，更有粤首罗肃光重兵把守，不可轻敌。"

和春道："张大人何必长敌人志气灭自己的威风，有克复含山的战果，克复巢县指日可待！"

攻打巢县作战计划定下后，李鸿章、忠泰马不停蹄率部赶往巢县。

清兵、乡勇大批向巢县涌来，有过含山前车之鉴的罗肃光，可不会再上李鸿章的当。为防止偷袭，罗肃光下令给城里居民发放"太平天国良民证"，凭良民证进城。这一招，让李鸿章的"浪战"战术失去了作用，只能强攻。几次强攻不能得手后，只能驻扎城外与罗肃光所部打消耗战。

转眼到了夏天。这天，李鸿章在巢县城外乡勇工事巡视，李凤章从中庙团练营地快马赶来报丧，父亲暴毙于中庙团练公所。

得到父亲去世的噩耗，李鸿章悲痛万分，叫上胞弟李鹤章、李昭庆各自骑上战马赶往中庙料理父亲丧事。

到了团练公所见到父亲遗骸，李鹤章、李昭庆便忍不住扑通跪倒在李文安遗骸前哭泣起来，李凤章也跟着跪地哭泣。

吴毓兰、吴毓芬、张遇春等圩堡头目也都赶来营帐与李鸿章等兄弟见面。

张遇春告诉李氏兄弟道：“为了扩充乡勇队伍，李大人亲自前往撮镇邑棠寺招募兵马。新招的乡勇带到中庙后，大人亲自主持训练。因天气炎热，李大人到了操场一圈还没走完便晕倒了。”

吴毓芬道：“香畹赶紧将李大人抬回营帐，请来郎中救治。郎中一番掐人中，敷冷毛巾后，李大人苏醒过来。”

张遇春道：“李大人坐起后让遇春拿来笔墨纸张。遇春知道大人要写遗嘱，赶紧派人找来纸张笔墨，摆放李大人面前。铺展开后，李大人颤抖的手写了一条幅，便再次晕厥过去，再没醒过来。”

吴毓芬捧上那张字条，送到李鸿章面前，李鸿章接过字条，只见上面写道：“贼势猖獗，民不聊生。吾父子世受国恩，此贼不灭，何以家为，汝辈努力以成吾志。”李鸿章捧着字条看了良久，终于忍不住跪倒在父亲遗骸前放声痛哭。

安葬父亲

人死不能复生，李鸿章安排李昭庆先返回祠堂郢老宅设立灵堂，通知避难的母亲、妻子及返回各自婆家避难的弟媳们全部回老宅为父亲守孝；安排李凤章购买一只上等木料打制的棺材，请吴毓兰从当地请来入殓师给父亲洗浴防腐，而后换衣入棺。

灵柩运回李氏老宅后，摆入灵堂。灵堂上方一条黑色洋布上写着“大清进士、刑部都捕郎中、知府衔安徽军务参赞，先考李文安大人灵”。

李老太太带领媳妇孙辈们披麻戴孝守孝灵堂，李鹤章请来两名和尚诵经为父亲超度亡灵，请来山人（风水先生）主持丧礼。

黑纱低垂，香烛缭绕，木鱼声声，亲友、乡邻们陆续赶来吊唁。

李鸿章的岳父周仁甫得知亲家公暴毙军营后，花钱买通镇守德胜门的太平军两司马，携几名李文安生前好友，冒险出庐州城赶来磨店李氏老宅吊唁。

张树声、张树珊、刘铭传、周盛波、周盛传、唐殿魁、唐定奎、吴毓兰、吴毓芬、张遇春、吴长庆、潘鼎新等圩寨头目陆续前来吊唁。

福济接报李文安暴毙军营消息后深为哀痛，挥笔写下：“刚方厚重，然诺不欺，名望重于士林；弃笔从戎，颖迈军旅，英灵飞九天。”

和春接报后，也写下挽联：“郅治保邦，锋颖凛凛向敌；入赞纶扉，忠诚赛赛事君。”

福济、和春、张印塘各自携带挽联前来吊唁，吊唁结束后，张印塘提醒福济、和春道：“二位大人，玉泉仁兄暴毙军中，此消息，庐州城中的匪首李秀成很快就会知晓，发贼残忍无道，一旦让他们知道玉泉祖宅设立灵堂，势必会派人前往滋扰。”

福济赞许道：“张大人所言甚是！得有所防备。”

和春稍加思考后道：“为了防止庐州城里的长毛前来袭扰，本督下令吉顺率领马队驻守磨店，保证丧事不受干扰便是。”

张印塘道：“如此甚好！”

确实，李文安暴毙军营的消息，眼线很快报告了庐州城里的李秀成，即便李秀成对李氏父子刻骨仇恨，但孝道为先，死者为大，李秀成还是下令不许袭扰李家丧事，恪守了亡者为大的“孝道”。

而罗肃光却获取到了一个为天国建功立业的极好机会，原因在于配合皖军包围巢县城几个月的各圩寨山大王们，他们只听李鸿章的。李鸿章率领兄弟们回去吊孝料理丧事，各圩堡团练各行其是，一盘散沙，包括张树声兄弟在内，几天工夫跑的跑溜的溜，留在营地的乡勇所剩无几，圩寨头目也都跑光。

这一战机太难得了！罗肃光经过周密安排，选择一个电闪雷鸣风雨交加的夜晚，率领一支数百人的敢死队悄悄溜出城门，杀入清军营地血洗军营，包括副都统忠泰在内，一千多名清军士兵全部毙命！报了含山遭偷袭的深仇大恨！

李鸿章因不在军营，各圩堡的头目也不在军营，侥幸逃过一劫！

李文安暴毙军营奏报朝廷后，咸丰谕旨以知府军营病故例赐恤，追赠道员，先赠资政大夫，通议大夫，建威将军，又赠荣禄大夫，光禄大夫，通奉大夫，在中庙建专祠，宦绩战功宣付国史馆立传。

收复庐州

父亲的死给李鸿章很大的打击。然而父亲的遗训，让李鸿章不敢懈怠消沉。

10月，杨秀清下令将二十二检点李秀成调往镇江，镇守庐州城的任务交给了夏官又正丞相周胜坤。这时，庐州城里守兵已经不足五千。福济觉得这是一个克复庐州最好机会，随与和春、张印塘、新任庐州知府武成功等官员商议攻城计划，尚在为父亲守孝的李鸿章也被请来行营一并商议。

李鸿章道："庐州城墙高大宽厚坚不可摧，素有铁打的庐州之称。李贼虽然调离庐州，城里也仅剩五千守兵，但采取强攻还是很难得手，而且，会造成我方官兵众多死伤。"

福济询问道："以阁下之见该采取什么样的攻城方法才能奏效，而且我方官兵伤亡较少呢？"

李鸿章道："前些时日，少荃的岳父周仁甫得知家父去世消息后，花了三十两银子买通一位负责守城门的两司马，携家父生前几位好友前来吊唁。吊唁结束后，少荃携妻子周氏答谢岳父及家父生前几位好友，顺便打探城里长毛部署情况，并希望攻城时得到他们的支持。岳父告诉少荃，长毛强迫有钱财主家交钱交粮，不给就派人上门来抢，城里的有钱财主们苦不堪言，对长毛十分反感，可以利用他们金钱买通长毛配合攻城。"

福济、和春、张印塘听后，都觉得是个好主意，随把联络城里富商买通长毛做内线的任务交给了李鸿章。

11月初，李氏祖坟安葬完父亲，把照料母亲及全家老小的任务交给老五凤章后，李鸿章便遵照父亲遗嘱带领三弟、六弟重回乡勇营地，招兵买马，扩充团练队伍。

这天，李鸿章吩咐刘斗斋装扮成进城给太平军兵营送菜的菜农混入城中，将写给岳父周仁甫的信札送至住在德胜门内的岳父家，叮嘱务必亲手交给岳父。周仁甫接到信札后，打开一看，明白了女婿的意图。于是，秘密约请几位李文安生前好友与一位叫王子固的秀才一起密谋。一番密谋后，推举王秀才为帮助清军攻克庐州城的主谋，其他的负责筹措银子。王秀才欣然应允，其他人也很快便凑到了三百两银子。

王秀才想到两个人，一个姓周，街头卖唱的，一个姓田，街头耍猴的，两人都是才加入太平军不久的新兵，因为他们的小把戏，在守城太平军中知名度很高。

王秀才将三百两银子交给两人，让两人在清军发起攻城时做内应。这两个都是贪图财利的市井小人，见钱眼开满口答应。拿到银子后，两人便各自在守城的太平军中联络都是新近报名入伍的庐州籍士兵。很快，一支百人的内应队伍已经落实。

几天后，周仁甫在周、田两人护送下出城，前往磨店向女婿报告。李鸿章接报后，引领岳父赶往店埠与福济、和春见面，报告庐州城内内线接应准备情况。福济、和春对周仁甫效忠皇上报效朝廷壮举大为赞赏，吩咐李鸿章抓紧联络合肥、巢湖、庐江团练，准备参与克复庐州城战斗。

一番运筹准备后，福济决定十月初四夜四更为攻城时间。

这天夜晚，庐州城德胜门外，福济、和春、张印塘、李鸿章率领绿营、皖军及合肥、巢湖、庐江团练数千人集结城外。此时，担任内应的太平军在周、田二人带领下分成两路，一路前往德胜门砍杀几名值守士兵，接着，点火焚烧城楼，打开城门；另一路，点燃火药库，引爆的爆炸声震耳欲聋，顿时，全城一片混乱！

和春手持钢刀大喊一声："弟兄们，杀入城里！"

李鸿章大喊一声："乡勇弟兄们，点燃火把，跟我上！"

步兵、骑兵、乡勇手持火把，潮水一般涌入城里，一场屠杀战展开。这场战斗，从四更一直战斗到天亮，太平军守将周胜坤率领残部，杀出重围撤出庐州。皖中重镇庐州重归清军掌控。

李鸿章克复庐州有功，福济奏报朝廷批准李鸿章以记名道府用。

明光散伙

1856 年（咸丰六年）9 月 4 日，太平天国领导集团内部发生"内讧"。事情的缘由是这样的：太平天国定都天京后，主要领导人之间嫌隙日生，杨秀清、韦昌辉、石达开等各自结成自己的势力集团，进行争权夺利的斗争。东王杨秀清掌握大部分军政实权，其骄傲专横的作风扩大了他和洪秀全、韦昌辉、石达开、秦日纲等人之间的矛盾。1856 年八九月间清军江南大营被击溃后，杨秀清逼天王洪秀全封其为万岁，洪秀全被逼无奈密令韦昌辉、石达开回京除掉杨秀清。

韦昌辉接令后立即率兵回天京，包围东王府诛杀杨秀清及其眷属，制造了残杀数百人的天京血案。除掉政敌后，洪秀全实行恐怖统治，石达开担心被诛杀，率部逃往安庆。

韦昌辉的屠杀和暴虐统治激起了天国将士们的愤怒，为平息众怒，洪秀全下令处死韦昌辉及其心腹二百多人。

“天京内讧”让太平天国元气大伤。福济、和春决定抓住这一千载难逢的绝好机会兵分两路，分别进军庐州东南的东关、巢县、含山、和州、无为、全椒，西南的三河、舒城、桐城、潜山、太湖等被太平军占领的各城镇。

和春率领的张树声、刘铭传、潘鼎新、吴长庆等团练攻克三河、庐江，接着，张树声、张树珊、刘铭传等攻陷潜山、太湖，迫使太平军从战略进攻转向战略防御。而福济率领的李鸿章、李鹤章、李昭庆、吴毓芬、吴毓兰、张遇春等各部，收复了东关、巢县、含山、和州、无为等城镇。

李鸿章参战有功，福济奏报朝廷奖赏加按察使衔。

不久，太平军李秀成、陈玉成卷土重来重返安徽，一举收复被清军占领的城镇。11月，和春率领各军攻打巢县、东关、和州等地，李鸿章率领的合肥、庐江、巢湖乡勇参与战斗，两军所战皆败。尤其是在参与和州战斗中，被这支团练惹怒的太平军，派出一支部队从和州、全椒一路追到明光镇才收兵返回。

这一路，跑的跑溜的溜，等赶到明光镇时所剩乡勇不足五十人，乡勇的头目仅剩下张树声、刘铭传、潘鼎新、张遇春四人及李鸿章胞弟李鹤章、李昭庆。

李鸿章吩咐六弟在街头找了一家餐馆，安排大家吃了一顿饱饭。而后，客栈客房召集张树声、刘铭传、潘鼎新、李鹤章、张遇春等头目会议。

刘铭传开口便道：“散伙吧！这样的仗无法打了！”

潘鼎新、张树声、张遇春也赞成刘铭传的意见团练解散，返回各自圩堡自保。

鉴于当下安徽各城镇大部已被太平军掌控的现状，为了保护有限的战员，李鸿章决定合肥团练散伙，各回各的圩堡山寨实行自保，等待时机再行举事。

四年牛马走风尘，浩劫茫茫剩此身。
杯酒借浇胸磊块，枕戈试放胆轮囷。
愁弹短铗何成事，力挽狂澜定有人。
绿鬓渐凋旄节落，关河徒倚独伤身。
巢湖看尽又洪湖，乐土东南此一隅。
我是无家失群雁，谁能有屋稳栖乌。
袖携淮海新诗卷，归访烟波旧钓徒。
遍地槁苗待霖雨，闲云欲出又踟蹰。

这是李鸿章明光镇客栈中写下的《明光镇旅店题壁》失意诗句。诗中可以看出李鸿章铁定认为自己仍是人才，“力挽狂澜定有人”。但是过往的经验又让他深感“闲云欲出又踟蹰”仕途前景的困惑与无奈。

丁忧守制

就在李鸿章陷入人生低谷的时候，福济请奏朝廷批准让李鸿章回家专心为父亲“丁忧”。“丁忧”，在古代父母死后子女按礼须持丧三年，其间不得行婚嫁之事，不预吉庆之典，任官者必须离职，称之为“丁忧”。

李鸿章虽然家中“丁忧”，外面的消息却不断传来。天京事变后不久，和春调金陵剿匪，张印塘调皖南，总兵萧开甲、都统瑞麟调防安徽。

太平军后起之秀陈玉成、李秀成安徽枞阳召开军事会议，决定统一行动和联合作战的方针，共同破江北大营援救天京的新战略。还有一条让李鸿章不开心的消息，福济因抗击粤匪不力被免职，因剿匪有功接替张印塘担任安徽按察使的李孟群署安徽巡抚。

李孟群到任后，便与萧开甲、瑞麟率清军赶往舒城，阻击陈玉成北犯。

陈玉成率领的太平军势头正旺，两军刚一接触，清军便溃不成军。李孟群开溜逃到六安，陈玉成轻松攻占舒城。而李孟群这个倒霉蛋代理安徽巡抚还不到一个月，便被免职。在镇江、瓜洲抗击粤匪有功的侍郎翁同书继任安徽巡抚督办安徽军务，行营设于定远。

攻克舒城后，陈玉成马不停蹄，率领检点吴如孝、左军主将李世贤杀向庐州。

总兵萧开甲、都统叶赫那拉·瑞麟率领部下庐州城外构筑工事展开阻击战，总兵萧开甲战死，瑞麟悄悄逃跑。没有主将的清军一盘散沙，太平军几乎没有费什么劲便进占庐州城。城中的士兵在知府武成功主持下展开阻击，但力量过于悬殊很快败下阵来，武成功被太平军斩首。1858 年 8 月 23 日，太平军第二次占领庐州。

庐州城陷落的消息传到磨店，李鸿章知道这几年官兵与粤匪交手多次，杀死发贼甚众，预感陈玉成来者不善定会报复。于是，紧急召集李鹤章、李凤章、李昭庆商议，立即遣散全家老小。决定妻子周氏，女儿镜蓉、琼芝，老三、老四、老五、老六的妻子及儿女随同母亲一起前往江西大哥处避难，五弟李凤章与刘斗斋护送前往。并叮嘱李凤章到江西后帮助大哥经理湘军粮饷，自己则率领李鹤章、李昭庆赶往定远面见新任巡抚翁同书。

李鸿章预感果然正确，就在陈玉成进驻庐州的第二天，便血洗庐州城，凡是朝廷或者地方官员家眷、亲戚杀无赦；凡是帮助过官兵的财主，全部砍头示众！一时间，庐州城街头血迹斑斑，哭声四起。李鸿章的岳父周仁甫携一家老小躲到明教寺，后来又搬了家才逃过一劫。

李家老小虽然逃避及时，但是李家几代人苦心经营的老宅，被焚烧化为灰烬！

人生低谷

安徽团练帮办来访，翁同书于定远行营接见了李鸿章。

翁同书，号药房，又号和斋，江苏常熟人，1840年（道光二十年）进士。

一见面，性格狂妄自大的翁同书便劈头盖脸责骂李鸿章道：“庐州失陷，作为安徽团练帮办，这个时候你应该组织你的团练，设法把庐州城给本抚攻克下来，而不是跑到定远来！”

李鸿章解释道：“禀告大人，下官尚在奉旨丁父忧，获悉大人进入皖境，特来迎接！”

翁同书摇摇手板着脸道：“谢谢李帮办好意，本抚要的不是迎接，而是如何把被匪首陈玉成占领的庐州城给我夺回来！”

翁同书几句硬邦邦的话说得李鸿章脸红脖子粗，平生第一次遇到这么一位武断苛刻的上司。稍加思考后，低声下气道：“下官丁忧期限就要结束，赶来定远就是来向翁大人报到，领受任务的。”

翁同书一挥手道：“本抚不收你这等专以浪战为能，打了败仗就跑的无能之辈。送客！”

好意而来却得到如此冷遇，李鸿章红着脸垂头丧气离开翁同书行营。等在外面的李鹤章、李昭庆接上前去，询问翁大人给了什么指示。李鸿章冷冰冰的一句“回家！”，跨上战马，策马扬鞭而去。

行至一荒坡，李鸿章勒住战马缰绳，跳下战马，仰天长叹道：“李鸿章，你是无能之辈！”

李鹤章勒住战马缰绳，跳下战马询问哥哥道：“二哥，怎了啦？”

李昭庆跳下战马问道："是不是那姓翁的责骂哥了？"

李鸿章痛心疾首地道："庐州失陷，军事败北，同僚侧目，上司责骂，李鸿章无能，无能啊！"

李鹤章道："二哥，姓翁的瞧不起咱兄弟仨，咱就自己干！"

李昭庆道："招兵买马重拉队伍，自己干！"

李鸿章道："就凭我们弟兄仨，要人没人，要钱没钱，拿什么打长毛？"

李昭庆道："二哥何必自暴自弃，此地不留爷，还有留爷处。"

李鹤章建议道："二哥，此地不留爷，自有留爷处，湘军那边江西正与长毛打得火热，曾大人是二哥老师，大哥、老四都在帮办粮台，老五也赶过去了，二哥为何不去投奔曾大人？"

李鸿章问道："那你和六弟呢？"

李鹤章道："留下，重拉队伍保护家园。"

李昭庆道："幼荃也留下，与三哥重拉队伍，共守家园！"

李鸿章翻身跃上战马，对两位弟弟道："走，回家后再商量！"策马而去。

第六章

投奔老师

当弟兄仨憋着一肚子气策马扬鞭从定远赶回家时，才发现祖宅已经成了一片断垣残壁及尚未完全熄灭的灰烬。邻居告诉李氏三兄弟，昨天上午，来了一队长毛兵，原本是想来抓人，见房舍已经空无一人，头目便下令放火焚烧。邻居们见李氏祖宅着火纷纷前来救火，被长毛兵赶走，不许救火，眼睁睁看着宅院被大火吞噬。

落魄之人再失家园，李鸿章心灰意冷，想不到五年团练生涯竟然落得如此下场，李鸿章对故土彻底失望了。

简单准备一下，前往紫蓬山、大潜山、周公山、柿树岗、三河、六家畈等圩堡，向各圩堡、山寨的当家人话别后，在李鹤章、李昭庆送别下，李鸿章踏上了投奔老师的旅途。

纵观李鸿章五年的团练经历，战争上负多胜少，常常受挫；仕途上虽屡升官衔，但未授实职，没有实权，也是不甚得志。而且当时他所辅佐的官员大多昏庸，李鸿章跟随他们很难获益。但五年的出生入死，让李鸿章摸索和累积了不少经验教训，为后来创建淮军独当一面奠定了基础。

为了避开太平军设立的路卡，李鸿章牵着马，肩背褡裢，一副商人装扮，不走大路，专走山路小路，有时遇到有太平军活动的地方，李鸿章干脆白天待在客栈休息，夜晚继续赶路。就这样走走停停，一个多月后才赶到长江边上。

长江边上一个渡口客栈，李鸿章听到了一个让他震惊的消息，湘军李续宾所部六千人马，在三河镇被陈玉成、李秀成、吴如孝等率领的太平军聚歼，六千人马无一生还。这一消息，让李鸿章对老师率领的无往不胜的湘军产生了些许疑虑，犹豫是不是继续赶往江西投靠门下。客栈里盘桓几天后，最终决定还是赶往江西。

这天傍晚，李鸿章牵着马匹离开客栈登上江边渡口一只渡船。站立船头看着夕阳西下的宽阔的江面滚滚东流的江水，诗兴大发，吟诗一首：

浮生萍梗泛江湖，望断乡园天一隅。
心欲奋飞随塞雁，力难反哺恋慈乌。
河山破碎新军纪，书剑飘零旧酒徒。
国难未除家未复，此身虽去也踟蹰。

过了长江，李鸿章皖南巡游了十几天后，进入江西省境。

接纳门生

江西建昌府（今南城县），位于江西省东部，位居盱江下游，属今抚州市。

自 1852 年（咸丰二年）6 月，李鸿章京城送别老师前往江西任乡试正考官已经六年多未见。又因战乱，师生之间少有书信往来，好在李瀚章在江西总理湘军粮台，通过他，曾国藩对李鸿章在安徽的情形有些了解，尤其是李鸿章家乡领办团练、收复庐州等城池及升迁都是通过李瀚章知晓，每每听到学生为朝廷建功获得职位提升，曾国藩很是高兴。

曾国藩，1811 年（嘉庆十六年）11 月，生于湖南长沙府湘乡荷叶塘白杨坪（今湖南娄底双峰县荷叶镇天坪村），字伯涵，号涤生，道光十八年进士。

1859 年 1 月，李鸿章赶到建昌，在曾国藩的帅营见到了老师。曾国藩见到李鸿章后，首先对李文安暴毙军中深表惋惜，对李氏家园被发贼焚毁而憎恨。同时，对李鸿章家乡领办团练清剿粤匪收复失地所获取战功及荣升表示祝贺，对李鸿章前来江西表示欢迎。

入曾国藩幕僚之初，李鸿章并没有具体事情可做，曾国藩让他行营里走走看看，认识认识手下的人，熟悉熟悉情况。有空的时候便找李鸿章交谈，对他精心训导，尽力雕琢，让李鸿章受益匪浅。

由于太平军和捻军的马队很多而且精悍善战，曾国藩认为以李鸿章的才气足可以统领一军。因此，李鸿章到湘营不到一旬，就被曾国藩委以返回家乡招募一支五百至三千人的马队的重任。

对于老师交代的任务，李鸿章自知责任重大不敢轻易答应，丢下一句“容学生考虑考虑”后再予答复。而后，在建昌找了一家客栈暂住下来。正好，大哥李瀚章前来建昌向曾国藩汇报粮饷筹措遇到的困难，李鸿章便赶去客栈找大哥商议。

客栈里，李鸿章见到了久别的大哥，兄弟俩就父亲丧事、家乡战事、祖宅被焚，赶来江西的母亲、弟弟、弟媳们的安置情况相互交流后，李鸿章向大哥报告，曾国藩要他返回家乡招募马队的事情。生来胆小的李瀚章觉得此事重大，或有违老师重托，便替李鸿章当面向曾国藩婉辞招募马队一事。曾国藩则坚持己见，并修信札一封让李瀚章转交李鸿章。

信札写道：此次招勇五百，但试淮南勇之果能操习马队否耳。不特少荃不敢自信，即仆亦茫无把握也。当年师办水师，亦系冒昧试之，厥后杨、彭诸人，徐徐成个章片，亦初愿所不及也……

李鸿章看完老师信札后觉得无法推辞，便决定一试，李瀚章也只能同意。

李鸿章领命后，便前往皖西霍山、寿春、淮南等地招募。因为年轻人对湘军并不了解，应者寥寥。无奈，李鸿章只好无功而返重回建昌。

曾国藩并没有责备李鸿章，而是念在师生一场的情分上，正式奏报朝廷批准，留下李鸿章在湘军军营襄办军务。至此，李鸿章正式成为曾国藩的幕僚。

潜心栽培

为了让李鸿章经历更多的磨炼，曾国藩命他协同曾国荃率兵前往景德镇剿匪。曾国藩认为李鸿章虽带兵多年，但那只是团勇并非营制的正规军，对于用将、练兵、创立营制等方面还并不精熟，所以指派他随同作战，意在让他全面了解湘军的立军精神和各项军中制度，希望对他有所启迪。曾国荃的官衔仅为候选知府，曾国藩怕李鸿章不了解他的用意，不甘屈居国荃之后，特意劝他要放宽眼界，收敛心迹，不争一时得失。

曾国荃，1824 年（道光四年）出生，字沅甫，曾国藩四弟，族中排行老九，故人称曾老九。

哥哥安排来的人曾国荃自然不敢怠慢，首先向李鸿章介绍他对湘军管教及练兵办法，尤其是他独创的“铁桶阵”攻城办法，让李鸿章受益匪浅。

7 月中旬，李鸿章从曾国荃克复景德镇、浮梁县。实地参战，更让李鸿章积累了不少作战经验。一个多月后，曾国藩命李鸿章返回大营。

初入曾幕，李鸿章先掌管文书，继则负责向朝廷拟订奏稿。李鸿章对这些工作得心应手。曾国藩常常夸奖道：少荃天资聪明，文才出众，办理公牍事务最适合，所拟文稿都远远超过了别人，将来一定大有作为。

曾国藩对学生精心栽培，充分信任，文牍奏章，军事调度，核心机要，无不参与，使得李鸿章的决策能力得到了很大的提高。在安徽时，李鸿章的失败很大程度是没人给他提供合适的环境和平台，现在到了湘军，一切都发生了改变。湘军人才济济，多年征战已练出一支战无不胜的劲旅。李鸿章马上就有了全新的感受，与过去在安徽办团练简直不可同日而语。

曾国藩对李鸿章的教诲和影响是多方面的，常常与李鸿章彻夜长谈，讲述修身处世、居官治民的心得体会。

李鸿章心高气傲，常常自以为是、虚夸大言。曾国藩看在眼里便时常敲打，有时开会，故意让赵烈文、庞际云、欧阳兆熊、胡林翼等人当场驳诘纠其误谬，杀其傲气。除此之外，曾国藩还时常对他严格训导，并以身作则来对他施加影响。

曾国藩作风严谨，生活起居颇有规律。每日早起查营，黎明时分与幕僚共进早餐，若无意外雷打不动。李鸿章则是文人做派，一向懒散惯了，对于这样严格的作息制度叫苦不迭。一天早上，李鸿章想睡个懒觉，便谎称头疼，向老师请假。曾国藩知他要滑不准假，并连连派人催促，声称人不到齐绝不开饭。李鸿章只好赶紧穿戴整齐急忙赶去食堂。

整个早餐，曾国藩一言不发，气氛沉闷，幕僚们也都忐忑不安。直到早餐结束后，曾国藩才慢慢开口说话。他用严肃的目光看着李鸿章道：“既入我幕，有句话我要告诫阁下，我这里讲究一个诚字，你要记住。”说完，起身而去。

这一批评相当严厉，从此，李鸿章再也不敢迟到和撒谎。此后，李鸿章在老师幕下的几年时间里，每天一早起来，六点钟就吃早饭，渐渐养成了良好的生活习惯。以后，李鸿章自领一军，并以良好的作息习惯而著称，应该说这一切都始于曾幕。

移营宿松

转眼到了 1860 年（咸丰十年）。这一年，对于湘军来说是个幸运之年。首先是石达开进入湖南，宝庆会战败给左宗棠后进入广西休整；其次是被朝廷寄予厚望的江南大营被太平军忠王李秀成、英王陈玉成以调虎离山之计，一败涂地，提督张国梁战死，钦差大臣和春吓死于浒墅关，两江总督桂清出逃。这样的局面出现，对于洪天王来说天京威胁已解除，可以放心攻城夺地扩大天国疆土了。而对于大清朝廷来说，失去东南屏障，江南财赋重地岌岌可危。在此危急关头，湘军成了朝廷可以依靠的一支重要军事力量。

曾国藩洞察时局，下令移营宿松，拉开湘军东进的序幕。

曾国藩为何将进入安徽第一站选在宿松，有三个用意：第一用意是便于调度指挥正在太湖小池驿与陈玉成军激战的鲍超、多隆阿、唐训方等部。第二个用意是为了吊唁好友浙江巡抚罗遵殿。罗遵殿是安徽宿松人，与曾国藩、胡林翼等人的关系极好。1860 年 2 月，太平军攻陷杭州，罗遵殿以身殉国。当罗遵殿的灵柩还乡后，曾国藩约请胡林翼来宿松，一起前往罗宅吊唁。第三个用意，也是最重要的，召开一次决定湘军前途和未来，决定太平军乃至大清国命运的重要会议。

小池驿位于安徽太湖县，是邻近几个县中知名的驿站。因为这个驿站所在的驿道，向东可以经潜山、桐城而至庐州，向西可以经宿松而至湖北省，地理位置非常重要，历来是兵家必争之地。

小池战役开战于 1860 年 12 月，当时，都统多隆阿移营太湖新仓，鲍超由太湖棋盘石渡河移营岔路口，互为犄角，用来困住太湖城内的太平军。

为援救被湘军围困在太湖城里的太平军，陈玉成亲率所部及捻军张洛行、龚得树所部，合计六万七千人马浩浩荡荡向太湖开拔而来。

多隆阿接探马报告后，迅速做出部署，令鲍超率领霆字营赶往小池设防阻击太平军。鲍超率部赶到小池驿后营垒还没建成，陈玉成率领的大军便蜂拥而至，小池战役随即打响。

这天，曾国藩正与李鸿章、庞际云、欧阳兆熊等幕僚商议如何应对陈玉成率部救援太湖，侍卫送来鲍超发自前线的求救信札。

李鸿章打开一看，一张皱巴巴的草纸上墨笔歪歪扭扭写着一个“鲍”字，鲍字的周围画出一道道粗细不匀的圈子。李鸿章左看右看看不出这份特殊战报什么意思。曾国藩接过战报稍加浏览后，便道：“鲍超小池被粤匪重重包围！传令，唐训方立即前往小池驰援，多隆阿、朱品隆侧翼攻击粤匪，减轻小池压力。传令，鲍超设法突围！”

侍卫领命走后，李鸿章询问曾国藩为何从鲍超送来的战报看出霆字营陷入粤匪重重包围的。

曾国藩告诉李鸿章，鲍超不识字，只会写一个“鲍”字。李鸿章这才恍然大悟，感叹曾国藩对手下将领了如指掌。

曾国藩道：“原本本帅令多隆阿移营太湖新仓，鲍超由太湖棋盘石渡河移营岔路口，互为犄角，以困太湖城内粤匪，攻克太湖，再攻安庆。岂料，陈玉成忽然率军救援太湖，估计，多隆阿只得令霆军仓促应战。”

血战小池

鲍超接到信兵送来的曾国藩“突围”的命令，可是犯愁了，霆字营老少加起来不足三千人马，而粤匪六七万之众，三千对六七万如何突围呢？

鲍超，生于1828年（道光八年），字春霆，夔州安坪藕塘（今重庆奉节）人，行伍出身，先从向荣广西剿匪，后入湘军水师。咸丰六年（1856）募湘勇五百创立霆字营，因屡建战功，官至湖南绥靖镇总兵。

早在1860年初，陈玉成率援军赶到了桐城与捻军会合，然后兵分三路进击太湖、潜山。此时太平军加上捻军，步骑一起约九万人马。湘军的前敌总指挥是多隆阿，指挥和协调的人马总计两万余人。其中包括亲兵三千余人；鲍超的霆字营三千人；唐训方的训字营三千人；金国琛所率十四营湘军，约七千人；余际昌所率九营湘军，约五千人。

鲍超趁夜行军，一不小心楔入陈玉成大军腹地。这让曾国藩和胡林翼很担心，有点怀疑多隆阿指挥的正确性。于是为了救爱将鲍超，他们四处调援军前去救援。陈玉成发现曾剃头把大将鲍超送到了嘴边，岂肯放过？因此，这次太湖、潜山会战，演变成了以小池为核心的一场大战。

鲍超部被陈玉成所部团团围住，而且霆字营的营垒又建在一处低洼处，这让太平军更加容易发起进攻。陈玉成先令捻军马队冲阵，一番冲击，鲍超所部死伤不少，但是没有陷入混乱；接着陈玉成令步兵发起进攻，炮火开路，鲍超率军拼死抵抗，陈玉成两次冲锋都被鲍超阻止。都说陈玉成凶悍，但这里碰到的是比他更蛮横、更凶悍的鲍超。随后，鲍超凭着三千人马一股呆蛮劲，打退了陈玉成一次又一次的进攻。

当时湘军六千多人被太平军数万人包围，双方都扎了很多的营盘，方圆几公里全是营盘。白天看上去，那就是人头攒动，有运东西的，有在营盘里操练的，如果没处于交战的情况下，敌我营地都是这样。白天看着很热闹，但是一到夜里，双方都不出声、不点灯，一片死寂。

十天后，多隆阿也被逼急了，为救鲍超亲率大军绕到陈玉成军背后，但在冲击战斗中被太平军击败，伤亡一千三百余人，副都统衔西林布、喀尔库及参将吴明亮等均被毙杀。多隆阿不肯罢休，又令唐训方率训字营跟着再救鲍超。多隆阿拼死到达了鲍超的左翼，而唐训方到达右翼时，没能扛住太平军的攻击而溃散了。

鲍超得到了多隆阿的支援，斗志大增，加之多隆阿的马队强于捻军的马队，于是太平军的优势被削弱。陈玉成也战急了，一边对付多隆阿，一边猛攻鲍超。这样又血战了十来天。鲍超的霆军虽然损失了三分之二人马，但阵地还死死地掌握在手中。陈玉成前后围攻二十多天，虽然重创鲍超部，但还是无法攻破霆军营垒进而全歼其军。

就在小池战局陷入僵持之际，一支湘军忽然杀来，最终改变了战局。

原来，就在陈玉成和鲍超血战的这二十多天时间里，胡林翼火速从潜山调来了一支奇兵。这支奇兵一直隐藏在潜山县北部的天堂镇。天堂镇为险关要隘，处于山中，占据此处就可以威胁太湖、潜山、桐城、舒城四县。陈玉成曾经也想攻占天堂镇，但是多次被清军击退。当然，陈玉成没有想到的是胡林翼在天堂镇集结了金国琛所率十四营湘军和余际昌所率九营湘军，这一万多湘军就成了决定小池之战胜负的关键。

正值寒冬，金国琛和余际昌率领湘军翻雪山爬冰地，前去救援鲍超霆军，很快就杀到了陈玉成大军的背后。由于陈玉成没有料到天堂镇有这么多湘军，因此，在这个方向上只布置了几千太平军作为防御。金国琛、余际昌很快解决了这几千太平军，然后与多隆阿、鲍超取得联系，合攻陈玉成的主力营盘。

已经疲惫的太平军此刻又不得不分为三路迎战。这样一来，部署乱了，战斗力也下降了。在西山冲里对付多隆阿的太平军首先败下阵来，往山上撤退时又被早就埋伏在山上的金国琛和余际昌部攻击惨败而逃。

正月二十五日，得到喘息的多隆阿卷土重来，选精骑从新仓渡河，与太平军决战于余贯嘴。多隆阿佯装失败，引诱太平军进攻，候补道蒋凝学、总兵朱品隆的伏兵从两翼杀出。金国琛、余际昌两部从潜山红土山袭击太平军背后，鲍超乘机率部突围而出投入战斗，几路清军与太平军展开了一场大决战。

激战之时东南风骤起，湘军点燃山林草木，山上树木起火，风助火势，冲向太平军。太平军大小营垒百十座全都陷入火海。

太平军虽英勇奋战，无奈寡不敌众，前后受敌，伤亡两万余人。陈玉成不敢恋战，于当天傍晚撤出小池，率余部进入安庆。翌日晚，太湖城内太平军亦撤走。

至此，历时两个多月的小池战役以湘军获胜而告结束。

宿松会议

小池之战是湘军入皖取得的一次重大胜利！这一胜利，让曾国藩开始对未来局势进行提前谋划。曾国藩做出预测：第一，朝廷基于当下危局，尤其是生性多疑的咸丰或许对汉人信任度有所提高，重用一批汉臣；第二，两江总督一职，应该是他曾国藩的；第三，放眼全国，只有湘军实力可以与太平军抗衡。由此，曾国藩判定湘系势力将迎来一次千载难逢的机遇，但是，也需要精心谋划。

此时，左宗棠因“樊燮京控案”（被弹劾案）离开湖南来到宿松，湖北巡抚胡林翼也应曾国藩之邀请前来宿松，湖南“三巨头”商议下一步的作战计划。

左宗棠，嘉庆十七年（1812）出生，字季高，号湘上农人，湖南湘阴人。

胡林翼，嘉庆十七年（1812）出生，字贶生，号润芝，湖南益阳县泉交河人，道光十六年进士。

会议开始后，首先是对时局的研判。曾国藩首先分析当下大清国面临的时局，请大家提出看法。

胡林翼道：“粤贼断非能成正果，吾辈若同心协力，早作夜思，未必不可挽回于万一。”

左宗棠道：“天意给了湘人一次转机机会，吾辈正可放手大干一场！”

曾国荃更是表态道：“进攻安庆，曾老九打头阵！”

对时局认识统一后，曾国藩提出要想让湘系势力进一步发展壮大，必须紧密团结，共同进退。曾国藩的这一主张，得到了左宗棠、胡林翼、李鸿章的一致赞同。接着，曾国藩提出，若要使得湘系势力得到朝廷重用，必须在剿匪上有卓越的贡献，因此，对下一步的军事行动进行谋划。

总体布局为兵分四路：一路由曾国藩率领，经宿松至祁门，北窥安庆。另外三路窥伺桐城、舒城、庐州，形成对安庆包围之势，等待时机成熟，一举攻克安庆。夺取安庆后，挥师东下，直指匪巢金陵。

这次会议开开停停，开了十多天，作为曾国藩的幕僚李鸿章自始至终参加会议，李瀚章、李元度、李续宜、彭玉麟、曾国荃、庞际云、欧阳兆熊等将领有时也参加会议。

此次会议不仅决定了太平军的命运，也决定着大清国的命运，史称“宿松会议”。

小池报捷

小池战役的胜利喜讯及湘军东进作战计划送至京城时，咸丰正领着皇后慈安、兰贵人在圆明园畅春园看戏。一出《贵妃醉酒》进入高潮时，肃顺、奕䜣手持六百里红旗加急战报走入戏场来到咸丰身旁。

奕䜣小心翼翼走至咸丰身旁，小声道：“皇上，曾国藩、胡林翼报捷！并报送湘军东进作战计划。”

咸丰漫不经心地问道：“湘军皖中打了胜仗？”

肃顺凑上前来，小声道：“是的皇上，曾国藩、胡林翼奏折中称，小池一战，战斗之惨烈，战况之盛大，军兴数年以来仅见之大战！”

奕䜣继续道：“曾国藩与胡林翼联手在太湖、潜山一线，毙敌两万余众，匪酋陈玉成被迫逃往安庆。”

咸丰道：“快哉！快哉！真可谓国家不可一日无湘军啊！”

叶赫那拉氏凑上前来道：“这说明皇上重用曾国藩那是用对人了！”

咸丰道：“这个曾剃头，真没让朕失望！”

奕䜣补充道：“曾国藩、胡林翼附片为鲍超、多隆阿、唐训方、金国琛、余际昌、李鸿章等参战有功人员请赏。”

小池战役胜利着实让咸丰快乐了好一阵子，但是，让咸丰焦心的是洪秀全还在金陵天王府里与自己抗衡。咸丰寻思，曾国藩、胡林翼、左宗棠这些湖南籍官员，都得加官晋爵。否则，他们难说再为朝廷卖力！

咸丰与奕䜣、肃顺等一帮军机大臣就曾国藩报送的湘军东进计划及奖赏请求廷议后，下达谕旨：准曾国藩所报湘军东进作战计划；曾国藩任两江总督，钦差大臣督办江南军务；胡林翼、鲍超、多隆阿、唐训方等众参战有功湘军将领非升官即晋爵；李鸿章任福建延建邵道；左宗棠委任四品京堂候补，协助曾国藩督办军务。

左宗棠接到委任圣旨后，并没有留在湘军军营，而是按照与曾国藩、胡林翼的约定，返回湖南老家招募丁勇创建他的楚军去了。

湘军东进

湘军东进作战计划批准后，曾国藩与胡林翼率领水陆两师约五万人马，连陷太湖、潜山。曾国荃率领的湘军万人，会同杨载福水师，太平军叛将韦志俊也一起参与攻克枞阳、祁门等皖南县城的战斗。

曾国藩进驻宿松时，苏南战场太平军也取得重大胜利，苏、常地区被陆续攻占，上海岌岌可危。

战报送达京城，咸丰着急了，一次次下旨敦促曾国藩快速东进，尽快进入江苏。而湘军进入江苏前，安庆是一道不可逾越的障碍。曾国藩决定先攻克安庆，遂将他的总前指设立于祁门县城。

李鸿章觉得祁门作为前指，地理位置上不合适，便找到曾国藩理会道："学生这次来江西拜谒老师，就经过祁门，祁门地形如釜底，殆兵家之所谓绝地，不如及早移军，庶几进退裕如。"

曾国藩胸有成竹道："祁门通闽广、接苏杭，可上达安庆以扼南京，下抵南昌以控西陲，其间险堑天成，攻守皆宜，为兵家必争之地。"

李鸿章掏出一张地图，边让曾国藩观看边解释道："老师请看，祁门四周群山，与外界相连的仅一条东通休宁、徽州，西连景德镇的官马大道，一旦长毛来袭将无退守之路。"

曾国藩接过地图，稍加浏览后道："兵家言，往往越是危险的地方越安全。好了，你的建议老师已经心领了。本帅主意已定，不必多言。"

1860 年 8 月 19 日（咸丰十年七月初三），曾国藩自宿松启程，随行的仅有鲍超麾下霆军三千人，朱品隆、唐义训等部五千人，连同宿松原有的马、步各军，兵力合计一万余人，8 月 28 日（七月十二日）抵达祁门。

老师意志坚定，作为学生下属只能服从。

祁门山峦环抱下的一座皖南古镇，城门外，彩旗飘扬，锣鼓喧天，人头攒动，县令包三秋率官绅迎候在城门外，曾国藩、李鸿章、庞际云、欧阳兆熊、鲍超、朱品隆、唐义训等湘军将领身骑战马在一队湘军护卫下进入城池。

包三秋将曾国藩帅营安排在城东洪家大院内。

北上勤王

8 月 12 日，英、法联军在美国和俄国的支持下，再次向天津发起进攻，挑起了第二次鸦片战争。

联军登陆天津北塘，京师告急，咸丰接报惊慌失措，谕旨曾国藩、胡林翼等将领火速调集人马赴京勤王。

咸丰“北上勤王”谕旨八百里加急送抵祁门曾国藩行辕。谕旨写道：夷军再犯天津，危急京畿，着曾国藩调集劲旅北上勤王。钦此。并附片，点名让猛将鲍超率队前往。

曾国藩接到咸丰这道圣旨为难了，此时，他正坐镇祁门调集各路湘军，准备围攻安庆，与此同时，皖南也有多路太平军正虎视眈眈试图歼灭湘军。

两难之际，曾国藩心生一计，召集庞际云、欧阳兆熊、李鸿章等幕僚宣读咸丰谕旨后，告诉他们道：“正值剿灭粤匪关键时刻，抽调精锐等于痛失战机；若不奉旨，将被责为天下罪人，本帅要诸位就是否奉旨北上勤王，还是请旨待变，各自提出方略，明早交本帅。”

群山环抱下祁门，白墙青瓦，小桥流水，幽静而神秘。曾国藩照例清晨便起床军营巡视，而李鸿章自从入曾国藩幕后，在老师的监督下，也改掉了睡懒觉的坏习惯，也是早早起床，找到正在洪家大院散步的曾国藩就北上勤王之事建议道：“老师，学生以为京津近在咫尺，湘军远在皖赣，即便奉旨北上，等赶赴京畿京城也早已被洋军攻克。更，联军威逼京城只是手段，逼迫朝廷签署条约获取在华利益才是根本，最终将会金帛议和了事，而真正威胁大清国的还是粤匪。”

曾国藩停下脚步，习惯地捋了捋下巴胡须询问道：“以阁下之见，当下本帅当如何？”

李鸿章回答道：“按兵请旨，静观其变。”

李鸿章提出建议后，庞际云、欧阳兆熊等幕僚纷纷向曾国藩建议，应当遵旨，派鲍超或曾国荃酌带兵力北上勤王。曾国藩最终还是采纳了李鸿章的意见。不过，他的处理方式比李鸿章想得更周全。首先给曾国荃写信，说明北上勤王的重要性，让他先点将，点好后再把名单给他。接着，便回奏朝廷，已安排曾国荃率部北上勤王，现正准备中。

不久，咸丰谕旨送达祁门，谕旨写道：朕已巡幸木兰移驾热河，曾国藩可不必再派兵北上。着克复安庆，东进江苏，早日克复金陵。准江西、安徽试办厘捐局，所收厘捐充作军饷。钦此。

李鸿章这一建议解决了曾国藩的一个大难题。事后，咸丰得知曾国藩南方点将准备北上勤王之事，也对曾国藩放下了戒心。

9 月 22 日，咸丰携皇后、贵妃、载淳、肃顺、载垣、瑞华、景寿、穆荫、匡源等王公大臣逃往承德。

10 月 18 日，联军洗劫、烧毁圆明园、静宜园，园中建筑惨遭破坏，财物洗劫一空，三百多名宫女、太监葬身火海。

第二次鸦片战争的结果是：战争中沙俄出兵后以“调停有功”自居，并胁迫清政府割让一百五十多万平方公里的领土，从而成为最大的赢家。战争以清政府被迫签订《北京条约》结束。

第七章

负气出走

这天，李鸿章陪同曾国藩、朱品隆、唐义训、张运兰等湘军将领巡视城防时，再次提醒曾国藩道："老师，祁门地势形同釜底，此兵家所说的绝地，还是及早另择他处，以免日后受困。"

朱品隆调侃道："看来李文办不仅会掌管文案，还是诸葛亮呢，真是小瞧了！"

曾国藩询问道："以少荃之见，本帅的行辕应放在哪里为好呢？"

李鸿章不假思索地回答道："东流。"进而解释道，"东流傍江依山，可进可退，可攻可守，大营驻扎东流万无一失。倘若长毛闻讯围攻祁门，只需数千人就可将出路堵死，如同囊中之物束手待擒。"

唐义训不屑一顾道："危言耸听！"

曾国藩似乎对李鸿章的一而再、再而三的劝说有些反感，顿然挂上脸色严肃道："阁下如此厌恶此地，是不是怕死？若如此，可收拾行李离开这里。烦你转告其他人，凡怕死的人都可及早离开。"说完，一甩袖子离去。

其实，曾国藩坚持驻守祁门而不移师，是要向朝廷表明他不畏艰险坐镇祁门就近指挥誓取安庆的决心，这一点，李鸿章或许并没有想到。由此，师生之间发生了第一次不快。

皖南西接江西南接浙江，东与江苏、福建毗邻，皖南对于太平军而言战略地位极为重要，占领此处即可争夺浙赣粮源，协防苏、福、浙三省，同时还能策应安庆战场。正因为这个战略要地，太平军投入了大量兵力。辅王杨辅清进军宁国，堵王黄文金陈兵芜湖，侍王李世贤则驻防浙江金华、苏南金坛和皖南广德。

农历七月下旬，李世贤、杨辅清联手围攻宁国府，守将周天受请求曾国藩派军救援。曾国藩却因兵力有限无力派兵，眼睁睁看着宁国被太平军攻克。

攻克宁国后，杨辅清、李世贤下一个目标就是皖南政治、经济中心徽州，再接下来的目标就是祁门湘军大营。

危急关头，昔日幕僚李元度率领新募的三千乡勇赶来祁门。曾国藩顾不得设防祁门，命令李元度率部赶往徽州增援。李元度秀才出身，一介书生，从来没有领过兵打过仗，而从家乡平江临时招募的三千乡勇，没有经过军事训练，更谈不上什么作战经验了。刚抵达徽州城，就中了李世贤的“引蛇出洞”诡计，三千乡勇全军覆灭，徽州失守。李元度趁乱逃跑，捡了一条性命。

徽州再陷，祁门危在旦夕，直到此时曾国藩才感觉出当初没有听李鸿章的劝阻，执意要将帅营设于祁门的错误。

就在这样的危急关头，李元度回到了祁门大营。曾国藩见此败将便勃然大怒，吩咐李鸿章草拟奏折弹劾他。李鸿章知道李元度是个文人，不懂兵法，曾国藩也清楚这一点，所以命令他必须死守，不得出城应战。可是，李元度见前来挑衅的太平军，一时冲动竟然忘了曾国藩的叮嘱不可开城门应战，结果痛失徽州，使祁门成为一座孤城。除此之外，李元度曾经救过曾国藩的命，将罪责完全归于他，而且还加以弹劾实为不义之举。故而一边拖延，一边劝说曾国藩“家丑不外扬”，希望网开一面饶他一回。

曾国藩却固执己见，一定要弹劾李元度，为此，师生之间又发生一场纷争。正好，吏部下发的李鸿章福建延建邵道任职文书送达祁门，李鸿章携带任职文书，连老师一声招呼都没打，便收拾行李离开了祁门。

异乡团聚

李鸿章离开祁门之后心情郁闷，赣北闲逛了一个多月后赶到了南昌。进了城，首先找到湘军粮台，大哥、凤章都采办粮饷去了，只见到了老四蕴章。兄弟相见一番叙话后，李蕴章安排李鸿章餐馆小聚。吃饱肚子后，领着李鸿章前往母亲及一家老小居住的房舍。

李鸿章在李蕴章的引领下首先见了母亲，却没敢告诉母亲和曾国藩赌气出走的事，而是说他回来收拾行装准备去福建就任延建邵道。李老太太听说儿子高升满心欢喜。

镜蓉、琼芝听说父亲回来了都赶了过来，看着两个女儿一个个出落成亭亭玉立的大姑娘时，李鸿章既高兴又心酸。高兴的是女儿长大了，都到了出嫁的年纪了；心酸的是因为匪患，当父亲的关心女儿太少，以至于没有办法给女儿寻找门当户对的好婆家。

镜蓉告诉李鸿章母亲病了，已经躺在床上好几天了。听了女儿话，李鸿章心头一紧跟随女儿回到自己的小家，见到了面容憔悴躺在床上的周氏。询问得了什么病，贤惠的妻子却掩饰说受了点风寒，躺几天就会好的。说完，拿出父亲寄来的信札让丈夫看。李鸿章接过信札，仔细阅读。岳丈周仁甫信中说，考虑当下李家家园被毁，背井离乡的窘况，应女儿的请求，也为了女婿放下家庭负担完成朝廷交给的剿匪重任，他已经在庐州城替两个外孙女找好了婆家，一个是庐州城刘氏炒货铺家的大少爷，一个是龚氏染坊家的三少爷。在庐州城里，两家的家境都很富裕。打算待来春春暖花开之时，便派管家来接母女回庐州，操办婚事。看完岳丈的信，李鸿章的心头好一阵感激，暗自里责备自己这个当女婿的对不住岳父大人。

听说李鸿章回来了，大嫂王氏、三弟媳石氏、四弟媳宁氏、五弟媳郭氏、六弟媳戴恭谨，经方、经羲、经畬等侄儿们，还有仆人刘斗斋都赶来看望。一下见到这么多侄儿，李鸿章十分高兴，搂搂这个抱抱那个。

李老太太赶来周氏居住的房子，叮嘱李鸿章抓紧给老岳丈写封回信，感谢李家落难之际，给镜蓉、琼芝找了两个好婆家。

王氏、宁氏下厨，郭氏、石氏、戴氏、镜蓉、琼芝都来帮忙，做了一桌丰盛的家宴。吃饭的时候，合家老小都来了，周氏在女儿琼芝搀扶下也赶来参加欢迎丈夫归来的家宴。

饭后，李鸿章回到自己的小家，给庐州的岳父大人写信，感谢岳丈对两个女儿婚事的操劳。给同年考取进士的郭嵩焘、沈葆桢各写了一封信，告知自己赌气离开祁门的事，咨询福建那边官场形势，是否适合前往赴任?

几天后，大哥李瀚章、五弟李凤章采办粮饷回来了。因为李瀚章已经收到曾国藩信札告知李鸿章赌气离开祁门的事。因此，一见面便责备李鸿章太不懂事，这个时候怎么能与曾帅赌气离开祁门呢?四弟、五弟知道后，也都纷纷劝说李鸿章返回祁门，回到曾帅身边。

李老太太知道后，更是将李鸿章劈头盖脸一阵训斥，骂他是个不孝之子，要将他撵出家门。

沈葆桢很快给李鸿章来信了，信中告诉李鸿章“闽事糜烂，君至徒自枉其才耳”。劝说不要来福建任职，赶紧重回曾幕。

郭嵩焘也给李鸿章回信，劝说李鸿章“此时崛起草茅，必有因依。试念今日之天下，舍曾公谁可因依者？即有拂意，终须赖之以立功名”。也力劝其不要去福建，返回曾国藩身边。

遭遇险情

李鸿章走后，祁门果然险情不断。

10月初，辅王杨辅清攻陷宁国府后，再陷徽州府。当时杨辅清并不知晓曾国藩的帅营就在祁门，攻克徽州后便马不停蹄率军从祁门西南擦肩而过，进入江西，让曾国藩躲过一劫。

12月李秀成亲率大军奇袭羊栈岭，陷黟县，前锋已经打到祁东乡赤桥附近，距曾国藩帅营仅六十里。直到此时，曾国藩才想到当初门生李鸿章的提醒，现在已经晚了。

曾国藩写下遗书：“余忝窃高位，又窃虚名，生死之际，坦然怡然。惟部下兵勇四五万人，若因断饷而败，亦殊不忍坐视而不为之所。家中万事，余俱放心……”而后，告诉部下道：“粤匪就要攻入祁门了，想走的都可以走，我不走！”语调凄惨悲戚，大有生离死别的意味。

曾国藩幕僚及随从“亦将行李置舟中”，做好了随时逃命的准备。

一次捣毁湘军大营，活捉曾妖头的大好时机，却因李秀成误以为祁城有重兵守御，绕道祁门前往江西，曾国藩又侥幸逃过一劫。

咸丰十一年正月，太平军又由石埭进攻祁门，大败清军。此时江西粮道被太平军断绝，曾国藩亲自率兵攻打徽州，结果大败，仓皇退回祁门，又一次写下遗书，准备自尽。

好在左宗棠率领楚军及时赶来皖南，在湘军悍将鲍超的配合下，于1861年2月18日击败了黄文金，皖南危险逐渐消除。

浪子回头

一次次的险情，让曾国藩感悟当初没有听从李鸿章的劝告的错误。但是即便如此，曾国藩还是觉得李鸿章不明大义，不达事理。认为李鸿章在自己最困难时借故离去，是一个“难与共患难”之人。当时，李鸿章也感到十分委屈，他给胡林翼写信说：“自己原来以为曾国藩是豪杰之士，能够容纳各种不同意见和事物，如今才知道并非如此。”

冷静下来后，曾国藩感到身边需要敢于提不同意见的幕僚，也需要像李鸿章这样有主见能干的幕僚。另外，在弹劾李元度的问题上，自己也过于意气用事，导致决策上的重大失误。

曾国藩一番思考后，先后给李瀚章、胡林翼等人写信请他们劝说李鸿章返回祁门，共创剿匪伟业！不久，曾国藩便收到胡林翼的回信，信中胡林翼告诉曾国藩，“李鸿章这个人非等闲之辈，迟早会一飞冲天，没有人能够阻挡他飞黄腾达的脚步，不如带领他一起前进，还可以壮大我军的力量”。

李瀚章回信曾国藩，二弟负气出走过于任性，在家母及兄弟们劝说下，已经知错，只是妻子周氏病卧在室，返回大营稍许迟些时日。

李鸿章收到了他所敬仰的胡林翼来信，信中胡林翼恳劝他回到曾国藩身边。信中写道：“阁下将来一定大富大贵，但有个前提条件是不能离开曾国藩，你不依靠曾国藩，怎么能够取得进步？”

接到胡林翼、李瀚章的复信后，求才若渴的曾国藩亲自给李鸿章写信：阁下久不来营，颇不可解。以公事论，业与淮扬水师各营官有堂属之名，岂能无故弃去，起灭不测？以私情论，去年出幕时，并无不来之约。今春祁门危险，疑君有曾子避越之情；夏间东流稍安，又疑有穆生去楚之意。鄙人遍身热毒，内外交病，诸事废阁，不奏事者五十日矣。如无穆生醴酒之嫌，则请台旆速来相助为理。

曾国藩将“曾子避越”和“穆生去楚”两个故事连在一起写，意思是说：今年春天祁门危险的时候，李鸿章不回来，虽然会怀疑他跟曾子避越一样，是为了躲避战乱，但尚且能够理解；而今危险已经过去了，李鸿章还迟迟不来，就不得不让人怀疑他有穆生去楚之意了。

母亲的训斥，同科沈葆桢、郭嵩焘的复信，大哥的责备，弟弟们的劝说，胡林翼的来信，特别是老师礼贤下士的来信，这些因素，不得不让李鸿章冷静思考自己未来和前途。一番思考后，李鸿章觉得当今能够“依赖而赖之以立功名者”的确只有曾国藩一人。于是“怦然有动于心”，萌生了吃“回头草”的想法。于是，打点行装告别母亲、病中的妻子，启程重返祁门湘军大营。

移营东流

1861年4月，曾国藩终于决定将行辕从祁门敦仁里洪家大屋迁东流，离开了不堪回首的痛苦之地。有了刻骨铭心教训的曾国藩，到了东流后，却不愿去设立于县城的帅营，而是登上停在江边的一艘战船上，指挥安庆会战。

四月的江南草长莺飞，桃红柳绿，百花争艳，心怀愧疚归心似箭的李鸿章无暇欣赏江南美景，而是想着赶到老师身边，为湘军正在围攻安庆的战役作点贡献。

东流（今东流镇），地处安徽省南部，长江下游南岸，隔长江与其北侧的望江县及安庆相望，也是李鸿章赌气离去前，建议曾国藩行辕设立的地点。

县城大门，李鸿章亮出“鱼牌”表明身份，在守卫城门的湘军引领下，来到位于县城南街的曾国藩行辕，仆人阿贵告知，曾大帅搬到江边大船办公去了。

在阿贵的引领下，李鸿章来到了停泊在长江南岸一河汊里的帅船上。

一进帅船阿贵便喜滋滋地道：“大人，看看谁来了！”

正在船舱里与庞际云、欧阳兆熊等幕僚商讨安庆战事的曾国藩猛然发现李鸿章风尘仆仆站立面前，激动地道：“少荃回来了！”

庞际云、欧阳兆熊都激动地道：“李文办回来了！”

李鸿章低下脑袋，愧疚道：“学生不明事理，恳请老师宽容。”

曾国藩捧起烟壶点燃深吸一口后道：“哎，为师固执己见，不听阁下劝告，招致祁门几度遇险，险些葬送大营。”

李鸿章道：“不，是学生不明事理。”

庞际云“哈哈”一笑道：“老师知错已改，学生迷途折返，相逢一笑，前嫌尽释，好好好！”

欧阳兆熊道：“安庆攻城决战就要打响，少荃回来正是时候。”

曾国藩对李鸿章道：“少荃，把行李交给阿贵，陪愚师江边走走，我们需要沟通沟通。”

滚滚江水拍打着江岸，曾国藩、李鸿章漫步走来，两人都默默走着，都不愿先开口说话。最后，还是李鸿章先开口道：“学生无知，老师危难之时竟然负气而走，现在想来真是追悔莫及。”

曾国藩哈哈一笑道：“追悔的应该是为师，当初没有听取阁下劝告，险些命丧祁门。古人说得好啊，悔字如春，万物蕴含其中等待萌发；吉字如夏，万物盛大茂密；吝字如秋，万物开始凋零；凶字如冬，万物一片萧条。人生一世难免喜怒哀乐，悔吉吝凶。”

李鸿章若有所思地道：“喜怒哀乐，悔吉吝凶。”

曾国藩道：“得意而喜，失意而怒，非大将之才。”

李鸿章道：“少荃谨遵恩师教诲。”

曾国藩教导道：“胜不喜，败不馁，于众疑处而不疑，于乱之时挺得住，方为大用之才。”

收买策反

自去年夏天开始，曾国藩命胞弟曾国荃率领吉字营八千湘军陆师，提督杨岳斌率领的水师四千担任围城安庆任务；命副都统多隆阿、李续宜率马步两万，驻扎桐城西南挂车河、青草塥，担任打援任务。6月，杨岳斌水师攻陷安庆东路要地枞阳后，合围安庆。曾国荃攻占集贤关后，北城门外掘长壕两道，前壕围城，后壕拒援。然守卫安庆城的太平军不时派出小股部队焚烧湘军营帐，捣毁沟壕，抢夺粮草，给湘军围城造成很大麻烦，尤其一名被洪天王封为“弼天豫”爵位的悍将程学启，所部更是神出鬼没，防不胜防，且袭扰屡屡得手，杀死湘军士兵多人，弄得曾国荃很是头疼却毫无办法，此情况直接汇报到了帅营。

曾国藩了解到程学启系舒城人后，决定采取收买或者策反方式拔掉这颗“钉子”，便把这一任务交给了李鸿章。

李鸿章领命后，前往桐城对程学启进行了一番走访了解。程家世代务农，幼年丧母，由族人程惟栋之母养育成人。此人年少不爱读书，好谈兵事，不事生产，唯喜任气使侠。咸丰三年（1853）十月间，太平军攻占桐城地区，开辟皖江之地，程学启报名参加了太平军，随军移师安庆，并得结识志趣相投的庐江丁汝昌、舒城何安泰等数人，结为乡友。

程学启于太平军中转战皖西，屡立战功，累晋至“弼天豫”爵位。其自行募兵乡里，得精卒五百为一营。辅佐太平天国“受天安”叶芸来守安庆。叶以其为皖人，人地相宜，对其甚为倚重，特以自己妻妹舒城高崇善次女配之为妻，笼络程学启以为心腹。

摸清程学启底细后，李鸿章通过当年办团练的道上朋友，找到桐城一位了解程家情况并知晓程学启养母居住地的穷书生孙云锦，十两银子做酬劳，将其领往安庆面见曾国荃。

多日不见，曾老九与李鸿章营帐简单寒暄后，便直奔主题。李鸿章向曾国荃简单介绍孙云锦情况后，孙云锦向曾国荃鞠躬道：“孙某有一妙计，不费一兵一卒定能让程逆俯首听命。”

曾国荃摇摇头道：“这家伙神出鬼没诡计多端，我们多次交锋，不费一兵一卒就能降服，不信！”

孙锦云道：“曾将军有所不知，程贼是个大孝子，若能将其养母俘来军营以为人质，胁迫程贼反叛归顺，长毛北门外营垒不攻自破。”

李鸿章调侃道：“沅甫兄，这下信了吧？”

曾国荃鼓掌道：“妙！这个点子真是妙不可言！”

诱母降子

很快，几名换上太平军军服的湘军士兵，赶着马车在孙锦云引领下自安庆湘军军营出发，赶往桐城南乡程学启养母家。

多日没有了养子的消息，忽然听说儿子太平军中当了大官，派人赶马车来接她去安庆，老太太满心欢喜，换上新衣服，简单收拾行李便坐上马车赶往安庆。

到了湘军军营，看到都是穿着军服拖着长辫子的湘军才知道上了当，可此时已经晚了。孙锦云走上前来，对老太太道：“老人家不用害怕，他们不会伤害你，也不会伤害你儿子的。”

程母战战兢兢地问道：“那你们想干什么？”

曾国荃道：“我们想请老太太出面，说服儿子程学启，弃暗投明，投靠朝廷。”

程母稍加思考后道：“投靠朝廷？不，朝廷昏庸无道，民不聊生，我不会劝说学启投靠你们。”

孙锦云道：“老太太，你恐怕还不知道，太平军包括你儿子程学启在内，已被湘军重重围困，不投降只有死路一条！”

程母惊恐地道：“你们要杀死我儿！”

曾国荃道：“长毛大逆不道，祸国殃民，很快就要覆灭。你儿程学启受粤匪蒙骗误入歧途，若迷途知返投靠朝廷，必将前途无量。”

孙锦云道：“老太太，你可要听清楚了，学启不降，必死无疑！”

程母扑通跪地：“不要杀我儿，一切都听你们的便是！”

出谋献策

程学启养母被骗来安庆后，李鸿章又从东流赶来安庆，以“浪战”诱骗等伎俩闻名军中团练头目，一番出谋献策，一出诱降程学启的计划开始实施。

程学启所统的太平军都是从舒城、桐城、庐江等地招募的新兵，因为不是叶芸来的广西嫡系，被安排在安庆城北城门外驻守，与曾国荃的“吉”字营仅三箭距离。

这天夜晚，程学启正在营地巡视，丁汝昌、何安泰前来报告，刚刚湘妖一匹快马冲向营地，射出一箭后便逃之夭夭，射来军营的箭杆上捆绑着一封曾国荃亲笔给主将的短信。

程学启，1829 年（道光九年）出生，字方忠，安徽桐城人，咸丰三年太平军攻克桐城后，报名参加太平军，英王陈玉成部属，随叶芸来守卫安庆。

丁汝昌，1836 年（道光十六年）出生，原名丁先达，字禹亭，号次章，安徽庐江县石头镇人。读过三年私塾，后父母去世后，不满十岁便外出帮工，替人放牛、放鸭、摆渡、磨豆腐，饱受生活煎熬。咸丰三年参加太平军，程学启的好友。

何安泰，出生年月不详，安徽舒城人，咸丰三年太平军攻克舒城后，报名参加太平军，与程学启、丁汝昌都是好友。

程学启还没看完短信，便哭泣起来，哭着道：“湘妖绑架了我的娘亲，这可如何是好呀！”

丁汝昌骂道：“两军交战，胜负战场较量，绑架人质为要挟，卑鄙之至！”

程学启抽噎道：“学启自幼丧母，是娘亲将我抚养成人，若娘亲惨遭湘妖毒手，学启何以为人！”

何安泰道：“曾国藩、曾国荃，一对狗兄弟，竟然出此歹毒招数！”

丁汝昌道：“主将，不如弟兄们拼死杀入妖营，救出令堂！”

程学启摇摇手道：“不可莽撞！”

何安泰道：“当下，湘妖大军围城，安庆危在旦夕，为救令堂，主将做何打算？”

程学启稍加思考后道：“当年我等兄弟投靠天国当兵打仗，仅为吃饱肚子并无其他奢望。直至后来，攻克金陵定都天京，天国渐成气候，方萌生建功立业高官厚禄光耀门庭之念。可天京内讧，翼王出走，韦志俊等天国将领反叛，可见洪天王已不得人心，看上去数万人马，貌似强大，实则外强中干日暮途穷。”

丁汝昌补充道：“叶芸来对我们皖籍官兵疑心重重极不信任，让我等驻守城外当炮灰。”

程学启环顾四周，小声地：“当心隔墙有耳！”

丁汝昌压低嗓门问道：“方忠兄的意思是……”

程学启压低嗓门道：“一来为救娘亲，二来不当天国二等兵，我等归顺清廷，二位贤弟以为如何？”

丁汝昌小声道：“方兄的娘亲就是我和安泰的娘亲，我们都听方兄的！”

何安泰道：“听方兄的！”

程学启犹豫道：“只是叶芸来对我早有戒心，将其妻妹许配学启为妻，名为夫妻实则监视。娘亲还在湘妖曾国荃手里，禹廷，请设法联络曾国荃，就说投降的事可以商量，但绝不能伤害人质！”

丁汝昌道：“汝昌明白。”

策反成功

没有不透风的墙，湘军诱捕程学启养母于湘军营中，要挟程学启反叛的消息，很快被安插在程学启身边的奸细获悉并偷偷进城密告叶芸来。

叶芸来接报吃惊不小，随与谋士商量处置办法。

谋士提醒叶芸来道：“主将，皖籍官兵都是为了吃饱肚子才投奔太平军的，并非我们的嫡系。湘妖绑架了程学启母亲，程学启为救母难免不起反叛之心。”

叶芸来道：“听阁下之言，程学启想反叛天国？”

谋士道：“英王解安庆之围失败，湘妖水陆两师陈兵安庆城外，城中粮食补给出现困难，军心已不稳，不得不防啊。”

叶芸来取出令牌，安排手下传程学启营帐见面。

程学启刚回营帐，差兵手持叶芸来令牌向程学启传令道：“主将有令，程学启入城相见。”

程学启接下令牌，稍加思考后道：“方才湘妖派出小股部队前来阵前袭扰，天色将黑，学启担心湘妖夜晚再来偷袭。请兄弟回禀主将，待明日一早学启即入城面见主将。”

打发走传令差兵，程学启找来丁汝昌、何安泰，扬了扬手中令牌对二人道：

“叶芸来已经生疑，令学启进城面见，让学启暂时敷衍过去。”

何安泰提醒道：“安庆城不可进！”

程学启道：“学启知晓。”

丁汝昌道：“情势突变，看来等不到与曾氏兄弟相约那天了。”

程学启道：“可营中桐城、舒城、庐江弟兄不过三百，一旦事情败露，弟兄们都将人头落地。”

丁汝昌道：“若我等今晚不走，明日恐怕想走也走不成了。”

何安泰劝说道：“方忠兄，夜长梦多，为了你的娘亲，也为了三百多皖籍兄弟性命安危，不要再犹豫了！”

程学启一跺脚道：“逼上梁山，干！分头告知桐城、舒城、庐江弟兄们，愿意走的，午夜时分西营门集结。届时，学启持叶芸来令牌设法骗开营门，直奔湘营而去。”

何安泰道：“不成功便成仁！”

程学启道：“一旦被识破，弟兄们务必团结一心，杀出一条血路冲出去！”

午夜时分，太平军北城门外的军营营帐座座，灯火点点，一片安详。程学启、丁汝昌、何安泰率领一队太平军士兵全副武装列队行进而来，几名守门士兵拦上前来。程学启亮出令牌对守营门的士兵道：“打开营门，主将令牌在此！”

一士兵接过令牌，借助灯光，稍加观看后道：“原来是程天豫？”

程学启道：“烦请兄弟打开营门。”

营门缓缓开启，程学启、何安泰、丁汝昌率三百多投诚士兵跑步冲出城门。

老谋深算的叶芸来一觉醒来觉得有些不对劲，遂带上谋士、侍卫，快马赶往城北。出城门后直奔太平军北城门外营地，询问巡逻兵才知道程学启已经率所部离开了军营。叶芸来气得吹胡子瞪眼，亲率一队骑兵追捕叛徒程学启及其皖籍叛军。

曾国荃接报程学启率部逃出军营，正向湘军营地而来，后面还有追兵随后追杀！曾国荃接报下令打开营门迎接投诚义军，同时，下令架上火炮，轰击前来追赶的太平军。

当程学启率领的投诚义军进入火炮射击安全距离后，曾国荃一声令下“开炮！”十几门劈山炮发出轰鸣，炮弹在追赶而来的太平军骑兵队伍中炸开，顿时，人仰马翻，追兵不敢前行！叶芸来见状，只好下令停止追击。

历史记下了这一刻：1861 年 4 月 8 日夜，程学启率领丁汝昌、何安泰及三百多名庐江、桐城、舒城籍太平军投诚湘军。

第八章

兄弟参战

围攻安庆城关键时刻，成功策划程学启率部投诚，这不仅只是敌我战场上一次小小的胜利，更是湘军精神上的重大胜利！曾国藩接战报后，对李鸿章幕后周密策划大加赞赏，对胞弟曾国荃的周密组织、果敢行动给予褒扬。

几天后，曾国藩亲自接见了程学启、何安泰、丁汝昌等起义投诚头目，并将起义人员全部编入曾国荃的吉字营，设开字营，程学启、何安泰、丁汝昌按照湘军营制度担任了管带、帮带、哨官。同时，对程学启的养母做了优厚妥善的安置。

从程学启投诚事件上，李鸿章已经看出湘军强大和光辉的未来，曾国藩这棵大树对自己及对李家兄弟们日后前程的重要！还想到父亲临终前的遗嘱："贼势猖獗，民不聊生。吾父子世受国恩，此贼不灭，何以家为，汝辈努力以成吾志。"当下，大哥带领老四、老五筹办湘军粮饷，自己在曾国藩身边，只有三弟鹤章、六弟昭庆还没有得到曾国藩这棵大树的荫护，是时候该让这两个弟弟搭上湘军这辆决定大清前途和未来命运的滚滚战车了。

这天，李鸿章陪同曾国藩江边散步的时候，说到了父亲临终遗嘱，提出了让李鹤章、李昭庆携合肥东乡团练前来安庆参加攻城战斗的想法。

提到李文安，曾国藩便想到他的那位同年之谊；想到为办团练暴毙军营；想到与他的两个儿子李瀚章、李鸿章之谊；想到当下他的六个儿子，已经有四个在自己的麾下。而今，李鸿章又要让李家老三、老六率领团练前来安庆，为湘军为朝廷效力，如此忠、孝、仁、义、礼、智、信的李氏后代，岂有不应允之理？当即表态，速通知两位兄弟率部前来安庆参加攻城战斗！

合肥县东乡磨店团练营地，刀来枪挡，刀枪声铿锵作响，一队乡勇正在拳师教导下操演，李鹤章在一旁监督。

却说李鸿章离开庐州这两年多的时间里，李鹤章、李昭庆秉承父亲遗志，磨店操办团练等待机会奔赴剿匪战场，建功立业报效朝廷，终于等来了机会。

李昭庆拿着李鸿章安庆寄来的信札兴冲冲地跑来，嚷嚷道："三哥！三哥！二哥安庆来信啦！"

李鹤章问道："二哥信上说了什么？"

李昭庆道："二哥信上说，湘军即将攻打安庆，他已经请示曾大人获得批准，让我们带领东乡团练前往安庆加入湘军，参加攻城战斗。"

李鹤章道："明白二哥的意思了，他是让我们兄弟参加攻打安庆城战斗，日后也好博得朝廷封赏。"

李昭庆道："二哥在信中还夹带了一封给曾国荃的推荐信。"

李鹤章问道："曾国荃，曾国荃是何人？"

李昭庆道："曾大人的胞弟呀！三哥有所不知，曾国荃可是湘军中一员猛将，所统吉字营可是了得，从湖南打到安徽，所向无敌，无坚不摧。"

李鹤章道："召集弟兄们，告诉他们刀枪无眼打仗那是要死人的，愿意前往安庆参加湘军攻城战斗的回家告知家人，准备行装；不愿去的，解散回家。"

七天后，李鹤章、李昭庆率领的百人团练抵达安庆，李鸿章、曾国荃、程学启、丁汝昌、何安泰等湘军将领集贤门外迎接。李鸿章介绍兄弟俩与大家认识后，曾国荃将合肥团练编入程学启的开字营，统一接受他的指挥。

攻克安庆

1861 年（咸丰十一年）8 月底，湘军在抵挡住前来救援的太平军陈玉成、洪仁玕、林绍璋等各路援军，几道通往城墙下的地道挖掘成功后，曾国藩在战船上召集水陆两师参战将领会议，下达攻占安庆的作战命令。

曾国藩首先让李鸿章向各参战将领介绍敌我兵力及战场态势。

李鸿章走至地图前，介绍道："现在的敌我态势是：安庆外围敌我已经形成层层包围与反包围格局。诸位请看，第一层是停泊于长江安庆水域我湘军水师；第二层是安庆城中粤匪守军叶芸来、吴定彩两部，二贼为配合陈玉成，已在菱湖南岸构筑营垒多座，并用小船与北岸的粤匪大营互通；第三层是曾国荃、曾贞干所部，他们利用内外二条长壕拦阻粤匪突围与救援；第四层是陈玉成部三万人马，驻集贤关外，与安庆城内粤匪夹击曾国荃、曾贞干所部；第五层是多隆阿部，内围陈玉成，外拒洪仁玕军；第六层是洪仁玕、林绍璋、吴如孝所部。”

欧阳兆熊道：“诸位都听到了，当下，安庆敌我犬牙交错，形势极为复杂。”

庞际云道：“这说明，双方都意识到安庆会战将是一场生死存亡大决战！”

杨岳斌道：“我军围困安庆一年有余，该到决战的时候了！”

鲍超道：“端掉龟儿子老窝！”

多隆阿道：“涤帅，下令吧。”

李续宜道：“下令吧！”

曾国藩放下手中烟壶，站起身子下达了攻城战的命令：“鲍超听令！令你部景德镇北调，驰援安庆！成大吉听令，令你部自太湖东进，增援集贤关。多隆阿听令，令你部扎营挂车河阻击西援之敌。李续宜听令，令你部扎营新安渡，与多隆阿互为策应。曾国荃、曾贞干听令，令你两部进攻集贤门，务求突破成功！彭玉麟、杨岳斌听令，令你部率水师封锁长江阻击粤匪增援水师，并侧援各军。两军对垒，攻心为上，攻城为下，当下，安庆城外敌我交错，本帅特别提醒各位，徽州绿营被粤匪收买倒戈反叛教训深刻。”

欧阳兆熊道：“涤帅的意思是告诉大家，各军门在做好自身防范同时，亦可收买粤匪内线，为我所用。”

曾国藩道：“这是一场生死大决战，若粤匪失败，江宁将从此失去西线屏障，匪巢将不保；若我军失败，不仅安庆的包围圈被攻破，湘、楚联军数万将士将全军覆灭。为此，各军门务当齐心协力，血战安庆。”

众将领山呼海应般喊叫道：“齐心协力，血战安庆！”

1861 年 9 月 5 日凌晨，在经过几场艰难的外围攻防战后，安庆城集贤门一声巨响，湘军通过挖地道而埋在城墙下的数十包炸药引爆，城墙被炸开几道数十丈的豁口。

曾国荃一声令下，“吉”字营八千湘军，手持钢刀冲入豁口杀入城中。接着，曾贞干手持钢刀率部杀入城中，李鹤章、李昭庆率领的合肥团练，跟随曾家兄弟也杀入城中。

曾贞干，原名曾国葆，字季洪，曾家五兄弟中年最幼者（国藩、国潢、国华、国荃、国葆）。

随后，鲍超的霆字营，多隆阿的马队，李续宜率领的湘军，彭玉麟、杨载福率领的湘军水师，六万人马分从不同方向杀入城中。守城将领叶芸来、吴定彩与一万六千余名太平军守军宁死不屈，或战殁，或投江，壮烈殉难。另外，在城里死去的百姓当中，还包括一些太平天国首领的家眷，其中就有英王陈玉成的一家老少。就这样，安庆会战以这样一种极端惨烈的方式，载入了中国近代战争史册。

攻克安庆喜讯传来，曾国藩立即吩咐李鸿章撰写奏折向朝廷报捷。

辛酉政变

就在湘军攻克安庆获得巨大胜利的时候，一场宫廷政变正在热河悄然发生……

1861 年 8 月 22 日晨，咸丰崩逝于热河避暑山庄的烟波致爽殿西暖阁，享年三十岁，执政仅十一年。咸丰临终前，遗诏立六岁幼子载淳为皇太子，继承皇位，并以怡亲王载垣，郑亲王端华，协办大学士户部尚书肃顺，御前大臣景寿及军机大臣穆荫、匡源、杜翰、焦祐瀛八人为“赞襄政务王大臣”辅政。

慈禧,1835 年（道光十五年）11 月 29 日出生，叶赫那拉氏。1852 年选秀入宫，赐号兰贵人（一说懿贵人），次年晋封懿嫔。1856 年（咸丰六年）生皇长子爱新觉罗・载淳（同治帝），晋封懿妃，次年晋封懿贵妃。咸丰驾崩后，与慈安皇后两宫并尊，称圣母皇太后，上徽号慈禧。

慈禧觉得年幼的皇子时刻都受到八大臣的威胁，自己与慈安皇后的地位也将不保。于是，慈禧便与慈安商议，密谋夺取最高统治权力掌握皇权，控制局势，得到了慈安的支持。政变需要帮手，慈禧想到了人称“鬼子六”的小叔子恭亲王奕䜣，便秘密派人去京城给奕䜣送去密诏，请他速来承德。

爱新觉罗・奕䜣，1833 年（道光十三年）1 月 11 日出生，道光第六子，咸丰同父异母弟，生母为孝静成皇后博尔济吉特氏。

9 月 5 日，奕䜣接到慈禧密诏后，托名奔丧，从北京赶至承德。为了防止八大臣猜疑，奕䜣一到承德，便前往灵堂跪在咸丰帝的灵前伏地痛哭，哭得八大臣都跟着流泪。骗过八大臣后，奕䜣便秘密面见慈禧。两人单独密会了近一个时辰，进行精心策划，共同商定了政变的策略和步骤。

次日，奕䜣便离开承德返回北京。然后，获得驻扎在北京、天津一带掌握兵权的兵部侍郎胜保、科尔沁亲王僧格林沁的支持，并做好了发动政变的准备。

10 月 26 日咸丰的灵柩从承德起运回京。那拉氏暗使诡计，让肃顺护送灵柩慢行，而自己却偕同钮祜禄氏和幼帝载淳，由载垣等顾命大臣扈从，间道回京。这样，八大臣就被拆散，先行的七人离开核心人物肃顺，变得群龙无首，而肃顺一人落后，又弄得孤掌难鸣。

11月1日两宫太后到达北京，当日召见奕䜣和其他亲信大臣秘密部署。翌日晨，突然发动政变，先将载垣、端华囚于宗人府，然后遣人至密云逮捕了肃顺。

11月3日慈禧、慈安以幼帝的名义授奕䜣为议政王，军机处行走。

11月8日赐令载垣、端华自尽，并令将肃顺处死，景寿等或革职或戍边。两宫太后垂帘听政。

因为这次政变发生在农历辛酉年（1861），故称之为辛酉政变。由于载淳初继位时年号为"祺祥"，故这次政变又称为"祺祥政变"。政变成功后，改年号同治。

移营安庆

9月25日，在江边战船上待了一年多的曾国藩下令移营安庆。

这天，曾国藩身穿素缟率领李鸿章、欧阳兆熊、庞际云、新入幕的进士陈鼐、丁日昌等幕僚，在设立于战船上的咸丰灵位前焚香叩拜后，乘船赶赴安庆。

陈鼐，生年不详，字作梅，号竹湄，江苏溧阳人，与李鸿章、沈葆桢、郭嵩焘等为同年进士。

丁日昌，1823年（道光三年）出生，字持静，广东潮州府丰顺县（今梅州市丰顺县）人，秀才出身。

曾国藩站立船头看着滚滚东流的长江，对众幕僚道："安庆，万里长江此封喉，吴楚分疆第一州。金陵门户，先帝临终还不忘攻克安庆，进军金陵捣毁匪巢。"

欧阳兆熊道："我军正可一鼓作气攻克金陵。"

庞际云道："实现先帝遗愿。"

陈鼐道："攻克金陵，扬名青史！"

曾国藩连连摇头道："先帝宾天，幼主继位，接下来还不知朝廷是何旨意，我等不可妄言。"

就在曾国藩一行乘坐的战船抵达安庆码头时，曾国荃、彭玉麟、杨岳斌、多隆阿、鲍超、曾贞干、程学启、萧孚泗等湘军头目迎上前去，李鹤章、李昭庆也赶来凑热闹。

李昭庆看到李鸿章，兴冲冲地挤上前去招呼道："二哥，这回攻克安庆，也有幼荃一份战功呢！"

李鸿章道："好啊，想日后领兵打仗，当将帅，就要从兵勇开始摸爬滚打。"接着，向曾国藩介绍李鹤章、李昭庆。李鹤章、李昭庆连忙向曾国藩下跪，被曾国藩一一拉起。

曾国荃向哥哥夸奖道："哥，攻克菱湖，北门攻击战时，李家兄弟冲锋在前，英勇无畏。"

曾国藩夸奖道："将门出虎子呀，玉川兄养了六个好儿子，可谓沉毅英练不亚兄长，海内人才萃一门呀！只可惜，玉川兄走得太早了。"

李昭庆道："曾大人，我大临终遗言，就是要我们兄弟报效朝廷，消灭粤匪！"

曾国藩拍了拍李昭庆的肩膀道："消灭粤匪，指日可待！"接着，走至码头一高处，提高嗓门对众将领道："诸位湘军将士们，你们浴血奋战克复安庆，粤匪天京门户终被撬开！待先帝殡葬大礼后，本督将对我参战的水陆两师将领奏请朝廷，论功行赏。"

位于倒扒狮街马王坡的英王府门前，同样人头攒动，一块"两江总督署衙"招牌已经挂在门前。曾国藩在李鸿章、曾国荃、鲍超、彭玉麟、欧阳兆熊、陈鼐、庞际云、丁日昌、曾贞干等簇拥下走至门前。

曾国荃道："哥的新两江总督署衙，如何？"

曾国藩道："如此宽敞明亮的宅院，这可是人家陈玉成的英王府呀！"

鲍超道："什么英王，老鲍手下败将！"

曾贞干道："一座小小英王府算什么，等攻克金陵，哥的两江总督署衙招牌就挂到洪秀全的天王府去呢！"

曾国藩风趣地道："那可不敢，人家洪秀全可是上帝的拜把兄弟，神仙住的地方，我一凡夫俗子，岂敢玷污神仙圣地。"

曾国藩这一句话把众人都逗笑了。

进入英王府后，曾国藩对众官员们道："记得当年石达开驻扎安庆时，即有保护农耕，鼓励工商，百业兴旺，百姓安居乐业之举，深受百姓拥戴，安庆曾繁荣一时。身为江督，统辖苏、皖、赣三省，百姓衣食父母，若不安抚民生，不仅难以立足安庆，也上愧对朝廷，下愧对百姓啊！"

李鸿章道："自古就有安庆安则皖安，皖安则金陵安，金陵安则天下安。"

曾国藩道："少荃啊，安庆可是桐城文派故乡，群英荟萃，能人辈出。颁发文告，饬令本督治下各抚、府、州、道、县举贤荐才，遍求贤达、机巧能人。"

大哥南昌寄来信札告诉李鸿章发妻周氏病逝，李鸿章告假返南昌料理丧事。到达南昌，和大哥、四弟、五弟一起料理完妻子周氏丧事后，安排刘斗斋护送妻子灵柩返回庐州安葬。接着，给庐州岳父写信报丧，同时，请岳丈派人前来南昌接走镜蓉、琼芝。安排妥当后，李鸿章返回安庆。

11月20日，朝廷谕旨曾国藩督办苏、皖、浙、赣四省军务，其巡抚、提镇以下悉归节制。曾国荃、杨岳斌、李续宜、鲍超、多隆阿等众参战有功人员都获得朝廷官职的晋升。李鹤章、李昭庆赏知县官衔，戴花翎，其他参战乡勇根据战功给予十至三十两不等银子奖励。

12月，曾国藩创办安庆内军械所，开始谋划三路进军之策：围攻金陵属曾国荃，浙事属左宗棠，苏事属李鸿章。

投靠湘军

湘军攻克安庆，李鹤章、李昭庆作为率领团练参战安庆攻城战有功人员被朝廷授知县官衔，赏戴花翎。刘铭传听到这一消息后，肠子都悔青了，懊悔没有抓住这个上战场打长毛建功立业光耀门楣的机会！又听说，匪首苗沛霖正围攻寿州城，安徽巡抚翁同书急得四处请兵解围，遂找唐殿魁、周盛波一起前往周公山，找张树声、张树珊商议。

到了周公山，见到张树声、张树珊兄弟后，刘铭传开口便骂："李鸿章真他妈的不是个东西，当年回乡创办团练，各圩堡求爹爹拜奶奶请我们参加团练。团练办成后，领着我们定远、凤阳捕捻党，守卫运漕，焚烧长毛粮船，攻打含山，立了那么多战功，关键时刻就把弟兄们全都给忘了。"

周盛波道："可不是，攻打安庆，他只想到自己的李老三、李老六率领东乡团勇前往安庆参战。安庆攻下，兄弟俩都授知县赏戴花翎，我等羡慕死了！"

张树声一笑道："省三、海舲、荩臣你们想想，当年跟随福大人攻占巢县、和州、东关失败，败逃明光镇时，是谁提出的散伙？那时，李鸿章巴不得下跪求我们，我们谁答应留下？以至于最后，走投无路才独自一人前往江西投靠老师曾国藩，我们怎么能抱怨他呢？"

刘铭传悔恨道："哎，谁知道李鸿章还有东山再起的这一天呢！"

唐殿魁道："机会如同烟云过去就过去了，追也追不回来。只是当下，我等该怎么办？"

事关合肥各圩堡前途命运重大抉择，张树声提议，先不忙做出决定，还是把庐州周边的各圩堡当家人全部请来，大家一起商议后再做出决定。

一番串通，几天后，一次各圩堡当家人特别会议在紫蓬山下周氏兄弟圩堡召开，议题有两个，第一个是组织团练前往寿州城为被苗沛霖困城中的翁同书解围；第二个是，派代表前往安庆，找李鸿章投靠湘军。这次会议，除了刘铭传、张家兄弟、唐家兄弟等老合肥团练，从庐江迁来三河的潘鼎新，六家畈的吴毓芬，董大圩的董凤高，庐江的吴长庆都被请来了，唯有东乡的圩堡头目李鹤章没请。

周盛波首先表态道："姓翁的有眼无珠，当初瞧不起合肥团练，倚重苗沛霖，现在反目成仇被困寿州，这会儿才想到弟兄们，活该！老子不干！"

潘鼎新道："苗练数万之众，我等前去岂不以卵击石？"

吴长庆道："莀臣兄所言甚是，当下，先帝驾崩热河，湘军攻克安庆，楚军李续宜部也正从河南杀入皖北，安徽战局杂乱纷呈，我等切不可轻举妄动，再次投错门庭。"

刘铭传道："李家三少爷、六少爷率领东乡弟兄参加安庆攻城战，打下安庆，李鹤章立了战功，朝廷封赏知县赐花翎。"

张树屏道："这才叫有奔头呢！"

唐殿魁道："当下，湘军势头正盛，正好李二公子现正在曾国藩幕下，弟兄们不如投靠湘军，将来打了胜仗，也能像李老三、李老六一样，封个知县七品官当当。"

潘鼎新道："对，投靠湘军。"

唐定奎道："听说湘军军纪严整，训练有素，使的都是洋枪洋炮，不知那位新任总督大人会不会看上我们这些乡野村夫呢？"

刘铭传道："俊侯兄台何必小看自己，要说单打独斗，刀枪剑戟咱弟兄们个个都不麻龙（不赖）。"

张树声赞许地道："综合各位圩堡当家人意见，我看这样吧，树声就代表各位草拟投门拜帖，交由李鸿章转呈曾大人，陈述庐州情势，表示愿意投靠湘军报效朝廷心意，试探曾大人态度后再做定夺，诸位兄弟以为如何？"

众头目对张树声的提议都表示赞成。

拜帖写好后，张树声邀约刘铭传、周盛波、唐殿魁一起前往东乡拜见李鹤章、李昭庆，请李昭庆陪同一起前往安庆。李昭庆愉快地领受了这一任务。

以笔当刀

湘军军中都说曾国藩是个无情无义的“曾剃头”，这是对他的误解，其实他是一个非常重情义的人。对于李氏家族来说，曾国藩不仅是李氏兄弟的老师，更像是个细心的家长，在李鸿章料理妻子丧事的时候，已经安排仆人阿贵在位于英王府附近给李家老小租下了一处拥有十几间房舍的四合院。

处理完妻子的丧事，李鸿章南昌回到安庆，向曾国藩报告妻子丧事的处理情况，及打算把李家老小接来安庆居住的想法。

听了李鸿章的汇报，曾国藩放下手中的官文，愣愣地看着李鸿章，不由得鼻子一酸眼眶已经湿润。抹去泪水，捧起烟壶划着洋火点燃，深深吸下几口水烟，一声哀叹后道：“人生最不幸之事，中年丧妻，老年丧子啊。”

李鸿章见曾国藩为妻子亡故悲切的样子，附和道：“这是周氏的命！命中本该如此！”

曾国藩拿出摆放案桌上的一串铜钥匙，对李鸿章道：“收复安庆后，徽州、宁国、桐城、无为也都陆续被我湘军克复，皖南算是太平了。这些年，为剿匪你们父子办团练，家园被发贼焚毁背井离乡，本想让你们一家来安庆过安稳日子，未承想，你的妻子却没有这个福分！”拿起那串铜钥匙，手里掂了掂后对李鸿章道：“你的想法老师已经估摸到了，待会，让阿贵领你去看看，一个大院子，十几间房舍，够你们一家老小居住了！”

李鸿章捧过钥匙感激地看着曾国藩，激动得说不出话来：“老师您……”

曾国藩一笑道：“这没什么，也是为师应该做的。”

陈鼐匆匆走入签押房，与李鸿章照过面后，捧上六百里加急廷寄，向曾国藩报告道：“安徽巡抚翁同书六百里加急求救信札，叛贼苗沛霖再次围攻寿州！翁抚被困城中，请求大人火速派兵救援。”

李鸿章闻听陈鼐报告，想到几年前定远遭到的奚落，冷冷一笑小声道：“翁某人也有今天，真是报应！”

曾国藩接过廷寄稍加浏览后询问道：“作梅和少荃你们是何意见啊？”

陈鼐道：“当年我湘军被围三河，他却坐拥重兵见死不救，这回倒来请兵救援了，不救！”

曾国藩放下信札问道：“少荃，苗沛霖何许人也？”

李鸿章回答道：“苗贼原是皖北一落魄秀才，起初在家乡领办团练，配合朝廷绿营与捻匪作战，得胜保、袁甲三、翁同书器中保奏，官至道员。暗地里，却又与粤匪勾连。”

陈鼐道：“身为朝廷大员竟然敌友不分，认贼为友！”

曾国藩继续问道：“这厮既接受朝廷赐封，为何又投靠粤匪？”

李鸿章回答道：“苗沛霖打着办团练的幌子，几年时间便把自己的团练发展成拥众几万的团勇的庞大队伍。羽翼丰满后，自然不满团总、道员职衔，学起了同乡朱元璋。”

曾国藩诧异道：“想称王称霸？”

李鸿章道：“还不仅如此，苗贼与寿州团总孙家泰、徐立壮素有恩怨，翁大人为息事宁人，讨好苗贼，竟然下令将寿州团总徐立壮等一干人全都杀害！”

曾国藩猛地将廷寄丢弃书案上，愤然道：“在本督治下，竟有如此荒唐之事。”

陈鼐道：“弹劾翁同书。”

曾国藩目光转向李鸿章吩咐道：“少荃，你是皖人，对这两人的情况都很了解，这份弹劾皖抚翁同书奏折就由你来草拟，如何？”

李鸿章欣然道：“少荃遵命！”

李鸿章回到自己的营房，想到当年定远受辱，铺开奏稿，拿起墨笔，写道：安徽巡抚翁同书，咸丰八年七月间，梁园之挫，退守定远。维时接任未久，尚可推诿。乃驻定一载，至九年六月，定远城陷，文武官绅殉难甚众，该抚独弃城远遁，逃往寿州……洋洋洒洒六百言，把翁同书送进了牢狱，从此，也与翁家结下冤仇！

收编淮勇

两江总督府行署门前，湘军及官员进进出出一派井然有序的景象。三匹枣红马门外停下，张树声首先跳下马，头戴官帽，身穿七品官袍的李昭庆神气活现地跳下马，将缰绳交给随从，马鞍上解下一只包袱，与张树声一起径直走入门内。

湘军士兵拦上前来，挡住去路，询问道：“你们干什么的？”

李昭庆脑袋一昂道：“干什么的，看我这身官服还不清楚吗，公干！”

湘军士兵上下打量一下李昭庆道：“小小七品芝麻官，也敢这么横！知道这是什么地方吗？”

李昭庆道：“当然知道，两江总督衙署！”

湘军士兵问道：“找谁？”

李昭庆不屑一顾道：“曾大人！”

士兵睁大眼睛看着李昭庆道：“曾大人二品大官，也是你这小小芝麻官想见就见的？”

李昭庆道：“那我就见李鸿章，这下该给进了吧？”

士兵语调变得和气后问道：“敢问你是李文办什么人？”

张树声解释道：“这位湘军兄弟，我们打庐州来，李鸿章是他的二哥！”

站在一旁的另一位湘军士兵，连忙接上前来道：“原来是李文办的弟弟呀，请请请，请跟小的去见李大人。”

李鸿章正在自己的房间忙碌，卫兵领着张树声、李昭庆走入房间。

张树声冷不防道：“李帅！”

李鸿章一怔，见是张树声，激动地道：“振轩！”

李昭庆顽皮地朝哥哥一笑道：“还有老六呢！”

张树声环顾房间，欣赏地道：“想不到，三年不见，李大人已经成了曾大人幕下的得力干将了。”说着，递上那份禀帖对李鸿章道：“这是紫蓬山、大潜山、三河、柿树岗、陆家畈还有董大圩的圩堡当家人委托树声草拟的呈交曾大人的拜帖，烦请李帅呈送曾大人！”

李鸿章接过拜帖稍加浏览，便不住地称赞道：“好好！你们在我的房子里待会儿，我去面见老师。”

李鸿章兴冲冲地走入曾国藩签押房，激动地道：“请老师看看这封拜帖！”

曾国藩放下烟壶，接过禀帖稍加浏览后，放下禀帖拿起墨笔在禀帖上方挥笔写下“独立江北，真祖生也”八个大字。

李鸿章捧过禀帖激动地道：“这么说，老师肯接纳少荃旧部入湘军了？”

曾国藩捧起烟壶，一笑道：“本帅正欲招兵买马扩充军队，既然人家主动申请加盟湘军，为何拒之门外呀？先让他们加紧操练等待召集便是。”

李鸿章激动地道：“学生遵命！”

第九章

安庆新家

入冬前，李凤章雇了一艘大木船，载着李老太太及李氏家族五房媳妇，经方、经羲、经畬、经榘等一大家子移居安庆。

接到老五的来信后，李鸿章请阿贵雇了五辆马车、三名壮工前往码头接船。船到码头后，李鸿章先是接下母亲送上马车，而后安排壮工船上卸下大包小包的行李装上马车，前往租房所在的倒扒狮街。

马车到达租房门前，李老太太看着干干净净的院落，那么多的房宅，夸奖李鸿章房宅租得好！

李鸿章一笑告诉母亲道："妈，你夸奖错了，这处房宅不是鸿儿租的，是曾大人安排人租下的。"

听了儿子的话，想到这些年来曾大人对李家上下的关照，不由得阵阵感激。跟着李鸿章进了属于老太太靠院落南边的房舍，看着摆设的家具，铺好的崭新被褥，更是感激得老泪纵横。

李老太太告诉李鸿章道："上个月初六、十八，周家已经把镜蓉、琼芝的婚事都给办了。你的老岳丈仁甫可真是个大好人，知道我李家正落难，什么都不用操心。刘家、龚家也不错，知道李家大户人家，结婚礼节上丝毫不马虎，什么纳采、问名、纳吉、纳征、请期、亲迎样样齐全。唉，我那苦命的媳妇周氏啊！"掏出手帕擦拭眼泪。

李鸿章也为两个女儿有了如此好的归宿感激得流泪了，流着泪说："老泰山的恩情，鸿儿终生不忘。"

李老太太继续道："为了不让刘家、龚家小瞧了李家，妈鼓动媳妇们各自拿出点首饰，变卖后凑足两千八百两银子，由你大嫂携带老五的媳妇，赶往庐州交给镜蓉和琼芝作为压箱钱，并代表李家参加完镜蓉、琼芝的婚礼后才返回南昌。”

李鸿章感激道：“真是谢谢大嫂，老五媳妇了！”

母子俩说话间，传来叫声：“总督大人驾到！”

李鸿章知道曾国藩赶来了，连忙领着母亲走出房舍出门迎接。李老太太一见曾国藩，便扑通跪地磕头道：“民女李氏叩见总督大人！”

曾国藩连忙上前，将李老太太搀扶起身：“嫂夫人，快快请起！快快请起！”

陈鼐解释道：“曾大人听说老太太抵达安庆，特来看望。并带来白银两百两，以供生活之需。”

李母激动地道：“这，如何使得！”

陈鼐捧上银子道：“曾大人一点心意，老太太就别客气了。”

李鸿章接过银子感谢道：“谢老师！”说完，将曾国藩、陈鼐等引入客厅。

曾国藩入座后道：“李家六子非士即武，仁、义、礼、智、信、忠、孝、节、勇、和，嫂夫人您可是养了六个好儿子呀！”

李老太太谦虚道：“全仗朝廷恩典，大人栽培。”

曾国藩一笑道：“瞧这一家子，儿孙满堂，老太太必是大福大寿之人！”起身道：“涤生公务繁忙，就不陪嫂夫人了。”叮嘱李鸿章道：“少荃，嫂夫人带家小就安心住在安庆，要是有什么难处尽管跟老师说。”

李鸿章激动地道：“谢谢老师！”

李老太太感恩涕零地道：“谢谢曾大人！谢谢曾大人！”

攻克杭州

安庆陷落，太平天国已经丧失了长江上游，在安庆会战中消极避战的李秀成、李世贤兄弟，自知经营长江无望，便把作战目标选中了浙江、江苏及上海富庶之地，试图抢先在那边开辟一块根据地。

10月，李秀成便与李世贤制定了分路图谋浙省的战略方针。李秀成进军浙北，肃清萧山、绍兴两地的清军后，连克桐庐、新城、余杭，自北路进逼杭州。李世贤则从浙西扫清衢州、临安、金华等地清军，而后兄弟俩合围杭州。

面对强敌，浙江巡抚王有龄采取消极防御战略，而李氏兄弟则采取各个击破，次第肃清城外据点的战法，迫使清军退守城垣固守待援。李氏兄弟迅速切断清军与城外联系，使得杭州成为一座孤城。

杭州江南重镇，商贾云集，经济繁荣税赋重地。当杭州被太平军围困的消息报告京城后，朝廷迅即下令杭州周围清军增援杭州。当时，杭州各路兵力达十万之众，可以说是一个驻军非常多的地方。但是这十万兵员，不少都是曾经和太平军在前线接触过，都不敢主动向太平军发起攻击，有的都不敢靠近杭州城。王有龄困守杭州城中，成天就知道求神拜佛，要么登山礼佛，要么设立祭台拜玉皇大帝。

兵贵在精而非众，李家兄弟并没有被清军十万大兵所吓倒，而是采取攻城与诱降相结合的战术。针对不同身份的人发出不同的招降书，许诺投降好处，收到了不错的效果。城中兵士开始陆续投降。

12 月 9 日凌晨，李家兄弟向杭州发起总攻，守城的各路清军纷纷溃败，太平军轻松攻克杭州。进城后，李秀成带兵攻入巡抚衙门，打开王有龄官邸房门时，王有龄已经自缢而死，书桌上面留下一封给李秀成的信件。信上写道："饥不食腐鼠，渴不饮盗泉……" 意思让李秀成善待部属，好好安抚城内居民。

李秀成见王有龄也是条汉子，便按照他的留言，对于投降的清军，如果不愿意跟随太平军的发放路费令其回家。同时，李秀成命手下厚葬王有龄。将太平天国王爵才能穿的黄绫袍作为寿衣给王有龄入殓，并让王有龄原来的五百属下送其棺椁回老家福建侯官（今福州市区）安葬。但是依旧焚烧图书，毁坏文物。西湖边有一座乾隆年间为珍藏《四库全书》而建造的全国七大书阁之一文渊阁，里面收藏了四库全书以及其他珍贵的历史书籍，在这次战火中焚烧殆尽！

杭州陷落，浙江巡抚王有龄自缢身亡，战报传到安庆，曾国藩一面向朝廷推举左宗棠继任浙江巡抚，一面下令湘军水陆两师加速东进，围攻金陵。

剑指上海

攻陷杭州，李秀成的下一个目标便是上海！

上海的商家、士绅闻讯后都慌了，找到江苏巡抚薛焕、苏淞太道（简称上海道）吴煦请求保护。洋商们更是慌了手脚，纷纷聚集到英国、法国上海领事馆请求庇护。在薛焕、吴煦的串联下，一次上海创设中外联防局会议在英国驻上海领事馆召开。参加的中方官员有：江苏巡抚薛焕、苏淞太道吴煦、苏淞粮道杨坊、海防同治刘郇膏、总兵况文榜、水师头目郑国魁、上海知县黄芳等军政官员。洋人官员有：法国公使布尔布隆、英国公使巴夏礼、英国将军士迪佛立、英军水师提督何伯、法国水师提督卜罗德、英国水师少佐戈登、法国水师副将勒伯勒东、常胜军管带美国人华尔等。

巴夏礼道："先生们，李秀成公然违背不侵犯上海的承诺，率部自浙江直趋上海而来，威胁英法等国在沪利益，我们应该尽快设立上海中外会防局，对付天国军队入侵。"

戈登高傲地道："是用我们威力强大的火炮教训李秀成的时候了！"

士迪佛立道："中国有句俗话，叫先礼后兵。"

布尔布隆道："士迪佛立将军，李秀成的部队就要攻打上海了，如何先礼后兵？"

士迪佛立道："可以先以中外会防局的名义向李秀成提出警告。一、太平军必须在七十二小时内，撤到距上海一百公里以外的地区；二、太平军在一个月内，必须撤走在苏州、杭州、常州、太湖的军队及其政府，交联军接管；三、凡悬挂英、法、美旗帜的军舰和帆船，得自由航行江海上，停泊靠岸均有自主权，包括南京码头在内，不受检查及任何其他干扰；四、太平军在第一次攻打上海时，曾给英国贸易造成很大损失，须赔偿白银六百万两，限三个月内还清；五、为保证《北京条约》付诸实施，太平军必须从宁波、厦门、九江、汉口、福州等地撤走；六、为保障上述条件之实施，太平天国必须派仅次于天王的王，一人或数人，与联军进行会谈，并签字生效。否则，由此而产生的一切严重后果，将由太平天国的南京政府承担。"

布尔布隆道："请问士迪佛立将军，李秀成要是拒绝这些条件怎么办呢？"

士迪佛立道："根据我的经验，李秀成是不会接受的，本将军之所以要提出这六条，是要让李秀成知道，英法联军完全是出于保护本国商人在沪利益，才被迫出兵干预的，这样我们会防局也会得到大清政府支持的。"

薛焕道："士迪佛立将军，上海士绅正自发凑钱，准备派代表前往安庆，请求两江总督曾国藩派湘军前来上海，将军意下如何？"

士迪佛立道："联军、常胜军，虽然武器先进，但兵力毕竟有限，李秀成十万之众很难对付，若能请来援兵当然更好。"

薛焕谦逊地道："谢谢士迪佛立将军！本抚明白了。"

士迪佛立道："本将军宣布，薛巡抚迅即奏请大清国朝廷上海成立会防局，薛巡抚任督办，大英国水师提督何伯、法兰西帝国水师副将勒伯勒东任帮办，本将军任总指挥，中英法联合保卫上海。”

阖家团圆

过去的一年，周氏病逝，然后镜蓉、琼芝出嫁，老大李瀚章擢升广东督粮道，年后前往广东赴任；老四李蕴章擢升候选道；老五李凤章也升道员，赏戴花翎；老三李鹤章、老六李昭庆因参加安庆攻城战有功，授知县，穿官袍，赏戴花翎。老二李鸿章早已是按察使衔，福建延建邵道没有去赴任仍留在曾幕。经历了师生之争后，愈发被曾国藩器重，举凡“军国要务，皆与筹商”，成为曾国藩的左右手，这都是李氏家族的荣耀。在李老太太的心中，兵荒马乱背井离乡的年头，全家过一次团圆年确实不易。所以，刚进入腊月，老太太就给李鸿章下达任务，给庐州的老三、老六，给在太湖的老大、老四、老五写信，春节前务必赶来安庆，全家人过一个团圆年。

腊月二十三，李鹤章、李昭庆、刘斗斋首先赶来安庆；腊月二十八，李瀚章携李蕴章、李凤章也从太湖赶回安庆。

年二十八这天，曾国藩吩咐阿贵挑来两筐鸡鱼鸭肉，还有两坛张立达酒坊酿的黄酒，可谓想得周到。

挂上大红灯笼，贴上大红对联，李老太太端坐卧房太师椅上，李瀚章夫妇、李鹤章夫妇、李蕴章夫妇、李凤章夫妇、李昭庆夫妇等陪坐一旁，嗑着瓜子说说笑笑，就等着李鸿章从总督衙署回来全家人吃团圆饭了。

李老太太一声哀叹对儿媳们道：“看着你们一家家的，出入成双，妈想到老二，周氏亡故，镜蓉、琼芝又出嫁了，成了孤苦伶仃一人，让妈看着焦心啊。”

李昭庆劝说母亲道：“妈，二哥才是人到中年，可以再续弦生个儿子。”

李老太太道：“南有长毛北有捻党，这兵荒马乱的，让你二哥娶妻续弦谈何容易呀。”

李瀚章似乎悟出什么，询问母亲道：“妈的意思是……”

没等李瀚章说完，李老太太便抢先道：“妈想让昭儿把长子经方过继给鸿儿，让鸿儿也有个子嗣。”

李瀚章赞许道：“妈这个主意好！筱荃赞成！”

戴恭谨惊诧的眼神看着老太太道：“妈要把经方过继给二哥？”

李老太太沉下来脸道：“不愿意吗？”

戴恭谨吓得连忙低下头道：“一切听妈的。”

李昭庆爽快地道：“侄子儿子都是一家人，老六听妈的！”

李瀚章夸奖道：“老六这句话说得好！”

其实，周氏也曾给李鸿章生下过一个儿子，取名李经毓，刚满周岁那年便得天花夭折了。此后，李鸿章忙于京城做官，和妻子团聚时间少了，直到周氏江西病逝，再没生养孩子。

李老太太喜滋滋地道：“经方孙子，咸丰五年五月出生，过了年就七岁了，几个孙子中就数他最懂事，妈就看上他了！待会等鸿儿回来，就把过继大礼给办了，这样，妈也就了了一桩心思。”

李鸿章提着一件包袱兴冲冲地走入母亲卧房，一见母亲就嚷嚷道：“妈，看看鸿儿给你买的貂皮袄子。”

李老太太责备道：“怎么给妈买这么金贵的皮袄子？”

李鸿章一笑道：“鸿儿孝敬妈的。”

郭氏劝说道：“妈，既然是二哥一片孝心，就快穿上吧！”

宁氏也劝说道：“妈，穿上！”

李鹤章道：“妈苦了一辈子，也该享享儿孙们福了，穿上。”

李蕴章劝说道：“妈，穿上！”

穿上貂皮袄子后，李老太太重新端坐椅子上，对李鸿章道：“鸿儿，妈已经替你做主，把老六的长子经方过继给你做儿子，让你门下也有个儿子，好承接李家香火。”

李鸿章看了看李昭庆、戴恭谨夫妇道：“这，这当然是好，可六弟和六弟媳可愿意呀？”

李老太太道：“妈都说好了，就等着你回来定夺呢。”向在一旁傻站着的李经方招招手道：“乖孙子，你过来。”

李经方战战兢兢走至李母身边，羞羞答答道：“奶奶。”

李老太太问道：“你喜欢二伯吗？”

李经方愣愣地看了看李鸿章，点点头道：“喜欢。”

李母欣喜地道：“好，既然昭儿、昭儿媳妇都愿意，孩子也愿意，那老太太今晚就做主，昭儿长子经方过继给鸿儿！”

王氏拉过李经方道：“经方，快叫大呀。”

戴恭谨催促地道：“叫呀！快叫呀！”

李鸿章微笑着看着李经方道："叫不叫，叫什么都无所谓。"

李经方一会看看父母，一会看看李鸿章、奶奶，忽然开口道："大！"

李鸿章高兴地道："哎！待会，大给你发压岁钱，发好多压岁钱。"

李母起身理了理貂皮袄子，乐滋滋地道："好，儿孙们放鞭炮，关大门，吃团圆饭去！"接着叮嘱王氏道："老大媳妇别忘了，饭桌上给你大、鸿儿媳妇周氏也摆上餐具。"

请兵援沪

1862 年（同治元年）春节刚过不久，一艘悬挂英国国旗的洋轮汽笛声中缓缓停靠在安庆码头。轮船停稳后，洋轮上走下三位上海来的客人，一位姓钱叫钱鼎铭，一位姓厉叫厉学潮，还有一位姓张叫张瑛。

钱鼎铭，1824 年（道光四年）出生，字新之，号调甫，江苏太仓人。父亲钱宝琛曾任湖北巡抚、江西巡抚，道光年间名臣，为曾国藩、胡林翼、李文安等崇敬的长者。

有其父必有其子，钱鼎铭也很优秀，二十二岁考取举人，做过户部主事。咸丰九年父亲去世，钱鼎铭辞去官职丁忧守制。咸丰八年太平军第一次攻入浙江时，钱鼎铭携带家人逃避战火到了上海。因为是辞官丁忧，即便丁忧期满，也无官可做，一直赋闲上海。此次，奉江苏巡抚薛焕、上海道吴煦之命前来安庆，是来向曾国藩请兵救援上海的。

三人下了船，进了城门，在路人指点下便径直赶往两江总督衙署。到了衙署，在卫兵引领下于曾国藩签押房见到了曾国藩。

一见曾国藩，钱鼎铭便道："总督大人，粤匪麇集苏浙，危及上海，特来面谒总督大人，乞师救援上海。"

厉学潮道："上海洋货百物辐辏口岸，物华天宝，月可征得饷银数十万两，若落匪寇之手则苏浙永无太平之日！"扑通跪地，声泪俱下地道："请总督大人为上海百姓福祉派劲旅救援上海。"

见曾国藩不搭不理的样子，钱鼎铭也跟着扑通跪地，声泪俱下地道："曾大人啊，当下，上海将怯兵惰，粤匪一旦来犯，旦夕不可恃啊！"

哭诉完毕后，钱鼎铭呈递苏州名人进士冯桂芬写给曾国藩的一封信，大体意思就是，上海有钱，一个月就能筹到六十万两白银，现在你曾国藩不是打太平军没有钱吗，正好上海有啊！

曾国藩见三位请兵支援上海如此恳切，便告知他们请兵援沪事体重大，既要挑选得力干将安排兵员，还要奏报朝廷批准。请他们于安庆客栈先住下，待召集幕僚商量妥当后，再予以答复。

钱鼎铭等人前来请兵援沪，给曾国藩出了个大难题。金陵尚未克复，哪里能抽出兵力驰援上海呢？派少了，在李秀成、李世贤两条恶狼面前，等于肉包子打狗有去无回，白去送死；派多了，又派不出来。但是，对于上海这块富庶地区，曾国藩是清楚的，攻克金陵，乃至苏浙，他现在最需要的也是银子。更在于上海是两江总督治下，若置之不理，一旦上海再被李秀成攻陷，慈禧不会放过他。而眼下，金陵要克复，皖北还有粤匪、捻党在兴乱，苏浙两省被粤匪占领的众多城镇需要收复，综观多方面因素，曾国藩需要通盘周全考虑。

选择将帅

曾国藩首先想到的是曾国荃，便致信正在家乡招兵买马，准备东进攻克金陵名垂青史的弟弟曾国荃。信上写道："上海富甲天下，待多隆阿破庐州，鲍超破宁国后，两军可会攻金陵，沅弟可去上海，不知沅弟肯辛苦远行否？"

曾国荃很快给大哥回信，信上写道："淞、沪财赋甲天下，筹饷易。然贼巢在金陵，急攻其巢，必以全力克之，而后苏杭可图也。愿任其难者。"显然，曾国荃拒绝了大哥的好意。

曾国藩想到了另外一个人选，湘军宿将陈士杰。

陈士杰，衡永郴桂道桂阳州（今湖南桂阳县）人。1849 年，陈士杰以拔贡生身份被朝廷录取为户部七品官员。那时，京城当官的湖南人不多，陈士杰经常以同乡兼晚生的身份前去拜访曾国藩。两年后，父亲去世，陈士杰辞官返乡为父亲守孝。太平军进入湖南后，陈士杰家乡创建一支四千人的"广武军"抗击粤匪保卫家乡。

曾国藩便给陈士杰致函，请他率部入沪。然而，陈士杰是一个孝子，不愿意离开湖南，便以母亲年老为由婉拒了老师交给的美差。

连碰两个钉子，第三个人选就是李鸿章了，这也符合当初拟定的围攻金陵属曾国荃，浙事属左宗棠，苏事属李鸿章的设想。

就在曾国藩物色领兵人选的时候，钱鼎铭、厉学潮通过对曾国藩手下将领及幕僚逐一摸底后，也把视线盯在了李鸿章的身上，主动出击，将李鸿章约请到茶楼。钱鼎铭先是把李鸿章合肥办团练打长毛一番吹捧后，接着吹嘘道：“沪上商贾云集，有的是钱，缺的是能打仗的兵，能领兵的将，若李大人率部进入上海，必将如鲲鹏展翅，蛟龙入海！”

不用钱鼎铭游说，李鸿章一直关注着援兵上海将帅人选之事，只是作为学生、幕僚不便主动向曾国藩说明而已，他要等待机会。

钱鼎铭见李鸿章不表态，但从表情上已经揣摩出李鸿章的心思。于是，主动出击，前往总督衙署找到曾国藩，点名要李鸿章挂帅领兵支援上海。

曾帅点将

正所谓“锅破了来了个补锅的”。曾国藩正盘算向李鸿章开口征询意见时，上海客人点他的将了。于是，“就汤下面”就是否向上海派兵，若决定派兵，由谁担任将帅，专门召开幕僚会议。

曾国藩道：“粤匪麇入苏浙，危及上海，江苏巡抚薛焕、上海道吴煦及上海商贾、士绅派来的求援代表叩头乞师，本帅想听取各位高见。”

庞际云道：“当下，粤匪麇入苏浙，上海南北已被粤匪占领，兵家死地，一旦孤军深入，将有全军覆没之危。”

曾国藩道：“本帅身为江督，奉旨督办苏、皖、浙、赣四省军务，倘若置之不理，似有不妥，一旦上海失陷，本督将背负失职之责。”

欧阳兆熊道：“上海宛如飞地，一旦形势有变，声援不相达，孤军难支。”

丁日昌道：“涤帅，上海繁华都市，天下膏腴，一旦被粤匪攻陷遗患无穷。”

李鸿章道：“若上海城破，李贼坐拥沪上，遥指苏浙钳制金陵，实对攻克金陵大为不利。”

钱应溥道：“涤帅，上海绝不能被李匪占领！”

陈鼐道：“上海为筹饷要地，战守均便，请以一军驻上海，与金陵、镇江军夹攻可出万全。”

曾国藩环顾众幕僚道：“看来，赞成派兵的占多数，本督也赞成派兵前往上海，可派谁前往呢？”

丁日昌道：“可派曾国荃率部前往。”

曾国藩摇摇头道：“沅甫不愿前往上海，一心只想攻克金陵。”

丁日昌道："那就派鲍超率部前往。"

曾国藩道："克服金陵，岂能少了雷霆之军？"

庞际云道："那就着派左季高率楚军驰援上海。"

曾国藩摇摇头道："浙江战局已糜，非季高不可收拾。"

陈鼐道："我湘军将才云集，难道就选不出一名前往上海的将领？"

曾国藩瞟一眼一言不发的李鸿章，慢条斯理道："其实在本帅心目中早有一人，李鸿章。就不知少荃愿不愿意领命？"

李鸿章猛然站起道："老师，少荃愿意领命，并可返乡招编淮勇前往上海。"

李鸿章表态后，会议厅里想起了热烈的掌声。

考试过关

会议结束后，曾国藩将李鸿章叫到签押房。李鸿章心里明白，老师要对他进行一次考试。

曾国藩手捧烟筒徒步于房间，不紧不慢地问道："阁下远离基地，孤军作战，声援不达，有几成胜算？"

李鸿章稍加思考后道："七成该有。老师教诲世间事物无十全十美，事无万全之策，已有七成即可一搏。"

曾国藩习惯地捋了捋胡须问道："都有哪七成？"

李鸿章道："八年前，少荃即奉旨随吕贤基大人回乡领办团练，曾率合肥团勇，参与剿捻，守城，历经数战，虽败多胜少，已积累统兵打仗经验。"

曾国藩赞许点头道："噢，有此经历可算二成。"

李鸿章道："自古，庐州民风强悍，尤其这些年，兵、匪、发、捻交织的皖中，民间早有结寨自保风俗，且各圩寨，每日教练团勇练拳习武，个个训练有素，能征善战。"

曾国藩道："再添二成。"

李鸿章道："跟随老师这几年，调兵遣将，排兵布阵，安营扎寨，挖壕筑垒，军纪军风，耳闻目睹获益匪浅。更得老师于众疑处而不疑，危难之时挺得住。"

曾国藩道："已有六成。"

李鸿章道："家父遗训，少荃将承父志，消灭粤匪，报效朝廷。"

曾国藩道："七成已满。"

李鸿章嘿嘿一笑道："老师是想考少荃？"

曾国藩道："算是考试吧。不过，为师还想问几句。沪地四面临水，汊港纷歧，若贼众一旦来犯，当如何御敌？"

李鸿章道："少荃即令所部据卡、扼桥，以一当十。"

曾国藩问道："若粤匪攻击营垒又当如何防范？"

李鸿章回答道："用从沅甫那里学来的高筑墙、挖深壕，扎硬盘，打硬仗，步步为营防范。"

曾国藩进一步问道："一旦阁下所统之军遭岛人谤议，面临困境之时，阁下又当如何处置？"

李鸿章斩钉截铁地回答道："用霹雳之手段，显菩萨之心肠。"

曾国藩赞许点头道："你过关了，抓紧召集你的旧部来安庆集结整训，待本督奏准朝廷，率淮军前往上海。"

离开曾国藩签押房后，李鸿章赶往客栈，把这一消息告诉了上海客人。等待多日，终于等来好消息，钱鼎铭、厉学潮、张瑛听后激动不已，立即收拾行李，前往码头购买船票返回上海，向薛焕、吴煦、布尔布隆、巴夏礼报喜，筹措银两，商洽洋轮准备接运援兵救援上海。

李鸿章也兴冲冲地返回家中，将这一消息报告母亲。李老太太对曾大人把这么重要的任务交给儿子，当然也是满心欢喜，叮嘱李鸿章："勿忘父亲遗训，杀匪报国！"

李鸿章分别给李鹤章、张树声、刘铭传及六家畈吴毓芬写好信札，叫来刘斗斋，安排他快马赶回庐州。接着，请求曾国藩调陈鼐帮办军务，请调在粮台担任采办的李蕴章、李凤章帮忙做淮军集训帮手，得到了曾国藩批准。

没有跟随大哥李瀚章前往广东采办军火的李蕴章、李凤章，接到曾国藩的指示后，雇请工匠将位于安庆城北五里庙原湘军兵营整修一新；请来壮工打扫清理干净，准备迎接淮军入驻整训。同时，购买布匹、棉花请裁缝缝制军服、被褥，购买粮食、油盐酱醋茶等生活物资。

招贤纳士

第一位前来报到的是李鸿章的学生刘秉璋。

刘秉璋，1826 年（道光六年）出生，字仲良，安徽庐江县矾山镇刘墩村人。

要说两人的年龄，李鸿章仅比刘秉璋大三岁，李鸿章道光二十七年（1847）榜中进士，而刘秉璋则是咸丰十年（1862）榜中进士，相差了十五年。刘秉璋之所以会成为李鸿章的学生，是因为三年一次的殿试刘秉璋考了五次，直到三十六岁才榜中进士。那时，李鸿章翰林院当编修，刘秉璋便拜这位家乡才俊为老师。

去年，刘秉璋奉旨随钦差大臣张芾军至皖南，太平军发起皖南战役，张芾因损兵折将、失地被革职返乡，皖南军务交给湘军管控。正当刘秉璋走投无路的时候，接到了李鸿章发来的邀请信札。

李鸿章在总督衙署的幕僚房接待了学生刘秉璋。刘秉璋一见李鸿章便问道："老师招学生前来安庆有何吩咐？"

李鸿章道："李秀成十万大军围攻上海，上海派人前来求援，曾帅有意令愚兄率兵前往，特请仲良前来商议。"

刘秉璋道："上海繁华都市，天下膏腴，若老师前往，必将如鱼得水。请老师吩咐，需要学生做什么？"

李鸿章道："返回庐江拉队伍！"接着，分别给三河的潘鼎新、庐江的吴长庆、巢湖夏阁镇的张遇春写信，交给刘秉璋，叮嘱尽快请他们将队伍拉来安庆，与合肥乡勇一起接受整训。

送走刘秉璋，李鸿章开始忙碌集训基地的事。这天，李鸿章前往集贤门外五里庙察看集训基地准备情况后返回城里，刚入城门进入北大街，便见一位穷书生模样的年轻人街头摆地摊卖字画。李鸿章走上前去，拿过一幅书法条幅，只见上面苍劲有力的行书写着：冰雪林中著其身，不同桃李混芳尘；忽然一夜香清发，散作乾坤万里春。看完后，夸奖道："好诗，好字！多少钱一幅？"

穷书生道："为避战乱，携家安庆卖字为生，这位官爷既然如此欣赏王冕这首赞梅绝句，反正也卖不掉，就送给你吧！"

李鸿章一笑道："那怎么可以呢，敢问阁下尊姓大名，何方人士？"

穷书生回答道："草民本姓周，单字一个香复，合字为馥。至德人士，咸丰朝附生。"

李鸿章惋惜道："原来阁下是一名秀才，如此文雅之人街头卖字画岂不埋没了人才？"

周馥摇摇头哀叹道："世道如此，为生活计别无办法。"

李鸿章试探道："阁下若不嫌弃李某位卑职微，充幕做文办如何？"

周馥问道："敢问官爷尊姓大名？"

李鸿章道：“免尊姓李，叫李鸿章！”

周馥欣喜道：“若李大人能看得上我这个穷书生，草民愿意。”

李鸿章道：“好！借阁下笔墨纸张一用。”说着，放下手中的条幅，蹲下身子，铺开纸张拿起墨笔写下几行字。而后，对周馥道：“请周先生拿着这张字条，去北城门外五里庙淮军集训基地，找一位叫李凤章的人，他见到字条后，会安排好你的。”说完，大步走去。

周馥，1837年（道光十七年）出生，字玉山，号兰溪。安徽至德（今安徽东至）人。李鸿章招贤纳士的第二位。

第三位，便是喝过洋墨水懂得法文的刘含芳。刘含芳，1840年（道光二十年）出生，字芗林，安徽贵池人。

第十章

集结整训

1862年（同治元年）2月22日起，张树声、张树珊、张树屏三兄弟率领的四百多名乡勇，刘铭传、刘盛藻、刘盛休叔侄率领的两百多名乡勇，唐殿魁、唐定奎兄弟率领的一百多乡勇，周盛波、周盛传兄弟率领的两百多乡勇，张遇春率领的五百多乡勇，吴长庆、潘鼎新各自率领的五百乡勇，还有董凤高率领的一百多名乡勇，叶志超和卫汝贵、卫汝成兄弟各自率领的数十名乡勇，陆续抵达安庆北城门外五里庙的集训基地集结。

近三千名乡勇抵达安庆后，李鸿章携带乡勇花名册前往两江总督衙署向曾国藩请示，按照湘军营制编营。

湘军营制与绿营不同，略仿明戚继光创立的营制，但也有所不同。湘军营制为：设营官一员，每营分前后左右四哨，每哨设哨官、哨长各一员，每哨正勇分为八队，一、五两队为抬枪队，二、四、六、八各队为刀矛队，三、七两队为小枪队。刀矛小枪每队正勇十名，抬枪每队正勇十二名。每队置什长、伙勇各一名。每一哨官有护勇五名，伙勇一名。合计每哨官兵共有一百零八名，四哨官兵共有四百三十二名。此外营官还有亲兵六队，不置哨宫、哨长，其中一、三两队为劈山炮队，二、四、六各队为刀矛队，五队为小枪队。各队均置什长一名，亲兵十名，伙勇一名。合计六队共有七十二名。这样，每一营官兵为五百零四名。另外，每营配备适当的随军长夫做后勤保障工作。

李鸿章与曾国藩商量后，决定设立“庆”“鼎”“树”“铭”“春”各一营。庆字营管带由吴长庆担任；鼎字营管带由潘鼎新担任；将董凤高、叶志超所带乡勇编入树字营，由张树声担任管带；将唐氏兄弟、周氏兄弟所招募乡勇，卫汝贵、卫汝成兄弟招募的团勇编入铭字营，由刘铭传担任管带；设“春”字一营，由张遇春担任管带。

为了充实淮军兵力，曾国藩决定：以给学生赠嫁之资将总督亲兵两营，编入淮军，分别由韩正国、周良才担任管带；设“开”字营两营，程学启、何安泰任管带；设“林”字营两营，分别由滕嗣林、滕嗣武任管带；设“熊”字营一营，由陈飞熊任管带；设“垣”字一营，由马先槐任管带。以上，八营全部划归李鸿章统辖，加上李鸿章自行招募的“庆”“鼎”“树”“铭”“春”五营，还有驻扎池州李济元的“济”字营，合起来共十四营，总兵员达七千五百员。

接下来，每名乡勇发放一套灰布军服，两双布鞋，按照湘军营制配发刀矛、棍棒、火枪、火炮后，在湘军教练的指导下开始为期一个月的艰苦训练。

湘军的训练内容包括操、演、巡、点四个方面。操，即上操，早晚各一次，目的增强士兵身体素质。演，就是各种武艺和阵法，包括拳、棒、刀、矛和枪法。布阵，包括冲锋、埋伏和撤退。巡，即巡逻，及站岗放哨。点，点名，无论官还是兵都必须在职在岗。

除此之外，还有搭建营棚、垒营墙、挖战壕、挖地道等基本功的练习。

整训完毕

集训快结束的时候，钱鼎铭一行又赶来安庆催促曾国藩尽快发兵。曾国藩叫来李鸿章、陈鼐，一起接待了钱鼎铭一行。

钱鼎铭向曾国藩、李鸿章报告道：“两位大人有所不知，去冬一场大雪阻却了粤匪进攻上海步伐，开春后，粤匪已向奉贤、南汇、川沙发起攻势，与此同时，李秀成调集谭绍光、郜永宽、陈炳文、黄子隆等多部进军上海，上海陷入粤匪南北夹击，情势危急万分啊！”

陈鼐问道：“薛焕、吴煦的四万绿营军呢？英、法的军队，还有上海的洋枪队呢？”

钱鼎铭回答道：“薛大人率绿营联合英、法军队及洋枪队组成中外联军，试图阻击粤匪，但长毛不仅人多势众，更因绿营军害怕长毛，一击即溃，而联军又节节败退。总督大人，快发兵救援上海吧！否则，上海就完了呀！”

李鸿章问道：“上海至安庆千里之遥，淮军如何抵达？”

钱鼎铭道：“禀报李大人，为使援军安全运抵上海，会防局花费十八万两白银，雇用英轮，拟分三班运载援军前往上海。”

陈鼐道：“乘洋轮前往上海虽快捷，亦存风险，一旦途中遭遇粤匪水师袭击，后果不堪设想。”

钱鼎铭回答道：“大人放心，每班均有英国炮船护航，粤匪断不敢轻举妄动。”

曾国藩询问道：“洋轮何时可抵安庆？”

钱鼎铭回答道：“七日之后可抵。”

曾国藩与李鸿章、陈鼐简单商议后，答复钱鼎铭道：“七日后，第一批援军安庆乘洋轮前往上海！”

钱鼎铭闻听此言，激动得热泪盈眶。

宣誓出征

淮军集训场地上，龙旗飘扬，各营兵员整齐列队操场，树、庆、鼎、铭、开、春、林、亲、熊、垣字战旗飘扬在各营队列前面，曾国藩在李鸿章、陈鼐、钱鼎铭、庞际云、欧阳兆熊、丁日昌、赵烈文等幕僚陪同下检阅而来。看着士气高昂的队伍，曾国藩对这支队伍开赴上海打败李秀成充满了信心。

检阅完毕后，曾国藩在李鸿章陪同下登上检阅台，曾国藩对众团勇道：“八年前，曾国藩曾在衡州发表讨伐粤匪檄文，拉开了湘军东进序幕！八年卧薪尝胆，浴血奋战，誓殄凶逆。八年中，我三湘子弟从湖南到湖北，从湖北到江西，从江西到安徽，历经艰难万险，几度濒临绝境，湘军挺过来了！眼下，惟苏浙尚在粤匪控制之下，要彻底击溃洪匪，必先剪枝叶。当下，我水陆两师，经一冬休整，增募兵勇，已整装待发。各军东进部署是：曾国荃率湘军两万，自安庆沿长江北岸直趋金陵；曾贞干率湘军五千，由池州沿长江南岸进攻芜湖；彭玉麟、杨岳斌、黄翼升、李朝斌率水师顺江而下，配合两岸陆师；鲍超率所部由江西进入皖南，经青阳攻宁国府；唐训方率所部万人进援皖北颍州；多隆阿率军两万余人马围攻庐州；左宗棠率所部两万人马进军浙江；李鸿章率新练淮军六千开拔上海；张运兰等部扼守皖南，防止太平军深入后方；袁甲三、冯子材等率部协攻，八路大军会攻苏浙。”

听了曾国藩的演说，众团勇高呼：“打到上海去，消灭李秀成！”

宣誓结束后，曾国藩决定，程学启、何安泰所率开字两营，韩正国、周良才亲兵两营，作为先遣队援沪救兵两千六百余人，由李鸿章、陈鼐率领，搭乘三艘英国轮船前往上海。

就在此时，密探报告曾国藩，太平军已经侦悉有支部队安庆城北集结，但这支队伍究竟派往哪里并不知晓，已在通往上海、浙江方向水陆两路加大了防备。

太平军已有防备，上海更是重兵云集，如此险恶形势下，准备率部从池州出发前来安庆的李济元打退堂鼓了。李济元以“乡人禀留”，济字营暂不能离开池州为由不去上海了。这样，原本开赴上海的淮军十四营，硬是少了一个营。

箭在弦上，不得不发！李鸿章向曾国藩表态：就是刀山火海，上海也要去！

冒险航程

得知李鸿章作为第一批援沪部队即将出征，李老太太吩咐老三、老四媳妇准备一顿丰盛的壮行饭。李蕴章、李凤章也赶回家中为二哥壮行。

一桌丰盛的菜肴摆上后，李老太太吩咐刘斗斋给桌上的酒碗倒上酒，然后，带头端起酒，李鸿章、李蕴章、李凤章跟着端起酒。

李鸿章手捧酒碗跪地道：“儿等秉承父志，保卫上海，杀敌立功，报效朝廷！”

李老太太道：“希望吾儿，不忘父训，杀敌报国！”

李蕴章、李凤章一起道：“为二哥出征壮行！”

刘斗斋捧起酒碗道：“请老太太，四少爷、五少爷放心，小斋子一定保护好二少爷！”

李老太太道：“好！那我就放心了。”端起酒碗道：“来，大家共同干一杯，为鸿儿壮行！”

龙旗飘扬，人头攒动，锣鼓喧天，三艘悬挂着英国国旗的客轮停靠码头，程学启、何安泰、韩正国、周良才正率领淮军官兵登船。李鸿章、陈鼐、周馥、刘含芳等一行在曾国藩、欧阳兆熊、丁日昌、庞际云等陪同下，走向码头。

李鸿章向曾国藩抱拳道：“恩师，各位同僚，请留步！”

曾国藩抱拳道：“为师等待你们的捷报！”

1862 年 4 月 5 日上午九时许，一阵沉闷的汽笛声响过，三艘悬挂着英国国旗的客轮装载着两千多名淮军官兵缓缓驶离码头，东援上海抗击粤匪拉开序幕。

李鸿章心里明白，这是一个危险的旅程，长江沿岸到处都是太平军的营垒和炮台，上船后就提心吊胆，默默念叨："菩萨保佑！菩萨保佑！"

途经采石矶时，开字营乘坐的最大的一艘火轮船不慎搁浅，引起一片惊慌。傍晚时分，江水开始涨潮了，火轮船终于脱离了险境，船上的人松了一口气。

程学启对众士兵道："吾命大矣！"

经过南京时，情况更为险恶。放眼望去，太平军的屯兵遍布江岸，其战船就在洋轮周围驶来驶去。李鸿章和程学启相顾失色，两人都紧张不已。

岸边的太平军显然注意到了这几艘英国洋轮，他们好奇地向洋轮指指戳戳，似乎讨论什么。洋船的船长是一个金发碧眼的英国人，他一边要求船上所有的人必须待在舱内，一边用望远镜观察着岸上的动静。当他看见岸上的太平军越聚越多，不禁也紧张起来，李鸿章更是紧张得心脏快跳出胸口。但他们的紧张是多余的，太平军只是出于好奇，张望了一阵之后便陆续散去了。

后来又有几艘巡逻的太平军战船从江上开了过来，李鸿章又紧张起来，好在这又是虚惊一场，因为太平军的战船很快就离开了。

叫花子兵

4 月 8 日，经过两天两夜航行，第一批淮军"开"字两营，"亲兵"两营在李鸿章、陈鼒、周馥、刘含芳等率领下抵达上海十六铺码头。

早已等候在码头的吴淞海防同知刘郇膏，上海知县黄芳，及钱鼎铭、厉学潮组织的官绅、商贾、市民，敲锣打鼓迎接安庆来的援兵。然而，出现在码头上的却是粗布兵服，脚穿布鞋，头包布帕的兵勇，手中的武器也就是大刀长矛。由于从集结训练到登船，几十天都没洗过澡，团勇们个个浑身臭烘烘的，前往码头迎接的官绅、商贾、市民一个个捂住鼻子，说是上海请来了一批"叫花子"兵。

钱鼎铭向刘郇膏、黄芳介绍李鸿章、陈鼒、周馥等随从后，黄芳忍不住询问李鸿章道："敢问李大人，你带来的这些人是军中长夫，还是兵勇啊？"

陈鼒接过话头道："当然是兵勇了！"

刘郇膏也用怀疑的目光打探码头上的"叫花子"兵，问李鸿章道："他们能打仗吗？"

李鸿章一笑道："军贵能战，非徒饰美观。"

与刘郇膏、黄芳等上海官员见面后，第一批抵达上海的淮军前往上海县大南门（跨龙门）内搭建好的营地驻扎。为便于李鸿章调动指挥部队作战，钱鼎铭特意为李鸿章安排一栋西洋别墅，作为帅营使用。

当李鸿章、陈鼐、周馥、刘含芳等一行在刘郇膏、黄芳、钱鼎铭等陪同下抵达别墅时，江苏巡抚薛焕、税务司赫德、苏淞太道常胜军督带吴煦、苏淞粮道杨坊等人已经别墅外迎接了。一番叙话后，薛焕告知李鸿章，他刚接到前线战报，李秀成的太平军已经攻克嘉定，上海情势危急，希望他尽快与联防局及联军、常胜军接洽，尽快出兵抵挡李秀成入侵上海。李鸿章则以兵员尚未到齐，予以搪塞拖延。

李鸿章深知上海是朝廷关注的要地，所统领的这支队伍能否在上海立住脚，进而打败李秀成，决定着自己未来的命运与前途。所以李鸿章丝毫不敢懈怠，给自己提出了“不要钱、不怕死”的六字方针，时时刻刻提醒鞭策着自己。

规矩方圆

等待后续淮军抵达上海这段时间里，李鸿章也没闲着，第一项任务是了解情况。通过刘郇膏、黄芳等官员介绍，当下上海的敌情是：李秀成率领的谭绍光、郜永宽、陈炳文、黄子隆所部十万大军，已进占金山、奉贤、川沙、南汇、嘉定等多座城池，兵临上海城下。

上海的兵力方面：一是防军，这支队伍为江苏巡抚薛焕下辖的标兵，总计不过四千人；上海水师两千人；扬州增援上海的绿营军李若珠部水师长龙船一百只，陆勇三千人；镇江增援上海的绿营巴栋阿部陆勇四千余人；杭州绿营瑞昌部三千人；加上薛焕为抵抗太平军入侵而增募丁勇，这样，上海周边的清军兵力达三万之众。二是团练，太平军攻克杭州后，上海县令黄芳命各乡兴办团练，按每十亩出一丁，分镇设局，无事巡防，有警集援，总人数达万人之众。三是英法联军，主要为海军，即洋军，兵力仅数百人。四是洋枪队，这是一支受雇于上海官绅的洋人所组成的混合军，人数上千人，均为西式装备，武器精良，为英法联军以外，保卫上海的一支非常有战斗力的部队。

财力方面，每月税银、厘捐合起来就是六十万两，财政大权为薛焕、吴煦所掌控。

第二项任务是建造牢不可破的营盘。李鸿章根据从曾国荃的吉字营学来的经验，向程学启、何安泰、韩正国、周良才提出要求，建造淮军上海示范营盘，营房四周做防御工程，筑高墙，挖深沟。要求营墙高八尺，厚一丈，用土块和草袋垒在外面，里面是实土。墙上还有四尺高的子墙，上面有枪眼，士兵就守在子墙上面。墙外修了壕沟，配合绊马桩、梅花坑、铁蒺藜等障碍物。

第三项任务是严格纪律。十里洋场花花世界，洋人众多，烟馆、赌场、妓院满街都是，李鸿章规定官兵不许去烟馆、赌场、妓院，士兵外出必须三人同行。每名士兵都要会唱《爱民歌》。

曾国藩的《爱民歌》歌词：

三军个个仔细听，行军先要爱百姓。
贼匪害了百姓们，全靠官兵来救生。
第一扎营不贪懒，莫走人家取门板。
莫拆民家搬砖石，莫踹禾苗坏田产。
莫打民间鸭和鸡，莫借民间锅和碗。
第二行路要端详，夜夜总要支帐房。
莫进城市进铺店，莫向乡间借村庄。
无钱莫扯道边菜，无钱莫吃便宜茶。
更有一句紧要书，切莫掳人当长夫。
第三号令要声明，兵勇不许乱出营。
走出营来就学坏，总是百姓来受害。
或走大家讹钱文，或走小家调妇人。
爱民之军处处喜，扰民之军处处嫌。
军士与民如一家，千记不可欺负他。

第四项任务是严格训练。李鸿章提出的要求是：士兵必须可攀一丈高墙，跳跃一丈壕沟，火球必须投掷二十丈开外，腿绑沙袋一天要走一百里，无战操练，有战必胜，不许一个装孬熊！

为了调动士兵积极性，李鸿章用庐州话告诉士兵们道："贼娘养的，上海阿拉说我们是叫花子兵。弄妈的，你们都要给我好好搞，打胜仗发洋财挣到白花花银子，回去孝敬父老，盖房子，买粮田，娶老婆。"

李鸿章这番话虽然有些土气俗套，但很能入士兵们的心。日后，李鸿章的"贼娘养的""弄妈的""给我好好搞"成了淮军官兵口头禅。

购买洋枪

常胜军营地就在淮军营地附近，常胜军使用的武器，着实让李鸿章羡慕。

这天，李鸿章请刘郇膏、黄芳作陪，携陈鼒、程学启、何安泰一起前往常胜军营地参观学习。

常胜军原名洋枪队，因为经常打胜仗，故名“常胜军”。洋枪队成立于1860年。当年，太平军二破江南大营横扫苏南清军，开始第一次威逼上海。上海的有钱人家开始雇用洋人使用洋枪看家护院。起先规模不大，只是看家护院而已。直到华尔洋枪队成立后，这种雇佣性质的武装才声名鹊起。

华尔是一个美国人，天生就是一个冒险家。他浪迹天涯，周游世界，抢过邮车，贩过“猪仔”，在许多国家留下了犯罪记录受到通缉。他加入过法军，参加过克里米亚战争，并在中美洲组织雇佣军，进行各种阴谋活动。

1860年4月，华尔和弟弟亨利一起来到了上海，不久接受吴煦和“鸦片大王”杨坊的邀请，组建洋枪队。在高薪的诱惑下那些混迹于上海滩的“牛虻鬼子”开始踊跃报名，他们中有美、英、法、意、德等欧美游民，也有来自印度、菲律宾等国的外侨。

一个多月后，洋枪队开上了战场。他们偷袭淞江太平军营地大获全胜，一时间声名大噪。此后一年多的时间里，他们更是频频出击屡建战功，让太平军十分头痛。

当中国军队还在普遍使用大刀、长矛和一些落后的火器时，洋枪队已装备了来自欧美的最先进的武器，这无疑是一个巨大的优势。

作为刘郇膏、黄芳领来的尊贵客人，华尔很客气地接待了李鸿章一行，并详细向李鸿章介绍了英国制造的滑膛枪性能及射击要领。为了让客人进一步了解洋枪的威力，华尔还找来几名士兵，现场进行了射击演练。洋枪的威力，把程学启、何安泰等人都看傻了，当场就向李鸿章请求，开字营装备英国制造的滑膛枪。

李鸿章也是一个喜欢冒险追新猎奇的人，当即向黄芳下达任务去找税务司赫德设法购买一千支英国制造的滑膛枪，子弹两万发。

几天后，一千支洋枪送到开字营，华尔派出手下前往开字营指导训练，开字营成为淮军第一个装备洋枪的部队。

拜会洋将

就这样，直到十三营淮军陆续抵达上海进入营地后，李鸿章才在吴煦、刘郇膏、黄芳、钱鼎铭等人陪同下，前往中外联防局与联军总指挥士迪佛立商洽联手出战阻击李秀成入侵上海的事。

英法联军总督府会客厅，士迪佛立率领英国公使巴夏礼，法国公使布尔布隆，英国水师提督何伯，法国水师提督卜罗德，英国海军少佐戈登等将领一起会见李鸿章一行。

巴夏礼问李鸿章道："李大人带来多少援军？"

李鸿章回答道："不多，鸿章仅带来六千人马。"

巴夏礼问道："六千人马能抵挡李秀成的十万大军？"

李鸿章道："中国人有句古话，叫兵贵精，而不在众。"

布尔布隆哈哈一笑道："李大人带来的一批手持大刀长矛的叫花子兵，也能算是精兵？"

李鸿章道："衣衫可以换，兵器可以换，凤凰涅槃在于变。第一批抵达上海的开字两营，已经换上了洋枪。接下来，淮军各营都将换上洋枪。但是，我们需要联军支持与配合。"

士迪佛立道："不是小瞧，是因为薛焕的绿营军不堪一击，让联军非常失望。李大人率领的这支队伍究竟有没有战斗力，我们还要看看后，再商议合作事宜。"

显然，这些洋人对这支"乞丐军"的作战能力表示怀疑。

联防局碰了钉子，李鸿章回到行营将上海情况及联军不合作态度，六百里加急报告曾国藩。

曾国藩接到李鸿章的十万火急告急信札后，迅即向朝廷建议，原江苏巡抚为通商大臣，擢升记名按察使李鸿章署江苏巡抚，从而赋予李鸿章军政财大权。慈禧采纳了曾国藩的建议，委李鸿章代理江苏巡抚，迅即正式委任江苏巡抚。

从乞丐兵的兵头，一下成了江苏巡抚、封疆大吏，掌控江苏军政财大权，洋人们不敢小瞧李鸿章了，主动派人前来与李鸿章商洽。法军表态，愿意为淮军装备一营，并代训；英军也表态，愿意为淮军装备一营，并代训。

李鸿章马上选调铭字营、树字营送往联军军营，更换武器装备，接受训练。铭字营、树字营成为继开字营后，第二批装备洋枪的淮军营。

5月17日，李鸿章与联防局商定，分军为二，由程学启、刘铭传、潘鼎新等淮军主力渡黄浦江，经略浦东；常胜军和英法联军为南路，攻柘林、奉贤（今奉城）。

对于中外联军的新部署，李秀成迅即举兵反击，在占领嘉定后，又包围了青浦占领泗泾，进至虹桥、漕河泾、七宝一线，兵锋直逼上海。

巧取南汇

面对太平军咄咄逼人的架势，李鸿章觉得自己率领的这支队伍是骡子是马该到拉出去遛遛的时候了。

淮军入沪第一战从南汇打响！领受任务后，李鸿章发挥他的"浪战"本领，叫来刘铭传一番授意，刘铭传心领神会领命而去。

一番乔装打扮，刘铭传背上褡裢，叫上族侄刘盛休前往南汇侦察。

行走在熙熙攘攘的街头，刘铭传忽然听到从一酒馆传来桐城话的口音，随即吩咐刘盛休酒馆门外放哨，自己走了进去。走入酒馆，几位太平军司马正在猜拳行令，喝得起劲。刘铭传走上前去，搭讪道："听口音几位军爷都是安徽桐城人？"

一名高个子司马闻声醉眼惺忪的目光上下打量一下刘铭传，机警地问道："你是什么人，爷们正喝酒，你来凑什么热闹？"

刘铭传一笑道："家乡遭旱灾，日子没法子过，来上海做点小买卖。"掏出几个通宝丢到餐桌上道："都是家乡人，这桌饭钱兄弟我付账。"

高个子司马惊诧地道："我们吃饭你付账？"

刘铭传习惯地摸了摸脸上的麻点道："小意思，都是家乡人嘛。"

另一名长得肥胖的司马问道："兄弟也是桐城人？"

刘铭传回答道："差那么一点，庐州。"

肥胖司马欣喜道："你是庐州人，那还真是家乡人呢！"

高个子司马道："家乡人到了上海来，该我们请你才是，反倒让家乡兄弟破费，真是不好意思。"

一位矮个子司马接过话茬道："家乡兄弟，在南汇地面上，太平军从上到下，除了忠二殿下，都是安徽人，有什么事尽管跟兄弟们说一声。"

肥胖司马道："谁敢为难安徽人，砸断他的狗腿！"

话说到投机时，刘铭传索性叫来店小二，又点了几道菜，几壶烧酒，与几名司马攀谈起来。一番攀谈，说者无意听者有心，短短一顿饭工夫，刘铭传已经把南汇守军兵力部署及头目等情况了解得一清二楚。

离开南汇，刘铭传快马赶往李鸿章的巡抚行署报告侦察到的情况：守将是天福，头目是李秀成的养子李容发，人称忠二殿下。两位领军头目刘玉林、吴建瀛都是安徽舒城人士，手下卒长、司马等下层士官也都是安徽人，士兵也大多是刚从皖北招募来的新勇，号称万人，大多是民夫、随军家属，能拉出去打仗的只不过两三千。而且，李容发打仗勇猛顽强，可就是脾气暴躁，倚仗养父权势，欺侮同僚，打了胜仗功劳归他，打了败仗，一推了之，刘玉林、吴建瀛等长毛将领经常受其凌辱，早有反叛之心。

刘铭传侦察来的这一情况太及时太重要了！李鸿章与刘铭传、陈鼒、周馥、刘郇膏等商议后决定，淮军沪上第一战采取诱降方式解决。命潘鼎新、吴长庆会同铭字营向南汇城发起佯攻，同时，吩咐钱鼎铭筹备一笔重金，并亲书劝降信札一封，交刘铭传携带入城劝降。

李鸿章精心策划，吴长庆、潘鼎新攻城威胁，刘铭传送去白银三百两重金诱降，多举之下，1862 年 5 月 28 日，刘玉林、吴建瀛率部反叛天国，接受淮军整编。淮军入沪第一仗，刀不血刃获得成功！

设伏痛击

策反成功后，李鸿章料定李秀成会派出重兵前来清剿，下令，南汇城插上大清国三角黄龙旗后，继续交刘玉林、吴建瀛所部镇守。同时，命令刘铭传、潘鼎新、吴长庆率部撤离南汇至城外设伏，等待李秀成派兵前来给予一次狠狠痛击。

果然，李秀成接报后，下令慕王谭绍光夺回南汇，捉拿叛徒刘玉林、吴建瀛。谭绍光亲率李容发、吉庆元部杀向南汇。

谭绍光率领大队人马前来攻城，换上洋枪的铭字营的士兵列阵最前。当谭绍光率领的马队耀武扬威杀来时，冷不防从城外树林冲出一队装备上洋枪的淮军，一队队淮军持枪列队上前，“砰砰砰”一阵射击，打得谭绍光率领的马队人仰马翻。而就在此时，潘鼎新、吴长庆率领部下，手持钢刀从树林里杀出，挥刀砍杀！顿时，战马哀嚎，士兵哭爹叫娘。谭绍光丢下数十名士兵尸体和几十匹战马后，在亲兵护卫下，侥幸逃命。谭绍光第一次感受到了这批“叫花子”兵的厉害。随后赶来的李容发、吉庆元见到眼前惨状，个个吓得屁滚尿流，溃逃而去。

南汇之战结束后，设建字营两营，管带吴建瀛；设玉字营两营，管带刘玉林，此新建两营划归刘铭传统管。接着，李鸿章命刘铭传、潘鼎新、吴长庆等部，一举攻克川沙、塘桥等城镇。

为表彰刘铭传立下的战功，李鸿章上奏朝廷，刘铭传累功擢升参将，赐号骠勇巴图鲁。

淮军初出茅庐即绽放光彩，让上海官绅富商们刮目相看，在钱鼎铭、厉学潮等人士鼓动下，上海富商纷纷出钱资助。有了钱，李鸿章开始大量购买武器装备，庆、鼎、春、亲、林、熊、垣等营都陆续全部或部分更换上了洋枪。

第十一章

联军惨败

在淮军夺取南汇的同时，南桥还有一场战斗正进行中，这场战斗交战双方是英法联军、常胜军与太平军。

早在同治元年春天，联军便在嘉定、青浦与太平军开战，太平军虽然最终获得了胜利，但却尝到了洋人洋枪洋炮的厉害。两次交战，太平军阵亡四千多名兄弟，被俘两千多人。这样的战果，李秀成觉得是太平军的耻辱，决定对洋人不再忍让，全面反击！

反击战开始后，南桥就是太平军攻克嘉定、青浦后与联军的一场报复战。这一战，联军、常胜军输得很惨，常胜军副统领法尔思德被俘，法国水师提督舰队司令卜罗德上将被击毙，英军水师提督何伯负伤，大量洋枪、洋炮被太平军缴获。

当时上海百姓有一首歌谣这样唱道：南桥南桥，两军交战，活捉洋鬼子，洋枪当柴烧！

南桥之战让上海的洋人不寒而栗。在卜罗德的葬礼上，那种嚣张一时的气焰被一片忧伤的钟声和悲观的情绪所替代。

为了给淮军长脸，扩大淮军知名度，李鸿章以江苏巡抚、淮军统帅的双重身份携陈鼒、周馥、刘含芳等幕僚前往联军总部参加法国舰队司令卜罗德的葬礼，并按照中国人的规矩亲笔题写挽联。

葬礼结束后，士迪佛立向李鸿章跷起大拇指道：“淮军厉害！淮军厉害！”自此，自以为无敌手的联军灰溜溜地向市区撤退，龟缩进租界再也不敢露头了，常胜军也返回淞江营地，坚守不出。

联军退守租界之时，太平军却乘胜挺进，再次逼近上海，从九里桥、新闸、徐家汇到法华、淞江一线，到处都是头戴红巾的太平军将士。

到了 5 月底，英法盟军放弃了上海城外围的全部防线。为了保卫上海，李鸿章只能调动淮军前往接防。面对强大的太平军，淮军真正的考验到了！

扩充兵力

上海战事如火如荼，而联军、常胜军又怯战畏缩，曾国藩担心李鸿章的兵力不足，抵挡不住李秀成的十万大军，遂从皖南调鲍超所部杨鼎勋、曾国荃所部郭松林，并黄翼升的淮扬水师、李朝斌的太湖水师增援上海。

郭松林，出生年月不详，字子美，湖南湘潭（今株洲县）雷打石镇脉湾村人，原隶属曾国荃部。

杨鼎勋，出生年月不详，字少铭，四川华阳（今成都）人，原隶属鲍超部。

就在此时，李文安创办团练时的旧部吴毓芬、吴毓兰，因招募新勇没有赶上安庆集结整训，率领八百乡勇赶来上海，向李鸿章报到。李鸿章报请曾国藩批准，因吴毓芬字伯华，设“华”一营，吴毓芬任管带，吴毓兰任帮带。

李鹤章、李昭庆率领乡勇一千二百人前来上海，向二哥报到。李鸿章报请曾国藩批准，设亲兵两营，李鹤章为管带，李昭庆调帅营听差。原作为赠嫁之资划归淮军的总督亲兵两营，编入松字营交郭松林统带。

除此之外，合肥县东乡、北乡的张志邦、张桂芳、王永胜、赵怀业也各自募集三百至五百不等的乡勇前来上海加盟淮军。李鸿章报请曾国藩批准后，再设“志”“桂”“胜”“怀”四营，分别由张志邦、张桂芳、王永胜、赵怀业担任管带。

调张树声入帅营充任幕僚，升张树珊为树字营管带，张树屏为帮带。同时，报请曾国藩批准，钱鼎铭帮办军务，刘郇膏、黄芳筹办淮军粮饷。

刘秉璋庐江招募新勇八百前来上海，李鸿章将八百乡勇分别编入鼎字营、庆字营，将刘秉璋留身边担任幕僚。

鉴于铭字营兵员过多，李鸿章决定设“盛”“传”各一营，由周盛波、周盛传分任管带。

接下来，扩充兵力的大头便是改编绿营及江苏防军了。

李鸿章首先处置的是江苏巡抚薛焕下辖的标兵，绿营巴栋阿部，绿营瑞昌部，合计一万多人。李鸿章先是派张树声、陈鼒、刘秉璋、钱鼎铭、周馥、刘含芳分头深入绿营中，与官兵交谈进行摸底，探询他们的想法。

走访调研结束后，李鸿章下达整编绿营军的巡抚令，四十五岁以上的士兵遣散，给路费及生活费银八两，有家属的多发银子二两，营官、哨官愿意回老家的，发给银子五十、二十两，不愿返乡的接受重组编入淮军。

对于上海旧有水师及苏嘉等地部分水师，裁减一半。李鸿章的命令下达后，一些年纪超过四十五岁的老爷兵开始闹事了，焚烧营房的，焚烧战船的，宰杀战马的，营房聚众闹事的，还有破坏军械的，一时间闹得沸沸扬扬。

李鸿章接报后，命令总兵况文榜、水师头目郑国魁将带头闹事的杀了几个。果然，效果显现，带头闹事的几名老兵，连路费也不要了，连夜逃出了各自的营地。

兵乱事态平息后，李鸿章报请曾国藩批准，将原江苏巡抚薛焕下辖的标兵缩减，设“奇”字一营，由游击头衔的刘士奇统领。将苏北先锋营改编为“芳”字营，由张士芳任管带；将无锡民团改编为“濂”字营、“得”字营，分别由杨宗濂、徐得胜任管带；贵州援沪兵改编为“常”字营，况文榜任管带；将上海防军改编为“虎”字营，梁安邦任管带；将云南援沪兵改编为“云”字营，周士濂任管带。

水师方面，立善字炮船一营由无为州外委孙善成管带，魁字枪船正副两营，由郑国魁、郑国榜任管带。同时，设铭字枪炮船各一营，鼎字、亲兵枪船各一营。

入沪初期的淮军经过上述几步扩充，加上可以协同作战的联军、常胜军，可投入作战的兵力已经达到四万人以上。

虹桥大捷

叫花子兵不费一枪一炮便占领了南汇，李秀成记恨在心，发誓此仇必报！

李秀成准备与叫花子兵展开一次决战，地点便选在了虹桥。同治元年六月中旬开始调兵，共调集五万重兵向刚接防的虹桥开字营发起攻势。

李鸿章接报后，行营会议厅召开陈鼒、周馥、刘含芳、刘铭传、张遇春、张树声、张树珊、李鹤章、吴长庆、潘鼎新、周盛波、周盛传、唐殿魁、唐定奎、程学启、何安泰、韩正国、滕嗣武、郭松林、杨鼎勋、吴毓芬、吴毓兰、郑国魁、孙善成、张志邦、张桂芳、王永胜、赵怀业等众将领会议，商议迎敌方案。

李鸿章道："弟兄们，联军、常胜军南桥吃了败仗，躲进租界当缩头乌龟，华尔、白齐文也率领常胜军躲进了淞江营地，坚守不出。而粤匪谭绍光、陈炳文、郜永宽等匪酋却在虹桥、泗泾一线陈兵数万，连营三十里，上海城中百姓人心惶惶。淮军奉旨保卫上海，当上海面临危难之时，我们该怎么办？"

杨鼎勋道："龟儿子，打！"

吴长庆道："打，打出淮军军威！"

李鸿章道："当下，粤匪数倍于我，正面发起攻击必败无疑。"

张树珊道："偷袭。"

李鸿章摇摇头道："这次，李秀成专门冲着我淮军来的，集重兵五六万，且连营三十里，偷袭等于鞭杆打长蛇，打不中要害。"

陈鼐提醒道："打得不好，反会被蛇咬。"

张遇春道："那就设法把蛇引出洞来打！"

李鸿章道："本帅正有此意。"起身，走至长桌旁，摆起茶壶、茶杯，而后示范道："你们看，这儿是泗泾，先由程学启、何安泰、韩正国所部发起佯攻，引诱李秀成派兵出战，长毛一旦出击，本帅便率李鹤章、滕嗣武、张遇春、张树珊、吴长庆、郭松林、杨鼎勋各营伏击粤匪。其他各部作为预备队，随时听令助战！"

滕嗣武道："好计谋！"

程学启道："开字营的洋枪洋炮可以大显身手了！"

张树声道："虹桥一战是淮军入沪真正的第一场恶战，战必获胜。"

李鸿章道："弟兄们，是骡子是马，该让你们遛遛了！"

6 月 17 日，虹桥战斗打响。

陈炳文、郜永宽率六万长毛，分二十小队，向虹桥开字营营垒发起攻击，而开字营仅有千人，双方兵力悬殊数十倍，敌强我弱，情势对开字营来说十分危急！

李鸿章接报后，一面下令程学启、何安泰务必固守营垒等待救援，一面下令张遇春、韩正国、滕嗣武火速驰援虹桥。

太平军数十门火炮向开字营发起炮击，开字营战壕里硝烟弥漫，炮火连天，尘土飞扬，众淮军士兵隐蔽在深壕中被打得抬不起头来。何安泰提着洋枪奔逃于壕沟中，喊叫道：“弟兄们，要沉住气，稳扎稳打！”

丁汝昌手持洋枪，喊叫道：“弟兄们，长毛战法是公鸡拉屎头橛子硬，往后就会拉稀。躲过这阵炮火，长毛就会发起进攻，到那时，就用我们的洋家伙，一枪撂倒一个，打个痛快！”

陈炳文、郜永宽本以为“叫花子兵”营垒不堪一击，炮弹打了几百发，发起几次冲锋结果愣是攻不下来。原来是曾国藩对湘军的一项特别要求，“扎硬盘，高筑墙，挖深壕”发挥了作用。

陈炳文也战红了眼，挥舞大刀高喊：“弟兄们，活捉叛逆程学启、何安泰、丁汝昌，本王有重赏！”

依托坚固营垒，加上张遇春、韩正国、滕嗣武增援部队赶到，激烈战斗进行了一整天。太平军六万人马在陈炳文、郜永宽率领下轮流发起攻势，就是攻不下一座小小的“叫花子兵”营垒，反而被开字营的洋枪队撂倒数十名太平军兄弟。

战斗进行到天黑，陈炳文、郜永宽商议后决定暂时撤退，明日再战。

18日，天刚蒙蒙亮，太平军便发起更猛烈的进攻。李鸿章接报，拿上佩剑骑上战马亲自率领张树珊、郭松林两营兵力前往虹桥支援。

当李鸿章率领救援队伍赶到时，春字营正在虹桥桥头与太平军展开肉搏战。因太平军人员众多，春字营的士兵不敌，张遇春正准备率领部下从桥上撤退。李鸿章身骑战马赶来，一见张遇春便喊叫道：“本帅援军已到，后退者杀无赦！”

张遇春听到李鸿章这么一说，一挥手，举起钢刀重新杀向桥头。就在此时，张树珊、郭松林率领的增援部队赶到，呐喊声中冲上桥头，加入春字营的战斗。

陈炳文见淮军援兵赶到，调动更多太平军参与桥头争夺战。不一会，桥上桥下，河沟里都是太平军、淮军士兵的尸体，战斗异常惨烈。

李鸿章不顾不时飞来的炮弹，近在咫尺的凶残长毛，让刘斗斋搬来一把椅子，手持佩剑端坐桥头督战。

主帅冒死督战，淮军官兵拼死战斗，打退了太平军一轮又一轮如潮水般的进攻。就在这时，在攻桥的太平军身后忽然传来一阵“砰砰”的洋枪声，随着枪声响起，成排的太平军中枪倒地。吃过洋枪亏的陈炳文、郜永宽商议后，只好无奈地下达撤退命令。原来这支洋枪队是程学启派来的，桥头发生激战的时候，程学启获悉，李鸿章亲自坐在桥头督战，担心主帅安全，便迅速抽调出两哨洋枪队出营垒前来支援。

随着太平军的撤退，淮军再获虹桥胜利！

收复青浦

虹桥大捷让“叫花子”兵名声大振，就连狂妄无比的戈登、勒伯勒东、布尔布隆、华尔等鬼子们也不得不佩服，也让士迪佛立对联军与淮军联手打败太平军增添了勇气和信心。

这天，士迪佛立专门将李鸿章请到联军总部，对淮军战绩大加夸奖后，说淮军为“古罗马军团”重现上海。决定奖赏淮军洋枪一千支，子弹两万发，开花炮二十门，炮弹两千枚。同时，也给李鸿章提出了收复青浦的要求，允诺派常胜军及部分联军参战。

青浦位于上海西部，背靠太湖，是李秀成夺取上海的前进基地，对太平军有着十分重要的战略地位。

守卫青浦的是太平军悍将谭绍光，而程学启也是淮军第一悍将，李鸿章一番考虑后，觉得攻打青浦的重任非程学启莫属。

程学启得令后，即率部赶往青浦排兵布阵，华尔也奉士迪佛立之命率部与联军一起赶来青浦助战。程学启、华尔商议后，先由常胜军、联军用开花炮轰击城墙，待城墙炸出豁口后，程学启便率部冲入城中。

7月16日，收复青浦战斗打响。常胜军、联军数十门开花炮同时发起炮击，强大的火力很快将城墙炸出一道豁口。程学启见城墙已被轰出豁口，一声令下：“敢死队，上！”

第一拨敢死队冲入豁口，谭绍光针锋相对，亲自率领敢死队拼杀阻击。因太平军人员众多，一场血战后淮军还是被阻止在城墙外，被炸毁的城墙很快被封堵。

敢死队冲击失败后，程学启便亲自率领洋枪队，在联军和常胜军火炮支援下，发起冲击！

这次，谭绍光虽然率领敢死队阻击，但却没有阻止住淮军的冲锋，防线被攻破。面对火力凶猛的中外联军，谭绍光只能下令从青浦撤退。

程学启乘机率部杀入城中，将尚未来得及撤退的老弱病残，及太平军家属全部砍杀。一时间，青浦街头血迹斑斑，尸横遍野，惨不忍睹。

丢了青浦，谭绍光岂能心甘？决定再次杀回，但这次没有直接攻打青浦，而是攻打淮军弱旅况文榜部，试图吸引青浦淮军。况文榜不是谭绍光对手，紧急向李鸿章求援。李鸿章急令程学启率军回援，双方再次爆发激战。

战斗中，太平军抢占高地，淮军陷入被动，但程学启实在太过勇猛，发起多次冲锋，硬是将高地夺了回来。面对强劲对手，谭绍光只能撤兵。

两次交战失败，谭绍光意识到程学启不好对付，但青浦必须夺回来，否则太平军无法夺取上海，谭绍光请求李秀成派兵增援。李秀成接到求救信札后，一面调兵增援青浦，一面调兵围攻淞江，试图打乱李鸿章的作战计划。

青浦这边，增援兵力到达后，谭绍光下令水陆并进，于青浦黄渡口扎下大营，伺机夺回城池。

这次，程学启在联军、常胜军配合下主动向谭绍光的渡口营地发起攻击。谭绍光不敌，率部退至白鹤港。程学启率部追击，一场恶战在白鹤港展开。谭绍光下令太平军洋枪队反击，淮军一批一批倒下。程学启也被洋枪击中，胸膛被打伤，鲜血直流。程学启却是一个亡命之徒，身受重伤也不撤退，包裹好伤口后继续战斗。

程学启悍不畏死，淮军士气高昂，直接冲到太平军阵前，双方展开白刃战。淮军勇猛无敌，谭绍光也拼死力战，无奈太平军整体素质不如淮军，能打恶仗的“广西老兄弟”人数太少，很难与淮军正面硬抗。一番厮杀后，谭绍光无奈撤兵，太平军阵亡三千余人，谭绍光被迫退守嘉定。

再战七宝

七宝即七宝老街。七宝老街，位于今上海市闵行区的七宝镇，一处战略要地，早被太平军占领。其时，为解淞江之围，刘铭传、潘鼎新、吴长庆、郭松林等部正在北新泾与太平军交战，战斗进入胶着状态，需要增援。

李鸿章接到刘铭传、潘鼎新的求助请求后，下令程学启率部前往救援。程学启接令后，率部自青浦秘密穿插至七宝，试图偷偷通过。岂料，部队刚进入老街，埋伏在街头两边的太平军忽然杀出！

有人高喊：“围住淮妖，一个也不许放过！”

闻听此声，正在行进中的开字营队伍顿时大乱，程学启一手提着短枪，一手提着大刀杀上前来，指挥道：“不要乱！准备还击！”

有人叫喊：“程学启！活捉叛逆程学启！”

程学启高喊道:“长毛兄弟们，老子就是程学启，有种的就来吧！”

几名太平军士兵挥舞钢刀围堵而来，程学启毫不示弱，刀枪并用，几名太平军士兵顷刻毙命。

丁汝昌挥刀砍杀，高声喊叫道:“来吧，老子也是天国叛徒！”

何安泰横冲直撞挥刀砍杀，太平军士兵纷纷溃逃，杀出一条血路。

一场混战后，程学启迅速整合队伍，命令从街道南北向驻守镇里的太平军发起反击。顿时，枪声大作，太平军的大刀长矛哪里是装备上洋枪的开字营战士的对手，两千多名守兵，不到一个时辰便被击毙、砍杀精光！开字营再次取得七宝街突击战胜利！

次日，程学启、何安泰率领开字营，赶往北新泾支援正在激战中的刘铭传、潘鼎新、吴长庆、郭松林等部。援军赶到，被解围后的铭、鼎、庆、松各营迅速组织反击，获得北新泾胜利，淞江之围迎刃而解。

随后，潘鼎新、刘铭传、吴长庆等部进军奉贤，取得金山卫之战的胜利。太平军不断后撤，主动放弃了上海外围多处要地，只留少数兵力固守嘉定等地，大部分主力都在很短的时间里撤回了苏州。

战斗结束后，李鸿章上奏朝廷为程学启请功。谕旨很快下达:授予程学启记名总兵。

此战中，刘铭传在开字营中发现了一名悍将，哨官丁汝昌。遂在战斗结束后，便通过李鸿章，将丁汝昌“挖”来铭字营。

丁汝昌调入铭字营后，刘铭传命统领亲兵一百人。旋改统领马队，升任营官。

连续的胜利给上海百姓带来了巨大的鼓舞，上海官绅们更是欢欣鼓舞，各种神奇的传说也不胫而走。有人说六千叫花子淮军战胜了十万“长毛”，而李鸿章跃马定乾坤的故事更是被传得神乎其神。上海人再也不敢小看“叫花子”兵了，就连英文报纸《北华捷报》也盛赞淮军，把它描述成“优秀军队”，“叫人想起了古罗马军团”。

其实，李鸿章在上海的节节胜利，与湘军的帮忙是分不开的。

1862 年 8 月间，天京形势更加险恶。湘军水陆并进，水师由彭玉麟督率，连续攻陷下关、江心洲、蒲包洲，直抵天京护城河口。陆路则由曾国荃统领，一路推进，逼近雨花台。天京陷入湘军包围，洪秀全一日连下三道诏书，急令李秀成火速回援。

为了应对这种局面，李秀成在苏州召开紧急会议，分析局势，认为当务之急，是要做好长期防御的准备，而不是与敌硬拼。只要大家团结一心，坚守两年，清军久顿坚城必无斗志，而后太平军可实施反攻，一举将其击溃。出席会议的众王都对李秀成的见解表示赞同，但方案报到天京后，洪秀全却很不满意，指责李秀成消极避战，下诏严厉斥责。

洪秀全声称“若不遵诏，国法难容”。在此情况下，李秀成只得从命。为了消除天王的猜忌，他把苏福省的印信委于部将谭绍光，就连老母和家眷也从苏州送至天京，作为人质“以表愚忠”。

太平军主力北上造成了上海兵力空虚，这就给了淮军可乘之机。

华尔战死

天京陷入湘军围困，李秀成命李世贤于浙江发起反击解天京困局。这样，主持浙江战局的左宗棠的压力增大。为支援浙江战场，曾国藩命李鸿章协调中外联防局派常胜军支援浙江。

李鸿章接到老师命令后，即协调联防局派华尔出征浙江，同时命杨鼎勋率“勋”字营，陈飞熊率“熊”字营一起驰援浙江。

9 月 18 日，这支中外联军抵达宁波，20 日抵达慈溪城西城门，参与攻城战斗，慈溪保卫战打响。

说起驻守慈溪这支太平军，还有一段历史需要交代。太平天国广西兴起的时候，浙江诸暨也有一支起义军，名叫“莲蓬党”，首领叫何文庆。但是作为一支很小的起义军想要不被清军全歼是很难的。为了壮大莲蓬党的势力，何文庆主动联系周边县的起义军，大家抱团取暖，队伍越来越庞大，不久势力遍及诸暨、余姚、天台、台州、慈溪等很多州县，人数达万人之众。

1861 年，何文庆带着莲蓬党加入太平军，充当太平军的前锋部队活动于慈溪一带。何文庆获悉大批清军、洋枪队前来攻城时，便退守城里坚守城池。

攻城战斗打响后，常胜军先是用开花炮轰击城墙，何文庆则指挥所部用土炮、鸟铳等火器还击，阻止清军入城。结果，华尔被鸟铳射出的子弹击中胸部，当场毙命。华尔战死后，副手白齐文代理常胜军统帅，继续参加攻城战斗，歼灭何文庆所部，占领慈溪。

常胜军完成支援浙江剿匪任务返回上海后，士迪佛立委任华尔的副手白齐文为常胜军统帅。

随着常胜军参加战斗频次越来越高，由谁来指挥这支特殊的部队上，李鸿章与士迪佛立产生了争议。在李鸿章想来，常胜军每年由上海财政支付七万多两银子，却没有指挥权，薛焕可以接受，李鸿章断然不可接受。而且，李鸿章感觉出这支洋鬼子部队难以指挥，控制不了。

谈判中，李鸿章虽然有借助常胜军剿灭太平军的想法，但担心其势力膨胀危害切身利益，而且恐常胜军人数过多，费银巨大，影响淮军的扩充。因此，他在同士迪佛立谈判中，坚持要求裁汰常胜军为三千人，减定长夫额数口粮，删除病房及日用房费种种浮滥之款，以“稍节饷需”。提出常胜军的饷银从年七万八千万两减至四万余两，士迪佛立开始拒绝，后来在寸步不让的谈判对手面前，只好妥协让步。

李鸿章与士迪佛立经过多次辩论才达成一致，互有妥协后，签订了中英《统带常胜军协议》。士迪佛立原拟条约十三款，李鸿章复加勘正，增为十六款。在兵权归属问题上，士迪佛立意欲独揽大权，李鸿章坚持分管。最后士迪佛立在李鸿章这样强劲的谈判对手面前，只能屈服。由此，李鸿章取得了对常胜军的“节制调遣”权。

援兵金陵

曾国荃“铁桶阵”步步紧逼围困金陵，洪秀全惊恐万状，一道接着一道谕旨敦促李秀成率部前来救援。在洪天王的敦促下，李秀成不得下令撤出上海作战的主力及苏浙兵力，共十三王，二十万大军回援天京。

李秀成率十三王二十万大军扑向金陵，曾国藩接报后下令李鸿章，调程学启开字营支援金陵。

接到曾国藩的命令李鸿章犯难了，上海外围之敌还没有肃清，这个时候怎么可以放走悍将程学启呢？然而，开字营原本就是老师从湘军划拨而来的，现在老师要回去，做学生的有什么理由不服从呢？

就在李鸿章左右为难的时候，周馥给李鸿章出了一招，差遣新任常胜军统帅白齐文率领常胜军前往金陵支援。李鸿章觉得是个好主意，因为常胜军不仅武器精良，而且战斗力极强，以白齐文替换程学启，老师肯定不会有意见。况且，还可乘机消耗常胜军实力，消除常胜军尾大不掉桀骜不驯之忧。遂派常胜军督带吴煦前往常胜军驻地淞江，饬令白齐文率部增援金陵。

吴煦奉命赶到淞江面见白齐文，传达李鸿章命令。白齐文一听就火了，愤然道：“老子不去！攻克青浦，明明是常胜军率先攻进城的，李鸿章却把头功给了程学启，身为前敌主帅赏罚不明包庇己军，这样的主帅没有资格向我下令。”

吴煦低声下气地劝说道：“白兄弟啊，今日的上海已今非昔比啦，吴某头上这顶乌纱能保多久都不知晓，白兄弟还是服从命令，率部前往的好。”

白齐文道：“请吴大人转告李鸿章，依照《统带常胜军协议》，李鸿章有权调动常胜军，但是当初创设常胜军的宗旨仅为保卫上海，出兵金陵，有违常胜军宗旨，白齐文有理由抗命！”

吴煦含笑道：“战局发生了重大变化，吴某身为常胜军督带，还是劝说白统帅执行李鸿章命令的好，否则，白兄弟就难为吴某了。”

白齐文道：“不是白某不给吴大人面子，你们已欠饷两月，士兵情绪低落，如何解决？”

吴煦道：“欠饷之事，杨大人已在筹措，白管带尽管放心。”

白齐文蛮横道：“那就请吴大人回去告诉李鸿章，先把欠饷问题解决了，再谈出兵金陵的事。再说了，他李鸿章淮军数万强将如云，为何不去支援金陵？想让我常胜军去当炮灰，没那么便宜的事！”

吴煦碰了一鼻子灰，只好返回上海如实向李鸿章报告。

白齐文公然抗命，李鸿章大为光火，扬言要去找士迪佛立撤他的职。

刘秉璋劝说道：“李秀成二十万大军，常胜军区区几千人马，即便去了金陵恐怕也起不了多少作用。”

张树声献计道：“常胜军非主帅创制，更有朝廷委任督带、管带，老师只需禀帖一封，向总督大人说明情况，责任自然有人替老师承担。”

陈鼐赞许道：“妙！这样既可推卸责任，亦可将吴、杨置于死地，一箭双雕，仲良兄弟，果真妙招！”

李鸿章为难道：“湘军雨花台大营吃紧，淮军岂能坐视不管？”

刘秉璋献计道：“老师可乘粤匪云集金陵，上海兵力空虚之机，请求联军助阵，一举攻克嘉定，彻底扫清上海外围之敌，进而挥师苏、常，在李秀成的后院烧把火，岂非异曲同工之妙？一旦嘉定失陷，淮军便直接威胁李秀成的苏州老巢，李秀成绝不会坐视不管。”

李鸿章一番思考后，决定采纳幕僚们的意见。故而，一边致函曾国藩说明派兵支援金陵情况，一边联络联军发起攻克嘉定之战。

上海炮局

上海作为重要的通商口岸，华洋杂处之地。常胜军的设立，为淮军学习仿效西方列强战术，使用洋枪、洋炮提供了难得的榜样。淮军入沪一段时间，通过与联军及常胜军合作的攻城战斗，让李鸿章深深感受到洋枪洋炮的威力。当时，联军和常胜军使用的洋枪，主要是英国的亨利马梯尼和士乃得、美国的林明敦、德国的毛瑟等型号。这些后膛枪采用的是枪管内车床车有膛线，枪杆上增加了标尺，这样枪械不仅便于瞄准射击，也能打得准、打得远，命中率和杀伤率都得到了大幅度提升。

李鸿章是一位善于学习新知识新事物的官员，开始给淮军装备洋枪的时候，就选用了英国士乃得、美国林明敦两种型号，但是价格很贵。

火炮方面，淮军刚入上海时用的是老式配备的笨重落后的“劈山”炮，而当时联军、常胜军装备的是威力巨大的榴弹炮、山地炮。

李鸿章酝酿创设洋炮局，自己制造洋枪洋炮的想法，并将这一想法写信报告了曾国藩及恭亲王奕䜣。李鸿章在信中写道：“西人制造后膛枪炮，日新月异，其速率之猛，准头之远，几于无坚不摧，天地肃杀之气与人世机巧之心相寻无已，而彼得以其时，出奇角胜，我仍因陋就简，纽于制梃挞兵之常谈，而不思变计，得失利钝之悬殊，不待烦言而决矣……”李鸿章的想法不仅得到老师的赞同，也得到了恭亲王奕䜣的支持。

李鸿章开始物色懂得制造洋枪洋炮的洋人。很快，一名叫马格里的洋人进入了李鸿章的视线。此人为英国人，出生于苏格兰，毕业于爱丁堡大学医科，起先在常胜军担任军医，后来，被张遇春挖去春字营担任炮队教习。

这天，李鸿章在自己的巡抚衙门举行一次特别酒宴，参加的有陈鼐、张树声、周馥、刘含芳、刘郇膏、钱鼎铭、李昭庆等幕僚。除此之外，还请来两位特殊客人，一位是参将韩殿甲，一位是春字营的洋枪教习马格里。李鸿章向幕僚介绍完韩殿甲和马格里后，吩咐刘斗斋先端上一盘卤鸡蛋。

李鸿章道：“当下，税银、厘金早已入不敷出，连本帅犒劳联军的赏银都无从着落，还拖欠常胜军两个月的饷银，如此，哪里还有银了购买军火？”从盘子里取出一只鸡蛋道：“这是一只鸡蛋，我想问各位仁兄，如果是一只母鸡和一篓鸡蛋放在各位面前，你们是要鸡蛋呢，还是要母鸡？”

钱鼎铭道：“这还用说嘛，当然是要母鸡了。鸡蛋吃了一只少一只，而母鸡则可以下蛋，吃了还会再下。”

陈鼐悟出什么道：“竹湄明白少荃的意思了，少荃是想学习曾帅，自己设厂造枪炮？”

李鸿章点点头道：“萌发此念头也是迫于无奈，算一笔账诸位听听，买一颗十二磅炮弹要花银子三十两，买一万粒最差的铜帽也要银子十九两。诸位，真是不当家不知柴米贵呀！枪炮一响，那可就是白花花银子往外飞呀！”目光转向韩殿甲、马格里继续道：“这就是今天请来韩殿甲、马格里两位新朋友的用意。”

韩殿甲表态道：“只要大人一声令下，殿甲和马先生有信心有能力制造出中国工厂生产的洋枪、洋炮！”

马格里表态道：“马格里完全有信心！”

1862年初冬，李鸿章授命英国人马格里与韩殿甲、刘佐禹，于上海淞江城外一所庙宇中创办了上海洋炮局。名为洋炮局，实为李鸿章在军需供应紧急的情况下设的一个随军军械所，是一个小兵工厂，仅雇用了五十名工人，开始只有手工工具和一座黏土熔化炉。后又添置了蒸汽锅炉和少量机器，招募了法国人勒尔尼色等几名外国洋技师指导中国工人操作，仿造了开花炮弹及自来火等初级军火产品。即便如此，上海洋炮局成为中国近代史上第一家军工企业，也是中国最早的兵工厂。

第十二章

决战沪北

嘉定位于苏州与上海之间，离上海约有六七十里，是太平军从苏州向上海进军的必经之地，也是太平军进攻上海的大本营。嘉定的得失，关系到上海战局的成败，也是淮军进军苏南必须拔掉的一颗钉子。

李鸿章调集陆师程学启、刘铭传、潘鼎新、吴长庆、张树珊、李鹤章、郭松林、张遇春、周盛波、周盛传、吴毓芬、杨鼎勋、滕嗣林等营；水师黄翼升、李朝斌、郑国魁、郑国榜、孙善成等全部主力，联军也派出英海军少佐戈登率领重炮炮队与淮军一起参与战斗，对盘踞在嘉定的太平军展开攻击。

11 月初，进攻嘉定的战斗打响。联军的火炮在戈登指挥下，发起炮击，十几门火炮一起发出轰鸣，炮弹在城楼上、城墙上炸开，很快将城墙炸出一道豁口。守城的太平军士兵在联军强大火力轰击下，死的死伤的伤，抱头鼠窜逃离城楼。

程学启挥舞大刀，一马当先，大声喊道："开字营弟兄们，杀！"

李鹤章挥舞大刀，大声喊道："亲兵营的弟兄们，跟我上！"

郭松林挥舞大刀，喊叫道："松字营弟兄们，杀！"

顿时，炮声隆隆，硝烟弥漫，枪声大作，喊杀声震耳，攻城的淮军在联军火炮掩护下，冲入城中。在中外联军强大的攻势下，守卫嘉定的太平军几乎没有抵抗便溃逃而去，嘉定攻克。

嘉定陷落，太平军失去了在上海外围的最后一座堡垒，昆山和太仓受到严重威胁。谭绍光认为与其被动挨打不如主动出击，于是调集听王陈炳文、潮王黄子隆、归王邓光明，分南北两军，于三江口至四江口一线集结，准备重新夺回嘉定。

李鸿章亲临前线指挥作战，召开前线将领会议，指出：四江口之战，关乎上海全局，一旦失败，谭绍光会趁势反扑，已经获得的胜利将会丧失，上海又将陷入危局！并对参战部队做出安排，程学启、刘铭传、李鹤章、郭松林、杨鼎勋所部及联军为第一梯队，由李鹤章统辖，分三路，向粤匪弱旅陈炳文发起攻击；张树珊、吴长庆、潘鼎新、张遇春、滕嗣林、周盛波为第二梯队，由刘秉璋统辖，向谭绍光所部发起攻击；周良才、况文榜、梁安邦、刘士奇、黄翼升、李朝斌、郑氏兄弟、孙善成为总预备队，由陈鼐统辖随李鸿章殿后，并承担围堵黄子隆所部，适时策应任务；刘郇膏、杨坊、钱鼎铭、黄芳、李昭庆保障各梯队军需、粮饷供给，组织长夫救治伤员。

三江口至四江口一线，战旗飘扬，两军对垒，大战爆发。联军火炮首先发起炮击。猛烈炮火轰击后，程学启、刘铭传、李鹤章、郭松林、杨鼎勋率先杀入由陈炳文统领的太平军南军，因为淮军大部已经装备洋枪，火力凶猛，两军刚一交战，南军便主动撤退，意图与谭绍光所率北军进行合兵。就在此时，刘秉璋率领第二梯队，向谭绍光北军发起攻势，打乱了太平军合军的企图。谭绍光统领的北军领教过淮军的厉害，士兵怯战甚至出现少数士兵擅自逃跑。谭绍光见事态已经是这样，只能带着部队从四江口撤离，退守昆山。

整顿吏治

1862 年的年末，发生了两件事让李鸿章甚为震惊。

第一件，胆大妄为的常胜军管带白齐文，在抗命不去金陵的同时，竟然带领手下闯入杨坊家，殴打杨坊逼迫支付军饷。第二件，白齐文从杨坊家抢走藏匿于地下银库私银一万余两。

李鸿章以“不遵调遣，劫饷殴官”的罪名，将白齐文革职。建议士迪佛立命戈登为常胜军统帅，得到了士迪佛立支持。戈登成了常胜军的新统帅，而白齐文则一不做二不休，带领一帮手下投靠了李秀成，与联军和淮军作战。

白齐文在中国的结局：白齐文投靠李秀成后也没受到信任和重用，后离开太平军前往厦门，被李鸿章派去的人拘捕，在被押往苏州途中，李鸿章密令将其溺杀，时年二十九岁。

而第一件事的发生，让李鸿章感悟出早有耳闻的吴煦、杨坊把控上海财政大权，假公济私贪腐严重的问题似乎得到了证实。身为江苏巡抚，对上海腐败盛行的吏治不能熟视无睹。于是，便找来被吴煦排挤打压的刘郇膏、黄芳询问。

李鸿章对二人道：“本抚初到上海，人地两疏，虽夙夜兢兢不敢稍有懈怠。然，上海吏治浮伪，民生凋瘵，劫运甚重举步维艰，还仰仗二位出谋献策。”

刘郇膏敬言道：“李帅非整治上海官吏，否则难以立足。”

黄芳建议道：“要整治上海官吏非从吴、杨二人下手不可。”

刘郇膏道：“吴煦身为苏淞太道管理海关，并署理江苏布政使，大权在握；杨坊以通事奸商起家，苏淞粮储道综理夷务，也是上海财政大权实权人物。”

黄芳补充道：“吴、杨沆瀣一气，挟夷自重，把控上海人事、财政、夷务大权。他们手下有一帮搜括能手。去秋，在上海道署门前有人画一大龟，以俞斌为首，金鸿保为背，阂钊为心腹，一时成为笑谈。”

刘郇膏道：“沪中十年来发国难之财，惟吴、杨二人。”

李鸿章感激道：“谢谢你们向本抚直言相陈，本抚也已有所察觉，待寻找机会，彻底整治上海吏治！”

李鸿章发现吴煦做事十分谨慎，即便有刘郇膏、黄芳提供了线索，但想获取罪证扳倒吴煦却不容易。于是，李鸿章安排周馥、李昭庆进行秘密查访。

一番查访后，周馥、李昭庆向李鸿章报告，除了吴煦、杨坊，苏州知府吴云等人都是贪腐分子。近年来，苏省大发国难之财的以“二吴一杨”最为突出。二吴就是吴煦、吴云，一杨就是杨坊。

摸清腐败分子的线索后，李鸿章首先将上海关厘金两项收入分开，吴煦不再负责厘金，只负责海关，而且海关的收入需要全部做账。吴煦一向贪污惯了，李鸿章突如其来的举动让他很是被动。为了打消吴煦顾虑，李鸿章告诉他，这么做是朝廷的意思，私底下，你只要做得不是太过分，我是不会过问的。况且我淮军的经费，日后还得仰仗你。

在得到李鸿章默许后，吴煦放松了警惕，于是，又和过去一样继续贪腐敛财。

一天，李鸿章请吴煦吃饭，酒过三巡后，李鸿章假装为难地对吴煦说：“最近总有人来我这里告发你利用职权贪敛钱财，我虽然都给压下来了，但难免他们不会去别处告你。你到底弄了多少钱，给我透个底，到时候也好帮你兜着。”

听了李鸿章这番话，吴煦彻底放松了警惕，一时冲动，便拿出了账本让李鸿章帮着参谋。而李鸿章费尽心思，终于得到了吴煦贪腐的直接证据。

就在李鸿章调查吴煦、杨坊、吴云等人贪腐犯罪的时候，正在家中“丁忧”

的兵部侍郎殷兆镛向朝廷呈递奏折，弹劾吴煦、杨坊利用职权开设钱庄，将公款存入钱庄放贷谋利，投资商船，利用洋商、洋船运输倒卖洋货，甚至囤积鸦片谋取暴利。

朝廷谕旨：让李鸿章查处。这样就给了李鸿章查处吴煦、杨坊等腐败官员的尚方宝剑。李鸿章让周馥带领李昭庆秘密调查，很快查出吴煦、杨坊在上海设立钱庄三家。获取证据后，李鸿章将吴煦、杨坊连同苏州知府吴云一起上奏折弹劾，成功扳倒了三名贪腐分子，一举清除祸害多年的江苏官府“蛀虫”。同时，罢黜了一批江苏昏庸官员，起用了郭嵩焘、丁日昌等一批务实肯干能力出众的人才。

常熟纳降

攻占嘉定，进军苏南的门户已经打开。李鸿章下令程学启、李鹤章率部开赴常熟。

常熟位于苏州北九十里，地濒长江，距太仓一百里。占领常熟、昭文（清代苏州府下辖的一个县），可以打开苏州外围防线的北部缺口，即可南攻苏州、东逼太仓。

李鸿章之所以选择常熟，还有他的另外谋划。早在几个月前，李鸿章便动用上海士绅，苏南流亡财主，秘密开展对太平军将领，尤其是皖籍太平军将领的诱降活动。驻守常熟的太平军将领叫钱桂仁，钱原是安徽桐城大地主，早年李秀成还是合天侯驻扎桐城时，钱桂仁便参加了太平军。他原名钱寿仁，改名为贵仁，因避西王萧朝贵同字“贵”之名讳，又改名为桂仁。

淮军上海周边攻城夺寨节节胜利，天京被湘军围困的消息传到常熟，钱桂仁预感天国不久将会覆灭。于是，便有反叛念头。李鸿章了解到这一情况后，命上海士绅周兴隆混入常熟城，转达李鸿章鼓动钱桂仁反叛投靠清廷的口信，钱表示愿意。随后，周兴隆与钱桂仁商定于1863年1月1日发动叛乱，钱率部二万余众，献常熟和昭文城降清。不料，李秀成忽然转道回到苏州，这下可把钱桂仁吓坏了，以为自己的反叛计划被李秀成知晓，遂暂停投降计划。

其实，李秀成并非对钱桂仁的反叛有所觉察，他百忙之中赶回苏州只有一个目的，是要为自己做大寿，过四十岁的生日。原来，自己的反叛计划并没有被李秀成察觉，这才放下心来。

钱桂仁像是什么都没发生一样，赶往苏州为李秀成庆寿。寿典过后，钱桂仁还想将李秀成诱骗去常熟视察乘机刺杀，然后打起白旗反叛起义。

所谓螳螂捕蝉，黄雀在后，想向淮军投降的还有一个人，钱桂仁的副手安徽凤阳人骆国忠。骆国忠趁钱赴苏州为李秀成庆寿还未返回之机，决定先行反叛。一番谋划后，借招待酒宴为名请同僚出席，酒宴中，将不愿参与叛乱的太平天国将领全部杀死，而后，带兵包围钱桂仁家，将钱的妻儿全都杀死断其后路。接着，率众剃发，向驻扎城外的程学启、李鹤章投降，迎接程学启、李鹤章部进城。

常熟易帜，让李秀成万分震惊！情急之下，李秀成亲率大军与谭绍光、黄子隆等王会攻常熟。钱桂仁因管教部属不严失职亦押同前来，立功赎罪，还想要他招降叛降人员。

1 月 24 日，李秀成下令发起攻城战，程学启、李鹤章、骆国忠进行顽强抵抗坚守城池。李鸿章对常熟也是势在必得，派出常胜军乘火轮船赴福山支援常熟，又命水师黄翼升前往助阵。

2 月 22 日，李秀成亲临一线，对常熟城最坚固的虞山石城发起总攻，并占领石城，击毙叛军千名，谭绍光和来自浙江的陈炳文也分别攻占常熟的北门、西门营垒。

危急关头，戈登率领常胜军赶到福山，迅即展开攻势。攻下福山后，率军南下，向着常熟挺进。常胜军抵达常熟后，戈登下令炮队用三十二磅的重炮轰击被谭绍光占领的营垒。重炮连续轰击三小时后，程学启、李鹤章、骆国忠率部乘机发起反击。谭绍光不敌中外联军强大火力及凶猛攻击，率残部撤退至苏州，淮军占领了常熟。

此次战役，太平军伤亡一千二百人，名将孝天义朱衣点被俘。

2 月 27 日，李秀成接到常熟失守的报告后，率部退回苏州，李鸿章获得平吴第一仗的胜利。

太仓诈降

收复常熟后，李鸿章下令程学启、李鹤章、刘铭传、潘鼎新、张树珊等部乘胜追击攻打太仓。

这天，李鸿章的嘉定行营来了一位特殊客人，自称会王府信差，奉会王蔡元隆之命专程给李鸿章送来一份蔡元隆亲笔信札。李鸿章看完信札后，激动不已，原来是驻守太仓的太平天国会王蔡元隆送来的投降书。

投降书上写道：蔡某预感天朝气数将尽，也知贵军作战勇猛，更得洋枪洋炮洋军支援，一旦贵军发起攻势，太仓顷刻不保。只要保住本人家小及全部将士生命，意欲效法常熟骆国忠献出太仓，投靠清廷。

李鸿章召集陈鼐、周馥、张树声、刘秉璋、刘含芳等幕僚商量。几位幕僚传阅完蔡元隆的投降书后，都觉得这个意外的喜讯来得太突然了。陈鼐、张树声、刘秉璋建议派人前往太仓，与蔡元隆当面洽谈探清虚实后再做处置。

李鸿章觉得幕僚们说得很有道理，因为蔡元隆是湖南人，所以便找来郭松林摸摸此人底细。

郭松林应招快马赶来，问明情由后，告诉李鸿章，蔡元隆是湖南岳州人，童年时便失去父母成为孤儿。1854 年太平军进入湖南，蔡元隆加入了太平军。因作战勇敢屡立战功，得到李秀成赏识，并把第三个女儿许配给了他。后跟随李秀成转战苏浙沪，战功显赫，被洪秀全封为会王。

听说蔡元隆是李秀成的女婿，李鸿章对蔡元隆真降还是假降心里更没底了。郭松林见李鸿章满脸愁容的样子，建议道："主帅，蔡元隆是松林同乡，既是同乡便有乡情。当下粤匪节节败退，吴建瀛、刘玉林、骆国忠、钱桂仁纷纷反叛。蔡元隆定是吓破了胆，才派手下送来投降书，若主帅还有顾虑，松林愿前往太仓面见蔡元隆。"

李鸿章批准了郭松林的方案，并写下"愿意接纳蔡元隆率部投降"盖上印章的回执，交郭松林捎去常熟交给蔡元隆。为防不测，同时命李鹤章、程学启率部随同前往，从而形成对蔡元隆的恐吓阵势。

蔡元隆在营帐热情接见了郭松林，尤其是看到李鸿章亲笔信札，更是满心欢喜。当即告诉郭松林道："谢谢子美关键时刻为元隆送来光明。此事重大，烦请转告李大人，待本王召集将领晤商后，即派特使前往贵军军营，商洽献出太仓城，及全部官兵义举之事。而后，派信使给城外贵军送信，安排交接。"

离开太仓城后，郭松林先是告知李鹤章、程学启与蔡元隆面洽结果。同时，提醒二人，时刻掌控太仓城内发贼动向，谨防蔡元隆要诡计，自己则快马赶往嘉定向李鸿章复命。

听了郭松林的报告，李鸿章心里踏实了许多，很快又接到李鹤章派人送来的信札，蔡元隆派信使送来献城举义时间。这样，李鸿章再没有什么顾虑了。随即命令李鹤章、程学启按照约定时间，接收太仓！

上当受骗

1863 年（同治二年）4 月 26 日，一个春暖花开的日子。但谁也未曾想到，这天对于淮军来说却是一个灾难的日子。这天上午，锣鼓喧天，鞭炮齐鸣，太仓四座城门同时打开，太平军列队城门外，欢迎淮军入城。李鹤章身骑战马率领亲兵营一千多名淮军官兵，耀武扬威从南城门进入太仓城。当进入到内城之后，李鹤章总感觉事情进行得太过顺利，觉得有点不对劲。

这时，忽然听到迎接队伍中有太平军头目小声道："弟兄们，盯紧点绝不能让李鹤章跑了！"

李鹤章闻听后，大惊失色，觉得可能上了蔡元隆的当了。大叫一声，"蔡元隆诈降！弟兄们快逃出城外"，说着调转马头，策马逃跑已经来不及了，只见埋伏街道两边的太平军手持洋枪、钢刀杀向前来，迅即将李鹤章所率领的队伍团团围住。

原来蔡元隆困守太仓，眼看就要弹尽粮绝，形势万分危险。为此，他决定玩一回"诈降"伎俩诱骗李鸿章上当，然后来个瓮中捉鳖。被胜利冲昏头脑的李鸿章果然上当，派出自己的胞弟李鹤章、悍将程学启前来受降。

蔡元隆手持短枪从人群中站出，命令道："将清妖围住，不许放走一个！"

李鹤章怒骂道："蔡元隆，你这个卑鄙小人！"

蔡元隆冷笑道："打仗没有什么卑鄙与高尚之分，有的就是胜者为王败者为寇！李鹤章去受死吧！"

李鹤章挥刀砍杀几名太平军后，大声喊道："弟兄们，冲出去！"

蔡元隆指挥手下开枪射击，几名淮军士兵中弹倒地，李鹤章也被砍伤，鲜血淋漓。众亲兵见状迅即簇拥着李鹤章杀出一条血路，拼命向城门逃去。

这边，程学启、何安泰率领的开字营刚从北城门进入城中，同样遭到太平军伏击。但开字营人多势众战斗力极强，在程学启指挥下，迅速打退太平军的围堵。接着，程学启、何安泰便率领亲兵赶往南城门救援李鹤章的亲兵营。

就在李鹤章率领的亲兵营被太平军重重围困的时候，程学启率兵赶到。悍将挥刀上前，一场厮杀，解了亲兵营之围。但李鹤章数十亲兵已经被砍杀殆尽，千人的队伍死伤过半。

负伤后的李鹤章被送往上海城内一家洋教堂接受洋大夫救治，李鸿章接报后感到此事处理欠妥当害了弟弟，便从嘉定返回上海看望。

教堂中，李鸿章看到弟弟伤成那个样子，又气又恨。下令戈登率领常胜军会同程学启、郭松林、张树珊向太仓发起攻击。

中外联军大队人马杀来，蔡元隆自知不敌率部仓皇撤退，向浙江海宁逃窜，太仓落入淮军之手。淮军进城后，砍杀太平军家属，抢夺百姓财物，甚至奸淫没有来得及逃跑的太平军女兵。

占领太仓后，李鸿章下令程学启、刘铭传、张树珊、郭松林会同常胜军马不停蹄向昆山发起攻势。

守卫昆山的是广西老将刘肇钧，即便手下万名太平军，但在常胜军威力强大的重炮轰击下，在如狼似虎的淮军四支队伍攻击下，仅抵抗了一天，便弃城逃往正义镇，等待谭绍光派兵前来救援。岂料，刘肇钧率领残部刚逃到正义镇，屁股还没坐热，淮军便跟着杀来，刘肇钧只能集合队伍逃往苏州。

收复太仓、昆山后，朝廷奖赏参战官员，李鹤章加四品衔，以知府用；张树声以道台用；张树珊擢升参将，授悍勇巴图鲁；潘鼎新记名道台；郭松林以总兵用；唐殿魁擢升参将；钱鼎铭擢升道员，赐花翎；周馥、刘含芳升知县，赐花翎；吴建瀛、刘玉林等升副将。

整顿军纪

滚滚长江白浪滔滔，“海生号”英国战舰劈波斩浪航行而来。

李鸿章在陈鼐、周馥、刘秉璋、张树声、刘含芳、钱鼎铭、李昭庆、戈登等陪同下沿着船舷走向船头。李鸿章拍了拍戈登的肩膀夸奖道：“太仓之战，常胜军功不可没，本帅已奏请朝廷，为戈少校请功封赏。”

戈登道：“谢谢李大人，这种肮脏的战功戈登不要。”

李鸿章不解，问道：“阁下此言何意？”

戈登愤然答道：“李帅的部队滥杀俘虏，奸淫天国女兵，抢夺百姓财物，戈登表示强烈抗议！”

戈登用并不流利的中文说出这番话时，让陈鼐、刘秉璋、周馥、张树声、刘含芳、钱鼎铭、李昭庆等都流露出震惊的神色。

李鸿章淡淡一笑道：“有这等荒唐之事？”

戈登道：“戈登提醒李大人，不要被胜利冲昏头脑啦，该到好好整治你的军队军纪的时候了，尤其是铭字营，否则将会毁损淮军的荣誉，也会毁损李大人的荣誉。”

听了戈登的话，李鸿章的脸红一阵白一阵，说不出什么滋味。而对于戈登指出的部分士兵恶劣行径李鸿章并不怀疑，因为自己率领的这支队伍，不是绿林好汉就是乡野村夫。扪心自问，李鸿章感到自从淮军进入上海以来，他关注的就是打胜仗，对于军纪确实放松了。然而，李鸿章知道光有战斗力，没有良好的素养，没有铁的纪律的部队，绝不能成为一支优秀的部队，也不可能成就大业！觉得要抓一抓部队的作风纪律了。

海生号在虞河码头停泊后，李鸿章安排刘秉璋、张树声、周馥、刘含芳分头赶往开、树、松等营地突击搜查，自己带领戈登、陈鼐、李昭庆前往铭字营。

一到铭字营，李鸿章便下令陈鼐、李昭庆在戈登见证下搜查士兵营房。这一突如其来的举动，让刘铭传感到很是意外，不知发生了什么。茫然跟随其后，这才知道原来是来搜查士兵们从太仓城中百姓家里搜抢来的金子、银子、玉器等值钱的器物。搜查一处营房后，搜查第二处、第三处……两个营参与抢劫财物的九百多名官兵，上自管带、帮带、副官、哨官、哨长，下至士兵，包括刘盛藻、刘盛休、吴建瀛、刘玉林、丁汝昌、卫汝贵、卫汝成等头目在内，都参与了搜抢百姓钱财。见此情形，向来对手下要求严格的刘铭传很是气愤，当着众人面给刘盛藻、刘盛休、吴建瀛、刘玉林等头目每人一记耳光。

李鸿章询问刘铭传道：“省三以为该如何处置？”

刘铭传二话没说，吩咐手下吹响集合哨子，待参与太仓战斗的官兵集合完毕后下令，凡参与抢劫财物的人带上抢来的金子、银子、玉器、绸缎等贵重物品，从哪家抢的送还哪家，若出现截留的，一经查出杀无赦！

铭字营做出了榜样，李鸿章下令，开、树、松各营照此办理。李鸿章的严格要求知错就改，受到戈登高度赞扬，对李鸿章倍感佩服！而收回被淮军抢走的金银等财物的太仓百姓更是敲锣打鼓，给淮军军营送来“军纪严明”“秋毫无犯”等匾额。

处理完抢夺百姓家中财物的事情后，接下来，李鸿章给各营管带下达命令处置奸淫太平军女兵的事件。经过教育主动承认及别人检举揭发，共查出六十七名士兵轮奸或单独强奸太平军女兵。

对士兵奸淫太平军女兵的事，程学启、吴建瀛、刘玉林与李鸿章发生了分歧。

程学启告诉李鸿章道：“主帅有所不知，天国军中所谓女兵大多是从民间抓来专门供军旅长们玩的女人，我们的弟兄们为何不能，都是男人嘛。”

李鸿章严厉批评三人道："他们可以这么做，在我的淮军绝不允许！淮军是一支有着铁的纪律的军队。滥杀俘虏、抢夺民财、奸淫民女，都是军纪所不容的！没有纪律的军队绝不会成为一支优秀的军队，没有纪律的军队也绝不能打胜仗！"

为了严明军纪，警示他人，也给程学启一点面子，李鸿章下令，每人重责三十军棍！同时，宣布以后再出现奸淫太平女兵行为的，一经查实，格杀勿论！并印制曾国藩的《爱民歌》要求每个士兵都要会唱！

一时间，"三军个个听仔细，行军先要爱百姓。贼匪害了百姓们，全靠官兵来救生。第一扎营不偷懒，莫走人家取门板。莫拆民家搬砖石，莫踹禾苗坏田产……"朗朗的歌声，响彻淮军各军营。

运筹苏南

李鹤章上海治好刀伤前来常熟向李鸿章报到。同时，还带来一位由袁甲三推荐加入淮军的年轻人。

年轻人姓聂叫聂士成，1836年（道光十六年）出生，字功亭，合肥北乡（今长丰县岗集镇聂祠堂）人。聂士成以武童生投效庐州军营，初隶团练大臣袁甲三部讨伐捻军。因袁甲三奉旨返京，所以便把聂士成推荐给李鸿章，加入淮军为朝廷效力。

李鸿章看完袁甲三写给他的信札满心欢喜，为了考察一下年轻人的武功，吩咐刘斗斋找来一把钢刀，让聂士成当众练一套让大家开开眼界。

聂士成接过钢刀，拉开架势，劈、砍、撩、挂、斩、抹、截、拦、挑、刺等，娴熟刀法看得众人眼花缭乱，不住喝彩。

舞刀结束后，李鸿章让刘斗斋领聂士成前往铭字营向刘铭传报到，刘铭传又得了一名悍将。

几天后，刘铭传、程学启、郭松林、李鹤章、潘鼎新、吴长庆、周盛波、周盛传、张树珊、吴毓芬、杨鼎勋、滕嗣林、滕嗣武、马先槐、黄翼升、李朝斌、戈登、张遇春、郑国魁、孙善成、骆国忠等各路将领齐聚常熟，一次淮军进军苏南的重要军事会议在常熟李鸿章行营召开。

李鸿章道："自我朝元年三月鸿章奉命率部驰援上海，一年多来，我军得联军、常胜军鼎力相持，已经将粤匪彻底赶出上海！攻克常熟、太仓、昆山等重镇，与苏南残余粤匪决战时机已经成熟。本帅以剿为着，规取远势，以剪苏州枝叶，而图其根本之《分路规取苏州折》已得朝廷恩准。”

一番动员后，陈鼒宣读了报经曾国藩、军机处批准的作战方案。

以程学启统中路大军，常胜军辅之，由昆山直捣苏州。以李鹤章、刘铭传统郭松林、周盛波、周盛传、吴毓芬各部为北路大军，进攻江阴、无锡。以李朝斌统所部太湖水师为南路，自柳淀湖进吴江、平望、太湖，切断浙江粤匪水路增援道路。以黄翼升统所部淮扬水师，配合中路、北路，相辅并进。以树、春、林、胜、熊、垣、魁、善、志、桂等各营为预备队，专备各路游击援应。以潘鼎新所部扼扎金汕卫，以杨鼎勋所部扼扎张堰。刘秉璋携吴长庆所部扼洙泾，防范杭嘉湖地区太平军进窥淞沪。以李鸿章为前敌总指挥，陈鼒、张树声、刘含芳帮办军务；刘郇膏、钱鼎铭、周馥、李昭庆保障各军粮饷供给。

作战任务下达后，各路人马纷纷行动起来，一场彻底消灭苏南残余太平军的战斗打响！

很快就有战报传来，北路军攻克太平军要隘杨厍堡，刘铭传暂率部驻守，李鹤章已率亲兵营挺进江阴！中路军则会同常胜军，拔花径、同里，攻克震泽，兵临苏州城下。

排兵布阵

苏福省是李秀成的封地，苏州系苏福省的省会，李秀成的“一亩三分地”，一直由他的嫡系部队驻守。正在金陵与湘军作战的李秀成接报，苏州已经被淮军围困的消息后，顾不上洪天王解围天京的命令，率领慕王谭绍光、慷王汪安钧、宁王周文嘉、比王伍贵文、天将张大洲返回苏州救援。

李秀成，1823 年（道光三年）出生，初名李以文、李寿成，生于广西梧州藤县大黎里新旺村。1851 年参加太平军后，随太平军转战至天京，历任右四军帅、后殿右二十指挥、二十二检点等职。天京事变后，晋升为地官正丞相、合天侯。翼王石达开出走后，封副掌率、合天义，与又正掌率陈玉成等同主军政。因战功卓著而被天王洪秀全赐名“秀成”，封忠王。

李秀成返回苏州时，各路淮军在李鸿章的指挥下，三路大军攻城夺隘势不可当。面对严峻的形势，李秀成于忠王府召集李世贤、谭绍光、林绍璋、郜永宽、陈坤书、黄子隆、汪安钧、周文嘉、伍贵文、张大洲、李恺顺、黄章桂、李明成、廖发寿等众将领会议，做出部署：令陈坤书会同李恺顺、黄章桂等王夺回杨库堡；令李明成、廖发寿夺回震泽，打通苏杭通道；令纳王部永宽所部移扎苏州，会同章王林绍璋等将领镇守苏州。令潮王黄子隆所部驻防无锡；令李世贤率部北进无锡，进扎伯渎河一线，阻止李鹤章、刘铭传所部跨越伯渎运河。

命令下达后，李秀成情绪激动地对诸位将领道："记得去年八月，秀成奉天王之命率十三王天京解围，未曾想到未足一年，苏州城外方圆五十里范围之内，已遍布清妖营帐。天国的弟兄们啊，现在不仅天京危在旦夕，整个苏福省也是危机四伏，天国已经到了生死存亡的危急关头！天国，乃天下百姓之天国。当我天国面临危难之时，各军将士务当重振信心，为保苏州，拼死一搏！"

众将领山呼海应，"为保苏州，拼死一搏"！

部署完作战任务后，李秀成又马不停蹄返回金陵，继续组织与湘军战斗。

李秀成调兵遣将拉开决战苏南的架势，李鸿章迅即做出应对，命令刘铭传死守杨库城堡；命令程学启、戈登向吴江发起攻击；命令李鹤章率周盛波、周盛传部会同黄翼升、郭松林、张遇春所部，向江阴发起攻击；吩咐陈鼐，分别致函曾国荃、彭玉麟、杨岳斌向金陵发起攻击，策应苏南战场。

一场双方各自投入十万大军的决战即将在苏州周边城镇、要塞打响……

第十三章

坚守杨库

苏州外围战首先在杨库（舍）城堡展开。

杨库城堡位于苏州北边，位居常熟、无锡之间，战略地位十分重要，是李秀成重点打造的防御性城堡，城堡内不仅建有坚固的营垒和仓库，还修筑了坚固的城墙和护城河，李秀成必予夺回！并把这一任务交给了陈坤书。

7 月 18 日，李秀成命陈坤书率部攻击杨库城堡，并命广王李恺顺、趋王黄章桂等王配合作战。因李鹤章率领郭松林、周盛波、周盛传、吴毓芬等部开拔江阴，杨库城堡仅留铭字营一军不足三千人。尽管驻守江阴的广王李恺顺遭淮军水师的阻击未能参战，但陈坤书、黄章桂二王合起来的兵力达两万余众。

敌众我寡，刘铭传一改过去敢打敢拼的虎将精神，而是采取固守城堡以逸待劳的办法，与太平军玩起来了“耗时”战。陈坤书知晓城堡坚不可摧粮食充足，更知晓对手的厉害，组织几次攻击葬送了几百太平弟兄生命后再不敢发动进攻。每天派出士兵，前往护城河外叫骂“刘麻子，庐州老母鸡，缩头乌龟”挑衅。

长毛每天派人谩骂叫阵，聂士成、刘盛休等少壮派实在听不下去，便找到刘铭传请求出战！

刘铭传训诫道：“不许盲动，这正是陈坤书心理战，不可上当！我刘麻子那年一怒之下杀了狗财主家的管家，拉了一帮弟兄上了大潜山，每天都挨骂，已经不在乎了。让他们去骂，他们急，老子可不急。”

就这样，任凭太平军派多少人如何谩骂，刘铭传就是不理，反而敞胸露肚摇着芭蕉扇，有意行走在城墙上向陈坤书示威。有时，还在夜晚安排聂士成、刘盛休等小股部队，悄悄出城堡，焚烧太平军营帐、粮草，弄得陈坤书焦头烂额。加之天气炎热，蚊虫又多，趋王不干了，不听陈坤书指挥了，偷偷带领部下一走了之。

广王李恺顺受到淮军水师阻击来不了，趋王黄章桂不辞而别，城堡外就剩下陈坤书孤军奋战。刘铭传及时抓住战机，率领部队主动出击，已经是疲劳之师的陈坤书损兵折将大败而逃，李秀成的杨库反击战宣告失败。

攻克吴江

刘铭传与陈坤书等王交战的时候，程学启、戈登在淮杨水师及联军蒸汽炮艇的协助下，7 月 28 日首先攻克了同里镇，并且击败了谭绍光派来的援军。29 日，向吴江发起进攻。在戈登的指挥下，联军的操炮手打得既准又狠。太平军的防御工事还是传统的“深沟高垒”，防守的兵员都是躲在高高筑起的堡垒中作战。结果这样的堡垒都成了联军的活靶子，很快就被夷为平地，从堡垒中跑出的士兵，纷纷跑向古镇街头。

程学启下令常胜军炮队向街头发起炮击。“轰隆隆”，随着一阵炮声响起，一发发威力巨大的开花炮弹飞向古镇。顷刻间，街头炮火连天，硝烟弥漫，炮弹击中民舍房倒屋塌，火光四起，百姓、太平军士兵，大人、孩子，牲畜、家禽，满街奔逃，一片乱象。

程学启激动地跷起大拇指：“洋兄弟们打得准！打得好啊！”

戈登炫耀道：“程统领与戈登合作应该非常愉快吧？”

程学启夸奖道：“愉快，非常之愉快！”

何安泰称赞道：“常胜军名不虚传，所到之处无坚不摧。”

戈登自豪道：“戈登的法宝就是洋枪加大炮！”

程学启怂恿道：“攻克吴江当然还是由常胜军打先锋了？”

何安泰附和道：“那是自然。”

戈登连忙道：“No，No！常胜军不是李鸿章的清道夫，这回该到淮军打头阵了。”

程学启道：“李帅可是有令在先，攻克吴江重重有赏！”

戈登问道：“李鸿章答应多少赏银？”

程学启道：“白银一万两。”

戈登道：“一万两太少，要我常胜军打先锋，至少五万。”

程学启道：“那这一万两赏银可就归我了。”

何安泰道：“弟兄们，攻下吴江城赏银一万两！”

众淮军士兵高喊“杀！杀！”，冲入古镇。

防守吴江的扬王李明成见大势已去，弃城而逃，淮军顺利占领吴江。这样一来，淮军离苏州仅二十里了。

收复江阴

江阴扼长江之喉，蔽苏州之北。李秀成深知江阴战略位置重要，早在三年前，便命黄文金、李远继、方得胜攻占了江阴，并令族兄李恺顺驻守。李恺顺接受忠王李秀成的重托之后，着手加强江阴防务，确保江阴不失，从而不辜负族弟李秀成的重托。

李恺顺接报，李鸿章胞弟李鹤章率领大队人马前来江阴，自知不是淮军对手，一面派快马赶赴天京向李秀成报告，一面派人前往常州向陈坤书求援。前线坐镇指挥的李鸿章也知晓陈坤书的厉害，急令刘铭传率部前往阻击，支援江阴攻城。前来江阴救援的陈坤书面对强手，只好选择退却避战等待时机。李恺顺见陈坤书靠不住，便丢掉幻想，激励官兵们誓与清军决一死战！

这天夜晚，李恺顺挑选千人组成敢死队，亲自率领偷袭前来支援攻城的淮扬水师黄翼升营垒，大获成功，焚烧战船数只，斩杀总兵赖荣光。

李鸿章接报吃惊不小，令李鹤章、刘铭传、郭松林、周盛波等对太平军城外营垒展开攻势。

陈坤书获悉李恺顺偷袭淮军成功，胆子也大了，遂率部再次前来救援。李鹤章一边请刘铭传安排洋枪队阻击不让陈坤书所部靠近江阴，一边下令郭松林、周盛波、周盛传、吴毓芬向江阴北、东二门外卡垒发起攻势。经过一天一夜激战，江阴北、东两座城门外太平军营垒，全部被攻陷。

为了早日剪除江阴这根“枝叶”，李鸿章下令戈登抽调部分重炮前来江阴支援。

江阴危在旦夕，李秀成再令陈坤书与坐镇无锡的潮王黄子隆救援江阴。然而，陈坤书受铭字营的强力阻击前进不得，黄子隆虽率部赶来救援，但不敢靠近城池，只是远远观望。

终于等来了戈登派来的重炮队。常胜军重炮威力巨大，坚固的江阴城墙几天时间内便被轰得支离破碎，敞开一道道豁口。

9月13日，李鸿章下达了总攻江阴的命令，亲、铭、松、盛、传、华等淮军各营，在常胜军火炮的支援下，分从东西南北四座城门发起攻势。而此时，城外的陈坤书、黄子隆见江阴大势已去，各自率领自己的部队逃之夭夭。

淮军潮水一般杀入城中，李恺顺率部与淮军展开殊死战斗，直到壮烈牺牲，江阴陷落。

就这样，经过三个月的激战，苏州外围的城镇基本都已经被淮军掌控，苏州只剩下无锡一条对外通道了。

运筹帷幄

正在天京前线作战的李秀成接到江阴失陷的消息后，顾不得那么多了，再次匆匆赶回苏州，并且把主力部队都带了回来。此时，苏州城外的淮军正在酝酿一次大规模攻势，双方的最后决战即将打响。

李鸿章也从常熟赶往江阴，召集各路将领会议听取战况汇报，研究部署下一步作战方案。

张树声总结汇报道："我中路大军攻占震泽、吴江后再占永安桥，逼近苏州城外；北路大军攻占杨库，收复江阴，阻断苏州联络江宁的通道；南路大军攻占东山、平望、太湖，切断浙江粤匪进援苏州通道。至此，苏州已陷入我军南北围困之中。"

陈鼒汇报道："李帅报请曾大人并朝廷批准的，规取远势，剪除苏州枝叶，而后图苏州的战略方针初步目标已经实现。接下来，就是李秀成的苏州老巢攻城战了。"

刘铭传道："铭传与季荃率北路大军，有信心有把握乘胜追击再克无锡，进而与中路大军会攻苏州！"

李鹤章表态道："攻陷江阴，无锡便不在话下。"

李鸿章连连摇头道："你们想得太简单了。"

刘铭传道："战局本来如此嘛。"

李鸿章一笑道："你们只知其一，不知其二。当下常州、无锡、溧阳尚有李秀成大批驻军，我欲断苏州后路，李秀成势必会在无锡与我展开决战。"

刘铭传道：“那就在无锡摆开战场与李秀成决一胜负。”

李鸿章道：“此战关乎苏浙东南大局，关乎金陵能否如期攻克，两边都要兼顾，两个战场要相互照应，你们懂吗？”

众将领闻听李鸿章此番话语，都点头赞许。

李鸿章继续道：“本帅要就无锡、苏州作战方略亲往安庆，与老师商议看看这一仗如何打，什么时候开打。”

请教老师

李鸿章率陈鼒、周馥、李昭庆、刘斗斋等一行，携带亲自拟定的《无锡苏州作战方略》自江阴乘坐联军“海生号”赶往安庆。

抵达安庆码头下了船，李鸿章连母亲都顾不得去探视一下，便匆匆赶往两江总督衙署拜见曾国藩。曾国藩在签押房接待了李鸿章一行。

赵烈文一见李鸿章便风趣地道：“淮军南北两路大军陷吴江、克江阴，高歌猛进，荃兄尚有闲暇前来看望老师？”

李鸿章道：“惠甫（赵烈文字）兄过奖。少荃此来有要事与老师会商定夺。”

周馥取出《无锡苏州作战方略》呈递至曾国藩面前，曾国藩接过报告书仔细浏览，边浏览边不住点头道：“好！很好啊！”

李鸿章道：“李秀成为保苏州，调集大批人马进扎无锡、苏州，试图与我决战。事关何时攻克金陵，吴中平定，东南大局，事体重大，少荃不敢擅作主张，特从江阴赶来请老师定夺。”

曾国藩一笑道：“少荃过谦了，在调兵遣将排兵布阵上你已经超过老师了。”

李鸿章连忙道：“老师过奖！老师过奖！”

曾国藩放下作战计划书，捧起烟壶深深吸了几口后，风趣道：“若少荃一定要为师说出无锡这一仗该怎么打，那老师就告诉你，这一仗就如同快出头的脓疮，需要狠劲一捏！”

钱应溥补充道：“挤出脓血，脓疮才能痊愈。”

曾国藩道：“以后排兵布阵事用不着再向本督汇报了，阁下谋略已经出乎愚兄所料。”

庞际云道：“吴中虽然与安庆远隔千里，但涤帅无时无刻不在关注吴中战局。”

欧阳兆熊道：“少荃啊，湘军的军制你不仅学会了，还能创新；曾老九的扎硬盘、打硬仗、铁桶阵你更已学会；你老师的先剪枝叶后除根本的战术，阁下更是运用自如。仅此，就让你老师及我等为阁下引以为荣啊。”

李鸿章谦逊道：“愧不敢当，愧不敢当啊！”

曾国藩道：“战术，战术，唯术变化无端，敌我对阵，谁能灵巧运用战术，谁就可获得胜算。”

李鸿章道：“锡金之战，将是淮军与粤匪生死博弈最后一战！”

庞际云道：“锡金恶战涤帅早有预料，因而提前调太湖水师增援淮军。”

李鸿章激动地道：“老师果真是运筹帷幄！”

曾国藩道：“润之生前说过这样的话，古今战事成在天败在人，兵事怕不得许多，算到五六成便须放胆放手一搏，本无万全之策。兵力方面，老师实在抽调不出兵力，锡金大决战只能靠你了。”

李鸿章道：“有老师做坚强后盾，少荃充满信心！”

曾国藩道：“如果锡金之战大获全胜，东南局面将发生逆转，盘踞金陵城中的洪贼也将从此走向覆灭。老师相信你，锡金之战必获全胜！只是老师要批评你，作为一军主帅，凡事未必亲躬，办大事者，以多选替手为第一要义。”

李鸿章谦逊道：“少荃谨遵恩师教诲。”

钱应溥鼓励道：“少荃，放手去打吧，涤帅和我等兄弟，期待阁下早日克复无锡，攻陷苏州平定吴中的捷报呢！”

老师保媒

汇报完作战方案，李鸿章自然要去看望母亲、大嫂和几位弟媳，还有嗣子经方。

虽然早在一年多前，多隆阿就已经收复庐州，但是李家老宅被焚毁，李家六个儿子，老大李瀚章赴任广东督粮道，老四李蕴章、老五李凤章为湘军筹办粮饷；老二李鸿章带领老三、老六苏南作战，老太太只能带领媳妇、孙子们客居安庆。

“老太太，二少爷、六少爷回来啦！”还没进院门，刘斗斋便高声大嗓喊叫起来。随着刘斗斋的喊叫声，让李鸿章奇怪的是出门迎接的却是当年在他的怂恿下与吕贤基、袁甲三一起报名返乡创办团练的赵世叔赵畇！

原来，十年前太平军发起北伐、西征，朝廷谕旨安徽团练大臣吕贤基前往舒城设防，赵畇返回太湖县家乡创办团练。赵畇回乡后不久，朝廷谕旨赵畇出任广东惠潮嘉道。去年，母亲病逝赵畇便辞官丁母忧返回家乡。湘军攻克安庆后，受曾国藩邀请前来安庆，襄助皖省政务。

赵畇走上前来招呼道：“这不是少荃贤侄嘛！”

李鸿章叩拜行礼道：“晚辈拜见赵世叔！”

赵畇连忙将李鸿章拉起道：“贤侄现在已是官拜二品，肩负剿匪重任，朝廷股肱重臣啊！告诉贤侄，因安庆购置的房宅尚未修缮好，世叔一家老脸皮厚在你们这个李氏大宅院已经惊扰几个月了！”

李鸿章欣慰道：“能在安庆见到赵世叔，少荃真是太高兴了！”

赵畇道：“老夫虽在安庆，时时关注吴中战事。闻悉，淮军平定上海，再克太仓、常熟、昆山、江阴，兵锋直指贼巢苏州。贤侄肩负剿匪平吴重任，朝野仰目，举国关注呀！文安兄真是养了个好儿子！”

李鸿章谦逊道：“赵世叔过奖。”

说话间，李老太太、大嫂王氏领着赵畇妇人韦氏，女儿赵小莲迎上前来。

李老太太拉过李鸿章的手，介绍道：“赵大人的夫人，叫婶子！”

李鸿章鞠躬道：“婶子好！”

韦夫人还礼道：“李大人，李二公子！”拉过女儿赵小莲的手，介绍道：“贱女小莲！”

赵小莲鞠躬行礼道：“民女赵小莲见过李大人！”

乘赵小莲鞠躬敬礼之机，李鸿章迅即瞟一眼这位眉清目秀体态微胖的赵小姐，还礼道：“见过赵小姐！”

简单叙话后，李老太太、王氏有意将李鸿章领进老太太的屋子。进了房间，王氏神秘兮兮地关上门，告诉李鸿章道：“二弟真是好福气！”

李鸿章不解问道：“大嫂此言何意？”

李老太太道：“赵大人有意将女儿小莲作为续弦嫁给你呢。曾大人非常赞成这么亲事，亲口对妈说，若这门亲事成了，他愿做保媒人。”

王氏道：“赵家小姐琴棋书画样样精通，二弟真是好福气，好福气唷！”

这一意外喜讯对李鸿章来说似乎来得有些突然，在嫂子面前，李鸿章还是显得有些腼腆，憨憨一笑表态道：“一切由母亲和嫂子做主！”

赵畇夫妇愿意，李鸿章点了头，李老太太认可，曾大人保媒，这门迟来的婚事就算定了。

定亲那天，李蕴章、李凤章分从各地粮台赶回安庆为二哥庆贺。这天，曾国藩亲自赶来李氏安庆租住的房舍，主媒定下了李鸿章与赵小莲的婚事。李鸿章信誓旦旦向老师、母亲、大嫂表态：待攻克苏州忠王府后迎娶赵小姐！

会战无锡

无锡简称锡，古称梁溪或金匮，为“太湖明珠”。

无锡位于长江三角洲平原腹地，江苏南部，太湖流域的交通中枢，京杭大运河穿城而过。无锡北倚长江，南濒太湖，东接苏州，西连常州，自古以来即为鱼米之乡，素有布码头、钱码头、窑码头、丝都、米市之称，兵家必争之地。

1860 年初夏，李秀成率部攻占了无锡。太平军进城后，建立了军政合一的地方政权，于堰桥设立无锡监军局，开始了天国对无锡的统治。

1863 年（同治二年）初，李鸿章率领的淮军先后攻克了常熟、昆山、吴江、江阴后，至 9 月中旬，淮军分兵合围了无锡。

为攻克苏南重镇无锡，李鸿章命刘铭传的“铭”军进驻江阴、常州、无锡三地交界处的青阳镇，阻止陈坤书部自常州增援无锡；命郭松林“松”军驻扎金匮北境的芙蓉山；命张树珊的“树”军并董凤高、叶志超、卫汝贵、滕嗣武等部驻扎无锡北境的张泾桥；命黄翼升淮扬水师战船沿锡澄河南进协同各军游击；黄中元、周寿昌（钱桂仁）所部进占无锡东南境的大桥角，切断伯渎运河通道；命李鹤章率领的亲兵营进扎东乡大桥角；命周盛波、周盛传、骆国忠等部进扎无锡缑山；命杨鼎勋的“勋”军进占无锡惠山。同时，还有水师郑国魁、郑国榜、孙善成及太湖水师李朝斌所部进抵大桥角。由此，淮湘水陆两师三万重兵对无锡形成合围之势。

李秀成也调集侍王李世贤、慕王谭绍光、潮王黄子隆、听王陈炳文、纳王郜永宽、补王莫仕暌、堵王黄文金、襄王刘官芳、来王陆顺德、奉王古隆贤等十二王十万大军，集结无锡周边，意图一举击败疯狂壮大起来的“叫花子”兵！

守卫无锡城的是潮王黄子隆及儿子黄德懋，手下有六万人马。作为镇守无锡的主将，潮王黄子隆的使命是守住无锡而不失。

黄子隆，广西藤县人，早年参加太平军，后归属李秀成麾下，因屡建战功，被洪秀全赐封潮王，成为太平天国两千多个王中的一王。

9 月 23 日，无锡东乡大桥角响起淮军洋炮声，攻城战斗由李鹤章率领的亲兵营率先打响。接着，刘铭传率领铭军以急行军方式绕到李世贤背后发起进攻。

李世贤仓促调动兵力迎战，铭字营淮军中最早装备洋枪洋炮，也是最早接受法国人毕乃尔西式作战方法教练，打仗排阵全新模式。很快，李世贤的部队在装备西式洋枪洋炮，完全西洋战法的淮军面前支撑不住，被迫撤退。此后，淮军各部分向青阳、芙蓉山、缑山、惠山、张泾桥等处的太平军诸王营地发起攻势。

10 月 11 日，在李秀成的亲自指挥下，太平军向着无锡与苏州之间望亭附近大桥角的淮军发起了进攻。此时进抵大桥角的仅有滕嗣武、周寿昌等部三营兵力，且距主力较远。于是，李秀成决定吃掉这一小股淮军弱旅。

大桥角一带是运河与蠡河交汇处，水面开阔。太平军派出了自己的蒸汽炮艇，与淮军水师展开水战。水战一开始，太平军的蒸汽炮船在洋人的操纵下势不可当，接连击沉了多艘淮军的木制炮船。但是，在蒸汽船靠近岸边的时候，遭到淮军岸上炮火的袭击，轮船的弹药舱被击中，弹药爆炸，船上的几名洋人全都随船一起沉没而亡。在陆地上，李秀成指挥太平军对大桥角的淮军阵地发起进攻，攻破了数座营垒，周寿昌部岌岌可危。这时，李鹤章、张树珊率援军赶到，稳住了局势。双方经过了一天的激战，太平军无法取胜后只好撤退。李秀成亲自组织的反击战宣告失利。

10 月 16 日，李秀成再次组织反击战，取得了一些进展，但是淮军主力部队刘铭传、周盛波、郭松林等部队纷纷增援而来，形成了严密的防御。

11 月 5 日，李秀成与李世贤率部向缑山、大桥角、安镇等地的淮军又一次发起了进攻。但是淮军洋炮火力凶猛，阵地稳固，太平军付出了重大伤亡，依旧不能取得进展。

战斗进行得十分惨烈，直到 12 月初，淮军付出沉重代价才攻克太平军扼守的城外各据点。

面对装备西洋兵器，战斗能力极强的淮军，李秀成无可奈何做出撤军命令，命李世贤率部撤退宜兴。

至此，淮军完成合围任务，兵临无锡城下。

此次无锡外围战，淮军投入的总兵力三万，而太平军的兵力拥有十万之众。但太平军的精兵太少，虽然也有自己的洋枪队、洋炮队，但没有经过西洋式的作战操演，还是传统打法。由此，战斗的胜负似乎早有了定论。

外围战结束后，李秀成见救援无望便率领诸王撤离，无锡仅剩黄子隆孤军一支了。诸王撤离后，黄子隆父子迅速组织部队巩固城防加强防御。

无锡河汊纵横，是有名的江南水乡之城，这些河汊形成了天然的防御壁垒。当时，城内尚有太平军官兵及家属五万余人，而且粮食充足，黄子隆决议与儿子一起死守城池，与淮军决一生死！

黄子隆下令以城墙为依托，在各城门都建造四至五座坚固的防御堡垒。同时，运河及河汊里打下木桩，阻止淮军水师船只进入，拆除可以通行河道上的桥梁，阻止淮军陆师行动。

李鸿章亲自赶来无锡督战，召集各参战头领会议，委任刘铭传为无锡攻坚战总统，限令三日内攻克无锡城！

刘铭传首先向李鸿章叫苦道：“主帅，黄子隆父子所统六万人马，加上锡金战场溃退残匪，无锡城中尚有长毛十万之众，三日攻克无锡，时间太紧啦！”

李鸿章蛮横地道：“湘军金陵攻城战需要淮军的配合，朝廷、曾帅坐等攻克无锡城的捷报！军中无戏言，三天，只能三天！”

刘铭传挠了挠涨红了的麻子脸，表态道：“好！三天就三天！”

郭松林道：“既然省三兄已经向李帅立下军令状，三日就三日。铭军总攻，松林用重炮替你炸开城垣。”

李鹤章表态道：“老鹤率亲兵营助攻东门。”

张树珊表态道：“树珊率树字营助攻南门。”

周盛波表态道：“盛波率盛字营助攻北门。”

李鸿章向众将领挥挥手道：“哎哎哎，诸位将领，所谓围城三面，不悖于古，留下西门让城中百姓有条逃生去路，但是，谨防发贼乘机逃跑。”

骆国忠表态道：“李帅放心，这个任务交给我！”

郑国魁、郑国榜、周寿昌等营官也纷纷表态投入攻城战斗。

见众将领群情激昂，刘铭传向众人抱拳道：“既然各位仁兄鼎力相助让功省三，那省三就当仁不让了。明日铭字营便从东、南、北三座城门同时发起攻城！”

黄氏父子

12月9日，无锡攻城战打响！

铭军总统刘铭传指挥各营分从东南北三门发起攻城战斗，树军、松军、勋军、盛字营、亲兵营配合助攻。周盛波采用火攻方式，焚毁太平军北门外用大小木船构筑的防御阵地，为铭军攻城部队扫清障碍。松军在惠山上架起洋炮，居高临下向无锡城内发起炮击。李鹤章下令用当时威力最大的重炮从东城门外向城内发起炮击。城内多处民房被火炮点燃焚烧，引起大火。东门一带民房尽毁于炮火，居民死伤无数。淮军乘乱攻下了东门亭子桥太平桥大营。黄子隆命令儿子黄德懋率军反击，在强大的淮军火力压制下，失败而回。

黄子隆又率领太平军在北城门拼命阻击淮军。但是，东、南二门很快就失陷了，大批淮军如同潮水一般冲入了城内，砍杀太平军士兵。黄子隆见状，立即率所部与淮军展开了激烈的巷战。

巷战从白天一直持续到傍晚，此时的无锡城街头已是尸横遍野，血迹斑斑，有的太平军头颅被砍掉，有的胳膊、腿被砍断……惨烈之状惨不忍睹。

骆国忠正率领一队淮军街头搜寻残余之敌，当搜寻到一条街道时，忽然发现黄子隆在几名亲兵护送下鬼鬼祟祟仓皇而逃，大声喊叫道："黄子隆，抓住他！"

几名亲兵向追击而来的淮军士兵开枪射击，几名士兵中枪负伤，接着，簇拥黄子隆逃入一条巷道。

当黄子隆在几名亲兵护送下气喘吁吁刚跑出巷道口，几杆洋枪黑洞洞的枪口对准了他胸口。

周寿昌走上前来，冲着黄子隆冷冷一笑问道："潮王殿下，知道我是谁吗？"

黄子隆轻蔑一笑道："天国叛徒，钱桂仁！"

周寿昌道："老子现在已经改名换姓叫周寿昌，黄氏父子你们举手投降吧！"

黄子隆冷冷一笑道："哼，我黄子隆生为天国王，死当天国鬼，决不投降！"掏出短枪欲自尽。

一名淮军士兵一个箭步冲上前去，将黄子隆的短枪抢夺过来。

周寿昌下令道："将黄子隆捆起来，押回去！"

就在黄子隆被抓获的同时，正在街巷里与淮军战斗的黄子隆儿子黄德懋也被抓获，父子俩均被押送无锡县衙大牢关押。

攻克无锡

李鸿章正焦急不安地徒步于行营等待战报消息，李昭庆匆匆赶来报告："二哥，黄子隆父子被活捉，已经押送无锡县衙大牢！"

李鸿章闻听战报激动地道：“好！好！好！”连说三个好，而后，下令张树声撤营，帅营移入无锡城。

无锡东城门龙旗飘扬，锣鼓喧天，刘铭传、李鹤章、郭松林、张树珊、杨鼎勋、董凤高、周盛波、郑国魁、郑国榜、黄翼升、李朝斌、刘盛藻、刘玉林、吴建瀛、骆国忠、周寿昌、叶志超、卫汝贵、聂士成等淮军及湘军水陆两师将领及官绅迎候在城门外。李鸿章身骑战马率领张树声、刘郇膏、钱鼎铭、周馥、刘含芳、李昭庆等幕僚随从，在一队亲兵的护卫下向城门走来。

刘铭传率领众水陆两师将领迎上前去，李鸿章跳下战马抱拳向将领们致意道：“诸位兄弟攻克无锡，劳苦功高！”

李鹤章夸奖道：“攻克无锡，省三兄弟立下头功。”

刘铭传谦逊道：“大家功劳，大家功劳。”

张树声道：“李帅，无锡之战，可是我淮军东进以来第一次独立作战。”

刘铭传道：“还是亲兵营的开花炮厉害，几炮便轰塌了城墙。”

刘郇膏道：“无锡攻坚战打得干净利落，还活捉伪王黄子隆父子。”

李鸿章道：“诸将血性忠勇，摧锋陷阵，所向无敌，为各贼所深惮，本抚要奏请朝廷，列名请赏。”说完，大手一挥向众将领道：“进城！”

进城后，李鸿章看到血迹斑斑的街道，正在街头忙碌着抬运太平军尸骸的军中长夫及民工感到十分不安。叮嘱刘铭传、李鹤章，尽快组织人手清理街头被砍杀的太平军官兵尸骸，组织百姓冲洗街头血迹。接着，叮嘱不许杀害太平军俘虏，愿回家的发给路费遣散回乡，愿入淮军的编入各营。

走入潮王府，李鸿章询问刘铭传道：“黄氏父子肯归顺吗？”

郭松林回答道：“两只广西猴子茅厕石头又臭又硬，宁死不降！”

潮王府安顿好帅营后，李鸿章亲自去了无锡县衙大牢面见黄子隆父子，试图劝降归顺，结果被黄子隆“淮妖！清狗！”一顿臭骂不说，还被啐了一口浓痰。

李鸿章死心了，当天晚上，便下令秘密处死了黄子隆父子。

行刑后，李鸿章下令将黄子隆及儿子黄德懋砍下首级，放在木匣中，挂在城楼上，以震慑其他顽抗分子。

第十四章

围城苏州

为减轻程学启、戈登攻克苏州的压力，拿下无锡后，李鸿章下令刘铭传、李鹤章对位于苏州城北的太平军浒墅关营垒发起攻击。刘铭传、李鹤章接令后，先是集中洋炮对浒墅关展开炮击，而后实行强攻。强大攻势下，不到一个时辰便拔掉了太平军苏州城外最后一个据点。

浒墅关陷落意味着淮军已经完全对苏州形成了合围，接下来，便可集中兵力展开攻城战了。

苏州是李秀成经营多年的老巢，不仅防御工事坚固，而且挖掘了许多暗道，城里城外，各防御工事之间相互贯通。因此，想轻松攻克苏州并非一件容易的事。

11 月 26 日，戈登指挥常胜军与程学启部一起向苏州发起了攻势。太平军利用既设工事沉着迎战，进攻的淮军与常胜军遭到了太平军火力的袭击，伤亡惨重，戈登与程学启只好各自下令停止进攻，收兵回营。

11 月 28 日，李秀成获悉淮军开始攻城，率军从木渎小道赶回苏州。

11 月 29 日，戈登与程学启再次组织攻城，李秀成与谭绍光亲自率军迎战，两军爆发了前所未有的激烈战斗。戈登在望远镜里看到了李秀成，作为全军统帅，竟然冒着枪林弹雨亲自带队冲锋，英勇气概让他敬佩。为了展现自己的勇气，戈登也学李秀成的样子，昂首站立在常胜军的最前沿，手里只拿着一把佩剑，不停地向炮队喊叫“Fire! Fire! ”（开炮），向步队叫喊“Charge! Charge! ”（冲锋）。

在戈登督阵下，常胜军的炮队把太平军长城一般坚固的工事几乎全部炸塌。

与此同时，步队也向太平军阵地发起冲锋。见常胜军如此勇猛冲锋，悍将程学启更是手持钢刀赤膊上阵与太平军展开厮杀。但是参加这次战斗的太平军是李秀成麾下的精锐部队，斗志异常顽强，任凭中外联军武器多么先进，战斗力多么强大，依旧不断发起反击，打退了联军一次又一次的进攻。

战斗中，常胜军有五百余人战死，戈登的高级副官克根木也身负重伤。淮军伤亡同样巨大，战场上尸横遍野，血迹斑斑，惨不忍睹。

双方激战到了傍晚，李秀成和谭绍光率军撤回城内。常胜军和淮军乘胜追击，将苏州娄门与葑门外的太平军营垒全部攻克。

11 月 30 日，常胜军与淮军再次发起攻城战斗。此次攻城，中外联军攻克了苏州东门与齐门外的太平军三座营垒。激烈的战斗又让常胜军牺牲步兵三百多人，如此惨重伤亡数字让戈登意识到，仗这样打下去常胜军将会打光家底。交战中，戈登观察到郜永宽、汪安钧等部总是退缩不前，不愿冲锋拼杀。于是，戈登向李鸿章建议对太平军怯战的将领展开劝降。

李鸿章采纳了戈登建议，给戈登、程学启下达一道秘密指令，攻城战斗的时候寻找机会秘密与愿意投降的太平军将领接触，实施策反。

戈登很快给李鸿章写来密札，密札上写道:“纳王郜永宽、慷王汪安钧有争取反叛可能！速安排专人与之接触。”

接到戈登的密札，李鸿章激动不已，一番琢磨后想到了一个合适的人选。他就是“魁”字枪船营的管带，合肥同乡郑国魁。

所谓知人善任，对于这位部下，因其劣迹斑斑李鸿章比较了解。郑国魁少年凶悍好斗，因小事杀了族长后携兄弟郑国榜亡命江湖，后投奔苏南东坝皖籍盐枭董小。郑氏兄弟混出人样后，又狠毒地杀死董小全家独霸了董氏家产。树大招风，郑国魁惧怕朝廷剿杀，主动把东坝码头改为盐卡，郑氏兄弟只拿一半，另一半归当地官府，还花钱买了个都司头衔以作自保。太平军杀入苏皖，候补道史褒悠招郑国魁组成义勇抗击粤匪。郑国魁眼见太平军势力越来越大，又杀了史褒悠作为战功投奔了郜永宽。然而，在太平军军营只混了两个月，又携胞弟投靠朝廷绿营，后成为上海水师头目。而在背地里与郜永宽结拜成把兄弟，脚踩两只船为自己留条后路。

郑国魁应招前来，李鸿章一番授意，郑国魁领命而去。接着，又派人找来程学启一番授意安排。

劝降成功

这天，郑国魁一番乔装打扮混入苏州城中。进城后，找到纳王部永宽的军营，营帐中见到了老朋友。

郑国魁突然造访，让部永宽顿感意外，大敌当前，部永宽很快明白了郑国魁的来意。于是，淡淡一笑直言不讳问道：“兄弟潜入苏州城，莫非劝降？”

郑国魁道：“苏州已在我大军重兵包围之下，一旦发起攻击朝夕不保。兄弟一场，国魁冒险前来沟络，想为云官兄留条后路。”

部永宽一番思考后，将郑国魁领入密室，两人一番密谈后，专门给郑国魁安排一匹快马，并亲自将郑国魁护送出城。

郑国魁出了城，快马加鞭赶往苏州城外的李鸿章行营，向李鸿章报告与部永宽密谈的结果，约定明日傍晚，淮军派出代表城西阊门外寒山寺枫桥相见。李鸿章当即决定，派程学启代表淮军与部永宽洽谈。

枫桥桥头，香客、行人，三三两两往来于桥上，一面写有“神算子”的旗幌格外引人注目，旗幌下装扮成算命先生模样的程学启正在给装扮成香客模样的郑国魁算卦，部永宽身穿便装悄然走来。

郑国魁见部永宽来了，小声向程学启嘀咕道：“纳王来了！”

部永宽走上前来，看了看旗幌，调侃道：“神算子，口气还不小嘛。来，帮我算一卦，如若算得准有赏。”

程学启上下打量一下部永宽，装模作样地道：“喔，我看看。”端详对方面容后道：“噢，这位客官面色灰暗，天堂无光，大凶之兆啊！”

部永宽问道：“可有破解之法？”

程学启道：“命由天定，事在人为。”

部永宽压低嗓门问道：“阁下就是安庆反叛天国的程学启？”

程学启小声道：“正是。”说完，将部永宽引导至桥头僻静之处，窃窃私语一番后，各自离去。

离开枫桥后，程学启、郑国魁便快马赶往李鸿章的帅营报喜，部永宽表态：不仅答应愿意归降，还打算串通慷王汪安钧、比王伍贵文、宁王周文佳，天将汪有维、范启发、汪怀武、张大洲一起归降。

李鸿章听后激动不已，询问都提出了什么条件。

程学启回答道："第一，受翎不剃发。第二，保留部队两万人并据守半个苏州城。第三，保奏朝廷册封四王为总兵，四天将册封副将。"

李鸿章骂道："贼娘养的，要价还不小嘛。"行营里徒步几圈后回答道："先予应允，待本抚禀报老师并奏请朝廷之后再予答复。"

郑国魁补充道："郜永宽威胁说，如果不能答应全部条件，他将率诸王会同谭绍光死守苏州城，血战到底。"

李鸿章道："如果本抚也提出条件作为交换，郜永宽能答应吗？"

程学启问道："不知李帅提出什么条件？"

李鸿章道："李秀成、谭绍光人头。李秀成不死，金陵难克；谭绍光脑袋不砍，苏州古城免不了一场战火。"

郑国魁为难道："郜永宽、汪安钧、汪有维等八王将均是李秀成旧部，若要他们谋杀主帅恐怕难以办到。"

程学启道："李帅之意，待学启与克义返回苏州再与郜永宽沟络。"

李鸿章允诺道："可以放心地告诉郜永宽，只要他们肯归顺我朝，什么封官请赏全都好说，但前提是必须真心归顺，不要出现第二个蔡元隆。"

郑国魁保证道："作为郜永宽的朋友，下官可以担保不会出现太仓故事。"

程学启继续道："郜永宽还提出请常胜军管带戈登做担保。"

李鸿章回答道："戈登是我们的人，这条可以答应。"

陈鼐提醒道："竹湄以为此事不宜操之过急，谈与攻城双管齐下。"

李鸿章道："作梅说得对，苏州城外打得越凶，郜永宽归顺才越有希望。"

盟约叛变

12 月初，汪安钧偷偷出城在阳澄湖与程学启会面，程学启转达了李鸿章对郜永宽提出的封官、戈登做担保等投降条件的答复。同时，也转告李鸿章提出的要求诛杀李秀成、谭绍光。会面结束后，汪安钧领命而去。

就在郜永宽、汪安钧等人秘密与淮军接触谋划叛变的时候，为解苏州之围，李秀成决定率各王将出城与淮军决战。但是兵力众多的纳王郜永宽却拒绝执行命令，不愿率部出击。这时，李秀成已经意识到郜永宽等人靠不住了。当天晚上，李秀成召集诸王开会，在会上李秀成提出放弃苏州，转移到其他省份作战。郜永宽等打算投降的头目都表示反对，而谭绍光也同样反对。这让生性多疑的李秀成对谭绍光也产生了不信任。

部下不听指挥，李秀成心灰意冷，但也没有办法。就在这天夜晚，李秀成将苏州指挥大权交给慕王谭绍光后，带领万余人马从胥门离开苏州，直奔常州而去。

李秀成走后，郜永宽等人积极筹划投降。谭绍光这时也察觉到了危险，但是已经无力回天，因为郜永宽、汪安钧、伍贵文、周文佳等王掌握的兵力已经远超过了自己。

次日上午，郜永宽率领慷王汪安钧、比王伍贵文、宁王周文佳，天将汪有维、范起发、张大洲、汪怀武等叛将出苏州城门，前往程学启营帐，在郑国魁、戈登见证下焚香盟誓。

八降将手捧香火，面对香炉盟誓道："兹有天国纳王郜永宽、慷王汪安钧、比王伍贵文、宁王周文佳、天将汪有维、范起发、张大洲、汪怀武，盟约反叛天国，投靠官军，并以献上谭绍光首级为归降信物，如我等四王、四将违背盟约，当死于乱兵之中。"

程学启点燃香火盟誓道："程学启，受李鸿章大人之托与天国纳王郜永宽、慷王汪安钧、比王伍贵文、宁王周文佳、天将汪有维等签约盟誓议降，所允条件，如有欺诈，或有违盟约者，当死无葬身之地。"

盟誓完毕，戈登对郜永宽等人道："戈登不懂你们中国人的江湖规矩，但是，既然各位王将信任我，那戈登就要做一个公正的见证人，保证你们各自承诺的条件全部兑现！"

郑国魁表态道："在这儿，国魁也向各位王将保证！"

郜永宽抱拳道："请戈大人放心，我等各王将允诺的投诚条件自然会落实。明晚偷袭慕王府取下谭绍光首级，率各王将齐门外迎候贵军进城。"

程学启激动地道："一言为定！"

汪安钧道："男子汉大丈夫，一言既出，驷马难追！"

戈登道："好！诸位驰骋沙场，身经百战，都为武士，按照中国武士规矩，折箭发誓。"说完，将两支箭分别交给程学启、郜永宽。

程学启、郜永宽接过箭，双手用力，箭"啪"地折断。

郑国魁捧来一坛黄酒，随从摆上酒碗，倒上黄酒，众人一起喝干碗中酒。

枭首献城

谭绍光，广西象州人，1851 年 1 月参加金田起义，后隶李秀成部。1858 年参加摧毁江北大营战斗。1860 年在击破江南大营和攻克苏州等地时建有战功。1862 年封慕王，领军围攻上海。

虽然谭绍光已经察觉到郜永宽、汪安钧、伍贵文、周文佳、汪有维、范起发、张大洲、汪怀武等八人有反叛天国的嫌疑，但为了忠王的嘱托，谭绍光还是想劝说八人团结一致守卫苏州。

12 月 4 日，谭绍光召集郜永宽等人到慕王府开会，研究如何守卫苏州城的战备事宜。但令谭绍光没想到的是八王将已经和程学启、戈登经过多次协商，正磨刀霍霍准备拿他的人头向李鸿章献礼呢！

郜永宽、汪安钧、伍贵文、周文佳等八王将如期赶到，谭绍光首先拿出李秀成委任他指挥苏州城各王将的手令。接着，对与会将领道："当下，天京遭湘妖大军围困，苏州城更是陷入淮妖、洋鬼子重重围困。忠王离开苏州时，要本王转告诸位王将，要我等誓死守卫苏州，只要我等齐心协力，就可以打退淮妖、洋鬼子！然而，当我天国面临生死存亡的危急关头，却有人暗通清妖出卖天国。"

谭绍光的话刚说完，郜永宽便迅速向汪安钧使了个眼色，接着猛然站起身道："你胡说！"

谭绍光大声道："这个叛逆就是你！"

就在此时，汪安钧"嗖"地抽出短剑，冲至谭绍光面前道："老子先杀了你！"跃身向谭绍光脑袋砍去，一股鲜血喷涌而出，谭绍光已经倒在血泊中。谭绍光的亲兵见状迅即取出兵器将汪安钧围住。

汪安钧挥剑砍下谭绍光脑袋提在手上，威胁亲兵道："胆敢反抗，这就是下场！"

埋伏在王府外的一队叛军冲入大殿。

郜永宽一声令下："杀！"

汪有维道："慕王府内无论男女老幼一个不留！"

众叛军士兵呐喊声中四下散开，大开杀戒，将慕王府中的妇孺，及城内不愿投降的谭绍光部下一千多人尽数屠杀。

接着，八王将便携带谭绍光的脑袋，前往程学启营帐报捷。郜永宽向程学启道："谭绍光人头在此。谭绍光妻儿老小，幕僚、卫队、仆从全部斩杀。"

程学启接过谭绍光首级道："且收下这份重礼，待接管苏州城后再做处置。"接着问道："城中尚有降兵多少？"

郜永宽回答道："有我降军八万，待剿谭绍光残部约两万。"

程学启问道："降军将如何安置？"

郜永宽道："请程总兵遵约让李鸿章奏报大清朝廷封我等八人总兵、副将之职，编所降之兵为二十营，划苏州城一半为屯扎之地。"

程学启稍加思考后道："剿灭残匪要紧，封赏、建营之事，待禀报李鸿章大人再做答复。"

汪有维警示道："程学启你也是反叛过来的人，若要是耍花招，欺骗弟兄们，哼，后果你自然知晓。"

程学启面带笑容信誓旦旦表态道："各位王将尽管放心，绝对兑现。"

杀降事件

送走八王将后，程学启快马赶往李鸿章的帅营向李鸿章报告，并转达除了上次提出的八人总兵、副将之职，重提编所降之兵为二十营，划苏州城一半为屯扎之地的要求。李鸿章接报后，顿然感到事件棘手难办了，询问程学启如何处置？同样都是曾经的叛军，程学启自然不希望郜永宽、汪安钧、伍贵文、周文佳、汪有维等和自己平起平坐，享受同样的待遇。建议李鸿章快刀斩乱麻，杀了八王将，强行接管苏州城，对凡不服从的太平军官兵格杀勿论。对于程学启的建议，李鸿章却表现得有些心慈手软了。问题重大，李鸿章需要慎重考虑后才能做出决断。于是，让程学启先回去军营，同时，嘱咐派人秘密监控郜永宽、汪安钧等人的动向，及时向他报告。

临走的时候，程学启特别提醒李鸿章道："分城而处，一旦生变，难以处置。从东南大局着想，不杀这八人必后患无穷，务请主帅三思。"

李鸿章让程学启转告八王将，尽快给予答复。

程学启走后，李鸿章找来张树声、陈鼐、周馥、刘含芳、刘郇膏、李昭庆等幕僚就如何处置八王将进行商议，同时，告知程学启的处置意见。

李昭庆快人快语道："昭庆支持程学启的意见，快刀斩乱麻，杀了八王将以绝后患。"

刘郇膏却持不同意见，他提醒李鸿章道：“当下常州、镇江、嘉兴等诸城还在长毛手中，一旦杀降消息传出，日后还会有长毛肯归顺我军吗？先前已经归顺我军的天国弟兄们又会怎么想？”

张树声、周馥、陈鼒、刘含芳都赞成程学启的意见，杀了八王将以绝后患！

其实，李鸿章也是一个心狠手辣的人，只是这次却因戈登、郑国魁参与的原因，有些优柔寡断了。

平时不怎么抽烟的李鸿章，将自己关在行营里抽起了水烟。几壶水烟抽完，满屋子都是呛人的烟味。他首先想到的第一个问题是，哪怕八王将真的死心塌地投降了，但是底层士兵长期受到太平军教义影响，他们能真正归顺朝廷吗？第二个问题是，八人要求封赏总兵、副将之职，开价太高，朝廷未必同意或全部同意。第三个问题，保留二十营，划城而屯，这是绝对不能接受的。但是，劝说八王投降是他一手策划的，当初的条件，也是他亲口应允的，如此，李鸿章岂不背上背信弃义的千古骂名？

就在李鸿章犹豫不决的时候，郜永宽、汪钧安、汪有维赶来开字营，询问程学启为何不予兑现？

程学启劝说道：“三位王爷少安毋躁，朝廷圣旨很快会到。”

郜永宽警告道：“程学启，老子警告你三日之内，李鸿章再不兑现降约，别怪弟兄们翻脸不认人！”

汪有维道：“请告诉李鸿章，苏州城阊、胥、盘、齐四门还在我们掌控中。”

送走三位降王，程学启前来向李鸿章报告，见李鸿章还是犹豫不决的样子，程学启恼怒道：“只要李帅一声令下，杀降不祥，背盟不义，人责鬼骂，都应在学启身上。若不听学启劝告，以后一切军中大事，学启就不再管了！”

程学启的恼怒，郜永宽、汪钧安、汪有维向程学启逼宫，据守阊、胥、盘、齐四门，于街巷各口堆石置卡，拒不剃发，等待兑现降约，特别是想到在几个月前的三弟李鹤章太仓受降时，因为太平军的诈降而受伤差点丢掉性命这件事后，李鸿章不寒而栗！于是，召集程学启、张树声、周馥、刘含芳、陈鼒、李昭庆等将领说明八王将存有反叛朝廷举动，必须予以诛杀的决心，接着做了周密部署。

叛将末日

这是一次精心安排的“鸿门宴”，一切部署妥帖后，李鸿章不忘给朝廷呈奏一份奏折。奏折写道：江苏巡抚、南洋大臣李鸿章跪奏，降将郜永宽、汪安钧等取贼酋谭绍光首级，开城门，苏州遂克。然，该酋等久在贼中为大头目，狼子野心，虽反叛归降，恐其难制，鸿章拟采取果断之措施，免致尾大不掉另生枝节……

几天后，朝廷谕旨下达：若果能于城池未下之先诚心归顺者，无论其从贼之久暂，均一律准其投诚。将军械、马匹呈缴后，该大臣等酌留所部，令其随同剿贼。倘有不愿随营，即饬地方官递送回籍，或妥为安插，毋令失所。携带资财，不准兵勇抢夺；如兵勇利其资财，私行杀害，即按军法从事……

有了朝廷谕旨，李鸿章底气足了，准备在苏州再干一件大事！

却说，八王将接到李鸿章宴请的请帖后，一个个喜上眉梢，按照约定剃去长发，一番梳妆打扮，前往李鸿章帅营接受朝廷封赏。

淮军营帐餐厅灯火通明，几张八仙桌依次排开，丰盛菜肴已经端上餐桌，张树声、周馥、陈鼒、刘含芳、程学启、钱鼎铭、刘郇膏、李昭庆、郑国魁、刘士奇等诸淮军将领，迎候已经剪去长发，梳着长辫的郜永宽、汪安钧、伍贵文、周文佳、汪有维、范起发、张大洲、汪怀武等降军将领，大家齐聚一堂，欢声笑语，谈笑风生。

李鸿章头戴官帽，身穿官袍神采奕奕走入餐厅，郜永宽、汪安钧、伍贵文、周文佳、汪有维、范起发、张大洲、汪怀武跪拜：“叩见李大人！”

李鸿章连忙道：“诸位王将，快快请起！”

程学启向李鸿章逐一介绍八王将后，李鸿章道：“八位王将弃暗投明，足见忠义，鸿章佩服得很啦！各位兄弟今日起也是我大清朝的命官了，从此要同心协力，好好为朝廷立一番功劳。”

郜永宽道：“谢李大人提携栽培，我等八位弟兄当效忠朝廷，再立新功！”

众降将齐声道：“效忠朝廷，再立新功！”

李鸿章下令道：“取八位大人的顶戴来，为八位天国兄弟升冠！”

张树声道：“呈上顶戴花翎！”

八名杀手每人捧朱红托盘，盘中整整齐齐的八顶暖帽，珊瑚红顶配花翎，灯光下光彩夺目。就在此时，周馥匆匆跑入餐厅，走至李鸿章面前道：“大人，京里有廷寄到，请大人前去接旨。”

李鸿章环顾众王将，抱拳道：“不好意思，本抚前去接旨。诸位天国兄弟多喝几杯，本抚台处理完公务便来。”说完走去。

陈鼐招呼道：“请诸位天国兄弟入席！”而后向程学启使了个眼色，程学启心领神会道：“呈上八王将衣冠、花翎！”

八名手捧衣冠花翎的杀手在何安泰引领下走入餐厅，分别走至八王将面前跪地捧献，八王将看着大红顶戴，崭新官袍，个个眉开眼笑。

张树声道：“请四位总兵、四位副将升冠。”

郜永宽捧起官帽，正欲戴上头顶，一道寒光闪过，一泓鲜血喷射而出，郜永宽人头已经提在杀手之手，就在这同时，汪安钧、伍贵文、周文佳、汪有维、范起发、张大洲、汪怀武的人头也被砍下。

郑国魁见状冲上前来，看着已经身首异处的八王将，冲着程学启骂道：“程学启，你，你，背信弃义！”

程学启“哈哈”一笑道：“狂妄叛将，死有余辜。”面对众淮军将领道：“惊吓诸位兄弟了。”转身吩咐何安泰道：“集合弟兄，带上郜永宽、汪安钧人头，杀入苏州城！”

于是，一场大屠杀在苏州城里展开……

戈登发飙

戈登是基督教徒，信守承诺重视名誉。当他得知李鸿章杀了郜永宽等八王将的消息后，愤怒至极，骑上战马提着手枪去找李鸿章评理算账。

戈登骑着战马不顾卫兵阻拦，冲入营地，高声叫骂道：“李鸿章，你这个背信弃义无耻之徒！你给我滚出来！”

李鸿章正在营帐中撰写奏折，张树声、周馥、陈鼐、钱鼎铭、李昭庆匆匆跑入房间。

李昭庆急切地道：“二哥，戈登提着枪在军营到处找你，看他那架势像是要找二哥拼命呢。”

李鸿章放下墨笔淡淡一笑道：“知道他会来找我的。”

张树声道：“当务之急，主帅还是先躲一躲吧！”

陈鼐抱怨道：“这个方大胆这回可真是惹出祸来了，杀了八王将也就罢了，为何又要大开杀戒，杀死那么多叛军？”

李鸿章道：“你们有所不知，当年方忠安庆背叛天国投靠湘军，未及时带走妻儿全被诛杀，现在面对郜永宽、汪钧安这些天国宿将，能不发泄灭门之恨吗？”

张树声道：“恐怕还不仅如此，一旦四王将入编淮军，方忠岂能容许砂煲兄弟有功同享？”

李鸿章道：“我去见戈登！”

周馥阻拦道：“不可，万万不可，这家伙现在已经红了眼，什么事都能做得出的。”

李昭庆催促道：“二哥，你快躲起来吧！”

李鸿章稍加思考后道：“如此，也只好先躲避几日再说。”接着叮嘱李昭庆道：“快去告诉程学启让他也躲一躲。”

戈登在淮军军营闹腾一阵后，没有找到李鸿章，也没有人搭理他，便策马扬鞭赶往苏州城去。到了娄门，见郜永宽、汪钧安两人的头颅悬挂在城门的旗杆上。戈登气急败坏，向旗杆连开数枪，边开枪，边骂道：“程学启，你给我滚出来，戈登要与你决斗！”

副官带领几名士兵赶来，士兵匆忙登上城门，将郜永宽、汪钧安头颅取下。

戈登吼叫道：“我要揭露李鸿章罪行，让他下台，我要给布鲁斯写信，要求英国政府干预！”

杀降事件发生后，作为牵线人的郑国魁悲愤交加，但他不同于戈登，戈登可以提着枪去找李鸿章大闹一场，出口恶气，而他却只能一个人躲在战船上不吃不喝，焚烧香火为八王将灵魂祈祷，乞求恕罪。

戈登城里城外闹腾了几天，既没找到李鸿章也没找到程学启，一气之下给李鸿章留下一封“通牒”，便带领部下返回昆山去了。

获悉戈登离开苏州，李鸿章才从一条小船里走出，返回自己的行营。周馥呈递上戈登留下的“通牒”，告诉李鸿章道：“戈登通牒中要主帅下台，否则常胜军将与淮军开战，夺回苏州城，交还太平军。还扬言给布鲁斯写信，要求英国政府干预苏州杀降事件！”

李鸿章接过通牒稍加浏览后，吩咐周馥道：“向朝廷、安庆禀报苏州杀降真相，向英、法、美驻上海领事馆发出公告，苏州杀降乃我中国军政，与他国无涉。”

害怕戈登找他拼命，程学启一直躲在营地旁边的一农户家中不敢出门。李鸿章携周馥等人忽然前来看望，让程学启受宠若惊。

程学启道："男子汉大丈夫，一人做事一人当，苏州杀降是我学启干的，砍脑袋，蹲大牢，不会连累别人。"

周馥安慰道："谁说要砍你的脑袋哪？"

李鸿章道："本帅已就苏州杀降事件报告安庆和朝廷，不久会有定论。只是，经戈登这么一闹，洋人们也跟着起哄，中外舆论哗然，为避风头，本帅要你离开苏州。"

程学启诧异道："李帅要赶方忠走？"

李鸿章长叹一口气道："粤匪重兵云集浙江，杭州久攻不下，朝廷多次谕旨越境入浙，扫除浙江粤匪残余兵力，协助曾国荃攻打金陵。本帅思考良久，决定派你携魁字营为先头部队前往嘉兴与楚军会剿粤匪。以掣杭贼之势，外堵其窜越海塘，内堵其回窜淞沪。"

程学启担心道："学启这一走，一旦朝廷对苏州杀降事件进行问责，李帅岂不要替学启揽过了吗？"

李鸿章一笑道："是福不是祸，是祸躲不过，苏州杀降我李鸿章是主谋，戈登也是冲着我来的，天塌下来自然由我李鸿章扛下。"

程学启扑通跪下感激道："谢大人！"

杀降余波

虽说"杀降"在中国战争史上屡见不鲜，但作为主谋和亲历者的李鸿章，每每想起还是如同噩梦一样，心惊肉跳。于是，不得不乞求神灵宽恕。

苏州光福寺大殿雄伟壮观，香火缭绕，香客如云，李鸿章身穿便装在张树声、陈鼒、周馥、刘含芳、钱鼎铭、刘郇膏、李昭庆等陪同下信步走来，住持身穿袈裟已经率领几名僧徒迎候在门前。

李鸿章拱起双手道："有劳住持。"

住持合掌道："阿弥陀佛。李大人，经堂已设好，请李大人及各位施主随老衲前往佛堂，为死难的太平天国弟兄们念经诵法超度灵魂。"

李鸿章仰望大殿，合掌道："阿弥陀佛。"虔诚跪拜念念有词。

李鸿章光福寺诵经超度被杀八王将及众太平军士兵亡灵刚返回行营，英国驻华陆军司令柏郎身骑战马，在几名英国士兵护卫下等候在营门外。

李鸿章马上意识到这是英国人就杀降事件来向他兴师问罪了。于是，热情地将柏郎一行请入营帐。

柏郎直言不讳地用并不流利的中文道：“李大人，苏州杀降事件国际舆论哗然，大英国国会议员指责大英帝国的军队，与如此野蛮的中国军队合作，对英国来说是奇耻大辱。”

李鸿章淡淡一笑道：“原来柏郎司令是为了苏州杀降事件前来兴师问罪的？”

柏郎严肃道：“本司令官此行，是代表英国君主与英国国会来与李巡抚讲理的。”

李鸿章心平气和道：“好啊，中国乃礼仪之邦，最讲道理。”

柏郎道：“这件事非常严重，李巡抚必须备文通过大英国上海领事向我国政府认错，并保证类似事件以后不会发生。否则，本司令官将建议联防局收回常胜军指挥权。”

李鸿章义正词严道：“这是中国的军政，与外国无干，本抚不能向贵国备文认错。”

柏郎愤然道：“李巡抚既不认错，本司令将向大清国总理衙门提出严正交涉。”说完，拂袖而去。

柏郎走后，李鸿章召集张树声、陈鼐、周馥、刘含芳、钱鼎铭、刘郇膏、李昭庆等幕僚就柏郎提出的交涉事宜进行商讨。

张树声提醒道：“如果杀降事件不能很快平息，起码有两个麻烦。第一，戈登会不会调转枪口，支持李秀成攻城略地。如果是这样，纵不能动摇整个战局，至少也会给我军继续西进，攻克常州、镇江，乃至金陵战场增加麻烦。第二，柏郎会不会串通英法德公使一起向总理衙门提出强硬交涉，若果是这样，朝廷很有可能屈于洋人压力，降旨责罚主帅。”

陈鼐道：“问题是，到目前朝廷对杀降事件功过是非还没有下达谕旨。”

刘含芳建议道：“为求朝廷包容，必再打几场胜仗，将功补过。”

钱鼎铭建议道：“祸起戈登，要平息事态，还是要从戈登下手。”

根据大家建议，李鸿章下令：刘秉璋统领潘鼎新、吴长庆、周盛波、杨鼎勋、刘士奇、李朝斌为入浙后续部队，会同程学启并左宗棠的楚军会攻嘉兴。刘郇膏、钱鼎铭前往上海，请黄芳筹措七万至八万两银子，送往昆山，请马格里出面，劝说戈登。再备上一份厚礼，携本抚亲笔信札与黄芳一起去拜访赫德，务求赫大人出面劝说柏郎息事宁人。

果然，李鸿章金钱铺路的办法很快奏效，戈登收到了巨额银子不再纠缠，而柏郎得到了好处也愿意息事宁人，一场吵吵嚷嚷的外交风波就此平息。更让李鸿章高兴的是，在曾国藩的疏通下，朝廷谕旨终于下达：李鸿章身为前敌主帅，审其强弱轻重果决处置，苏州杀降事件所办并无不合，甚为允协。赏李鸿章太子太保衔，并黄马褂；授程学启一品封典骑尉世职，赏黄马褂；授郑国魁记名总兵，赐号勃勇巴图鲁；赏常胜军管带戈登提督衔，并黄马褂。钦此！

然而，就在各路将领封官领赏之际，前线传来令人痛心的消息，春字营管带张遇春因旧伤复发暴毙于军营，时官至总兵，赏有“资勇巴图鲁”勇号。

李鸿章亲笔题写挽联吊唁，安排专人护送灵柩返籍安葬，并奏请朝廷。不久朝廷下旨，追赠张遇春“太子少保”衔，世袭都尉兼一等云骑尉。

第十五章

苏州续弦

因为没有经过猛烈的攻城战斗，苏州城里的街道、商铺、民居及忠、幕、纳等王府都完好无损地保存了下来。

1860 年 6 月（咸丰十年四月），李秀成率太平军攻克苏州。同年 10 月起，李秀成下令以拙政园为基地改建忠王府，并将其东潘姓、其西汪姓宅第等民居一并收入，扩展为王府用地，形成一片包括官署、庭舍、戏台、园池等的宏伟建筑群。

杀降事件朝廷有了定论后，李鸿章率领幕僚前往忠王府一番巡视后，下令拆去东西辕门、角楼及鼓吹亭，改大门为清代衙署样式，并涂改龙凤纹彩绘，但其他建筑仍保持原貌。接着，便将他的江苏巡抚行辕及淮军司令部搬入忠王府，同时，也作为他迎娶赵小莲的新房。

五个月前，李鸿章曾向老师、母亲、大嫂、赵畇夫妇许下承诺，将在忠王府迎娶赵家小姐，现在该到兑现承诺的时候了。

为了安全起见，李鸿章从联军调来“海生号”，备上一份重金，苏州城请了两位媒婆，安排周馥、李昭庆、刘斗斋携带礼金及媒婆前往安庆迎亲。

“海生号”抵达安庆后，李老太太知道儿子派船来迎娶新娘子，自然满心欢喜，吩咐媳妇们做好迎亲准备。

赵畇夫妇更是高兴，因为在江南大户人家的小姐，一般十五六岁就已经出嫁，而自己的宝贝女儿已经二十有四，实实在在一个嫁不出去的“老姑娘”，现在有了归宿，而且嫁给朝廷二品官员，自然高兴。

赵家在太湖也算大户人家，赵家一门四名进士，祖父赵文楷还是嘉庆元年

（1796）的状元。大户人家嫁女的嫁妆自然一样都不能少。其实，早在赵小莲十多岁的时候，按照江南规矩母亲韦氏就已经在替女儿置办嫁妆了，什么金银玉器，绫罗绸缎，被褥袄子，箱柜家具，女人用品、用具样样齐备。

作为媒人，曾国藩也给学生送来千两银票的重礼！

李老太太穿上去年过年时李鸿章为她购买的貂皮袄子，携大媳妇王氏，六媳妇戴氏，还有李鸿章嗣子李经方，随洋轮前往苏州替儿子操办婚事。

出嫁的当天，赵小莲携陪嫁丫头莫氏哭别父母，登上花轿，在周馥、李昭庆率领的李家迎亲队伍簇拥下前往码头登船。

婚庆的那天，忠王府披红挂彩，张树声、刘铭传、李鹤章、李昭庆、陈鼐、周馥、刘含芳、钱鼎铭、刘郇膏、滕嗣林、滕嗣武、韩正国、周良才、吴毓芬、郭松林、张树珊、张树屏、周盛传、唐殿魁、唐定奎、吴建瀛、黄翼升、刘玉林、孙善成、骆国忠、董凤高、刘盛藻、刘盛休、卫汝贵、叶志超、聂士成、赵怀业、张志邦、张桂芳、王永胜、况文榜、梁安邦等各路将领，江苏官员及苏州城内富商绅士全都赶来庆贺。一时间，偌大的忠王府人头攒动，鞭炮声声，唢呐阵阵，一派喜庆气氛。

婚礼仪式在楠木厅（又称花厅）举行，李老太太身穿貂皮袄子端坐上方，在司仪主持下，李鸿章、赵小莲“一拜天地，二拜高堂，夫妻对拜……”

仪式结束后，李鸿章在四合院大摆筵席，答谢各路宾客，并请来戏班，戏台唱戏三天以示庆贺。

婚礼仪式结束后，李老太太将孙子李经方留在了苏州，自己携媳妇王氏、戴氏在刘斗斋护送下乘船返回安庆。

会战嘉兴

嘉兴，亦称嘉禾、禾城，因这里水稻长势很好，产量也高，故而得名。嘉兴的一边是太湖，另一边是杭州湾，处于上海、苏州、杭州、湖州之间的十字路口，战略地位十分重要，自古兵家必争之地。按照曾国藩的总体部署，欲攻占金陵，嘉兴必先克之。攻克苏州后，曾国藩便下令李鸿章尽快攻克嘉兴。

是时，守卫嘉兴的太平军将领是荣王廖发寿、挺王刘得功，两王兵力八千余众，其中千人为战斗力强悍的广西籍老兵。

为落实老师命令，及早拿下嘉兴，同时也让程学启避开杀降风波，李鸿章下令作为先锋部队的程学启携郑国魁开赴嘉兴，扫清嘉兴外围之敌。左宗棠也按照曾国藩的指令，安排湘军老将蒋益澧率部配合程学启攻打嘉兴。

1864年（同治三年）1月，程学启、何安泰、郑国魁、郑国榜等将领率部率先杀到嘉兴城下。此时，一直让程学启放心不下的杀降事件，朝廷也有了定论“甚为允协”，并授程学启一品封典骑尉世职，赏黄马褂。

程学启彻底放下了思想包袱，为了感激朝廷恩典，部队扎营后即强攻太平军的城外营垒。开战几天便摧毁太平军设立在城外十余座营垒，毁炮台二十余座，将这部分太平军暂时赶入内城。

逃往浙江海宁的会王蔡元隆，见湘军、淮军大军压境吓破了胆，赶紧向蒋益澧投降。这次为真投降，投降后改名叫蔡元吉。太平军桐乡守将何培漳在蔡元吉的劝说下也向蒋益澧投降，两部人马全部加入了湘军。左宗棠不费一枪一炮、一兵一卒，便轻松收复海宁、桐乡两座城池。

至此，嘉兴外围战结束。失去了周边城池，嘉兴如同苏州成了一座孤城。

为向左宗棠表功，2月25日，蔡元吉主动请缨率兵八千，攻击太平军嘉兴西面营垒。荣王廖发寿采取诱敌深入的战术，将蔡元吉所部吸引到伏击圈，然后伏兵四起，洋枪队开枪射击，洋炮猛烈轰击，蔡元吉左手被打伤落荒而逃。

蒋益澧恼羞成怒亲自率兵攻打西城门，战斗刚开始，便接报自己的营垒遭长毛偷袭。蒋益澧顾不得攻城了，立即率领所部杀回营地。

原来，廖发寿获悉蒋益澧率部前来攻城，便率领一支千人队伍绕道湘军营地偷袭，焚烧了营帐，砍死数十名留守湘军。等蒋益澧率部赶回营地时，偷袭早已结束，廖发寿已经率部返回城里。遭廖发寿戏弄，蒋益澧气得浑身发抖却拿不出高招，只能等待机会伺机报仇。

程学启向太平军设立在北城门外的堡垒发起攻击，廖发寿、刘得功率领装备洋枪的将士从北城门杀出，杀向程学启的开字营。程学启立即组织迎战，洋枪对洋枪，一场枪战于嘉兴北城外展开。因太平军人多势众火力凶猛，淮军阵地几度被攻破，伤亡惨重。此次交锋，让程学启领教到了太平军洋枪队的厉害。

攻城受阻

2月27日，左宗棠购买的三十门“开花炮”送达嘉兴，迅速投入战斗。

有了开花炮投入战斗，蒋益澧下令发起攻城！顷刻间，太平军设立在嘉兴西门外的十几座营垒全部被炸毁。廖发寿只好下令城门外士兵撤回城内，依托工事继续抵抗。

28日，荣王、挺王率四千人马突然杀出，猛扑北门淮军营垒；太平军水师战船也开炮助战，摧毁淮军四座营垒。程学启急忙率军迎战，双方展开厮杀。厮杀正酣时，一支太平军突然从西城门杀出，试图抄袭淮军侧后，被蒋益澧截住，偷袭未能得逞。与此同时，因苏州杀降事件而恼怒的戈登，得巨额银子，气也消了，率领常胜军赶来嘉兴投入攻城战斗，数门重炮向太平军水师发起炮击。太平军水师不敌洋船洋炮，快速撤退。太平军失去水师火炮支援，二王只好下令撤回城内寻机再战。

3月14日，驻守在湖州的堵王黄文金率部救援嘉兴，他带领援军一路杀到了距离嘉兴不远的乌镇。程学启只好暂时停止攻城，率军到乌镇迎战黄文金。嘉兴城内的太平军没有得到援军的消息，所以没有出城配合，黄文金只好撤退。

3月19日，程学启再次对嘉兴发起进攻，再一次被太平军击退。

就在程学启攻城出现困难的时候，刘秉璋统领的潘鼎新、吴长庆、杨鼎勋、周盛传、刘士奇、李朝斌等部抵达嘉兴。此时，投入嘉兴攻城战的淮、湘、楚、常四军总兵力达三万之众。

援兵的到来使程学启信心倍增，下令守备姜宝胜组织一千名敢死队员带上云梯，发起攻城战。

面对凶猛的太平军，姜宝胜心里明白，程学启这是让他去送死。于是，偷偷溜出军营试图逃跑。结果，还没出营区大门便被抓捕回来。程学启闻报大怒，有辱战无不胜攻无不克的开字营名声。于是，取出佩剑当场将临阵脱逃的姜宝胜的人头给砍了！

砍了姜宝胜人头后，程学启重新组织两千人的敢死队，自任敢死队队长，率领敢死队自北城门展开攻城冲锋。总兵何安泰见主帅如此表现，不甘示弱跟着冲杀。戈登也被悍将程学启英勇无畏的精神所感动，调来重炮配合攻城。李朝斌的水师也来助阵，顷刻间，将太平军设立在城墙上的十几座炮台全部摧毁，城楼被炸塌，城墙也被炸开一道数十丈的大口子。

程学启手持钢刀高喊道："敢死队的弟兄们，跟我冲啊！"身先士卒，率先向城墙豁口冲去。

何安泰高喊："不怕死的跟我上！"高举钢刀跟着程学启冲向城墙豁口。

在程学启、何安泰率领的敢死队带领下，其他攻城淮军官兵纷纷响应，如同潮水一般冲向豁口。

荣王率民夫迅速用砖石沙袋堵住城墙豁口，挺王指挥太平军洋枪队展开猛烈射击，在城墙豁口构筑起一道道火力网。在太平军凶猛火力阻击下，总兵何安泰被乱枪打死，两千名敢死队员全部战死。拼杀一天，程学启也没能冲入城内，而荣王在枪林弹雨中，很快修复了被炸毁的城墙。

程学启看着城墙外一具具战友的尸体，再看看巍然屹立在眼前的城墙，只好下令停止攻城。

悍将殉命

何安泰与程学启一起报名参加的太平军，一起于安庆投靠湘军，这些年来两人一起出生入死，不是兄弟胜过兄弟。好兄弟好战友的阵亡，对程学启打击太大，程学启的情绪也变得暴躁起来，发誓一定要为好兄弟报仇！

程学启不顾刘秉璋、刘士奇、戈登、蒋益澧等联军将领劝说，当夜重整敢死队，次日一早便亲率敢死队发起攻城战斗。情绪激动中的程学启依然亲自操刀，在常胜军的“开花炮”掩护下，架设云梯发起强攻。守城的太平军则以洋枪射击、投砖石、扔木料、泼开水等方式予以还击。有的敢死队员被开水烫得“哇哇”怪叫，跌下云梯。

程学启舍生忘死势在必得，常胜军炮队与李朝斌的炮船配合攻城火炮猛烈轰击，又炸开几道城墙豁口，潘鼎新、吴长庆、刘士奇、周盛传等将领策应支援。程学启乘机冒着太平军的密集子弹率领敢死队终于攻入城内。早已严阵以待的潘鼎新、吴长庆、刘士奇、周盛传等各部迅即突破太平军防御，通过城墙豁口冲入城里。就在此时，一支太平军洋枪队赶来支援，程学启中弹倒地。刘士奇杀上前去，将受伤的程学启抬下战场，找来一辆马车，亲自护驾送往苏州救治。

程学启中弹负伤的消息，早有探马飞奔苏州报告李鸿章。李鸿章接到探马报告心急如焚，一面安排钱鼎铭将前来苏州筹划洋炮局的马格里找来，一面安排张树声、周馥出城向嘉兴方向迎接。

直到傍晚时分，运送程学启的马车才在张树声、周馥陪同下赶到忠王府，早已等候在忠王府门外的李鸿章看着满脸血污奄奄一息的程学启，一句“方忠，我的好兄弟呀！”，已经泪流满面。

陈鼒冲着刘士奇责备道：“六如（刘士奇号）你们都是干什么的，怎么能让程总兵一个人冲锋陷阵呢？”

刘士奇解释道：“陈大人有所不知，嘉兴围攻月余攻克不下，何总兵阵亡后，主将情绪暴躁不听任何人劝阻，亲率敢死队攻城，飞弹击中头部，当场晕厥。下官得知主将受伤，不顾一切将主将救出战场，然后找来马车送来苏州救治。”

钱鼎铭走上前来道：“马格里已经在厢房等待，还是尽快把方忠送去厢房让洋医尽快救治吧！”

程学启被抬到厢房放到一张单人床上，马格里仔细检查完程学启的头部伤口后，向李鸿章耸了耸肩道：“巡抚大人，子弹嵌入程勇士的脑袋，这儿无法手术无法救治，请巡抚大人按照中国人的丧事规矩，为这位勇士安排后事吧。”

1864 年（同治三年）3 月 25 日，程学启因伤势过重，不治身亡，时年三十六岁。

或许这是冥冥之中的苍天报应，苏州杀降几万太平军官兵丧命，而嘉兴之战，太平军将这个杀人魔王送上了西天，为苏州广大将士报了仇。

何安泰、程学启死后，李鸿章命刘士奇、王永胜为开字营共同管带。

3 月 26 日，淮、楚、湘、常各路参战部队，高喊为“程总兵何总兵”报仇的口号，先是火炮炸开多段城墙，而后各路人马杀入城中。廖发寿继续组织士兵利用巷道展开阻击战，一发开花炮弹在挺王身边爆炸，廖发寿壮烈牺牲。刘得功战斗中负伤后被淮军活捉，战斗结束后被凌迟处死。

攻克嘉兴，潘鼎新擢升江苏常镇通海道，刘士奇记名简放提督，周盛传、杨鼎勋记名提督，吴长庆记名总兵。其他参战的湘、楚等军官都获得朝廷奖赏。

捡个便宜

洋务兴国是李鸿章的一个伟大梦想。占领苏州后，李鸿章便着手将设立于淞江的洋炮局迁移至苏州。就在这时，李鸿章得到了一个极好的机会，被大清国遣散的“阿思本”舰队船上有一套制造枪炮的机器设备。

阿思本舰队怎么回事呢？早在 1861 年，为了阻止太平军进犯上海，税务司赫德向大清朝廷建议购买英国战舰，成立舰队对付太平军。不久，朝廷批准了赫德建议，募集外国水手和军官，所需费用在各地海关税中拨用，委托时任江海关关税管理委员会的英方司税李泰国于英国购买战舰并招募人员。

舰队大兵轮三艘，小兵轮四艘。以曾在两次鸦片战争中参战的舍纳德 · 阿思本上校为舰队司令。同时，为了解决舰队投入作战时，对火炮及开花炮弹的需求，随船携带制造洋枪、洋炮及炮弹的机械设备一套。

舰队1863年成立，同年9月12日舰队抵达中国上海，18日抵天津。不过舰队在成立之初，双方便已出现矛盾。原来所定之六十五万两银子追加至九十二万两。更严重的问题是双方对舰队的指挥控制权，清政府要求舰队由中国人为统帅，英国人任副手，同时得挑选中国人上船学习。然而，李泰国早于英国代表清政府与阿思本私自签订合同，明确舰队由阿思本任司令。合同还规定，阿思本只接受由李泰国传递直接来自中国皇帝的命令，舰上所有人员的任用赏罚由阿思本全权决定，船上只用洋人不用中国人。中国海关拨一千万两银子作为舰队四年的经费，交由李泰国调用。

当朝廷得悉这些消息后，一时哗然。加上阿思本提出他可率领舰队直接进攻金陵，这一建议触动了湘军的利益。曾国藩向朝廷提出阿思本“意气凌厉，视轮船奇货可居……”“湘军水陆将士皆将引以为耻”予以反对。

曾国荃亦提出:“长江水师帆樯如林，无须轮船会剿金陵。”

9月底，李泰国及阿思本抵达北京，与总理衙门争辩二十余日。最终二人在10月18日向总理衙门发出最后通牒，提出在四十八小时内接受其原来条件，否则“那就必须将这支部队解散”。清政府以“中国费数百万之帑金，竟不得一毫之权柄”，“中国兵权不可假于外人”为由，拒绝其要求，并照会英国:舰队取消。英国驻华公使布鲁斯及美国公使蒲安臣曾尝试调停未果。

最后决定舰队解散，按负责调停的美国公使蒲安臣提出的处理意见，各船返回伦敦拍卖，清政府支付军官、水手遣散费而告结束。

李鸿章得到马格里提供的情报后，立即筹措一万两银子，派遣马格里、丁日昌携带他给赫德的信札，商洽买下兵轮上制造洋枪、洋炮及炮弹等全部设备。结果，只花了四千九百四十四两银子就购得全套设备，捡了个大便宜!

苏州炮局

购买到制造枪炮的设备后，李鸿章给总理衙门写了一封倡导洋务的公函。公函中写道:“天下事，穷则变，变则通。中国士大夫沉浸于章句小楷之积习，武夫悍卒又多粗鲁而不加细心，以至所用非所学，所学非所用。无事则嗤外国之利器为奇技淫巧，以为不必学;有事则惊外国之利器为变怪神奇，以为不能学……鸿章以为中国欲自强，则莫如学习外国利器。欲学习外国利器，则莫如觅制器之器……”洋洋三千言。

让李鸿章想不到的是，这份公函在朝廷引起很大反响，恭亲王奕䜣等王公大臣们都争相阅读。通过这份公函，李鸿章的大名在朝廷更加响亮，也为以后创办洋务打下了基础。

在马格里、丁日昌押运下，制造洋枪洋炮的设备运抵苏州。为避人耳目，避免被太平军密探发现而遭破坏，李鸿章将苏州洋炮局设在了位于桃花坞的纳王府中。

苏州洋炮局首先用上了英国制造的蒸汽机、冲床（母机）等当时最先进的军工制造机器。经李鸿章批准，当地招募三百名工匠，经过短暂培训后，对招募人员进行了分工，设三个局（车间），分别由丁日昌、韩殿甲及马格里各主持一个局，生产开花炮弹、自来火枪、“田鸡”炮等武器。

洋炮局开张的那天，李鸿章率领陈鼐、周馥、刘含芳、钱鼎铭、张树声、刘郇膏等幕僚前来桃花坞纳王府为洋炮局开张剪彩。

走入纳王府，李鸿章便得意地对幕僚们说道：“谁也想不到，李鸿章把洋炮局办到了纳王府。”

马格里吹嘘道：“苏州洋炮局才称得上是中国第一家完全使用西洋机器制造枪炮的兵工厂。”

刘含芳附和道：“就像当年淮军更换武器一样，苏州洋炮局再不用铁锤、锉刀加泥炉造枪炮子弹了。”

李鸿章一行在马格里、丁日昌、韩殿甲引领下走至正在“呼呼”运转的蒸汽机旁。看着冒着蒸汽，呼呼运转的蒸汽机，李鸿章停下脚步问道：“诸位，看看这冒着热气，轰隆隆作响的洋机器，谁能说出洋人发明的蒸汽机是如何运转的？”

张树声、陈鼐、周馥、刘含芳、刘郇膏等将领面面相觑，茫然不知回答。

丁日昌道：“李大人是要考你们呢。”

马格里欲作答，被李鸿章用手势阻止。接着，环顾茫然眼神看着自己的幕僚们道：“请马格里先生听一听，本抚说得是否正确。”走至机器旁，解说道：“镟木、打眼、绞镙旋、铸弹诸机器，皆绾于汽炉，中盛水而下炽炭，水沸气满，开窍由铜喉达入气筒，筒中络一铁柱，随气升降俯仰，拨动铁轮，轮绾皮带，系绕轴心，彼此连缀，轮转则带旋，带旋则机动，仅资人力以发纵，不靠人力之运动。马先生，本抚说得对吗？”

马格里跷起大拇指夸奖道：“大人对蒸汽机工作原理说得简洁明了。”

众幕僚唏嘘声一片……

李鸿章教导道：“洋务不只是停留在口头上，喊几句口号，发几通议论，要学、要懂，不学不懂，要真学才会真懂。我李鸿章同你们一样，只是关注世界，凡事多留心，多学习。虽然苏州洋炮局堪称中国第一，可你们知道，日本人不仅有了制造枪炮的机器，更能制造出兵轮。”

张树声愧疚道：“看来，我们都得向李帅学习啊！”

丁日昌道：“向西方文明学习。”

洋炮局开张后，在炮弹方面开始生产十二磅、二十四磅、三十二磅，射程从一千米、三千五百米不等的开花炮弹；枪炮方面主要生产洋枪、用于攻城的“田鸡”（迫击）炮。

苏州洋炮局的开张，不仅解决了淮军湘军对炮弹、洋枪及“田鸡”炮作战的需求，也开辟了中国近代军工业完全用上西洋机器制造武器的先河。

会战常州

常州地处长江下游南岸，位于江苏南部的长江三角洲中心地带。北携长江，南衔太湖，东望东海，与上海、南京、杭州皆等距相邻。扼江南地理要冲，与苏州、无锡联袂成片。因此，对于太平天国来说，如果能守得住常州，至少在打不赢的时候可以退。从战略上说，保住这条生路，至少太平天国不可能彻底被歼灭。因此，早在咸丰十年四月（1860 年 5 月），太平军二破清军江南大营后，洪秀全便委派志王陈志书镇守常州。两年后，又委派陈志书的弟弟护王陈坤书任常州佐将，志书、坤书兄弟俩一起驻防常州，镇守天京东方门户。

陈氏兄弟系广西桂平人，都参加过金田起义，后隶属于李秀成部，被称为广西老兄弟，因兄弟俩战功显赫被封志王、护王。

所谓饭要一口一口地吃。对于常州战略位置李鸿章十分清楚，只是淮军兵力有限，没有办法同时展开对各个城池发起攻势。

1863 年 12 月 15 日，无锡攻城战刚结束，李鸿章即命刘铭传为西路军向常州进发，郭松林、张树珊、周盛波等部殿后，常州攻城战序幕拉开。

铭军抵达常州后，狂妄自大的刘铭传，不等郭松林、张树珊等部赶到，便下令攻打常州东北城门外的太平军营垒。

大敌当前，陈氏兄弟商议后做出分工，陈志书利用坚固的城外营垒迅即组织反击，陈坤书则率领一队四千人的精兵偷袭铭军大营。正在前线指挥战斗的刘铭传忽然接报，大营遭到发贼偷袭。

后院失火，刘铭传大惊失色无心恋战，随即率部回援。而当刘铭传率领大队人马返回大营时，完成偷袭任务后，陈坤书已经率部逃之夭夭。陈氏兄弟配合默契获得首战胜利。刘铭传暗自发誓，此仇必报！

郭松林、张树珊、周盛波等后续部队赶到常州城外，安营扎寨后，几位统领前往铭军大营向刘铭传报到，共商攻城方案，确定了“先扫清外围，缩小包围圈，最后攻城”的作战方针。

12 月 27 日，刘铭传下令向太平军城外营垒发起攻击。此次攻击，吸取上次教训，先以火炮轰击。

“开炮！”刘铭传挥动令旗，几十门洋炮同时发起轰鸣，顿时太平军营垒硝烟弥漫，火光四起，威力强大的开花炮将一座座坚固的营垒炸得粉碎，坚守在营垒里的太平军官兵个个吓得丢盔弃甲向城里逃命而去。

刘铭传下令洋枪队追击，“噼里啪啦”一阵枪响，跑在后面的太平军士兵一批批被击伤或击毙。看着抱头鼠窜逃命而去的太平军，终于报了一箭之仇，刘麻子严肃的面孔终于露出难得一见的笑容。

与此同时，郭松林、张树珊、周盛波率领所部在常州西城门发起攻势，攻破太平军设立在西城门外营垒多座，截断了常州与丹阳之间的通道，使得常州逐渐成为一座孤城。

常州告急

面对淮军咄咄逼人的进攻态势，陈氏兄弟向天京发出十万火急求救信，请求洪天王派兵救援，扫除城外淮军，保障常州与丹阳军需粮草供给通道畅通。

已经被湘军围困天京城中的洪秀全，接到陈氏兄弟求救信，与军师洪仁玕商议后，下旨派章王林绍璋、忠二殿下李容发、列王王林彩等将领率领两万人马增援常州。

救援计划从攻打常州西面的奔牛镇淮军营地开始。此时，驻扎在金牛镇的淮军为郭松林部的松军，松军虽然后来编入淮军作战序列，因为有老湘军底蕴，加上装备了洋枪洋炮，也是一支能打硬仗恶仗的队伍。而李容发在太平军中，也是能打硬仗恶仗的名将，加上有忠王李秀成养父的背景，在太平军中声名鹊起。

李容发主动向章王林绍璋请缨打头阵，得到林绍璋批准。

这天夜晚，细雨蒙蒙，伸手不见五指，李容发率领两千精兵绕道松军军营后侧突然发起偷袭。松军遭突然袭击，郭松林组织士兵仓促应战，结果让李容发偷袭得手，营帐被焚烧数十座，死伤官兵千余人，这也是松军进入江苏以来最惨重的一次败仗。

李容发获胜后，士气更旺，接着攻占石桥湾、罗墅湾、孟河汛等被淮军占领的军事要隘。

刘铭传接报后，迅速率部驰援松军与李容发所部展开激战。林绍璋率部前来增援，遭张树珊、周盛波阻截。树军、盛字营洋枪洋炮一起开火，凶猛的火力打得林绍璋晕头转向，部队还没进入奔牛便掉头退出战场。

李容发孤军奋战，松、铭、树、盛四军力量合到一起，李容发乱了阵脚，损失四千余人，只好退守句容。失去了敢打敢拼的李二殿下，林绍璋也知难而退，率部撤离常州。

刘铭传抓机会，组织张树珊、周盛波、郭松林对常州外围太平军据点进行一次全面攻击，一举摧毁常州城外全部营垒，常州战役进入攻城战。

常州陷落

1864年（同治三年）4月26日，李鸿章率领李鹤章的亲兵营赶赴常州，主持攻城战斗。

次日晨，李鸿章下令将松、铭、树、盛四军火炮集中于常州南北两门，一番猛烈炮击后，刘铭传率领张树珊、周盛波向北城门，李鹤章、郭松林向南城门同时发起攻击。

陈氏兄弟也是分工为一南一北，各自率领一支战斗力极强的广西老兄弟兵阻截淮军，同时，组织部分士兵及民夫抢修被炮火摧毁的城墙和防御工事。淮军冲上来，被打下去；城墙被炸毁，再修起来；如此持续两天淮军愣是攻不下城池，而且伤亡惨重。李鸿章只好下令暂停攻城，部队休整。

五月初，李鸿章调来戈登的重炮队助攻常州。

常胜军的到来，果然不同凡响。5月11日，戈登在刘铭传、李鹤章、张树珊、周盛波、郭松林等淮军将领陪同下查看完常州城外地形地貌后，决定将火炮摆放南城门外的一块高地上。而后，要求铭、树、盛、亲、松各军组成的敢死队做好冲锋准备。

这天，李鸿章天不亮便赶到常胜军的炮兵阵地，只见十几门重炮一字排开，炮弹上膛，等候命令开炮射击。东方刚露出鱼肚白，李鸿章就急不可待地告知戈登，下令开炮。

戈登遵照李鸿章的指令，挥动令旗“Fire！”(开炮)。

随着戈登令下，十几门重炮发出轰鸣，一发发炮弹在硝烟裹挟下冲出炮口，呼啸声中飞向城楼、城墙及太平军建造在护城河岸的防御工事。常胜军的重炮威力果然非同凡响。顷刻间，护城河水柱冲天，城墙、城楼被摧毁。即便如此，陈志书仍然冒着炮火组织广西老兄弟兵阻截淮军冲锋。

李鸿章手持望远镜看得清楚，一发炮弹在陈志书身旁爆炸，一股硝烟腾起，志王被炸得粉身碎骨。于是，激动地喊叫：“洋弟兄们你们打得好！打得准！匪酋陈志书被炸死啦！”接着，下令各军敢死队发起冲锋。

刘铭传得令后，手持钢刀，大声叫喊道：“铭字营的敢死队出击！”

刘铭传的话音刚落，卫汝贵便扛着一架木梯领着扛着木板、木头、木梯的敢死队率先冲向城门，其他各军敢死队同样扛着木梯、木板紧随其后。

郭松林挥舞钢刀大声叫喊道：“松字营的敢死队弟兄们，为松字营报仇雪耻的时间到啦！跟我冲！”率领松字营的士兵冲向城门。

在郭松林的感召下，周盛波、李鹤章也纷纷高举钢刀带领手下杀向城内。冲在最前面的各营敢死队，很快便在护城河上架起几座浮桥，为随后冲上来的洋枪队铺平道路。

哥哥牺牲后，陈坤书仍不放弃，迅速将部队撤回城内，与淮军展开巷战，退守到王府后还继续抵抗。刘铭传率领敢死队包围了王府，双方展开激烈厮杀，广西老兄弟全部战死，陈坤书被活捉，当夜便被凌迟处死。

攻克常州，论功行赏，刘铭传授提督衔，张树声记名按察使，郭松林授福山镇总兵，张树珊授右江镇总兵，李鹤章以道员记名遇缺简放，赏穿黄马褂；周盛波总兵尽先题奏，叶志超、董凤高记名总兵，丁汝昌授参将，卫汝贵擢升副将，聂士成补用参将，刘盛藻、刘盛休等参战营官都受到朝廷奖赏。

攻陷常州后，清军在苏南的胜利已成定局，戈登主动要求遣散“常胜军”。早就想裁撤“常胜军”的李鸿章表示同意。

1864年5月31日，常胜军在昆山解散，戈登返回英国。李鸿章收编常胜军炮队六百人，枪队三百人，外籍教官十二人及炮艇、火炮等全部武器弹药。

戈登返回英国前，给李鸿章写来一封信，信中有如何与外国人谈判；中国人应当学会自强；中国会外国语的人太少；建设水师，架设电报，修筑铁路，开办学堂等二十条。李鸿章将这二十条抄录寄发给了奕䜣，这二十条对日后李鸿章洋务起到很大的启迪与指导作用。

为纪念这支为保卫上海平定吴中作出突出贡献的部队，李鸿章拨银一千五百两于上海外滩建立常胜军纪念碑。

第十六章

千秋功业

攻克金陵活捉匪首洪秀全，光宗耀祖，名垂青史，这是曾氏兄弟出湘以来梦寐以求的愿望。

早在同治元年正月初一（1862年1月30日），清廷任命曾国藩为协办大学士，统辖苏、赣、皖、浙四省军务。曾国藩立即筹划以东征金陵为主要目标的全盘军事行动计划。

具体部署是：曾国荃部自安庆沿长江北岸直趋金陵；曾贞干部由池州攻芜湖；彭玉麟等率湘军水师沿江而下，配合两岸陆师行动并负运输接济之责；鲍超、李续宜部由赣入皖，攻宁国府；左宗棠部攻浙江，多隆阿进军皖北收复庐州继续东进，进逼金陵；李鸿章所统淮军攻上海周围的太平军，而后进军苏南，与湘军各部东西呼应，形成对金陵夹击之势。

1862年3月，曾国荃率部离开安庆营地，沿长江北岸攻击东进，拉开了进攻天国皇都天京的序幕。

曾国荃率部出发前，前往总督衙署向哥哥辞行。曾国藩审视一下自己这位狂妄的弟弟后，把重写的“家训”交给曾国荃，告诫道：“我们兄弟现在虽然身处顺境，官运亨通，但是总会有一天我们会遭受逆境，所以我们今天如果盛气凌人，欺压他人，当我们有一天落难时，他人是否也会依旧盛气凌人地对待我们，或者是欺负我们的子孙。因此希望不要居功自傲，同时要常常以恕字自省，要给他人留余地，不要过于追究。”

曾国荃手捧哥哥抄写的家训，带着哥哥的告诫，开始了他的人生顶峰之战，攻克金陵！

这一年，曾国荃东进一路顺畅，连克巢县、含山、和州进抵金陵城外。与此同时，曾贞干也攻克了芜湖、荻港、繁昌等城镇。兄弟二人，联合彭玉麟率领的湘军水师，一齐向天京城外围的太平军发动了攻击。而在江苏、浙江的太平军在淮军、湘军、楚军、常胜军的强有力攻击下节节败退。

5 月 30 日，彭玉麟率水师进泊金陵护城河口，曾国荃部直逼雨花台，曾贞干也率部赶到，此时的天国皇城处于湘军直接威胁之下。

6 月初，曾国荃率领的湘军陆师推进到天京城南门外。曾国荃察看一下地形后，下令在雨花台扎营。以“铁桶阵”打法而出名的曾国荃，依然沿用攻克安庆的战法，在天京城外筑营墙、建堡垒、深挖壕沟，广筑防御工事。

大批湘军兵临天京城下，让洪秀全惊恐万状，急令正在上海外围与淮军作战的李秀成返回天京救驾，而李秀成所率领的太平军，在上海外围攻城略地战得正欢，岂能轻易撤兵呢？洪天王见李秀成赖在上海迟迟不回援天京，于是“一日三诏”催促李秀成上海撤军救援天京，甚至用“天国国法”相威胁。

而就在此时，一场瘟疫蔓延开来，使得太平军减员严重，大大削弱了战斗力。

洪天王的一道道谕旨逼得李秀成只能下令停止上海外围作战，退回苏州，派出一部分兵力返回天京。

回援天京

这年的 7 月，天京外围形势愈发复杂严峻，西南屏障宁国府被湘军攻破，天京面临被湘军围困的危险。洪天王急令上海前线的李秀成，皖南和浙江的杨辅清、洪仁玕等王回援天京。这次，李秀成仅带回两万人的兵力，开始对湘军营垒进行试探性攻击。

李秀成的战法依然是老套路：先是炮击，接着是马队冲杀，最后是陆师殿后。

曾国荃早已熟悉了太平军的战法，与部将萧孚泗、朱洪章、李典等将领一起登上瞭望塔观看完太平军进攻阵势后，决定采用“以牙还牙”战术，应对李秀成的试探性攻击。命令炮队以开山炮还击，待粤匪马队冲杀上来时，以马队从两翼冲杀迂回包抄，展开厮杀；以洋枪队对付太平军陆师冲击。曾国荃的“以牙还牙”战术十分奏效，一番厮杀，李秀成部被打得晕头转向，丢下几十具士兵尸骸，三十多匹受伤的战马后，狼狈不堪败逃而去。

杨辅清派出一队五百多人的太平军偷偷出城，试图抢劫湘军军粮，被湘军探马及时发现，并报告曾国荃。曾国荃派出马队前往阻截，一番砍杀，太平军没有截获颗粒粮食反被砍杀四百余人。

李秀成知道曾国荃这块硬骨头不好啃，组织几次攻击没有效果后，便率所部返回上海去了。

而对于曾国荃来说，接连取得胜利使得他更有信心，感觉出如今的发贼战斗力大不如前。而另一边是洪秀全寝食难安，又是一份接着一份诏书令李秀成从上海和苏州调兵救援天京。

8月6日，洪秀全严诏催逼李秀成赶快回援。

9月14日，李秀成由苏州出发，督率十三王总兵二十余万，号称六十万大军，在东坝会齐后回援天京。大军兵分三路，过溧阳，下溧水，越秣陵关，直奔曾国荃的大本营雨花台而来。太平军连营数十里，层层排列，战旗如林气势如虹！相比之下，湘军在人数上少得可怜。担任攻城主力的曾国荃只有三万多人驻守雨花台，曾贞干手下只有五千多人守大胜关、江东桥一带，彭玉麟的水师不到一万人。更糟糕的是，湘军中疫病流行，病死兵士近三分之一。面对太平军的兵力优势，曾国荃只能拼死一战，别无选择。湘军唯一优势在于太平军回援速度太慢，从5月到9月，给了湘军五个月修筑营垒构筑工事的时间。

李秀成的大队人马到达金陵前，弟弟扬王李明成率部抵达金陵，没等哥哥的大队人马抵达，便率先向湘军雨花台大营发起攻势。

此战，湘军悍将总兵（提督衔）张胜禄毙命阵地。由于湘军驻扎雨花台东南、西南各营拼死阻击守住了大营，李明成大败而回。此战之后，狂妄自大的李明成终于尝到了湘军的厉害，再没敢发起挑衅。

驻守安庆总督衙署的曾国藩接到雨花台战报后，写信给曾国荃，叮嘱“专谋坚守，不图早战，早早布置，或尚可为”。

喋血雨花

李秀成率领的大队人马抵达金陵后，立即排兵布阵，整个军阵从东到西，大约有六七十里长，准备与老冤家老对手曾老九展开一次大决战。李秀成心里这么想的，也是这么安排的。但是面对曾国荃这样一块硬骨头，李秀成不敢稍有轻敌。亲自前往前线察看，但见湘军营地营墙高筑，壕沟纵横，营垒座座，戒备森严，坚不可摧。眼前景象令李秀成对攻克湘军营垒并夺取胜利信心不足。但是，圣军数倍于湘军的优势，又让李秀成增强了信心。

10 月 5 日，李秀成亲率大军对曾国荃的雨花台大营进行了猛烈攻击，曾国荃组织部下拼死应战。而李秀成利用自己的兵力优势，十三王各自率领所部不分昼夜轮番向湘军营垒发起攻击。在太平军的猛烈攻击下，营垒多次被攻破，又多次被湘军夺回。

22 日，李秀成兵分两路，东路以火炮进攻湘军营垒，西路以步兵进攻，自昼达夜，自夜达旦，不稍休息，湘军官兵奋勇应战终于保住了营垒不失。

25 日，一支太平军突破湘军营垒外的长壕直扑营垒而来，曾国荃为督促官兵杀敌，亲自挥刀上阵，砍杀冲入长壕的太平军。砍杀中，脸部受伤，血流不止，眼看着苦心经营的营垒即将失守。关键时刻，湘军悍将李臣典冲上前来，一声大吼“保护九帅！”，接着脱去上衣，带领数十名亲兵赤膊上阵，一阵砍杀，将冲入长壕里的太平军全部砍死，终于守住了长壕。

李秀成见强攻不能奏效，在继续轮番攻击湘军营垒的同时，派出几支分队挖掘地道通向湘军营地。擅长挖壕钻洞的曾老九针锋相对，也抽调几支精干小分队深挖长壕，阻断太平军费时费力挖出的地道。发现太平军的地道便往地道里灌水，一些挖洞的太平军被水活活淹死。

真乃魔高一尺道高一丈。疲劳战、火炮轰击，挖地道，能想到的办法李秀成都用上了，无奈就是攻克不下湘军的营垒。

出现这样的状况，倒不是曾国荃有三头六臂的本领，他知道若营垒被长毛攻破，不光三万湘军将被杀戮，攻陷天京名垂青史的美梦也将变成泡影，曾氏兄弟多年的苦心，数万三湘热血男儿的鲜血将会白流。所以，雨花台大营必须守住！

终于，曾国荃的英勇与顽强，不怕流血牺牲的气概，湘军官兵不屈不挠的战斗毅力，让李秀成屈服了，认㞞了！

进入 11 月，太平军的攻势渐渐放松下来，曾国荃借此机会，督军修复营垒、工事，捣毁太平挖掘的地道，稳稳地守住了湘军雨花台大营。大营虽然守住了，胞弟曾贞干却因连日与太平军鏖战，旧伤复发病逝于军营。

李秀成想不明白，曾经从广西到江苏，一路闯关夺隘无对手的忠王，而今数倍于敌人的兵力优势，长达数日强有力的攻势，竟然连敌人营垒外的长壕都没有突破，这是为什么？是天国命运到此就要终结了吗？难道这是苍天的安排吗？一番反思与长叹后，11 月 26 日，李秀成下令撤军，率军自南门进入天京。

李世贤率部退到秣陵关。至此，十三王回援天京的作战完全失败。雨花台上，仍旧高高飘扬着清军的三角龙旗。

李秀成的不败而退，太平军的士气遭受重挫，而湘军的士气却大增，为接下来攻破天京奠定了良好的精神力量！

李秀成也由此被洪天王“严责革爵”。责令领兵渡江西袭湖北，企图调动天京湘军西援，这是洪天王临死前犯下的最大错误，等于自己为湘军攻城扫除了一大障碍。

血洗九洑

李秀成被洪秀全“严责革爵”率部离开金陵，曾国藩接探马报后非常高兴，因为这是洪天王送给湘军的一份“大礼”。随即下令曾国荃抓紧巩固雨花台大营，迅速攻占金陵城外重要营垒缩小包围圈。同时，请旨朝廷调集江北绿营军及各地团练堵截李秀成所部。

曾国荃接到哥哥命令后，在巩固雨花台大营的同时，抽调一部分人马抢占聚宝门外多座石垒，再抽调一部分人马抢占浦口、江浦，尤其是战略地位十分重要的九洑洲。因为浦口、江浦太平军驻军很少，雨花台一战，都知晓湘军的厉害，湘军一到，两地的守军便吓得溜走了，而九洑洲则有重兵把守。

九洑洲是靠近长江北岸的一个小岛，隔江与西北角的长江南岸下关渡口相对，洲周长三华里多，地势高耸，为南北往来水陆要道，沟通大江南北的江面枢纽，堪称天京水路锁钥。因此，洪秀全在这个小岛上安排驻防太平军水营两万精锐，由贡王梁凤超统领。

曾国荃决议拿下九洑洲这块战略要地。

为了摸清敌情，曾国荃让杨岳斌从江边渔民处借来一条小木船，一番乔装打扮后，乘着夜色亲自前往九洑洲侦察。但见，小岛上灯光点点，营寨座座，层层设防，戒备森严。从船上向长江南岸看去，也有几处地方灯光点点，似是一个热闹的地方。曾国荃询问幕从，幕从告诉曾国荃，南岸亮灯的地方分别是下关、草鞋峡和燕子矶。

这次侦察曾国荃收获很大，回到大营后，让幕从将侦察到的情况绘制成图，请来杨岳斌一起琢磨，做出了先攻下关、草鞋峡、燕子矶，最后攻取九洑洲的作战方案。两日内，在杨岳斌水师的协助下，曾国荃连克下关、草鞋峡、燕子矶三处太平军江岸要塞。就在曾国荃攻打三处时，梁凤超几次组织战船试图前来救援，被杨岳斌战船上的洋炮给轰了回去。

接下来就是难啃的骨头九洑洲了。杨岳斌寻访江边渔民，获悉岸边芦苇丛中有一道堤坝，沿着堤坝可以直接抵达太平军的壕沟外面，壕沟往里就是太平军水师营地。

这条消息让曾国荃激动不已！首先，他让杨岳斌安排战船乘夜色掩护，悄悄将五千湘军陆师偷运至长江北岸；接着，军中挑出水性好的数十名士兵，交哨官杨连捷、彭楚汉、张锦芳统带，并给他们分配任务从三个不同方向浮水秘密进入壕沟后，突然发起攻击。

这天拂晓时分战斗打响。通过堤坝潜入太平军水师营地的三哨士兵率先发起攻击。接着，掩蔽在江北岸的五千湘军陆师出其不意杀入太平军水营，江面上杨岳斌率领的湘军水师数十艘战船前来助战。太平军水师奋起反击，此战从拂晓一直战斗到黄昏。

九洑洲一战，湘军死伤两千余人，太平军水师则显得更加惨烈，万余守军绝大部分战死，只有少数跳江逃命，贡王梁凤超身中数弹而亡。

天国失去九洑洲就意味着天京的水上供给线被阻断，湘军水师可以在长江上自由航行，天京的局势愈加严峻。

得知湘军城外抢占堡垒、渡口、要冲干得热火朝天时，洪天王才感悟处理李秀成问题上过于冲动，在战略上犯了重大错误，给湘军提供了一个极好的机会。于是，急令李秀成返回天京。

一路之上遭到清军不停袭扰，好不容易才行进到安徽寿州的李秀成接到洪天王的谕旨，率领所部急行军返回天京。

几天后，李秀成率领所部抵达长江北岸的九洑洲渡口，才知晓渡口落入湘军之手。面对突发情况，李秀成别无选择只能强令渡江。一场混战，被湘军砍死的，洋枪打死的，火炮炸死的，溺水淹死的不计其数，五万精兵渡过长江到达南岸只剩下一万五千人。

合围天京

九洑洲阻击战，意味着天国最强悍的一支圣军战斗力丧失殆尽，再也无法组成像样的军团抵挡湘军的进攻了。而对于湘军来说，弱化乃至消灭李秀成兵团的目标基本实现，接下来就可以放心大胆地向粤匪老巢天京发起攻击了。

就在大清举国上下都在期待湘军向金陵城发起总攻的战斗快些打响的时候，曾国藩却给曾国荃致信，信上说：“去年大病，今年亦不可不防，故须自固……”

曾国藩信上所说的大病，指的是江南暴发瘟疫（霍乱、痢疾）。湘军也未能幸免，病倒了很多湘军官兵，病死多人。瘟疫的暴发大大削弱了湘军的战斗力，曾国荃精心构筑的雨花台大营，差点在李秀成指挥的十三王日夜不停轮番攻击下被击溃。

湘军在金陵的家底曾国藩知道，一场雨花台血战加上瘟疫，能投入战斗的兵员不足两万。这些情况朝廷不清楚，外人更不清楚。管你朝廷下多少道圣旨，别人怎么嚷嚷，不打无把握之仗，这是曾国藩在多少次失败中汲取的教训。

有鉴于此，曾国藩一面奏报朝廷“两月以来，百计环攻，逼城太近……我军伤亡惨重……部队需要休整，兵员需要补充……”等理由应付朝廷；一面写信叮嘱曾国荃先别忙着攻城，要把营垒构筑好，发扬“筑硬寨、打呆仗”好传统，等鲍超率领的援军及湖南招募新勇到达后，才可发起攻城战斗。

而就在这个节骨眼上，又因从雨花台撤退的部分太平军流窜到皖南，已经赶往金陵增援途中的鲍超只得返回皖南应对乱局。

在朝廷一道道攻城谕旨敦促下，1863 年（同治二年）7 月间，曾国荃才开始组织力量向印子山太平军营垒发起攻击。这一仗磨磨唧唧一直打到 8 月中旬，才攻克太平军这一城外营垒。接着，曾国荃便安排部队休整，构筑营垒。

9 月初，湘军开始对江东桥、上方桥等太平军城外据点发起攻击，激战二十日，太平军两个重要据点被湘军攻克。

11 月初，湖南招募的经过培训的一万多新勇抵达金陵，湘军力量得到有力的补充，曾国荃有底气了。同时对七翁桥、孝陵卫发起攻击，一个月激战，太平军城外两处重要据点又被湘军占领。

此时，湘军对天京城池还没有完全形成合围，天京城的北城门和东城门还是畅通无阻，只是长江水道被湘军水师阻断无法通行。12 月，李秀成进城劝说洪秀全“让城别走”离开天京，被洪秀全严词拒绝。

1864 年（同治三年）2 月，湘军向天京城外重要据点天堡城发起攻击。

天堡城位于外紫金山西峰山顶，东西长六十余米，南北宽约四十米，东、西、南三面均有进出口，堡中营棚密集，屯集大批粮草，是一座难以攻克的城堡。

幸好，战前李鸿章派钱鼎铭送来十几门便于携带适合山地作战的“田鸡”炮发挥了很大作用。朱洪章率领敢死队，在田鸡炮抵近炮击的掩护下，通过山崖攀爬，出其不意杀入营垒，成功攻克了天堡城营垒。

1864年2月末，天京城外制高点天堡城（钟山第三峰）失陷。接着，湘军一鼓作气，攻克地堡城，至此，天京外围所有太平军据点全部被湘军拔除，完成了对天京城的合围。

让功老师

1864年3月间，正在宜兴前线督战的李鸿章接到朝廷谕旨。圣旨这样写道：察江苏巡抚李鸿章所统淮勇攻城夺隘，所向有功，炮队尤为威猛。现在金陵功在垂成，发捻蓄意东趋，迟恐制动全局，李鸿章岂能坐视？着即调劲旅数千及得力炮队前赴金陵，会合曾国荃相机克取金陵，捣毁匪巢！着该抚酌度情形，一面奏闻，一面迅速办理等因。钦此！

接到圣旨后李鸿章为难了，分明朝廷给他出了道难题。攻克金陵名垂青史，这是曾氏兄弟一大心愿，尤其是曾老九，宁愿放弃率部驰援上海的美差，也要领兵攻打金陵，这才有了他李鸿章今天的辉煌，老师这一恩典，李鸿章终生难忘。

按照淮军现在的兵员数量装备实力，加上手中掌控的财力及常胜军解散后留下的威力强大的重炮，克复金陵简直易如反掌。可李鸿章不能这么做，这样做等于在与恩师抢功，丢了曾氏兄弟的面子。

一番思考后，李鸿章复奏朝廷，奏折上写道：臣于攻克常州后，未敢遽议协剿金陵，一以臣部兵将苦战经年，伤病疲乏，未得修养，若遽令远行，诚恐再衰三竭，无裨大局；一以曾国荃全军两年围攻，一篑未竟，屡接来书，谓金陵所少者不在兵而在饷，现开地道十余处，约有数处，五六月间可成。如能及早轰开，自不必协助……”此外，李鸿章还以苏南战事尚在进行无法抽队成行为由，与朝廷僵持不愿派兵。同时，给曾氏兄弟写信，表白不会派兵前往金陵参战的想法。

李鸿章在给曾国荃的信中写道：沅浦（曾国荃）劳苦经年，经营此城，一篑未竟，不敢轻言越俎，更不敢近禁脔而窥卧榻……意思是李鸿章不会派兵参与攻打金陵的。

曾氏兄弟接到李鸿章信札后，曾国藩作为老师反应还是含蓄些，回信给李鸿章表达学生顾及老师颜面感激之情，并给朝廷奏折，“……知者以为我是体会李鸿章太辛苦，不知者以为臣弟贪独得之美名，忌同列之分功……”表明他对朝廷要求李鸿章派兵的态度。

曾老九则给哥哥写信道：“湘军百战之绩，岂能拱手让人？”明确表态，无须李鸿章派兵。

慈禧才不管他们师生之间面子不面子的事，她要的是尽快攻克匪巢金陵，将与大清朝廷分庭抗礼，搅得大清国十多年不得安宁的匪首洪秀全碎尸万段！

不久，圣旨又到：“……李鸿章当速竞全功，扫穴擒渠，同膺懋赏。总以大局为重，不可少存畛域之见……”

圣旨措辞如此严厉，这下李鸿章更难办了，可他还是不想得罪曾氏兄弟，但又怕一旦湘军攻克金陵时出现什么意外，而给自己招惹杀身之祸。于是，找湘军老将黄翼升，一番面授机宜后，代表他前往安庆当面向曾国藩报告他的想法。

黄翼升赶赴安庆，见到了曾国藩说明来意后，他对曾国藩说，能否就淮军不参战克复金陵一事写个字据让自己捎带回去，少荃即敢抗旨不派兵金陵。曾国藩可不是傻瓜，这样的抗拒圣旨，对朝廷大不敬的事他敢答应吗？他能答应吗？最后让黄翼升给李鸿章捎带一句话：派兵不派兵自行决断。

黄翼升讨了个没趣灰溜溜回来向李鸿章报告，李鸿章这会更难办了。辗转反思几天后，找来刘铭传、潘鼎新、周盛波、刘士奇一番秘议后，复奏朝廷，决定派淮军刘士奇炮队及刘铭传、潘鼎新、周盛波所部二十七营会攻金陵。

决死一战

淮军加入攻城，加快了湘军攻城的节奏。

这天，曾国荃在龙脖子军营召集萧孚泗、李臣典、朱洪章等主要将领参加的会议。会上曾国荃宣读了李鸿章写给他的信札，李鸿章告诉曾国荃迫于朝廷压力，已经派刘铭传、潘鼎新、刘士奇、周盛波等二十七营淮军前来会攻金陵，希望湘军及早发起攻城战斗。而后，对众将领道：“他人将要来了，难道我们两年的艰辛将要拱手相让他人吗？”

李臣典道：“牺牲那么多弟兄，费了无数心血，吃了无数辛苦，才把金陵城团团围住，眼看大功告成，绝不许别人染指！”

萧孚泗道：“不许别人染指！”

曾国荃道：“那你们说该怎么办？”

众将领齐声道：“愿尽死力！”

就在曾国荃下令加快挖掘通往城内地道进度，筹措炸药准备攻城的时候，城里传出好消息，洪秀全死了！

原来洪秀全自从天京登基后，经历了太多惊心动魄的事件，尤其是湘军围城后便寝食难安，一病不起。这位上帝教教徒自知天寿已到，招来洪仁玕、洪仁发、洪仁达、洪宣娇、李秀成等信任的家人和大臣临终托孤。6月1日病故（也有说法服毒自杀）去上帝那儿报到去了，享年五十岁，灵柩安葬于天王府后花园内。此后，在李秀成、洪仁玕的安排下，幼天王洪天贵福即位，一切军政事务统归忠王李秀成执掌。

真是天赐良机，此时不攻城更待何时？曾国荃迅即召开彭玉麟、杨岳斌、李臣典、萧孚泗、朱洪章等湘军水陆两师头目会议。

曾国荃首先道：“洪秀全暴毙，金陵城里粤匪群龙无主，天赐良机，攻克金陵名垂青史壮举即将大功告成！谁敢打头阵？”说完后，半天却没人答应，曾国荃来火了，骂道：“猪嬲的，都怕死，那就抓生死阄！”

李臣典坐不住了，冲着朱洪章道：“朱洪章，平日吹嘘黔军勇猛无比，为何今日也做起缩头鬼啦？”

朱洪章猛然站起道：“你才是缩头鬼呢！九帅，胜字营打头阵，退缩甘伏军法！”

曾国荃拍手道：“好！谁为第二？”

李臣典站起表态道：“我！”

彭玉麟道：“攻克金陵九死一生，来，大家都签生死状！”捋起袖子第一个生死状上摁下手印，接着曾国荃、杨岳斌、朱洪章、李臣典等众将领纷纷在生死状上摁下大红手印。

曾国荃下令道：“总攻时间定于明日午时整。”

彭玉麟补充道：“总攻以天堡城上的炮声响起为号，听到炮声响起后胜字营立即引爆地道炸药，而后，水陆两师分从仪凤、聚宝、朝阳、洪武、通济、旱西、水西等九门，同时发起攻击。”

曾国荃宣布作战纪律道：“临阵脱逃者杀！畏缩不前者杀！不听指挥者杀！”

杨岳斌大声道：“弟兄们，攻克金陵，千古留名的时刻到了！”

众将领齐声道：“攻克金陵，千古留名！”

城外湘军磨刀霍霍，城内临危受命的李秀成接到了湘军攻城时间的密报，此时的忠王已经没有能力组织兵力出城与湘军交战了。但还是派出一支千人的敢死队，从太平门偷偷出城，意图破坏湘军开挖了几个月填上炸药的地道，保护下天京城。但还是被湘军发现，一场短兵相接战斗，一千人的敢死队一个都没回来。这也是天京皇城陷落前夜，李秀成安排的最后一次军事行动。

金陵陷落

1864 年 7 月 19 日（同治三年六月十六），这是中国近代史必须记载下的重大事件，湘军军史上最为辉煌的一天。而相对于太平天国来说，却是宣告覆灭的日子。午时整，架设在天堡城上的数十门洋炮发出轰鸣，居高临下向金陵城内发起攻击，这是湘军发出的总攻信号。

太平门外严阵以待的朱洪章，听到炮声响后，一声令下：“点火！”

几名站立在太平门外几道通向城墙下地道口前的士兵得令后，吹燃火媒点燃引信，只见引信闪出火花“嗤嗤”向前，快速进入埋放在城墙下数十吨黑火药的地道里。

片刻过后，只听得“轰隆隆”几声巨响，被炸飞的城墙砖石、泥土裹挟着呛人的硝烟遮天蔽日如同黑夜。少顷，砖石、泥土落下，硝烟散去，城墙已经塌陷出几道数十丈大缺口。

朱洪章手举钢刀大声喊道：“敢死队的弟兄们，跟我上！”第一个冲上豁口。

随后，数百名敢死队手持钢刀跟着杀入豁口。

与此同时，按照事先部署，湘军水陆两师分从仪凤、聚宝、朝阳、洪武、通济、旱西、水西等九门，在洋炮、洋枪队的掩护下发起攻击。顿时，整个天国皇城，枪炮声、喊杀声四起，洪秀全苦心经营了十多年的皇城在湘军攻击下陷落。

就在这时，刘铭传、潘鼎新、周盛波、刘士奇率领的会攻金陵淮军陆师及炮队浩浩荡荡，一路走走停停才赶到方山。听到金陵城传来的炮声，几位淮军营官才知道湘军攻城战已经开始。

一骑快马飞奔而来，送来李鸿章密令：“只许观望，不许参战！”

周盛传看完密令后不解问道：“李帅这是什么意思？”

潘鼎新回答道：“李帅既有他的想法，我等执行命令便是。”

刘铭传收起密令，下令道：“全体陆师及炮队方山扎营！”

李鸿章采取拖延规避方式，正是有他的聪明之处。这样做既没有抗旨，因为李鸿章已经遵旨派出陆师、炮队前往金陵参加会战，但是晚到了，湘军已经开打用不上淮军帮忙了；而对于曾氏兄弟来说，李鸿章也给足面子。这大概就是李鸿章的过人智慧，让人不得不服。

安庆两江总督行署的曾国藩接到攻克金陵战报，欣喜异常，亲自拟折向慈禧报捷：奏为湘军攻克金陵。臣曾国藩跪奏，接金陵曾国荃战报，六月十六日，曾国荃率诸将克复江宁，洪匪服毒自杀，洪幼贼积薪自焚，多年悍贼，经我军各将士于十七八日，搜杀净尽。三日之内，毙贼十余万人，伪王伪主将伪天将，及三千余名，无一得脱者。臣伏查洪逆倡乱粤西，于今十有五年，窃据金陵一十二年，流毒海内，神人共愤。我朝武功之盛，进退越前古，屡次削平大难，灼耀史编，如嘉庆川楚之役，蹂躏仅及四省，沦陷不过十余城。康熙三藩之役，蹂躏尚止十二省，沦陷亦第三百余城。粤匪之乱，蹂躏竟及十六省，沦陷至六百余城之多。而其中凶酋悍党如李开芳守冯官屯、林启荣守九江、叶芸来守安庆，皆坚忍不屈。此次金陵城破，十万匪众无一投降，实为古今罕见之剧寇，此皆仰赖昊苍眷佑，列圣垂庥，两宫皇太后孜孜求治，将士用命，成此大功，上慰先帝在天之灵，下孚溥海人民之望……

拟完奏折，曾国藩下令两江总督行署移营金陵。

第十七章

屠城金陵

1864年7月28日，曾国藩乘坐湘军木质桨橹战船抵达金陵江面。幕僚报告战船已经抵达金陵，曾国藩忘记连日乘船的疲劳，走出船舱站立船头，看着滚滚流淌的江水，遥望南岸高耸的钟山，感慨道："江南佳丽地，金陵帝王州啊！"

庞际云走上前来道："高城新筑压长川，虎踞龙盘气色全！"

曾国藩道："当年，刘备曾使诸葛亮至金陵，诸葛亮目睹秣陵山阜，感叹，钟山龙盘，石头虎踞，此帝王之宅也。"

钱应溥走上前来道："可惜，洪秀全非真龙天子，他的王位仅存十二年，便灰飞烟灭。"

曾国藩纠正道："不，洪秀全不是真龙天子，他是信奉上帝教的！"

欧阳兆熊道："湘军这个名字，注定要在金陵这座六朝古都历史上重彩浓墨记下一笔。"

说话间，木质桨橹战船已经缓缓靠向码头。但见码头上龙旗飘扬，锣鼓喧天，岗哨林立，戒备森严。曾国荃率领杨岳斌、彭玉麟、李臣典、朱洪章、萧孚泗等湘军水陆两师将领已经迎候在码头。

当曾国藩在赵烈文、钱应溥、欧阳兆熊等幕僚陪同下准备下船的时候，顿然被江面上漂浮的大量太平军官兵及百姓尸骸惊呆了！虽然曾国藩被称为杀人不眨眼的"曾剃头"，但看到江面漂浮如此多的尸骸，甚至还有不少孩童的尸骸，时值盛夏，不时还随江风飘来阵阵腐尸恶臭味，眼前情形令曾国藩十分震惊。

下船后，曾国藩询问前来码头迎接的曾国荃、彭玉麟、杨岳斌、李臣典、萧孚泗等将领，江面为何漂浮如此多的尸骸？对于曾国藩的发问，彭玉麟、李臣典、萧孚泗等将领你看看我我看看你，都吞吞吐吐不敢回答。

曾国荃见状向哥哥一笑道：“哥放心，老九没下令滥杀无辜，漂浮在江面的这些尸骸均为发贼及发贼家属，不予诛杀金陵难以安宁。”

曾国藩看着皮肤黝黑面容憔悴的弟弟，摇摇头吩咐道：“进城看看。”

曾国藩一行骑上战马，在曾国荃率领的众将领簇拥下，从太平门进入城内。刚入城内，只见街头血迹斑斑，尸横遍野。丢弃的刀枪，藤条编织的盾牌，被战火摧毁的店铺、民居，断垣残壁一片凄凉。数十名湘军士兵正组织百姓清运太平军官兵及家属尸体。

曾国藩勒住战马缰绳问道：“为何街头尚有如此多的尸骸？”

曾国荃回答道：“长毛拒不投降，化整为零潜伏民居，不时仍有零星巷战，故而尚未来得及清理。”

曾国藩吩咐道：“抓紧组织人手清理，快速将尸骸拉到城外掩埋，要是让洋人发现，又会酿成金陵杀戮风波。”接着又问曾国荃道：“匪酋李秀成关押何处？”

曾国荃回答道：“雨花台大营。”

曾国藩又问道：“幼贼洪天贵是否确实被大火烧死？”

曾国荃回答道：“天王府的奴才们都是这么说的。哥啊，死了，就死了呗，一个乳臭未干的儿皇帝，用得着让哥挂在心上吗？”

曾国藩严肃道：“虽然幼贼还是个少年，但眼下浙江、皖南、皖北、江西、湖北、河南尚有大批发贼有待清剿，若幼贼还活着，那将祸害无穷！此事关系重大，即刻派人详查洪幼贼是否确实被焚而死。”

曾国藩一行在曾国荃引领下行至东王府门前停下。曾国藩询问曾国荃道：“为何将哥领到这儿？”

曾国荃回答道：“当年咸丰帝曾许下诺言，谁能攻克金陵就封谁为王，现在湘军攻克金陵，哥当之无愧金陵王。九弟已经派人将东王府清扫干净、添置新的器具，作为哥临时的总督行署。”

杨岳斌、彭玉麟、李臣典等将领纷纷附和道：“涤帅金陵王当之无愧！”

曾国藩用惊诧的眼光看着众将领，严肃道：“你们想逼本帅步吴三桂后尘是不是？大清国有汉人被封为王的吗？”一挥手道：“这儿血腥味太浓，杀气甚重，本帅还是去城外扎营心安。”

确实，攻克金陵后，曾国荃下令对残余太平军及家属进行大搜捕、大屠杀，只要是太平军的家属，无论妇孺，一个都不放过。金陵城尸横遍野，血流成河，来不及掩埋的尸体丢入长江，几乎堵住了长江航道。甚至，连已经埋葬在天王府后花园的洪秀全遗骸也被挖出，剁成肉泥拌入火药，装入火炮射向天空。

当晚，曾国藩城南行辕日记中记述道："（湘军）分段搜杀，三日杀贼十万余人。秦淮河，尸如麻。"

忠王自述

曾国藩最为关心的太平天国人物首先就是李秀成。

7月19日，就在两军激战之时，李秀成首先想到是保护幼主洪天贵福。于是带领尊王刘庆汉率领一队人马赶往天王府，救出幼主洪天贵福，制造幼天王自焚而死的假象后，两王携带幼主杀出一条血路意图从旱西门逃出城外，被湘军发现，两王只好携带幼主暂时藏匿清凉山。等到夜晚，李秀成与刘庆汉商议后伪装成湘军士兵继续向城外逃跑，结果又被湘军发现。李秀成命尊王领着洪天贵福逃跑，自己担任掩护。一场混战，洪天贵福在尊王保护下自城墙豁口成功逃出，李秀成也在混乱中逃出城外。

7月22日，李秀成在湘军追捕下侥幸逃脱，躲藏到方山一破庙中，被村民发现后报告湘军而被抓捕。曾国荃下令，将要犯李秀成押送雨花台湘军大营关押，等待哥哥前来处置。

曾国藩关心的第二个人物便是洪秀全的儿子洪天贵（洪天贵福）。

却说天京城陷落的那天，洪天贵福在李秀成掩护下，由尊王刘庆汉保护逃往湖州。为给洪天贵福引路，尊王长枪上系上一条白带，策马扬鞭领着洪天贵福一路狂奔，终于摆脱湘军的追捕。

到了湖州太平军驻地稍作休整，即由尊王继续护送前往皖南交给干王洪仁玕。洪仁玕见到洪天贵福后，便率部保护洪天贵福由皖南经江西向中原而去。

10月9日，洪仁玕在江西石城被沈葆桢率领的清军击溃，洪仁玕与洪天贵福失散。洪天贵福在附近山区流浪多日，10月25日在荒山之中被清军俘获。11月18日押往南昌，不久被凌迟处死，年仅十六岁。

曾国藩亲自前往雨花台湘军大营，他要亲眼看一看那位叱咤风云与湘军周旋十余年，杀害湘军不计其数的天国忠王。

曾国藩、赵烈文、钱应溥一行在一名哨官引领下走入关押李秀成的牢房。李秀成以崇敬的目光打量着心目中的老对手，脱口而出：“曾国藩！”

赵烈文责骂道：“如此无理，大人姓名是你叫的？”

曾国藩一笑道：“曾国藩就是曾国藩，生不改姓，死不更名，叫也无妨。”

李秀成一笑道：“虽未见其人，但久仰大名，有幸！有幸！”

曾国藩慢条斯理地问道：“请忠王告诉本督，洪天贵是否确实自焚而死？”

李秀成脸色一沉道：“谁说幼主死了？天不灭天国，天国后继有人，不久，又一个天国将会诞生！”

曾国藩诧异地问道：“洪天贵分明于王府积薪自焚而死，何来后继有人？”

李秀成不屑一顾道：“可笑，真是可笑，到现在连我幼主的大名都不知晓。告诉你们，洪天贵是幼主乳名，幼主确定为太子后洪天王在幼主名字后又加上一个福字，所以幼天王现在的全名叫洪天贵福。天京城破后，本王会同尊王保护幼主自太平门突围出城，本王为护驾，让出快马，才被你们抓获。”

曾国藩问道：“洪天贵福逃往何处？”

李秀成道：“告诉你们也无妨，若一切顺利的话，幼主已与干王皖南会合，进而渡江北进，与遵王赖文光、共王陈德才、淮王邱远才、祜王蓝成春率领的北征大军会合，重整旗鼓，再创天国大业！”

曾国藩严肃道：“李秀成，本督敬你文武才干，旷世枭雄，若肯投靠朝廷，自当高官厚禄，享不尽荣华富贵。”

李秀成冷冷一笑道：“想要本王投靠鞑寇，除非太阳西出河水倒流！”

曾国藩道：“若不投靠朝廷，将是死路一条！”

李秀成道：“天王死了，天京陷了，数十万天国兄弟都死了，秀成岂能苟且偷生？早点动手吧！秀成好早点去上帝那里报到。”

随后时间里，李秀成写下：一、金田起义；二、参加革命；三、六解京围（上下）等洋洋三万言的《李秀成自述》后，8 月 7 日被杀害于雨花台湘军大营。

拜见老师

一艘联军炮艇缓缓靠向下关码头，李鸿章头戴官帽身穿官袍在陈鼐、周馥、张树声、刘含芳、李昭庆等幕僚陪同下神采奕奕走下战船，登上码头。曾国藩率领赵烈文、钱应溥、欧阳兆熊等幕僚迎上前去。

曾国藩自安庆来金陵乘坐的是湘军水师木质桨橹战船，而自己的学生乘坐的却是钢铁船壳蒸汽机驱动的洋炮艇。相比之下，曾国藩想到两年前安庆码头送别李鸿章率领的六千淮勇开赴上海时的情形，不由得感慨：士别三日，当刮目相看！

就在曾国藩还沉湎在对两年前送别学生登船的情形时，李鸿章三步并作两步走至曾国藩面前，叩拜道："门生少荃，叩见恩师！"

曾国藩见状，连忙将李鸿章扶起道："使不得！使不得呀！"

李鸿章抱拳道："湘军克复金陵，门生特来祝贺！"

曾国藩愧疚一笑道："惭愧，惭愧，愚兄弟这点薄面，全赖少荃保全。"

赵烈文道："不像左宗棠、沈葆桢之辈，忘恩负义，落井下石。"

曾国藩挥挥手道："这怨不得季高、幼丹，都是我那骄纵狂妄兄弟，言行不端招惹出的是非。"

李鸿章道："学生来金陵前已经获悉，洪秀全儿子逃离金陵，经湖州、皖南到江西，左宗棠、沈葆桢都就此事参奏老师与沅浦。"

曾国藩一声哀叹道："闻人之谤当自修，闻人之誉当自惧。闻善言则拜，告有过则喜。坐密室如通衢，驭寸心如六马，可以免过。心不清则无以见道，志不确则无以立功。功过是非，让后人评论去吧。"拉过李鸿章的手道："不说这些了。走，去本督行辕，我们师生好好聊聊。"

因为原两江总督衙署被洪秀全拆除建造成天王府，湘军攻克天京后，被湘军点燃大火焚毁，两江总督衙署尚待重新建设，曾国藩便在行辕接待李鸿章一行。

曾国藩吩咐赵烈文安排好李鸿章随行人等，单独将李鸿章领到他的签押房。师生坐定，随从端上茶水，曾国藩便取出准备呈报给军机处的裁军奏折文稿让李鸿章观看。

李鸿章看完后，担忧的目光看着曾国藩，试探地问道："既然上意裁撤湘军，那学生的淮军是否也在裁撤之列？"

其实，李鸿章急着赶来看望老师，除了祝贺曾氏兄弟攻克金陵晋爵侯伯，潜在的目的就是来刺探裁军消息的。

曾国藩告诉李鸿章道："用事太久，兵权过重，利权过广，功高震主。自古狡兔死，走狗烹；高鸟尽，良弓藏；敌国破，谋臣亡。朝廷疑我拥兵自重，然，吾对朝廷赤胆忠心，朝廷既已生疑，自剪羽翼，以明心志。"

李鸿章不安地问道："难道淮军也要裁撤？"

曾国藩道：“大凡每一重大战事结束，照惯例，八旗、绿营都要撤回原防。淮军、湘军均非朝廷经制军，属于特殊时期的临时招募，更无防地驻守。无论是湘勇还是淮勇，战事一旦结束，兵士自当解甲归田，统兵将领，朝廷另作安排。”

李鸿章问道：“湘军如此，淮勇当如何？”

曾国藩道：“少荃不必紧张，上意在于扬李抑曾。是下，粤匪残部仍盘踞赣、浙、鄂、豫等地伺机卷土重来；北方捻党亦蠢蠢欲动，湘勇已是强弩之末锐气全消，力不足以制捻，将来戡定两淮，必须贵部淮勇任之。淮军装备精良，气方强盛，必不宜裁，而湘勇则宜多裁速裁，包括现下淮军中的湘军各营。”

李鸿章请求道：“学生请求老师奏报朝廷批准，留下郭松林、杨鼎勋、黄翼升部。”

曾国藩接过奏折文稿道：“为师尽力而为吧。”

李鸿章激动地道：“谢谢恩师，日后恩师若有征调，我淮勇将士任凭差遣。”

曾国藩道：“兵端未息，自须培养朝气，涤除暮气，以阁下才智，淮勇勇猛，日后必是我朝柱石之军。鄙人一生愁苦，常有枕席难安，生不如死之感。”

李鸿章感慨道：“大清国民穷财尽，暮气已重，若不变革图强，大清江山为时难久。”

曾国藩道：“洋人本有欺凌之心，而更授以可凌之势；华人本有畏怯之素，而逼处可怯之地。言之于无事之时，足以有为，而恒苦于不信；言之于有事之时，足以见信，而已苦于无及。”

李鸿章道：“中国欲自强，则莫如学习外国利器；欲学习外国利器，则莫如觅制器之器，师其法而不必尽用其人。士终身悬以为富贵功名之鹄，则业可成，艺可精，而才亦可集。”

师生这一谈就是两个多时辰，连吃饭都忘记了。这一长谈，让李鸿章放下了淮军被裁撤的担忧，对自己对淮军的未来更加充满了信心！

喜得贵子

李鸿章乘坐的马车刚在忠王府门外停下，刘斗斋便兴冲冲地跑出王府大门报喜道：“二少爷，太太，太太生了！”

李昭庆跳下马问道：“小厮还是丫头？”

刘斗斋乐滋滋地回答道："小厮！带小鸡子的小厮！"

周馥跳下战马，向李鸿章抱拳道："恭喜李帅喜得贵子！"

张树声抱拳道："荃兄刚封伯爵，又得贵子，双喜临门啦！"

李鸿章抱拳还礼道："同喜！同喜！"

要说赵畇那个嫁不出去的老姑娘赵小莲，还真是给李鸿章带来福分的女人，结婚一年，便给李鸿章生了个儿子！

因为高兴，李鸿章也顾不得妻子刚生下孩子，丈夫不便卧房探视的规矩，直接跑入四合院赵小莲的卧房。陪嫁丫头莫氏、奶妈、女佣见李鸿章跑入卧房，连忙躲向一旁。赵小莲头扎毛巾，含羞默默地看着李鸿章招呼道："老爷金陵回来了？"

李鸿章迫不及待地问道："我儿子呢？"

莫氏抱来襁褓，冲着李鸿章道："老爷，看看小少爷！"

李鸿章接过襁褓，端详着还没睁开眼睛的儿子，欣喜道："儿子，我的儿子！"

莫氏道："请老爷给小少爷取个名字吧？"

李鸿章稍加思考后道："述，循，顺行也，就叫李经述吧。"

赵小莲欣喜道："经述，我们的儿子叫经述！"

为庆贺生儿子，李鸿章在王府大摆筵席，王府戏台唱戏三天以示庆贺！

李鸿章返回苏州后不久，朝廷奖赏淮军将领的圣旨送达。

圣旨写道，淮军虽然没有直接派兵参与攻城金陵战斗，但剪除枝叶，清除外围之敌，让湘军在不受干扰的情况下攻克金陵，因此也予奖赏。

刘铭传擢升直隶提督，赏穿黄马褂；潘鼎新，加布政使衔，赏赐黄马褂；李鹤章升甘肃甘凉兵备道，军功随带加二级奖赏；周盛波记名提督，赏赐黄马褂；唐殿魁擢升衢州镇总兵；唐定奎总兵简放；刘士奇提督衔，古州总兵，赏赐黄马褂……

谕旨下达后，李鹤章觉得李鸿章为让功曾氏兄弟，屯兵金陵城外却不参加攻城过于迁就老师，自己又没前往金陵，故而觉得这个奖赏拿得没有味道。加之，对这一边关地区职位安排不满。因此，借故旧伤复发不去甘肃赴任，告假返回家乡谋划庐州购置破旧房宅翻建新宅，并从安庆接回妻儿，从此不出。

不久，吴毓芬也向李鸿章提出辞呈返乡养老，留下弟弟吴毓兰继续从军。

金陵攻克后，李蕴章、李凤章也不再留湘军粮台，李蕴章留安庆，李凤章前往芜湖，都开始辞官经商。而此时的老大李瀚章，在曾国藩举荐下已经高升为湖南巡抚，李氏家族出现了两位封疆大吏。

匪患再起

天京沦陷，李秀成被捕杀，标志着轰轰烈烈盛极一时的太平天国运动彻底败亡。然而，太平军的余部还未放弃斗争，他们与北方捻党配合掀起了又一波反清斗争的高潮。

原来，早在1862年安庆陷落前，为化解天京压力，英王陈玉成便派遵王赖文光、共王陈德才、启王梁成富、淮王邱远才、祜王蓝成春、首王范汝增、列王徐昌先等王，带领三万大军远征西北，意图于陕甘为天国开拓一块新地盘。

1864年天京遭到围攻，西北太平军和捻军决定东进救援。正当他们走到半路时，天京陷落，导致人心涣散，士气大挫。很快，西北太平军遭到了清军围追堵截，陈德才自杀，蓝成春被害，而赖文光、邱远才决定带领残余部队挺进中原，于湖北、河南交界山区联络张宗禹、任化邦、李允、牛宏升等捻军头目会商整编事宜，继续沿用天国年号和封号，统称为“新捻军”。

赖文光，出生于1827年（道光七年），广西人，原籍广东嘉应州（今梅州市），新捻军统帅，太平天国将领，封遵王。

邱远才，广西人，被封淮王。

张宗禹，出生时间不详，安徽亳州雉河集（涡阳）人，西北捻军统帅。初随叔父大汉盟主张乐行参加捻军起义，后转战苏豫陕鄂，受太平天国梁王之封。

张禹爵，安徽亳州雉河集（涡阳）人，本名张五孩，捻军老盟主张乐行侄儿。叔叔殉难后，袭爵为太平天国“幼沃王”。

任化邦，又名任柱，安徽蒙城人，被封为鲁王。

李允，又名李蕴泰，安徽宿州人，被封为魏王。

牛宏升，安徽亳州人，被封荆王。

这天，位于湖北与河南交界处一座叫河口的山镇，战旗飘扬，战鼓擂动，人头攒动，赖文光、张宗禹、张禹爵、任化邦等各王，在众捻军战士们的欢呼声中走向祭坛。赖文光走上前去，取出一把尖刀，“嗖”地将中指划开一道血口，一滴滴鲜血滴落到一只只碗中，接着，各王依次划破手指滴下鲜血。

赖文光捧起碗，高举头顶道：“今日，我天国与捻军兄弟歃血为盟，结为联军，继承天国大业，为天下百姓有田同耕，有饭同食，有衣同穿，有钱同使，无处不均匀，无处不暖饱的幸福生活，与清廷抗争到底！”

张宗禹端起碗道："我捻军归顺天国，驱除鞑虏，恢复汉室，重振天国。众兄弟姐妹，誓同生死、万苦不辞！披霜蹈雪，以期复国于指日！"

众人一起高喊道："众兄弟姐妹，誓同生死、万苦不辞！披霜蹈雪，以期复国于指日！"

盟誓结束后，新捻军便在赖文光、邱远才、张宗禹等各王率领下向山东进发，目标直指清廷所在的北京城。

两湖总督官文接报粤匪捻党聚义河口，六百里加急奏报朝廷："捻首张宗禹、任化邦率众捻匪，鄂豫交界接受匪酋赖文光、邱远才整编，两股匪众聚合推举赖文光为首领，十万匪众正过豫境杀向山东，请速派兵堵截清剿。"

恭亲王奕䜣接报吃惊不小，急忙赶往养心殿向慈安、慈禧报告。

慈安闻报一声哀叹道："东南粤匪刚被清剿，中原捻匪又起，我大清何时才有安宁之日！妹妹呀，你看如何是好呀？"

慈禧紧急召集奕䜣、文祥、宝鋆、奕譞、世铎等王公大臣廷议。一番商议后，慈禧下达谕旨：博多勒噶台亲王僧格林沁为钦差大臣，节制鲁、豫、鄂、皖四省各军围剿捻匪。

僧王战死

僧格林沁生于1811年（嘉庆十六年）7月，博尔济吉特氏，科尔沁左翼后旗（今属内蒙古）人。1825年（道光五年）被选为索特纳木多布济的嗣子，袭封扎萨克多罗郡王，入宫御前行走。历任御前大臣兼管火器营、正白旗统领、侍卫内大臣、后扈大臣、总理行营大臣兼管虎枪营等要职，颇得道光、咸丰宠信。

1853年（咸丰三年）授参赞大臣，督兵抵御太平军北伐，击溃北伐军，俘虏主帅林凤祥、李开芳，晋封扎萨克博多勒噶台亲王，被称为"国之柱石"，与曾国藩合称"南曾北僧"。

第二次鸦片战争爆发后，僧格林沁以御前大臣兼钦差大臣主持天津海防，并亲率蒙古骑兵及八旗军驻防大沽口。

1859年（咸丰九年）大沽口之战中挫败英法联军，重伤英军海军司令何伯。旋即失守大沽、天津，于八里桥之战遭遇大败被撤职，留钦差大臣衔。

1860年清剿捻军有功，复任御前大臣、亲王职爵。

最近几年中，僧格林沁一直率部于山东、苏北、皖北、豫西等地清剿捻军。此时，正在豫西寻觅捻军踪迹的僧格林沁接到谕旨，捻匪离开豫西向山东而去。作为剿捻钦差大臣，僧格林沁明白，山东毗邻直隶，一旦让捻匪窜入直隶，刚复任的亲王职爵有可能将被革除。随即下令马队跟踪追击，步队随后，务将捻匪堵截于山东境内。

赖文光下令，先采取疲劳战术，拖垮僧格林沁，然后再寻找机会歼灭僧格林沁所部。

当新捻军进入菏泽后，探马来报僧格林沁马步大队人马已抵范县运河北岸。

赖文光觉得时机成熟，随召集各王会议，商议歼敌计划。

张宗禹道："僧妖头这几年从皖北到豫西，再从豫西到山东，追着我们不放，害死我们大首领张乐行，杀死我们那么多捻党兄弟，这个仇早该报了！"

邱远才道："菏泽河汊纵横，这样地形大大限制了清妖骑兵的战斗力，是打伏击的好地方。"

张禹爵道："如今的捻军可不是从前的捻军了，我军就在菏泽聚歼僧妖所部！"

赖文光率领张宗禹、邱远才等王察看了一下周边地形后，确定一处叫高楼寨的地方设下埋伏，并派出一支小股部队将僧格林沁所部引诱到伏击圈。

赖文光之所以选择高楼寨伏击僧格林沁，因为菏泽为黄河水套地区，当地百姓为防水患，修筑了许多河堰，并在河堰两侧栽种柳树，河堰高耸两岸柳树枝丫茂盛，便于捻军设伏。

1865 年（同治四年）5 月 18 日，僧格林沁率领所部被捻军小股部队引诱到河堰时，部下陈国瑞提醒僧格林沁谨防捻匪埋伏。狂妄自大的蒙古王哪里听得进部下劝阻，下令继续跟踪捻军派出的小股部队，一直追击至曹州高楼寨。

埋伏在河堰柳树丛中的赖文光，等僧格林沁率领的马队步队完全进入伏击圈后，下令吹响冲锋号角。数十门埋伏在柳树林中的火炮发起轰鸣，数千名埋伏在柳树林里的新捻军士兵，有的端着洋枪，有的高举钢刀，有的高举钢叉，分从三路喊杀声中向清军杀来。毫无防备的清军顿时乱了阵脚，被新捻军一阵砍杀，死伤无数，仅有陈国瑞率领部分残部逃脱。

战斗进入到夜晚后，僧格林沁在几名亲兵保护下乘夜色掩护突出重围，捻军紧随追击。僧格林沁慌不择路马上坠落后逃入一片麦地就地隐藏。未承想，被一名叫张皮绠的捻军发现，一刀砍下，结束了这位亲王的性命，时年五十四岁。

僧格林沁战死，所部大部被覆灭的消息传到京城，震惊朝野。朝廷谕旨：曾国藩为钦差大臣，北上督师剿捻。

领命剿捻

曾国藩接到圣旨感到为难了，因为在攻克金陵后，为了不让朝廷对他及他一手创办的湘军强大实力产生猜忌，“自剪羽翼”，把一支原本羽翼丰满兵强马壮的湘军之师，剪成了一个光秃秃的“无毛鸡”了。

朝廷见曾国藩迟迟没有动作，两天连降三旨，从“曾国藩出省督师剿匪”到“免去两江总督职位，任命钦差大臣，率部北上督师剿捻。李鸿章署理两江总督，负责调兵、筹饷等后勤事宜”。最后这道圣旨说明朝廷对曾国藩已经极为不满。而对于李鸿章来说，就着老师台柱，仕途上又上了一个大台阶，真正成为大清国屈指可数的九位总督之一了。

其实，曾国藩有难言之隐，湘军裁撤殆尽，自己身边仅留下守卫两江总督行署的亲兵三千人。而且，最信任的最有战力的曾老九，也因不满朝廷裁撤湘军，赌气开缺回湖南老家荷叶塘养病去了；过去的能打硬仗的老湘军也只剩下鲍超、彭毓橘、刘松山及留在淮军中的郭松林、杨鼎勋、黄翼升等几十个营的老湘军。

老师的困难李鸿章知道，老师的恩德李鸿章更知道，没有湘军的大裁撤，就保不住淮军，没有老师的一次次保荐更没有他李鸿章的今天。

不等老师召唤，7 月 4 日，李鸿章便以署两江总督身份由苏州赶往金陵面见老师，帮老师解决无兵可派的难题。曾国藩知晓李鸿章来意，亲自前往水西门迎接，而后，师生前往总督行辕就北上剿匪事宜单独交谈。师生俩从 7 月 4 日开始，断断续续一直谈了好几天。

开始谈的是派兵。李鸿章决定派出淮军精锐“铭”“盛”“鼎”“树”四军，曾国藩拟调湘军刘松山、彭毓橘部北上剿捻。为便于老师协调指挥，李鸿章允诺通知老家庐州养伤的三弟李鹤章归队，前往前线协调各军。同时，师生俩还商定，派李昭庆返回安徽招练马队两千人，对付神出鬼没的捻匪马队。

兵员确定后，师生俩针对捻匪来无影去无踪时分时合的作战特点，开始商讨战法。最后确定以“有定之兵，制无定之寇”，在安徽的临淮、河南的周口、江苏的徐州、山东的济宁四镇屯扎重兵，一省有急，三省往援的战略方针。

最后是这支六万人的剿捻队伍的军饷粮草问题。对此，李鸿章向老师拍着胸口打包票，若朝廷不拨银两，李鸿章包了。

兵员、战法、军需供给都有了，曾国藩这才放下心来。李鸿章询问曾国藩还有什么要求。曾国藩商调陈鼐、张树声为幕下，李鸿章欣然应允。

7 月 10 日，曾国藩率领赵烈文、钱应溥、欧阳兆熊、陈鼐、张树声等幕从及三千亲兵自金陵出发，前往徐州。李鸿章亲自前往码头送别老师后，返回苏州调兵遣将。命铭、盛、树三军共三十三营，交曾国藩调遣指挥；令鼎军所部十营，及开花炮一营，开赴山东堵截捻匪，护卫京畿要地。

如此安排，李鸿章等于把淮军精锐全部交给了老师，可谓忠心耿耿，让曾国藩感激不尽！李鸿章还命李昭庆前往皖北招募马队，对付行动快捷的捻军马队。让李鸿章失望的是，这次李鹤章没有听从他的安排，借故旧伤没有好清，一直庐州赋闲直到亡故。

第十八章

金陵炮局

李鸿章走马上任两江总督。上任伊始，首先面对的是一场战火后千疮百孔的六朝古都，李鸿章一边组织修复重建古都，一边不忘洋务兴国宏大梦想。为了制造足够的洋枪洋炮及炮弹、枪弹支援老师前线剿捻，李鸿章奏请朝廷批准将苏州炮局迁移金陵，改组为金陵制造局。

1865 年 9 月间，李鸿章选定金陵聚宝门（今中华门）一处城堡，此城堡在战火中已经成为一片废墟。这儿原是明成祖朱棣所建的大报恩寺，毁于太平天国内讧中的战火。李鸿章决定就在这片废墟上规划建造金陵机器制造局。

新厂规划建造机器正厂、机器左厂、机器右厂、炎铜厂、木厂、办公大楼等建筑。厂房建造完成后，李鸿章安排刘含芳雇用船只将苏州炮局的机器设备、生产材料运来金陵。随后，马格里、丁日昌等管理人员，雇请的洋工程师，中国工匠，役夫等两百多人，陆续迁到金陵机器制造局。

为了满足扩大后的新厂生产需求，李鸿章委托税务司赫德从英国、德国购买了一批最先进的军火制造机器，再招聘洋工匠数十人，充实技术力量。李鸿章还奏报朝廷批准，委直隶州知州刘佐禹任总办，丁日昌帮办，马格里为督办。

当年年底，金陵机器制造局开始正式投产，主要生产各种口径的火炮、炮车、炮弹、枪弹，“田鸡”炮及部分洋枪。

李鸿章的洋务兴国梦不仅仅局限在金陵一座兵工厂。早在 1864 年 9 月间，李鸿章就以江苏巡抚的身份致函总理衙门，建议在沪设厂造船。同时提议“不若于就近海口，访有洋人出售旗记铁厂，确实查验，议价定买，可以立时兴造，进退之权既得自操，尺寸之功均获实济”。不出旬月，总理衙门即授权李鸿章负责筹划造船厂事宜。

更早前，曾国藩也有意收购这家由美国人创办的旗记铁厂，但对方开价十万两以上，曾国藩以为要价太高而放弃。

旗记铁厂由美国人科尔所设，因其曾为清军制造大炮之类的兵器，为其他外人所排斥，因此洋商老板以十万两银子的价格将该厂出售。

十万就十万！李鸿章可不在乎花多少银子，只要他想干的事就一定要干，而且要干成！

李鸿章奏报朝廷批准购买上海虹口洋人铁厂机器设备，与丁日昌、韩殿甲旧有的两局归并为江南制造总局，获得朝廷批准，即今天的江南造船厂前身。

江南制造总局创设后，先试造十二磅铜制开花炮四尊，运往凤凰山军营试放，获得成功。此后，李鸿章拨款又购置了一些造船设备，该厂既可造开花炮、洋枪，也可修造大小铁船等，为当时上海洋泾浜地区最大的工厂，也是李鸿章在上海创办的规模最大的洋务企业。随后该厂不断扩大，先后建有十几个分厂，雇用工匠二千八百人，能够制造枪炮、弹药、炮船、蒸汽船、机器，还设有翻译馆、广方言馆等文化教育机构。

剿捻受阻

曾国藩的“有定之兵，制无定之寇”的战术似乎对“时分时合，神出鬼没”的捻军毫无作用，尤其是捻军的马队，驰骋如风来去自如，追不上也围不住。承担剿捻任务的各军疲于应付，防不胜防。更重要的是曾国藩统率的这支军队，有山东的鲁军、河南的豫军、安徽的皖军，僧格林沁的残部陈国瑞军及部分老湘军，主力则是淮军。然而淮军各营的头目只听李鸿章的，对曾国藩的指令阳奉阴违。原本李鸿章已经考虑到会出现这些问题，故而安排三弟李鹤章前往徐州协调淮军各部，但李鹤章不愿再从军，而李昭庆虽然也可以代表李鸿章协调，但他统率新招的两千人的马队，无暇顾及协调事宜。在曾国藩统率的这支庞杂的剿捻大军中，竟然出现铭军部下与陈国瑞部下发生火并致士兵伤亡的严重事件。这样的情况，在老湘军里是绝对不可能发生的。

剿捻战法不奏效，曾国藩只能改变战法，采用“坚壁清野”新战法对付捻军。一方面，重点地区修筑高墙，挖深沟，凭借高墙深沟来对付捻军；另一方面，将人口、牲畜、粮草等一切可供利用的物资都转移到高墙之内，不予资敌。

同时，采取清乡查圩，发现有资助捻匪的百姓全部抓捕入狱。而新战法却得罪了不少百姓，以至于出现百姓暗里资助捻军的情况。

新战法对“出为军，入为民”的捻军来说还是不能奏效。

曾国藩一筹莫展，一边奏请朝廷，调鲍超、郭松林北进中原；一边致函李鸿章请求支援。曾国藩在给李鸿章的信上写道：捻逆狡猾善走，我军急进则疲乏；或为所乘，辎重或为所掠。又彼可到处掳粮，而我须裹粮前进；适交锋，敌一旦失败转瞬数百里。中原地域宽大，主动出击，又兵力不支，商调刘秉璋所统庆、荣、常三军六千人马，并杨鼎勋、刘士奇、吴毓兰率部驰援山东。

请求派兵支援好办，李鸿章手下还有好几十个营的兵力可以调遣。李鸿章接到老师信札后，一道令下，刘秉璋、杨鼎勋、刘士奇、吴毓兰便率部开赴山东堵截捻匪。然而，曾国藩还不知晓，李鸿章为剿捻前线筹措粮饷，被回乡省亲的内阁中书殷兆镛弹劾，说他为了支持曾国藩剿捻，在江苏强征暴敛，苏省商家民怨载道。

朝廷咨函发来，李鸿章给朝廷复函道：剿捻需要军费，金陵需要恢复，饥民需要赈济，鄙人别无他计。做官一日，带一日兵，即办一日厘捐，与其病农，不如病商，况非真病也，云云。意思是说，我是支持朝廷北方剿捻，朝廷又不拨付粮饷，不增设厘卡，加收厘金，让官兵们喝西北风去啊？

答复函发出后，朝廷再没有问责李鸿章，弹劾这股风算是过了。

曾国藩这边，鲍超、郭松林、刘秉璋、吴长庆、杨鼎勋、刘士奇、吴毓兰等各部陆续赶到山东后，剿捻兵力大增，曾国藩又有了信心，再次改变战法，采取依托运河堵截捻军的新战法。但是，剿捻涉及山东、江苏、安徽、河南、湖北、陕西、山西多省，各地督抚都各顾各家利益，都有自己的小算盘，张家不管李家事，各军划省为界各自为战。于是，在合作剿捻上相互推诿扯皮，导致出现任由捻军驰骋东西、行走自如的怪事。

几个月过去，捻匪非但没有受到清剿，反而越剿越多。朝中一些好事大臣，开始向曾国藩泼脏水，说曾国藩对朝廷裁撤湘军不满，有意消极剿捻。曾国藩一肚子冤屈，却是百口莫辩。各种压力冲击下，原本身体就不好的曾国藩病了。于是，给朝廷呈递了一份奏折，说自己病了，一时半会难以痊愈，请求开缺剿捻钦差大臣，另派大员前来徐州主持剿捻。不久，圣旨下达，不准开缺，赏假一个月。

河防新法

对于曾国藩这种新战法，性情耿直的刘铭传很不满，铭军中的唐殿魁、郑国魁、卫汝贵、丁汝昌、聂士成、吴建瀛、刘玉林等新老营官们也都表示不满，纷纷前来向刘铭传反映："若这种撵兔子式的战法不改变，这仗没办法打了。"建议刘铭传亲自去一趟徐州面见曾帅，请他立即改变战法。刘铭传觉得各位营官的意见正合他的心意，在军营琢磨几天后，携刘盛休策马扬鞭赶往徐州。

到了徐州，刘铭传直奔曾国藩的帅营，一见曾国藩便道："涤帅，这仗不能这么打下去，河防新战法让捻匪来去自如防不胜防，而让我军处处被动。"

终于等来一个敢于直言向他提意见的人，正在为剿捻一筹莫展的曾国藩很是高兴，用他那锐利的三角眼，上下打量一下刘铭传后道："省三，本帅看你五岳丰盛，三停匀称，威严近于自然，肃杀藏于宁静，今后事业成就非其他淮将所及。"

听了曾国藩这番看相的话，刘铭传没好气地道："铭传是来向涤帅汇报情况的，不是来让涤帅看相的。"

曾国藩捧起烟壶，深吸一口水烟后道："看省三贤弟一脸的怒气，不调节一下气氛只怕谈不好啊。请坐，坐下谈。"

刘铭传一屁股坐到椅子上道："捻匪不同于粤匪，他们多为骑手，往来如风，我军刚于山东、皖北布防，捻匪便突破防线西窜河南，如此让敌人牵着鼻子走，我军只能疲惫追击，得不偿失啊！"

曾国藩赞许地点点头问道："刘军门有何高见？"

刘铭传回答道："铭传盘思几日，又与部下一番商议，捻匪擅骑术，擅平原作战，行踪诡秘，围堵战法很难奏效。鉴于眼下捻匪已西窜河南，我军当采取河防战略困锁捻匪进而围歼之法，或可奏效。"

曾国藩饶有兴趣道："愿闻其详。"

刘铭传道："铭传所提河防新战法，是西以沙河、贾鲁河为防线，南以淮河为防线，北以黄河南岸为防线，挖深河床，构筑长垒，沿着这三条防线派重兵驻扎，然后游军追剿，将捻匪主力逼于豫西、鄂北，在那里一鼓作气聚而歼之。"

曾国藩赞许地点头道："刘军门先在客栈住下，待本帅细细揣摩阁下所提河防新战法，思考成熟后，便奏报朝廷。谢谢刘军门专程赶来徐州献计献策！"

刘铭传起身抱拳道："为了剿捻胜利，铭传在所不辞。"

刘铭传走后，曾国藩根据刘铭传的建议，思考几天后，给朝廷呈递河防新战法的奏折。主要内容为：于运河、沙河与贾鲁河，在这三条河的河岸增筑木栅。与此同时，挖土坚筑堤墙，择要分兵驻守。曾国藩认为贾鲁河、沙河是捻军闯入山东、皖北必经之地。他奏报道："自周家口以下，至槐店止，扼守沙河；自周家口以上，至朱仙镇止，扼守贾鲁河，由臣派兵设防。自朱仙镇以北，四十里至汴梁省城，又北三十里至黄河南岸无河可扼，挖濠守之，由李鹤年派兵设防。自槐店以下，至正阳关，仍守沙河，由乔松年派兵设防。自正阳关以下，即系淮河，由臣派水师与皖军合防。"曾国藩充满信心地在奏折中写道："各分汛地，层层布置，或渐逼渐紧，然后把捻军驱逐至豫西山多田少贫瘠之处，围歼之。"很快，朝廷便批准了曾国藩的河防新战法。

曾国藩的新河防战法开始实施后，赖文光迅即采取新的对策，将新捻军兵分两路，一路由赖文光、淮王、魏王、荆王统领；一路由梁王、鲁王、幼沃王统领，于中原地区分散行动，让清军更加防不胜防。

再次失败

曾国藩采纳刘铭传的河防新战法看似天衣无缝，其实也是漏洞百出。首先，河防战法还是存在战线过长的弊端。沙河、贾鲁河、运河三条河流千里之长，分兵把守的一字长蛇阵，捻军可以乘虚而入，一点突破，河防战线全局崩溃。结果也正是如此。战局没有好转，反而向着曾国藩、刘铭传愿望相反的方向发展。其次，沙河、贾鲁河、运河防线初建立时，特别是沙河、贾鲁河，沿河两岸尽是沙土，质地松软，缺乏黏性，河南官绅异口同声反对设防贾鲁河、沙河，他们认为这两条河万难建立堤墙，徒然劳民伤财。再则设防贾鲁河、沙河，将捻军驱往豫西，是"以豫为壑"。曾国藩不顾地方官绅舆论的反对，强行在贾鲁河、沙河沿岸构筑堤墙。即便堤墙一再倒塌，再三修补，曾国藩还是坚持。最后，兵力方面，曾国藩没有那么多的兵力，只能扼守重要的关卡，无法集中优势兵力展开主动进攻行动。而捻军多骑兵，来去如风，可以在中原纵横捭阖。他们没有固定基地，都是依靠洗劫沿岸的村庄为生，很少攻打城镇。即使清军能够合围，他们也能够找到薄弱的一环突围而出，让曾国藩精心布局的圈套变成空壳。

1866 年（同治五年）9 月，赖文光召集淮王、魏王、荆王商议后，决定一举冲破曾国藩的“新河防”防线，跳出包围圈。遂派出多路密探对曾国藩河防进行侦察。很快，密探报告朱仙镇以北的堤墙尚未筑成，赖文光决定在此攻入山东。

9月24日夜晚，赖文光选择开封以南一段防守薄弱的河段为突破点，一番冲杀，顺利突破汴南濠墙，闯至豫东后快速进入山东。

曾国藩接报后，上奏说：“今一处疏失，功败垂成，半由于人力未周，半由于贼势过重，闻讯之余，实胜焦愤。”

朝野舆论纷起，指责曾国藩糜饷两年，捻势益张。而当地的地主官僚也乘机散布谣言攻击曾国藩，使得曾国藩寝食难安，以致“盗汗舌蹇之症”加剧。

1866年10月1日，他奏请饬两江总督李鸿章携带两江总督关防驻扎徐州，“专管本辖之徐、海、淮、泗各府，并与山东抚臣商办山东军务……俟东路军务稍松，仍当回驻金陵”。奏折还建议道：河南军务目前形势稍为缓和，但随时可能回窜豫西，请饬湖北巡抚曾国荃，遇有河南情况紧急时，携带关防，越境“剿捻”，移驻南阳。臣仍宜驻扎周家口，以当中路。然而，朝廷并没有采纳他的建议，并降旨斥责：“曾国藩总理师干，尤宜统筹全局，毋得专诿地方督抚，致军事漫无纪律……”

曾国藩一肚子冤屈无法说出，只能再次向朝廷请求开缺，以示抗议。

老师遇到困难，学生岂能熟视无睹？李鸿章将督府日常工作交给周馥后，携刘含芳、钱鼎铭、丁日昌、刘斗斋及卫队，装上刚筹措到的一万两饷银，下关过江，然后乘坐马车赶往徐州。

车队还未抵达滁州，周馥便快马追来，送来朝廷六百里加急廷寄圣旨。李鸿章撩开车帘子，接过廷寄谕旨，打开后稍加浏览后吩咐钱鼎铭继续押送饷银前往徐州剿捻大营，自己则乘车返回金陵。

回到金陵两江总督行署后，第一件事便给朝廷上了一道《李鸿章不宜督带淮军西进奏折》。

1866年12月15日，徐州剿捻大营的曾国藩也接到了朝廷廷寄圣旨，圣旨大致内容为：军机处奉上谕，曾国藩暂缓来京陛见候旨，署两江总督江苏巡抚一等肃毅伯李鸿章，着授钦差大臣河洛防剿，兼顾山陕门户。以漕运总督吴棠署理两江总督，李宗羲、丁日昌递署漕督、苏抚专办剿匪事宜。钦此！

曾国藩捧过廷寄圣旨，顿然意识到朝廷有人想要拆散湘、淮联盟，他要亲拟奏折表明态度。

叫板朝廷

北方剿捻还没个头绪，回民又在陕西甘肃起事，大有两股势力合并之势。为了扑灭这股新的反清势力，慈禧下令：闽浙总督左宗棠为陕甘总督，即赴新任。浙江巡抚马新贻继任闽浙总督，江西巡抚沈葆桢任福建船政大臣。

奕䜣携带曾国藩、李鸿章奏折前来养心殿东暖阁，向慈安、慈禧禀报：曾国藩以为朝廷着调李鸿章西进不妥。

慈安询问道："怎么不妥？"

奕䜣禀报道："曾国藩奏称，谕旨饬李鸿章视师河洛，该处现无可剿之贼，淮勇亦别无可调之师，臣今所倚以剿捻全赖淮勇诸军。李鸿章若果入洛，亦岂肯撤臣布置已定之兵，挟以西行，坐视山东、江苏之糜烂而不顾。江督责任重大，吴棠资历过浅难以服众，臣以为是一不妥；李宗羲廉正有余，才略稍短；丁日昌虽熟习夷务，然资格太浅，难胜苏抚要职，其为第二不妥……"

慈禧询问奕䜣道："李鸿章的奏折怎么说的？"

奕䜣禀报道："李鸿章奏称，叠奉批谕督师河洛，自为秦晋门户起见，不知捻逆大股尽窜徐州，其张宗禹一支留守南阳之捻匪，尚非悍众，豫楚诸军当足制之。鄙人于西北形势生疏，而所部各军尽调归爵相四镇之内，留守金陵淮勇仅数营，冒昧前去非特迁地弗良，岂忍夺爵相已成之局？更，淮军诸将闻臣视师，必皆舍彼就此。一军两帅，牵制殊多，况饷源全恃吴中，付托非人，转运接济终必匮乏，恐于前敌无甚裨助，而东南全局先自动摇乎？若视师河洛，存有兵难远分，饷难专恃，军火难以接济三端，孰重孰轻，朝廷圣夺。"

慈禧向慈安道："姐姐都听到了吧，两江总督拟任人选刚征询意见，这师生俩便一唱一和，连篇累牍上疏抗争来了。"

慈安询问奕䜣道："老六，你对江督苏抚异人是何意见？"

奕䜣回答道："回太后，臣以为，曾国藩、李鸿章均为当朝股肱之臣，所陈利害不无道理，朝廷当慎思。更，湘淮实为一军，中原剿捻饷粮军火均系两江供给，此时撤换江督，不利集中兵力、财力，一举剿灭中原捻逆。"

慈安赞许地点头道："老六所言有些道理。"

奕䜣继续道："臣以为此时更换江督、苏抚，势必影响湘淮两军将士斗志，进而有损业已形成的中原剿捻大局。"

慈安道："更换江督事体重大，现中原贼势趋重，我军一筹莫展，此时更换江督、苏抚实为不宜。”

慈禧沉下脸道：“既然老六、姐姐都这么说，那本宫收回成命就是了。”

几天后，曾国藩、李鸿章都收到了廷寄谕旨：湖南巡抚李瀚章调任江苏巡抚，李瀚章到任前海防同治刘郇膏护理江苏巡抚；曾国藩回任江督，实授大学士，李鸿章为钦差大臣专办剿捻事宜。

李瀚章到任后不久，刘郇膏病逝任上。朝廷念其功绩追赠右都御史，上海建专祠，祀苏州名宦祠。

开赴前线

师生联手与朝廷抗争获得胜利，曾国藩笑了，剿捻重任终于还是按照他的意愿交给了李鸿章。李瀚章任江苏巡抚，李鸿章剿捻的粮饷不愁了，自己也可以安心回金陵在江督位置上助学生完成剿捻大业了。于是，铺开纸张，拿起墨笔奋笔疾书《京口北固亭怀古》：“千古江山，英雄无觅，孙仲谋处。舞榭歌台，风流总被，雨打风吹去。斜阳草树，寻常巷陌，人道寄奴曾住。想当年，金戈铁马，气吞万里如虎。元嘉草草，封狼居胥，赢得仓皇北顾。四十三年，望中犹记，烽火扬州路。可堪回首，佛狸祠下，一片神鸦社鼓。凭谁问，廉颇老矣，尚能饭否？”寄托曾国藩此时心情。并向幕僚发誓：倾三江两湖之力，辅佐少荃痛歼捻逆，一洗中原败绩之耻！

就在李鸿章忙碌着在总督署衙筹划前往徐州挂帅剿捻时，仆人刘斗斋送来好消息，赵小莲又给李鸿章生了个千金。接到喜讯后，李鸿章匆匆返回公馆，莫氏让李鸿章给宝贝女儿取个名字。

李鸿章稍加思考后道：“时值仲秋，菊黄藕熟，就叫菊藕吧。”

端坐床上的赵小莲，情不自禁地附和丈夫吟诗道：“不是花中偏爱菊，此花开尽更无花。”

李鸿章乘兴作诗道：“水上摘莲青的的，泥中采藕白纤纤；却笑同根不同味，莲心清苦藕芽甜。”

莫氏忍不住取笑夫妇俩道：“老爷与二奶奶对起诗来了？”

李鸿章得意地道：“才得公子，又添千金，李鸿章真是有福之人啦！”

见到宝贝女儿后，李鸿章原本打算多在公馆陪伴夫人几日。无奈，朝廷连续降旨敦促李鸿章尽快启程赶往徐州前线。

深秋的苏北，广袤大地一望无垠，北风劲吹，尘土飞扬，一面面三角龙旗高高飘扬。龙旗后面是一队骑兵卫队，骑兵卫队后面是钱鼎铭，新入李鸿章幕的李金镛，幕僚车后是李鸿章乘坐的马车，马车后是周盛传的“传”字营、李胜的“胜”字营、张志邦的“志”字营、张桂芳的“桂”字营、赵怀业的“怀”字营、王永胜的“开”字营，队伍绵延数里，浩浩荡荡开拔而来。

张树声、陈鼐、刘铭传、潘鼎新、张树珊、周盛波、郭松林、杨鼎勋、刘秉璋、吴长庆、唐殿魁、唐定奎、黄翼升、郑国魁、刘士奇、刘松山、李昭庆、宋庆（豫军统领）等联军众将领策马扬鞭奔驰而来，两支队伍于荒野大道相遇。

众将领在李鸿章乘坐的马车前，跳下战马，齐声道：“迎候钦差大臣督师徐州！”

李鸿章身披斗篷走下马车，抱拳向众将领道：“多谢诸位将领远迎！”

张树声手捧钦差大臣关防大印走上前来道：“涤帅等候钦差大臣多日，朝廷催促回任江督，只得先行返回金陵。”

李鸿章吩咐钱鼎铭接下关防印后道：“本帅已知晓。”

钱鼎铭接过官印风趣道：“涤帅走，李帅来，师生互换关防大印，千古美谈！”

李鸿章对众将领道：“捻匪气焰日炽，剿匪刻不容缓，各位军门当齐心协力，共除捻患，不负皇恩！”

众将领齐声应道：“齐心协力，共除捻逆，不负皇恩！”

驻扎徐州

要说李鸿章的运气就是好！刚驻扎徐州，探马便报告好消息，捻匪因内部矛盾已分东捻和西捻。以赖文光、任柱等率捻军仍留在中原作战，称东捻；以张宗禹、邱远才等率捻军入陕西，称西捻。这样，就给李鸿章剿捻减轻了压力。

针对捻匪出现的分化新动向，李鸿章召集淮、湘、东、豫、皖等各路将领会议，分析曾国藩根据刘铭传建议制定的“河防新战法”存在的不足，如何补充完善。讨论的时候，李鸿章讲述了明朝大将孙传庭对付流寇的有效办法：“剿流贼当驱之于必困之途，取之于垂死之日，如但一此一彼，争胜负于矢石之间，即胜亦无关于荡平。”

这一新观点，开阔了将领们的剿捻思路。于是，各位将领总结剿捻失败经验教训，最后总结出“扼地兜剿”“弃地灭贼”“借地利以图合围”全新的剿捻新战法。

简单地说，就是占据重要据点，把捻军围起来追着剿灭，这是根本策略。其余都是补充，此外还利用离间来分化瓦解捻军。

为扩充骑兵应对捻军，李鸿章奏请朝廷批准后，将李昭庆招募的两千马队，再扩充马队四营，增立武毅军；将董凤高从“树”军中独立出去，招募马队四营、步队三营，增设“凤”军由董凤高任凤军总统；增设马德顺“顺”字骑兵三营。

扩军计划实现后，仅骑兵就达十六个营，骑兵达万人之众。这样，就有足够的骑兵来对付捻军来去如闪电的马队了。

安徽寿州（今寿县）人，廪生出身的戴宗骞投笔从戎，携带《平捻十策》前来徐州拜见李鸿章，受到李鸿章赏识，安排入淮军营务处。

探马报告，东捻军由中原进入湖北。李鸿章接报后，立即调遣多路大军驻扎河南南部，防止捻军北上，又调集重兵深入湖北，试图将东捻军消灭于鄂豫两省交界之处。

为此，李鸿章做出如下安排：北路，以李昭庆武毅军驻扎汝宁、信阳，阻截东捻北入陕甘通道。西路，以鲍超率霆军由河南南阳进至湖北襄阳，宋庆率豫军防守枣阳。请旨朝廷调巴扬阿马队江长贵、蓝斯明部，水师左光培部自汉水沿岸布防，防止东捻军西渡入川或入陕。东路，以安徽巡抚英瀚、总兵张得胜等督率皖军驻六安、霍山一带，扼住趋皖之路。南路，以官文驻防武昌，水师彭玉麟守黄州，防东捻东下。以刘士奇驻守徐州，以王永胜开字十营由宿州回驻临淮关，以黄翼升淮扬水师扼守运河。以刘铭传、张树珊、刘秉璋、吴长庆、周盛波、郭松林、杨鼎勋、刘松山、张志邦、张桂芳、赵怀业等各营，会曾国荃、伍维寿、熊登武所部，组成兜击联军，南北夹击，于鄂豫交界处聚歼东捻顽寇。

各路大军按作战计划行动后，李鸿章帅营随大军一起西进前线指挥。

清军大举向鄂东而来，曾经与淮军交过手的赖文光知晓李鸿章率领的这支完全西洋装备、西洋战法的“叫花子兵”的厉害。遂于鄂东山里营地召开各王会议，做出相应部署，提出两个方案：第一方案，突破清军贾鲁河、沙河防线，进军麻城休整补充后，力克荆州、宜昌挺进四川；如果这一计划能实现，北可出汉中，东可向湖湘，西可入云贵，让清军望尘莫及。第二方案，出现第一方案不能得手的情况后，则过荆子关入陕西，合西捻、回军陕西建立基地，待兵足马壮，杀回中原！

不愧是遵王，瞻前顾后，安排得妥帖周到。

冲动代价

1867年（同治六年）初，赖文光率东捻军在湖北连占云梦、应城、天门后，进入京山、钟祥一带，企图渡过汉水，进军川、陕。然而却在钟祥罗家集、杨家河遭遇郭松林部阻击。李鸿章的剿捻第一战便在京山、钟祥一带山区展开。

郭松林率所部追踪抵达钟祥臼口，赖文光率部展开反击。一场阻击战，阵毙总兵张凤鸣、副将钟光斗、游击杨爵发等清军将领，大获全胜。然而，赖文光等疏于防备，湘军悍将彭毓橘亲率两千精锐夜袭东捻马队，头目陈槐邦率马队数百人降清。赖文光接报后只好放弃臼口，败退罗家集。

李鸿章接报，以为赖文光已经是强弩之末，遂命郭松林、曹仁美、谢连升乘胜追击。

曹仁美、谢连升得令率部紧追不舍，郭松林率部随后。赖文光心里想不能只顾着跑，该反击就反击，大不了就是一死。为此，赖文光在途经罗家集之要道设下伏兵，狠狠教训一下湘军。

曹仁美、谢连升两位湘将对赖文光的伏击全然不知，命前锋快速推进，很快陷入伏击圈。魏王李允率骑兵从两路包抄而来，任化邦率骑兵主力正面迎战，赖文光则率部从后夹击郭松林部。

激战半日，总兵曹仁美、谢连升相继阵亡。郭松林急忙率部赶来增援，与赖文光、任化邦展开激战，也陷入重围。激战至半夜，东捻军基本将淮军合围，郭松林身受七处枪伤，还被一名捻军小兵砍伤左脚，成了俘虏。可惜，这位小兵不认识郭松林，又是大半夜，于是将其遗弃路边，后被部下救回，捡回一条性命。

郭松林惨败，一条腿被捻军马队砍伤，在亲兵护卫下侥幸逃脱。一战下来，曹仁美、谢连升部几乎全军覆没，松军也损失四千精锐。此时，彭毓橘率兵赶来增援，带领湘军残兵杀出重围。

看到湘军三位老大哥被捻匪打成那个残局，张树珊心里很是愤慨。

张树珊被称为淮军勇将，有“血性忠笃，治军精强，作战凶悍，常为军锋”美誉。湘军兄弟们输得那么惨，张树珊决定出手教训一下狂妄自大的赖猴子。

当时，张树珊奉李鸿章之命刚从河南进入湖北，任务是驻守城池，不是出去野战。所谓将在外君令有所不受，张树珊心里想，不出去野战怎能消灭敌军，怎能建功立业？没有军功，如何被朝廷提拔高升？所以，当赖文光退却时，张树珊不顾张树屏、孙益寿、叶志超等部将的反对，亲率张树屏、孙益寿、叶志超等马步四营精锐渡河追击，要为湘军大哥们报仇！

见张树珊如此嚣张，赖文光与任化邦等将领商议后，决定将张树珊引诱至舒家埠伏击圈，送淮军这位悍将上西天。

事实证明，冲动是“魔鬼”。张树珊轻敌冒进，结果被捻军合围，一场伏击战打得张树珊晕头转向，四营兵力死伤过半，二百亲兵全部战死。叶志超、张树屏等见状杀出一条血路，拼死前来营救。张树珊本人也下马步战。然而，等叶志超、张树屏等部将赶到时，张树珊已经被捻军乱刀砍死，时年四十一岁。

叶志超一声“主将！”挥刀杀上前去，一番砍杀后，背起张树珊的尸骸在张树屏、孙益寿等将领掩护下突破捻军重围，返回营地。

张树珊死讯传到李鸿章的帅营，李鸿章亲自赶来树军营地吊唁。当得知树军马队左营管带叶志超硬是杀出一条血路将张树珊尸骸背回营地时，这位血性猛将的名字从此印在了李鸿章的脑海。

叶志超，1838 年（道光十八年）出生，合肥县西乡花岗镇人，字冠群，号曙青，绰号“叶大呆子”，淮军安庆成军时入树字营。

李鸿章挥笔写下挽联：“偏师倡义，百战成功，久陪上将星辰列；君遽骑箕，我方揽辔，怕听中夜鼓鼙声。中原寇盗尚如毛，问谁手握六韬，顿使将星沉鄂渚；当代英雄争屈指，况予心交两世，那堪旧雨哭睢阳。”表示哀悼。

刘铭传写下挽联：“四十里策应来迟，半途中、噩耗忽惊传；见马革裹尸还，长号一声，举军痛哭。五千兵壁垒犹存，独帐下、健儿同死事；悲雁行分影去，此生永衷心永诀。”

张树声含泪为胞弟写下挽联：“也知一死壮山河，奈大功未竟，狂寇稽诛，十余年、征戍枉劳；那堪室有双雏，马革归来难瞑目。不独三生为手足，忆皖水同袍，吴山并辔，数百战、艰危与共；讵料诀分千里，鸰原急难赋招魂。”

朝廷降旨：谥张树珊勇烈，加赠太子少保，家乡建专祠，供后人瞻仰祭奠。

张树珊死后，李鸿章委张树屏继任树军总统，整编残余部队继续投入剿捻战斗。接着，与湖北巡抚曾国荃会商后，调整战略：以彭毓橘、熊登武、谭仁芳、刘维祯等部防守东路九里冈、永兴、天门；以捻军叛将蒋东才部守备北路随州茅茨畈；以刘秉璋、周盛波部守京山；以李昭庆所统武毅军由信阳赶赴宋河镇；以左光培率水师巡防江汉水路；以刘铭传所部二十营，鲍超所部三十二营，为主力攻击部队，一举将捻匪围歼于尹隆河一线。

第十九章

激战永隆

东捻军击败郭松林、曹仁美、谢连升、张树珊部后，钟祥臼口附近数次抢渡汉水未果，便在京山西南的杨家泽、拖船埠、尹隆河（今永隆河镇）筑墙修垒，转攻为守等待时机。

1867 年 2 月 18 日，淮军铭军二十营约一万人进驻京山下洋港，湘军霆字军三十二营一万六千人抵达臼口镇，湘淮两军最强王牌已做好聚歼尹隆河畔东捻军的准备。两军扎营后，刘铭传、鲍超约定次日辰刻（上午 7 ~ 9 时），淮军从下洋港由北而南，湘军从臼口自西向东，夹击赖文光所部。

对于清军这两支劲旅，赖文光非常清楚，湘军、淮军中敢打硬仗险仗的常胜军，加之刘铭传的铭军，上海最早装备洋枪洋炮，接受过洋人训练的淮军王牌部队，苏南攻城夺隘势不可当。而今，两强会合对付一支弱旅，胜败自然不言而喻，硬拼绝对不是他们的对手。但是，这两支部队主帅的个性倒是可以利用。首先是刘铭传，土匪出身，争强好胜受不得别人欺侮的“二愣子”，而鲍超更是个斗大字不识几个的酒肉之徒。赖文光一番盘算后，决定采取挑拨离间的战术制造两人矛盾，从而逃过眼前这一劫，甚至还有侥幸获胜机会。于是，赖文光将目标放在了刘铭传身上。

赖文光亲自书写嘲笑讽刺刘铭传的信札，绑在箭羽上，吩咐侍卫射入铭军军营。

信札大致内容为：“鲍妖勇略，非汝所及，汝何不与鲍妖合，至明日辰刻同来战，顾以孤军驻下洋港，宁非送死……”意思是刘铭传你不如鲍超，警告不要轻举妄动。

同为湘、淮两军的悍将，刘铭传与鲍超军中关系有些微妙，鲍超成名早，而刘铭传只是到上海后才渐渐有了名气。因此，鲍超对刘铭传有些瞧不起；而刘铭传认为鲍超酒肉之徒大字不识一个，有勇无谋，不过匹夫之勇而已。

刘铭传接到卫兵送来的赖文光的挑衅信札，气得吹胡子瞪眼，脸上麻点都气红了。随即召集唐殿魁、唐定奎、丁汝昌、骆国忠、吴建瀛、刘玉林、聂士成、刘盛藻、刘盛休、卫汝贵等将领商议，决议要显示一下铭军的战斗力。同时，也不想让鲍超抢了功劳。他的这一决定，遭到众将领的一致反对。但刘铭传独断专行惯了，属下意见他是从来不听的。

次日，卯时（早上 5 ~ 7 时），刘铭传违背与霆军约定的进攻时间，提前两个小时率部众开拔，独自渡河攻击南岸的捻军。

赖文光见刘铭传中了他的离间计暗自窃喜，一边做好迎敌准备，一边安排偷袭铭军后路及营垒，让刘铭传顾头顾不了尾，从而在运动中消灭铭军的有生力量。

卯时时分，刘铭传下令以十二营的兵力前行，留四营负责殿后保护辎重，四营看守营垒。谁知刚一渡河，便接探哨营垒遭捻军偷袭，后路遭遇捻军马队袭击的报告。这时，刘铭传才醒悟中了赖猴子的离间计了。然而，此时醒悟已经晚了。无奈之下，只能将错就错，下令从前队抽调三营回护后军，后军抽调两营回援营垒。如此安排，整个铭军队形如同一条长龙，更易于捻军发起攻击。而此时的刘铭传已经顾不到那么多了，只能硬着头皮将前军兵分三路，向捻军发起攻击。

早已做好部署的赖文光，命鲁王任化邦为左路，荆王牛宏升为右路，自己与魏王李允为中路迎击铭军。就这样，一场轻敌上当的战斗仓促展开。

铭军惨败

任化邦率军首先将左路铭军击溃，并歼灭刘铭传从中路派出的一营援兵。旋又与李允一起将右路铭军合围。此时，刘铭传正与同样位居中路的赖文光苦战，鲁王任化邦忽然率领马队杀入，将铭军阵地拦腰斩断。唐殿魁见状，急忙从右路赶来增援，被任化邦发现即率领马队截住。任化邦被称为“项王第二，天下使用骑兵第一人”。唐殿魁奋勇拼杀，不是任化邦对手。混战中，被捻军马队砍成重伤，在亲兵保护下退出战斗。

正在组织集合队伍准备按照与刘铭传约定时间开赴战场的鲍超，忽然听到尹隆河岸传来激烈的枪炮声，不知发生了什么。正犹豫间，探马来报：“铭军提前向捻军发起进攻，现被捻军围困于尹隆河岸！”

友军被捻匪围困，鲍超不敢怠慢，一句“刘麻子，你个龟儿子！想跟老子争头功啊”之后，骑上战马率领唐仁廉、邓训诰、谭胜达、杨谦万等赶往尹隆河岸。

到了河边，鲍超端坐战马之上举目向河岸看去，只见河岸、河中，人潮涌动，水花四溅分不清敌军友军。

唐仁廉问道：“主帅，交战两军已经交织一起，如何解救？”

不愧是身经百战的老将，面对复杂战局，鲍超挥动佩剑下令道：“以提督唐仁廉部为左路，提督邓训诰部为援军；以提督谭胜达部为右路，总兵杨谦万部为援军；本帅领宋国永部为中路，曾成武部为援军；总兵杨德琛马队为游击之师，包抄东捻军后路；即刻渡河杀向南岸，解救铭军兄弟。”

被称为淮军虎将的刘铭传，也有落魄的时候。刘铭传狼狈不堪，在捻军追赶下，逃至一座废弃的砖窑。进了破窑，刘铭传摘下官帽，脱去官袍，扑通跪倒在地，哀叹道：“我刘铭传轻敌狂妄，招致灭顶之灾！上对不住皇上，下对不住蒙难的铭军弟兄们啊！让我以死谢罪吧！”说着，取出佩剑欲自刎。

一名满身血污的亲兵跌跌撞撞冲入破窑，一把夺下刘铭传的佩剑，大声道：“大人不能！”

刘铭传声嘶力竭地喊叫道：“把佩剑给我！刘铭传绝不能当捻匪的俘虏！”说着就要从亲兵手中夺回佩剑。

就在此时，又有一名亲兵跑入破窑，激动地告诉刘铭传道：“主帅，主帅，霆军，霆军救援来啦！”

刘铭传茫然地看着那位亲兵问道：“霆军，霆军在哪里？”

亲兵激动地道：“主帅向西看！”

刘铭传慢慢站起，举目西望，只见战旗飘飘，杀声震耳，霆军如潮水般渡河而来……

刘铭传再次扑通跪倒在地，哀号道：“天不灭我也！”

就在赖文光、任化邦以为可以全歼铭军的时候，半路杀出个程咬金，鲍超率领霆军兵分三路杀入战场。任化邦急忙率领马队前往阻拦鲍超率领的中路。

负伤退出战斗的唐殿魁顿时激发了斗志，组织残部带伤继续投入战斗。一队捻军洋枪队前来阻截，一阵枪响，唐殿魁中弹倒地阵亡沙场。

霆军投入战斗，赖文光并不惧怕，高喊："弟兄们，今日斩刘捉鲍，挺进川府，享受天堂日子！"鼓舞官兵士气。

霆军与铭军不同，并不依托洋枪洋炮及排兵布阵，擅长的是短兵相接的贴身肉搏，白刃厮杀，刚投入战斗，拼劲十足；而捻军经过与铭军一场厮杀，体力耗尽，疲惫不堪，渐渐丧失斗志。

绝处逢生的刘铭传，见霆军前来增援信心倍增，组织残部发起反击。

鏖战由清晨战至黄昏，捻军死伤惨重，渐渐不敌，赖文光、任化邦只得率残部撤离战场。

尹隆河战役，战局上东捻军先胜铭军后败霆军，阵亡或溺死的捻军达万人，被霆军俘虏八千余众，军力严重受损，西进川陕的计划也因此落空。清军方面，铭军遭遇成军以来最大一次败仗，参战兵员损失过半，记名提督唐殿魁，总兵田履安，副将刘玉林、胡衡章、吴维章、刘朝珣等将领阵亡。

唐殿魁阵亡后话：李鸿章亲书挽联，安排胞弟唐定奎护送灵柩返乡安葬；奏报朝廷获准，追赠唐殿魁太子少保，谥忠壮，家乡建专祠祭祀。

谁来担责

李鸿章很快接到了前线战报，为痛失多位爱将伤心落泪，也为刘铭传狂妄轻敌而痛恨之极！吩咐张树声传刘铭传来见。

因为自己的狂妄冲动，造成铭军五千将士牺牲，唐殿魁、田履安等多名将领阵亡，要不是霆军及时出手救援，铭军将会全军覆灭！罪过之大，刘麻子心里明白。料想，头品顶戴与这顶乌纱难保，甚至会交刑部治罪。回到自己营帐取下官帽，脱去官袍，换上长衫，将铭军大印、官帽、官袍、佩剑及短枪整齐摆放案几上，做好接受处置的准备。

张树声走入营帐，见到眼前情形，调侃道："怎么，捻寇还没剿灭，省三兄弟就想着解甲归田了？"

刘铭传沮丧的眼神看着张树声道："只怕铭传解甲归田的机会都没了。"

张树声严厉道："瞧你麻子干的好事，李帅有请！"

刘铭传猛然起身道："大不了押赴京城问罪，菜市口砍脑袋，十八年后，刘麻子又是一条好汉！"

昔日狂妄自大的刘铭传，这会儿像做错事的孩子，见到李鸿章后，扑通跪地道："罪将刘铭传见过钦差大人。"

李鸿章拍案而起，斥责道："弄妈的，你是怎么搞的？"李鸿章一着急，家乡骂人的土话都说出来了，手指着刘铭传训斥道："骄纵狂妄，急功近利，恃勇冒进，招致记名提督唐殿魁，总兵田履安，副将刘玉林、胡衡章、吴维章、刘朝珣多员大将，五千淮军弟兄命丧尹隆河。你，你罪不可恕！"

刘铭传低下脑袋道："刘铭传知罪，愿接受任何处罚。"

就在此时，鲍超派手下送来盖上鲍超大印写给李鸿章的信札。

李鸿章接过信札，拆开后，稍加浏览，冷冷一笑将信札丢弃到刘铭传面前道："瞧你做的好事，鲍春霆的信札，好好看看吧，丢人不你！"

刘铭传用颤抖的手捧起信札，只见信札上写道："省三殉矣。省三得头品顶戴，穿珊瑚细珠为帽结以示异于众，今获于贼手，其殆死乎？"信札内容，不仅嘲笑刘铭传，也隐含嘲笑淮军。看完信札，刘铭传满脸暗麻点红一阵白一阵，心里想，鲍春霆你救了铭军，也救了刘铭传一命，麻子记住了你的恩情便是，大家都是在为朝廷卖命，也用不着嘲弄麻子！

先前，鲍超派人押着铭军丢弃的辎重，两千多被捻军俘虏的兵士归营，还将刘铭传丢失的提督顶戴花翎一并送来铭军军营。这些做法虽然有贬低之意，但胜者王败者寇，刘铭传也都忍了。这会儿，又给顶头上司送来信札，再予羞辱嘲弄做得太过分了！你不仁我不义，刘铭传心生一计，诬告鲍超道："主帅有所不知，原本铭、霆两军约定卯时同时发起攻击，可霆军拖延不至，为不错失战机，铭传无奈之下，只能孤军冒进。还有啊，战后鲍春霆派人押着铭军丢弃的辎重，两千被俘兵士外加本提督顶戴，耀武扬威送还大营，此分明羞辱我淮军啊！"

听了刘铭传的这番话，李鸿章、张树声、钱鼎铭等幕僚都惊呆了。

李鸿章放缓语气语调低沉地问道："果有此事？"

刘铭传言辞凿凿道："大帅面前，麻子不敢半句谎言！"

张树声附和道："鲍春霆居功自傲，自恃无敌骁将，轻我后起之辈情理之中。"

钱鼎铭道："尤其是唐仁廉，更是目中无人，自称霆军第一骁将赵子龙再世。"

冤死鲍超

因鲍超耻笑羞辱淮军，加之对爱将刘铭传的袒护，李鸿章未加调查，便就铭军遭遇惨败原因向朝廷奏报。奏折上写道：……该提督血性忠勇，平素好战轻敌……尹隆河之役，接仗过猛，又因鲍超期会偶误，致有此失，幸霆军援应奋勇，再接再厉，乘机大捷，转败为功！

几天后，就霆军“误期”朝廷下达谕旨：“尹隆河战役，前败后胜，喜忧参半，霆军误期，虚冒战功，应负铭军致败之咎。钦此！”

接到谕旨，火暴脾气的四川汉子肺都气炸了，分明刘麻子撒谎，李鸿章却袒护。鲍超要去找李鸿章说理，被唐仁廉、杨谦万劝阻。鲍超让部下代笔给老上司曾国藩写信札鸣冤叫屈。让鲍超想不到的是，老上司也没帮他主持公道。

原来，曾国藩接到鲍超告状信后，觉得这样的事棘手难办，找来赵烈文商议。赵烈文看完鲍超的告状信对曾国藩道：“尹隆河战败，分明刘铭传抢攻冒进，李鸿章照章上奏，朝廷却偏听偏信，降旨，败由霆军未照约会分路进剿，致令铭军骇退挫败，鲍超不得辞咎。朝廷如此颠倒黑白，混淆是非，如此以往，众将必将离心离德。”

曾国藩习惯地捋了捋胡须道：“即便本帅就尹隆河战役再次奏报朝廷，为鲍超澄清是非，朝廷未必肯信。况且谕旨已下，岂能出尔反尔？”

赵烈文惊诧的眼神看着曾国藩道：“难道……”

曾国藩挥挥手，打断赵烈文的话，岔开话题道：“京城来人说，都城里气象甚恶，明火执仗之案经常发生，而市肆里乞丐成群，甚至于妇女也裸身无裤可穿，民穷财尽，恐怕会有异变。”

赵烈文失望地摇摇头道：“天下治安一统久矣，势必分剖离析。然而主德隶重，风气未开。若无抽心一烂，则土崩瓦解之局不成。”

曾国藩问道：“大清朝廷会土崩瓦解？”

赵烈文道：“本朝创业太易，诛戮又太重，夺取天下太过机巧。天道难知，善恶不相掩，后君之德泽，未足恃也。估计，异日之祸，必先颠仆，而后方州无主，人自为政，殆不出五十年。”

曾国藩惊诧道：“大清朝只有五十年江山了！阁下不是戏论吧？”

赵烈文认真道：“当着老师您的面，我虽善谑，何至以此为戏？”

曾国藩“哈哈”一笑道：“五十载，要不了五十载，老夫就已作古，留作后人评说去吧！”继而吟诗道：“塞下秋来风景异，衡阳雁去无留意。四面边声连角起，千嶂里，长烟落日孤城闭。浊酒一杯家万里，燕然未勒归无计。羌管悠悠霜满地，人不寐，将军白发征夫泪。”

曾国藩从李鸿章、刘铭传肩负剿捻大局出发，并没有站在鲍超一边。他在给李鸿章信中写道:“春霆、省三都是争强好胜之人，龙虎之争必有一伤，少荃肩负剿捻重任，朝廷采信少荃之言，似乎也是情理之中……”

天下没有公道了！鲍超哀叹:“鲍超老了，该回四川老家养老终身去了。”故而，以伤病复发，请求开缺返乡调理为由，戎马一生的老将从此永远离开了战场。鲍超返乡后，李鸿章奏报朝廷批准，将霆军三十二营中的马队十二营、步队六营裁撤，留下马队三营，步队十一营编入淮军，设廉字一军，由唐仁廉统带。

转战山东

尹隆河战役失败，意味着东捻军入川退路被阻断，而第二方案前往陕西会西捻的方案，也因清廷已经派左宗棠提前赶往陕西设防，又走不通了。

1867年（同治六年）6月初，赖文光率部突破淮军包围圈，离开了鄂东进入河南新野，并在新野召开一次重要的会议，决定东捻军的去向。

会上，赖文光指出:“中原久经兵燹，军赀难筹，而登、莱富庶，故而本王决意，放弃西进川陕，东向胶莱，获取足够的粮饷后，重返中原。”这一建议得到了众王的支持。

探马报告，捻匪已经进入河南新野、邓州、镇平、内乡一带，并有继续向东的企图。就在李鸿章犹豫如何追剿像跳蚤一样难以捕捉的捻匪时，朝廷圣旨送达，要求李鸿章将从湖北逃窜而出的捻匪困于黄河南岸、运河东岸、胶莱河西岸、六塘河北岸，围而歼之。

刘铭传为了将功补过，与潘鼎新、刘秉璋、唐定奎、张树屏、周盛传等淮军老将商议后向李鸿章建议，将东捻挤入登、莱海隅，趁势围而歼之。李鸿章采纳了这一建议。命刘铭传、周盛波、宋庆等各部，分从枣阳、襄阳、南阳、唐县驱赶东捻军。命刘秉璋、唐定奎、张树屏、李昭庆、况文榜、唐仁廉、刘松山、赵怀业等各部迅即返回山东，与留守徐州及山东的吴长庆、黄翼升、杨鼎勋、郑国魁、刘士奇、吴毓兰、董凤高、王永胜、张桂芳、李胜等各部，会豫鲁皖苏四省防军，沿运河东岸设防，李鸿章也随军赶赴山东。

到了山东后，李鸿章忻州以钦差大臣的身份会见山东巡抚丁宝桢，要求山东防军配合围剿行动，守好胶莱防线。丁宝桢信誓旦旦表态，让李鸿章放心，胶莱防线“固若金汤”。

为便于协调指挥，李鸿章将帅营设在济宁。此时，东捻军在多路大军的驱赶下，已过曹县、郓城。根据这一新动态，李鸿章重新排兵布阵：命刘铭传由济宁火速径趋青州堵截捻匪。命潘鼎新为北路，由潍县、昌邑赴莱州堵截捻匪。命董凤高、沈宏富马步各营为南路，由郯城、兰山进莒州，会山东防军划段防守，并筑长墙壕沟于河西。命刘秉璋、杨鼎勋、李昭庆、刘士奇、唐仁廉、刘松山、赵怀业等各部协同皖豫苏各路防军，布防运河防线，每营防地三里。命吴毓兰、王永胜、况文榜、李胜、张志邦等各部于兴化、东台、扬州等地设防，堵截可能自山东南窜之捻寇。同时，奏请朝廷，着调三口通商大臣崇厚、直隶总督刘长佑率防军防守黄河，漕运总督张之万防守六塘河。

朝廷接到李鸿章请兵支援的奏折后，不仅全部批准，还加调副提督善庆、温德克勒西率领八旗马队前来山东助战。

看上去，李鸿章的防堵清剿计划周全细致，天衣无缝。然而，这只能是纸上谈兵。没过几天，李鸿章还在为他精心布置的天罗地网而扬扬得意的时候，山东总兵王心安前来报告，捻匪乘夜色，分从沈口、戴庙用炸药炸开河防长墙，向东而去。李鸿章闻报，气得差点晕了过去，丁宝桢信誓旦旦承诺的“固若金汤”的河防，竟然是这般不堪一击。于是，李鸿章急令李昭庆、董凤高、马德顺、唐仁廉率领马队于运河以东追截捻军。

突破重围

李鸿章虽然身为剿捻钦差大臣，但在地方那些督抚地头蛇面前，却是处处碰壁，举步维艰。河防刚刚被捻匪冲破，李昭庆赶来济宁向李鸿章告状说：他率领武毅军马队堵截捻军，来到一处叫柳树庄的山东防军营地，给饥渴困乏战马饮水喂点饲料继续追击捻匪，得到答复是：巡抚大人有令，凡淮军过境，城寨俱闭，粮草不出。

别人的话可以不信，亲弟弟的话李鸿章不能不信。由此，李鸿章想到老师三年剿捻为何举步维艰的了。于是，一封弹劾山东巡抚的奏折送达朝廷，山东防军河防被捻军突破，拒绝向淮军提供支援，老账新账一本奏。

丁宝桢既然敢这么做就有他的底气。就在李鸿章参奏他的时候，他也向朝廷参奏李鸿章指挥无能一本。

几天后，李鸿章接到朝廷谕旨：李鸿章徇私诿咎，倒置是非，意存忌刻，纵贼误事，按察使潘鼎新莱州阻击不力，致使捻匪北窜，胶莱河海口突围，均难咎其责。着李鸿章、潘鼎新交部议处，留军效力。丁宝桢身为鲁抚，应协同友军倾力而为，当负懈怠之责。着山东巡抚丁宝桢摘去顶戴、革职留任，革职总兵王心安，戴罪留营效力。钦此！

两位封疆大吏一场口水战，结果各打五十大板，算是了事。

却说东捻军在淮军围追堵截下，刚进入新河，又遭潘鼎新部的堵截。任化邦、牛宏升率领一队人马试图突破淮军防线，结果被开花炮、洋枪的强大火力打得晕头转向，无功而返。

危急关头，探马报告：胶莱河西北段入海口营垒初成，沙滩无法构筑堤墙，恰又是因沈口、戴庙失防被革职的山东总兵王心安部驻防，兵力不足两千，且是战斗力不强的山东防军。

根据这条情报，赖文光提出“柿子拣软的捏”，决定从胶莱河北段入海口突破清军防线，甩掉围堵清军，重返中原的作战方针。

遂于 8 月 19 日自海神庙以北十几里处海滩突破清军防线，击溃清军驻军渡过潍河进至潍县、昌乐。接着，赖文光、任化邦率领的东捻军杀向王心安所部驻守的沈口。王心安的两千人马顷刻间被冲垮，东捻军轻松冲破李鸿章布下的包围圈，向潍县进发。

探马来报：捻匪突破胶莱河北段入海口清军防线后，进入潍县。李鸿章接报后，下令移营台儿庄，调兵遣将围堵东捻军。

激战松山

东捻军突破淮军防线后，打算再渡运河，意图进入中原与西捻军会师。为实现这一战略目标，赖文光下令寻找渡口抢渡过河，然而所有渡口都有清军把守，几次抢渡都未能得逞。

时值山东雨季，大雨连绵，河水陡涨，东捻军往返抢渡接连受阻，未能突破敌军防线，而作战地区又过于狭小，无法发挥马队优势和流动作战的长处，处处遭到清军的截击，人员伤亡重大。而清军却在各地坚壁清野，致使东捻军粮草不继，人员也得不到补充，不得不派人向西捻军求援。此时，东捻军已“军心自乱”，盲目行动，在南下抢渡六塘河失败的情况下，又北上企图渡黄河，结果亦未达到目的，更加陷入被动挨打的境地。

11 月后，东捻军于山东、苏北来回兜圈，但还是无法摆脱淮军的包围。赖文光与众王商议后决定，与其天天被敌人追得团团转，不如与敌人拼死大战一场。遂于潍县松山一带扎营，补充粮草。骑兵和步兵重叠驻扎，连营数十里。

刘铭传接探马报告后，率部快速赶往潍县松山。面对眼前的敌人，刘铭传不会忘记尹隆河惨败屈辱一幕，随即将所部马步兵分三路，向东捻军发起攻击。

11 月的北方天气已经寒意十足，捻军粮草不足，人马疲惫，在赖文光、任化邦的督阵下，各王勉强率部接阵。而铭军兵强马壮，士气旺盛，更是为了雪耻尹隆河，冲击力极强。捻军的阵地片刻间便被冲成三段，更糟糕的是三段人马各自溃散相互不能兼顾。铭军一日之中展开三次攻击，打得捻军溃不成军。

这天的交战，东捻军损失两千兵员，被铭军夺去骡马一千六百余匹。这一战后，东捻军的锐气渐渐消失，军心更加动摇，出现少数头领带领手下向铭军投降的情况。

其中就有一个名叫潘贵升的头目前来向淮军投降。当潘贵升被士兵押入刘铭传营帐时，唐定奎下令砍了他，为哥哥报仇。

潘贵升跪地求饶道："别杀我，我能帮你们杀掉鲁王。"

刘铭传问道："你能杀掉任贼？"

潘贵升道："小的与鲁王同乡，一直跟随鲁王，只要大人信任小的，定能杀了鲁王。"

刘铭传稍加思考后道："好，本督就信你一次。"说着，掏出一把短枪，丢弃在面前道："我信你，你若成功而返，本帅保奏你为七品知县，另赏银千两。"

潘贵升闻听后激动不已，接过短枪感恩戴德地道："小的定不负刘帅不杀大恩！"拿起短枪，起身而去。

刘盛藻提醒道："六叔，此人未必可信。"

刘铭传道："任贼英勇善战，尤其擅长骑兵作战，他与赖贼一起，勇谋结合，所向无敌，若谋杀任贼成功，捻匪不战自灭；即便不成，不过失一支短枪而已，何乐而不为？"

再战赣榆

几天后，任化邦集中几万精兵于赣榆摆开阵势与刘铭传率领的中路军再战。

战斗开始后，任化邦策马向前挥舞大刀率领马队驰骋于淮军步兵之中，淮军洋枪发挥不了作用，捻军骑兵驰骋战场挥刀砍杀所向无敌，众多淮军士兵被砍身亡，血流四溅，惨叫声一片。

丁汝昌策马上前，大喝一声：“捻贼，休得猖狂！”率领马队杀上前去。

卫汝贵对部下下令道：“洋枪不顶用了，给老子换大刀！”

就在此时，一阵狂风吹来，顿时沙尘蔽日，天昏地暗。潘贵升策马上前，来到任化邦马前道：“殿下，淮妖使出妖术，下令撤军吧！”

任化邦斥责道：“胡言乱语，动摇军心！”扭转马头，喊叫道：“杀！”

就在任化邦扭转马头转身之际，潘贵升迅即掏出短枪，对准任化邦腰部，一声枪响，任化邦跌落马下，顿时口吐鲜血，动弹不得，毙命沙场。

潘贵升纵马奔跑于捻军阵营，喊叫道：“弟兄们，鲁王中弹身亡！快逃命吧！”

顿时，捻军大乱，丁汝昌、聂士成、卫汝贵等将领，挥舞大刀随后追杀，砍杀捻军无数。赣榆之战后，东捻主力尽失，军心涣散，已经无力排兵布阵与淮军展开正面战斗，只能突围，向山东寿光方向而去，等待西捻军前来救援。

坐镇台儿庄的李鸿章收到潘鼎新送来的战报，鼎军于海州上庄斩获捻匪步队任金保，灭捻匪两千，大批骡马、辎重及器械。是夜，东捻军第五营头目李宗诗率马队五百前来鼎军军营投降。刘铭传赣榆再传捷报，千两白银买通任化邦部将潘贵升枪毙任化邦。捻军失去主将，顿时大乱，铭军赣榆大获全胜！战败捻匪，正向寿光方向逃窜。

捷报频传！李鸿章一面吩咐张树声给朝廷撰写奏折“击毙捻酋任化邦，铭军再获赣榆大捷”，一面命令刘铭传、潘鼎新、杨鼎勋、郭松林等部继续围堵兜剿，务求将东捻干净、彻底消灭！

寿光悲歌

12月初，赖文光率部前往寿光途经杞城黄流镇时，遭郭松林、杨鼎勋部阻截。一场阻击战后，消灭捻军四千员，另外收降东捻军外五营陈怀忠马队千人。赖文光率领残部抵达山东寿光的洋河、弥河一线。刘铭传、郭松林、杨鼎勋、副都统善庆、温德克勒西等部合为一体，对东捻军展开围歼战。

首先追至弥河的是郭松林、杨鼎勋部。赖文光接报，老冤家郭松林、杨鼎勋率部追至弥河河岸。赖文光告诉各王道：“后有追兵，前遇堵截，弥河生死一战，全军将士务当拼死杀敌，有望杀出一条血路，返回中原与西捻会合，重振大业！”

遵王赖文光、魏王李允、首王范汝增、列王徐昌先各率领一部向清军发起冲杀。郭松林为报罗家集之仇，率部冲杀在前，杨鼎勋率部紧随其后。顿时，弥河岸边枪声大作，战马嘶鸣，喊杀声此起彼伏。

黄翼升率领战船前来助战，见两军已经混战到了一起，火炮发挥不了作用。于是，命令战船上的士兵洋枪射击，钢刀砍杀退入河中的捻军士兵。一时间，河面上水花四溅，尸浮河面。

副提督善庆、温德克勒西率领八旗马队前来助战，魏王李允、列王徐昌先率马队前往迎敌。八旗马队毫无战斗力，两军刚一交手便败逃而去。

李昭庆、刘秉璋、唐仁廉率领马队前来助战，将李允、范汝增率马队围困于河岸荒野。敌众我寡，徐昌先、范汝增拼力厮杀，两王及手下全部被砍杀。

刘铭传策马扬鞭率领唐定奎、骆国忠、聂士成、刘盛藻、刘盛休、卫汝贵等中路大队人马追击而来，最后的决战开始了！

赖文光集中可以投入战斗的最后一股力量，与刘铭传的中路军展开厮杀。

刘铭传不愧是淮军名将，先让步兵用洋枪阻滞捻军攻势，而后步骑混合出击，最后展开肉搏战。弥河畔被鲜血染红，河流被人、马浮尸堵塞，战场状况十分惨烈！

包围与反包围，步兵、骑兵两军数次反复冲杀，这场战斗持续了两天两夜。清军动用了步兵、骑兵、水师数万人马，最终将东捻军剿灭。

寿光之战，范汝增、徐昌先等各王及东捻军骨干将领全部战死，另战死士兵万余人，受伤被俘两万人。还有数千捻军战士及家属，不愿落入清军之手，在树林、破庙、荒野自杀或上吊而死。最后，只剩下遵王赖文光、魏王李允率领数百亲兵突围成功，一路南奔，最后在扬州一处叫瓦窑铺的地方，赖文光被早已守株待兔的吴毓兰捕获。而李允却率部抢渡运河逃跑，后经来安、天长、盱眙到达安徽五河，被太平军叛徒李昭寿出卖，后被安徽巡抚英瀚杀害。

1868 年 1 月 5 日，赖文光写下自述后被凌迟处死，时年四十一岁。至此，东捻军全军覆灭。

第二十章

奖赏风波

寿光围歼战结束，同治七年农历龙年新年就要到了。李鸿章率领幕僚，从台儿庄返回济宁大营，他要把两年来各位将领剿捻战功整理后奏报朝廷，好作为新年礼物奉献给浴血奋战的将领们。

过了腊八就是年，磨豆腐、蒸花馍、打年货、扫尘……古城济宁街头巷尾已经处处呈现出过年的气氛。

期盼已久的朝廷奖赏各参战将领的谕旨终于送达，李鸿章通知参战各军各将领前来济宁大营，公布朝廷加官晋爵谕旨。

腊月二十四这天，济宁淮军大营灯火通明，张灯结彩，欢声笑语，刘铭传、潘鼎新、吴长庆、周盛波、周盛传、唐定奎、郭松林、黄翼升、张树屏、李昭庆、丁汝昌、聂士成、卫汝贵、叶志超、刘盛藻、刘盛休、骆国忠、杨鼎勋、宋庆、刘士奇、董凤高、郑国魁、吴毓兰、唐仁廉、刘松山、周寿昌、王永胜、张志邦、张桂芳、李胜、赵怀业等众参战将领济济一堂，一场庆功宴正待举行。

张树声一声高喊道:“李帅到！”

众将领纷纷起立，李鸿章身穿官袍，神采奕奕走入餐厅，走向前台宣读朝廷奖赏谕旨:“剿灭东捻，平定中原，朝野欢庆，朝廷谕旨奖赏有功将领:直隶提督刘铭传，赏赐三等轻车都尉世爵；江苏按察使刘秉璋，擢山西布政使，仍留军中；道员潘鼎新擢任山东按察使；记名按察使张树声擢任直隶按察使仍留军中；总兵周盛波，擢任甘肃凉州总兵，仍留军中；记名提督周盛传，擢任授广西右江镇总兵；吴长庆授提督衔，赏黄马褂；副将丁汝昌擢授总兵，加提督衔，赐协勇巴图鲁号；副将叶志超擢升总兵，授额浑巴图鲁名号，遇缺尽先题奏；记名总兵聂士成，赐力勇巴图鲁号；擢副将卫汝贵，河州镇总兵，仍留军中；记名总兵刘盛藻，加按察使衔，着赏顶戴花翎；副将刘盛休，擢升记名总兵；记名总兵骆国忠，提督记名，赐黄马褂；杨鼎勋擢提督，授骑都尉世职，赐号锋勇巴图鲁；记名总兵董凤高，擢授提督衔，徐州镇总兵；吴毓兰，加布政使衔；福山镇总兵郭松林赏赐黄马褂，予轻车都尉世职；长江水师提督黄翼升，赏黄马褂，加云骑尉世职；总兵刘松山，授甘肃肃州镇总兵，仍留皖南镇；南阳镇总兵宋庆，赏黄马褂，赐号格洪额巴图鲁；记名提督唐仁廉，遇提督尽先简放；擢原任广西右江镇总兵唐定奎，以提督记名，仍留军中；道员李昭庆擢授记名盐运使，加太常寺卿；副将张树屏，以提督记名，赐号额腾额巴图鲁……”

没等李鸿章宣读完毕，刘铭传就忍不住站起身来，骂骂咧咧道：“老子尹隆河差点丢了性命，潍县松山、赣榆、山东弥河，我铭军毙敌两万，俘敌万人，大败捻匪，到头来就给个三等轻车都尉爵位，老子不干了！回老家养病去！”说着，一甩手走出大厅。

唐定奎也站起身来道：“为了打捻匪，亲哥哥都命丧战场，到头来，就封赏记名提督，老子也不干了！”跟着刘铭传走出大厅。

张树声焦急地看着李鸿章道：“李帅，你看……”

李鸿章一笑道：“这两头犟驴，随他们去吧。”继续宣读朝廷奖赏谕旨，直到宣读完毕。而后，举行庆功宴，美酒佳肴犒劳参战有功的各位将领。

昭庆辞呈

古城济宁大街上，卖对联、卖窗花、卖鞭炮、卖灯笼、卖泥人……穿上新衣的顽童，牵着毛驴，赶着马车前来购办年货的百姓，一派节日喜庆气氛。

李鸿章在张树声、周馥、陈鼐、钱鼎铭、刘含芳及仆人刘斗斋陪同下走来，几人边走边说。

刘斗斋道：“二少爷快看，济宁的百姓们都在忙着置办年货了。”

李鸿章道：“中州大地战火连年，百姓们也该过一个喜庆吉祥的大年了。”

张树声道：“潘鼎新因伤求退返籍休养。”

李鸿章严肃道：“不准。”

陈鼐道：“张树屏、吴长庆、董凤高、丁汝昌、周盛传、王永胜等皖籍军门都请求告假回乡过年。刘秉璋病卧军营，李帅主持的奖赏大会都不能参加，告假还乡调理。”

李鸿章道：“准。”

钱鼎铭道：“主帅，探马报告西捻已进入晋中，朝廷令我军协防，时值年关，军心思归，一旦……”

李鸿章打断钱鼎铭的话道：“他左宗棠身为钦差大臣督办陕甘军务，却坐守潼关按兵不动，一面放任捻匪渡河东进，有意驱捻出境，流毒中原，嫁祸于人；一面又假惺惺调集刘典、郭宝昌所部入晋堵截，如此卑劣伎俩，瞒得了朝廷，却瞒不过我李鸿章。哼，一旦捻匪进入中原，危及京畿，左季高吃不了兜着走。告诉各军掌门，凡告假回乡者，无论官兵，期限一月，假期一到，务必重返军营。”

张树声应道：“树声明白。”

李鸿章一行沿街找到刘铭传居住的客栈，哪里还能找到刘铭传的影子？店老板告诉李鸿章，刘军门气冲冲回到客栈，收拾一下行囊叫上侄子骑上快马就走了。

张树声询问李鸿章道：“怎么办？”

刘斗斋道：“小斋子骑上快马去追！”

李鸿章道：“不用了！”一甩手道：“犟驴一头，随他去吧！”

李鸿章寻找刘铭传没有找着，刚回到自己的帅营，李昭庆手捧辞呈已经于行辕等着他了。李鸿章接过辞呈，稍加浏览后，诧异道：“幼荃，你这是……”

李昭庆气鼓鼓地道：“幼荃请卸武毅军总统。”

李鸿章问道：“为什么？”

李昭庆道：“不干了，还不行吗？”

李鸿章放下辞呈，语调低沉地道：“哥知道剿捻两年，幼荃率武毅军驰骋鄂豫皖鲁，纵横数千里，每次鏖战，弟总是匹马斫阵所向无前，虽盛暑寒冬，与士卒同劳苦，虽无战功亦有苦劳，哥心中清楚。”

李昭庆道：“哥清楚又有何用？幼荃年年辛苦不少，战后论功，却只得一个记名盐运使！”摇摇头接着道：“幼荃不怪二哥，弟急着回庐州，是上月收到三哥官邮寄来的信札，说位于庐州城东大街的李家新宅建好了，今年过年，妈，四哥、五哥，四嫂、五嫂，都要回庐州过年呢！幼荃也正好借机回去陪妈、老婆孩子过个年！”

李鸿章一笑道：“上月二哥好像也收到你二嫂从金陵寄来信札，说她今年要携带儿子、女儿回庐州过年，二哥忙着剿捻竟把这事都忘了。好，哥准你假了，你的武毅军暂时让郭松林帮你统带一下。二哥是回不去了，回去后，好好陪陪妈。这些年，江西、安庆颠沛流离，苦了老人家了。”

上坟祭祖

刘铭传携族侄刘盛休策马扬鞭一路狂奔，赶到家时已经年二十九。每天都在为丈夫提心吊胆的妻子程氏见到丈夫安全归来，激动得掩面哭泣。儿子刘盛芬、刘盛芸来见父亲，父子见面自然别有一番亲情。离家六载，枪林弹雨，战场厮杀，刘家难得过一个团圆年。

年三十那天，刘铭传携刘盛休，儿子刘盛芬、刘盛芸前往山下祖坟祭祖。到了祖坟，刘铭传手捧香火率领两个儿子慢慢跪倒在父母亲墓碑前，磕了三个头后道：“大、妈，老六不孝，自从六年前率领铭字营随李鸿章开赴上海打长毛，到如今都没来看望你们了。这下好了，东捻全部剿灭，老六打算解甲归田，再不上战场了。”

刘铭传的父亲叫刘惠，字怀刚，在他的那一辈刘家还有薄田数十亩，在当地也还算是一个可以将就过日子的庄户人家。母亲周氏，生育六子，刘铭传排行老六。十一岁时，父亲和刘铭传的五个长兄相继得痨病病逝，从此家道衰落。

十六岁时，刘铭传与长其六岁的六安枣树店程氏结婚。婚后不久，因邻村胡财主家修建水渠霸占刘家两分多田地，刘铭传找胡财主家的管家理会要求补偿，结果一分补偿没有，反被几个打手暴揍一顿。刘铭传一怒之下，乘夜摸入管家家中用柴刀将其砍死。胆小的母亲得知儿子杀了人，吓得悬梁自尽。刘铭传也感到害怕了，草草安葬母亲后，将妻子程氏送回六安娘家躲避，而后鼓动族侄刘盛藻、刘盛休并一帮好兄弟，大潜山上搭建山寨占山为王，当起了绿林好汉。

咸丰三年（1853）春，太平军攻克安庆，咸丰下旨沿江各省，直隶、山东、河南京城官员返乡领办团练，抗击粤匪。妻子程氏家人乘机疏通六安知州邹箭，由他出面与庐州知府胡元炜调停，说刘铭传愿意率领手下听从官府调遣抗击粤匪保卫庐州。胡元炜正愁如何创设团练抗击粤匪，于是，便允诺刘铭传砍杀管家的事不再追究。

杀人命案了结后，刘铭传才敢将妻子接回蟠龙墩家宅居住。

不久，李鸿章奉旨返回家乡创办团练，刘铭传接受招安，并与张树声、周盛波、唐殿魁、李鹤章、潘鼎新等圩堡一起，成为朝廷官员领导下的合肥团练。

加入团练后，刘铭传率领手下跟随李鸿章抓匪首，烧粮船，攻城池，守庐州，与太平军小打小闹拼杀四五年，后被太平军追至明光而解散。团练解散后，刘铭传重操旧业继续当他的山大王。

同治元年（1862）初春，应李鸿章之请，刘铭传率族侄刘盛藻、刘盛休及招募的两百多名乡勇，前往安庆湘军军营接受整训。整训结束后率“铭”字营跟随李鸿章前往上海打长毛。因战功卓著，从管带、游击、副将、总兵，直到提督，三等轻车都尉爵位。

给父母上过坟后，刘铭传不忘因在尹隆河战斗中为救他而战死的好兄弟唐殿魁。带领儿子盛芬、盛芸，族侄刘盛休策马扬鞭赶往柿树岗唐五房圩给唐殿魁烧纸上坟，以示悼念。

返回家中，刘铭传在与家人吃年三十团圆饭的时候，向妻儿及刘盛休宣布他的一项重大决定，要在大潜山下购买土地建造“刘氏庄园”，春节后即动工兴建。刘铭传这一重大决定，让程氏高兴得欢天喜地。

庐州新宅

1867 年（同治六年）对于李氏家族来说有两件大喜事。第一件喜事便是李鸿章剿灭东捻，为朝廷立了一大功！不仅实现了父亲的遗愿，也为李氏家族光耀了门庭。第二件喜事便是，这几年，李鹤章通过掮客于庐州城东大街给兄弟六人都购置房宅经过改扩建，已经建造好了三套宅院，可以入住了。

要说李氏家族庐州城东大街（今合肥淮河路）房宅，还得从 1858 年（咸丰八年）夏天说起。那年夏天，英王陈玉成攻占庐州城后，下令将李家位于合肥东乡磨店祠堂郢的祖宅焚烧。当时，带领家人南昌避难的李老太太获悉祖宅被长毛焚毁后，就给儿子们下达任务：有朝一日李家要在庐州城建造新宅。后来，李家六个儿子，或从军、或从政、或从商，有的当上了高官，有的拥有了大笔财富，兄弟六人全部发达起来，庐州城购买宅地建造新家园自然不在话下。

1862 年（同治元年），李鹤章率部接受蔡元隆归降时，中了蔡元隆诈降计，身负重伤差点送了性命。攻克常州后，因不满李鸿章让功曾家兄弟，遂以伤病为由返回庐州。回到庐州后，李鹤章便承担起重建家园的重任。致信大哥李瀚章、二哥李鸿章、四弟李蕴章、五弟李凤章、六弟李昭庆各自筹款，由他委托捐客于庐州城东大街购买房宅或商铺，新建李氏兄弟家宅。此工程，一直持续到 1874 年（同治十三年），最终李氏兄弟六人每人一宅，外加典当等商铺多间。时称“李氏半条街”，而今留存下来的“李府”仅仅只是李氏祖宅的一小部分。

大红灯笼高悬门头，大红对联张贴门上，一派过年的热闹景象。

一只“二踢头”被点燃，“噌”地飞上天，“啪”的一声在天空炸开。

李经方、李经羲、李经榘、李经述几个顽皮的孩子正燃放爆竹在门外，李昭庆提着一串爆竹走出家门，李经方、李经羲、李经榘、李经述围上前去，争着要燃放鞭炮。李菊藕捂着耳朵跑出家门喊叫道：“六叔，奶奶叫你回饭厅吃年饭啦！”

李氏庐州城新宅饭厅里，一桌饭菜已经上了桌，李母端坐于上方，李鹤章、李凤章、李蕴章、石氏、宁氏、郭氏、戴恭谨、赵小莲济济一堂。

李母道：“捻匪终于被剿灭，庐州城李家新宅初步落成，老二媳妇带经方、经述、菊藕三个孩子，凤儿、蕴儿两家子都回来过年，老六年前也赶回来了，阖家团圆，今年这个年可是不同寻常。”

李凤章道：“剿灭捻匪，两宫皇太后重赏参战将士，幼荃都是记名盐运使了。”

李蕴章道：“别说了，幼荃就是因为埋怨二哥事不奏功，征战两年，到头来才获赏一个记名盐运使。这不，才赌气卸任兵权，回家过年了。”

石氏瞟一眼赵小莲道：“哼，我们家老二呀，总是胳膊肘往外拧，自家兄弟别想得到他丝毫的照应。”

李鹤章责备妻子道：“女人家知道什么，二哥也有他的难处。”

李凤章道：“大哥、二哥并列封疆，家门鼎盛，力戒盈满，老六卸任兵权也好。”

李昭庆孩子似的领着李经方、李经羲、李经榘、李经述跑进餐厅，坐上餐桌，等待母亲发话开吃。

石氏道：“吃年饭，吃完年饭，孩子们快给奶奶磕头，奶奶给你们发压岁钱！”

慈禧赐福

黄瓦红墙紫禁城内的大年三十，又是一番热闹景象。

自从慈禧垂帘听政后，每到大年三十这天，王公大臣们都会来求慈禧的“墨宝”“福”字。虽说慈禧的毛笔字写得不咋的，但是人家贵为太后，主宰大清国命运的头号人物，与其说王公大臣们求墨宝讨个好彩头，不如说乘机巴结一下西太后。

慈禧也不谦虚，有求必应，图个开心。只见慈禧挥舞毛笔，一个硕大的“福”字跃然纸上。

安德海拉长语调道：“好嘞！”移开写好的“福”字，重新铺上一张。慈安身披斗篷在几名宫女陪同下走入殿堂，走上前去夸奖道：“妹妹好雅兴啊！”

慈禧乐滋滋地道：“剿灭东捻，朝野欢庆，瑞雪兆丰年，写几幅福字，待会去乾清宫赏给大臣们。”拿起墨笔，大笔一挥，又一个“福”字一挥而就，然后对慈安道：“祝姐姐福如东海寿比南山。”

慈安欣然道：“托妹妹好口福。”将写好的“福”字交给宫女后，对慈禧道：“皇上、王公大臣们都在乾清宫大殿候着呢！”

慈禧又写下一幅“福”字后，吩咐安德海收拾好，跟随一起前往乾清宫大殿。

乾清宫大殿里张灯结彩，欢声笑语，鼓乐阵阵，奕䜣、世铎、文祥、宝鋆、奕譞、奕劻等王公大臣，福晋、格格等满族皇亲，身穿满族节日盛装，两两成对，跳动脚步，挥动长袖，至额头，至后背，在司舞男女引领下，合着乐拍，跳起皇家的“庆隆舞”。众太监、宫女鼓掌喝彩，乾清宫大殿里好一派热闹景象。

安德海手捧一沓“福”字，拉长嗓门高喊：“两宫皇太后驾到！”

随着安德海的喊叫，鼓乐声停下，众王公大臣、满贵纷纷涌上前来，几十张“福”字片刻之间一抢而空。

慈禧下令道：“都跳起来吧！”说完，挥舞长袖跳动起来。

慈安挥舞双臂，扭动身体附和道：“跳起来！”

鼓乐声再起，众王公大臣、满贵跟着两宫太后跳起“庆隆舞”来……

跳舞结束后，两宫太后在太和殿大摆筵席招待王公大臣、满贵，喜庆新年。

西捻东进

雪花飞舞，北风呼啸，中州大地银装素裹。就在这冰天雪地里，梁王张宗禹、幼沃王张禹爵、淮王邱远才率领西捻军大队人马顶风冒雪向京畿重地进发。

早在 1867 年的年底，张宗禹接到赖文光派人送来的救援信后，命幼沃王张禹爵率领五百短刀队为开路先锋，击溃黄河对岸的清军后，率西捻军三万人马顺利进入山西境内。西捻军渡过黄河，左宗棠闻报大惊失色，一边给朝廷上奏折请罪，一边慌忙调集人马追剿。此时，山西境内的清军十分空虚，张宗禹指挥西捻军势如疾风，横扫晋南无敌手。

1868 年 1 月初，西捻军进入豫北攻占怀庆府获得补给后，继续东进。此时，东捻军已经全军覆没，但是张宗禹并未得到消息。西捻军在豫北遭遇到左宗棠所部重兵阻击无法前进。张宗禹灵机一动，决定北上直隶，兵锋直指京城，打算以此来调动清军，为东捻军解困。

大年初一，照例两宫皇太后怀仁堂请王公大臣、满贵看戏。

戏台上，鼓乐阵阵，一幕《破洪州》演出进入高潮。只听穆桂英唱道：“猛听得金鼓响画角振，唤起我破天门壮志凌云。想当年，桃花马上威风凛凛，敌血飞溅石榴裙。有生之日贵当尽，寸土怎能属于他人。番王小丑何足论，我一剑能当百万兵……”

包厢中，慈安、慈禧吃着瓜子正看得津津有味，奕䜣急匆匆走入包厢，小心翼翼走至两宫太后身旁小声嘀咕几句，慈安、慈禧闻听后都神色紧张，不约而同站了起来。

慈禧丢下手中瓜子，吩咐安德海道：“起驾回宫！”

当两宫皇太后乘坐大轿返回养心殿西暖阁时，奕䜣、文祥、宝鋆、世铎、奕譞、沈桂芬、李鸿藻等大臣已经恭候在殿堂。

慈禧入座后，环顾众大臣问道：“难道捻匪有孙猴子腾云驾雾的本领，一夜之间竟能窜至定州？”

李鸿藻回答道：“回禀太后，捻匪乘我防军过年懈怠守备，突破要隘，从豫北越境迅即进入直隶。”

慈安问道：“左宗棠的五万大军竟然堵不住张宗禹一伙捻贼？”

宝鋆回答道：“回禀太后，左宗棠率部长驱千里星夜追击，适遇大雪封路，部队行进困难，更因捻匪受惊若兔，一闻围扎立即死力冲突，飙疾如风一瞬即失。”

慈禧愤然问道：“李鸿章呢，朝廷对他不薄，那么多淮军驻守苏北、山东，他却坐视京畿安危按兵不动，是何居心？”

奕䜣连忙道：“太后息怒，淮军将士与捻匪征战年余，兵困马乏，将士多有伤病，更加诸多将士返乡过年未归，李鸿章正召集各营将士火速归营，非置京畿安危而不顾，而是暂时无兵北援。”

慈安慢条斯理道：“等到他的部下归营，恐怕捻匪就打进北京城了！”

慈禧下旨道："钦差大臣左宗棠剿捻不力，致使西捻东犯，革职交部议处；直隶总督官文、河南巡抚李鹤年，疏于防范，着革职交部议处；李鸿章懈怠职守，着即夺去花翎，褫去黄马褂，革职留任。"

慈安补充道："还有，朝廷待李鸿章不薄，清夜自问，岂不惭愧？该大臣应即激发天良，迅速带兵北上，否则，朝廷令出如山，后旨定不容情。若能奋力自勉，将功赎过，平定捻贼，朝廷将不念前咎，仍当给予不次之赏。"

沈桂芬连忙叩首道："太后，匪逆已窜扰直隶，若此时左宗棠、李鸿章、官文、李鹤年四人同时革职，谁人领兵御敌？"

奕䜣补充道："临阵换将，兵家之大忌，恳求太后三思！"

慈安点头赞许道："恭王言之有理。"

慈禧环顾众大臣道："好吧，那就让左宗棠、李鸿章、官文戴罪立功，若再出现懈怠职守，两罪并处，绝不姑息。为保京畿万无一失，谕旨山东巡抚丁宝桢、安徽巡抚英瀚所部及京营、天津洋枪队一并协同抗匪。"

慈安补充道："左宗棠湖南犟驴，李鸿章居功自傲，互相诋毁拆台，这些汉臣让朝廷越来越不敢信从。委奕䜣为大将军节制各军，以李鸿章、左宗棠为参赞大臣，李鸿章仍为前敌总统。"

慈禧补充道："命北洋大臣崇厚率洋枪队布防天津，直隶总督官文率部往援保定，圆明园的马队调往涿州，并湘、楚、鲁、豫、直、皖、吉里之兵星夜入卫，不得有误。"

官兵同乐

室外大雪纷飞，军营一间大食堂内欢声笑语，掌声阵阵，官兵同乐。宋庆一曲清唱《天波楼》博得李鸿章、张树声、周馥、刘含芳、钱鼎铭、郭松林等众官兵热烈的掌声。

李鸿章带头鼓掌道："唱得好！"

宋庆，字祝三，山东蓬莱人。皖北参与清剿太平军、捻军有功晋升为记名总兵，赐"毅勇巴图鲁"勇号，故所统部队称为"毅军"。

宋庆向众官兵抱拳道："大过年的，李帅和兄弟们一起乐和乐和，那我就献丑唱一曲，枣庄梆子《天波楼》。"

宋庆的《天波楼》刚唱完，郭松林抱拳道："既然祝三兄唱了一曲枣庄梆子

《天波楼》给大家新年助兴，那松林也献丑唱一曲家乡花鼓戏《韩湘子化斋》。这个故事讲的是韩湘子与林英成亲后，不忘巡游天下名山拜佛成仙的理想。然而，拜佛成仙的理想却是海市蜃楼可望而不可即，最后落魄到靠化斋填饱肚子。”说完，清了清嗓子唱道：“韩湘子深山把药采，香烟渺渺上天台；我的妻林英烧香来，本当乘风归家转；又恐现场仙体来，我不免降下云端来化变，哈哈哈，变一个十全十美的和尚去化斋……”

郭松林精彩的演唱被掌声所打断，有人嚷嚷道：“请李帅唱一曲！”接着，全食堂的官兵一起嚷嚷道：“李帅唱一曲！李帅唱一曲！”

张树声道：“李帅，看着官兵们如此热情，就唱一曲吧！”

李鸿章环顾情绪激动的官兵，挥挥手道：“大过年的，官兵同乐，为了不扫大家的好兴致，那本帅就唱一首庐州倒七戏给大家助兴。”说完，清了清嗓子，唱道：“三河镇十字路开了门面，东边卖的是瓜子；西边卖的是香烟；中间卖的酒和面，针脑线头样样全。到春天，茶叶子六安瓜片；到夏天，绸缎客州乌眉；到秋天，骡马客湖广福建；到冬天，皮货客西口北边……”

李鸿章倒七戏唱得众官兵捧腹大笑，李鸿章连忙抱拳道：“献丑！献丑！”

陈鼐手捧廷寄匆匆走入食堂，来到李鸿章身边，小声嘀咕几句后，李鸿章一怔，继而一声“弄妈的”后，向众官兵挥手道：“本帅要赶回去处理点紧急公务，大家伙继续乐和。”说完，跟着陈鼐匆匆走出食堂。

回到营帐，李鸿章慢慢取下官帽，颤抖的手拔去花翎，一声哀叹道：“鸿章不才，剿灭东捻，同僚谤议，胞弟埋怨弃营归乡，家母责备，若再使办贼者获罪，何以激劝将士？侍心如古井，恨不投劾归去，断不以目前荣辱介怀。”

陈鼐劝说道：“荃兄应奏明朝廷澄清是非。”

李鸿章挥挥手有气无力地道：“自古君令臣从，若此时申辩等于罪上加罪。”冷冷一笑咬牙切齿道：“左季高，领教了！”

周盛波、郭松林、宋庆、骆国忠、刘士奇、郑国魁、周寿昌等将领吵吵嚷嚷走入李鸿章的营房，要集体签名给朝廷上疏奏折为李鸿章鸣冤。

骆国忠道：“弟兄们商量好了，只要朝廷一天不收回成命，弟兄们就不出兵！”

李鸿章抱拳道：“各位兄弟，各位兄弟，愚兄求求你们了，不要再火上浇油，不要再火上浇油了！”

郑国魁道：“分明是左宗棠放匪出山，却要主帅做替罪羊，弟兄们受不了这口窝囊气！”

李鸿章道：“本帅懈怠职守，疏于防范，该当责罚。愚兄恳求诸位，起兵北上会剿捻匪，愚兄心满意足矣！”

周盛波：“主帅不必担忧，盛波率部先行出发，各军返乡将士也都很快陆续返回营地。”

李鸿章环顾众将领，扑通跪地道：“愚兄谢谢你们了！”

虎将归队

春节刚过，刘铭传便请来风水先生于大潜山下看风水，购置土地，准备天气暖和后便动工建造他的“刘氏庄园”。

刘铭传要建造的刘氏庄园就是今天的“刘老圩”。圩基包括水面占地约 6 公顷。建圩时四周挖壕沟垫圩基地，西面挖大堰烧砖瓦，就近从山上取石料。为了面对大潜山，刘老圩建筑坐西朝东。圩内四周是深壕和石围墙，大潜山汇流的金河水绕圩而过。围墙上配有五座碉堡、炮台。分内、外壕沟。外壕有东南、东北角两大吊桥，各桥分别有两层门楼七间，住有兵勇护圩。过外吊桥进圩内即是内壕沟，每座吊桥处均有门楼。

以后，刘铭传从台湾巡抚任上卸任后，就一直住在刘老圩直到离世。

这天，刘铭传在家中书房正指导几名画匠绘制“刘氏庄园”建筑草图，刘盛休领着骆国忠风尘仆仆走入书房。

刘盛休兴冲冲地对刘铭传道：“六叔，看谁来啦？”

刘铭传惊诧的眼神看着骆国忠道：“国忠兄弟，这个时候，你不上战场打西捻，跑到我的寒舍来干什么？快请坐！”

骆国忠入座后，一笑道：“打西捻，少了刘军门怎么能成？”掏出一封信札呈递给刘铭传：“李帅给刘军门亲笔信札。”

刘铭传打开信札才看几眼便发毛道：“这他妈的什么事吗，明明是他左宗棠没有防守住西捻，让西捻跑到了直隶，怎么能降罪于李大人呢？”

骆国忠道：“现在李帅已经被夺去花翎，褫去黄马褂，革职军中留任。时下，西捻已经进入直隶，朝廷一日三诏催促李帅率军入直勤王，李帅望眼欲穿盼军门归队！”

刘铭传是重情重义性情中人，得知李鸿章遭此境遇，如此急切地盼望他归队，重新率领铭军剿灭西捻，先前对李鸿章对朝廷的不满情绪一扫而空。当即吩咐刘盛休请来刘氏族长，丢下银票万两，把建造刘氏庄园的差事交给了族长后，告别妻子程氏，叮嘱儿子好好读书，收拾好行李，提上佩剑，跨上战马携刘盛休跟随骆国忠返回山东。

李鸿章为什么要派骆国忠来请刘铭传归队，这里还有段故事。

当年常熟反叛时，骆国忠杀了钱桂仁一家，投靠了淮军。后来，钱桂仁也反叛天国投靠淮军，改名换姓周寿昌，为昌字营管带。为化解两人恩怨，李鸿章让刘铭传负责调停。两人恩怨化解后刘铭传便成了骆国忠的大恩人。

刘铭传归队后不久，刘秉璋、唐定奎、张树屏、吴长庆、董凤高、丁汝昌、周盛传、王永胜等诸将也都陆续返回营地，投入清剿西捻的战斗。

桑园聚会

1868 年 2 月 1 日，西捻渡过滹沱河，一路向北势不可当。2 月 6 日，捻军的先头部队已经打到了北京房山县，威胁到了大清皇城。左宗棠、李鸿章以及山东巡抚丁宝桢、河南巡抚李鹤年都亲自率军赶来救援，短短几天，十多万大军云集直隶勤王。

德州桑园是左宗棠的剿匪营帐所在地，为了落实朝廷“协同剿匪”谕旨，李鸿章率领张树声、陈鼐亲自前往桑园拜访。左宗棠接报李鸿章登门拜访，亲自出营门迎接，一番客套话后，左宗棠将李鸿章、张树声、陈鼐领入他的营帐，分宾主入座，随从端上茶水。

左宗棠试探口吻问道：“不知李总统前来，有何训示？”

李鸿章呷了一口热茶后道：“训示不敢，与左公共商剿匪大计。”

左宗棠恭维道：“阁下前敌总统，尽管吩咐愚兄执行便是。”

李鸿章谦逊道：“少荃那点能耐还不都是从我老师、左公这里学来的。地图！”

随从捧出地图后，李鸿章指着地图对左宗棠道：“左公请看，西捻渡过运河后，长驱直入，经德州、沧州进逼天津，遭阻击后，取道盐山重返山东，现盘旋于海丰、阳信、武定区域内。”

左宗棠道：“愚兄愿听总统高见。”

李鸿章继续道：“少荃意，北面，将沧州以南的捷地坝挖开引运河水入减河，并沿河兴筑长墙，由崇厚洋枪队和潘鼎新部防守，阻扼捻军再次北上威胁津京；西面，于张秋一带引黄河水入运河，并沿运河赶筑长墙，由豫军、皖军分段把守；南面，封锁黄河各渡口，船只一律调至南岸，由鲁军及沿岸官员负责把守；东面，严禁渔船下海，防西捻渡海而逃。”

左宗棠道：“这就是李总统所谓就地圈围之策？”

李鸿章接着道：“一旦将西捻圈围在鲁东，湘、楚、淮、皖、鲁、豫、直各路大军，即可分从北、南、西逐步收拢压缩包围圈，将西捻压缩于运河以东、减河以南、黄河以北区域内，直至逼之海边，聚而歼之。”

左宗棠感慨道：“总统，不，少荃贤弟，涤生早在我面夸奖阁下会用兵，愚兄当时还不信，一介文雅书生统带十万雄兵，平吴、灭捻，今日又听阁下一谈，让愚兄不得不佩服。”

李鸿章谦逊道；“左公过奖，在少荃心目中左公才是我大清诸葛呀！”

左宗棠大手一挥道：“免了，免了，左宗棠向来瞧不起别人，在阁下面前，算是服了。”

李鸿章一笑道：“左公过谦，少荃这点计谋都是老师先前设计好的，只不过旧瓶盛新酒罢了。与其说东捻败在我李少荃的手里，不如说是败在老师的手里。老师的河防大计，才是战胜捻逆真正的法宝啊！”

左宗棠道：“我与涤生算是莫逆之交，不过，对他的用兵谋略，左宗棠不以为然。他的用兵也同他做人一般，太过呆板，好钻牛角尖。而阁下，正是汲取他的长处，弥补了他的短处。今日，愚兄与贤弟桑园之会，便是捻匪灭亡之始。让伙夫备上好酒好菜，今晚与贤弟一醉方休！”

第二十一章

神出鬼没

当初，西捻进军直隶目的就是要调动清军，从而解东捻之危，遗憾的是张宗禹并不知晓东捻军已经覆灭。眼下，清军真的被调动了，自己反而陷入围困，逐渐陷入困境。

为摆脱清军围剿，2 月中旬，张宗禹率领西捻军向南进发，攻克饶阳获取军需补给。山东总兵王心安率军围攻饶阳，张宗禹诱敌深入，随即突然发起反攻，打得王心安败逃而去。张宗禹率领西捻军又克武强，再获大批军需补给。此后，西捻军在冀中平原与清军周旋，展开运动战，多次给清军以沉重打击。

1868 年 3 月 9 日，西捻军在安平与郭松林部展开激战，击毙清军总兵尹昌京，但自身的损失也不小。

3 月 16 日，西捻军在饶阳与刘松山、郭宝昌部再次交手。激战中，幼沃王张禹爵、淮王邱远才先后阵亡。这两个人都是捻军中著名的虎将，他们的牺牲给西捻军造成了重大损失。

3 月 20 日，西捻军渡过滹沱河，几天后又过了漳河，再次进入豫北。左宗棠、李鸿章指挥各路清军扑来，张宗禹考虑如何尽快摆脱清军围堵返回陕北与回民起义军会合。然而，李鸿章早就想到了这一步，一个以沁河、漳河、黄河、运河为天然屏障，将捻军困死的作战方案早已开始部署。

4 月 12 日，捻军在河南滑县与杨鼎勋部展开激烈战斗。经过一天的苦战，西捻军击毙清军提督陈振邦、总兵刘正同，打垮了杨鼎勋的部队，但依然没有逃出清军包围圈。

这场战斗后不久，杨鼎勋因旧伤复发病逝军营，所部编入松军由郭松林统带。李鸿章奏报朝廷，朝廷降旨赠太子少保，谥忠勤，四川家乡建专祠。

就在西捻军陷入困境的时候，山东有一支大约数千人的盐民起义军加入了西捻军，队伍得到了一定的壮大。4 月 17 日，在起义军的带领下，于山东东昌（今山东聊城）附近突破清军的运河防线，进入到鲁西南地区。

得知西捻军东渡运河，李鸿章兴奋不已。因为捻军向着大海而去，这样，回旋余地会越来越小。因此，李鸿章一边下令严密布置运河防线，防止捻军再次杀到运河西边；一边指挥各路人马压缩包围圈，从而选择时机围而歼之。

西捻军渡过运河之后，张宗禹已经发现了李鸿章布下的圈套，故而放弃进入胶东半岛转而北上，直奔天津方向而去，4 月中旬便杀到了天津静海。

捻军杀到天津附近，北京再次受到威胁。慈禧不得不严旨催促李鸿章、左宗棠回师救驾。

天津静海与河北沧州都紧挨着运河，捻军是有机会转移到运河西边的。张宗禹知道运河以西清军兵力厚集难以突破，同时，饶阳一战损兵折将，张宗禹对所部作战能力也失去了信心，所以没有抢渡运河，而是率军采取运动战的方式逐渐撤往靠近大海的河北省盐山县。

5 月 1 日，西捻军攻克了盐山县，随后进入山东。此后，捻军忽南忽北游走不定，在山东北部到天津南部的地域中多次往返。清军疲于奔命，却劳而无功，始终难以将西捻军彻底围困。

魂归徒河

西捻军在运动战中虽然也取得一些胜利，但是在人数和装备上远远超过自己的强大敌人面前，与东捻军一样只能节节败逃。

5 月中旬，西捻军活动空间被清军压缩在运河、减河、黄河与大海之间的区域内。在此危急情况下，张宗禹多次试图率军强渡运河突出重围，但是，清军对于运河的防御十分严密，西捻军多次强渡都没有成功。

7 月初，西捻军频繁与清军交锋，双方的激烈战斗大小数十次之多。其中有决定性意义的大战有如下几次。

7 月 14 日，西捻军在山东无棣县的郝家寨与郭松林部展开了一次大规模的交锋。当时天降大雨，双方冒雨拼杀，结果西捻军败退，损失了两千余人。

7 月 16 日，西捻军撤退到河北吴桥毛家庄附近，又与淮军周盛波部遭遇。

周盛波事先在密林中放置了大量的火炮，然后派出马队诱敌深入。捻军不知是计，一路追击，进入了清军火炮的打击范围，猛烈的炮火下，西捻军伤亡惨重，数千人伤亡，骡马也损失甚多。

西捻军被迫从吴桥向着德州方向转移。当天晚上，西捻军的后卫部队在休息时又遭到淮军夜袭，结果几乎全军覆没，张宗禹之侄张三彪战死。

吴桥之战失利后，张宗禹率军逃往山东商河县。

7 月 26 日，西捻军在商河县的沙河镇与郭松林、潘鼎新部又一次展开激战。战斗中，西捻军虽然给淮军重大杀伤，但西捻军的损失更大，张宗禹自己也受了伤。经此一战，西捻军只剩下了五千余人。

沙河镇之战后，西捻军东走武定府（今山东惠民县）。这时，连日天降大雨，各条河流都洪水暴涨，西捻军的活动范围变得更小了。

7 月 31 日，在山东济阳县玉林镇，西捻军再次遭到潘鼎新、宋庆部的袭击。西捻军大败，张宗禹仅率少数残部突围逃走。

剿灭西捻军的最后战斗打响。李鸿章给刘铭传、郭松林、潘鼎新下达于徒骇河聚歼西捻残匪的命令。刘铭传接令后，率领周盛波、周盛传、唐定奎、骆国忠、丁汝昌、聂士成、刘盛藻、刘盛休、卫汝贵等铭军将领及所统马队、步队、炮队向徒骇河杀去。

1868 年 8 月 16 日，西捻军残部被清军驱赶至茌平县的广平镇徒骇河河边。张宗禹看着连日大雨后滚滚流淌的河水，自知西捻军灭亡的时候到了，下令，与清妖展开最后血战！

徒骇河发源于山东省西部，流经山东省多个州府县，最后向东北注入渤海。

果然，刘铭传率领大队人马追杀而来，接着，潘鼎新、郭松林率领所部杀来。最后决战开始了，张宗禹挥舞钢刀，带领残部进行最后一次拼杀。顿时，徒骇河河岸枪声阵阵，刀光剑影，血流四溅，喊杀声，惨叫声响成一片，尸骸遍地。

一场血战，张宗禹身边只剩下亲兵八员，聂士成、丁汝昌策马而来又砍杀六名，两名被擒。张宗禹见状，策马跳入滚滚流淌的徒骇河中。

河岸上的聂士成、丁汝昌眼看着张宗禹游进了一片芦苇丛中便不见了踪影。

此后，刘铭传下令这一带展开大规模的搜查，可张宗禹始终是活不见人死不见尸。李鸿章接报后，没有办法，只好以张宗禹溺亡上报给了朝廷。至此，西捻军全军覆灭。

李左结怨

李鸿章亲自草拟奏折向朝廷报喜，同时，也不忘将这一喜讯报告老师。

正在承德避暑山庄避暑的慈安、慈禧接到了李鸿章山东六百里红旗加急战报。沈桂芬诵读战报道：“奏为平定西捻。逆首张宗禹徒骇河殒命，逆党全数就歼，恭折仰祈圣鉴。臣部刘铭传、潘鼎新、郭松林诸军追击捻首张宗禹部于山东茌平县徒骇河畔。西捻全军覆没，仅余八骑南走徒骇河。大河阻隔，淮军追及，张宗禹投河溺亡，余贼全歼，西捻悉平。李鸿章跪奏。”

听完沈桂芬诵读战报，慈安欣慰地道：“数年捻患终于铲除！”

慈禧吩咐沈桂芬道：“摘要张贴，邸报朝野，以示龙威！”

李鸿章的报捷奏折送去承德后不久，奖赏剿灭西捻有功之臣的谕旨送达济南李鸿章行营。谕旨写道：平定西捻，举国欢庆，龙颜大悦，李鸿章官复原职，赏还花翎并黄马褂，加太子太保衔，擢升两湖总督、协办大学士，一等肃毅伯；提督刘铭传由三等轻车都尉晋一等男爵；总兵郭松林擢升湖北提督，授布政使衔，由骑都尉晋一等轻车都尉；按察使潘鼎新晋云骑尉、世职总兵；钱鼎铭擢升道员优先调补；总兵周盛波记名提督；骆国忠赏穿黄马褂；记名提督聂士成赏力勇巴图鲁勇号；总兵唐定奎，赐呼敦巴图鲁号；记名总兵刘盛藻擢授按察使衔；丁汝昌擢升总兵，加提督衔，赐协勇巴图鲁勇号；副将叶志超，赐额图浑巴图鲁号；记名提督唐仁廉，以一等功议叙……

刘铭传如愿以偿晋一等男爵，成为当时汉人武官第一人！

曾国藩发来贺信，祝贺李鸿章剿灭西捻。信上写道：捷报收悉，甚喜！去秋以来，波澜迭起，阁下疑谤不摇，宠辱不惊，卒能艰难百折不屈不挠，了此一段奇功，固自可喜，德力尤为可敬，功拜相堂，一等肃毅伯，理所当然，特致祝贺。”同时，曾国藩信札上告诉李鸿章，他将接替官文担任直隶总督，闽浙总督马新贻接任两江总督，并兼办通商事务大臣……

直隶总督虽然也是总督，但肩负拱卫京畿，守卫皇城重任，李鸿章也为老师坐拥此要职而感到荣耀。

剿灭西捻后，刘铭传以病为由告假回庐州老家继续建造他的“刘氏庄园”，铭军交族侄刘盛藻统带。刘秉璋因父病重告假返乡伺候父亲。

刘秉璋后话：同治八年（1869）父亲病逝，刘秉璋丁忧守制三年。同治十一年，授江西布政使。光绪元年（1875）升江西巡抚。光绪十二年升四川总督。因“重庆教案”处置不当被罢免官职，1905年病逝于家乡。

德州桑园的左宗棠也接到了朝廷奖赏谕旨：“钦差大臣左宗棠剿捻有功，赏加太子太保衔，撤销历次处分，并交部照一等军功议叙。即统原部入陕，清剿鄜州、延安、绥德、榆林之回匪。”

这样的奖赏，比起李鸿章的奖赏大大逊色，左宗棠虽然心里不服，作为朝廷重臣也不好说出口。幕僚刘典却不满意了，让左宗棠以西捻匪首投河后没有找到尸骸为由，弹劾李鸿章“谎报战功！”。

左宗棠一时糊涂，还真的听了刘典的话，安排手下化装成百姓，实地前往茌平县境徒骇河两岸寻访。结果，并没有查访到李鸿章谎报军情的任何证据，左宗棠的小人之举反而让李鸿章知晓，从此两人结下梁子。

奉旨进京

六年前湘军攻克金陵，李鸿章曾前往金陵聆听老师“自剪羽翼”的一番教诲，而今，西捻剿灭了，大清国暂时没有了匪患，该到他裁撤淮军的时候了。李鸿章心里明白，自己一手缔造的淮军，无论装备多么精良，训练多么有素，多么能战斗，终究不是朝廷的经制兵（八旗绿营），只是一支没有编制的练军。

当年平定苏南时，经过对绿营的改编，对反叛的太平军的收编，加上淮军本身的扩编，淮军的总兵力已经达一百八十营十万余众。曾国藩裁撤湘军，但却保护下了淮军。当然，这主要是曾国藩发挥的作用。而今，作为剿捻总统除了淮军，还有湘、楚、豫、皖、东、苏、直等各军一百余营八万之众！李鸿章觉得该到效法老师，“自剪羽翼”的时候了。若等到朝廷谕旨下来就被动了，于是便提前拟定裁撤计划，有备无患。

李鸿章的裁军步骤是：第一步，将豫、皖、鲁、苏、直等各省派来参战的地方军全部遣散返回各省；第二步，对朝廷协调来的湘军、楚军全部遣回；第三步，就是自己统率的淮军了。对此，李鸿章也有打算。首先将当年上海改编的“奇”“芳”“濂”“得”“常”“虎”“善”“魁”等各营，收编的反叛太平军而设立的“建”“玉”“忠”“荣”“有”“昌”“群”“义”等各营，及淮军自己的“开”“华”“春”“志”“胜”“抚”“会”等营列入全部裁撤之列。除此之外，淮军精锐也相应予以部分裁撤。树军裁撤马队三营、步队六营；仁军裁撤马队三营；良军裁撤马队三营、步队八营；武毅军裁撤马队七营、步队十营；松军裁撤马队七营、步队十营，剩下的马步由湖北提督郭松林带往湖北驻防襄阳；铭军裁撤老弱病残一营；凤军裁撤老弱病残一营；庆军裁撤步队二营；鼎军裁撤马队三营、步队八营；盛军裁撤马队二营。

果然，朝廷谕旨下达：着两湖总督、协办大学士李鸿章进京陛见。另，捻匪既平，着剿捻进入京畿之淮军尽快撤离至黄河以南，于山西、山东，江苏等省择要地驻防。

看完朝廷廷寄谕旨，陈鼐询问李鸿章道："中堂，西捻刚刚平定，朝廷便匆忙谕旨淮军撤往黄河以南，荃兄是否已窥测出朝廷用意？"

李鸿章稍加思考后道："当年湘军攻克金陵，老师便自剪羽翼，以明心志；裁兵自敛，持盈保泰。裁撤淮军，荃兄早已料到，已有谋划，等待上意酌定裁撤。"

陈鼐赞赏道："荃兄高见！"

李鸿章淡淡一笑道："老师教诲，自古握兵柄而兼窃利权者，无不凶于国而害于家。处大位大权而兼享大名者，古往今来，无人能善其身。唯远权避谤，方为明智之举。此次，进京陛见当首请拟定裁军计划。"

陛见两宫

养心殿西暖阁，李鸿章"哗哗"甩了几下马蹄官袍袖筒，三叩九拜道："臣李鸿章恭请皇上、母后皇太后、圣母皇太后圣安！"

慈禧漫不经心地道："起来吧！"李鸿章起身后，慈禧问道："李鸿章，知道今日皇上、两宫皇太后召见你的用意吗？"

李鸿章回答道："微臣率淮勇平定西捻。"

慈安问道："李鸿章，本宫问你，六年前你率领六千淮勇前往上海，打败李秀成十万大军一举平定吴中；四年后，接替曾国藩剿灭东捻，两年后再歼西捻连连获胜，你都有什么高人之处？"

李鸿章回答道："回禀太后，臣并无高人之处。"

慈禧问道："那你凭什么打败匪寇？"

李鸿章回答道："臣之所以能打败李秀成，剿灭捻匪，无非西器中用，学得西人秘法一二，为我所用而已。"

慈安道："这不就是你的高人之处吗？"

慈禧补充问道："你是说洋务？"

李鸿章道："洋务虽有裨益，然存授柄之端，更潜隐患。当下，匪患虽平，列强仍逞强我朝，而我朝数十年来未有之变局，数十年来未遇之强敌，此为不可不料之变数。"

慈安问道："以你所见，我大清该当如何？"

李鸿章回答道："图新自强。"

慈禧问道："如何自强？"

李鸿章道："师其所能，夺其所恃，洋器于耕织、刷印、陶埴诸器皆能制造，又裨民生日用，百利而无一害。尤为蒸汽机，妙在借水火之力，以省人物之劳费。"

慈安问道："洋务果真能强国富民抵御外敌之妙用？"

李鸿章道："华夷混为一局势已成，西人强兵利器，百倍中国，中国虽有开花炮，制中土则有余，御外侮则不足。"

慈禧问道："以李爱卿所见如何御外侮？"

李鸿章回答道："建造战船，固海防，修筑铁路，架设电报、办学堂。"

慈安道："可当下我大清列强入侵，国门洞开，匪患不断，已积弱难振。"

李鸿章道："我泱泱华夏，圣圣相承，文德武功，法度纲纪，灿烂大备，远过元明直驾汉唐！然，自列强入侵，国力渐衰，惟图新自强，方可重振我天朝圣国国威。"

慈禧话锋一转问道："李鸿章，本宫问你，你的淮军现有多少人马？"

李鸿章回答道："回太后，微臣现所统尚有步、骑、炮、水共二百八十余营，加上长夫，计有十八万余众。然，属于微臣淮军的总兵力约十万。"

慈禧道："西捻既平，你的十万淮军打算还继续完全保留吗？"

李鸿章回答道："回禀太后，臣此次进京陛见，正拟请旨裁撤淮军。"

慈禧欣然道："如此甚好！着李鸿章会曾国藩、马新贻妥议裁撤淮军及驻防事宜。"

李鸿章叩首道："臣，领旨。"

慈禧道："李爱卿一席慷慨陈词，让本宫备受鼓舞获益匪浅，造船、海防、铁路、电报、学堂、机器纺织等各项均为祖宗所未创，待本宫与诸大臣们商议后再行定夺。"

李鸿章叩首道："谢太后！"

慈安道:“本宫得知爱卿已十五年未回京城，可多住时日，看看京城，访访故友。”

李鸿章叩首道:“谢母后皇太后！”

拜访恭王

“辛酉政变”奕䜣帮助慈安、慈禧剪除怡亲王载垣、郑亲王端华、肃顺等为首的八大臣。因政变有功，两宫太后授奕䜣为议政王，在军机处行走，总理各国事务大臣，补宗人府宗令、总管内务府大臣、领神机营、稽查弘德殿等。集军政、外交、皇室事务大权于一身，这在清代历史上是绝无仅有的。因此，李鸿章想实现他的洋务兴国梦想，首先要拜访的自然是这位大权在握的王爷。

奕䜣在王府“多福轩”接见了李鸿章。主宾入座后，侍女端上茶水，奕䜣便夸奖李鸿章道:“李中堂六千淮勇，保卫上海，平定吴中，一剿东捻，再平西捻，功勋卓著，本王早就期待与阁下一晤。”

李鸿章谦逊道:“微臣此点功劳，全赖皇恩浩荡，王爷明里暗里斡旋帮衬。”

奕䜣道:“中堂不必过谦，不必过谦。今晚本王略备家宴，与李中堂把杯畅谈。中堂请！”

当晚，奕䜣在嘉乐堂设宴款待李鸿章。王爷的家宴，既然非同寻常，满桌山珍海味美味佳肴，令李鸿章目不暇接，有的菜肴李鸿章连听都没听说过。

奕䜣道:“宫中传出话来，说李中堂今日陛见，两宫皇太后面前兴洋务、图自强、造战船、固海防，铁路、电报、学堂，强国富民，高谈阔论，慷慨陈词，让两宫皇太后眼界大开，本王闻讯为之振奋。来来来，本王先敬中堂一杯。”端起酒杯一饮而尽。

李鸿章连忙饮干杯中酒道:“王爷执掌总署、军机，创京师同文馆，开洋务先河，鸿章佩服之至！”

奕䜣道:“上海、苏州炮局，江南、金陵机器局，阁下与老师，一唱一和，相得益彰，不为时务之士呀！”

李鸿章道:“鸿章与老师经略此点洋务，全赖王爷支持襄助。”

奕䜣道:“此话倒也不假，从你们师生创设上海炮局起，就有人上疏，说洋务是舍己从人，变乱成法，用夷变夏的大帽子加以反对，都让本王爷给顶了回去。”

李鸿章道：“有恭王爷坚强后盾，我中华中兴有望！”

奕䜣道：“四年前，阁下寄来的常胜军管带戈登赠言二十条，本王反复拜读揣摩，我中华惟采西学，制洋器方为自强之道。”

李鸿章道：“而时至今日，朝中尚有人居我中华神明华胄之荣耀，昏睡于天朝上国之迷梦，无事则嗤外国利器为奇技淫巧，以为不必学；有事则惊外国之利器变怪神奇不能学。如此以往，何谈中华自强？”

奕䜣赞许点头道：“言之有理，言之有理呀！”

李鸿章道：“鸿章此来，尚有一事请教王爷。今日陛见，太后懿旨裁撤淮军。”

奕䜣道：“西捻已平，淮军当予适量裁撤。”

李鸿章试探道：“圣意未加明示，鸿章不知裁撤多少为宜？”

奕䜣稍加思考后道：“淮军不同于湘军，装备精良，百战劲旅，以淮军十万兵众，裁撤三四成当合圣意。”

李鸿章激动地道：“谢王爷指点。”

拜访过恭亲王后，李鸿章在沈桂芬引领下拜访文祥、宝鋆等权贵后，又前往总理各国事务衙门拜访，走访了英国、法国、俄国、美国等国驻京公使馆。带着对淮军命运的疑虑离开北京，沿途巡视了淮军各营后，赶往金陵面见恩师曾国藩。

裁撤淮军

金陵凤仪门前龙旗飘扬，岗哨林立，戒备森严，曾国藩、新任两江总督马新贻（字谷山）及钱应溥、赵烈文、薛福成等幕僚于城门外迎候，李鸿章、张树声、陈鼐、钱鼎铭、周馥、刘含芳及仆人刘斗斋等一行乘坐的马车到来。

曾国藩迎上前去，对李鸿章道：“为师与谷山等阁下前来金陵，议定裁撤事宜后便前往保定赴任。”

李鸿章道：“有劳老师、谷山兄操劳。”转向马新贻道：“谷山兄荣任江督，可喜，可贺！”

赵烈文接上前来道：“恭贺荃兄，高拜相堂。”

李鸿章谦逊道：“协办大学士，徒有虚名耳。”

马新贻恭维道：“师生同拜相门，我朝鲜有啊！”

一番寒暄后，李鸿章一行由曾国藩、马新贻、赵烈文、钱应溥等陪同前往两江总督衙署议事厅商议裁撤淮军之事。

入座后，周馥取出淮军裁撤方案，分别交给曾国藩、马新贻审阅。

李鸿章道："朝廷谕令老师与谷山兄会筹淮军撤留事宜，少荃特来金陵请商。"

钱应溥道："西捻刚刚平定，朝廷便要裁撤淮军了。"

赵烈文调侃道："自古狡兔死，走狗烹；高鸟尽，良弓藏，不足为怪。"

曾国藩随意翻了翻裁撤方案后道："阁下是淮军主帅，自然由阁下拿出主见。"

马新贻问道："李中堂陛见两宫皇太后时，上意对裁撤淮军有无明确懿旨？"

李鸿章道："两宫尚无明确懿旨，为裁撤事宜，少荃前往恭王府拜访恭王爷，探寻过圣意。"

曾国藩急切地问道："恭王爷是何说法？"

李鸿章回答道："以当下我淮军十万兵众，裁撤三四成可合圣意。"

马新贻放下文稿，瞟一眼曾国藩道："涤帅，如此说来除了当年少荃上海改编绿营、民团，历年收编的太平军反叛官兵及少数淮军外，再减三至四万，便合上意了。"

曾国藩道："谷山兄对少荃所拟裁军方案是何意见？"

马新贻惋惜道："淮军百战劲旅，新贻一定设法奏准朝廷苏省多留些精兵。"

曾国藩赞许点头后询问李鸿章道："驻防呢？"

李鸿章回答道："树军驻扎大宁、吉州、壶口，铭军驻扎东昌、张秋，凤军驻扎徐州，鼎军驻扎济南，庆军、仁军、武毅等军分扎江浦、吴淞、江阴等处，少荃携盛军及亲军枪炮队等计十九营赴鄂驻守。"

曾国藩吩咐赵烈文道："惠甫，按照少荃所拟裁撤计划，以晋、苏、鲁、鄂防务为由，奏请朝廷酌留淮军精锐六万五千，借以缓解朝廷疑忌。"

赵烈文允诺道："烈文遵命！"

马新贻道："少荃啊，令弟昭庆博学能文，作战英勇，每次鏖战，匹马斫阵，所向无敌，可否请调幕下襄办营务？"

李鸿章一笑道："我那六弟脾性刚烈，正赌气闲在家中。不过，若使弟重返军营，非我老师亲函不可成行。"

马新贻对曾国藩道："敢请曾公信函一封，成就新贻心愿。"

曾国藩风趣道："愚兄敢不从命？"

裁撤淮军计划讨论确定后，曾国藩采纳李鸿章建议，联名上奏朝廷为张树声、钱鼎铭、周馥、刘含芳赐封官职，同时，奏请陈鼐调直隶。

离开金陵前，李鸿章不忘前往亲手创办的金陵机器制造局看看，安排刘斗斋返回庐州，将母亲及妻儿接去武昌。而后，告别老师、马新贻，携张树声、周馥、钱鼎铭等幕从搭乘洋轮前往武昌。

武昌赴任

滚滚长江东逝水，浪花淘尽英雄。

李鸿章走出船舱，信步走向船头，看看滚滚江水，感慨道："天门中断楚江开，碧水东流至此回。两岸青山相对出，孤帆一片日边来。"

周馥搭讪道："荃兄在咏诵诗仙赞美长江的诗句呢？"

李鸿章道："咏诗消愁啊。"

张树声感慨道："是啊，此次裁撤淮军，让众多淮军将领伤心落泪。刘铭传告假回乡养病不愿再出，周盛波以母老兄弟俩留一在军回籍终养。"

刘含芳补充道："还有许多淮军将士伤心哭泣不愿离开军营。"

钱鼎铭走上前来道："武将如犬马，驱使总由人啊。"

李鸿章道："旧部纷纷乞退，淮军一呼百应所向无敌的时代一去不复返矣。"

一声汽笛长鸣，洋轮缓缓靠向汉阳门码头，湖北巡抚署两湖总督郭伯荫率领湖北提督郭松林，武昌府、汉阳府知府等官员前往码头迎接李鸿章一行。

郭伯荫抱拳道："下官郭伯荫迎候中堂大人前来武昌赴任。"

李鸿章抱拳道："有劳远堂兄亲自迎接，实不敢当！"

郭松林抱拳向李鸿章道："松林迎候中堂大人！"转向张树声、周馥、钱鼎铭、刘含芳道："振轩、兰溪、芗林、新之四位仁兄一路辛苦！"

郭伯荫道："下官早已接到圣谕，一直期待中堂大人前来赴任。"

李鸿章道："两宫太后厚爱，恩准京城逗留数日，又奉旨赶赴金陵商处淮军裁撤事宜，故而今日方至。"

几辆官府马车行进而来，李鸿章、张树声、周馥、刘含芳、钱鼎铭等幕僚在郭伯荫引导下陆续登上马车，向总督衙署而去。

两湖总督正式官衔为总督湖北、湖南等处地方提督军务、粮饷兼巡抚事，简称为两湖总督，是清朝九位最高级的封疆大臣之一，总管湖北和湖南的军民政务。因湖南、湖北两省在明朝时同属湖广省，因此也叫湖广总督。

总督衙署位于武昌城望山门内西侧，衙署建筑分前、中、后三路，包括辕门、仪门、大堂、二堂、议事厅、官邸、上房，并建有官员、差役、府兵、杂役等生活居住的廊房、厢房、耳房等建筑多间。

李鸿章与郭伯荫交接完关防、官文等手续没过几天，李鸿章连偌大的总督衙署文案、科房的官员还没认全，朝廷圣旨送达，要李鸿章前往四川调查四川总督吴棠贪腐案。

圣旨写道："云贵总督刘岳昭参劾四川总督吴棠赴任扰索、收受属员规礼、卖官卖差、任人唯亲，排斥异己，调济私人，收受滇抚差官馈贻贪腐案。着两湖总督协办大学士李鸿章钦差大臣赴川查明案情，奏报朝廷。"

刘含芳道："总督参劾总督，这在大清国还是少有所闻啊。"

张树声道："兰溪恐怕还有所不知，西太后对吴棠宠爱有加，此时差遣中堂前往四川查办，其中定有玄机呀。"

李鸿章道："要说这位老乡，本堂还是略知底细。吴棠出生盱眙寻常百姓家门，自幼家境贫寒，读书连油灯都点不起，常借月光读书。高中举人后，先后在淮安、清河担任县令。为体察民情，常改装出行，以礼化民，以文治政，深受百姓拥戴，尤其是剿匪立下战功，始受朝廷器中，一路官运亨通。"

周馥道："听中堂这么一说，刘岳昭岂不诬陷忠良？"

李鸿章道："本堂知道这位安徽老乡圣眷颇隆，即便刘岳昭参劾属实，查办亦殊难下手。"

周馥道："圣旨已下，中堂不得不从啊。"

李鸿章吩咐道："回奏朝廷，本堂刚抵昌都政务繁杂，千头万绪，待料理妥帖，即奉旨前往成都。"

其实，这都是李鸿章借口，他是要等刘斗斋庐州接来母亲、妻儿，将他们安顿好了后，才放心前往四川。

十几天后，刘斗斋雇用一只带帆的大木船，由庐州出发经南淝河、巢湖、长江将李鸿章母亲李氏、妻子赵小莲、养子李经方、儿子李经述、女儿李菊藕接来武昌。李鸿章将一家老小安顿好，留下周馥、刘含芳、钱鼎铭处置总督衙署日常事务，携张树声、刘斗斋乘船赶往四川。

第二十二章

四川查案

吴棠，字仲宣，号棣华，安徽盱眙（今安徽明光市三界镇）人，举人出身，授淮阴府桃花县令，转清河县令。后被擢升徐海道、江宁布政使、漕运总督、江苏巡抚、署两广总督、四川总督，可谓平步青云，官运亨通。然而，这背后，全得益于掌控大清实权的慈禧的提携。

要说慈禧与吴棠的关系，还有一段民间传说故事。吴棠担任清河县令时，一位叫惠征的道员病故于镇江。惠征两个女儿护送灵柩从镇江出发，乘船一路北上。她们来到清河县地界时，清河县令吴棠派人送了300两银子奠仪，还亲自上船祭拜。两姐妹很受感动，因为这位清河县令与惠征素不相识。而吴棠则是“哑巴吃黄连，有苦说不出”，因为他送错了对象，本来这笔奠仪银子不是送给这位叫惠征的道员的。但是，这个差错却给吴棠带来莫大的红运。没过多久，姐姐入宫选秀成了咸丰皇帝的宠爱，被册封为兰贵人，她就是后来闻名天下的慈禧太后。

慈禧掌权后，铭记当年清河县令恩德，对吴棠厚爱有加，一个由举人入仕途的农家子弟，才有今天的封疆高官官职。

却说，云贵总督刘岳昭等人联名弹劾吴棠贪腐，奏折呈递朝廷，慈禧看完奏折后颇感棘手，一番权衡后，懿旨李鸿章前往调查。作为安徽老乡，李鸿章对吴棠的后台十分清楚，深知此次作为钦差大臣入蜀查案并不是什么美差，搞不好自己的仕途还会就此中断。所以，提醒自己一定要倍加小心。

李鸿章率领张树声、刘斗斋等随从乘坐一只租用的小火轮，从武昌出发溯江而上前往成都。到达成都沱江码头后，李鸿章并没有惊动吴棠，连客栈都没找，就住在小火轮的客舱里。

李鸿章找来张树声商议这起案子该怎么查。

张树声建议道："要树声说呀，吴棠既是西太后宠臣，荃兄又如此了解底细，还查什么，找来吴棠训责一番签字画押，走个过场结案了事。"

李鸿章连连摇手道："不可，不可，太后既然懿旨本堂钦差大臣兴师动众千里迢迢前来川都，绝非走走过场就可了事的。"

张树声稍加思考后道："要是这样的话树声倒有另一个建议，看一个官吏是好是坏，是贪是廉，无须费神，一看是否爱民，二看是否清廉；爱民势必勤政，廉洁势必公正，若既爱民又廉洁，定是好官。荃兄且在船上歇息几日，待树声带上刘斗斋前往成都走上一遭，是非即可分明。"

李鸿章拱手道："那就有劳振轩兄。"

张树声领命后，先是领着刘斗斋进行一番走访了解。通过走访了解获悉，参劾吴棠的刘岳昭也不是什么"好鸟"，他是前任四川总督骆秉章的部下。吴棠任职后曾进行过一系列重大改革，惩戒一大批贪赃枉法官员，这就不免得罪了蜀地官员，这些人便开始搜集吴棠的黑材料，诬告吴棠贪赃枉法，卖官鬻爵。

巧试贪廉

仅靠走访了解到的情况，还不足以说明吴棠是贪官还是一个勤政爱民的好官，还需要进一步试探。

这天，张树声与刘斗斋头缠蓝布，身穿破烂衣衫，穿着一双看得见脚趾的破鞋，端着破碗前往四川总督衙署门前寻找机会。这时，一帮老年乞丐沿街乞讨走来，于是两人便混入其中。

传来一阵铜锣声，循声觅去，一队官兵敲着铜锣，高举"回避"官牌，簇拥着一抬二品官员大轿走来。张树声向刘斗斋使了个眼色，刘斗斋心领神会，迅即领着几名老年乞丐冲上前去。到了大轿前，刘斗斋与几名老年乞丐扑通跪倒街头，拦住轿队的去路。几名督府侍卫见乞丐阻拦道路，便冲上前去，对阻拦道路的刘斗斋及几名老年乞丐拳打脚踢。

"住手！"吴棠身穿官袍走下大轿，将侍卫一顿训斥后，将跪在地上的刘斗斋及几名老年乞丐一一扶起，吩咐随从每个乞丐分发两块铜板，让他们自己去买点饭吃，而后重新登上轿子离去。

看到眼前这一幕后，对吴棠为官品行已经有了初步了解。于是，吩咐刘斗斋先返回码头，请李鸿章给吴棠写一封信札，并加盖印章。而后，两人客房中各自换上衣服。张树声换上缎子面马褂，戴上瓜皮帽，拄上文明棍。刘斗斋换上一身财主家仆人的衣服，雇上一台大轿，请来两名轿夫夜访吴棠官邸。

大轿还没抬到提督官邸门口，早被两名府兵拦住，张树声走下大轿，告诉士兵道："我乃邛崃府张秀才，特来登门拜会总督大人，还请兵爷给个方便。"

士兵告诉张树声道："总督大人交代官邸不接待陌生来客，可于明日前往总督衙门候见。"

张树声见没有办法夜访吴棠官邸，便掏出一封信札让士兵交给吴棠，并告知士兵，吴总督看完信札什么都明白了。

夜晚秀才来访，还送上信札，正在饭厅与夫人吃饭的吴棠放下饭碗，拆开信札，信札里竟然装着一张千两银票。吴棠见状，大为恼怒，命士兵速去将贿赂朝廷官员的秀才抓起来，押送成都府法办！

吴夫人劝说道："自古官家不打送礼人，还是把银票送还那位老秀才，让他离开算了。"

吴棠觉得夫人的话有些道理，遂吩咐士兵道："按照夫人吩咐，把这张银票退还那位邛崃秀才，告诉他不许再上门来，本督不会卖官鬻爵。"

这位士兵匆匆跑出官邸，将银票送还张树声后道："大人看你一把年纪又是个读书人就不难为你了，若下次胆敢再来贿赂总督大人，定然不饶！"

另一名士兵厉声道："还不快走！"

张树声一笑，掏出另一封信札对士兵道："烦请兵爷把这封信札送交总督大人，这封信札吴大人一定乐意收下。"

士兵甲疑惑的目光看着张树声道："臭秀才，还想玩什么花招？"

刘斗斋道："快送去给你们大人吧，否则，后悔晚矣！"

刚走下餐桌的吴棠，见士兵又拿着一封信来见，更觉得奇怪，急忙打开信札，竟然是李鸿章的亲笔信，信笺下还盖着李鸿章的印章，不由得惊出一身冷汗，连夜带领衙役全城寻找钦差大臣李中堂的下落！

拜见钦差

第二天上午，吴棠终于在沱江码头找到了李鸿章乘坐的火轮船。

吴棠登上小火轮，走入李鸿章居住的简易船舱，扑通跪倒在李鸿章面前，声泪俱下道：“下官吴棠终于盼到朝廷派来的钦差大臣！罪官吴棠有救了！”

李鸿章连忙将吴棠搀起：“吴大人快快请起！”

吴棠起身后，掏出手帕擦去泪水后道：“不知中堂大人已抵川府，多有慢怠，罪官吴棠乞请大人海涵。”

李鸿章一笑道：“好说，好说。吴棠，你知道本堂此次川府之行目的吗？”

吴棠道：“下官知晓，都是刘岳昭那厮无中生有，参劾下官赴任扰索、收受属员规礼、卖官卖差、任人唯亲，排斥异己，调济私人，收受滇抚差官馈贻。”

张树声抱拳道：“下官奉中堂之命，假冒邛崃府秀才夜访吴总督官邸，没有惊扰吴大人吧？”

吴棠连忙道：“没有！没有！要不是张大人送去中堂给罪官的亲笔信札，罪官还不知中堂大人已经来川府多日了呢！”

李鸿章“哈哈”一笑道：“阁下声振江淮，天子知名淮海吏，若忠良之臣遭诬陷岂不辜负圣恩。”

吴棠感激涕零地道：“中堂乃吴棠再生父母也！”

李鸿章道：“言重，言重！你先回去吧，本堂自有定夺。”

吴棠道：“中堂不辞辛劳千里迢迢赶来川府，下官敢请大人移帐川都，让下官尽地主之谊。”

李鸿章道：“不可，不可，你我同为皖人，朝中早有传言，李鸿章、吴棠金石之交，还是避嫌的好。”

吴棠恳求道：“如此，恳求钦差大人还下官一个清白。”

李鸿章回答道：“本堂定有公论。”

不久，李鸿章查办四川总督吴棠贪腐案的专折送达朝廷。奏折上写道：近来川省官场习气颇尚钻营，遇有大吏新任，多方尝试，稍不如意，则编造竹枝词等私行散布，以讹传讹，使人莫测其从来，远处闻之，或因他故微嫌，遂至摭拾入告。吴棠善政宜民，可为川省造福，亟求扶持正人以求公道。臣详查事实，密察舆论，该督被参各款毫无证据，断不敢稍涉徇隐，自干咎戾。亦不敢误信谣言，紊乱是非……

慈禧看到李鸿章的这份奏折满心欢喜，心头担忧的石头也终于落了地。朱笔批示：刘岳昭诬陷同僚，证据确凿。着云贵总督刘岳昭申斥处分，诏布朝野，以儆效尤！

转磨驴子

完成吴棠贪腐案查办返回武昌后，李鸿章心里想，这下可以安心在两湖总督的位子上好好陪陪老母亲，陪陪妻儿了。

未承想，回来后没安稳几天廷寄圣旨又到：贵州苗民聚众谋反，着李鸿章钦差大臣，率部前往贵州督办军务，整顿川湘援黔各军。另，据曾国藩、李鸿章所请，擢升钱鼎铭大顺广道（大名府、顺德府）、周馥直隶知州留武昌补用；张树声调补山西按察使即予赴任，刘含芳直隶候补道。钦此！

接到这份圣旨，李鸿章既恼怒又高兴还好笑。恼怒的是，李鸿章就是一头拉磨的驴，也得让它有个喘息的时间吃口草喝口水呀；高兴的是在他和曾国藩多次举荐下，四名忠实的幕僚都得到了新的官职；好笑的是朝廷拿他当孩子，一边哄着干事，一边给糖吃。

接到圣旨后，张树声感激道："树声承蒙中堂多次举荐终获恩准，感恩不尽。可云贵边陲之地，苗匪反叛朝廷有年，朝廷派兵数次清剿都未能奏效，中堂此去风险多多困难重重啊。"

周馥愤然道："朝廷简直把中堂当一头埋头推磨的驴子了。"

李鸿章"哈哈"一笑道："在朝廷看来，李鸿章不就是一头只会埋头推磨不知疲倦的驴嘛。"

张树声道："要不请中堂奏报朝廷树声暂不前往山西赴任，陪同荃兄一起前往贵州。"

钱鼎铭道："鼎铭也不去直隶赴任！"

李鸿章道："振轩、新之你们二人这是要干什么呀，鸿章和老师为你们争来的职位不容易，都各奔前程任职去吧。发贼、捻寇都不在我李鸿章话下，这回有子美、芗林当助手，还有薪如的盛军保驾前往，没有什么可怕的，愚兄这辈子就从未被艰难险阻吓倒过。"

一家老小好不容易从庐州赶来才过了几个月的安稳日子，朝廷又下旨让李鸿章率部前往贵州剿匪，李老太太和赵小莲获悉后心里不免有些伤感。但是，婆媳俩都是通情达理的女人，她们更知晓圣旨不可违。李老太太和赵小莲商量后，决定携家带口重返庐州，不拖儿子的后腿。

就在婆媳俩开始收拾行装的时候，圣旨又到：浙江巡抚李瀚章擢升两湖总督。李鸿章立即让刘斗斋回去向老太太、夫人报喜。

二少爷走，大少爷来！两湖总督关防大印在兄弟之间交接，这在大清国历史上还是少见的！这大概是朝廷有意这样安排，让为大清国冲锋陷阵扛大梁的李鸿章得到些许安慰与补偿吧。

二十多天后，李瀚章携带妻儿从杭州乘坐马车赶来武昌，见过母亲、弟媳后，与李鸿章完成交接，正式继任两湖总督。而李鸿章则完全抛开总督公务，召集郭松林、周盛传、周馥、刘含芳等将领整顿队伍，备足粮草准备开拔贵州。

出征西北

1870 年（同治九年）初春，周盛传率领的盛军五营三千人马，作为先头部队由武昌出发赶赴贵州，李鸿章与郭松林率领松军、盛军十营六千人马殿后。

就在这个时候，朝廷谕旨又达：回匪突破青铜峡防线，总兵简敬临阵亡，提督刘松山中弹亦不治而亡，西北剿匪情势陡变。为大局计，李鸿章不去贵州督师，着即率旧部援陕。钦此！

接到谕旨后，李鸿章一面下令郭松林派出快马追赶周盛传停止前往贵州，一面与周馥、刘含芳等将领筹划援陕剿匪事宜。

谕旨上所说的西北回民起义，是由马彦龙、马占鳌、马化龙、马文禄、马桂源、董志原、董福祥等头领发起，爆发于 1862 年春。回民起义大旗举起后，甘肃回民纷纷响应，队伍迅速壮大。马彦龙、马占鳌率领起义军占领了河州（今甘肃临夏）、狄道州（今临洮）一带；马化龙率领起义军占领了灵州（今宁夏灵武）一带；马文禄占领肃州（今酒泉），马桂源占领了西宁（今青海西宁）。与此同时，董志原率领的陕西回民起义军，董福祥率领的陕北饥民起义军也随之响应。一时间，西北回民起义风起云涌，声势浩大。

早在 1868 年 11 月，担任西北剿匪的钦差大臣左宗棠命刘松山率湘军由山西渡黄河，由绥德西行，进攻回民起义军的盟友董福祥领导的陕北饥民起义军。结果，董福祥等起义首领投降，剿匪初战告捷。

次年 4 月，左宗棠调集兵力向陇东肖金镇董志原率领的陕西回民起义军发起进攻，再获胜利。此后，左宗棠便集中兵力清剿甘肃的回军。

甘肃四支回军中，以马化龙实力最强。马化龙以金积堡为根据地，控制着灵州及附近各州县，自称“统理宁郡两河地方军机事务大总戎”与大清朝廷抗衡。

左宗棠认为“西事关纽全在金积，此关一开，全局在握”。于是，分兵三路大举进攻金积堡。下令，北路以提督刘松山部进定边、花马池，逼近灵州；中路以魏光焘、周绍濂、刘端冕各军直指庆阳和环县；南路派吴士迈所统诸军由陇州（今陇县）、宝鸡趋秦州（今天水）。

7月初，左宗棠自灵州出发经长武进驻泾州城（今甘肃泾川）坐镇指挥。

入秋后，刘松山部率先进抵灵州，中路清军亦由固原、平凉北进。11月中旬至金积堡西南秦渠一带完成了对金积堡的包围，随即展开围攻。回民起义军则以秦、汉二渠为依托进行顽强抵抗。激烈战斗持续三个多月，清军非但没有攻克金积堡营垒，反而丢失黄河青铜峡口，总兵简敬临、提督刘松山被回民军击毙，清军士兵伤亡更是惨重。与此同时，为了调动清军，马化龙命起义军一部自青铜峡口杀向陕西。

慈禧接到西北战报后，对左宗棠两年多的剿匪战绩十分不满，遂谕旨李鸿章率领旧部前往陕西清剿回匪。

兄弟长谈

出征前，李氏兄弟在李鸿章官邸进行了一次彻夜长谈。

李瀚章提醒弟弟道：“左宗棠逞强好胜，号称湖南犟驴，二弟此去陕西势必引发与左公不快。”

李鸿章淡淡一笑道：“山东剿捻时少荃与此人已有过交锋，此公自恃才高八斗，文武兼备目空一切，与他合作味同嚼蜡。”

李瀚章道：“朝廷圣谕已到，弟已懈怠西征不可再不遵旨。以哥之言，弟可率军缓进，看左公是何姿态；若左公拒绝，弟正可顺水推舟，奏请朝廷辞掉这桩烫手差事。”

李鸿章感激道：“大哥高见！”

赵小莲、莫氏端着夜宵走入书房……

赵小莲道：“瞧你们这哥俩儿，一见面就说个没完。来，莫儿给你们熬了两碗红糖莲子羹，趁热喝了。”

李瀚章端起碗道：“谢谢弟妹。”

李鸿章端起碗问道：“妈睡了吗？”

赵小莲回答道：“都几更啦，妈这么大年纪了，还能不睡？”

李瀚章三口两口喝干碗中莲子羹，放回碗，夸奖道：“二弟，你可是娶了个好媳妇啊！”

李鸿章得意道：“小莲可是少荃的定海神针呢！”

赵小莲羞涩地一笑道：“瞧你！”说完，领着莫氏离去。

根据兄弟俩商量的对策，李鸿章磨磨唧唧在朝廷连下三道圣旨后，才率领郭松林部、周盛传所部，以及驻防山东的骆国忠、聂士成，驻防徐州的董凤高等旧部分头向陕西进发。

正如李瀚章预测的那样，正在平凉前线的左宗棠接到朝廷谕旨，获悉李鸿章率驻防湖北松军、盛军，及驻守山东、徐州等旧部陆续赶往陕西参与剿灭回民起义军，顿时火冒三丈！追剿西捻张宗禹就丢了面子，这回绝不能再丢面子。左宗棠清楚，按照淮军的装备和战斗力，剿灭西北回匪的战功不用说又将被李鸿章抢去，这是左宗棠不能接受的。于是，一面命刘松山之侄刘锦棠接统老湘军，重新组织对金积堡的进攻；一面奏报朝廷道：陕西回匪已肃清，无须李鸿章率淮军支援。

慈安、慈禧接到左宗棠平凉送来的“无须李鸿章率领淮军支援”的奏折后，即召集文祥、宝鋆、李鸿藻、沈桂芬等军机处大臣商议。

已经十四五岁的同治，也懂得处理朝政了，问道：“回匪突破青铜峡缺口，大举入陕，怎么能说陕西回匪已肃清呢？”

文祥连忙道：“回皇上，左宗棠奏折就是这么写的。”

慈禧恼怒道：“左宗棠竟敢文过饰非，谎报军情？”

李鸿藻连忙辩解道：“启禀皇上、两宫皇太后，左宗棠之所以拒绝淮军西援，分明不想让李鸿章入陕抢功。”

慈安道：“金积堡一战左宗棠一败涂地，面对回匪嚣张气焰束手无策，竟然为争功劳拒绝淮军西援，真是混账透顶！”

李鸿藻连忙下跪道：“太后息怒！”

慈禧道：“让李鸿章率部快速行进，务将回匪堵截于陕西境外。”

虽然朝廷谕旨催促加快行军速度，李鸿章依然按照大哥的嘱托，走走停停，向西安行进，等待朝廷新的谕旨送达。

清剿回匪的各军，在左宗棠严令督促下，中路军终于夺回了青铜峡口，接着，刘锦棠部攻下东关，战局终于发生了好转。于是，左宗棠立即向朝廷奏报战功，并再次声明无须李鸿章支援。

天津教案

望海楼教堂，旧称圣母得胜堂，位于今天的天津市河北区狮子林大街西端北侧，斜对狮子林桥，以其旧址望海楼而得名。望海楼教堂于同治八年（1869）底建成，具有欧洲哥特式建筑风格，是天主教传入天津后建造的第一座教堂，占地面积三千多平方米，天津教案就是从这儿发起的。

同治八年初，法国传教士在天津三岔河口建造教堂，拆除了寺庙崇禧观及附近的民房和商铺，使得许多百姓流离失所无家可归。

次年六七月间，望海楼建成。教堂设立育婴堂收养中国儿童，由修女集中收养。时，天津发生瘟疫，导致大批儿童死亡。死亡的儿童尸骸安葬于河东盐坨之地。因死亡的儿童太多，没有那么多的棺材，教堂为节约费用，每二三个儿童装入一口棺材，尸骸暴露，有的儿童遗骸被野狗啃食，现场惨不忍睹。

还有的百姓传出，传教士迷拐孩童取脑剜眼以作药用的谣言！这样就更加引起百姓对洋人教堂的愤恨。

巧合的是，天津不断发生迷拐儿童事件，被捕拐卖儿童罪犯供称系受教堂指使。消息传开，民情激愤，舆论哗然！

6 月 21 日，静海知县刘杰押着拐卖儿童人犯武兰珍前往望海楼教堂与神父对质，查证迷拐孩童作药用传言是否属实。闻讯赶来的民众、士绅、男男女女从各条街巷汇集而来，刘杰虽然竭力劝阻，仍无济于事。

有妇女哭喊道："还我孩子！"

有百姓喊叫道："冲进教堂救出孩子！"

还有的百姓怂恿道："烧了洋教堂！"

现场民众越来越多，场面已经失控，刘杰劝阻不住，只能携随从前往天津府向知府张光藻报告。刘杰一走，激愤的民众冲入教堂先是进行打砸，接着打死神父、修女及中外信徒多人。抱来柴草，一把大火烧了望海楼天主堂、仁慈堂，围攻打砸位于教堂旁边的法国领事馆。

法国驻天津领事丰大业闻讯后，对中国民众的野蛮行径极为震怒，提上短枪，携秘书西蒙，前往位于天津三岔口西北岸的三口通商大臣衙署去找崇厚。

崇厚刚接报望海楼教堂被百姓纵火焚烧，正准备赶往察看，被丰大业堵在签押房。

丰大业一见崇厚，便以生硬的中国话道："崇大人，你治下的百姓焚烧望海楼教堂，本领事要大人立即下令军队前去平乱！”

崇厚道：“领事大人，少安毋躁，静海知县刘杰正在现场处置，想必事体很快就会平息。”

丰大业道：“刘杰一个小小知县，平息不了刁民叛乱，崇大人必须率部前往，否则，法国战舰将开入大沽口！”

崇厚严肃道：“本大臣只服从大清国朝廷，不能听从你的命令！”

丰大业掏出短枪，对准崇厚道：“你必须派兵镇压！”

崇厚拍案而起愤然道：“本大臣恕难从命！”

丰大业恼羞成怒，扣动扳机，“砰”的一声枪响，子弹从崇厚头顶飞过，众幕从惊恐声一片，连忙簇拥崇厚逃离衙署！

丰大业将崇厚的签押房一番打砸后，率领西蒙赶往望海楼。街头，丰大业与正率领几名巡捕走来的刘杰相遇。没等刘杰开口，便下令道：“把这个无能静海知县给我抓起来，押去领事馆，我要让崇厚亲自来领。”

一名巡捕见状，站上前来，厉声道：“谁敢！”

丰大业掏出短枪厉声道：“我毙了你！”举枪射击，侍卫中弹倒地。

刘杰愤然道：“丰大业，你敢当街杀人！”

百姓们见洋鬼子当街打死巡捕，围拢上去，将丰大业、西蒙团团围住。愤怒的百姓，你一拳、我一脚，竟然把法国驻天津领事丰大业和秘书西蒙当街给打死了！

事态失控

焚烧洋人教堂，杀死神父，打死打伤修女多人，当街打死法国领事丰大业和秘书西蒙。事态闹大了，崇厚接报后六百里加急奏报朝廷。

慈安、慈禧接报后，召集奕䜣、文祥、宝鋆、沈桂芬、世铎、奕譞、奕劻、李鸿藻等王公大臣廷议。

慈安道：“天津闹出大事啦，杀了望海楼神父、修女、教徒等多人，烧了洋人教堂，殴死天津法国领事丰大业、秘书西蒙，法国公使罗淑亚联合英、美、俄、德、比、西等国公使照会总理衙门，称天津教案事关重大，要求严办，并设法保护各地洋人及货产，此事如何措置两宫不得主意。”

慈禧漫不经心地道：“哼，洋教，洋教给我们带来什么好东西呀？中国人一旦信了洋教，马上就叛宗背祖。近年来，各地发生的教案都是如此。我们从远古时就懂得要尊敬父母。洋人不是这样，当他们到一定年龄的时候就离开父母，并且从此就不再服从父母了。我看洋教压根就不是什么好东西，只是这回天津事情闹得太大了，列强群起而愤之，得有个妥帖的收拾法子，各位都有什么好法子？”

沈桂芬道：“臣以为天津教案祸起药拐孩童，洋人肆意妄为射杀无辜，激起民愤引发骚乱，市民为泄愤聚众焚毁教堂、打砸领事馆，打死领事丰大业及其随员、神父、修女、教徒等众，朝廷当应即派员前往查明是非，再作处置。”

奕劻道：“天津教案不仅涉及法国，也涉及俄国，如此按部就班前往核查，势必激怒洋人。”

奕䜣道：“国门已开，华夷渐为一体。臣以为纵不能乘此机会，尽焚在京夷馆，尽戮在京夷酋，此为国际惯例所不容。”

奕譞道：“臣以为，我正可假天津民愤，议撤传教之条，以固天下百姓之心。”

奕䜣辩驳道：“天津教案不仅涉及法国，也涉及俄国，若借民愤，议撤传教之条势必激怒更多洋人。”

慈安询问同治道：“皇上是何意见？”

同治瞟一眼慈禧道：“朕谨遵母后皇太后、圣母皇太后旨意。”

慈安道：“既是如此，还是妹妹拿主张吧。”

慈禧一声哀叹后道：“在本宫看来，洋教虽不是什么好东西，可已经既成事实，赶是赶不走了。如此事态，和局固宜保全，民心尤不可失。兹事由总理衙门御令各通商口岸督抚，对洋商、教士妥加保护，杜绝类似事件再次发生。”

奕䜣应道：“嗻！”

慈禧道：“崇厚做事不仅优柔寡断瞻前顾后，更惧怕洋人，看来这事指望他去处置恐怕不行。得找一个狠的人去处置为好。曾国藩现在何处？”

沈桂芬回答道：“回太后，曾国藩正留住保定官邸告假养病。”

慈禧迟疑道：“哦，曾国藩正告假养病呢。”

李鸿藻连忙道：“太后，天津是他直隶总督曾国藩的治下，出了这么大的事，他不能袖手旁观。”

慈禧稍加思考后道：“曾国藩病尚未痊愈，惟此案关系紧要，曾国藩精神如可支持，着前赴天津。着总理衙门大臣成林同时赴津，与曾国藩彻底查究教案，秉公办理妥善处置。”

奕䜣应道：“嗻！”

赶赴天津

曾国藩于保定直隶总督官邸卧房接到朝廷廷寄谕旨。看完谕旨后，顿感教案棘手难办，处理不好得罪了洋人，又会酿成战火。遂让儿子曾纪泽将他搀扶下床，前往书房。到了书房，曾国藩坐到太师椅上，稍加思考后吩咐儿子捧来文房四宝，拿起墨笔写下：余自咸丰三年募勇以来，即自誓效命疆场，今年老病躯，危难之际，断不肯吝于一死，以自负其初心。恐邂逅及难，而尔等诸事无所秉承。兹略示一二，以备不虞。

看到父亲写下的文字，曾纪泽吃惊地问父亲道："爹又要立遗嘱！"

曾国藩停下墨笔道："朝廷御令赴津处置教案与少荃替爹运来做寿器用的建昌花板木材相继而至，乃不祥之兆也。余若长逝，灵柩自以由运河运回江南归湘为便，沿途谢绝一切，概不收礼，但水陆略求兵勇护送而已，务遵遗嘱。"说完，将墨笔交给儿子。

曾纪泽接过墨笔，伤感的目光地看着父亲道："爹！"

曾国藩严厉地道："写！"

这已是曾国藩第三次写下遗嘱。第一次是在1854年（咸丰四年）4月，曾国藩率湘军出师不利，兵败靖港写下遗嘱；第二次是在1861年（咸丰十一年）2月，曾国藩被困安徽祁门，也写下遗嘱。而这次并没有前两次面临生死考验那么大的风险，但曾国藩预感处理天津教案，似乎等同于生死考验的风险。

1870年7月29日，曾国藩率已经升任直隶按察使的钱鼎铭及幕僚陈鼐、赵烈文、钱应溥、薛福成等赶往天津。

到达天津后，曾国藩于行营召见三口通商大臣崇厚、天津知府张光藻、天津道员周家勋、静海知县刘杰等官员，听取他们有关教案情况汇报。

天津教案先后打死法国驻天津领事丰大业、秘书西蒙，望海楼教堂神父、修女、教徒共计二十人，其中包括法国十三人，比利时二人，俄国三人，意大利和英国各一人。

了解到这一情况后，曾国藩做出如下安排：一、发布《谕天津士民》向百姓说明教案来龙去脉；二、知会俄、英、法、比、美、德、意等国公使，本部堂奉大清国皇帝谕旨前来天津与三口通商大臣崇厚会商处置教案；三、周家勋、张光藻、刘杰以病为由离开天津，于顺德、密云暂避，听候处置；四、审讯人贩武兰珍查清是否实系王三所使，王三是否系教堂所养，挖眼剖心之说是否凭空谣传，此为根本。出令放告，让市民检举揭发，缉捕所有行凶罪犯。

就在曾国藩紧锣密鼓指挥调查处置教案的时候，法国公使罗淑亚从北京赶来天津，向曾国藩施压。提出要让周家勋、张光藻、刘杰及提督陈国端为丰大业抵命等无理要求。这一无理要求，被曾国藩严词拒绝。

慈禧就天津教案派人给曾国藩送来密诏，密诏上写道：周家勋、张光藻、刘杰乃罪官，即使患病属实，亦应在天津听候查办。乃该阁员等，一赴顺德，一赴密云，捏病远避，直视谕旨如弁毛，尚复成何事体！朝廷令该阁员赴津，实曲示保全之意。乃皆不能体会，置身事外。曾国藩率行给假他出，实属不知缓急。若再托词远避，国法俱在，岂能宽宥！意思是，曾国藩在包庇天津罪官。

接到慈禧密诏后，曾国藩赶紧下令，周家勋、张光藻、刘杰返回天津，居家不许外出听候处置。

经过一个多月的调查，曾国藩拿出教案调查结果及处理意见奏报总理衙门批准。奏折中拟判死刑20人，流放25人；天津知府张光藻、静海知县刘杰革职流放黑龙江；支付抚恤及赔偿财产损失白银49万两；派崇厚作为中国特使前往法国就天津百姓殴毙领事丰大业、秘书西蒙赔礼道歉。

第二十三章

内外交困

天津教案处理方案公布后，法、俄、英、美、德、比、西七国联合照会总理衙门，对曾国藩提出的天津教案处置方案表示不满，提出须要天津知府张光藻、天津道员周家勋、静海知县刘杰，及极度仇外的提督陈国瑞抵命。同时，七国派出战舰驶入大沽口，扬言若不按照会要求办理，将向天津开炮！

洋人不满，国人对曾国藩的教案处置方案也表示不满，认为曾国藩屈服洋人，损害国人利益。

首先是湖南人开始闹事。北京湖南会馆外，在京的湖南籍官员、学子、商人，于会馆外打出“曾国藩卖国贼！”“曾国藩屈服洋人卖国求荣，给湖南人丢脸！”“将曾国藩开除湖南籍！”等横幅表示抗议。

几名情绪冲动的学子，砖头、石块砸向由曾国藩亲笔题写的“湖南会馆”匾额，直到砸烂跌落地上。还有几名学子将一幅“杀贼功高，百战余生真福将；和戎罪大，早死三年是完人”对联贴在会馆大门的两旁。

天津曾国藩行辕外更是热闹，愤怒的民众高喊“曾国藩卖国贼！”“中国人的命也是命！”等口号表示抗议。

面对窗外此起彼伏的抗议声，赵烈文、钱应溥、陈鼐、薛福成等幕僚一起来到曾国藩的签押房，商议对策。

钱应溥道：“汹汹民心、滔滔舆论，矛头全指向了大人您啦！”

赵烈文道：“大人是否觉得天津教案处置失之太柔，以致激怒民意啦？”

曾国藩摇摇头道：“天津教案寸心抱疚以至内疚于神明，外得罪于清议。”

陈鼐道：“总署删除教案致疑五点论说持平各节，发抄朝野，难道大人不以为别有用心吗？”

曾国藩习惯地捋了捋下腭稀疏的胡须道：“汉之诸葛、唐之裴度、明之王守仁，殆无以过，况乎我曾国藩一凡夫俗子？曾某已尽力，候旨最后定案吧。”

驻防京畿

对于天津教案引发的风波，慈安、慈禧更是惴惴不安，多次召集王公大臣廷议，商议出既要对付洋人又要平息民愤的处置办法。

慈安问道：“总理衙门以为天津教案当如何处置？”

奕䜣回答道：“臣以为，当依曾国藩所奏，天津道员周家勋、知府张光藻、静海知县刘杰等官员即行革职治罪；提督陈国瑞交刑部议处；杀人凶犯就地正法；焚烧教堂，参与骚乱等滋事之徒，当分清罪责，或劳役或发配边戍，所焚毁教堂应予以修复，着三口通商大臣崇厚前往法国赔礼道歉！”

奕譞道：“若朝廷同意曾国藩的处置方案，民心将失！”

慈禧白了奕譞一眼道：“洋人肆意张狂，咄咄逼人，大清国惹不起呀！”

奕䜣补充道：“天津教案绝非偶然，列强犯我之心早已有之，现洋人铁甲舰船停泊大沽口，向我大清示威。我虽不与开兵衅，列强恐不会善罢甘休，一旦兵起，随时危及京畿。”

慈禧问道：“对于列强嚣张气焰，以恭王之见当如何处置？”

奕䜣回答道：“臣以为，当下京畿兵力空虚，京畿安危相比陕甘回匪更重要，当密谕李鸿章酌带各军克日起程赴近畿驻防，还有在老家养病的刘铭传，亦应返回京畿以备不虞。”

文祥道：“淮军装备精良作战英勇中外扬名，若大批淮军进扎京畿，势必会给列强以震慑，迫使他们不敢以武力相威胁与我议结天津教案。”

慈安与慈禧简单商议后，对同治道：“皇上下旨吧！”

同治道：“密谕，着李鸿章酌带各军克日起程赴近畿一带相机驻扎。刘铭传迅即返回京畿候旨。不得有误。”

一骑快马送来李鸿章期盼已久的同治皇帝密谕：着李鸿章酌带各军克日起程赴近畿相机驻扎。

李鸿章看完密谕，高兴得“哈哈”大笑，连连道：“妙哉！妙哉！”

郭松林不解，询问李鸿章道："中堂为何如此开心？"

李鸿章道："高兴，高兴！左公视我为赘疣，唯恐来陕西与他抢功，这回终可离开陕西。"

周馥看完密谕，激动不已道："这道密谕来得太及时了！"

周盛传询问李鸿章道："朝廷密诏我军何往？"

李鸿章道："老师对天津教案的处置引发列强不满，法、俄、英、美、德、比、西七国战舰停泊大沽口，对我武力威胁，为防不测，皇上密诏酌带各军克日起程驰赴近畿一带相机驻扎设防。"

骆国忠欣慰道："终于离开是非之地，避免与左季高之争，值得高兴。"

李鸿章下令道："传令各军，放假三日，让弟兄们逛逛西安城，三日后，挥师东进。"

直隶总督

法、俄、英、美、德、比、西等国对中方处理教案的不满的照会迟迟没有答复，法国人首先耐不住了。法国水师提督都伯理带炮船 5 艘，英国炮艇 2 艘行至紫竹林河面要挟，候至二十七日早 4 时，如无确讯答复，即入京将法军带来天津，准备开战！同时，罗淑亚前往上海以示决裂。

曾国藩接报，身体一阵抽搐，坐到椅子上右手摁住腹部呕吐不止，嘴里不停地唠叨道："恫吓！恫吓！"

陈鼒、赵烈文、钱应溥、薛福成等幕僚都赶过来探视。

曾国藩给赵烈文下达指令道："六百里加急奏报朝廷。法国战舰已驶入紫竹林河，本案凶犯已拿获九名，惟罗淑亚意欲让四员抵命断难允求。天津情势严重，国藩旧病复发，心力交瘁，难当重任，朝廷应派重臣来津主持教案。"

慈禧接到曾国藩奏折也慌了手脚，召见奕䜣、文祥、沈桂芬等军机大臣后，连发六道谕旨。谕旨一，沿江、沿海各口岸将军、督抚，迅速筹防。谕旨二，工部尚书毛昶熙赴津会办天津教案并署三口通商大臣；三口通商大臣崇厚为钦差大臣，候旨出使法国。谕旨三，饬令李鸿章火速驰畿疆候命。谕旨四，谕令刘铭传沧州备战候命。谕旨五，直隶提督傅振邦带练军及标营自古北口赴津，听候曾国藩调遣。谕旨六，直隶按察使钱鼎铭将张光藻、刘杰拘捕入狱，待审有亲供，再交刑部核办。

1870年（同治九年）对于大清来说真是个多事之秋，贵州苗民、甘肃回民起义还未平息；天津教案，洋人战舰开进天津紫竹林河相威胁，百姓义愤难以平息。而恰在此时，金陵又出大事。8月22日，两江总督马新贻赴江宁府箭道阅兵回署衙的路上，遭刺客刺杀，次日身亡。

同治还没有亲政，治国理政大主意还得慈安、慈禧拿。通过天津教案的调查处置，两宫太后似乎已经看出曾国藩处理涉及洋务事务的能力，还有他那病歪歪的身子。在两个女人的心目中，李鸿章不仅熟知洋务，对付洋人也很有一套。于是，一道谕旨下达：曾国藩调补两江总督，李鸿章调补直隶总督；调毛昶熙回任吏部尚书；着李鸿章会成林、江苏巡抚丁日昌共同调处天津教案，以便早日平息事端，与各国议结教案。

龙旗飘飘，尘土飞扬，李鸿章率领郭松林、周馥、刘含芳、周盛传、董凤高、骆国忠、聂士成等淮军将领身骑战马率领淮军步骑浩浩荡荡行进而来，一骑战马追上前来，送来朝廷六百里加急廷寄。

李鸿章看完谕旨，跳下战马，面向东北方向扑通跪地大声道："臣李鸿章领旨谢恩，吾皇万岁，万万岁！"而后，下令部队朝保定府加速前行。

接手教案

李鸿章率领援陕部队保定驻扎后，行营会见担任直隶按察使的钱鼎铭，简单询问一下教案的情况后，便赶往天津面见老师。

曾国藩的天津行辕，李鸿章见到了面容憔悴身体孱弱的曾国藩。看着老师瘦弱的身体，李鸿章伤感道："闻悉恩师旧病复发仍夜以继日缉捕审讯嫌犯，游说各国公使，门生为老师健康担忧。"

曾国藩哀叹道："津门教案，内愤汹汹，外言忧忧，棘手难断；物论沸腾，流言蜚语不忍闻。洋人咄咄逼人，嫌犯拒不招供，总署日日催促，棘手甚多，愈办愈窘，少荃年轻力壮，向以霹雳之手段处理复杂之事态，接手此案，定能平息风波，议结教案。"

李鸿章谦逊道："老师过奖！"

曾国藩几声干咳后道："愚兄早已心灰意冷，几度奏请朝廷开缺归乡，安心调理，朝廷却谕令不准。"

李鸿章道："谷山近事奇绝，亦向来所无，东南财赋，国之基石，如此要职断非师门莫办。”

曾国藩摇摇手道：“非也，朝廷只不过给老夫一个体面台阶而已呀！愚兄想知道阁下处置棘手教案如何而为之？”

李鸿章道：“洋人野蛮狂妄，动辄武力相向，我方当不可一味求和示弱。”

曾国藩感慨道：“愚兄已感受到对洋人过于迁就，失之过软，招致朝野谤议，国人唾骂。”

李鸿章道：“因此，门生到保定后，即已奏请朝廷，调郭松林部驻扎彰德、周盛传部驻扎平阳，聂士成、骆国忠部驻扎沧州，刘铭传部自沧州移营津郊。”

曾国藩赞许点头问道：“接下来呢？”

李鸿章道：“接下来，就是与洋人论理。为使涉案官员不至于因洋人要挟而无辜抵命，尽可能少杀反教义民，少荃打算与洋人打痞子腔。”

曾国藩问道：“何为痞子腔？”

李鸿章解释道：“就是胡搅蛮缠，说歪理。”

曾国藩淡淡一笑道：“依愚兄看来，还是要用一个诚字，诚能动物，洋人也是人，亦同此人情。圣人言忠信可行于蛮貊，这断不会有错的。我们现在既没有实在力量，尽你如何虚强造作，洋人看得明明白白，都是不中用的。不如老老实实，推诚相见，与他平情说理，虽不能占到便宜，也或不至过于吃亏。无论如何我的信用身份，总是站得住的。脚蹈实地，蹉跌亦不至过远，想来比痞子腔总靠得住。”

李鸿章谦逊道：“少荃谨遵恩师训示。”

李鸿章返回保定后，奏报朝廷调铭军、鼎军、庆军、武毅等军驻防京畿获得批准。

痞子外交

天津安排下行营后，李鸿章即在朝廷安排来协助处置教案的丁日昌、洋务干才容闳的陪同下前往英国天津领事馆，会见领事威妥玛。并投其所好，捎带去两只小巧精致的景德镇官窑烧制的珐琅彩双环瓶，希望他能出面，说服法国人不要纠缠拿中国官员抵命作为条件。

这个酷爱中国陶瓷的英国鬼子见到如此高雅华贵的瓷器，爱不释手。丁日昌介绍，这是景德镇官窑专门为中国皇宫烧制的，李中堂了解到领事喜欢中国陶瓷，花费很多银子才购得。威妥玛听丁日昌这么一说，更加喜爱这两只瓷瓶。与李鸿章简单交谈后，便满口答应从中调停。

很快，威妥玛就给了回话，罗淑亚拒绝他的调停，仍然坚持除了道员周家勋死罪可免外，知府张光藻、知县刘杰、提督陈国瑞必须抵命！

李鸿章懊恼说了一句："弄妈的，老子两只珐琅彩双环瓶白送了！"

容闳道："中堂也别懊恼，威妥玛虽然调停不成，但提供了一条重要消息，法国与普鲁士王国为争夺欧洲霸权已爆发战争，法国可能因普法战争而无法顾及东方事务。"

听完容闳这句话，李鸿章激动得手舞足蹈，孩子似的道："两只珐琅彩双环瓶值了！两只珐琅彩双环瓶值了！"

丁日昌道："中堂，我们正可利用威妥玛提供的这条重要消息，鼓足勇气，与罗淑亚展开正面交锋！"

李鸿章拍案而起道："走，去会会这个法国鬼子！"

法国驻天津领事馆会客厅，李鸿章见到了依然狂妄的罗淑亚。

罗淑亚开口便问道："不知李总督此来，带来什么新的议和条件？"

李鸿章道："我中华文明古国，礼仪之邦，本总督带来的条件就是说理。贵国驻津领事丰大业两次向我官员开枪，且打死静海知县随从一人，显然事端由其挑起。驻华外交官公然向中国官员开枪在大清绝无先例。中国政府已抓捕杀人凶犯多人，拟近日处决抵命公平不过。天津府县官员张光藻、刘杰、提督陈国瑞非杀人元凶，亦非幕后指使，法方提出抵命毫无道理，万国公理所不允。法方指控提督陈国瑞为幕后指使，查无实据，更无抵命之理。"

罗淑亚冷冷一笑问道："那李总督打算如何处理天津教案呢？"

李鸿章道："我方条件是拟处死为首杀人的马宏亮、冯瘸子等凶犯，将参与纵火闹事之徒流放；天津知府张光藻、知县刘杰革职充军；提督陈国瑞交刑部议处；酌情赔偿被害家属抚恤、丧葬银两，派钦差大臣出使法国道歉。若贵国接受此条件，议结教案，中法永世和好。"

罗淑亚板下面孔道："那就请李总督转达大清国政府，准备应战吧！"

李鸿章义正词严地道："那也请公使大人转达贵国政府，若贵国一意孤行执意要与我开战，本总督可以告诉罗公使，本帅所统完全西式装备的十万淮军，正向彰德、平阳、沧州、天津集结。到那时，本总督为捍卫大清国利益，将率领淮军勇士与贵国军队血战到底！"一甩手道："告辞！"

听完这位打败太平军、捻军，所向无敌的淮军统帅铿锵有力的话语，看着他那伟岸的背影，罗淑亚不由得浑身打起了寒战。

教案了结

李鸿章这一出反恫吓起到了作用，罗淑亚获得的情报也证实李鸿章没有说谎，多地的淮军正陆续向直隶开拔而来。一连几天，罗淑亚再没通过总理各国事务衙门施压。

李鸿章以恫吓对恫吓拿住罗淑亚后，一边安排负责审理罪犯的钱鼎铭、陈鼐、丁日昌等人抓紧缉拿在逃人犯，一边连天带夜审讯人犯。同时，着手玩他的“狸猫换太子”的痞子外交游戏，以此来减少参与杀害教堂修女、教徒的天津义民抵命人数。李鸿章以为在洋人的眼里中国人都是黄皮肤黑眼睛，他们分不清张三李四王二麻子，只要是一颗人头抵一个人的命，洋鬼子是说不出所以然的。

李鸿章调来天津府大牢关押的判处秋斩死刑罪犯名册，进行逐一查询，发现有十三人因各种犯罪被判处斩首秋天执行的罪犯。遂找来丁日昌、钱鼎铭、陈鼐说出他的想法后，叮嘱道：“天津百姓仇教情绪积压已久，民意不可不顾，少砍一个天津义民人头，就挽回数十甚至上百民众的人心。按照每名死犯五十两白银封堵死犯家人的嘴。此事必须做得干净利落，不可走漏丝毫风声。”

钱鼎铭道：“中堂放心，这些本该死的罪犯，家人反而得了官府银子，定然会守口如瓶。”

一番紧锣密鼓的紧张有序工作后，一份由曾国藩、李鸿章、成林、丁日昌联合签名的新的《天津教案处置意见》报送朝廷审批。

奏折写道：已捕凶犯虽施以酷刑都不畏惧，邻里也不愿出证，拟变通定罪办法：只要下手不论先后，不问是否致命即为正凶，只要二三人指证，不需本人供认即予定罪。据此，可定正凶者十五人，充军流放四人，定轻罪者十七人，尚无证者十六人，情节重而未获者十一人。拟将张光藻、刘杰发往黑龙江充军赎罪，陈国瑞交部议处，冯瘸子等十六人处死罪。

这份奏折背后，李鸿章还给两宫皇太后附上王公大臣看不到的附片密折，就是以十三名判处斩首的罪犯顶替杀害修女、洋教徒的天津义民。

接到这份特殊奏折后，慈安、慈禧召集王公大臣廷议。廷议结果，一致同意李鸿章对天津教案的处置方案。

法国因忙于交战，无暇顾及小小的天津教案。李鸿章及时抓住这一机遇，最终以天津知府张光藻、知县刘杰发往黑龙江充军，提督陈国瑞交部议处；派特使崇厚前往法国道歉；以凶犯冯瘸子等三人，外加十三名秋斩死刑犯顶罪砍头正法；小锥子、王五等数十名义民分别充军、徒罪、杖刑；赔偿各国财物、抚恤四十九万七千银两，修葺被大火焚毁的望海楼教堂。至此，震惊中外的天津教案尘埃落定。

1870 年 9 月曾国藩在返任两江总督前，采纳李鸿章的建议，两人联衔奏保陈鼐补授清河道实缺，获得朝廷批准，了却了对老幕僚的一桩心愿。

临别前，曾国藩语重心长地嘱托李鸿章道：“畿辅为首善之区，朝廷中枢，直隶总督更系疆臣之首，肩负拱卫京师要责，愚兄未尽之责全托付阁下了。”

李鸿章信誓旦旦道：“门生定将不负恩师重托，镇守津门，拱卫京师！”

曾国藩感慨道：“湘军杀人无数，曾国藩也被称作曾剃头，可唯独在处理天津教案上却是心太软。天津教案让愚兄心灰意冷，唯让愚兄一丝欣慰，劼儿由二品荫生补户部员外郎。扪心自问，外惭清议，乡人憎恨，内疚神明，萃六州之铁不能铸此一错啊。”

李鸿章道：“洋人蛮横无理，老师为求大局不得不委曲求全。”

曾国藩愧疚道：“此次奉旨处置天津教案，涉及洋务颇多，而我却少有通晓洋务之人，中外交涉言语不通，事理难辩，受制于人。以至于案件越办越乱。哎，天津老夫切齿难忘之地也！”

李鸿章道：“华夷已成一局，难分彼此，培育洋务人才乃当务之急。”

曾国藩再次叮嘱道：“战火连连，内忧外患，民不聊生，欲图自强非洋务莫途。”

李鸿章道：“学生铭记老师教诲！”

北洋大臣

兴办洋务需要大量的银两，李鸿章明白通过兴办洋务从而在军事上、经济上、文化上、外交上实现自强的目的，仅有直隶总督的职权还不够，他还需要掌握三口通商大臣这个职务。

1861 年 1 月（咸丰十一年十二月），清政府设总理各国事务衙门，下设三口通商大臣及南洋通商大臣。三口通商大臣驻天津，管理牛庄、天津、登州三口通商事务，并天津关税，兼三地海防安全。可谓集海关、商务、海防为一体的实权职位，李鸿章梦寐以求必予获取。

恰在此时，天津教案结案，三口通商大臣崇厚奉旨前往法国就天津教案一事，向法国当局赔礼道歉，署三口通商大臣毛昶熙回任吏部尚书，三口通商大臣职位空缺。

李鸿章找来陈鼐、钱鼎铭一番密谋后，备上几份“厚礼”，分头前往京城拜访恭亲王奕䜣、吏部尚书毛昶熙、刚升任兵部尚书不久的沈桂芬，就裁撤三口通商大臣由直隶总督兼任事宜进行游说。

跟上次一样，奕䜣在王府“多福轩”接见了李鸿章。

两人分宾主坐定后，奕䜣开口便好奇地问李鸿章道：“中堂用什么高招让法国人接受你对天津教案的处理意见？”

李鸿章一笑道：“那就是以强对强，以恫吓对恫吓！中国人讲究以诚待人，而洋人讲实力。这次，下官就是用完全西式装备的十万淮军，吓到了罗淑亚，迫使他最终接受了我方提出的条件。”

奕䜣哀叹道：“实力，确实就是实力呀！洋人敢于在我大清肆意妄为，就是我大清军事、经济实力上都不如人啊！”

话说到这儿，李鸿章开始把他的“自强”“求富”“明智”洋务设想和实现这一设想的打算说给奕䜣听，进而提出：事权统一，责权分明，裁撤三口通商大臣，三口通商大臣权责由直隶总督兼任，并建议改名为北洋大臣的建议，得到了奕䜣的认同。

与此同时，陈鼐、钱鼎铭分头游说毛昶熙、沈桂芬两位大臣也获得成功。

如愿以偿

吏部尚书毛昶熙有关裁撤“三口通商大臣”的奏折送达两宫皇太后。

三口通商大臣前朝所创，裁撤官府机构事体重大，慈禧、慈安召集奕䜣、奕劻、奕譞、沈桂芬等王大臣廷议。

沈桂芬奏报道：“禀皇上、两宫皇太后，吏部尚书毛昶熙奏议，可裁三口通商大臣一职，一切军政、外交事宜交直隶总督，颁给钦差大臣关防；设海关道一员，专管钞关、新关税务及华洋交涉；通商衙门改为总督衙门，总督有事驻津，无事回保定。”

慈安询问奕䜣道:“总理衙门是何意见?”

奕䜣回答道:“总理衙门会议以为,我朝自咸丰十年天津设立三口通商大臣管理北方洋务,处置海防事务,此职与直隶总督职责交叉。天津教案后,三口洋务骤增海防吃紧,办理外交通商事务大臣脱离直隶总督而设专职,有百害而无一利。李鸿章昔在江南曾能驱策洋将使为我用。知己知彼,成竹在胸,臣赞成撤销三口通商大臣一职,统归直隶总督管辖,便于事权统一,责权分明。”

慈禧漫不经心地问道:“撤销三口通商大臣一职,是李鸿章的主意还是毛昶熙的主意?”

沈桂芬连忙道:“回太后,确系毛昶熙的主意。”

慈安圆场道:“不管是谁的主意,只要是好主意就当采纳。”

慈禧道:“也罢,崇厚奉旨赴法国致歉,三口通商大臣职位空缺,就依毛昶熙所奏,撤销三口通商大臣一职,新设北洋通商大臣由李鸿章兼任。”

奕䜣道:“臣领旨。鉴于三口通商大臣已裁撤,臣奏议李鸿章接办天津军火机器局。”

慈安响亮的一句:“准奏。”

几天后,李鸿章收到廷寄谕旨:总理各国事务衙门奏,遵议毛昶熙请撤三口通商大臣条陈一折,洋务海防,本属直隶总督应办之事。前因东豫各省匪纵未靖,总督远驻保定兼顾为难,特设三口通商大臣驻津筹办,系属因时制宜。而现在情形,则天津洋务海防,较之保定省防关系尤重,必须专归总督一手经理,以免推诿而责专成。着照所议,三口通商大臣一职即行裁撤,所有洋务海防事宜,着归直隶总督经营。照南洋通商大臣之例,颁给钦差大臣关防,以昭信守。其山东登莱青道所管之东海关、奉天奉锡道所管之牛庄关,均归该大臣统辖。通商大臣业已裁撤,总督自当长驻津郡,就近弹压,呼应较灵。并着照所议,将通商大臣衙署,改为直隶总督行馆。每年于海口春融开冻后,移驻天津,至冬令封河再回省城,如天津遇有要事,亦不必拘定封河回省之制。着李鸿章接办天津火器局。钦此!

天津新局

“天津军火机器制造局”简称“天津机器局”,由三口通商大臣崇厚创办。

崇厚,全名完颜崇厚,字地山,满洲镶黄旗人。早期洋务派代表人物,深得恭亲王奕䜣赏识。崇厚参加过抵抗英法联军进攻大沽口战斗，亲睹列强“坚船利炮”的厉害。主张购置西方新式船炮加以仿制，实现中国的军事近代化。

1866年（同治五年），崇厚与恭亲王分别向两宫太后提出要设立天津机械局，制造军火的奏折，主要理由有三点：一是天津临近海口，购料、取材、制造都十分方便；二是防止江南制造总局生产的火药满足不了需求；三是拱卫京畿，以固根本。此奏折获得批准。

崇厚选定的天津火器机械局的地址，为海光寺，称“西局”。在此之前，他已经拨银八万两，请一个名叫密妥士的英国人去购买机器设备。“西局”的创设，共花费白银九万五千两。次年，崇厚又在贾家沽设立火药局，称“东局”。东局的规模要比西局大得多，占地两千多亩，厂房、宿舍的图纸均由外国技师提供，共有机器房二百九十余间，大烟囱十座。东局花费的银子高达三十八万两。

李鸿章接到接手天津火器机器局的圣旨后，便携带钱鼎铭、陈鼒、周馥、刘含芳等前往实地察看，听取密妥士的介绍。不知这位英国洋鬼子是对新主人排挤，还是出于什么别样动机，用结结巴巴的中国话向李鸿章一行从东局到西局进行一番介绍，让李鸿章听得似懂非懂。这也让李鸿章认识到，要走洋务自强这条路，需要大批各种人才。

李鸿章在给朝廷《筹议天津机器局片》中写道：……制器与练兵相为表里，练兵而不得其器，则兵为无用；制器而不得其人，器必无成。西洋军火日新月异，不惜工费，而精利独绝，故能横行于数万里之外。中国若不认真取法，终无由以自强……同时，奏折中提出，撤换总办密妥士，委任湖北补用道沈保靖总办天津机器局，天津海关道陈钦会同经理，以避免洋人把持；自主选择所用机器设备，避免盲目购货；将无用之员淘汰。同时，把西局的铸铁厂并到东局，并对东局进行扩建。新购进三套洋药碾，新建了三所碾药厂，对原有淋硝、磨磺、烧炭等车间也增添了设备，扩大制造能力，以适应新旧四个药厂的生产。李鸿章的这一奏折，很快获得朝廷的批准。

次年，李鸿章奏请朝廷批准留道员周馥直隶补用，负责天津机器制造局扩建事宜。先后增建了铸铁和熟铁厂、锯木厂、子弹厂、提磺厂、淋硝新厂，续建了三座碾药厂，新建饼药厂，改建了洋枪厂，增建了电气水雷局，建造了习艺厂、药厂化学堂等，使得天津机器制造局规模进一步扩大，制造出的枪炮子弹更多更先进。

在没有大型战舰及海岸炮台守卫海防时，水雷为守卫海防的重要武器。李鸿章在接手天津机器制造局后，奏请朝廷批准，另设一厂专门制造水雷。从福州船政局聘请英国水雷电报专家柏专敬担任洋教习，聘请曾在美国汉密尔顿大学留学的新加坡华人曾恒忠任洋文教习兼翻译，并在东厂试办水雷学堂招收学员，培养水雷制造使用专门人才。经过一段时间的学习，水雷学堂学员已经能够仿制当时世界的先进水雷，包括重约五百磅的触雷、一千磅的沉雷和一百至七百磅之间的撞雷，并多次到沿海水域进行试爆，效果良好。

为办好天津机器制造局，李鸿章将马建忠、盛宣怀、李金镛等一批洋务干才调来天津。刘铭传、周盛传、刘盛藻、刘盛休、唐定奎、丁汝昌、叶志超、聂士成、卫汝贵、戴宗骞等一批旧部，经李鸿章奏报朝廷批准或留或调都集中到了北洋。老部下吴毓兰也被调来天津调充北洋海防营务，帮办天津机器制造局。

盛宣怀，1844 年（道光二十四年）11 月出生，字杏荪，又字幼勖，江苏省常州府武进县（今常州市）人。

马建忠，1845 年（道光二十五年）2 月出生，字眉叔，别名乾，学名斯才。江苏丹徒（今属镇江）人。

李金镛，1835 年（道光十五年）出生，字秋亭，号丽卿，江苏无锡人。

除此之外，李家庐州远房亲戚龚照玙，外孙刘芬也来天津找外公谋差。李鸿章将龚照玙安排到海防营务处谋差，刘芬安排到天津机器局当文书。

李鸿章不忘给朝廷大力推荐人才，钱鼎铭便在李鸿章保荐下升任河南巡抚。

当时天津百姓流传这样一句话，叫“会说庐州话，就把洋枪挎”。李鸿章是一个重感情讲情义的人，只要是家乡来的人都予接纳。

第二十四章

铭军援陕

1871年（同治十年）春，西北剿匪形势又陡然变得严峻起来。首先是马占鳌率领回民起义军占太子寺做据点，环营掘成长壕，联络数十里，凭山依水护以长堡，并分兵切断清军运粮通道，给清军剿匪造成很大困难；其次，围攻两年之久的金积堡仍在马化龙掌控中；最后，疆匪阿古柏乘机兴乱，率部一举攻克吐鲁番后北犯乌鲁木齐。对此乱局，左宗棠却一筹莫展。

消息传来京城，朝廷里一些喜欢挑事的大臣，开始向左宗棠发难：上奏朝廷说左宗棠身为陕甘总督钦差大臣，率领湘、蜀、秦、豫、皖、甘、绿、八旗数万大军，要银子给银子，要人给人，历时两年有余却剿灭不了一伙回匪，纷纷呈递奏折要求撤换主帅。

为平息朝廷大臣的不满情绪，军机处给李鸿章发出咨函，请他举贤荐能，率部开赴陕西援助左宗棠，并调劲旅随行。李鸿章毫不犹豫推荐刘铭传作为钦差大臣率领铭军及武毅军开赴陕西。清廷接受了李鸿章的建议，遂下达谕旨：着刘铭传率铭军驰援陕西，并钦差大臣督办陕西军务，赐专折奏事。

沧州军营里的刘铭传接到了朝廷谕旨，觉得这不是一桩好差事。找来刘盛藻、刘盛休、唐定奎、丁汝昌、聂士成、卫汝贵等将领商议后，带上奏折携唐定奎一起快马赶往天津向李鸿章报告。

刘铭传、唐定奎马匹刚到直隶总督行馆门前，陈鼐便走出行馆，迎上前来道："中堂知道你们要来，一直在行馆等你们呢。"

进入行馆，刘铭传捧出谕旨，对李鸿章道："铭传、俊侯此来天津，专为向中堂辞行的。"

李鸿章招呼道："两位贤弟请坐，上茶！"

刘铭传、唐定奎入座，随从端上茶水。

刘铭传开口便道："打仗，铭传不怕，只是左宗棠狂妄自负目中无人，铭传担心此次督军陕西，左公会误以为前来抢功，难相和谐。"

李鸿章道："贤弟脾气愚兄知晓，所谓一山难容二虎，这也是愚兄所担心的。去春，愚兄奉旨前往陕西督军，就曾引发左公不快，恰好天津教案发生，朝廷谕旨回师京畿，才避免一场可能发生的不快。"

陈鼐道："朝廷特赐专折奏事，与督、抚等同相待，左宗棠无权阻拦。"

刘铭传哀叹道："原本剿灭西捻后铭传决意辞官隐村，不意，又接朝廷召唤，而今又交下这桩差事。"

李鸿章道："当下西北匪患杂乱纷呈，回匪尚未剿灭，疆匪阿古柏又乘机兴乱，愚兄还希望贤弟荡平回匪挥师新疆，为朝廷再立新功。"

刘铭传连连摇手道："得了，得了，铭传只希望完成这趟差事，早些辞官隐村，去修建我的刘氏庄园过段安逸日子。"

唐定奎道："定奎也是这么想的。"

李鸿章风趣道："那可不行，我李鸿章只要还在为朝廷效力，你们一个都别想离开军营！作梅，告诉伙夫，做几道拿手家乡菜，本堂要为省三、俊侯远征陕西饯行！哦，把香畹、兰溪，还有薪如、曙青、功亭、达三（卫汝贵字）这些淮军老兄弟都叫来，好好喝一杯！"

虎驴之争

作为淮军装备最好，战力最强的铭军，那次裁撤，除了裁撤年老病残的一营外，保留下了马、步二十四营，部队开拔前，李鸿章奏请朝廷批准将武毅军交刘铭传指挥。这样，两军加起来两万人马。随后，刘铭传带着两万人马浩浩荡荡开赴陕西。

左宗棠在甘肃行营也接到了朝廷谕旨。谕旨写道：陕甘回匪滋事以来，朝廷大张挞伐，命左宗棠为钦差大臣督兵剿贼，每岁拨用饷银不下八百余万两。该大臣于用兵筹饷事宜，有所陈奏，立见施行，畀任不为不重。乃抵甘以后，虽屡报胜仗，总未痛扫贼氛，致金积堡一隅之地，日久未克，逆首稽诛，军务安有了期？竭东南数省脂膏以供西征军实，似此年复一年，此巨帑岂能日久支持！该大臣扪心自问，其何以对朝廷？特着调刘铭传督办陕西军务，以便及早剿灭陕甘回匪。钦此！

接到朝廷这道谕旨，左宗棠这头湖南“犟驴”脸上红一阵白一阵，说不出什么滋味。

李典道：“刚送走了一个李鸿章又来了一个刘铭传，朝廷是何用意？”

左宗棠道：“说我左宗棠无能呗！”湖南驴子嘴里是这么说，可心里却憋着一股子劲，亲自前往前线督战，如同当年曾国荃围攻金陵一样，为争面子拼死一战，务求攻克金积堡！

就在刘铭传率领铭军马不停蹄，从直隶赶来陕西时，左宗棠指挥的联军历时三天浴血奋战终于攻下了金积堡，接着击溃马占鳌部恢复粮饷通道。两战皆胜，使得西北剿匪局面发生根本性逆转。

捷报通过廷寄传到行进中的铭军，刘铭传显得有些尴尬了，像是被人捉弄了一般，原本信心满满前来抢一功，结果却要无功而返。

没等朝廷谕旨下达，刘铭传便主动奏报朝廷，“陕甘匪患已除，入陕铭军陕西乾县驻守待命”。

铭军援陕后话：铭军驻防乾县几个月后，刘铭传上奏朝廷，称旧伤时有发作，偶一操劳，头风即发，脑痛欲裂，交秋更剧，饮食日微，兼之肝气上冲，或遇风雨将作，或当意外繁劳，轻即晕昏片时，不省人事。仰恳天恩赏假三月离营乡养病，并推荐甘肃提督曹克忠接管铭军，朝廷批准了刘铭传的请求。

1872 年 2 月，武毅军右营因闹饷，不服曹克忠管束，打死营官后哗变，几个营的士兵全部逃离军营。

朝廷下旨：曹克忠带兵无方，着革去铭军统帅一职！刘铭传荐举非人，着革职交部议处。着直隶总督李鸿章举荐大员接统铭军，以收军心。李鸿章奏报朝廷批准，推举唐定奎接统铭军、武毅军。

布防京畿

一艘从英国海军借用来的炮艇沿着海河出海口劈波斩浪驶来，李鸿章在周盛传、吴毓兰、刘含芳等将领陪同下站立船头。

李鸿章感慨道：“你们看看海河的前方，辽阔的渤海海湾，满目所见都是白帆洋船，就连本堂出海巡视还要借用洋人的炮艇，诸位是何感想啊？”

周盛传道：“大清应尽快购买洋轮建立自己的舰队！”

刘含芳补充道：“不仅要建立自己的舰队，还要购买最先进的战舰！”

李鸿章缓缓道：“购买战舰建立北洋水师，系本堂一大梦想，只要我李鸿章在北洋大臣这个职位上干一天，就要为这个伟大的梦想做一番努力！”

刘含芳道：“中堂有此决心，想必不久的将来在渤海湾这片海域，将会看到飘扬着黄龙旗的大清国战舰！”

李鸿章道：“靠李鸿章一己之力还是不行的，需要朝野一起努力呀！”转过身来询问周盛传道：“薪如，天津现有防军多少人马？”

周盛传回答道：“回中堂，天津城现有防军一千八百人，大沽炮台九百人，傅振邦所统直隶练军一万五千人。”

刘含芳道：“中堂，大沽炮台到了。”

李鸿章一挥手吩咐刘含芳道：“芗林，告诉英国兄弟，炮艇停靠大沽炮台。”

大沽口炮台位于今天的天津市大沽口海河南岸，是入京咽喉，津门之屏障。自古以来即为海防重地，素有“南有虎门，北有大沽”之说。

1816 年（嘉庆二十一年），清政府在大沽口南北两岸各建一座圆形炮台。第一次鸦片战争后，清政府对大沽口炮台进行了增修和加固。1841 年（道光二十一年）已建成大炮台五座、土炮台十二座、土垒一千二百一十三座，组成了大沽炮台群，形成较为完整的军事防御体系。1858 年（咸丰八年）僧格林沁镇守大沽口，对炮台进行全面整修，共建新式炮台五座，其中三座在南岸，两座在北岸，分别以“威、震、海、门、高”五字命名，寓意炮台威风凛凛镇守在大海门户的高处。1856 年 5 月（咸丰六年三月），英法军队在美、俄的支持下进攻大沽口炮台，炮台沦陷，列强强迫清政府签订了《天津条约》。1860 年 8 月 1 日，英法军队出动舰船三十余艘，兵力五千余人集结大沽海面，在坚船利炮的掩护下，乘虚在天津北塘登陆，先占领北塘炮台，后包抄大沽炮台。一场惨烈的战斗后大沽炮台失守。此后，英法联军进犯津、京，清政府与英法签订了《北京条约》。

李鸿章一行登上炮台，一番巡视后对随行道：“天下大势，首重畿辅，未雨绸缪，固防为先，大沽口南北两岸海防工事必须重修加固。这些老式火炮也应全部更换，购买洋人最先进的火炮。”

因为有了李鸿章的重视，除了对原有炮台进行了加固更换火炮外，还增建了平炮台三座。

海口巡视结束后，李鸿章开始谋划京畿布防。首先，奏报朝廷以京畿防务为由，请旨刘铭传恢复原职继续统率铭军，获得朝廷批准。接着，奏报朝廷批准：保定、天津驻防盛军、仁军计三十三营，保留直隶练军一万五千人，由叶志超接统；树军六营继续驻扎山西，由张树屏统带；援陕淮军撤回后，除少部分归建原部队外，下剩的铭军十三营分扎山东济宁、东昌、江苏徐州，另徐州增驻武毅军马队五营由唐定奎统领；北洋辖区各口岸驻防庆军八营，开花炮一营，吴淞口驻扎武毅军步队五营分别由吴长庆、董凤高统领。

李鸿章如此安排，使得直隶及直隶周边的海防、陆防都得到了加强。

修好条规

日本明治维新后国力逐步增强，希望与中国建交通商，也想借机像西方列强那样从中国获取利益。同时，也想为今后对外扩张试探一下中国的实力。

早在 1870 年（同治九年，日本明治三年）9 月，李鸿章还在忙于处置天津教案的时候，日本外务大臣柳原前光便率同权少佐花房义质、同文书权正郑永宁及名仓信敦等随从抵达天津。

柳原前光拜见李鸿章后就中日建交进行了交流。会见后，李鸿章致函总理衙门，称赞日本在与西方交涉中不卑不亢力争利权，又购入西方武器，图谋自强。李鸿章建议朝廷“正可联为外援，勿使西人倚为外府”，力主与日本立约建交。此后，总理衙门虽然肯定李鸿章的建议“深谋卓识，荩虑周详”，但并未付诸实施，也没让柳原一行前往北京。柳原在天津短暂停留，留下《日本国清国条约》草案后便率团返回日本。

1871 年 6 月，日本政府任命大藏卿伊达宗城为钦差全权大臣来华议约。同年 7 月，清廷任命李鸿章为全权大臣，负责与日本代表团于天津商洽缔约事宜，总理各国事务衙门还派来应保时、陈钦协助。

正式会谈前，李鸿章召集马建忠、盛宣怀、刘含芳及总理衙门派来的应保时、陈钦商定与日本谈判签订通商条规的原则。会上，李鸿章提醒参与谈判的人道：“日本贫而多贪，奸诈鲜信。近年来，经倒幕内乱，明治天皇亲政，废藩置县，效法西国改革图新，国力大大增强。日本使臣此次前来，势必非同以往，或有盛气凌人之势，当于提防。”

应保时道：“报告中堂，朝中有人议论，与日本修好通商，等于引狼入室。”

李鸿章一笑道：“中日两国一衣带水，最为近邻，文化相近。所谓远亲不如近邻，中日当和好。”接着，吩咐刘含芳将他亲自草拟的与日本国缔结修好、通商条规草本分发给参加谈判的中方代表。

应保时接过草案本，稍加浏览后，询问李鸿章道："中堂大人，为何您草拟的草案不叫条约而叫条规？"

李鸿章解释道："本堂之所以叫条规，而不叫条约，是要让日本知晓，一个蕞尔小国，别想与西方列强一样，从我大清掠取更多的利益！"

李鸿章一字之改，让参加谈判的各位代表拍案叫绝！

7月29日，谈判在天津山西会馆开始，日方拿出仿照《中德通商条约》和《中美望厦条约》拟定的所谓新约，试图以此为双方谈判依据，被中方断然否定，并拿出中方的草案。日方提出反对意见，中方拒绝接受。一番拉锯战的谈判后，日方最终还是同意以中方草案为基础进行谈判。

1871年9月13日，李鸿章和伊达宗城代表中日两国正式签署了《中日修好条规》。条规共十八条，通商章程三十三款，基本遵循了中方草案的内容。条规约定：中日两国以礼相待、互不侵越；互不干涉内政；确定通商港口；互派使臣驻京等内容，条规遵循了双方对等的原则。《中日修好条规》在李鸿章的艰苦努力下，成为腐朽无能的大清国政府与他国签署的唯一一份平等条约。

关于《中日修好条规》后面发生的故事：因为签订的条规没有让日本在中国占到任何便宜，伊达宗城回国后即被免职。转年，日本政府派柳原前光再次来中国，试图修改《条规》。李鸿章霸气回应："失信为万国公法所最忌！"坚决拒绝。1873年4月，日本派遣外务卿副岛种臣为特命全权大臣抵达天津，与中方完成换约。至此，《中日修好条规》法理上正式生效。

强借皇粮

1871年（同治十年）的夏秋之交，直隶遭遇百年不遇的洪灾。阴雨连绵，数日不止，永定河、海河、南北运河、草仓河及拒马河等河流河水漫溢，海潮倒灌，河堤冲决，田舍被淹，数十万灾民涌入保定、天津，亟待赈济。

李鸿章忙完与日本代表签署《中日修好条规》后，率领陈鼒、吴毓兰、周馥、李金镛等部下灾区视察，见灾情如此严重，下令："直隶州、府、县，防军，腾出寺庙、营房，搭盖席棚、设粥场、馍社，不惜一切赈济灾民！"

然而，督、州、府、县粮库已空，拿不出粮食赈济灾民。

李鸿章下令：李金镛带人前往苏、鲁、皖、豫采买赈米。

陈鼐道：“中堂，外省采购粮食以赈灾，恐远水救不了近火呀！”

周馥建议道：“为解燃眉之急，唯强借因洪水而滞留天津的浙江漕粮。”

救命要紧，李鸿章顾不得什么漕粮、皇粮，一句“弄妈的，这是逼良为娼啊！”之后一边安排李金镛带领手下前往苏、鲁、皖、豫采买赈米，一边下令叶志超率练军强借漕粮，分发给保定、天津，确保灾民有粥喝饿不死。

下达“强借皇粮”的命令后，李鸿章也知道这是在闯祸。于是，赶紧给恭亲王奕䜣密札一封，说明强借皇粮是为了保百姓性命，希望得到朝廷理解和宽容。

叶志超领命后率领两个营一千多人的练军士兵，携带马车、独轮车及装粮食的麻袋，赶来运河码头。到了码头叶志超下令：各哨官听令，为救灾民只借粮食不许伤人，如遇反抗，就地制服。

漕标（押运漕船士兵）头目前来阻拦，问道：“你们要干什么？抢劫皇粮那可是死罪一条，看谁敢动？”

叶志超道：“为赈济灾民，奉总督大人之命，特来借粮！所借粮食，来年秋天，由直隶负责奉还。”一挥手：“弟兄们，给我上！”

叶志超话音刚落，士兵们冲上漕船，装的装运的运，几十只漕船十万斤漕粮不一会便被抢运一空。而后，分头运送至保定、天津分发官府设立的各赈灾粥棚，熬成稀粥赈济灾民。

皇粮天津被抢，消息很快传到京城，慈禧接报十分恼火，召集王公大臣廷议，如何处置胆大妄为的李鸿章。

李鸿藻首先参李鸿章一本，说李鸿章胆大妄为，下令练军强抢浙江运往京城漕粮十万斤，当革职交部议处。

奕䜣拿出李鸿章寄给他的信札，替李鸿章辩解道：“启禀皇上、两宫太后，臣接李鸿章函告，直隶连日普降暴雨，永定河决口，天津更是海潮倒灌，河堤冲决，田舍被淹，数十万灾民涌入天津城，为赈济灾民，直隶督、州、府、县粮库存粮告罄，不得已而借漕粮赈济灾民。所借漕粮，待明年秋天，由直隶负责如数返还。”

李鸿藻争辩道：“练军殴伤漕标数人，分明强抢皇粮！”

奕䜣辩解道：“是借！”

慈禧道：“瞧，又吵上了。”

慈安道：“好了，天津教案风波尚未平息，直隶又遇百年不遇洪涝灾害，民心尤不可失，李鸿章强截漕粮固有不当。然，情有可原，且保证明年奉还，此事就不再追究了。”

此次洪涝灾害过后，李金镛赈灾有功，李鸿章请奏朝廷奖赏，朝廷谕旨李金镛以候补同知吉林任职，不久升任吉林知府。

生命终点

因直隶夏秋之交发生洪涝，冲毁多段堤坝需要修复，刚从永定河考察归来的李鸿章，接到曾国藩从金陵六百里加急寄来的信札。信中，曾国藩告诉李鸿章，近日时常头晕手脚麻木眼睛发黑不能视物，更因《选幼童出国学艺》奏折朝廷迟迟没有回复，心烦意乱，恐来日无多，希望李鸿章尽快赶赴金陵，师生最后一晤！

看完曾国藩的信札，李鸿章想到老师即将不久于人世，心里好一阵酸楚。匆匆返回天津官邸，吩咐赵小莲帮助收拾几件换洗的衣服后，便率领马建忠、刘斗斋于天津乘坐洋轮赶往金陵。

五天后，李鸿章率领马建忠、刘斗斋赶到了金陵，赵烈文、李昭庆、薛福成于码头迎接李鸿章一行。一番寒暄后，乘坐马车赶往两江总督衙署。在两江总督衙署曾国藩官邸见到了躺在病榻上的老师。曾国藩见到自己的得意门生精神为之一振，竟然能起身，引领李鸿章书房叙话。

师生入座后，曾国藩让赵烈文、李昭庆、薛福成都离开书房，他要与李鸿章单独交谈。

曾国藩道：“兴洋务，必求西学；中国欲图强，非从娃娃做起，一代代做下去，方能成就强国之梦。”

李鸿章道：“老师的奏折少荃看到了。拟选聪颖幼童，送赴泰西各国书院，学习军政、船政、步算、制造诸术，约计十余年，业成而归，使西人擅长之技中国皆能谙悉，然后可以渐图自强。”

曾国藩哀叹道：“可这份奏折如同石沉大海啊！人生苦短，人生苦短啊！愚兄有许多心里话想对阁下说呀！”

李鸿章道：“接到恩师信札，顾不得直隶洪灾后的河堤修复，少荃便匆匆赶过来了。”

曾国藩感慨道：“人生在世莫过功名利禄，万事总在方圆之间。愚兄这辈子为人处世总感圆之过多方之不足，终生尊奉正心、齐家、治国、平天下，追求立德、立言、立功。少年苦读，青年及第，中年从戎，创立湘军，几度劫难余生，终平定匪患。于是乎，蟒袍加身，武英殿大学士，一等毅勇侯，可谓登峰造极，汉臣几人可及？然，晚节不保，剿捻束手无策，招致朝廷斥责；天津教案铸下大错，落下卖国贼千古骂名！唯开洋务之先河，得贤弟得意门生，让老夫些许慰藉。阁下驾驭洋将，擒纵在手；有鞭挞龙蛇，视若婴儿之风，愚兄未了心愿日后全托付贤弟了。”

李鸿章劝慰道：“恩师门生楷模，恩师才是国之栋梁。”

曾国藩语重心长道：“愚兄身体每况愈下，自知来日无多，急切请阁下前来，诸多心愿唯嘱托贤弟。首先是漕运。大清自定都北京，历朝历代，均视江河漕运天庚正供，俸米旗饷，计口待食，为一朝之大政。而今，江河之上，所见船只多为洋人商船，愚兄的心里很不是滋味呀。”

李鸿章道：“恩师不必懊恼，创设轮船公司之事少荃已在着手研办。等筹划有了眉目，门生便正式奏请朝廷，创设上海轮船招商公司。”

曾国藩赞许点头道：“好！好啊！接下来就是选送幼童出国学艺的事，接连奏报入石沉大海，朝廷却迟迟不予函复。”

李鸿章愤然道：“大清国江山将会断送在这些迂腐王臣手中。”

曾国藩道：“愚兄打算再草拟一份奏报选送幼童出洋章程，这份奏折，非阁下不能驾驭。”

李鸿章道：“少荃遵命。”

曾国藩对随从吩咐道：“给李中堂笔墨伺候。”

李鸿章诧异地问：“现在就拟？”

曾国藩道：“现在就拟，为师先说大致，由你成稿。拟议设立幼童出洋肄业局，推举翰林陈兰彬、洋学士容闳任监督；选年龄十三至二十岁。所选幼童，曾经读中国书数年，亲属情愿，择选地点在上海、宁波、福建、广东等沿海一带；选送幼童每年三十名，四年一百二十名，留学十五年，回国以其所长听候派用，不准在国外入籍谋职。”

师生为了洋务强国，一个口述，一个执笔，而后字斟句酌反复修改，洋洋两千言的奏折直到拂晓才算定稿。

大江浩荡，巨浪淘沙，淹没了在长江上厮杀驰骋了半辈子的一代儒将！

1872 年（同治十一年）3 月 12 日午后，曾国藩溘然长逝，终年六十二岁。在他临终前，终于等来了朝廷同意选派一百二十名孩童出国留学的回复函。

曾国藩逝世后，朝廷谕旨：辍朝三日，追赠曾国藩太傅衔，谥文正；照大学士赐恤，赏银三千治丧；一等侯爵由其子曾纪泽承袭；入祀昭忠、贤良二祠；长沙、金陵设专祠，天津、安庆建公祠，生平政绩事实，宣付国史馆；着其门生李鸿章撰写碑文。

李鸿章接旨后，含泪挥笔写下挽联：师事近三十年，薪尽火传，筑室忝为门生长；威名震九万里，内安外攘，旷世难逢天下才。并遵旨为老师撰写碑文。

1872 年 7 月 21 日，李昭庆由两江总督何璟奏明赴部引见，前来京城谋划前程，突发疾病。李鸿章获悉后，将其接去天津医治，不治身亡，时年三十七岁。李文安六个儿子，李昭庆成为年纪最小走得最早的一个。

1872 年 8 月 11 日，詹天佑等三十名幼童踏上了前往大洋彼岸的航船，开启了中国官派留学先河。

1872 年 9 月 15 日，同治帝爱新觉罗·载淳与皇后阿鲁特氏举行了隆重的大婚典礼！朝廷颁旨，奖赏有功之臣，直隶总督协办大学士李鸿章擢升武英殿大学士，留任直隶。

1872 年 10 月，曾任曾国藩后任李鸿章幕僚，直隶清河道陈鼐，连日奔波河堤，劳累过度病逝于保定住所。

轮船招商

“师夷长技以制夷”系清代思想家、政治家魏源在其著作《海国图志》中提出的著名洋务主张。师夷为手段，制夷为目的，这一著名的主张，成为晚清的洋务派洋务强国的理论基础。

为了实现老师临终遗愿，同时也是为了实现始终追求并为之奋斗的洋务强国宏大梦想，1872 年 12 月 23 日，李鸿章向清廷上奏《试办招商轮船折》。

奏：为派员设局招商，试办轮船，分运来年江浙漕粮，以备官船造成雇领，张本恭折，具陈仰祈……目下既无官造商船在内，自无庸官商合办，应仍官督商办，由官总其大纲察其利弊，而听该商董等自立条议，悦服众商……

在这份奏折中，李鸿章申明成立招商局的目的是承运漕粮和与洋商分利，同时提出了“官督商办”的制度构想，即商人出资，官府监管，资本归商人所有，按公司章程管理，盈亏自负的总体经营框架。

奏请设立轮船招商局，也是李鸿章等洋务派官员从“求强”到“必先富而后能强”策略的转变。

李鸿章不愧是靠“三杆子”（笔杆子、枪杆子、二杆子），混迹官场的能臣。三天后的12月26日，朝廷批准了李鸿章试办轮船招商局的奏折。

准办轮船招商局的谕旨有了，接下来李鸿章就是挑选总办了。盛宣怀将在上海经营沙船的朱其昂请来天津，面见李鸿章。李鸿章于直隶总督行馆签押房接见了朱其昂，听取盛宣怀对他的身世及经商经历的一番介绍。

朱其昂，字云甫，原为宝山的一个普通富裕家庭子弟，因个头矮小，少时常受乡人欺负，但他志向远大，决定干一番大事业。未满二十岁便倾其所有携弟弟与人合伙，在上海十六铺码头开铺办南北洋贸易，每年出海三次，积攒下一笔银子。后与人合作订造了几艘大沙船。几年下来，沙船发展到六十艘，人员三千多号，朱氏兄弟成为上海一带的传奇人物。之后朱其昂花钱捐了道台，走入官场，江浙的府台都信任他，请他做了漕运局的总办。

听完盛宣怀的介绍，李鸿章打量一下眼前这位个头不高相貌平常的沙船老板，考察式地问道：“朱道台了解我李鸿章吗？”

朱其昂回答道：“中堂书生从戎，六千淮勇开赴上海，打败李秀成十万太平军，一举平定吴中。剿灭捻匪，创办炮局、机器局，开花炮、火轮船，旗帜洋务，文韬武略，草民仰慕已久！”

李鸿章谦逊地一笑道：“朱道台过奖了！本堂倡洋务兴国图富图强就需要你这样的民族商人啊！你看这天津城里，洋人商号林立，洋货四处可见，尤其是江河轮船运输，多为洋人垄断，中国沿海沿江之利，尽为外国商轮侵占。”

朱其昂道：“中堂用意草民明白，要把被洋人占去的江河轮船运输争回来。”

李鸿章赞许道：“本堂正是此意。”

朱其昂问道：“不知中堂拟办的轮船公司官办还是商办？”

李鸿章道：“若全属官办，则经费难筹；全属商办，则易受洋商排挤。本堂意，商出资，官来管如何？”

朱其昂道：“商资官办，恐难以筹资，依草民之意，官商合办，这样有朝廷做后盾，商家敢于出资，亦可抗衡洋商，名称暂叫轮船招商公司为宜。”

盛宣怀赞赏道：“中堂，朱道台这个主意好！”

朱其昂道：“草民回沪后，会同胞弟其诏及亲友商议入股筹办轮船招商公司，根据中堂授意草拟公司章程，募集股份，让轮船招商公司早日挂牌开张。”

李鸿章道：“为了鼓励商家都来入股，本堂拟从户部借资库银二十万两，北洋入官股十万两，李鸿章个人入股五万两，作为轮船招商局的铺底资金。”

朱其昂激动地道：“有中堂大人做后盾，轮船招商公司一定旗开得胜！”

第二十五章

商船启航

朱其昂返回上海后，一边按照李鸿章的授意草拟轮船公司章程，一边会商界好友李振玉、胡光墉等人募集股份。同时，以身家作抵任招商公司总办。

招商很不顺利，外地商帮因畏惧洋商嫉妒，不肯入股；同行的沙船主忌惮抢了他们生意，更不愿意投资。结果，李鸿章从户部暂借的二十万两，北洋投资的十万两，加上李鸿章以“李积善”的名义入股五万两，朱氏兄弟穷其所有，及鼓动亲友入股，合起来入股才五十多万两，这与章程提出的初始股本一百万两相差甚远。

根据李鸿章先挂牌开张，挂牌后继续募股的指示，1873 年 1 月 17 日，轮船招商公司在上海洋泾浜永安街正式挂牌开业！

招股不顺，经营更不顺，开业不到几个月便出现四万两银子的巨亏！朱其昂在报告亏损的同时，请辞总办。

接到朱其昂上海寄来信札，盛宣怀、马建忠、刘含芳等幕僚都感到十分不快，抱怨朱氏兄弟无能，纷纷向李鸿章建议撤换总办！李鸿章看完朱其昂的信札后，对幕僚们道：“孔子有云，公者，数人之财；司者，运转之意。庄子云，积弊而为高，合小而为大，合并而为公之道，是谓公司。洋人办公司已有数百年历史，中国人第一次办公司岂能没有闪失。杏荪，你替本堂回复朱总办，亏了的那四万两算李鸿章的，让朱氏兄弟放下思想负担继续组织经营。”作为主帅，话是这么说，可李鸿章心里已经萌发更换总办的念头了。

解铃还须系铃人。盛宣怀向李鸿章推荐了曾在几家轮船公司当过华董，现为怡和洋行总买办的广东商人唐廷枢。

轮船招商公司，一艘装载着李鸿章洋务强国梦想的航船刚刚启航，绝不能搁浅！几天后，李鸿章携盛宣怀乘坐由江南机器制造局制造，刚调来北洋担任巡海任务的“操江号”炮艇赶往上海。

李鸿章一到上海，便希望尽快见到唐廷枢。当天晚上，李鸿章便在朱氏兄弟特别安排的行辕见到了心目中的洋务能人唐廷枢。让李鸿章格外高兴是，唐廷枢还带来懂得轮船洋务的同乡徐润。

唐廷枢，字建时，广东省广州府香山县唐家村（今珠海市唐家湾镇）人。少年时期，唐廷枢曾在香港的马礼逊教会学堂接受过六年的教育。1851 年起，他在香港英国殖民政府当了七年翻译，后又在上海海关担任了三年高级翻译。1861 年他在怡和洋行代理生意，两年后接任买办。担任怡和买办的十年时间里，唐廷枢经理库款，收购丝茶，开展航运，为怡和吸引大量华商资本，对怡和洋行来说，唐总办就是怡和的顶梁柱。

徐润，字润立，广东省广州府香山县北邻乡（今珠海市北邻村）人。十五岁时随叔父徐荣村到上海，进入英商宝顺洋行当学徒。他极其勤奋好学，又有悟性，所以深得洋行老板赏识。十九岁已获准入上堂帮账，二十四岁升任主账。不久，接任副买办之职。1868 年，徐润脱离宝顺洋行后，在上海开设了一家宝源祥茶栈，同时还经营房地产。此次，应同乡唐廷枢之请，拟一起接手陷入经营困境的轮船招商公司。

见面后，李鸿章即与唐廷枢、徐润进行了深入交谈。交谈结束后，又将朱其昂送来行辕让李鸿章审阅的账册，交给唐廷枢带回家中仔细审阅，让他找出亏损原因。唐廷枢愉快地领受了任务。

送走两位洋务干才后，李鸿章感觉到轮船招商公司找到了它真正的总办，轮船招商公司有希望了！

更换总办

次日上午，李鸿章主持召开由朱其昂、朱其诏、李振玉、胡光墉、唐廷枢、徐润等人参加的特别会议。

朱其昂汇报道：“公司现股本 599032 两，其中官股十万两，其昂与胞弟各入股十万两，中堂个人入股五万两，商人们对轮船航运心存顾虑，募集商股不足二十五万两，亏损却已达到四万两。”

李鸿章道："来沪前，本堂就已经让杏荪复札朱总办，亏损那四万两银子算我李鸿章的。但是，本堂要知道亏损的原因。"

朱其昂道："草民以为亏损原因在于股本小，公司仅有破旧客轮三艘，远不是洋人竞争对手。"

唐廷枢道："昨晚，遵照中堂大人的旨意，廷枢认真翻阅了公司的账册，以为出现亏损的原因不仅只是股本小，更在于外洋情形不熟，贸易未谙，买船贵，运货少，用人滥，靡费多，故而出现亏损。"

李振玉、胡光墉两位大股东，表示完全赞成唐廷枢的分析意见。

李鸿章赞许道："瞧，原因不是找出来了吗，本堂还想知道解救亏损的办法。"

朱其昂道："总结得失，其昂以为原条程应做修改，为应对与洋商优势竞争，改官商合办为由官督商办。"

李鸿章道："由官总其大纲，察其利弊，而听该商董等自立条议，悦服众商。"

唐廷枢道："这样有了官府为后盾，华商就有了投资信心。"

徐润附和道："便于招徕过去依附于洋商的在沪各省殷商资本。"

朱其诏道："股本多了，势力既然强大，就不怕洋商竞争了。"

唐廷枢道："还不仅如此，请朝廷支持包办漕运官务。同时，牛庄、烟台、福州、广州、香港、九江、汉口，乃至长崎、横滨、新加坡都设立分部。如此，轮船招商无不成功之理。廷枢向中堂大人表态入股八万两！"

徐润道："徐润向中堂大人表态，入股轮船招商公司白银二十四万两！同时，回去后，鼓动亲友购买招商公司股份。"

李振玉、胡光墉等与会股东，见轮船招商公司更换懂经营的人任总办，更有李鸿章做后盾，纷纷表示增购股份。

李鸿章高兴地道："瞧，这治病的药方不是有了嘛。为此，本中堂决定改上海轮船招商公司为上海轮船招商局，委唐廷枢总办，徐润、朱其昂、盛宣怀会办，修改章程后重新挂牌！"

会后，唐廷枢与徐润向李鸿章提出两点请求，一是将招商公司原先的"承运漕粮为主，兼揽客货"的经营方针改为"揽载为第一义，运漕为第二义"；二是更名后的招商局"局务由商任，不便由官任"。

李鸿章明白唐廷枢的话中之意，就是招商局虽然有官府的背景，但官府不干预，招商局按照市场规律来决策经营，包括用人等诸方面，都由主办、帮办及董事会决定。李鸿章当即表态，完全同意，并赞成。

此后，在唐廷枢、徐润的号召下，江浙沪巨商纷纷加盟，招商局原定的一百万两银的招商股任务很快完成。有了钱，开始购买洋轮，“伊敦”“永清”“利运”“福星”“和众”“富有”“利航”等洋轮相继购入，经营扭亏为盈。

为扩大招商局业务，招商局在天津、牛庄、烟台、九江、汉口、福州、广州、香港以及国外的横滨、神户、吕宋、新加坡等处设立分局。此后，招商局又收购美资旗昌轮船公司。该公司七艘海轮、九艘江轮，及各种趸船、驳船、码头、栈房等，全部财产作价白银二百二十二万两，购归局有，招商局的实力进一步增强。

出国学艺

1872 年（同治十一年）10 月，同治皇帝与皇后阿鲁特氏举行盛大婚礼。同治十二年正月十六，太和殿举行隆重的同治亲政大典，两宫皇太后撤帘归政，十八岁的同治亲政。

同治亲政，带来新气象。船政大臣沈葆桢抓住这难得一机遇，奏陈《船工将竣谨筹善后事宜折》，请求援引幼童赴美留学成例，福建船政学堂选派优秀生徒前往法国、英国学艺。

沈葆桢在奏折中写道：……前学堂习法国语言文字者，当选其学生之天资聪颖、学有根底者，仍赴法国深究其造船之方，及其推陈出新之理。后学堂学习英国语言文字者，当选其有根底者，仍赴英国深究其驶船之方，及其练兵制胜之理。速则三年，迟则五年，必事半而功倍……

同治御批：“总理衙门速议具奏。”

福建船政学堂是在 1866 年左宗棠担任闽浙总督时创办的，1867 年 1 月正式开学，分前后学堂。前学堂（又称制造学堂）聘法国教习，主要学习船舶制造与法语。后学堂（又称驾驶学堂）聘请英国教习，主要学习航海驾驶技术和英语。学生除在课堂学习外，还要去工厂或舰船实习。沈葆桢的想法是要把福州船政学堂办成中国最早的海军摇篮。

沈葆桢的这份奏折同治御批寄发给李鸿章、左宗棠后，这对官场上的老冤家，对于选派船政学堂生徒前往法、英学习轮船制造和驾驶技术问题上惊人地一致，都表示“赞成支持！”。

根据李鸿章、左宗棠两位大员的意见，朝廷批复福州船政学堂选派优秀学生赴英、法学习造船和驾驶技术，留学年限定为三年，经费则从福建厘金、关税和船政局经费中支取。

其实，早在两年前，沈葆桢借船政局法籍监督日意格奉命回法国购买机器之便，让其带领五名船政学堂毕业生赴英法两国参观学习。学习驾驶的生徒刘步蟾、林泰曾在英国海军学校学习一年后，随日意格回国。而学习制造的学生魏瀚和陈兆翱则留在法国造船厂继续学习，开启了大清国派学生出国学艺的先河。

学生出国学艺后话：1877年（光绪三年）3月31日，福州船政学堂刘步蟾、林永升、邓世昌、林泰曾、叶祖珪、黄建勋第一批十二人从马尾出发前往英法留学，学习轮船制造和驾驶技术。此后，陆续派出留学生一百多人。日后，这些学员成为大清海军的骨干。

入侵台湾

十九世纪六七十年代，西方列强侵略矛头直指中国，导致中国边防危机四伏。日本经明治维新国力渐渐强盛后，开始效法西方列强，确立了“开疆拓土”的侵略总方针。地处日本西南太平洋上的琉球和台湾成为其对外扩张的首选目标。

1874年4月，日本组成所谓台湾探险队三千人，由陆军中将西乡从道率领入侵台湾，并在琅峤登陆。

5月18日，日军开始与台湾当地居民交战。牡丹社酋长阿实禄父子等战死。7月，日军以龟山为中心建立都督府。

得知日军侵犯台湾消息后，总理衙门立即向日本公使郑永宁提出质询，同时，命福建船政大臣沈葆桢率领扬武、飞云、安澜、靖远、振威、伏波等数艘战船，载运淮军唐定奎所部开赴台湾。

沈葆桢、唐定奎到达台湾后，一面与日军交涉，一边做好攻占龟山准备。日本在清军陆海兵威慑下，被迫提出撤军谈判，派柳原前光率领代表团前往中国。

李鸿章奉命于天津与柳原前光等日方代表团就日本入侵台湾事宜进行谈判。

李鸿章一见柳原前光便怒骂道：“弄妈的，你们日本人还有没有诚信可言？《中日修好条规》墨迹未干，你们就出兵进占我台湾，这是什么行径？这是赤裸裸的侵略！”

柳原前光嬉皮笑脸地道：“总督大人息怒，我国出兵台湾实与日中友好关系无关，也非侵略。”

李鸿章愤然道：“杀害我岛民，建立督府，修建医院、道路，这不是侵略又是什么？”

柳原前光狡辩道：“台湾生番（未开化民族）非大清子民，出兵台湾仅仅是个别日本武士保民侠义举动！”

李鸿章拍案而起，怒斥道：“台湾久隶我大清版图，虽其土著有生番熟番之别，然同为食毛践土已二百余年，万国公知！一面发兵到我境内，一面叫人来通好；口说和好之话，不做和好之事；除非地球上有两日本国，一发兵，一和好，岂非笑谈！”

柳原前光支支吾吾地道：“台湾生番杀害我渔民，贵国迟迟不予惩办，日本国以为台湾番地不属中国管辖，故而才有此故事。”

李鸿章道：“查办凶手有难易迟早，你怎知道我不办？且生番所杀是琉球人，不是日本人，何须日本多事？今日如此办法，中国文武百官不服，即妇孺亦不服。中国十八省兵强马壮拼命打起来，你日本地小人寡，吃得住吗？”

柳原前光连忙道：“日本地小人寡，岂敢与中国开战？”

李鸿章道：“大丈夫做事总要光明正大，虽兵行诡道，而两国用兵，题目总要先说明白，所谓师直为壮也。自汉唐之后，几百年来日本从未与我订立修好条规，并无一兵入中国边界，今甫立和约而兵临我境，日本对不起我中国，且令我对不起吾皇与天下百姓。”

谈判结果是：中日签署《台事专约》，中方承认日本入侵为保民之举，以抚恤和购买道路房屋为名，赔偿日本白银五十万两，日本侵略军撤出台南。

华工事件

秘鲁为南美洲西部一个国家，人口仅有三千多万，而当时，到秘鲁谋生的华工就有 10 多万。这些华工大多是广东、福建人，怀着发财梦想前往秘鲁。他们的生活及工作环境极其艰苦，与奴隶无异。凌虐、苛待，打骂、枷锁、饥寒、囚禁是家常便饭，被殴打致死的情况时有发生。腐朽无能的清政府，早就知晓秘鲁华工遭受凌虐的情况却无能为力。而以美国为代表的西方文明国家，就华工在秘鲁遭凌虐恶行严加谴责。秘鲁国政府在西方国家舆论的谴责下，派外交使节水师总兵葛尔西耶到中国，要求签订通商条约，并就虐待华工问题做出解释。

朝廷谕旨，李鸿章天津与秘鲁国使臣晤谈。另有总理衙门指示，若秘国特使不认错，不承诺善待华工，我不与邦交通商。并将许多遭虐待的秘鲁华工求助信，及美国公使提供的华工遭虐待照片，全部寄发李鸿章。

天津利顺德饭店会议厅，李鸿章率领陈钦、马建忠等中方代表，与葛尔西耶等秘鲁国代表进行谈判。谈判一开始，李鸿章就向葛尔西耶展示出多名遭虐待华工的求助信，及由美国公使提供的一张张惨无人道的虐待华工照片。

接着，李鸿章通过马建忠翻译告诉葛尔西耶道："秘国华工均为我大清子民，凌虐我大清子民就是对我大清不尊，中国百姓所恨，万国公法所不允，大清国不与野蛮无理之国邦交。"

在铁的事实和证据面前，葛尔西耶通过翻译向李鸿章表态道："回国后，一定如实向总统报告，查清拐骗、劫持、虐待华工案，并严惩罪犯，希望此事不要影响秘中友好建交与通商贸易。"

李鸿章让马建忠告诉葛尔西耶，若贵国诚意与我大清邦交通商，必先令将华人全行送回中国，并声明不准招工，自愿留秘国务工应受善待，邦交条约须载明保护华工专条，方能商议立约。

李鸿章的强硬外交，迫使秘鲁国对虐待华工事件进行严肃处置，送大批华工回国，后在美英等国调停下，秘鲁同意签订《会议查办华工专条》。

1874 年 6 月 26 日，中秘两国在天津正式签署了《中秘友好通商行船条约》。

处理完虐待华工事件后，李鸿章在奏报与秘鲁国使臣葛尔西耶签署《会议查办华工专条》事项时，附片，保荐提督衔的淮军老将吴长庆为直隶正定镇总兵，所部仍留江苏，马建忠候选道，获朝廷批准。

海防塞防

日本侵占台湾，给大清国的王公大臣们敲响了一次警钟，日本图谋中国的狼子野心已经昭然若揭！

同治谕旨：针对日本未来战略企图，结合海塞防组织各地督抚将军进行讨论。于是，东南"海防"与西北"塞（疆）防"孰重孰轻引发一场大讨论。

恭亲王奕䜣与军机大臣文祥担忧海防力量不足，倾向于重视海防；直隶总督、北洋大臣李鸿章、船政大臣沈葆桢等以为大清国海岸线从南到北长达六万里，急需筹备，而新疆荒芜之地无关紧要，主张移塞防之饷补海防；以陕甘总督左宗棠、湖南巡抚王文韶等为代表的大臣认为，“但使俄不能逞志于西北，则各国必不致构衅于东南”，应当转意于西北塞防。

因海防、塞防争论激烈，年轻的皇帝一时拿不出主意。

不久，以李鸿章为代表的大臣们提出的海防建议，联名奏报总署提出“练兵、简器、造船、筹饷、用人、持久”六条紧急机宜。

同治朱笔御批：总理衙门所陈练兵、简器、造船、筹饷、用人、持久各条，均系紧要机宜，着沿海沿江督抚将军逐条提出切实办法，限一月内复奏，不许空言塞责！

李鸿章接到谕旨后，召集周馥、盛宣怀、马建忠、周盛传、叶志超、卫汝贵及新入幕的薛福成等将领商议后，提出六条回复总理衙门。这六条是：一、选汰陆军，改洋枪洋炮，练洋操；二、添购机器，仿造水雷，创设水雷学堂；三、定造铁甲舰，裁撤旧船；四、暂弃新疆，严守边界，以停撤之饷匀做海防用，并拨海关洋税，兴利开矿，暂弛鸦片之禁，加重洋药税厘；五、变通考试，专设洋务一科取士，海防省份设洋学局；六、坚持必办洋务，于洋务开用人之途，使人才渐进等六条。同时，就塞防提出自己的意见，奏折上写道：历代备边，多在西北，其强弱之势，客主之形，皆适相埒，且犹有中外界限。今则东南海疆万余里，各国通商传教来往自如，麇集京师及各省腹地，阳托和好之名，阴怀吞噬之计，一国生事，诸国构煽，实为数千年未有之变局！轮船电报之速，瞬息千里；军器机事之精，工力百倍。炮弹所到，无坚不摧；水陆关隘，不足限制，又实为数千年来未有之强敌！新疆乃化外之地，茫茫沙漠，赤地千里，土地瘠薄，人烟稀少。乾隆年间平定新疆，倾全国之力，徒然收数千里旷地，增加千百万开支，实在得不偿失……

左宗棠的回复奏折也送达总理衙门，奏折里写道：天山南北两路粮产丰富，瓜果累累，牛羊遍野，牧马成群。煤、铁、金、银、玉石藏量极为丰富。所谓千里荒漠，实为聚宝之盆。我朝定鼎燕都，蒙部环卫北方，百数十年无烽燧之警，是故重新疆者所以保蒙古，保蒙古者所以卫京师，若新疆不固，则蒙部不安。俄人拓境日广，由西向东万余里，与我北境相连，仅中段有蒙部为之遮阂。徙薪宜远，曲突宜先，尤不可不豫为绸缪者也。若此时即拟停兵节饷，自撤藩篱，则我退寸，而寇进尺，不独陇右堪虞，即北路科布多、乌里雅苏台等处恐亦未能晏然。是停兵节饷，于海防未必有益，于边塞则大有所妨……

此后，船政大臣沈葆桢、福州将军文煜、闽浙总督李鹤年、两湖总督李瀚章、浙江巡抚杨昌浚等大臣回复，为强固海防，应优先考虑购买铁甲战船。

丁日昌以《海洋水师》章程六条入奏，建议创立北洋、东洋、南洋三支海军，各设提督一人，北洋提督驻天津，负责直鲁两省沿海防务；东洋提督驻吴淞，负责江浙两省沿海防务；南洋提督驻南澳，负责闽粤两省沿海防务。三支海军各备大兵船六艘，炮船十艘，每半年会操一次，以期三洋联为一气，海防可固。

总览朝野各大臣意见，虽然主张海防大臣占了多数，但事关国家安危大政，同治不敢擅作主张，遂请旨母亲。

慈禧叮嘱儿子道："大清海疆万里，以时局论，日本与我闽、浙一苇可航，倭寇滋扰我沿海多年，台湾生番事件虽暂告段落，不保其后无变？新疆乃我大清版图，岂能容忍疆匪自立，俄人肆意侵占？海防塞防同等重要，不可偏颇。"

慈禧的一句话，给纷纷扬扬争论了一年多的"海防塞防"大讨论画上句号。

谕旨很快下达：除新疆外，内陆各省驻军裁军节饷，全力支援海防、塞防。着李鸿章、沈葆桢督办海防事宜，提出详尽方案交廷议。着陕甘总督钦差大臣左宗棠率部开赴新疆。

短命皇帝

同治是咸丰与慈禧所生，也是咸丰唯一的儿子。1861 年 8 月 22 日（咸丰十一年七月初五），咸丰驾崩于承德避暑山庄，时年六岁的同治毫无悬念地继承了大清皇位。为了保证六岁的儿子坐稳大清江山，咸丰临终前安排载垣、端华、景寿、肃顺、穆荫、匡源、杜翰、焦佑瀛八位大臣为赞襄政务王大臣，辅助年仅六岁的皇子载淳（同治）继位为帝，处理朝政。

但是，咸丰死后不久，慈禧便联合慈安，在恭亲王奕䜣的帮助下发动了"辛酉政变"，将八位辅政大臣废除，实行两宫皇太后"垂帘听政"。

在这之后，慈安、慈禧完全掌控了大清朝政。因慈禧是同治的生母，擅长玩弄权术，加之慈安生性温和，说是两宫"垂帘听政"，但大权都是慈禧掌控。随着小皇帝一天天长大，按照大清祖制幼皇成婚后，就要独立主持朝政，两宫太后得撤帘归政。

在古代，十三四岁结婚十分正常，而同治却等到了十七岁，慈禧才允许他结婚。1873 年 2 月 23 日（同治十二年正月二十六），十八岁的同治终于要亲政，独立处置大清国的一切朝政。

就在这位年轻的皇帝收复疆土，购买战船成立水师巩固海防大展宏图之时，忽然病倒了。听说皇上病了，慈安、慈禧吃惊不小，赶紧前往养心殿东暖阁探视。

御前太监李莲英一声叫喊："两宫皇太后驾到！"

皇后阿特鲁氏、慧妃、珣嫔、瑜嫔及宫女、太监纷纷下跪请安。

慈禧问道："阿特鲁氏，皇上怎么啦？"

阿特鲁氏战战兢兢地回答道："奴婢阿特鲁氏回太后，前日，皇上西苑游玩时受了点风寒。太医开了调补药方，皇上服用后恢复如常。今日午后皇上忽然发烧，四肢无力！"

慈安问御医道："皇上是何病症？"

太医回答道："回太后，奴才诊视，皇上发热目眩，胸满烦闷，通体始出现疹红，奴才以为是天、天花……"

慈禧打断地道："住嘴！"

慈安、慈禧在阿特鲁氏引领下走入同治卧房，只见同治脸色通红，浑身不住抽搐躺在御榻上。

同治见母亲来了，一把拉住母亲的手，央求道："额娘，救救我！"

慈禧掏出手帕擦去泪水，抽噎道："额娘会救你的！你要挺住，挺住啊！"

慈安走上前来，哭泣道："皇儿！"

慈禧当即做出安排：东暖阁全部铺上红地毯，贴上红对联，工匠扎龙船，金银玉帛殿前焚烧，恭送痘神娘娘。

接着，又与慈安一起赶往景山寿皇殿，烧香拜佛乞求菩萨保佑。然而，烧香拜佛已经无济于事。

获悉皇上病危的消息，恭亲王奕䜣、庆亲王奕劻、醇亲王奕譞、沈桂芬、李鸿藻等王公大臣闻讯后都赶来养心殿。

1875 年 1 月 12 日傍晚，同治因天花驾崩，时年二十岁。

同年 2 月 25 日，慈禧妹夫醇贤亲王奕譞之子，年仅四岁的爱新觉罗·载湉登基，成为大清国第十一任皇帝，改年号光绪。慈安、慈禧继续垂帘听政。

李鸿章抓住这一机遇，举荐周馥接替空缺的直隶清河道职位，获得批准。老幕僚终于有了一个实实在在的官职。

筹创水师

1875 年 5 月（光绪元年三月），朝廷谕旨：左宗棠为钦差大臣，督办新疆军务；命李鸿章、沈葆桢分别督办北、南洋海防事宜，从速建设南北洋水师。决定每年从海关和厘金收入内提取四百万两白银作为海军军费（实际用在购置军舰款项只为每年一百万两），由二洋分解使用。

沈葆桢接到谕旨后，请奏朝廷，他认为“外海水师以先尽北洋创办为宜，分之则难免实力薄而成功缓”。朝廷考虑到中国当时的主要假想敌是日本，北洋水师负责守卫京师，遂采纳沈葆桢的建议，先创设北洋一军，等北洋水师实力雄厚后，“以一化三，变为三洋水师”，北洋的成军之路由此开始。

李鸿章立即给老朋友税务司赫德致信，请求帮助选购战舰。赫德很快派英籍海关职员金登干携带几只由英国阿姆斯特朗造船厂制造的炮艇模型及各种型号炮艇资料赶来天津，让李鸿章选购。见到炮艇模型，李鸿章夸奖道：“赫客卿办事就是迅捷！”

金登干用流利的中文向李鸿章介绍道：“中堂大人，这四种型号炮船分别是，排水量 1300 吨，装备 16 英寸火炮；排水量 440 吨，装备 12.5 英寸火炮；排水量 320 吨，装备 11 英寸火炮；排水量 260 吨，装备 9 英寸火炮，供大人选定。”

李鸿章一边听着金登干介绍，一边端详着模型，感叹道：“西洋的器物确实好啊！可是，大清国穷啊，英商有报价吗？”

金登干回答道：“根据排水量不同，大约每艘在十万到十五万两银子。”

李鸿章道：“待本堂择日携带模型前往总署，向恭王报告，待经费有了着落便函告赫客卿。”

几天后，李鸿章带上模型携马建忠、盛宣怀赶往京城，前往总理衙门向恭亲王汇报落实购船款银。奕䜣看完模型，听完李鸿章的介绍，五十万两银子不是个小数目。新皇刚继位，两宫重新垂帘听政，此等巨额军费支出需要两宫太后裁定，遂携李鸿章入宫面见慈安、慈禧。

进了养心殿，李鸿章磕头叩拜皇上、两宫皇太后后，报告来意，购买炮艇需要五十万两银子。

慈安听了李鸿章奏报，倒是大言不惭地询问奕䜣道：“五十万两银子，也不是个大数目，日后，凡购买兵轮的事，按照先前下达谕旨，总理衙门办理便是！”

奕䜣听完嫂子的话，连忙叩拜道："嗻！"

慈禧问道："李鸿章，本宫想听听你的海防主张。"

李鸿章回答道："臣仰圣上力图自强之意，钦服莫名。臣查各国条约已定，断难更改。江海各口，门户洞开，已为我与敌人公共之地。我朝自兴洋务以来，迭次办结之案，无非委曲将就。更有日国虽小其志不小，故敢称雄东土，藐视我国兴兵台湾。犹赖圣明主持于上，屡饬各疆臣严密筹防，调兵集船，购利器，筑炮台，一时并举，该酋外怵公论，内慑兵威，乃渐帖耳就款。欧美诸国虽强，尚在万里之外，日本则近在户闼，伺我虚实，诚为中国永久大患。今虽勉强就范，而其深心积虑，觊觎我物产人民之丰盛，冀幸我兵船利器之未齐，将来稍予间隙，恐仍狡焉思逞。"

慈禧赞许点头道："李爱卿可有应策？"

李鸿章道："回太后，臣奉先皇遗旨，奏筹议海防，练兵、简器、造船、筹饷、用人、持久等六条，逐一详细备审，并拟就切实办法，恳请两宫皇太后万忙之暇一览。"

慈禧问道："可有奏章？"

李鸿章回答道："臣携有奏折！"

慈禧道："呈上来吧。"

慈安道："李爱卿跪安吧！"

李鸿章跪拜叩头道："谢皇上，两宫皇太后！"

半个月后，李鸿章收到了赫德委托金登干代表中方与阿姆斯特朗公司签订合约，购买装备 11 英寸火炮的"蚊子"炮船，装备 12 英寸火炮的"蚊子"炮船各两艘，外加运费 65940 两，总计合同金额 45 万两银。价款分三次付清。

看到赫德寄来的购买炮艇合约李鸿章满心欢喜，比预计的预算款银还节约了五万两银子。于是，一边致函赫德告诉洋商按照合同约定开建炮艇，一面派马建忠携带购船合约前往总理衙门，请恭亲王商户部按照合约给洋商支付款银。

第二十六章

裁军节饷

朝廷谕旨：除新疆外，内陆各省驻军裁军节饷，全力支援海防、塞防。为了落实朝廷谕旨，李鸿章给驻扎江苏、山东、直隶、天津等地淮军头目下达各军酌情裁撤马队、步队兵员的命令。

驻扎山东济宁的刘铭传接到李鸿章裁撤兵员命令后，找来刘盛藻、刘盛休、聂士成、卫汝贵等部下商议，裁撤哪些陆队、马队。在铭军大小军官中都知道丁汝昌是太平军叛军，仅此污点，常被铭军的营官们瞧不起。因而此次裁军丁汝昌所统的马队自然成为铭军裁军的首选。

当年丁汝昌加入太平军后，隶属桐城程学启部，与程学启志趣相投，成为好朋友。1861 年（咸丰十一年）3 月，在曾国荃率湘军围攻安庆甚急时，程学启率部投降，丁汝昌也在其中。1862 年（同治元年），程学启所率开字营编入李鸿章淮军。旋即随李鸿章开赴上海，与太平军作战。同年八月，程学启率开字营与刘铭传铭字营同太平军战于四江口，刘铭传见丁汝昌“骁果异之，乞置帐下”。仍充哨官，统亲兵一百人。不久，刘铭传又令丁汝昌统领马队，升任营官，后作战有功授参将。太平天国失败后，丁汝昌升为副将。随后，丁汝昌统先锋马队三营，随刘铭传北上剿捻。丁汝昌所率马队纵横驰骋，每战必胜，捷报频传。1868 年捻军被剿灭，丁汝昌授总兵加提督衔。丁汝昌就这样在刘铭传麾下由一名哨官，成长为一名淮军高级将领。这是丁汝昌从军生涯后的第一次崛起和成功，也是与刘铭传的培养和提携分不开的。

然而，毕竟不是刘铭传的嫡系，刘铭传打算裁掉丁汝昌的所部马队三营。驻扎在东昌的丁汝昌得知消息后，非常气愤！写信给刘铭传，表示强烈抗议，指责刘铭传：铭军马步那么多营都不裁，为何偏偏要裁撤他的马队？分明是瞧不起他这个太平军叛兵。

刘铭传是个火暴脾气的人，看到丁汝昌的抗议信后，要派亲兵去东昌将丁汝昌绑来济宁，以抗拒军令杀之！

刘盛藻秀才出身，性格文雅，知道自己的叔叔说得出就能干得出，便悄悄派人赶去东昌将这个消息告诉了丁汝昌。丁汝昌得到这一消息后，吓得率领亲信十二人乘快马连夜逃出兵营，逃回家乡庐江石头镇。

丁汝昌逃离军营后话：丁汝昌回到家乡后，将这些年积攒的钱财分发给亲信及亲戚故友。与妻子魏氏一起家乡重新购置土地，修建宅院，挖鱼塘，垒假山、修亭榭，栽桂树数株、橘园一片、梅林数亩。陶情诗酒，寄兴博弈于其间。

丁汝昌身为记名提督，就这样不明不白地隐于乡野，不能为国效力，忧郁寡欢，时发牢骚。魏氏出身书香门第，是一位秀外慧中的好女子，她常常宽慰丁汝昌说："家有薄田数亩，足以饱腹，大丈夫建功立业，自有时也，姑待之。"

刘铭传获悉丁汝昌被吓跑，等到火暴脾气过后也感到后悔，对不起手下这位乡友悍将，但却拉不下脸面，再派人请丁汝昌归营，这事到此为止了。

此次裁撤铭军后不久，刘铭传、刘盛藻因伤病，叔侄俩相继请辞返回家乡养病。返乡后，刘盛藻也同刘铭传一样，于六安张家店购置土地建造庄园。叔侄俩都辞官返乡，李鸿章奏请朝廷由刘盛休接替铭军总统获朝廷批准。

烟台条约

购买炮艇的事刚处理完毕，朝廷谕旨又到，让李鸿章前往烟台，与英国公使威妥玛谈判处置"马嘉理等英国人被滇民打死的案件"，也叫"滇案"。

这起案件发生的经过是这样的：英、法等列强通过不平等条约打通中国沿海及长江门户后，又想深入到中国内陆。19 世纪 60 年代起，英国便不断寻找从缅甸、越南进入云南的通道。

1874 年（同治十三年），英国再次派出以柏郎上校为首领的探路队，在近二百名的武装士兵护送下，勘探缅滇陆路交通线路，英国驻华公使威妥玛派出翻译马嘉理前往云南配合。

1875 年 1 月，马嘉理到缅甸八莫与柏郎会合后，向云南边境进发。2 月 21

日，在云南腾越地区的蛮允（今云南德宏州盈江县芒允）附近与当地少数民族发生冲突，马嘉理与数名随行人员被当地百姓打死或打伤。

案件发生后，威妥玛向总理各国事务衙门提出缉拿凶犯，就地正法，处置失职官员，解决各地历年未结积案，索要赔偿白银十五万两等多项要求。扬言若不照办将派兵入滇。并点名要与直隶总督、北洋大臣李鸿章于烟台谈判。

事关大清重大外交事宜，李鸿章放下手头差事，携薛福成、马建忠及总理衙门派来的章京许钤身搭乘“操江号”兵轮赶赴烟台。

操江号兵轮赶到烟台码头时，登莱青兵备道张荫桓、英国公使馆中文秘书梅辉立于码头迎接。

几天后，作为中英烟台谈判的调停人，赫德也从上海赶来烟台参与谈判。

中英“滇案”谈判在英国驻烟台海军司令部会议厅举行，中方参加谈判的人员有李鸿章、薛福成、马建忠、许钤身，英方参加谈判的有威妥玛、雷德尔（海军司令）、梅辉立，另有调停人赫德。

谈判中，威妥玛极尽讹诈之能事，赫德在施展浑身解数尽力调和的同时，以“补救通商大局”为由，提出了开设“官信局”等建议，得到了威妥玛、李鸿章的一致认可。谈判谈谈停停，持续了一个多月，威妥玛提出许多无理要求，李鸿章用他的“痞子”外交手段据理力争寸步不让。最终在赫德的调停下，威妥玛失去耐心，接受了李鸿章代表中方提出的《中英烟台谈判草案》。条约分昭雪滇案、优待往来各节、通商事务、专条等。

1876 年（光绪二年）9 月 13 日，《中英烟台条约》在烟台签署。这是李鸿章所谓“痞子外交”的一次成功范例。

《中英烟台条约》后话：条约报送英国国会后，英国议员大呼上当，强烈要求重新谈判，遭清政府严词拒绝。直到 1885 年中法战争爆发，清政府迫于压力才与英国重签《烟台条约续增专条》。中英烟台谈判时，李鸿章在征收洋货厘金专项条款上玩“文字游戏”，为大清国争取了近十年界口之外仍可收取厘金的宝贵时间。

李鸿章返回天津后，让他感到惊喜的是，妾莫氏给他生下第二个儿子，李鸿章给这个儿子取名李经迈。

几天后，李鸿章向总理衙门推荐郭嵩焘前往英国就马嘉理事件向英国政府道歉，并出任大清驻英公使。同时，为了学习西方国家法律制度，派马建忠随同前往。

创办信局

驿站是中国传递官府文书，军事情报的人员和往来官员途中食宿、换马的场所，这一机构从近代意义上来说，等同于国家的邮政局。

光绪年间，大清国有驿站 1970 处，驿夫七万余人；急递铺约 1.4 万处，铺兵四万余人。兵部车驾司掌管全国驿站事务。驿站大多设在官道要隘处，所有供远途传递所需要的马匹、骆驼、马车等一应俱全。而民间信札、贵重物品的传递只能通过镖行来送达。

设立官信局为洋商及寻常百姓信函送达服务是赫德一大心愿。为实现这一目标，早在 1866 年 12 月，赫德便以税务司名义于上海、镇江两处海关试办“邮递服务业务”尝试性启动了海关邮政。但只是小打小闹的尝试，没有得到大清朝廷的批准，难以推广。

中英“滇案”烟台谈判终于让赫德寻找到了机会，设立官信局议题得到了李鸿章、威妥玛两国谈判代表的认可。遗憾的是，这一两国代表认可的议题并没有写入谈判条约。谈判结束后，赫德就海关口岸创办官信局试行方案报送总理衙门，总理衙门批转李鸿章处置。

赫德知道，在大清想办成洋务非请李鸿章出面请奏朝廷批准不可。遂派遣税务司帮办德国人德璀琳携带他的亲笔信札前往天津，就北洋各口岸试办官信局事宜拜访李鸿章请他帮忙。

李鸿章携盛宣怀、刘含芳、薛福成于直隶总督行馆会客厅接待了德璀琳。李鸿章认真看完赫德中文写给他的信札，及总理衙门批转他处置的海关口岸试办官信局方案后，询问德璀琳道：“赫客卿具体想法是什么？”

德璀琳道：“赫大人奏请总署创设华洋书信局，管理海关、各使馆邮件，兼收民信，于天津、北京、上海、牛庄、登州等地试行，总署批转李大人征询意见。”

李鸿章道：“海口开办官信局、官银号便于华洋商务往来烟台谈判时，威妥玛即已提出，虽未列入和约，但已获总署批准。德先生，你看这样是否可行，先有海关试办，待试办成功，即由本堂奏请朝廷改为官局如何？”

德璀琳激动地道：“当然可以！”

刘含芳欣喜道：“赫大人这件事办得太好了！”

薛福成感慨道：“中国几千年来，皇家专有的驿站马递得彻底改一改了。”

李鸿章道："请德帮办转达赫大人，天津、上海、烟台、牛庄、登州等各口岸试办信局之事，本堂负责致函总署，表明支持态度，待有消息，即函告赫客卿。"

德璀琳走后，李鸿章即给恭亲王奕䜣致函，表明支持北洋各口岸试办信局态度，及开办信局利国利民的好处。信函上写道："信局仿照洋法逐步推行，与邮政无甚窒碍也"，"信局牵涉洋商，似非税务司管理不可"。

不久，朝廷批准了李鸿章的请求。天津、上海、烟台、牛庄、登州各口岸试办官信局，接发洋商、百姓信函。

官信局后话：1878 年（光绪四年）8 月间，清政府正式批复海关试办邮政，德璀琳返回德国请德国专家设计邮票，首次发行中国第一套"大龙邮票"三枚，颜色分别为绿色、红色和橘红色。图案为"蟠龙"，上端标明"大清"二字。价值分别为一分银，三分银，五分银。

德璀琳德国返回中国，在给李鸿章送邮票票样时，还把自己女婿退役德国大尉军官，会说中文的汉纳根带来天津，推荐给李鸿章担任淮军教官。正缺少军事人才的李鸿章，愉快地接受了来自德国的退役军官汉纳根，并聘请为军事副官。

尝试电报

mine（水雷）、gunboats（炮艇）、artillery（火炮）、sailing（航行）……

位于天津机器制造局东厂里的水雷学堂传来生徒朗朗的英语单词朗读声。

李鸿章、周馥、薛福成、龚照玙等一行，在水雷学堂总办文瑞、天津机器制造局会办吴毓兰引领下巡视而来。

李鸿章询问文瑞道："生徒们读的什么？"

文瑞回答道："回中堂大人，生徒们朗读的是水雷、炮艇、火炮还有航行的英文单词。"

李鸿章赞许地道："好，好啊！学会西文，就可以走出国门，学习西人更多的知识带回国内来。"

吴毓兰介绍道："遵中堂训示，目前学堂设两个班，每班二十名生徒，年龄在十八岁以下。其中以闽粤籍学生为主。上午授课中文和英文，下午则由聘请的外国水雷教习授课。为了让学员们能有宽敞舒适的环境学习和实践，学堂特意在机器局内增盖了新楼和操作室，可为四十名学员实习时使用。”

文瑞补充道：“第一批生徒有自香港挑选的八人。生徒有内、外之分，内生招收有文化基础的生徒，学习中外文化，以电学、英文为主，水雷为辅。而外生为年轻的士兵，学习施放水雷，带有培训的性质。现设的两个班，一个偏重电报，另一个偏重水雷。”

李鸿章饶有兴趣地道：“本堂想看看电报究竟是西洋什么神奇的东西。”

李鸿章一行在文瑞、吴毓兰引领下走入电报实验室，几台原始电报机摆放在操作台上，贝德斯（教习）正教习生徒有线电报电报拍发。

李鸿章好奇地问道：“这就是电报？”

贝德斯回答道：“是的，这就是电报机。”

李鸿章新奇地走上前去，端详一番后道：“早知洋人水线铺设至上海，瞬息之间便能将讯息传递至万里之外，有识之士早就奏折陈奏朝廷设置电报！”

周馥道：“可时至今日，电报，在朝廷一些迂腐大臣眼中仍是洪水猛兽，惊民扰众，变乱风俗的异端淫器。”

贝德斯连连摇头道：“中国官员太愚昧了，四十年前，美国人莫尔斯发明telegraph，很快便被欧美各国采用。telegraph通过导线连接，由发报机发出讯号，接收机接收到讯号后自动打印出点划符号，发收双方根据这些符号，辅以电码，便能实现传递讯息目的。如此迅捷传递讯息方式，却被中国当局拒之门外，实在愚昧！”

薛福成道：“中堂大人，若要冲破禁锢，非您领头不可呀！”

李鸿章沉下脸，憋着一股子劲道：“弄妈的，我李鸿章就来带头吃一回螃蟹！叔耘（薛福成字），回去后，你替本堂给刘瑞芬写封信札，让他商洽丹麦电报洋商，架设沪局至本堂上海行辕电报线！过几天，本堂要去上海正好可以试试！”

薛福成爽快应道：“遵命！”

吴毓兰道：“香畹也会尽快安排贝德斯带领生徒，从东局架设至直隶总督行馆电报线。”

李鸿章斩钉截铁地道：“架！什么异端淫器，我李鸿章就是不怕遭人辱骂！”

半个月后，李鸿章率领盛宣怀、薛福成、刘含芳等一行乘坐“操江号”抵达上海十六铺码头。苏淞太道，江南机器局总办刘瑞芳，轮船招商局总办唐廷枢、会办朱其昂、徐润前往码头迎接。

1877年（光绪三年）6月15日，自李鸿章上海行辕至江南机器制造局架通中国第一条电报线；发出第一份电报内容为：行辕正午一刻。

李鸿章视察了江南机器制造局后，前往轮船招商局，先是与唐廷枢、徐润、朱其昂等研究了于唐山开平筹办煤矿事宜。而后，召见了另一位广东籍的洋务干才郑观应，向他下达了筹办上海机器织布局的任务。

李鸿章上海返回天津后，便上奏朝廷上海创设机器织布局。奏折上写道：洋货行销中国，日增月盛，尤以洋布为大宗，是以特令购买机器，设局仿造布匹，所以敌洋产而杜漏卮。若准办，奏请恩准十年以内只准华商附股搭办，不准另行设局，该局所产布匹，如在上海销售，免完厘税，如运销内地，仅在上海新关完一正税，概免沿途厘税……

这一奏折很快得到批准，上海机器织布局招股募资正式筹建。

炮艇抵津

许钤身前来直隶总督行馆向李鸿章报告：两艘英国阿姆斯特朗造船厂制造的伽马、阿尔法炮船已经驶抵天津港，税务司赫德、洋员金登干也随船抵达天津，现入住利顺德饭店，请中堂为炮艇命名，并请中堂登船检验。

李鸿章听完许钤身汇报，拿起墨笔，稍加思考，挥笔疾书，“龙骧”“虎威”两艘炮艇的中国名字跃然宣纸上。

薛福成赞赏道：“龙骧、虎威，云起龙骧，昂举腾跃。好，这个名字好！”

李鸿章吩咐道：“通知赫客卿、金登干、子美、香畹、薪如，还有汉纳根，明日随本堂一起登船查验！”

大沽口码头，龙旗飘扬，锣鼓喧天，“伽马”“阿尔法”炮船披红挂彩停靠在码头，李鸿章、赫德、金登干在周馥、薛福成、吴毓兰、许钤身、周盛传、汉纳根等陪同下登上“伽马”炮船。

拉普利曼达吉船长率领一队持枪英国水兵列队迎接李鸿章、赫德、周馥等一行登船查验。

拉普利曼达吉用英语向李鸿章报告道：“报告总督大人，伽马、阿尔法炮船安全驶入中国天津港，请总督大人查验！”

许钤身随之做出翻译道：“拉普利曼达吉船长，请中堂大人查验炮艇。”

李鸿章道：“好好好，辛苦了，辛苦了。”

金登干向李鸿章一行介绍道：“伽马、阿尔法炮船，舰长 118 英尺，宽 27

英尺，吃水7.5英尺，动力系统为2台蒸汽机、2台燃煤锅炉，主机功率235马力，双轴推进，航速10节，煤舱标准载煤88000磅，最大载煤110000磅，装备11英寸火炮一门。”

忽然，一声枪响，一颗子弹从李鸿章头顶飞过，众人惊呼声一片。

拉普利曼达吉用英语询问士兵道：“怎么回事？”

一名走火的水兵扑通跪地，用英语回答道：“对不起总督大人，枪走火了！”

赫德关切地询问李鸿章道：“没吓着中堂大人吧？”

李鸿章风趣地一笑道：“这位洋兄弟和本堂开了个玩笑。”弯腰扶起水兵道：“这位洋兄弟，刀枪不长眼睛，以后可是要小心点了。”

许钤身将李鸿章的话翻译成英语。

拉普利曼达吉用英语下令道：“试航，请总督大人观看！”

顿时，蒸汽机响起，水花四溅，“伽马”“阿尔法”炮船并驾齐驱，劈波斩浪航行而去。

赫德询问李鸿章道：“中堂感觉如何？”

李鸿章感叹道：“实系近时新式，堪为海口战守利器。”

周馥道：“洋人的炮船果然非同凡响！”

李鸿章吩咐薛福成道：“即日起，伽马、阿尔法更名龙骧、虎威。还有尚在开往中国途中的两艘炮艇，命名为飞霆、策电。”

薛福成道：“遵命！”

李鸿章叮嘱许钤身道：“仲韬（许钤身字），严冬将至，天津尚未建成船坞，洋船经不起北方冰冻，有劳你陪同拉普利曼达吉船长驾驶龙骧、虎威，连同不日将驶来中国的飞霆、策电一起停泊马尾，与福建水师一起参加台湾海峡巡防。”

许钤身应道：“钤身遵命！”

开平煤矿

所谓兵马未动粮草先行。轮船靠蒸汽机驱动，而蒸汽机是靠烧煤产生蒸汽的。李鸿章明白，北洋水师成军前必须解决煤炭的问题。而购买洋煤不仅价格贵，而且时常缺货。

1876年（光绪二年）10月，唐廷枢接受李鸿章的委派，担当起筹办开平煤矿的重任，为解决天津机器制造局及未来北洋水师成立后需要大批用煤的问题。

办煤矿，探矿是首先要做的工作。唐廷枢聘请英国探矿工程师马里斯等人组成的探矿队携带探矿设备，从天津出发前往开平、古冶、凤山、桥屯一带，历时三个多月，从古人遗留下的煤窑了解地下埋藏的煤炭和铁石情况。

这天，马里斯点燃火把，深入到一座废弃的小煤窑里观察煤层储存形态，取回煤块和铁石。爬出煤窑后，马里斯捧着采集的煤炭欣喜地对唐廷枢道："恭喜唐总办，开平地下蕴藏着丰富的煤炭！"

唐廷枢激动地道："太好了！可以完成中堂交给的任务了。"

马里斯道："据史料记载，你们中国是世界最早发现并使用煤炭的少数几个国家之一，但却不知煤炭是何物。"

唐廷枢接过煤炭一番端详后道："中国古人把煤炭称为石。"

马里斯道："中国古人没有说错，煤炭其实就是埋藏地下的植物经过亿万年演化而成的植物化石。唐先生可以去向你的李大人报喜了！"

室外大雪纷飞，直隶总督行馆会客厅内炉火熊熊暖意融融。李鸿章饶有兴趣将几块煤炭放入正燃烧的木炭火炉中，"啪啪"几声轻微炸响，冒起黑烟，腾起熊熊火苗。

李鸿章激动地道："着了，着了！"

薛福成激动地道："真的着了！"

周馥道："火焰还旺着呢！"

马里斯对李鸿章道："恭喜李大人，大清国即将拥有第一座属于中国人自己的煤矿了！"

唐廷枢欣喜地告诉李鸿章道："中堂大人，马先生说开平一带煤炭不仅储量巨大，深度浅，易开采，而且煤质优良。"

李鸿章询问道："能与洋煤相比吗？"

马里斯道："具体数值需要请专家通过仪器检测后方可知晓，但根据马某的经验，开平的煤炭可与洋煤炭媲美！"

李鸿章一把拉过马里斯的手，激动地道："太好了！你可是帮了本堂一个天大的忙啊！开平煤矿一旦设矿开采，不仅天津机器制造局，乃至将来成军后的北洋水师所有兵船、炮船用煤全部解决了！谢谢你，本大人真的要好好谢谢你！"

马里斯道："还要恭喜大人，开平一带还同时储藏大量铁矿。"

李鸿章欣慰道："那就更好了！本堂将奏请朝廷批准，设立开平矿务局，挖煤、炼铁同时并举。建时啊，开平煤矿仍以官督商办，抓紧筹备招商，采用机器开采，办矿中出现什么困难，直接找我李鸿章！"

唐廷枢抱拳道："谢大人鼓励支持！古人云立大事者，不唯有超世之才，亦必有坚韧不拔之志！请中堂大人放心，只要廷枢认准的事，就一定要干出结果来！"

李鸿章激动地拉过唐廷枢的手道："大清国欲兴洋务强国，可无李鸿章，不可没有你唐廷枢啊！"

唐廷枢谦逊一笑道："大人言重！建时返回上海后，便加紧草拟《直隶开平矿务局章程》，招商集股，订购机器，聘请外籍技师，募集股份，及早开张！"

接纳旧部

1878年（光绪四年）春节过后，老家养花种草赋闲三年的丁汝昌，在妻子和族人劝说下，先是前往京城兵部，找到管理汉人的主事，送上一份厚礼，希望能安排重新入军。在京城客栈住了十几天后，终于等到官差送来函告，将他发往甘肃听候左宗棠差遣。丁汝昌看到函告就傻眼了，西北苦寒荒瘠之地，当年打仗时，留下伤病，加之左宗棠所统的楚军与淮军向来不和，曾多次发生矛盾。于是，丁汝昌便推辞了这份军中苦差。

丁汝昌心里想，既然出了家门没有谋到差事，哪有脸面再回老家面见妻儿家乡父老。于是，便赶往天津，找老上司李鸿章碰碰运气。

到了天津，丁汝昌又犹豫了，现在的老上司可是直隶总督、北洋大臣，武英殿大学士，一品大员，加之自己又是与刘铭传赌气当了逃兵，觉得没有脸面面见如日中天的李中堂。

就这样，丁汝昌在天津客栈住了好几天，每天踟蹰街头，就是没有勇气去直隶总督行馆去面见李鸿章。

这天，丁汝昌漫无目的行走街头时，被刘斗斋发现。丁汝昌把来天津的想法告诉刘斗斋后，刘斗斋哈哈一笑，告诉丁汝昌道："丁大人可真不了解李中堂，中堂人最讲旧情，自从当了直隶总督、北洋大臣后，庐州不知多少人前来谋差，不是当兵，就是进入机械厂，都安排了差事。"

听刘斗斋这么一说，丁汝昌心里踏实了许多，也有底气跟着刘斗斋去拜见李鸿章了。

李鸿章确实是一个讲义气重感情的人，见到这位从太平军叛变湘军，后加入淮军作战英勇的老部下，自然满心欢喜。三年前，朝廷谕旨裁军节饷支援海防，丁汝昌赌气率领亲信逃离兵营，刘铭传向他报告过。李鸿章知晓刘铭传的暴烈脾气，所以并没有追究。而今，这位当了逃兵的老部下来天津谋差，李鸿章心里也是矛盾的，但看在旧情的分上，还是想把这位当年淮军悍将留在北洋。

于是，便直言不讳地告诉丁汝昌道："省三与你有隙，我若用你，则与省三龃龉矣，你宜与之分道扬镳。本堂欲立北洋海军，缺少人才，你就暂留北洋吧。"

丁汝昌感激涕零道："谢谢中堂！"

当天晚上，李鸿章找来周馥、刘含芳、周盛传、吴毓兰、聂士成、叶志超、卫汝贵这些皖籍老部下，于利顺德饭店餐厅设宴款待丁汝昌。

几天后，李鸿章向总署呈递函件，称"铭军马队营官记名提督丁汝昌回籍措资，行至天津，伤病复发，念其旧功，呈请展限在案并暂留北洋"。

李中堂的请求很快得到批准。时，北方封冻期刚过，龙骧、虎威、飞霆、策电四艘炮艇由福建马尾军港驶回天津大沽口停泊。李鸿章命丁汝昌协同许钤身管理四艘炮艇。就这样，丁汝昌留在了天津，以后的命运发生的变化让丁汝昌想都未曾想到。若干年后，这个太平军叛徒竟然成为北洋水师提督。

唐芦铁路

1878 年 7 月 24 日（光绪四年六月二十五），唐山开平镇一简陋楼房前，龙旗飘扬，锣鼓喧天，随着李鸿章大手一挥，一块大红绸布飘然落下，"开平矿务总局"招牌展现在众人面前！

三个多月后，唐廷枢再次前往天津邀请李鸿章前来开平镇桥头屯。这次，不是让李鸿章揭牌，而是帮助解决问题的。

矿务局会议室，唐廷枢首先向李鸿章、薛福成、刘含芳等一行介绍煤炭开采及修筑铁路等筹备事宜后，汇报公司筹办情况。

唐廷枢汇报道："遵照大人训示，开平矿务局为官督商办，为保护投资人利益，按买卖常规办事，入股者须注明姓名、籍贯。一期募股银八十万两，分作八千股，每股一百两，采煤为主，辅以炼铁，采煤机器全部从英国引进。"

李鸿章提出要求道："不仅设备全部使用洋设备，采矿也要按照西人采掘方式凿井采煤。"

金达道："中堂大人放心，提升、通风、排水全部机械化，管理上，唐大人已聘请英国矿师柏爱特监督安全采掘。"

李鸿章赞许道："盛宣怀湖北筹办的煤矿就是因为还是采用人工凿井，人工采掘人工搬运，不但出煤少费时费工又费力，伤亡事故常发，只好关闭。"

唐廷枢道："建时此次请中堂再次来开平，除了观摩机器采煤，更重要的是帮助解决煤炭运输问题。"

李鸿章询问金达道："金先生，你们的国家是如何解决煤炭运输问题的？"

金达回答道："回中堂大人的话，解决煤炭运输最好的方法就是修建铁路。"接着把绘制的唐山经胥各庄东延伸至芦台（北塘），全长九十里的铁路草图交给李鸿章审阅。

唐廷枢补充道："若在唐山至芦台之间修筑铁路，通过运河，入秦皇岛，而后以海运至上海，大沽口至京津等处。"

直隶修筑铁路那可是前所未有的事，但是，李鸿章与别人不同，就是要做富有挑战性的前人所没有做过的事。简单询问一下唐廷枢修筑这段铁路必要性可行性后，参观一下机器开凿煤矿井口作业后，便携带金达绘制的铁路路线草图，几块煤炭，直接赶往京城，向恭亲王奕䜣报告。

第二十七章

游说恭王

两块晶莹剔透的煤炭摆放到了奕䜣的书案上，奕䜣好奇的目光审视一下风尘仆仆站在面前的李鸿章，一笑问道："哪里弄来的煤炭？"

李鸿章神秘地一笑道："王爷猜猜看？"

奕䜣不假思索地道："直隶开平！"

李鸿章跷起大拇指夸奖道："王爷果真厉害！"

奕䜣放下煤炭，问道："说吧，开平煤矿遇到什么困难，需要本王帮什么忙？"

李鸿章捧上奏折，恭恭敬敬地呈递给奕䜣道："下官此来，是想恳求王爷说服慈圣，准在唐山至芦台间修筑铁路，以便把煤炭通过铁路运出，经蓟运河达北塘海口，运往津京沪，包括日后的北洋水师基地。"

奕䜣接过奏折，稍加浏览后道："事关铁路利害之争持续多年，反对声一片啊，我的中堂，你不是不知道的吧！"

李鸿章哀求道："王爷，没有铁路，煤炭无法运出呀！"

奕䜣愣愣地看着李鸿章道："想要促成此事，李中堂不妨拜访醇王，我们兄弟一起出面，或许能说服西太后。"

李鸿章一笑道："下官明白了。"

李鸿章马不停蹄前往醇亲王府，拜访了醇亲王奕譞。见到奕譞说明来意，恳请支持帮助。既然是为了大清国的利益，又是奕䜣出的主意，奕譞二话没说，便领下这桩差事，相约奕䜣一起入宫叩见西太后，请求恩准开平煤矿修筑唐胥铁路。

储秀宫养和殿，奕䜣、奕譞叩拜慈禧后说明来意。因为修铁路的事，海防、塞防大讨论时，就有不少朝野大臣提出有赞成有反对，最终没有批准。

奕䜣道："启禀太后，微臣以为这条铁路筑在矿山之中，不会造成什么不良影响。"

奕譞帮腔道："微臣以为，煤炭为开动机器轮船所必需，当予恩准。"

慈禧一会看看奕䜣、一会看看奕譞，见两人焦急等待的可怜样子，忍不住哑然一笑道："既然二位王爷都以为可行，那就准了吧！"

奕䜣掏出手绢，擦去额头汗水，激动地道："谢太后！"

几天后，当李鸿章接到朝廷廷寄"准予修筑唐山至芦台铁路"的谕旨后，激动得手舞足蹈，立即安排刘含芳骑上快马赶往开平报喜！

煤炭运输问题解决后，李鸿章奏报朝廷批准，先后从英国阿姆斯特朗造船厂订购四艘排水量 400 吨，配有一门 11 英寸口径火炮的新式炮艇，取名镇东、镇西、镇南、镇北。这种炮艇为木船外包钢壳，故称为"蚊子船"。

总统访津

美利坚合众国第十八任总统尤里西斯·辛普森·格兰特卸任后携夫人朱莉娅访问中国。

格兰特 1822 年生于俄亥俄州波恩特普里山特一个皮革制造商家庭，自幼喜欢养马、驯马，从而为日后投身军旅打下良好基础。格兰特毕业于西点军校，早年曾参加美墨战争。后退出现役，一度在皮革制品店做工谋生。美国南北战争爆发后重回军中，逐渐得到林肯总统的赏识。战争后期一跃晋升为陆军中将、联邦军总司令。在他的指挥下，部队无往不胜屡建奇功。1865 年攻至里士满迫使联盟军投降，结束战争，有"无条件投降者"及"阿波马托克斯的英雄"之称。1866 年晋升为美国第一位陆军上将。1867 年至 1868 年任代理陆军部长。1869 年后，经共和党推举连续当选为第 21、22 届美国总统，是美国重建时期的主要领导人，被称为将军总统。

格兰特是第一位访问中国的西方元首。在北京，格兰特看到了大清首都道路尘土漫天、垃圾遍地、污水横流，乞丐满街，顿然感到这个封建帝国的贫穷与落后。

1879 年 6 月 4 日，格兰特总统前往总理衙门拜访恭亲王奕䜣。奕䜣热情地接待了西方第一位访华的元首，举行国宴款待格兰特夫妇。

交谈中，格兰特总统告诉奕䜣，他对中国非常感兴趣，希望这个古老的帝国能够强大起来，因此建议进行教育改革和自然资源开发，希望中国能够尽快融入外部世界。但格兰特察觉到每当他提到改革的话题，奕䜣总是不明确表态，所言极少，似有难言之隐。最后，只是告诉格兰特，希望他前往天津，会晤李鸿章，把这些话说给他听。

李鸿章接到总署接待格兰特夫妇访问天津的指令后，安排刚从英国学习西方法律返回天津的马建忠，乘坐“操江号”由运河驶往北京，接格兰特夫妇及其随行人员来津。

格兰特夫妇一行来天津后，李鸿章安排于利顺德饭店下榻，举行国宴招待格兰特夫妇一行。接下来，亲自陪同游览天津市容，参观重新修建后的大沽炮台，天津机器制造局，设在小站的淮军军营，观看了淮军士兵列队操演等丰富多彩的活动。天津的市容，天津机器制造局，淮军的操演给格兰特留下良好的印象。这也让格兰特想到，大清国的总理恭亲王为何要安排他访问天津的目的。

陪同格兰特访问中，李鸿章对格兰特不离手的一只拐杖产生浓厚兴趣。格兰特似乎看出李鸿章喜欢他的手杖的意思，通过翻译告诉李鸿章：“中堂喜欢这根手杖，本当奉赠，只是这根手杖是敝人卸任时，全国工商各界赠予我留作纪念的。它代表国民公意，不便私自送人。等我回国征得大家同意后，当奉寄致赠，如何？”

李鸿章哈哈一笑道：“中国有句古话，君子不夺人所爱，说句玩笑话而已。”

陪同格兰特天津考察访问期间，李鸿章与格兰特进行多次交谈。格兰特告诉李鸿章，中国欲富强要从教育培养人才，开发自然资源发展先进的民族工业做起，还要打开国门，融入外部世界。李鸿章对格兰特的建议，深有同感，这也是他矢志不渝正在努力实现洋务强国之梦想。

李鸿章听说格兰特离开中国后还要访问日本，便告诉格兰特，琉球自古以来即为大清藩属国，贵总统向以倡导民主主持正义文明世界，可否请贵总统游历日本时，向日国施压，放弃占领琉球，恢复琉球国。

格兰特通过翻译告诉李鸿章：“将尽力劝说。”

格兰特离开天津时，给李鸿章留下一封信札感谢李鸿章的盛情款待，赞扬李鸿章为“东方俾斯麦”，希望李鸿章能到西方国家游历开阔视野。

格兰特结束周游世界返回美国后，就劝说日本放弃占领琉球一事致函李鸿章，日本天皇拒绝归还。同时，提醒李鸿章，中国要警惕日本侵略。

蚊子炮艇

丁汝昌、许钤身来报，英国定制的“镇东”“镇西”“镇南”“镇北”四艘“蚊子炮艇”，由英国皇家海军军官琅威理领队护送驶来天津。随船而来的福建船政学堂第一批出洋学习轮船驾驶技术的刘步蟾、林泰曾等学员及教官邱宝仁奉命前来北洋报到，帮助筹建北洋水师。

李鸿章在直隶总督行馆接见了刘步蟾、林泰曾、邱宝仁等第一批学成归来的学员及琅威理。琅威理还赠送给李鸿章一只由英国阿姆斯特朗造船厂制造的撞击巡洋舰模型，李鸿章看后爱不释手很感兴趣。

四艘“镇”字号炮艇驶来天津后，李鸿章奏请朝廷批准，又从英国订购了两艘炮艇“镇边”和“镇中”。

几次接触，李鸿章对琅威理产生良好的印象，遂请驻英公使曾纪泽与英国海军上将古德商议，拟聘请琅威理为北洋水师教习，得到古德的允许。

11月，琅威理再次领队护送“镇边”“镇中”炮艇抵达天津。这次，李鸿章与琅威理进行多次交谈，又看琅威理指挥炮艇航行操演，甚为满意。决定聘用琅威理为北洋水师教习，月薪白银六百两。

年底，李鸿章奏报朝廷批准后，委托赫德向英国阿姆斯特朗公司订购两艘航速16节，排水量1350吨的撞击巡洋舰。与此同时，上海福建造船厂制造的威远、拱北、日新、泰安等兵船也相继入列北洋。至此，北洋水师进入实质性的创建阶段。

铁路叫停

就在唐芦铁路紧锣密鼓开工建设，位于桥屯的一号煤井也将出煤的关键时刻，朝廷忽然下达谕旨：唐芦铁路暂停修筑！

这道圣旨对于唐廷枢来说等于晴天霹雳，而对于李鸿章来说，也如同祸从天降，一时间举手无措。

经过打听才知道，原来是朝廷里的一些好事大臣，获悉李鸿章正在唐山修筑铁路，遂以“震动龙脉、破坏风水”“资敌、害民”“惊耳骇目、鬼神呵谴！”“大清祖宗所未创！”等理由上奏朝廷，一时间奏折雪片一样呈递到总理衙门及慈安、慈禧案头。

慈安、慈禧召集王公大臣廷议，尽管奕䜣、奕䜣等思想开放的大臣竭力维护，但流言蜚语难以平息，慈禧只能下令暂停。

购买设备，开凿煤井，修筑铁路的银子可都是股东的钱，唐廷枢坐不住了。匆匆赶来天津找李鸿章想办法，并算了一笔账给李鸿章听。唐廷枢扳着手指向李鸿章算道：开平矿挖出的煤每吨成本合银二两七钱，如果用骡马从矿区把煤运到芦台，每吨运费二两二钱，由芦台用船运到天津，再搬到岸上，每吨约需一两，加上税金，一吨煤到天津市场上成本价格已经是六两四钱了。这样的价格无法与进口洋煤竞争。但如果从唐山修一条铁路到芦台，煤炭从这里下船走水路运到天津或上海，每吨还有五钱的利润，能与洋煤竞争。如果没有铁路，开平煤矿就不可能运营下去。

李鸿章询问唐廷枢怎么办，唐廷枢不愧是商业高手，提出从芦台把运河一直挖到矿井，这样，矿井的煤直接下河装船。李鸿章同意了唐廷枢挖河运煤的方案，并动用手中的军权，下令周盛传率领两个营一千士兵帮助挖河。

可河挖了一阵，又碰到难题，唐山至胥各庄一段地势陡峻，无法引水成河。事情到了“逼良为娼”地步，李鸿章一句粗话“弄妈的！”不惜犯下“冒犯欺君杀头之罪”，下令将唐芦铁路缩短至胥各庄，继续修筑。

就这样，唐胥铁路，在这位“二杆子”总督的命令下，利用夜晚偷偷摸摸继续施工。

铁路用的是每码重 30 磅的钢轨，枕木是产自当地的半圆形榆木，用附近采集的石渣铺成路基。二十里长的铁路，没有隧道和桥梁，在金达的主持下，继续建造。接着，李鸿章奏请朝廷批准，开平设立路矿学堂，培养自己的修筑铁路开采煤矿技术人才。

当年，曾国藩呼吁多年才实现的派学童出洋学艺的七名学成回国的留美幼童，被分配到开平矿务局的路矿学堂。这些来自哥伦比亚大学、耶鲁大学、麻省理工学院，曾乘坐火车横穿美国大陆的年轻人，亲睹了中国人自己修建的第一条铁路的艰难过程，为国家求富的心灵被封建王朝的愚昧与无知所压制而深深刺痛。

收复新疆

左宗棠誓言：“老夫衰年报国，舆榇出关，收复新疆。”

1876年（光绪二年）4月7日，左宗棠携带一口棺材率部从兰州出发拉开收复新疆序幕。

湘军总统刘锦棠率主力马步二十五营，分四批出星星峡向哈密进发。紧接着，左宗棠又奏请朝廷批准调川军徐占彪部五营出关，驻扎巴里坤以固后路。其时，张曜、金顺两军已在关外。8月11日，两军联手攻下疆匪战略要地黄田；17日克复疆匪在北疆的重要据点古牧地（今乌鲁木齐市米东区），然后乘胜前进，收复乌鲁木齐。11月11日，金顺所部在刘锦棠部的协助下，攻克玛纳斯南城，结束了北疆之役。

左宗棠收复北疆后，阿古柏凭借天山关隘负隅顽抗，妄图继续盘踞南疆。

次年4月，刘锦棠率领大军南下，一举攻克达坂城，全歼疆匪约四千人，并直下托克逊，收复吐鲁番。

为不给疆匪喘息之机，左宗棠命入疆各军略加休整补充后，于1877年8月底发起了秋冬攻势。刘锦棠所部连下库尔勒、库车、阿克苏、乌什等城。12月17日进占喀什噶尔，接着再克叶尔羌、英吉沙尔，最后于1878年1月2日收复和田。阿古柏残部窜出边境，藏身于沙俄领地。朝廷为奖励左宗棠收复新疆之功，赐封为二等侯。

收复南疆后，左宗棠即奏报朝廷，拟乘胜收复被沙俄霸占的伊犁。然而，让左宗棠想不到的是，朝廷对左宗棠的建议置之不理，派出以崇厚为代表的谈判代表团，前往俄国谈判归还伊犁事宜。崇厚屈服于沙俄的压力和讹诈，竟擅自签订了丧权辱国的《里瓦几亚条约》，以割去霍尔果斯河以西和特克斯河流域大片领土外，赔款五百万卢布为代价，收回了九座空城。消息传到国内，舆论哗然！左宗棠痛斥崇厚的卖国行径，指出，“武事不竞之秋，有割地求和者矣。兹一矢未闻加遗，乃遽议捐弃要地，餍其所欲，譬犹投犬以骨，骨尽而噬仍不止。目前之患既然，异日之忧何极？此可为叹息痛恨者矣！”

迫于舆论，清政府将崇厚治罪，判为斩监候，拒绝批准《里瓦几亚条约》，并改派驻英、法公使曾纪泽前往圣彼得堡重新谈判，命左宗棠统筹兵事，为可能的战争做准备，命李鸿章加强北洋海防。

李鸿章接到圣旨后，一面于旅顺口加紧修筑炮台驻军设防，一面奏请调铭军调防大连湾，仁军调防直隶北塘，武毅军驻扎芦台获得朝廷批准。

在庐州老家刘氏庄园赋闲养伤的刘铭传也接到朝廷圣旨。圣旨写道：着刘铭传以直隶提督衔进京候议边疆备防战事。

刘铭传接旨后打点行装，告别妻儿赶往天津，拜见老上司李鸿章。正为铁路的事而焦头烂额的李鸿章，交给刘铭传一项特殊任务，借进京候旨之机，上一道筹议铁路奏折，以便打动慈禧及朝廷那些迂腐的王公大臣，促成兴铁路之风。刘铭传欣然应允。

不久，左宗棠于新疆大营也接到朝廷谕旨：着左宗棠回京复命。由此，收复伊犁大好局面就此搁置。之后，虽经曾纪泽艰苦谈判，中俄重新签署《中俄伊犁条约》，中国收回了伊犁特克斯河上游两岸领土，但霍尔果斯河以西伊犁河南北一带广大地域被俄侵占。

痛失胞弟

在江浦庆军当哨官的张文宣，是李鸿章的外甥。李鸿章调其来北洋管带亲军副营，同时给汉纳根当助手。来天津前，张文宣顺道回了一趟庐州，探望父母及妻儿。

张文宣，1850年（道光三十年）出生，字德三，合肥东乡人。祖父张纯，举人。父亲张绍棠的祖母是李鸿章的姑祖母，张绍棠既是李鸿章的表弟，又是李鸿章的妹夫，亲上加亲，而张文宣也是武举人出身，所以，李鸿章对这个外甥格外看中。

张文宣给李鸿章带来一个不幸的消息，李鹤章伤病复发不治身亡。听到三弟病逝噩耗，李鸿章伤心落泪，他告诉张文宣道："当年，你三舅跟随二舅前往上海，每战总是奋勇争先。太仓一战，遭蔡元隆暗算落下伤根。现在想起来，二舅坚持避嫌不举，愧对你三舅呀！"

张文宣道："外甥听六舅说过，好像六舅对二舅的避嫌不举也是有意见的。"

李鸿章一声哀叹道："德三，二舅坚持避嫌不举，对不住你三舅、六舅啊！"

张文宣掏出信札交给李鸿章道："这是经羲给二舅的信。"

李鸿章接过信札，稍加浏览后道："经羲侄儿是个争气的孩子，去年考取优贡生，日后定有大出息。"

张文宣天津稍作休息，李鸿章便安排他随同汉纳根前往威海卫、烟台、大连湾、旅顺等北洋海防要塞，考察绘制北洋海防图及选择船坞基地。

李鸿章自觉愧对了三弟，可自己又不便奏请朝廷，给自己兄弟向朝廷求个功名，随致函山西担任巡抚的曾国荃，请他代为奏报。很快，曾国荃奏报朝廷，奏折上写道：李鸿章平江苏，鹤章与程学启各分统一路，请将战绩宣付史馆，于立功地无锡建李鹤章专祠，以示敬仰。朝廷批准了曾国荃的奏请。李鸿章得到这一消息后，愧疚的心境得到少许安慰。

铁甲战舰

林永升、邓世昌、方伯谦、叶祖珪、罗丰禄等福州船政学堂学员学成归来，在丁汝昌、刘步蟾、林泰曾陪同下前来天津向李鸿章报到。

刘步蟾向李鸿章介绍几位校友后，罗丰禄捧出一艘新式战舰模型赠送李鸿章。李鸿章接过模型反复端详后问道："这种战船又属于哪个类型的战舰？跟上次本堂看到的模型似有不同啊。"

林永升回答道："报告中堂大人，这是德国伏尔铿造船厂制造的萨克森级战舰，配备多门克虏伯火炮，号称目前世界最先进战舰。"

李鸿章欣赏地道："这么说，比上次的巡洋舰更先进了？"

刘步蟾建议道："是的大人，中国海域辽阔，要建设强大海军，必须购买这样的超级战舰。"

李鸿章问道："要是成立一支舰队，大约像这样的战船需购买多少艘呢？"

林泰曾回答道："至少十艘以上。"

李鸿章摇摇头道："海塞防大讨论时，先皇曾谕旨户部每年下拨四百万两银子用于北洋购买战船，可实际能用于购买战船的银子却很少啊！已经订购两艘了，若再一次订购八艘只怕朝廷拿不出这么多的银子。"

林永升补充道："中堂大人，一支舰队不光需要巡洋舰、铁甲战舰，还需要运输舰、教练舰、炮艇和鱼雷艇。"

李鸿章道："大舰买不起，购买一些花钱不多的鱼雷艇还是可以考虑的。"

此次会见学艺回国的第二批学员，打开了李鸿章建设北洋水师的思路，喜欢标新立异的李鸿章请奏朝廷再购铁甲战舰三至四艘以固海防。

不久，购船批复下达，户部以国库空虚，仅批准购买两艘铁甲战舰。李鸿章通过中国驻德国公使李凤苞向德国坦特伯雷度的伏尔铿造船厂订造铁甲战舰两艘，鱼雷艇六艘。派丁汝昌、洋员葛雷森、林泰曾、邓世昌等赴英、德造船厂督造四艘战舰。建造过程中，李鸿章分别将两艘巡洋舰命名为"扬威""超勇"；两艘铁甲战舰命名为"定远""镇远"；六艘鱼雷艇分别命名为"定一""定二”“镇一”“镇二”“乾一”“乾二”。

北洋水师呼之欲出。李鸿章开始谋划北洋陆防与海防事宜，奏调浙江提督吴长庆，移驻山东登州帮办海防；请调湖北提督郭松林直隶提督，谋划京畿及北洋陆防，均获得朝廷批准。

然而，让李鸿章痛心的是郭松林调任直隶提督未满一个月，便病逝于任上。李鸿章亲自撰写奏折，将湘军老将郭松林剿匪、剿捻百战功臣战功详细向朝廷奏报，为逝者讨取一辈子的功名。同时，拨银两千，派专人护送郭松林灵柩于湖南湘潭安葬。

不久，朝廷谕旨下达：直隶提督郭松林生平政绩宣付国史馆，湘潭建专祠，谥武壮。

创设电报

中国境内出现最早的电报线路是在 1871 年，由英国、俄国及丹麦共同出资敷设的，是一条从香港经上海至日本长崎的海底电缆。由于清政府的反对，电缆被禁止在上海登陆。后来丹麦公司不理睬清政府的禁令，将线路引至上海公共租界，并在 6 月 3 日起开始收发国际电报。

李鸿章是敢于第一个吃螃蟹的人，1877 年（光绪三年），下令江南机器制造局总办刘瑞芬聘请丹麦大北电报公司，专门架设一条江南机器制造局到上海自己行辕短距离电报线路。这条电报线路开启了中国电报先河。但是，反对架设电报线路的声音，却一直没有间断。反对者认为：架设电线就是对老祖宗的不孝，不孝必然不忠，罪莫大焉！

李鸿章才不管这些，不仅天津、上海架设了两条短线路，还委托贝德斯架设从大沽炮台、北塘炮台至天津城，从天津机器局至直隶总督行馆的两条电报线路，这也是中国最早的军用电报线路。当时的电报通过电线相连，两点之间每隔几十米架设一根木头电线杆，线路由电线杆支撑起，悬在半空中。

这时，天津又有人诋毁李鸿章“驿站马匹可日行八百里，洋人的电报没有马跑得快”，“埋设电线杆，架设电线又伤风水”。

为了用事实来驳斥这些奇谈怪论，李鸿章请来天津一些知名绅士做见证，以已经架设完成的直隶总督行馆至大沽炮台一百二十里的距离做实验，驿站挑选跑得最快的六匹战马接力传递。李鸿章亲自书写“密鸿巧辰”四个字，采取电报拍发与马匹接力传递进行比赛。结果，电报传送瞬间即达，而当最后一匹马赶到大沽炮台时，已经过了半个多时辰。

比赛结果的消息传开，诋毁架设电报的流言蜚语不再有了。李鸿章觉得创办电报局的时机成熟了。

这天，李鸿章将盛宣怀请来直隶总督行馆，将他领入电报房，指着一台发报机询问盛宣怀道："杏荪，来看看认不认识这是什么洋玩意儿。"

盛宣怀稍加端详后道："这是电报机呀！"

李鸿章夸奖道："杏荪果真见多识广，一眼就认出是电报机。"

盛宣怀问道："中堂召属下前来天津，是要创办电报局？"

李鸿章道："正是！东厂、大沽架设电报线至本堂行馆甚为快捷，号令各营顷刻回应。"

盛宣怀道："下官明白大人意思了，创设电报局。"

李鸿章吩咐道："当下国库空虚，先把电报局成立起来，而后架设津沪电报线，所需银两以北洋军饷垫付，待架通后，募股招商，逐年返还官银。抓紧与丹麦大北电报公司洽谈架设线路，购买器材，力求一两年内实现津京沪通报。"

1880 年（光绪六年）9 月 18 日，电报局于天津设立。同时，附设电报学堂，聘丹麦籍教习讲授电学和发报技术，为电报事业发展培训人才。电报局成立后，盛宣怀便开始组织架设天津至上海的电线，李鸿章亲临施工现场指导督促施工。

电报局的后话：1881 年 4 月，国内第一条长途电报线路津沪直达电报线路在上海、天津两地同时开工。到了年底，这条全长 3075 华里的电报线路全线竣工，两城之间共设七处分局站点，从天津紫竹林、大沽口、清江浦、济宁、镇江、苏州直至上海。

左公新政

1881 年（光绪七年）春，左宗棠带着收复新疆的赫赫战功奉旨进京陛见皇上、两宫太后。养心殿东暖阁，光绪身穿龙袍端坐御椅上，慈安、慈禧在一旁听政。

左宗棠三叩九拜后道："臣左宗棠叩见皇上、两宫皇太后！吾皇万岁！万万岁！"

慈禧道："好了，起来说话。"

左宗棠起身道:“谢太后!”

慈禧问道:“左宗棠,本宫闻悉为收复新疆爱卿携榇西征,可有此事?”

左宗棠回答道:“臣为收复伊犁,震慑俄军,鼓舞将士,故出此下策。”

慈安道:“左爱卿,你这一口棺材可是换回我大清西北广阔疆土啊。”

左宗棠道:“臣原本打算率西征大军乘胜而进,一举收回被俄军占领的全部疆土,可……”

慈禧打断道:“好了,左爱卿这份报国忠心,圣上已经领了。”

左宗棠道:“臣以为,新疆匪患虽已平定,闻中俄修改《伊犁条约》已成,然为新疆长治久安,应设立行省。”

慈安赞许道:“此意甚好!”

慈禧道:“左爱卿以古稀之年,扶榇西征,终平定疆匪,收复伊犁,且兴修水渠、屯田、筑路,开垦疆土,功绩显赫,留京待任,以备朝廷顾问。”

不久,谕旨下达:左宗棠以东阁大学士任军机大臣,总理衙门大臣,并管理兵部事务。

接到谕旨后,左宗棠以军机、总署、兵部三大要害部门之要职,信心满满前往总理衙门赴任。进了衙门却不见恭亲王及景廉、宝鋆、王文韶等一帮总理大臣,只有几位章京在衙署里应付差事,顿然让左宗棠心里凉飕飕的。

原来奕䜣、景廉、宝鋆、王文韶等大臣知晓左宗棠要来总署上任,有意躲着不见,让左宗棠唱独角戏。湖南“犟驴”自然不会服输,唱独角戏就唱独角戏,提出“河道必当修、洋药必当断、洋务必当振”作为治国新政。这一新政,虽然得到慈禧的批准,但执行起来就没那么容易了。

首先治理直隶水利需要经费,还要动用大批民工和军队,但这些都掌控在直隶总督李鸿章手中,要钱没钱,要人没人。只好带领自己从新疆带回的三千亲兵,一边训练,一边疏浚永定河。其次是洋务,直隶的洋务也在李鸿章掌控下,左宗棠想插手也插不上。最后在禁鸦片上,更是遇到强劲对手。左宗棠约谈英国公使威妥玛,指出鸦片对中国的祸害,提出应循序而禁。威妥玛狂妄地告诉左宗棠,洋药乃大英在华正常贸易,若要禁止,除非再打一次鸦片战争。结果碰了一鼻子灰,只能不了了之。

碰壁几次后,湖南“犟驴”终于知晓京城里的“水”有多深了。在奕䜣、李鸿章、景廉、宝鋆、王文韶等人联合牵制下,左宗棠的所谓新政举步维艰,上任没多久便被迫请辞总理衙门大臣、军机大臣、兵部事务,办理交接手续,收拾行李准备前往金陵就任两江总督、南洋通商大臣。

红顶商人

1881年底，由盛宣怀一手操办的上海至天津，全长3075华里的电报线路全线竣工。

电报这一商机也让胡雪岩看中。于是，致函正在北京办理军机大臣等要职交接手续，准备赴任两江总督的左宗棠，希望在两江总督的地盘上，经营电报分得一杯羹。作为自己的心腹提出的请求，左宗棠当然全力支持。

胡雪岩，本名胡光墉，字雪岩，出生于安徽徽州绩溪，十三岁起便前往杭州，从学徒当伙计开始，成为钱庄大掌柜。发达后，得浙江巡抚王有龄帮助进入官场，又得闽浙总督左宗棠的信赖与重用，被委任为总管，主持浙江全省的钱粮、军饷，而自己经营的阜康钱庄也大获其利，也由此走上官商之路。1881年，因协助左宗棠收复新疆有功，授予布政使衔赏穿黄马褂。因而，被称为商界官衔最高的“红顶商人”。当时，官场和商场曾流行这样一句话：“做人要学曾国藩，经商要学胡雪岩。”可见胡雪岩当时在社会上的影响有多大。

左宗棠上奏朝廷，提出开办电报和通商救国奏折，并举荐胡雪岩为总办，架设长江支线，得到了朝廷批准。

有人要抢电报洋务，李鸿章不乐意了，但对手又是左宗棠，不敢明目张胆对着来。于是，便找来盛宣怀一番密谋，决定搬掉这块绊脚石。

盛宣怀返回上海后，安排手下一番打探，很快找到整治胡雪岩的突破口。

五年前，胡雪岩曾向汇丰银行借了六百五十万两银子，用作左宗棠剿匪的军饷，定了七年的期限，每半年还一次，本息约五十万两。上年，他又向汇丰银行借了四百万两。这两笔款都以各省协饷作担保。而此时，胡雪岩历年为左宗棠行军打仗所借贷的八十万两巨款还款到期。款虽然是官府借的，但借款人是胡雪岩，洋行只管按月向胡雪岩要银子。按照当时胡雪岩与上海道达成的协议，到月协饷会及时支付给胡雪岩，再由胡雪岩支付洋行本息。

摸清这些情况后，盛宣怀找到上海道台邵友濂，告知李中堂有意缓发这笔协饷时间二十天。邵友濂是李鸿章的人，自然照办。接着，盛宣怀安排手下散发阜康钱庄因欠洋行贷款到期无法偿还就要倒闭的消息，从而引发储户挤兑。

阜康钱庄储户挤兑潮发生时，胡雪岩正在回杭州的船上。到了杭州，顾不上休息，星夜赶回上海，让总管高达去催上海道台邵友濂赶紧拨付协饷还洋行到期的借贷银两。邵友濂吩咐手下谎称自己不在上海，二十天后才能回沪。胡雪岩着急了，赶紧给北京的左宗棠发报请求救援。结果，电报被盛宣怀扣发，左宗棠没有收到这份求助电报。

情急之下，胡雪岩只好把名下的地契和房产押了出去，同时廉价卖掉积存的蚕丝，筹款偿还洋行到期借贷和应付上海钱庄挤兑潮。

不想挤兑风潮愈演愈烈，除了上海之外，各地阜康钱庄也出现了挤兑潮。胡雪岩这才察觉有人做了手脚。打听之下，知道是盛宣怀幕后指挥，而更让他惧怕的是，盛宣怀的背后却是当朝宰相李鸿章。胡雪岩不禁暗自叹了口气，知道这一回是彻底完了。

这场商战，在李鸿章、盛宣怀精心策划下，胡氏各地商号纷纷倒闭，家产变卖，胡庆馀堂易主宣告破产。接着，清廷下令革职查抄，严追治罪。胡光墉遣散妻妾仆从，于 1885 年 12 月 6 日郁郁而终，时年六十二岁。

第二十八章

铁路奏折

本来就读书不多的刘铭传，对独立完成撰写一份呈递朝廷的“铁路奏折”还是有些吃力的。幸好遇到擢升湖南巡抚潘鼎新入京陛见，也入住贤良寺。这样，在潘鼎新帮助下，刘铭传便轻松完成了李鸿章交代的任务，给朝廷呈递上《筹造铁路以图自强折》。

刘铭传的铁路构思是：建造南北铁路，南路二条，一由清江浦经山东，一由汉口经河南，均达北京；北路一条北京至盛京。刘铭传在奏折中写道：用兵之道，贵审敌情。俄国自欧洲起造铁路，渐近浩罕，又将由海参崴开路以达珲春。眼下，中俄伊犁之争，俄持满不发，非畏兵力，是因东亚铁路未成……不出十年，祸且不测。若铁路造成，则声势联络，血脉贯通，裁兵节饷，并成劲旅，防边防海，转运枪炮，朝发夕至，驻防之兵即可为游击之旅，十八省合为一气，一兵可抵十数兵之用……

刘铭传的这份奏折首先在朝廷引发了一场讨论。慈禧懿旨将刘铭传《筹造铁路以图自强折》抄发两江总督刘坤一，直隶总督、北洋大臣李鸿章悉心筹商，妥议具奏。

奕䜣发表支持意见：“古代圣人刳木为舟、剡木为楫、服牛乘马、引重致远，目的都是以济不通、以利天下。火车铁路利益甚大，东西洋均已盛行，中国阻于浮议，至今未能试办。将来欲求富强制敌之策，舍此莫由。”

李鸿章以修建铁路“九利”力挺刘铭传。在奏报支持刘铭传修筑铁路奏折的同时，奏报为解决开平煤矿运煤问题，唐山至胥各庄段修筑了一条“快车马路”，以此来糊弄朝廷那些愚昧大臣。

刘坤一也呈奏支持刘铭传奏折的意见。而李鸿藻、宝鋆、王文韶等顽固派大臣却竭力反对。

不久，刘铭传收到了朝廷的复旨："……前任直隶总督刘铭传陈奏筹建铁路以图自强折，系为自强起见，迭据廷臣陈奏，佥以铁路断不宜开，不为无见。刘铭传所奏，着毋庸议。钦此！"

奏折被否决，刘铭传一气之下，以疗疾为由，再次回庐州刘氏庄园赋闲。

王公大臣们讨论中国是否允许修筑铁路的时候，唐廷枢按照李鸿章的命令，唐山至胥各庄铁路已经快修好了，由金达主持设计制造取名"龙号"的牵引机车，及运煤车厢也已经造好，就等着李鸿章一声令下开动运煤。

开平煤矿一号煤井开始试产，成堆的煤炭无法运出，唐廷枢前来天津请示李鸿章如何解决运煤问题。

为了不让唐廷枢担责任，李鸿章一句口头禅"弄妈的！"而后，带领唐廷枢赶往开平。到了现场，看着堆积如山的煤炭，顾不得那么多了，下令开动"龙号"机车开始运煤！

随着李鸿章命令下达，小火车的蒸汽机点燃，一声汽笛长鸣，"呼哧呼哧"轰鸣声中牵引着装载煤炭的车斗，驶出煤场。

开平小火车运煤的事，地方官员很快报告朝廷，说是李鸿章胆大妄为偷偷摸摸修筑铁路，小火车已经开起来了。更耸人听闻的是，说火车震动皇陵龙脉。

慈禧接报勃然大怒，责骂李鸿章、唐廷枢欺上罔下，大胆妄为。懿旨：火车立即停运！着遵化州知府缉拿唐廷枢从严查办！

慈禧这道懿旨下达后，小火车只能停开。接着，唐胥铁路滑稽的一幕出现了，骡马拉着装满煤炭的车斗，踢踢踏踏行走在铁轨之间。

几天后，唐廷枢被几名遵化州知府派来的捕快抓走。李鸿章得知消息后，赶往京城前往总理衙门面见奕䜣。到了总理衙门，一头闯进奕䜣签押房，一句话不说将自己的官帽摆放在奕䜣案前，怒气冲天道："李鸿章愿以这顶三眼花翎官帽保释唐廷枢！"接着，发牢骚道："朝廷斥责，乃至革职拿问，我李鸿章都认了！唐建时，一介商人奉本堂之命办差，何罪之有？"

奕䜣安慰道："李中堂不必恼怒，此案已有眉目，经内务府派员前往皇陵察看，皇陵震动实为地动所起，与火车无涉，本王已陈奏太后，不日即有定论。"捧起官帽亲自戴至李鸿章头上，道："大清国洋务图强怎么可少了李中堂呢！"

唐胥铁路机车运煤事件，在李鸿章强烈抗争，恭亲王暗中斡旋下，慈禧下令释放唐廷枢，默许李鸿章可以用小火车运煤。

西医学馆

李鸿章二太太莫氏得了一种怪病，好好的一个人，忽然浑身抽搐，嘴角歪斜不能说话了。爱妾得了怪病，李鸿章心急火燎遍请天津中医郎中，却都没能治好。

莫氏原本是李鸿章继室赵小莲的“通房”陪嫁丫头。所谓通房陪嫁丫头，就是当女主子因生理或生育孩子，不能伺候丈夫的时候，通房丫头便替代主子为丈夫提供服务。后来，莫氏竟然给李鸿章生下了个儿子。这样一来，母随子贵，莫氏便从一名通房丫头一跃成为李中堂名正言顺的二太太。大概是莫氏年轻的原因，李鸿章还特别喜欢上了莫氏，对此，赵小莲也是习以为常。

眼看着喜欢的女人病情越来越重，李鸿章想到前不久给英国基督教伦敦会医院慈善捐款一千两银子帮助救治病人时，认识一位叫马根济的洋大夫，二太太的病，中国郎中治不好，或许洋大夫有办法。随即吩咐刘斗斋持他的拜帖前往英国基督教伦敦会医院去请马根济。

马根济听说李总督的太太病了，不仅自己亲自赶来，还携带女医生赫维德一起前来医治。

“马大夫请来了！”刘斗斋嚷嚷着，领着马根济、女医生赫维德走入卧房。

马根济向李鸿章鞠躬道：“李大人慷慨解囊，您那一千两白银慈善捐款可是帮了伦敦会的大忙啦！”

李鸿章一笑道：“马大夫漂洋过海前来中国，救死扶伤，这是行善积德呀，区区捐资何足挂齿。”

就在李鸿章与马根济寒暄的时候，赫维德看了看莫氏的舌苔，捏了捏已经歪斜的嘴角，听诊心胸，拉动几下胳膊后，告诉马根济道：“李大人二太太得的是 stroke，中国话就是中风！”

李鸿章惊诧道：“中风！”

赵小莲焦急地问道：“能治好吗？”

马根济安慰李鸿章夫妇道：“李大人李夫人不用着急，中风是一种脑输血受阻而导致脑功能失缺，需要服用西药，辅助于器械打通血管，慢慢调治，很快就会好的。”

马根济采用服用西药、电击等治疗方法，莫氏很快恢复了健康，歪了的嘴也恢复过来了，身体很快恢复如初。

李鸿章惊叹西洋医术神奇的同时，决定要感谢马根济、赫维德两位洋大夫。

李鸿章考虑采取何种方式感谢的时候，马根济倒是找上门来了。询问后，李鸿章才知道，因为马根济治好了李中堂二太太的怪病，名声大噪，前往教会看病的人排起长队，让马根济、赫维德等西医应接不暇，实在忙不过来。

马根济快人快语道："今天马某冒昧前来造访，就是因为慕名而来的病员太多，基督教伦敦教会医院已经人满为患，特来请求大人帮忙。"

李鸿章问道："说吧，要本堂帮你什么忙？"

马根济道："想在天津创办一所西医医院。"

李鸿章欣喜道："好啊！现在天津最紧缺的就是郎中，我李鸿章第一个支持！"

薛福成附和道："如此大善大德之举，全天津城百姓都会支持的！"

周馥附和道："既是善事，当众人来办，有钱出钱有力出力！"

刘含芳道："众人拾柴火焰高，发动士绅、洋商、商户捐资，地点就选在曾公祠西侧三岔口大王庙！"

李鸿章道："好，就以本督的名义发布公告，倡集资金博施济众，取名伦敦会施医院！"

薛福成表态道："福成捐资五百两！"

周馥、刘含芳、马建忠等幕僚纷纷表态捐款。李鸿章最后表态捐资四千两建设伦敦会施医院。

有了足够多慈善捐款，马根济便在伦敦教会教堂及附属设施的基础上进行改扩建，伦敦会施医院挂牌开张，接收中外病人。

西医学馆的后话：为培养中国西医人才，李鸿章奏请朝廷批准，伦敦会施医院院内挂牌成立天津西医学馆，由马根济、赫维德等教会大夫任教，培养了如林联辉等一批中国西医人才。

1888 年马根济于天津殉职，为了纪念马根济，伦敦会施医院更名为"马根济医院"。

1894 年，李鸿章根据《北洋水师章程》，创办中国第一所西医医院"天津储药施医总医院"，附设西医学堂，马根济的学生林联辉担任校长。后来，改名为"北洋西医学堂"。

水师学堂

李鸿章不忘当年戈登离开中国前的二十条赠言，格兰特总统的教诲，中国欲富强要从教育培养人才开始。同样，若想建立一支强大的水师，必须从人才抓起。

李鸿章奏请朝廷裁撤水雷学堂创设北洋水师学堂获得朝廷批准。其实，早在 1879 年（光绪五年）冬，李鸿章便开始谋划仿效福建船政学堂，筹办天津水师学堂的事了。次年 8 月正式筹划，命天津道、津海关道和天津机器局道员许其光等人着手做准备。接着，奏请朝廷任命前船政大臣吴赞诚筹办水师学堂获得朝廷允准。吴赞诚领命后，于天津机器东局一带勘定地基，遴派局员，绘图估料，兴工建造，并草拟规章制度。

1881 年（光绪七年）4 月 8 日，慈安皇太后薨逝于钟粹宫，朝廷谕旨辍朝七日，素服半月，举国同哀。

国丧期间，李鸿章不便呈递奏折，国丧期刚过，李鸿章便呈递两道奏折，为即将落成的北洋水师学堂，向朝廷举荐福建船政提调吴仲翔担任水师学堂总办，请调福州学堂留洋生徒严复任学堂总教习，获得批准。

1881 年（光绪七年）8 月，北洋水师学堂正式落成开始招生。校址位于天津城东八里大直沽东北的东机器局旁边。

学堂内设三个教学部门，即驾驶、管轮和练船三个学堂。驾驶学堂培养轮船驾驶技术，管轮学堂培养轮机技术，及练船学堂分别相当于今天的指挥、轮机和水手专业。

学堂第一批招收黎元洪、张伯苓等十四五岁学员三十余名，学习期限五年。

学堂对学员成绩要求十分严格。先是在入学后试习三个月，分别去留；而后，分作一、二、三班，成绩不合格或学业跟不上者则予辞退。

前四年学员们学习国文、英文、地舆图说、算学、代数、几何、三角，轮船驾驶、测量、化学、格致（事物的原理与法则）、天象等诸学科。船上实习一年，学习内容有火炮、水雷、洋枪、刀剑、操法、旗语、灯语、药弹使用与保管、上桅杆、船帆等诸艺。

学员初入学堂隔日傍晚由教习带领去学堂外，仿外国水师操法，排列整齐，操演步伐，并令练习手足强壮体魄。三年后每日早晚仍由教习训练枪炮。至第五年随同外国练船教习，学习操纵帆缆等事宜。

学堂还规定，春夏冬三季按季小考，请熟谙水师西学委员会同洋文正教习校阅试卷，统核分数，酌拟甲乙，由监考官会同总办呈送中堂鉴定，列榜晓示。其秋季西学汉文分期大考，由总办呈请中堂定期亲临阅试，以重作养而示鼓励，对于考试多次成绩不及格的学员，予以辞退。

学员通过五年学习，要求达到驾驶诸学能明体达用，长枪、短枪、刀剑、操法、旗语、灯语、药弹使用与保管、上桅杆等功夫样样都会。国文、英文都要达到学以致用的水准。经考试各科合格后，授予水师官职。

由此，严格的教学，苛刻的淘汰制度，使得北洋水师学堂为后来成立的北洋水师，培养了许多优秀的军事人才。

水师基地

汉纳根带领张文宣历时八个多月初步完成李鸿章交代的勘察绘制《北洋海防图》任务，及北洋基地设立何处的勘察意见。

李鸿章召集周馥、周盛传、吴毓兰、许钤身、刘步蟾、罗丰禄、邱宝仁、龚照玙、刘含芳、戴宗骞等，前来听取汉纳根、张文宣汇报。

张文宣铺开汉纳根绘制的海防图介绍道：“北洋海防东接安东北至牛庄，西至天津，南至登州濒黄渤二海。经文宣与汉副官历时八个多月的勘察，大连湾要塞之和尚岛、老龙头、黄山、徐家山，威海卫要塞之皂埠咀、鹿角咀、龙庙咀，所有炮台都要加固或者重修增修。”

汉纳根补充道：“海防炮台修筑要遵循依托山岭，且隐蔽，火力相互支援，炮台配置足够兵力保护等原则。”

张文宣道：“遵照中堂训示，此次勘察部署北洋海防，文宣还与汉副官为未来北洋勘察了适合修建的基地地址，分别为旅顺和威海卫。这两处适合建造水师基地的地方，汉副官已经绘制在图上了。”

汉纳根补充道：“建造海军基地，一般都要建造船坞，欧美各国修筑船坞的标准是：一、水深不冻，往来无间；二、山列屏障，以避飓风；三、路连腹地，便运糗粮；四、土无厚淤，可浚坞澳；五、口接大洋，以勤操作；六、地处海口，控制要害。”

刘步蟾补充道：“海军基地除了船坞还需要有鱼雷、煤炭、弹药与之相配套的辅助设施。”

罗丰禄补充道："水师口岸以修船之坞，供船之煤最为要务，而煤为尤重。无坞则船不能修，无煤则船不能行。"

李鸿章最后总结道："大家发表的意见都很好，但还不全面。希望大家认真审阅这张图纸，就北洋各要塞海防，及北洋基地建造地点提出更多更好的意见和建议，以便本堂尽快奏报朝廷早日付诸实施。"

汉纳根初步方案提出后，李鸿章聘请英国、德国军事专家一起前往旅顺、威海卫实地察看，最后决定，北洋基地建造于威海卫，旅顺建造船坞并作为辅助基地，由英国、德国军事专家负责设计。方案奏报朝廷批准后，李鸿章奏报朝廷将水师基地及船坞建造任务交由龚照玙总办，刘含芳会办；海防要塞炮台建造任务，交汉纳根、张文宣共同负责，吴长庆帮办；奏报派知府衔的戴宗骞总统绥巩各军，督办威海防务，均获朝廷批准。

扬威超勇

这是一个北洋水师值得骄傲的日子。这天上午，李鸿章身穿官袍携带周馥、马建忠、薛福成、周盛传、汉纳根等一行，乘坐"操江号"赶往大沽口，而后，由船梯登上"超勇号"巡洋舰。早已等候在此的超勇号战舰上的丁汝昌、许钤身、琅威理、刘步蟾、葛雷森、林泰曾、邓世昌等迎上前来。

李鸿章看着气势非凡的兵轮感慨道："哦，西洋战舰就是非同凡响啊！"看着飘扬于桅杆上的长方形英国国旗和大英帝国皇家海军军旗，遂对众随从道："看来，北洋也要拥有自己的军旗呀！"

汉纳根建议道："中堂大人，西方各国国旗都是长方形，大清国国旗也应该改变形状设计为长方形的。"

李鸿章瞟一眼飘扬在桅杆上的三角龙旗，赞许点头道："是啊，国旗，国之威仪，大清的三角龙旗也该变变了。"

周盛传惊叹道："好大一艘战船啊！盛传还是第一次见到如此庞大的战船呢！"

李鸿章道："谁能介绍介绍战船情况？"

丁汝昌跑步上前介绍道："超勇战舰长 19 丈，宽约 3 丈，排水 1350 吨，动力为两台往复式蒸汽主机，功率 2600 匹马力，航速 15 至 16 节，续航能力 5000 海里，煤舱正常载煤 250 吨，最大载煤量 300 吨。舰身为木质外包钢板，甲板装甲厚3寸，炮塔装甲厚1寸，司令塔装甲半寸，舰艏水线下11英尺处装有撞角。武器配置为阿姆斯特朗10英寸主炮2门，阿姆斯特朗40磅副炮4门，阿姆斯特朗9磅炮2门，11毫米10管格林机关炮4门，37毫米单管哈乞开斯炮4门，4管诺典费尔德炮2门。”

周馥惊诧地道：“数月不见，禹廷成为海军专家啦！”

丁汝昌一笑道：“现烧热卖，都是跟子香、凯士他们学来的。”

林泰曾夸奖道：“丁管带虚心好学，将来一定可以成为北洋一名好主帅。”

李鸿章问汉纳根道：“汉副官，看看北洋水师超勇号战舰如何？”

汉纳根道：“这是英国阿姆斯特朗造船厂制造的战舰，而德国伏尔铿造船厂制造的战舰，在动力、装甲厚度、火力、航速上已经超过了英国，而且价格便宜。”

李鸿章道：“噢，这么说六十五万两白银价格贵了？”

琅威理道：“六十五万两白银也不算贵，同期，日本订购的筑紫号也是这个价格。”

周馥不安地问道：“日本人也订购了这样的大战舰？”

李鸿章道：“窥倭人近年来，一意治兵，专师西法，购置船械，愈出愈精，而我限于财力，拘于部议，未能撒手举办，遂觉稍行见拙；虽有闽、沪两局，所造兵船，体小航速慢火力不济，一旦海防遭衅，紧足守口，师难纵令海战。”说完，大手一挥，在丁汝昌、林泰曾、刘步蟾等引领下，下了超勇号，登上扬威号，继续验收。

验船结束后，李鸿章保荐丁汝昌为天津镇总兵，获准。

在三角龙旗的基础上李鸿章一番琢磨后，设计出合乎国际惯例的长方形“青龙望日”大清国国旗，同时，也作为将领北洋成军后的军旗，得到了朝廷的批准，并迅速在朝野推行。

中法战争

1881年（光绪七年）12月，正在上海组织架设电报线路的盛宣怀给李鸿章发来密电，告知李鸿章，招商局轮船途经越南港口面见越南官员时，获悉法国正陆续运送大批部队登陆西贡，将在近日发起攻取河内作战。

中国与越南山川相连，唇齿相依，自古以来关系密切，法军入侵越南，将直接威胁到大清广西、云南。李鸿章接到盛宣怀密电后，六百里加急奏报朝廷。

其实，法国图谋越南预谋已久，早在英法对中国发动第二次鸦片战争期间，法国便侵占越南南部六省使之成为法国殖民地。此后，法军不断向越南北部渗透式的侵略。1874 年（同治十三年）3 月 15 日，法国逼迫越南当局签订了《越法和平同盟条约》。条约规定，越南向法国开放红河，并给予法国在越南北部通商等多种权益。1875 年 5 月 25 日，法国照会清政府通告该约内容。6 月 15 日清政府复照，对该条约不予承认。清政府的强硬态度引发法国不满，1881 年 7 月，总理茹费理主导的法国议会通过了二百四十万法郎的军费，用于侵越战争。由此，法军向越南增派军队，开始向越南北部发起进攻。

慈禧接到李鸿章的军情奏报后，召集奕䜣、奕譞、宝鋆、李鸿藻等王公大臣廷议，商议对策。

慈禧忧心忡忡地道："法人谋占越南北境，并欲由红江通商云南，计殊叵测，该国积弱已久，若任其侵削，则滇、粤藩篱尽为他族逼近，后患不可胜言。"

奕䜣建议道："战备和议双管齐下。"

宝鋆道："法国人未必肯与我议和。"

李鸿藻道："中法一战不可避免，和谈不如一战！"

综合王公大臣们的意见后，慈禧下旨：第一，滇桂两省、督饬边外防军扼要进扎，但"衅端不可自我而开"；第二，着大清出使英法大臣曾纪泽与法外部辩论；第三，着李鸿章、张树声、左宗棠、刘坤一、刘长佑提出应策。

李鸿章收到慈禧懿旨后，回复朝廷咨询奏折上写道："各省海防兵单饷匮，水师又未成军，未可与欧洲强国轻言战事。建议，添派兵船随同运米的招商局轮船前往越南红江游弋，藉壮声威；派明干得力之员，往越严密侦探现在情形，晤其国王大臣，将通商自强各事宜随机开导，或可稍纾彼患，即可藉固我国。"李鸿章的意见，显然是主张中法和谈避免战争。

而左宗棠、刘坤一，包括曾纪泽在内，主张与法开战。

就在这节骨眼上，武昌传来噩耗，李鸿章母亲李氏亡故武昌。李鸿章不得不请旨告假奔丧，护送母亲灵柩返回庐州安葬，并为母丁忧。

朝廷批准了李鸿章请求，命李鸿章的老部下已经担任两广总督的张树声署直隶总督、北洋大臣。

半个月后，张树声乘船赶来天津，李鸿章与张树声简单交接后，便携刚考取举人不久的李经方、仆人刘斗斋，乘坐"快马号"蒸汽轮水路赶往武昌奔丧。

入朝戡乱

就在中法在越南北部剑拔弩张的时候，朝鲜京城镇官兵因欠饷发生哗变。叛兵占据武器库、粮库，杀死库吏、粮官。大院君李昰应乘机煽风点火，鼓动百姓参与造反，民众纷纷响应。叛军得到大批民众加入队伍后，兵分三路，一路袭击捕盗厅、义禁府，释放关押罪犯；一路攻击别技军军营，处死日本籍教官堀本礼造；一路占领京畿监营，接着攻打日本国公使馆，纵火焚烧馆舍，杀死日本官吏侨民多人。日本使馆人员奋力杀出，当场杀死叛民二十多人，史称“壬午事变”。

次日，三路叛军及民众进抵汉城，围攻王宫，宰臣金辅铉、闵谦镐等大臣被害，闵妃携子逃出王宫。国王李熙被迫招大院君李昰应入宫，封为国太公，大院君李昰应重掌朝鲜朝政。

觊觎朝鲜国已久的日本终于等到了机会，以保护日本侨民商人为由，迅即派出战舰驶来仁川。

朝鲜国大臣金允植、鱼允中赶往天津面见张树声，请求大清政府派兵平息叛乱。出兵异国戡乱事体重大，张树声六百里加急奏报朝廷，报告朝鲜发生的严重事态，候旨行事。同时，附片奏报以李鸿章之宿望，不独朝鲜倚以为重，即日本亦久慑其名。事情纷杂，非李鸿章不能处理。

谕旨很快下达：着张树声酌调精兵开赴朝鲜戡乱！

张树声接到圣旨后，电令丁汝昌乘坐“操江号”炮船前往登州将吴长庆接来天津秘议出兵朝鲜戡乱事宜。

吴长庆接到天津后，即与丁汝昌一起赶往直隶总督行馆面见张树声。因日本在天津密探众多，三人商讨赴朝戡乱作战计划转入密室进行。一番商讨后，决定吴长庆亲率庆军六营三千人马赴朝戡乱。丁汝昌率“威远”“操江”“日新”“泰安”“拱北”等船舰，载运庆军三千人驶往朝鲜。登陆地点选在朝鲜西海岸的马山浦。登陆后，便设法诱捕大院君，诛杀为首起义的朝鲜士兵，恢复高宗李熙的权位，迎逃难在外的闵妃回宫。同时，北洋船队完成护送任务后，战舰驶往仁川港牵制日舰。

1882 年（光绪八年）8 月 17 日，吴长庆、马建忠、张謇（张树声幕僚）、庆军营务帮办袁世凯，率领三千淮军搭乘丁汝昌率领的北洋船队，驶向朝鲜西海岸的马山浦。

袁世凯，字慰亭，生于河南省项城王明口镇袁寨一个世代官宦的大地主家族。祖辈多为地方豪强。叔袁甲三以督办安徽团练镇压捻军起家，累官至漕运总督。1881 年 5 月，袁世凯至山东登州投靠吴长庆，任庆军营务处会办。

8 月 19 日，日军于仁川抢先登陆，发现大批清军马山浦登陆，不敢轻举妄动，而清军登陆后，迅即围捕起义闹事的朝鲜士兵并予诛杀，乱局迅速稳定。

8 月 26 日，吴长庆请大院君李昰应前来大营听旨，李昰应自知可能是请君入瓮，但作为藩属国臣子不敢不去。果然，李昰应一踏入吴长庆的营帐，即被两名彪形大汉制服，接着就被押送码头，送往天津关押。

除去幕后操纵者后，吴长庆下令恢复高宗李熙的权位，迎接逃难在外的闵妃回宫。壬午事变得到平息，也挫败日本借平定叛乱入侵朝鲜图谋。

李昰应，字时伯，朝鲜汉城人，朝鲜王朝第二十六代君主李熙（朝鲜高宗）的生父。早年被封为“兴宣君”。1864 年，其子李熙即位以后晋升为“兴宣大院君”。李昰应先后三次执掌朝鲜国政，权倾朝野。

两天后，一路晕船的李昰应抵达天津大沽口军营，张树声接报后命安排专人武装看护，细心伺候，待李昰应身体稍有恢复押送天津。

夺情丁忧

丁忧，古代官员父母亡故，须辞官返乡守孝三年。这个制度始于汉代，古代官员遇到这种事，不管官职多大，都得告假回乡。而夺情是古代政府针对这个问题所制定的特别制度，即因为特殊情况，比如政治或军事方面的需要而要求官员不得回乡丁忧，而必须留在朝廷；或者官员已经回乡但期限未满，朝廷提前强令召回其出仕，这两种情况都叫作夺情。丁忧一旦遇到夺情，则必须屈从。

其实，在李鸿章赶到武昌没几天，圣旨就到了。圣旨写道：朝鲜国突发兵变，危及韩廷。日舰停泊仁川，居心叵测。李鸿章久任畿疆，经理各国通商事务，无人替代，着穿孝百日，即行回北洋大臣原任。钦此！

圣旨送达武昌后，李瀚章劝说李鸿章尽快返回天津主持大局，李鸿章却坚持护送母亲灵柩返回庐州后，再返回天津。

李母灵柩搭乘李鸿章专座小蒸汽快船“快马号”火轮，在李瀚章、李鸿章、李蕴章、李凤章等李氏儿孙护送下，从武昌沿长江而下，经裕溪河入巢湖、南淝河，逍遥津码头，卸下灵柩，马车运送至合肥县东乡夏小郢李氏祖坟墓地，与丈夫李文安合葬。李鹤章、李昭庆的墓就在合葬墓的一旁。

李氏灵柩自武昌运返庐州安葬时，朝廷还专门下达谕旨。谕旨写道：大学士直隶总督李鸿章、两湖总督李瀚章之母，秉性淑慎，教子有方，今以疾终，深堪轸恻。朝廷优礼大臣，推恩贤母，灵柩回籍时，着沿途地方官，妥为照料。到籍后，赐祭一坛，以昭恩眷。钦此！

安葬完母亲灵柩的第三天，李鸿章便在大哥的催促下，乘坐“快马号”蒸汽轮由巢湖、长江水路返回天津。

二十年后，清政府基于李鸿章功绩，追封李氏一品夫人，晋封一品伯夫人，晋赠一品侯夫人。

第二十九章

重回天津

9月2日，李昰应被押送至天津。张树声先指派刺史潘青照为护解委员，负责照料李昰应的生活起居。9月4日张树声致函总理衙门，称："李昰应航海劳乏，精神委顿，俟调养数日，即行派员解送进京，其应如何处置之处，伏俟谕旨饬下遵行。"

因李鸿章结束丁忧即将到任，清廷遂改变计划，中止解送李昰应赴京，将其暂行安置在天津，交由李鸿章、张树声联合会审，弄清兵变起因等候朝廷指令。

9月5日李鸿章回到天津，张树声前往码头迎接。码头上，张树声简单汇报完朝鲜平乱经过后，也给李鸿章带来一条不幸消息，吴毓兰病逝任上，淮军又失去了一位老将。

9月7日李鸿章接任直隶总督、北洋大臣，成为处置李昰应的主要负责人。回到天津后，李鸿章一面忙于讯问李昰应，完成朝廷下达的"究出该国变乱缘由及首要乱党分子"的任务，一面广泛调研筹商处置李昰应的方案。

9月8日，李鸿章会见了朝鲜国派来的赵宁夏、金宏集、李祖渊一行。此三人来华的主要任务是奉国王之命，与李鸿章等会商"壬午兵变"的善后事宜，顺便传递国王的旨意，乞求释放李昰应回国。会谈中，李鸿章与赵宁夏等人围绕国王乞放李昰应是否出于至诚，若李昰应回国如何处置，李昰应若重掌国政，朝鲜国王能否自主等问题，进行了深入探讨。起初赵宁夏等人闪烁其词，言不由衷，后在李鸿章的反复追问下，终于道出实情，放李昰应回国弊大于利。

9月15日，李鸿章致函总理衙门，对李昰应是释放回国还是继续囚禁请旨总理衙门。9 月 23 日，总理衙门回复：“李昰应着免其治罪，安置直隶保定府地方，永远不准回国。仍着直隶总督优给廪饩，严其防闲。”

为此，李鸿章指派周馥、袁保龄、马建忠制定了《看守朝鲜大院君李昰应章程八条》，对住地、警卫、购物、人身行动自由、待遇、督察等方面进行了严格规定，委任候补道沈能虎为看守委员，总揽一切。

9 月 27 日，李昰应被解送至保定府清河道旧署，从此开始了长达三年之久的软禁生活。由“壬午兵变”而引出的李昰应案至此落下了帷幕。

处理完李昰应看管事宜后，李鸿章即为戡乱朝鲜表现突出的丁汝昌、袁世凯、马建忠等官员向朝廷请赏。

李鸿章在为丁汝昌请功时，称记名提督新授天津镇总兵西林巴图鲁丁汝昌，久历戎行，才明识定，前往英国督带快船回华，创练水师，讲求西法，能耐劳苦，此次扬威域外，足张国体。清政府赏丁汝昌穿黄马褂。在为袁世凯请功的奏折中写道：治军严肃，调度有方，争先攻剿，尤为奋勇。朝廷谕旨：袁世凯帮办朝鲜军务身份驻藩属国朝鲜，协助朝鲜训练新军并控制税务。李鸿章在为马建忠请功的奏折中称，候选道马建忠设下诱擒叛乱头目之计，参与了抓捕兴宣大院君李昰应的行动，为朝鲜戡乱立下战功！遗憾的是，朝廷却没有给马建忠任何奖赏。

李宝协定

刚处置完李昰应的事，朝廷谕旨送达：李鸿章与法国公使宝海就中法在越驻军、中越边界商务、红河通航等事宜天津晤谈。

李鸿章接旨后，为一时找不到懂得国际公法人才而着急时，薛福成给李鸿章引荐懂得国际公法的洋务人才，正在天津谋差的伍廷芳。

伍廷芳，字文爵，号秩庸，广东广州府新会县（今江门市新会区）西墩人，留学英国，入伦敦学院攻读法学，获博士学位的大律师。

李鸿章对喝过“洋墨水”懂得国际公法的伍廷芳入幕非常欢迎，亲自在行馆会客厅接见了伍廷芳，一番谈话后对与宝海谈判心里多了一份信心和底气。

几天后，李鸿章与宝海谈判于天津利顺德饭店会议厅举行，李鸿章携马建忠、罗丰禄、伍廷芳与宝海的法国代表团展开谈判。

谈判一开始，宝海便向李鸿章发问道：“敢问李大人，法国用兵越南，大清为何如此敏感？”

李鸿章道：“公使大人，看来本堂要向你好好介绍一下中越之间关系。中国秦朝时期现在的越南归属象郡，秦末战乱，秦南海尉赵佗自立南越武王。汉武帝灭南越设交趾，唐朝设安南都护府。唐末允自组军队渐成国，至宋太祖册为交趾郡王，建大瞿越国定都华间，安南国始有。进入元朝，安南国称臣入贡，接受忽必烈册封；至大明、大清安南国均年年派使臣前往我国皇都进贡，国王更替均接受中国皇帝册封，乾隆朝改安南为越南沿用至今。”

李鸿章一番对中越关系历史介绍，让宝海深感佩服，夸奖李鸿章“知识渊博”。

李鸿章进而道：“越南自古为中国属邦，万国公知，这是核心问题，法国必须接受越南为中国属邦。”

宝海则向李鸿章提议在越南北部划定界限，中法互相保护。

李鸿章表态道：“法方的提议中方可以考虑，但法方必须向中方承诺，法国毫无侵占越南土地贬削越南国王治权之意。”

经过一番艰难谈判，1882 年 12 月 28 日，李鸿章委托马建忠、伍廷芳与宝海签订了中法越事备忘录，史称《李宝协议》。备忘录就中法两国在滇、桂界外和红江中间之地划分界线，北归中国巡查保护，南归法国巡查保护达成协议。

一触即发的中法战火暂时熄灭，李鸿章则奏报朝廷批准，重回庐州为母丁忧。

又要出发

1883 年（光绪九年）4 月，狂热的殖民主义者茹费理再度出任法国总理。茹费理上任后，下令撤回驻华公使海宝，公然撕毁《李宝协议》，命法军继续从河内北进，企图进犯中国滇桂两省。黑旗军刘永福率部于纸桥西侧关帝庙伏击法军，击毙法军司令李维业，取得纸桥大捷。但法军向山西发起进攻，黑旗军守山西城三昼夜，而驻守北宁的桂军按兵不动，终因伤亡惨重撤出山西。

前线战报送达京城后，慈禧大怒，懿旨：云南巡抚唐炯、广西巡抚徐延旭革职拿问，交部议处。湖南巡抚潘鼎新广西督办军务，以庞际云暂护湖南巡抚；张凯嵩署云南巡抚。同时，慈禧的懿旨送达庐州城李宅。谕旨写道：法越事急，亟须有威望素著通达事变之大臣前往筹办，乃可振军威而顾大局。旨命丁忧李鸿章秉金革毋避之古训，迅速前往广东督办越南事宜，所有粤、桂、滇三省防军，均归节制，军情紧急，不得稍有迟缓。钦此！

接到圣旨后，李瀚章、李鸿章、李蕴章、李凤章弟兄四人，还有李经畬、李经楚、李经方、李经羲等晚辈都聚集到李鸿章家宅的客厅进行商议。

李凤章抱怨道："二哥就是朝廷推磨的一头驴子，也得让它吃捆草、喝口水，才去干活呀！"

李蕴章提醒李鸿章道："广东距滇、桂边境数千里，又多为崇山峻岭，其间非驿站正道，文报往返动须数日，声气隔绝，消息难通，若前往广东亦是徒受虚名，转贻以互相推诿之口实，一旦中国战败，二哥将难辞其咎。"

李鸿章发牢骚道："枢府调度如此轻率，令人寒心！"

李凤章道："定是清流一党暗中使坏，设下陷阱！"

李瀚章责备道："不许非议朝廷。"

李蕴章道："二哥，回复朝廷就说身体不适，抗旨不去！"

李瀚章建议道："圣旨已到，二弟朝廷大员岂能抗旨不遵？当下中法争端在清流一党鼓噪下战火一触即发，局面愈发不可收拾。"

李鸿章忧心忡忡道："各省海防兵单饷匮，水师又未成军，若此时直接与法军交战中方必败。"

李瀚章道："莫如回避锋芒另辟蹊径，与已从日本抵达上海的法国特使脱利古就中越边界战事晤谈，谋求和平了结中法争端，或许可获事半功倍之效。"

李鸿章稍加思忖后赞许道："大哥高见！少荃马上回复朝廷请旨前往上海！"

几天后，朝廷谕旨送达，同意李鸿章不去广东前往上海，就中越边境战事与法国特使脱利古晤谈。

1883 年 6 月，李鸿章率领儿子李经方直接从庐州赶赴上海。同时，马建忠、罗丰禄、吴廷芳奉命由天津赶往上海。两路人马到达上海后，在盛宣怀的安排下与法国特使脱利古就中越边境战事进行谈判。谈判中，脱利古态度傲慢，完全否认先前两国签署的《李宝协议》，恫吓李鸿章目下情形只论力，不论理！我国政府谕令本大臣不得承认越南为中国属邦，此事实与中国无涉。若中国坚持援越，法方只能对中国开战！

李鸿章则坚持越为中华属国已数百年，法不能强我不认，中方只能退出和谈。并对脱利古的恫吓回击道：法国远在万里之外，中国与越水陆相连，中法一旦开战，我十八省必当同仇敌忾，保卫西南门户！

1883 年 7 月 5 日，李鸿章与脱利古多次谈判无果后，奉旨返回天津，接任直隶总督、北洋大臣，张树声回任两广总督，中法和谈暂时搁置。

8月初，脱利古赶赴天津，继续就越南战事与中方谈判。李鸿章依然毫不示弱以硬对硬，谈判再次破裂。

李鸿章与脱利古谈判破裂后，湘军老将彭玉麟应招前来京城陛见，而后奉旨前往广州督办军务。

电报入京

中法西南边陲的战事情报传递严重滞后，让王公大臣不得不对瞬间即达的电报重新认识，原先的“奇技淫巧”“变乱风俗，破坏风水”“闻铁路而心惊，睹电杆而泪下”的奇谈怪论没有了，也用不着李鸿章为架设电线杆的事去京城游说那些愚昧迂腐的大员了。这次，反过来了，总署派章京张佩纶前来天津拜会李鸿章，并带来奕䜣两道指令：第一道，尽快架通广西前线电报线路；第二道，架通通往总署的电报线路。

此时，在盛宣怀的指挥下，广西电报线路已从广州经梧州架设至浔州，正向贵县架设，很快将架通。而通往京城的电报线路，李鸿章也早有预备，已在通州设立了电报局。即便这样，南方架通电报线路的各省发给朝廷的电报到通州落地后，由驿站快马送入皇城仍需要一两个时辰，送入皇宫时间更长。

对于朝廷“渐开风气”，李鸿章十分高兴，他让张佩纶转报恭王广西线路正连天带夜加紧架设，很快便会架设至前线。入京电报线路，也早有方案，采双线架设，一线直接接入总理衙门传递官报，另一线朝廷安排地点落地接发商民电报。电报线由东便门水关暗入，只等朝廷一声令下便可架设。听了李鸿章的一番讲述，让这位敢于发表言论的清流一党佩服得五体投地。

张佩纶，字幼樵，号蒉斋，直隶丰润（今河北唐山市丰润区）齐家坨人。同治十年（1871年）中进士，思想激进“清流一党”，为曾任安徽按察使张印塘之子。

送走张佩纶，李鸿章一面电告盛宣怀让他主持架设通州至京城的电报线路，并相关设备等诸项事宜；一面安排通州县丞蒋文霖、通州电报委员王继善进京勘探，提出具体的电报线路架设方案。

蒋文霖、王继善一番勘察后提出架设方案。通州至东便门全长二十七里用旱线（立杆架线），进东便门后改用水线安置护城河河底，再进崇文门东面水关，约长七百余丈，电报线路便可进入京城了。

架设方案刚拿出来，总理衙门催促函件又到。函件上写道：“中国旱路电线，业由贵处督饬局员安至通州，官民无不称便。惟距京稍远，未免多一周折。佩纶回京具述阁下早有运筹扩充到京之意，实与敝处意见吻合。现拟安装双线，由通州展至京城。以一端引入署中专递官信，以一端外城择地安置，用便商民。且线端由水关暗入……俟来春解冻时迅速开办，不得稍有迟延。”

盛宣怀赶来天津面见李鸿章，李鸿章便让盛宣怀携带蒋文霖、王继善勘察后设计的架设电线方案前往总理衙门向恭亲王当面汇报，得到了恭亲王的批准。

1884 年（光绪十年）大年初三刚过，架设电报线路便开工了。

根据盛宣怀的推荐，李鸿章奏报总署批准，委通州电报委员王继善负责专办京城电报外局事务，命其即刻赴京，先在外城东河沿附近架线设局，安置机器，专收商报，并在官报局尚未开通之前传递往来官报。至 6 月，通州至北京外城的电报线路已经架设完毕。

电报入京后话：电报线路在北京城内分两路，一路进内城，在泡子河边吕公堂设官电局，专门收发官府电报；一路进外城，在崇文门外喜鹊胡同杨氏园设商电局。1884 年 8 月 22 日，商电局建成营业；8 月 30 日，官电局建成投入使用。

鉴于盛宣怀的电报的贡献，李鸿章奏请朝廷批准，擢升为天津海关道。

李福协定

钦差大臣彭玉麟广州给李鸿章发来转发总署急电，法国远征军司令孤拔率水陆六千法军突然向越南北境发起进攻，战火烧至中越边境。

李鸿章接电后，一面六百里加急将彭玉麟电报转报总理衙门；一面命丁汝昌、许钤身、琅威理并林泰曾，刘步蟾率扬威、超勇、操江等战船加紧操练，随时听候朝廷调遣；命吴长庆、刘盛休、唐定奎、张树屏、叶志超、聂士成、卫汝贵等淮军各部练兵备战；命天津司道邀绅商筹办团练，挑选精壮青年万人，由翰林院庶吉士高凌霄、记名提督邓启元等管带操练备防京畿；命张文宣、龚照玙、刘含芳于旅顺、威海各炮台加急建造，力求及早投入使用。

慈禧接到彭玉麟前线电报后，召集奕䜣、宝鋆、世铎、景廉、翁同龢、孙家鼐、奕譞、奕劻、徐桐等王公大臣廷议。

慈禧道：“边防不靖，疆臣因循，朝中大臣推诿扯皮、委蛇保荣，以至国用空虚，海防粉饰，列强得寸进尺，你们知罪吗？”

众王公大臣闻言纷纷跪地请罪。

接着，慈禧下达多道懿旨，第一道：礼亲王世铎为内务府大臣，额勒和布入值军机。第二道：擢升山西巡抚张之洞署两广总督。第三道：擢升都察院左副都御史张佩纶会办福建海疆事宜，兼署船政大臣。第四道：刘铭传进京陛见候议台湾防务，两江总督左宗棠入京候命，道员薛福成擢升宁绍台兵备道备战海防。第五道：彭玉麟、潘鼎新、张凯嵩、李用清、冯子材前敌各疆吏将帅，认真布置力筹备御，驻越各军仍在原处待命。第六道：黜退恭亲王奕䜣总理各国事务衙门领班、军机大臣、宗人府等一切差使，并撤去恩加双俸家居养疾。第七道：军机大臣宝鋆着原品休致，李鸿藻、景廉开去一切差使。

一辈子为奴的恭亲王奕䜣被慈禧第三次革职后，隐居西山戒台寺达十年之久，直到甲午战争爆发才被重新起用。

德璀琳前来天津，向李鸿章报告一条重要军情，他在休假期满返回中国途经香港，发现法国海军驻中国、日本海支队战舰正停泊香港，便去拜访老朋友窝尔达舰舰长福禄诺。福禄诺表示，他可以出面调停中法战事。

正在为中法战事揪心的李鸿章，闻听这一消息非常高兴，随即请奏朝廷，准备天津面见福禄诺，进行谈判。

很快，谕旨下达，着李鸿章通盘筹划，酌定办理之法。并给李鸿章定下和谈原则：越南藩属不得改变，黑旗军仍留越南，通商仅限越境，不得遗留后患，不稍失国体。

几天后，福禄诺搭乘香港至天津的客轮赶来天津，在法国驻天津领事法兰亭陪同下，与李鸿章展开和谈。

1884 年 5 月 11 日，李鸿章与福禄诺经过五天谈判后，签订了《中法会议简明条款》，亦称《李福协定》。主要内容为：中国承认法国与越南订立的条约；法国照顾中国体面不索赔战争赔款；中国同意在中越边境开埠通商；中国军队撤回边界。

领兵台湾

张佩纶福州拍来电报，法国海军远东舰队，兵分两路分别驶向福州、基隆，似有进一步制造事端之嫌。与此同时，潘鼎新也从越南前线观音桥给军机处发来电报。电报称：6 月 23 日，一队法军在陆军中校杜森尼率领下向观音桥清军驻防地发起挑衅。我军被迫反击，击毙法军二十四人，我方伤亡百人。为防事态进一步恶化，广西防军退守凉山。请旨退守。李鸿章及时将这两份电报译文，转报总署。

让潘鼎新困惑的是，朝廷却迟迟不予答复，这就为难这位身经百战的淮军老将了，只能坐镇前线相机行事。

法国公使巴德诺就中法观音桥冲突事件向总理衙门提出照会，说中国军队向法军发起挑衅，要求中方火速撤军并于京报声明，至少赔偿兵费两亿五千万法郎等无理要求，被中方拒绝。

就在这一批乱局中，刘铭传奉旨抵达北京，入住贤良寺。刚到北京的刘铭传，接到了朝廷谕旨：着刘铭传巡抚衔前往台湾督办军务。刘铭传随即前往天津面见老上司李鸿章，商议赴台督办军务事宜。而同样接到圣旨为刘铭传率军赴台的李鸿章正等待刘铭传的到来。

当时，驻扎台湾岛上的绿营兵约四千五百人，且毫无战斗力。刘铭传与李鸿章商议后，请调驻扎江阴的唐定奎部十营，由副将章高元统领随同前往台湾驻防。李鸿章答应了刘铭传的请求，奏请朝廷批准后，电令唐定奎所部十营由副将章高元统领分批前往金山集结。电令正在上海的盛宣怀保护刘铭传安全，安排轮船招商局轮船运送刘铭传并所统十营淮军安全开赴台湾。

大清国朝廷安排淮军老将刘铭传率部前往台湾的消息很快传开，也引起法国公使巴德诺的注意。为了保证刘铭传人身安全及部队秘密调动，盛宣怀还有意安排刘铭传于上海礼查饭店与巴德诺共进午餐，以此麻痹巴德诺。

1884 年 7 月 14 日，在盛宣怀的精心安排下，刘铭传率领章高元首批赴台淮军一千多人，从上海金山乘坐轮船招商局商船“海晏号”向台湾进发。两天后，安全抵达基隆港。随后，剩下的四千淮军分乘轮船招商局的轮船安全抵达台湾基隆，开始了与法国海军展开保卫宝岛台湾的战斗。

全面开战

就在刘铭传率领五千淮军悄然开赴台湾之际，以曾国荃为代表的中方代表团，正在上海与巴德诺为代表的法国代表团就中法观音桥争端展开谈判。法方提出，中方除了赔偿二亿五千万法郎外，中国军队必须从越南全境撤军。要挟若不照办，七天后将单方宣布开战！曾国荃对法方无理要求拒绝答应，谈判不欢而散。见此情形，曾国荃随奏报朝廷，准备与法国开战。

中法上海和谈谈崩后，法军海军远东舰队“窝尔达”“益士弼”“蝮蛇”“野猫”等战舰在司令孤拔的率领下向基隆清军阵地发起攻击。一时间，基隆港硝烟弥漫，水柱冲天，炮声震耳。

刘铭传知道洋人的战舰是靠燃烧煤炭而产生动力的，没有煤炭，轮船无法航行，而基隆八斗子煤矿却有着丰富的煤炭资源，如若煤矿被法军占领，法军便会更加嚣张。于是，刘铭传一面下令将煤矿中的机器全部拆下运走，用水灌入煤井，把囤积在井口的煤炭全部烧掉；一面下令基隆港各炮台向法国军舰炮击，并安排伏兵潜伏树林，阻击法军登陆。与此同时，法军舰队副司令利士比少将率领四艘军舰驶抵淡水，企图打开淡水港，占领淡水城，策应基隆方向法军主力作战。

面对复杂的战场局面，身经百战的刘铭传并不慌张，首先在基隆港通过安排伏击打退了法军登陆后，在当地义民的支持下，采取诱敌深入的战法，军民联合作战取得淡水之战的胜利。此战，毙法军三百余人，史称沪尾大捷。

就在台湾取得沪尾大捷的时候，潘鼎新下令驻扎在越北的清军各部向被法军占领的太原等地发起全面反击，逼迫法军向南撤退，也取得重大胜利！

沪尾大捷战报送达北京，慈禧激动不已，懿旨：擢升刘铭传福建巡抚、加兵部尚书衔。而就在前线对法战争捷报频传之时，一出向法国求和的闹剧正由慈禧一手策划悄然进行中。

孤拔台湾碰了钉子，只好下令舰队撤离台湾，率领舰队赶来马尾。停泊于马尾军港罗星塔附近，伺机攻击福建水师。

张佩纶迅即将这一军情电报朝廷，朝廷电告张佩纶“敌舰若有蠢动，可以还击”。接到这份电报后，张佩纶只能选择备战观望，不敢主动出击。

马尾港位于福州东南，台江、乌龙江汇合处，是一处淡水良港。中法战争期间，停泊着福建水师的扬武、济安、飞云、福星、福胜、建胜、振威、永保、琛航等多艘炮艇。

敌人战舰停泊“家门口”，出国留洋幼童学成回国的詹天佑、张成等官兵前来向福建船政大臣何如璋、会办张佩纶请战，用岸炮轰击法军战舰，或开出炮艇驱赶法国战舰。然而，何如璋、张佩伦却告诉官兵们，朝廷谕旨：“必待敌船开火，始准还击，违者虽胜犹斩！”

几天后，孤拔试探出福建水师不敢轻举妄动，便迅速做出部署。

8 月 23 日 13 时 45 分，法军八艘战舰两艘鱼雷艇，突然向福建水师发起炮击。密集的炮弹倾泻到停泊战船的海港，多艘炮艇相继中弹起火，一片混乱中无法组织还击，而岸上的重炮又因为法国舰队不在射程之内，眼睁睁看着法国军舰横行无忌。

面对水师遭法国海军袭击的惨况，船政大臣何如璋却丢下水师官兵不管逃向福州，张佩纶也避战马尾彭田。两名主帅临阵脱逃，福建水师失去指挥，士兵自发投入战斗。一场混战，十一艘炮艇九艘沉没，两艘重伤搁浅，七百六十名官兵阵亡，由此，福建水师近乎全军覆没。更有讽刺意味的是，从 1864 年左宗棠开始筹建福建水师，到马尾之战全军覆没正好二十年。

马尾之战消息电报北京，慈禧懿旨：何如璋、张佩纶革职交部议处；中国对法宣战；沿海各口若遇法军兵轮驶入，着即合力攻击；李鸿章抽调精兵驰援台湾；陆路各军，奋起反击；着左宗棠为钦差大臣督办福建军务，以漕运总督杨昌濬为帮办。海防善后事宜，着军机大臣、总理各国事务衙门王大臣会李鸿章，妥议具奏，醇亲王奕譞着一并与议。

武备学堂

创建一所陆军学堂，为大清培养优秀的陆军军事人才，从创建淮军起就是李鸿章的一大夙愿。但受到自身官职及朝廷保守派抵制等多重因素制约，这一夙愿一直未能实现。中法战争爆发，终于让李鸿章等到了机会。

李鸿章在创设陆军学堂奏折中写道：“讲究军事，精益求精”，“陆营将弁，必由武备书院造就而出，故韬略皆所素裕，性习使然”，“其余战阵攻守之宜，直视为身心性命之学，朝夕研求，不遗余力，而枪炮之运用理法、步伍之整齐灵变，尤为独擅胜场”，而清军将领“仅凭血气之勇，粗疏之材，以与强敌从事，终恐难操胜算”。

这次，朝廷倒是很痛快，批准了李鸿章天津创设陆军武备学堂的奏折。

机不可失，时不再来，1885 年（光绪十一年）正月，李鸿章年都顾不上过了，在没有校舍的情况下借用天津水师公所作为临时办学地点，先把招牌挂起来再说，唯恐生变。

天津陆军武备学堂以道员联芳为总办，荫昌任督办，杨宗濂为帮办，聘德国军官为教官。从陆军各营挑选精健聪颖、略通文义弁兵百余名入堂学习；其中有文员愿习武事者，一并量予录取。另由汉人教习讲授经史。学堂初设步、马、炮、工程四科，学制一年，结业后发回各营，由各统领量材授事。

课程设置分学、术两科，学科教授中国经史、天文、舆地、格致、测绘、算学、化学、战法、兵器等；术科教授马、步、炮队操演阵式，枪炮技艺和营垒工程等，意在通过新式教育培养新型军事人才。学堂取德国教学法，注重实际演练和考核。

每日德国教习以德语授课，学生靠翻译听讲。隔三五日到军营一次，演练筑垒、操炮技术和步、马、炮、工各队攻守战法，检验所学军事知识。精神教育内容为每日摘抄“古训”于黑板，令学生背诵，以激发对大清朝廷“忠义”之心。

李鸿章为陆军学堂题写了校名，多次前往学堂检查指导。新学员报到后，李鸿章亲临学堂会见新学员，鼓励他们努力学习报效朝廷。

1885 年 2 月，近代中国第一所培养陆军人才的军事院校，经过短暂准备于天津开学。

天津武备学堂后话：光绪二十三年增设铁路工程科，招收学生四十人，学制一年，结业后发回各营，由各统领量材授事。武备学堂培养的学生多数成为各省新军骨干。其中段祺瑞、冯国璋、王士珍、曹锟、吴佩孚等，后成为北洋首领。北洋武备学堂的学规章程，奠定了晚清陆军学堂内部制度的基础，后为湖南、安徽、陕西、河南、山西等省创办武备学堂所参用。

1900 年 7 月 14 日（光绪二十六年六月十八），武备学堂毁于八国联军战火。

第三十章

两个协定

刚忙完武备学堂开学典礼，朝廷谕旨又到：日本国特使参议兼宫内卿伊藤博文率团前来中国，着李鸿章为全权代表就朝鲜甲申政变及两国驻军问题于天津举行谈判。

伊藤博文，幼名利助，字俊辅，日本长州（今山口县西北部）人。

日本谈判代表团成员有陆军中将西乡从道、海军中将仁礼景范、陆军中将野津道贯、参事院议官井上毅及翻译等共二十四人。

中方代表团除了全权大臣李鸿章外，左副都御史吴大澂会同商议。李鸿章请奏总理衙门批准携马建忠、罗丰禄、伍廷芳、李经方等一起参与谈判，获得批准。

谈判一开始，日方代表便提出两个无理要求：一、惩办甲申政变期间的清军将领；二、撤退驻扎朝鲜之清军。

对此，李鸿章毫不客气地反驳道："其一，朝鲜自古为大清藩属，作为宗主国藩属，驻军无可非议；其二，平乱之时伤及贵国士兵一节，据查，责不在中方，至于日方提出伤害了贵国商民，查无实证，与偿无据。"

伊藤博文道："伊藤远道而来，中方不能全盘否决。"

李鸿章道："一国一家，凡事曲直总要论理。"

伊藤博文以商量口吻道："中日可否互相撤兵？"

李鸿章道："彼此撤兵事关永远息争，尚可酌商妥办；至议处营官，偿恤难民，或非情理，或无质证，碍难允行。"

中日双方经过多轮交锋后，于1885年4月18日签署《中日天津条约》，又称《朝鲜撤兵条约》。条约主要内容为：中日同时从朝鲜撤出军队；中日均不派员在朝鲜教练；朝鲜若有变乱等重大事件，两国或一国要派兵，应先互行文知照。

李鸿章与伊藤博文就朝鲜问题谈判的时候，刘永福率领黑旗军取得镇南关大捷，谅山前线主持战事的潘鼎新也指挥清军向屯梅、观音桥法军发起攻击获得胜利。而就在前线捷报频传的时候，李鸿章却接到慈禧密诏：着李鸿章与法国公使巴德诺就中法战事于天津举行谈判。

一面宣布对法开战，一面又密诏与巴德诺谈判。而且，清军在镇南关、谅山等地大败法军，如此大好局面下还要与法国人和谈，李鸿章一头雾水。

一番打听后才知道朝廷早就委派谈判专使，中国海关驻伦敦办事处税务司英国人金登干与法国外交部政务司司长毕乐，于1885年4月4日在巴黎订立了《中法停战条件》，又称《中法和议草约》。

打探到消息后，李鸿章不忘给广西前线的潘鼎新发去密电："战胜不追，战败则退。"潘鼎新接到李鸿章密电后，因不知朝廷战和真实意图，懈怠观望，不久被革职。

潘鼎新被革职后话：潘鼎新被革职后，桂林寓居一段时间后返回家乡庐江广寒乡赋闲。1888年（光绪十四年），朝廷颁旨恢复潘鼎新原衔。同年五月，病逝家中，终年六十一岁。

六月初，巴德诺在金登干等人陪同下抵达天津，并带来经过朝廷审阅同意的《中法和议草约》。此次中法谈判，李鸿章只是履行一下将草约变成两国正式条约而已，无须为大清利益而争辩。

草约规定：中法双方停战，中国撤退在越军队，法军解除对台湾和北海的封锁，退出基隆、澎湖；双方派大员在天津或北京谈判和约细款和撤兵日期。巴德诺来天津签约前，朝廷已经下令停战，在越军队分批撤退回国。

1885年6月9日，李鸿章与巴德诺在天津签署《中法新约》，或称《李巴协定》。中方承认法国对越南的保护权；中越边界保胜以上和谅山以北，指定两处通商地点，允许法国在此设立领事，并准法商居住；降低中国云南、广西同越南边界进出口货物的商税；中国日后建筑铁路应向法国商办；法军撤离台湾。

这次，李鸿章实实在在替慈禧背了一次卖国罪名的黑锅。时有对联嘲讽李鸿章：电飞宰相和戎惯，雷厉班师撤战回；不使黄龙成痛饮，古今一辙使人哀。

中法战争期间，张树声病逝于广州、吴长庆病逝于金州，加上被革职返回家乡的潘鼎新，当年跟随李鸿章入沪抗击太平军的淮军“树、铭、鼎、庆、春”五大营的管带，仅剩下刘铭传一人了。

大治水师

中法战争中，海防“事权不一，呼应不灵”的弊病彻底暴露。法国舰队乘机重创福建水师，攻击、封锁台湾，造成沿海七省处处戒严。惨痛的教训使得朝野上下对创设海军保卫大清领海呼声越来越高。慈禧终于拿定主意“统一事权，大练海军为目前第一要务”。不久，就创设水师一事谕旨李鸿章入京陛见。

接到谕旨后，李鸿章携儿子李经方、马建忠、伍廷芳、罗丰禄等幕僚乘坐“快马”火轮，由运河至通州码头下船，转乘马车前往贤良寺入住，等待谕旨一到入宫陛见。

李鸿章入住贤良寺的第二天，李莲英便来传旨李鸿章入宫陛见。

养心殿西暖阁，李鸿章陛见了光绪、慈禧，照例三叩九拜，恭请光绪、慈禧圣安后，慈禧便假惺惺地安慰道：“李鸿章，中法条约签署，朝野上下指责声一片，让你受委屈了。”

慈禧的这一句话倒是说得当了冤大头的李鸿章心里热乎乎的，连忙道：“臣甘为大清社稷肝脑涂地在所不辞。”

慈禧淡淡一笑道：“难得你有这份报国之心。这次海战法军船坚炮利，横行无忌，我们不也开设船厂、创立水师吗，可我们造的船不坚固，制的武器不顶用，所选将领不英勇，以至法人挑衅时陆军屡获全胜，水师却一败涂地。”

光绪表态道：“买，买铁壳战舰，买大战舰。”

李鸿章连忙道：“皇上圣明！”

慈禧瞟一眼光绪一笑道：“此次中法之战，若我水师力量稍强，二者相互支应，哪致处处受制？”

李鸿章道：“启禀皇上、太后，臣奏议创设海军衙门，统辖北、南、福建三洋水师。”

慈禧赞赏道：“当此事定时，痛定思痛，自以大治水师为主。”

李鸿章道：“火车铁路利益甚大，东西洋均已盛行，中国阻于浮议至今未能试办，欲求富强制敌之策非修筑铁路而不能行。”

慈禧为难道：“修铁路要银子啊，朝廷哪里拿得出那么多银子？”

李鸿章道："臣悉知各国铁路，无一不是借债以成。"

慈禧漫不经心地道："借债也是要还的。"

李鸿章道："夷人视一国强弱是以学堂、矿务、铁路、银行为根本，船坚炮利犹其次。美、法、德、俄、日列强纷纷在我通商口岸开办银行，垄断我国际国内金融，而我仅有民间钱庄各自为战，难以与列强银行抗衡，为保大清经济命脉，臣奏议创设大清银行。"

慈禧赞许点头道："创设水师，修建铁路，创设银行，这些提议都很好，只是事体重大，本宫不能断。跪安吧。"

此次李鸿章进京陛见，慈禧一共召见五次，就创建海军、建造铁路、开矿、办学堂、办银行等诸多事宜，广泛听取李鸿章的意见和建议。

陛见结束后，慈禧懿旨：中法战事，痛定思痛，训饬封疆大吏，如有仍蹈旧习，瞻顾因循，一经查出，轻则立予罢斥，重则分别治罪。筹办海防，创设海军衙门，着醇亲王奕譞总理海军事务，沿海水师，悉归节制调遣；命奕劻、李鸿章会同办理，善庆、曾纪泽帮同办理。

光绪谕旨：中法之战我陆师获胜，水师惨败，决意大治水师，先从北洋精练水师一支，此外沿海省份，分年次第兴办。君卧寝室之薪，臣鼓中流之揖；君臣一德，上下一心，图我大清中兴！

就在李鸿章信心满满准备返回后购买战舰创建北洋水师，建造铁路，开矿、办学堂的等大办洋务之时，他的老朋友也是老对手左宗棠病逝福州。李鸿章亲书挽联：周旋三十年，和而不同，矜而不伐，惟先生知我；焜耀九重诏，文以治内，武以治外，为天下惜公。并安排罗丰禄携挽联前往福州吊唁。

处理完老对手左宗棠吊丧之事后不久，周盛传亡故于军营。李鸿章奏报朝廷批准，谥武壮。弟弟亡故，哥哥周盛波应李鸿章之命前来天津接统盛军。

水师初成

1885 年（光绪十一年）10 月，总理海军事务衙门设立，为管理全国海军的最高权力机构，通称总理海军事务衙门，或称海署。醇亲王奕譞为总理海军衙门大臣，奕劻、李鸿章会同办理，善庆、曾纪泽帮办。

海军衙门成立后，因中法战争爆发担心航行途中遭法国海军攻击而推迟交船的"定远""镇远""济远"三艘战舰及"定一、定二、镇一、镇二、乾一、乾二”等一批鱼雷艇同时驶入天津大沽口。

李鸿章决定利用这一机会，请皇上、太后圣驾前来天津视察，一方面让朝廷多拨银子再订购几艘铁甲战舰，另一方面扩大北洋影响力促成北洋水师早日成军。于是，致函奕環请他去请皇上、太后，圣驾天津登船视察。作为海军衙门总理，奕環觉得李鸿章这个主意不错，便赶往皇宫。

紫禁城畅音阁，锣鼓阵阵，白蛇、青蛇率虾兵蟹将正与法海打斗，场面精彩热闹，慈禧看得正感兴趣，奕環小心翼翼地走上前来，冲着慈禧道：“这幕水漫金山寺很是精彩呀！”

慈禧漫不经心地道：“醇王爷！有事吗？”

奕環小心翼翼道：“李鸿章奏报，北洋分从德、英订购的三艘战舰已驶抵大沽口，请奏皇上、太后圣驾天津登船视察。”

慈禧道：“哀家不懂兵器，皇上也不懂，你是海军衙门大臣，还是你和庆郡王去吧！”

李鸿章接到海军衙门电报，海军总理大臣奕環、庆郡王奕劻率队前来天津视察，激动不已，遂召集周馥、马建忠、杨宗濂、丁汝昌、许钤身、琅威理、刘步蟾、林泰曾等做出周密安排。

两天后，奕環率领奕劻、善庆、曾纪泽等视察团乘坐李鸿章安排的操江号蒸汽轮船沿运河驶来天津，李鸿章率领周馥、马建忠、伍廷芳、杨宗濂、丁汝昌及由兵部调北洋的主事于式枚等官员码头迎接。接着，便一起登船前往大沽口，巡视新购买的三艘战舰。

当奕環一行在李鸿章等陪同下抵达大沽口战舰停泊港湾时，奕環、奕劻、善庆被眼前几艘舰体巨大的“庞然大物”惊呆了，平生第一次见到如此巨大的战舰！感叹，西洋兵器果然非同凡响！

登上镇远号战舰，宽大的甲板，高耸的烟囱、舰桥，威严的炮台，更是让奕環、奕劻一行看得目瞪口呆。

刘步蟾向奕環、奕劻一行介绍道：“各位大人，镇远号铁甲战舰排水量7335吨，舰长28丈，宽6丈，有火炮22门，航速14.5节，目前算得上亚洲第一巨舰！”

奕環赞不绝口道：“好！好！西洋的兵器就是非同凡响啊！”

李鸿章乘机道：“大清渤、黄、东、南四海，海疆万里，仅有这几艘战舰远远不够，至少还需要购买这样的战舰十艘！”

奕環表态道：“买！买！不过，一次购买十艘花费甚巨，国库拿不出这么多银子，买个四五艘还是可以的。待本王此次巡视结束返回京城，便奏报皇上、太后，让户部筹款供北洋购买战舰！”

李鸿章激动地抱拳道：“如此谢过王爷！”

巡视战舰结束后，李鸿章将奕譞一行安排入住天津利顺德饭店，山珍海味隆重款待。席间，乘奕譞、奕劻两位王爷高兴的时候，李鸿章借题发挥，提出舰队成了后需要大量燃煤问题。

曾纪泽乘机帮腔道：“二位王爷，不修铁路，开平煤炭难以运出，一旦打起仗来，战船没有煤，就是一堆废铁。”

奕劻道：“曾帮办所言甚是，战船若没有煤炭，等于人没有了食粮。”

奕譞问道：“如此说来，大治海军必须先解决煤炭问题了？”

李鸿章回答道：“修筑铁路不仅与战舰，更与国计、军谋、富国图强切要之图。”

奕譞道：“既然修筑铁路如此重要，你先悄悄将唐胥铁路延修至芦台，解决运煤问题，本王与庆王支持你便是。”

李鸿章道：“如此，下官谢过二位王爷！”

次日，李鸿章安排奕譞、奕劻一行前往武备学堂、北洋水师学堂巡视。整洁的校园，精神抖擞的学员，完全西式的教学模式，尤其是武器操演，让奕譞、奕劻等一行眼界大开，耳目一新，赞不绝口。接着，李鸿章又安排奕譞一行巡视天津机器制造局、电报学堂、电报局及大沽炮台，更是让两位王爷赞不绝口。

抓住时机

既然有了两位王爷对修筑铁路的默许，机不可失，时不再来！李鸿章迅即将唐廷枢、金达，还有福建水师当炮艇驾驶员的第一批出国留洋学童詹天佑调来天津，一番商议后，“开平铁路公司”唐山挂牌成立，伍廷芳出任总理。最初，公司的地址在开平煤矿的西侧（现开滦博物馆的南侧）。公司成立后，唐胥铁路向西延至芦台阎庄称唐阎铁路。

唐山至阎庄铁路开工建设后，李鸿章乘机奏报朝廷，提出修筑天津至通州铁路的奏折。此道奏折，遭到户部尚书翁同龢等人强烈反对。他们认为，若铁路从天津修到通州，等于修到京城近郊，一旦外国军队从大沽口登陆，就可利用铁路长驱北京危及皇城，这无异于“开门揖盗”。还有的给李鸿章扣上“扰民、夺民生计”的帽子。即便李鸿章等洋务派力陈津通铁路修筑便于京津联络，以固海防，但还是没有消除慈禧的顾虑。

恰在此时，慈禧懿旨启动修缮南海、中海、北海（习称“三海”）工程。除修葺原有建筑外，重点兴建仪鸾殿一组建筑群作为其日常起居的寝宫，以便在光绪大婚后亲政，给自己安排一处休闲玩乐的好去处。

李鸿章知道，想要在中国冲破铁路禁锢必须得到慈禧的批准，而想要得到她批准，得要先让她了解铁路，喜欢上铁路。李鸿章决定抓住这一机会，“先斩后奏”在“三海”为慈禧专修一条铁路。遂找来盛宣怀、金达一番密谋。铁轨、机车及车厢，由天津海关通过天津法国领事林椿向法国新盛公司订购，初步定价为白银六千两。

这边，在奕譞、奕劻的游说下，朝廷谕旨下达：准北洋再购铁甲战舰四艘。李鸿章立即做出安排，“经远”“来远”“致远”“靖远”号战舰分别由德国伏尔铿造船厂，英国阿姆斯特朗造船厂开始建造。同时，还订购了一批新式鱼雷艇。

为了节省经费，早先购买的炮艇，及国产的威远、日新、拱北等兵船，每年只维持两艘在黄渤各港口巡游值勤，剩余的则收入旅顺、威海卫及大沽等地的海港封存。

李鸿章忙于官差的同时，也不忘家事。首先疏通总理衙门关系，安排养子李经方随驻英钦差大臣刘瑞芬赴英，担任参赞，由此踏上仕途。花重金聘请名师辅导嫡子李经述。李经述不负父望，和他一样二十二岁考中举人。接着，让李经述以荫生身份赴京参加廷试，虽然没有通过廷试，但被朝廷选为内用员外郎，也步入仕途。

长崎事件

为了展示大清海军的威力，震慑日本，在报请奕譞批准后，依照中日签署的《中日修好条规》，李鸿章命丁汝昌、琅威理率领定远、镇远、济远、威远四艘战舰巡访日本。

1886 年（光绪十二年）8 月 9 日，一队高扬着李鸿章设计的“青龙望日”大清国国旗的军舰于汽笛声中驶入长崎内港，锚泊在唐人屋敷、新地等街区对岸一侧的海面上。这支大清舰队，由北洋水师统领丁汝昌、会统琅威理率领，舰长刘步蟾驾驶的“定远号”，舰长林泰曾驾驶的“镇远号”，舰长方伯谦驾驶的“济远号”，舰长林颖启驾驶的“威远号”共四艘战舰，几乎是北洋水师全部的主力战舰。其中的“定远”“镇远”更是当时在整个东亚无以匹敌的巨舰。

中国舰队的到来吸引了大批日本民众及中国侨民前来围观，中国驻长崎领事馆领事蔡轩也率领领事馆官员前来迎接中国舰队，安排访日事宜。

8 月 13 日，官兵放假，丁汝昌准许放假的官兵上岸前往长崎的唐人屋敷、新地、广马场等地游玩购物。岂料，水兵王发等违反军纪，前往妓院寻乐酗酒，与妓院打手因嫖资引发纠纷而发生斗殴。闻讯赶来的日本警察平息了事端，多名情绪激动的清兵在王发的鼓动下前往警署继续闹事。并用军刀将一名日本警察刺成重伤，肇事水兵王发也受了轻伤并被逮捕。消息传到舰上，官兵们情绪激动，扬言要去警察局解救战友。丁汝昌获悉后下令阻止，但仍有四百多名官兵下船前往警察局解救被逮捕的王发。更有舰上的水兵，揭去炮衣，将 12 英寸巨炮炮口对准了长崎市区，事态越闹越大。

面对中国战舰的威胁，当日晚，日本警察田川基明、翻译巨鹿赫太郎将被捕的中国水兵王发送到了中国驻长崎领事馆。领事馆官员刘庆汾、樊淙对王发进行讯问，了解事情的大致情况后，将王发送上中国访问舰船。

第二天早晨，中国驻长崎领事蔡轩拜会日本长崎县知事日下义雄，向其递交抗议照会。依照中日两国的修好条规，中国在长崎拥有领事裁判权，同时北洋水师官兵拥有豁免权。蔡轩认为两国的水兵、警察发生殴斗属于“愚昧无知”，而日本警察胆敢拘押中国水兵，且扣留达两小时之久属于“违反条规，无理已极”，要求日方对警察黑川小四郎进行严查惩办。

与此同时，为防止事态进一步扩大，丁汝昌下令将王发关禁闭，禁止官兵下船，等待领事馆与日方协调处理。

15 日晚，数十名清军不顾丁汝昌的禁令偷偷下船，于广马场和思切桥一带遭到数百名警察的挥刀砍杀，当场被打死五名，重伤六名，轻伤三十八名。而日本警察也有一名被打死，伤了三十名。史称“长崎事件”。

长崎事件后话：1887 年 2 月在英、德公使的调停下中日就长崎事件达成协议，双方各自向对方死亡和受伤的人员进行补偿，其中日方共付恤款 52500 元，中方共付恤款 15500 元，此外长崎医院的医疗救护费 2700 元由日方支付。

这是中国近代史上，唯一一次让日本低头屈服的外交史例。长崎事件震动日本朝野，一场建立强大海军的浪潮在日本兴起。

漠河金矿

1886年李金镛离开直隶十四年后前来天津，带来黑龙江将军恭镗给李鸿章的亲笔信。信上写道:瑷珲县境内漠河、奇乾河一带黄金储量丰富，向有“金穴”之称。因与沙俄毗连常有俄人过江偷挖金矿。黑省既无集资之人，官办经费又巨，拟就近调鄂伦春新编旗人试办，又虑其不愿做工，中堂熟知洋务、办公司驾轻就熟，手下更有一帮洋务干才，特派遣秋亭前来天津与大人面商……

看完恭镗信札，李鸿章一笑道:“恭将军真是过谦。”

李金镛道:“漠河与俄国一江之隔，早在五年前俄国人即雇用山东、直隶逃荒者偷采金矿。我朝十一年，将军文绪派兵驱逐，布置卡伦，却防不胜防，眼看大把大把黄金被俄国人偷采，甚是让人心痛。”

李鸿章道:“此是大事，贤弟可先回吉林，不妨可雇请当地懂得金矿的匠人实地勘察取得些样品后送来天津。这样，本堂也好奏请朝廷，创设漠河金矿。”

李金镛返吉林后自费雇请一位懂得采金的老匠人，赶往漠河。历时月余餐风宿露调查走访、采集沙金，并将采到的沙金古法变成几块金坨坨。

几个月后，李金镛携带那几块珍贵金坨坨再次前来天津，并带来亲手绘制的漠河、奇乾河沿岸金矿区位图。李鸿章对李金镛一番夸奖后，亲书一封信札交李金镛带回东北交给恭镗。而后，携带几块金坨坨前往海军衙门面见奕譞。

正在为修缮三海缺银子，准备打海军军费主意的奕譞，见到李鸿章便毫不掩饰地道:“中堂来得正好！今年户部下拨北洋购买战船的银两动了吗？”

李鸿章不知奕譞问话什么意思，问道:“王爷的意思是……”

奕譞为难道:“修缮三海缺银子，只能动用海军军费。”

李鸿章稍加思考后道:“太后为大清江山社稷处心积虑，一旦归政当有个颐养天年的好去处，修缮三海，鸿章积极拥护，可是下官已经遵旨与德国、英国驻津领事签约订购巡洋舰四艘，取名致远、靖远、经远、来远，约需白银335万两。”

奕譞焦急道:“怎么这么着急就办了呢？”

李鸿章一笑道:“下官本以为仅凭定远、镇远、济远等舰难以形成战力，购买战舰乃当务之急，所以，下官便与赫客卿商议后就定下了。”

奕譞一声抱怨道:“嘿！你看这事……”

李鸿章安慰道:“王爷莫焦，下官没有报告王爷便签约订购四艘战舰，花去

335万两海军军费，下官会以一座金矿来补偿。”说着，掏出几只金坨坨摆放在奕譞面前，接着便把拟与黑龙江将军一起奏报朝廷委长春厅通判李金镛主办漠河开办金矿的事，向奕譞做了详细汇报。

奕譞捏了捏金坨坨道：“好当然是好！只是设矿采金非短期可见成效，海军军费都让你拿去买船了，三海工程缺额银子从哪里弄啊？”

李鸿章道：“为解眼前之急朝廷可谕令开海防捐，卖官鬻爵筹措经费；还可向洋行借款，所借款项连本带息由江海、津海、浙海、江汉四关道，以孝顺太后摊付。如此，多头筹措，积少成多，定可解决修缮三海缺额的银子。待来年，户部海军军费再拨下来，王爷不就可以使用了吗？”

听李鸿章这么一说，奕譞赞许道：“如此甚好。”

漠河金矿后话：1887年在奕譞的支持下，李鸿章与恭镗开始筹划漠河金矿，奏定《漠河金厂章程》，次年成立漠河矿务局，委派道员李金镛勘查化验，募股集资，购办机器，在漠河、奇乾河设立两处金厂，于1889年投产，当年产金一万八千余两。

北洋成军

1887年（光绪十三年），随着经远、来远、致远、靖远号建成驶入大沽口，威海卫、旅顺基地的船坞、煤厂、机器厂、营房、弹药库及炮台等相关保障设施的建造完工，铁路延展工程结束，运煤问题得到解决，筹备了十三年的北洋水师到了成军的时候了。

没有规矩不成方圆，李鸿章首先想到编写一套详细的《北洋水师章程》。遂召集丁汝昌、刘步蟾、林泰曾、琅威理，下达效法西洋海军范例编写《北洋水师章程》的命令。三人领命后，由刘步蟾主笔，丁汝昌、琅威理、林泰曾等配合。历时三个多月，《北洋水师章程》初稿便拿了出来。

章程阐述了北洋水师船制、官制、升擢、事故处理、招考学生、俸饷、恤赏、工需杂费、仪制礼节、钤制、军规、简阅、武备、国旗、军旗、将旗、通语旗、水师后路各局等各事项，十四章共三万言。

初稿拿出后，李鸿章又逐章逐条进行修改后交周馥安排文员抄写两份，交海军衙门总理大臣奕譞审阅。

完成章程撰写工作，李鸿章便开始考虑水师提督人选。在李鸿章心目中能够担任北洋水师提督的人选有两个，一个是老部下丁汝昌，另一个便是许钤身。

许钤身，字仲韬，浙江省钱塘县（今杭州市）人。曾被清廷任命为首任驻英国副使和首任驻日使节，因故未能赴任，而调来北洋营务处负责督练海军事宜。此人有办洋务的经历，会说洋文，熟悉中外法律，但是没有军旅经验。而丁汝昌虽然没有读过多少书，更不懂洋文，但是在枪林弹雨中一路拼杀过来，作为老部下，把一支现代化的北洋水师交给他，李鸿章还是放心的。最终，李鸿章选择了丁汝昌。许钤身得知这一消息后，给李鸿章留下一封信札，悄然离开了天津。

1888 年（光绪十四年）12 月 17 日，这是大清国历史上值得浓墨重彩记上一笔的日子。这天，北洋水师公所所在地的刘公岛上，大清国国旗迎风招展，一队队海军士兵列队操场，丁汝昌率刘步蟾、林泰曾、琅威理、张文宣、邓世昌、叶祖珪、方伯谦、林永升、邱宝仁、黄建勋等水师将领站立队伍前列。奕譞、奕劻、善庆、曾纪泽等朝廷大员在李鸿章、周馥、周盛波、卫汝贵、叶志超、聂士成、刘盛休、盛宣怀、刘含芳、汉纳根、张文宣、龚照玙、戴宗骞等官员陪同下走来，礼炮鸣响。

周馥简要宣读完《北洋水师章程》后，奕譞读朝廷谕旨："谕旨：擢丁汝昌北洋水师提督；琅威理副提督，北洋海军总查；刘步蟾右翼总兵，定远号管带；林泰曾左翼总兵，镇远号管带；张文宣北洋护军管带，总兵记名简放；邓世昌中军中副将，致远号管带；叶祖珪中军右副将，靖远号管带；方伯谦中军左副将，济远号管带；林永升左翼左营副将，经远号管带；邱宝仁右翼左营副将，来远号管带；黄建勋左翼右营副将，超远号管带；林履中右翼右营副将，扬威号管带……《北洋水师章程》所制船制、升擢、事故考校、俸饷、恤赏、工需杂费、仪制、钤制、军规、简阅、武备、水师后路各局等十四章，照章恩准即日起执行。北洋水师军旗为大清国国旗。钦此！"

丁汝昌捧过圣旨，随从捧来关防印，奕譞捧起关印，丁汝昌跪地接下象征地位与权力的北洋提督关防印。由此，筹建了十三年的北洋水师正式成军。

第三十一章

皇城铁路

为了争夺中国铁路修筑权，法国新盛公司很快将特制的机车、车厢、铁轨等部件运往中国天津。

收到法国发来的“小火车部件法国启运”的电报后，李鸿章专程赶往海军衙门，就在“三海”为慈禧专门修筑一条铁路的事，游说奕譞请旨慈禧批准。为开铁路之风，李鸿章如此煞费苦心，奕譞很受感动，满口答应。

慈禧是一个追新猎奇的女人，当奕譞向她报告李鸿章要在三海为她修筑一条铁路供她专用时竟然愉快地同意了。

小火车部件运抵天津码头后，李鸿章亲自前往码头巡视，但见车厢小巧精致，金碧辉煌，很符合老佛爷审美观。接着，李鸿章亲自跟船运送入京。

机车、铁轨及车厢水运至通州，而后马车运入皇城。施工前，李鸿章请奕譞观看运入皇城的机车和车厢及铁轨等设施。观看完毕，奕譞向慈禧报告：已运抵西苑的有火车头一辆，并铁轨七里余，坐车六辆，皆由法国新盛公司承办。六辆坐车中，一辆为上等极好，两辆为上等，两辆为中等，一辆为行李车。奕譞还报告道：机车、车辆材质光洁，设备华美，制作精良。

慈禧听完奕譞报告后吩咐道：“那就让李鸿章安装吧！”

当然慈禧也没白收这份厚礼，赏给法商负责人以三等宝星，并加三品顶戴。

关于在中国修筑铁路权之争，英、美、德都曾向总理衙门提出过请求。英国商人提出京城修筑一段铁路送给光绪作为结婚礼品，被清政府拒绝。美国人则从国内搬来了全套能够运转的铁路模型，在天津及保定直隶总督署展览。德国商人也不甘落后，通过德国驻天津领事给李鸿章送来一套精致的火车模型。

这次中国皇城修铁路，却让法国人抢了先机。

有了海军军费做后盾，“三海”修缮工程进展顺利，到 1888 年光绪大婚亲政前完工。与此同时，小火车工程也随之开工。首先动工的是紫光阁前全长一华里半的路段，时称紫光阁铁路。该路全长 257 丈，共长 822 米，约一华里半，至十一月修筑完毕。同时，还修建了车库。车库位于中海紫光阁北的时应宫旁，用于检修和存放火车头。

仅有 822 米长的铁路自然无法开通小火车，为此，慈禧下旨修建位于北海里的西苑铁路二期工程。

二期工程沿着北海西岸向北岸延伸。这一段，路基工程比较复杂，加上火车不能拐急弯，因此除了铺垫增宽泊岸，开刨有碍铺轨的土山，挪修取直道路外，还要砍去不少树木添修大小涵洞和石平桥等。为此，动用了驻扎在西山的健锐、火器两营的士兵。小铁路全线贯通后，在终点镜清斋还修建了黄瓦顶的小型火车站站廊，起点和终点两站台，则为灰土砌成。

北海内铁路总长 472 丈，合 1510.4 米。加上此前修好的紫光阁铁路，西苑铁路总长达 2332 米，合 4.7 华里。

至此，皇城铁路修筑完工，开始为慈禧服务。慈禧第一次尝试到乘坐火车的感受，夸奖比乘坐轿子乘坐马车舒服多了。

爱女选婿

忙完北洋水师成立刘公岛返回天津，李鸿章收到发于张家口边防的一封信札。打开一看，才知道是张佩纶的求助信，信中意思是看在他父亲的情面上，请求李鸿章出面疏通关系将他保释出来。

因为福建水师遭法国海军偷袭几乎全军覆灭，论罪，张佩纶被流放军台效力赎罪，遣戍察哈尔察罕陀罗海、张家口等地。从小娇生惯养哪里受得了边关的艰苦，张佩纶便想到了父亲曾经的老友，而今炙手可热的大人物李鸿章。

李鸿章没有让张佩纶失望，几封信札，一番疏通，张佩纶便被保释出来。

让张佩纶没有想到的是，求助信寄出去还不到两个月，便被释放了。

离开边关，张佩纶回到老家丰润齐家坨。一进家门，老管家告诉他，四年前，少奶奶得知他被革职遣戍便一病不起，走了。唯一的亲人也离他而去，走投无路的张佩纶只好前往天津去投奔李鸿章，希望再帮忙谋口饭吃。

让张佩纶更没想到的是，李鸿章不仅收留了他做幕僚，还把自己的掌上明珠宝贝女儿李菊藕许配给他做继室。

说起李鸿章这个宝贝女儿，虽然她出生在封建社会，但是小的时候就受到了父亲的影响，学到许多西方文化。年幼的李菊藕不仅经常外出游玩，李鸿章也带她出门拓宽眼界。经受了家庭环境的熏陶，父亲细心培养，李菊藕成为远近闻名的才女。到了结婚的年龄，李鸿章还没有为女儿找到合适的人家嫁出去，加上政务繁杂，女儿的婚事才耽搁下来。当时天津的、保定的，还有京城的许多达官贵人的人家都希望与李中堂结为亲家，但李鸿章一个都看不上。等了许久，李鸿章终于找到了心目中的合适人选。当时，张佩纶已经四十岁了，李菊藕才二十二岁，两个人之间有着十八岁的差距。李鸿章之所以要将自己的女儿嫁给张佩纶，一是欣赏张佩纶的才华；二是有联姻方面的考虑，张佩纶于危难中得李鸿章施以援手，势必对李鸿章充满感激。

李鸿章没看错人，张佩纶确实是个才子。他有着过目不忘的本事，在二十三岁的时候就已经考中了进士，授翰林院侍讲。不久，署任左副都御史，朝中以弹劾大臣而闻名。

当李鸿章为爱女定下这门亲事后，引起了许多人的议论，包括赵小莲也不太愿意，心高气傲的李菊藕更是与父亲哭闹，不愿嫁给一个小老头。可是并没有动摇李鸿章将女儿嫁给张佩纶的决心。在李鸿章的心中，张佩纶是一个不可多得的人才，女儿嫁给他一定会幸福的。

张佩纶入幕僚后不久，李鸿章便为自己这个落魄的女婿在天津购买了房宅，宴请各路宾客为这对新人举行了隆重的婚礼。

光绪亲政

1888年（光绪十四年）年底，慈禧下达懿旨：前因皇帝甫经亲政，决疑定策，不能不遇事提撕，勉允臣工之请训政数年。两年以来，皇帝几余典学，益臻精进，于军国大小事务均能随时剖决，措置合宜，深宫甚为欣慰。明年正月，大婚礼成，应即亲裁大政，以慰天下臣民之望。

光绪谕旨：朕自登基以来，兹奉慈圣懿旨于明年二月归政，朕仰体慈躬敬慎谦抑之本怀，并敬念三十年来圣母为天下忧劳况瘁，几无晷刻可以稍资休息，抚衷循省，感悚交深。兹复特沛恩纶，重申前命，朕敢不祗遵慈训，于一切机务，兢兢业业，尽心经理，以冀仰酬我圣母抚育教诲有加无已之深恩。国家经费有常，目下整顿武备，需款孔多，各省时有偏灾，尤宜体念民艰，爱惜物力，朝廷躬行节俭，为天下先，该大臣等，务当仰体崇实黜华之意，严饬承办各员，认真原理，不准稍涉浮冒，所有大婚、归政届期一切典礼事宜，着各该衙门敬谨酬议具奏。

1889（光绪十五年）正月，光绪迎娶叶赫那拉氏为皇后，迎娶他他拉氏姐妹瑾嫔、珍嫔。

叶赫那拉氏，满洲镶黄旗人，名静芬，小名喜子，封一等承恩公副都统叶赫那拉·桂祥之女，是光绪的表姐。他他拉氏姐妹是满洲镶黄旗人，户部侍郎长叙之女。

三月，光绪太和殿召见王公大臣及各国使臣，下诏："本朝十五年三月初三日，奉慈禧端佑康颐昭豫庄诚寿恭钦献皇太后懿旨，即日起亲政！"

奕谖、奕劻、世铎、善庆、李鸿藻、载濂、翁同龢、孙毓汶、孙家鼐、李鸿章等众王公大臣叩拜，山呼"万岁！"。

光绪道："朕仰圣母三十年来为天下忧劳况瘁，当兢兢业业，尽心经理，以冀仰酬我圣母抚育教诲有加无已之深恩。遵圣母懿旨，朕为敬仰圣母恩纶，凡军国大计，大臣任免，典礼事宜，着各该衙门敬具圣母御鉴。"

众王公大臣叩拜道："臣等领旨！"

光绪道："遵圣母懿旨，改清漪园为颐和园。着海军衙门统筹谋划修葺颐和园事宜。"

儿子下达了谕旨，老子只能领命。奕谖明白儿子如此安排的用意，是要报答这些年来慈禧操持朝政的辛劳，对儿子的栽培。可领命后，奕谖的脑袋又大了，刚耗费巨资修缮好"三海"，又要修缮颐和园。颐和园年久失修，重新修缮需要比修缮"三海"更多的银子。而今，国库空虚，也拿不出这笔银子来修缮颐和园，即便户部肯出这笔银子，清流一党也会乘机向皇帝发难，弄得局面难以收拾。左思右想，奕谖还是打自己手中掌控的那点海军经费主意。但是，北洋刚刚成立，尚需购买新的战舰及修筑防御工事，若继续动用这笔经费，还要征得李鸿章的同意。于是，庆典结束后，奕谖便将李鸿章请来王府说明用意。

听说又要动用海军经费给老佛爷修缮颐和园，李鸿章也为难了，一边是水师亟待添置新的战舰修筑海防工事，一边是皇上要修缮颐和园孝敬老佛爷。李鸿章知晓皇上、老佛爷那是万万得罪不起的，而且他也左右不了。权衡之下，李鸿章干脆做了个顺水人情，"一切听从王爷安排"。

为掩人耳目，便于挪用海军经费修缮颐和园，奕譞让李鸿章安排一支数十人的水师营队伍入住颐和园，装模作样在昆明湖上操演训练。

铁路之争

光绪亲政后，李鸿章即以便于津京交通为由，呈奏“修筑天津至通州铁路”的奏折，即“津通”铁路。此举再次遭到户部尚书翁同龢等顽固派的强烈反对。反对理由还是老调“资敌”“开门揖盗”。李鸿章虽然极力陈述津通铁路足以“增固海防”，但那么多大臣的反对，不能消除清皇室的顾虑，而得不到批准。

面对修筑铁路再次发生的争议，光绪下旨：就修筑天津至通州铁路事宜征求沿海、沿江督抚的意见。

结果，多数督抚持反对意见，少数人的态度也是模棱两可。

时任两广总督张之洞则奏请“缓建津通铁路改修卢汉铁路”。他在复奏中力陈修筑铁路利国利民，是中国自强的必由之路，并从全局出发，陈述修津通不如修卢汉铁路。奏折中写道：宜自京城之卢沟桥起，经行河南，达于湖北之汉口镇，此则铁路之枢纽，干路之始基，而中国大利之所萃也。

熟谙清廷派系嫌隙的张之洞，大概已摸清清廷决策者的脉搏，料定此奏一出，铁路之争便将尘埃落定。因为李鸿章一再奏请修建津通铁路，名义上是便捷京津互通，实际上是扩充北洋的势力范围。而还掌控大清政权的慈禧，对李鸿章的这一手也是心知肚明，她不可能坐视北洋势力膨胀到足以“震主”的地步，而此时管理铁路的海军衙门大臣奕譞似乎对李鸿章已经言听计从。

张之洞的修筑“卢汉铁路”这道奏折正好与清廷扶植新势力，钳制淮系的计谋一拍相合。

不久，光绪下旨：凡铁路、电报、机器诸洋务，有利于国，无损于民，定一至当不易之策，即可毅然兴办，毋庸筑室道谋。

接着，又下旨否决李鸿章的“津通铁路”奏请，命张之洞督办卢汉铁路。慈禧的这番良苦用心，使张之洞有机会跟李鸿章比肩洋务，并最终后来居上。

接到朝廷否决“津通铁路”上谕后，李鸿章哀叹：“鸿章老矣，报国之日短矣！即使事事顺手，亦复何补涓埃！所愿当路诸大君子务引君父以洞悉天下中外真情，勿使务虚名而忘实际，狃常见而忽远图，天下幸甚！大局幸甚！”

然而，李鸿章的个性决定他从不认输，他要与张之洞争一个输赢。他明白否决“津通铁路”的人不是光绪，而是老谋深算的慈禧。此时，沙俄正在修筑东方铁路，意在图我东北。李鸿章又生一计，以稳固东北边防抗衡沙俄为由，奏请朝廷修筑关东铁路，并精心策划辅以“小动作”。

李鸿章的“小动作”经过一番准备后，携周馥、于式枚前往京城，邀请醇亲王奕谖一起前往颐和园。

傍晚时分，李鸿章、奕谖一行前往颐和园乐寿堂叩拜慈禧。拆帘归政后还有人来看望，慈禧自然非常高兴。李鸿章禀告慈禧，今晚前来颐和园是要给老佛爷献上一件新奇玩意儿。向来喜欢新奇的慈禧更是高兴，叫上李莲英、宫女，跟随李鸿章、奕谖一行前往水师营。

当慈禧在两名宫女搀扶下走入黑咕隆咚的水师营饭厅时，李鸿章一声令下，“开灯！”几盏电灯忽然亮起，把大厅照得如白昼一般。

慈禧惊喜道：“亮堂！亮堂！如白昼一般亮堂！这是什么洋玩意儿，这么亮堂？”

李鸿章回答道：“回禀太后，这是电灯！”

慈禧赞不绝口地道：“电灯，电灯这玩意好！这玩意好！”当即下令，电灯接入她的乐寿堂。

就在慈禧高兴的时候，李鸿章乘机进言道：“东北乃大清龙兴之地，决不能遭沙俄威胁，为稳固东北边防，臣愚意，应停建卢汉铁路，改修关东铁路。”

慈禧稍加思考后表态道；“此意甚好，陈上奏折，哀家得管管修铁路的事。”

铁路之争后话：在慈禧的干预下，李鸿章的“关东铁路”与张之洞的“卢汉铁路”一起列入大清铁路修筑计划。而李鸿章的“津通铁路”则在1895年甲午战败后，清政府在《马关条约》中承诺开放口岸修建铁路。因此，朝廷复议了李鸿章当年修建津通铁路的奏折，并决定将这条铁路终点从通县移至卢沟桥，即为津卢铁路。

细绵土厂

十九世纪六七十年代，英国等发达国家已经步入第二次工业革命时期，资本主义大工业逐步走向成熟，向国外输出设备和技术已经成为发展的需要。此时的大清还在磨难中开始觉醒并谋求“自强”与“求富”。以曾国藩、李鸿章等为代表的洋务派提出“中学为体、西学为用”的洋务主张，倡导学习西方工艺技术。因此，在“自强”口号下，先后创办了一批近代军事工业和民用工业，唐山细绵土厂就是其中之一。

细绵土，也叫洋灰，就是今天我们说的水泥，英文：cement。这种很普通的建筑材料，在晚清时期却完全依赖进口。当时，每桶水泥需银洋二十元之巨。就是说，在当时买一桶（约 170 公斤）水泥需要花费普通工人三个月的工资，价格的昂贵令今天的人们难以想象。

作为近代最优秀的企业家之一，唐廷枢很早就注意到了水泥的重要作用。1877 年（光绪三年），时任开平煤矿总办的唐廷枢就曾向李鸿章报告，水泥是修筑炮台楼房等工程项目“必需之物”，“至于桥梁、闸坝、河工海塘各项工程更是合宜”。当时唐廷枢已经知道唐山的石灰石是可以烧制水泥的，并且已经搜寻原料进行试验。

在李鸿章心目中，唐廷枢属大清国的能人，于是便把唐山建造细绵土厂的任务交给了他。

1886 年（光绪十二年），回广东老家探亲的唐廷枢从朋友处了解到，澳门细绵土厂采用澳门之泥与广东英德县石灰石做原料，已成功烧制出水泥。唐廷枢根据自己的实验认为唐山所产石料与广东香山里河的坦泥应该是烧制水泥的最好原料。在返回唐山后，他就将唐山的石灰石与香山里河的坦泥送往澳门试烧，获得成功。为了掌握更可靠的试验数据，1888 年唐廷枢又将原料送到英国研炼，数次试验的结果表明为“最佳”原料。化验师施礼达评价说：“唐山的灰石与香山坦泥合炼可制成头号品质优良的细绵土，不亚于英国卜伦革厂所制水泥。”

为尽快完成李鸿章交代的烧制细绵土的任务，唐廷枢专程前往澳门参观学习。学习中，唐廷枢将水泥生产所需的石灰石、黏土、铁矿石及煤等原材料，粉碎，烧制等全部生产工艺，及所需要的生产设备从哪里采购等细节全部记录下来，有的还绘制成草图带回唐山。而后，派洋技师前往山野勘察，查知唐山亦有此灰石，而且质量比英德的还要优质。做完这些基础工作后，唐廷枢前来天津，正式向李鸿章报告筹办唐山细绵土厂。

唐廷枢向李鸿章提出资金筹措建议：军械所各局出资银两万两，开平矿务局出资两万两，香山堂地主出资两万两，共银六万两，专为制造细绵土之用。厂址选在唐山大城山南麓，主要原料石灰石就地开采，土料由广东香山堂地主雇人挖取，制成砖式晾干运到澳门堆存。澳门烧制细绵土厂所用煤炭由开平按成本供给，运输煤炭的轮船回程运回晾干的泥砖土料。如此合作各取所需，各得其利。

李鸿章批准唐廷枢的计划，并奏报朝廷批准唐山开设细绵土厂。

朝廷批复后，唐廷枢通过上海洋买办从英国购置机器、锅炉。化验师、炼土匠、工头均由英国细绵土厂选雇而来，其余工匠由开平矿务局调拨。第二年，占地六十亩的唐山细绵土厂建成并投产。

建成伊始，该厂有石窑四座及锅炉、晾土机、挖土机等生产设施，日产量达三十吨以上。

细绵土厂开张的那天，李鸿章专程天津赶来唐山为“细绵土厂”揭牌。至此，中国第一家水泥厂在唐山诞生！

光绪十二年至十三年，对于李鸿章来说是很不好的两个年头，先是一直支持洋务事业的曾纪泽、醇亲王奕譞相继去世；接着四弟李蕴章为编撰《庐州府志》积劳成疾病逝庐州家中；还有淮军老将周盛波、唐定奎也先后亡故于军营。

再访日本

奕譞去世后，光绪谕旨庆郡王奕劻接替奕譞担任海军衙门总理。恰好，李经方结束英国公使参赞任职回国后，以候补道身份出使日本。李鸿章决定请奕劻前往北洋水师基地威海阅兵观看水师实弹操演，操演结束后，舰队再往日本访问，以消融长崎事件的影响，获得奕劻的批准。

就在丁汝昌、林泰曾、刘步蟾等北洋水师将领筹划实弹操演的时候，定远舰悬挂谁的旗帜问题上，右翼总兵定远号管带刘步蟾与副提督琅威理发生矛盾。琅威理以为，自己是北洋水师副提督，应该悬挂副提督的旗帜；刘步蟾则以为，自己是北洋水师右翼总兵定远舰管带，定远舰上应当悬挂自己的旗帜。两人僵持不下，闹到丁汝昌那里，丁汝昌协调不了。最后，闹到李鸿章那里。李鸿章以为“大清国的北洋水师岂能听从洋人调遣”，支持刘步蟾的意见，琅威理一气之下丢下辞呈，回英国去了。

1891 年（光绪十七年）5 月，北洋水师实弹操演在辽阔的威海卫基地海口举行。新任海军衙门大臣奕劻、帮办善庆等海军衙门官员，在李鸿章、周馥、盛宣怀、于式枚、丁汝昌、林泰曾、刘步蟾、汉纳根、张文宣等的陪同下，乘坐“操江号”炮艇军港巡视一圈后，海口观看实弹操演。

丁汝昌一声令下：“开炮！”

旗语手挥动信号旗，向各参演舰船发出“开炮”的指令。只见一字停泊海面的定远、镇远、致远、靖远、经远、来远等战舰火炮响起，一发发炮弹命中漂浮在海上的靶标。

奕劻放下望远镜激动地道：“好！好！洋人的火炮威力果然不同凡响！”

李鸿章道：“让王爷看看天津机器制造局制造的鱼雷！”

丁汝昌下令道：“发射鱼雷！”

一枚枚鱼雷从停泊在海面上的定远、镇远、致远、靖远、经远、来远战舰上跃入海中，似蛟龙一般快速游向停泊在海面的几艘破旧渔船，只听“轰隆隆”一阵巨响，渔船被炸得粉碎。

善庆放下望远镜，感叹道：“原来大清也可以生产出威力如此巨大的鱼雷了！”

奕劻欣喜道：“北洋水师果真不同凡响！”

李鸿章炫耀道：“王爷，就目前渤海门户而论，已有深固不摇之势；就目前我北洋战舰实力来说，可为亚洲第一。”

林泰曾提醒道：“不过，下官要提醒王爷、中堂，从国外学友往来书信中获悉，日本于法国订购的四千吨级的严岛、松岛号；英国订购的两千吨级千代田号都已开始服役，而且还在连续订购新舰。”

善庆担忧地道：“中堂，若果真如此，日本国居心叵测呀！”

李鸿章道：“据本堂掌握的消息，近年来，日本人一直在扩军备战，鸿章提醒王爷，我当有所警惕呀！”

奕劻道：“是啊，近年来日国与我麻烦不断，我当有所提防才是。”

刘步蟾道：“王爷，北洋尽快购买新船，否则，真的要被日本国给赶超了。”

丁汝昌进言道：“耳听为虚，眼见为实，长崎事件余波未平，既然日本国主动邀请北洋水师访日，何不借机一探虚实？”

林泰曾道：“日本人想摸摸我们的底细，我们也正好摸摸日本人的底细。”

刘步蟾道：“北洋水师再访日本。”

善庆道：“正好中堂令公子经方出使日本，借此机会，既探虚实，更展示我北洋水师军威，震慑日国。”

奕劻一笑道：“操演结束，再访日本，本王与中堂早就定下了。”

李鸿章道：“请王爷下令北洋水师再访日本！”

奕劻道：“本王令，各舰操演结束，稍作休整再访日本！”

1891 年 6 月间，北洋水师二次访问日本。日本天皇接见丁汝昌及北洋水师将领。外相夏本武扬，海军大臣桦山资纪、海军司令伊东祐亨分别设宴款待。中方邀请日本海军官员、国会议员、记者参观中国战舰，丁汝昌、李经方在定远号举行盛大宴会答谢日本要员。

访日归来

水师访日归来后，李鸿章携于式枚、张佩纶及新入幕的吴永前往刘公岛看望访问归来的水师官兵。

吴永，字渔川，浙江吴兴人，1888 年（光绪十四年）娶曾纪泽次女。曾纪泽临终前致函李鸿章把吴永托付给了他，李鸿章将其留在身边重点栽培。

当李鸿章一行乘坐“操江号”火轮抵达刘公岛码头时，丁汝昌率领林泰曾、刘步蟾、邓世昌、张文宣、戴宗骞等北洋水陆两师将领码头迎接。而后，丁汝昌将李鸿章引入海军公所议事厅，汇报再次访问日本的情况。

李鸿章询问道：“此次日本访问有何收获？”

丁汝昌回答道：“汝昌此次率北洋舰队出访日本，承蒙令公子经方安排周详，天皇接见水师将领，外相夏本武扬，海军大臣桦山资纪，海军司令伊东祐亨分别设宴款待，礼遇隆重。”

林泰曾报告道：“禀告中堂，此次北洋水师再访日本，获悉日本国上自天皇，下至百姓，所见所闻日本扩军备战称霸亚洲之心昭然若揭。”

刘步蟾报告道：“街头所见到的日本孩童游戏时都装扮成中日两方，捕捉我定远、镇远战舰。”

李鸿章“哈哈”一笑道：“如此说来，我大清北洋水师岂不成了日本人的众矢之的了？”

邓世昌道：“中堂大人，我北洋水师自购买致远、靖远、经远、来远四艘战舰后再未购置新船，为应付日本军备挑战，购置新战舰已刻不容缓。”

林泰曾报告道：“禀告中堂大人，我们参观日本战舰中发现，我北洋战船火炮已明显落后于日本。”

李鸿章问道：“日本战舰都安装什么新式火炮？”

林泰曾回答道：“速射火炮！”

李鸿章问道：“何为速射火炮？”

刘步蟾解释道：“我北洋战舰装备的都是旧式后膛炮，仅有弹头，发射靠另装火药点火发射，与新式火炮相比不仅精度低发射速度慢，且爆炸威力小；而新式火炮，自带弹壳，不仅精度高，发射速度更是旧式火炮数倍，而且爆炸威力更加强大。”

丁汝昌道：“大人，中国欲遏制日本，非痛下决心购买新船，更换新式火炮不行啊！”

李鸿章习惯地捋了捋下腭稀疏的胡须，慢条斯理地道：“本堂也希望朝廷每年足额下拨海军军费，北洋每年都能订购新的战舰，可你们知道，朝廷刚下谕旨，因部库空虚，海疆无事，南北洋购买枪炮船只、机器暂停二年，藉资弥补。加之，翁同龢掌管户部，对北洋总是另眼相看，难啊！”

刘步蟾道：“那大人就奏请皇上，言明利害，请皇上定夺。”

李鸿章从刘公岛返回后，便给光绪呈递专折：日本海军快速发展，北洋急需购买新型战舰四艘，更换已购战舰落后火炮，添募水师二三十营。

陛见光绪

光绪对李鸿章的这道专折很重视，没过几天电谕下达：李鸿章进京陛见。接到光绪电谕后，李鸿章便携于式枚、张佩纶、吴永前往京城，入住贤良寺等候光绪召见。

次日，执事太监便来贤良寺传旨，李鸿章进宫陛见。

养心殿西暖阁光绪召见奕劻、李鸿章、户部尚书翁同龢，讨论北洋购买新式战船更换火炮等议题。

光绪拿出李鸿章的奏折道：“李爱卿呈奏预筹战守折，呈报水师访日见闻，奏请购买新船，更换火炮，添募二三十营，以期战守事宜更有把握，朕已知晓。”

奕劻道：“皇上，日本扩军备战我当及早预筹战守，以备缓急。”

光绪道：“今日，朕特意把翁爱卿也给宣来了，当着朕和海军衙门大臣的面商议，购船换炮事宜，朕当廷裁断。”

翁同龢道：“启禀皇上，当下库款支绌，西船款巨，户部实无银可拨。”

李鸿章道：“启禀皇上，日本加紧军备，而我水师不仅战船陈旧，且战船上的原装火炮已明显落后日本，为遏制日本欲称霸亚洲野心，务当添置新舰四艘以上，更换战船上的火炮与之抗衡。”

翁同龢讥讽道：“李中堂不是吹嘘过北洋水师亚洲第一，怎么现在又说战船陈旧，火炮落后了呢？”

李鸿章反唇相讥道："世界之大变幻莫测，除旧布新，事物使然。"

翁同龢道："而今我水师不肯立足于本国，动辄百万银两购买西船，几年过后，又成一堆破铜烂铁，白花花银子就这样白白丢入水中。"

李鸿章义正词严道："司农此言差矣，当今世界战船、火炮莫过西国，日本小国且能上自天皇下至庶民慷慨捐资购买战船，而我朝至今却还有人夜郎自大，坐井观天，不知天外有天，沉浸于神明华胄之荣光，昏睡于天朝上国之美梦，岂不悲哉！"

见两位大臣争论得不可开交，光绪只好下旨，海军衙门与户部共同筹款购买新式战船新式火炮事宜。

李鸿章知道翁同龢不会轻易拨出银子给北洋购买新的战船新式火炮，陛见光绪结束后又去了海军衙门，再次向奕劻表明购买战船更新火炮的紧迫性。

奕劻安慰李鸿章道："今日西暖阁皇上面前，中堂该说的都说了，本王该说的也都说了，皇上已有谕旨，可当下国库空虚，朝廷支不出库银，翁大人也有他的难处，中堂不必气恼，有待本王慢慢疏通。"

李鸿章道："王爷，鸿章是在为大清国万里海防担忧呀！"

善庆道："自创设海军衙门之年起，朝廷每年应拨付海军经费四百万两银子，可实际岁收不足六十万，每年海防捐也是有其名而无其实，唯各省认筹积存洋行的息银每年尚有些许进项。"

李鸿章道："以鸿章之意，不如先从本银中提拨一百五十万两，以做应急之用。"

奕劻连忙道："不可，不可，万万不可，本银均为各省借款，挪作他用，日后各省索要本金，如何偿还？"

李鸿章道："如此鸿章只能头痛医头，脚痛医脚，先与洋商洽谈预购一至两艘新式战船，逐年支付。"

奕劻赞许道："此意甚好！此意甚好！先赊账，再慢慢还账。"

丁汝昌与林泰曾一起前来天津，给李鸿章送来购买新式战舰及新式速射炮计划：从英国阿姆斯特朗兵工厂订购快速巡洋舰四艘，定远、镇远两舰各更换速射火炮六门，济远、经远、靖远、来远四舰战舰各添速射火炮两门，威远练船换配新式后膛炮三门，合计二十三门。

看完计划，李鸿章拿起蒲扇，对二人道："皇恩浩荡，鸿章身为北洋大臣，统率北洋水陆两师，必效忠朝廷，对京畿防务负责。战舰要买，但只能从英国订购一艘；火炮要换，但换不了那么多。就这，所需银子还不知有没有着落呢。”

林泰曾焦急道：“日本国提出建设十万吨军舰宏伟计划，我堂堂大清国竟然不如蕞尔小国日本，这太让北洋众弟兄们失望了。”

李鸿章责备地道：“皇上刚刚亲政，芜湖、丹阳、宜昌连发教案，内忧外患，我等身为朝廷命官，当为皇上分忧解难。回去后，即刻组织洋工匠整修设备，务使各战船处于完好状态，随时可以开出。”

打发走丁汝昌、林泰曾一行后，收到龚照玙、刘含芳旅顺拍来电报，历经六年艰苦施工、旅顺船坞及海防建成。李鸿章奏报朝廷批准，直隶候补道刘含芳建造旅顺基地有功，调补山东登莱青兵备道，监督东海关。

第三十二章

厄运连连

光绪皇帝亲政并没有给李鸿章的洋务及北洋水师带来多少支持和帮助，相反更加举步维艰。

根源在掌控大清财政大权的户部尚书翁同龢与李鸿章的一段个人恩怨。早在镇压太平军的时候，翁同龢的哥哥翁同书时任安徽巡抚，在处理团练首领苗沛霖叛乱一事上处置失当，反被苗匪所困，结果遭到了曾国藩的弹劾。当时，李鸿章正在曾国藩幕下，草拟这份弹劾奏折的人正是李鸿章。翁同书被革职，发配新疆戍边客死新疆。大概就是这个原因，李鸿章在创建北洋水师期间，翁同龢总是消极怠慢，甚至向光绪呈递终止购买军火两年的奏折。

丁汝昌率舰队再访日本后，李鸿章提出再购四艘战舰，更换已购战舰火炮，从而抗衡日本，却被翁同龢加以阻止。最后，还是在光绪的调停下，答应想办法筹措一百五十万两银子供北洋购买新式战舰一艘，剩下的银子海军衙门、北洋自己筹措，而给旧有的战舰更换火炮就不用提了。

官场上的不顺只是一个方面。1890 年（光绪十六年）夏，五弟李凤章前往南京进见两江总督曾国荃筹议皖北赈灾事宜，返回芜湖后便病逝寓所。

1892 年 7 月 3 日，被李鸿章称为“福星”的继室赵小莲，突发疾病病逝于天津，时年五十五岁。

刚处理完妻子的丧事，唐山传来坏消息，洋务能才得力干将唐廷枢病危。李鸿章接报，立即安排将唐廷枢火速送来天津会施医院救治。然而，等病危的唐廷枢乘坐火车，再乘坐马车送到天津会施医院时已经没有了呼吸。10 月 7 日，大清国能人唐廷枢病逝于天津，时年六十岁。

李鸿章乘坐马车快速赶到会施医院，见到的只是被白布覆盖着的唐廷枢遗体。李鸿章颤抖的手，抚摸已经冰凉消瘦的唐廷枢面容，含泪道："建时，我的好兄弟，我们还有许多事要做，你不能就这么走了呀！"

唐廷枢是中国第一位近代企业家，著名的民族实业家和慈善家，中国近代化的先驱，中国近代工业的开创者和奠基人之一，清代洋务运动的代表人物之一，更是一名爱国企业家。他成功创办的企业及其经营模式，成为近代中国企业的典范，也推动了中国社会的近代化。

唐廷枢在为《瀛海采问》一书所作的序中写道：事事以利我国家利我商民为要务。这是唐廷枢的信念，也是他后半生矢志不渝的追求。他创办民族工商企业四十多家，涉及轮船运输、煤矿、铁路、保险、水泥、教育以及慈善等诸多领域，创造了中国第一家民族保险企业、中国第一条铁路、中国第一家机械煤矿、中国第一家水泥厂、中国第一台蒸汽机火车等多个中国近代工业第一！

李鸿章这样评价唐廷枢：事极繁难，百折不回；忠信正直，实为中国商务难得之才。

为悼念唐廷枢，李鸿章亲自主持了一场隆重的葬礼。葬礼上，李鸿章含泪致悼词时说："中国可无李鸿章，但不可无唐廷枢。"

葬礼结束后，李鸿章安排轮船装运唐廷枢灵柩从天津启程，运往他的家乡广东香山县唐家村（今珠海市唐家湾镇）。轮船启程之日，十三国驻津领事馆下半旗志哀，这在中国近代史上是少有的。

让李鸿章沮丧的事还不仅如此，望穿秋水等候户部拨银支付英国阿姆斯特朗造船厂的购船款，终于等来了翁大人的信札。信札上写道：少荃兄台大鉴：司农奉旨筹款，部银虽万分支绌，仍竭力筹措，以期迅赴戎机。业已凑足银一百五十万两。所有库存一百万两，由北洋派员来部会办具领；余剩五十万两，长芦盐课、东海关税八万两，由直隶督府就近截留；山东、山西、河南地丁四十二万两，合五十万两，由各该省解赴北洋应用。

李鸿章接到翁同龢的信札后，立即安排于式枚前往户部办理提款手续，而后，再办理向英国造船厂交款事宜。于式枚却报告李鸿章，出使英、法、意、比四国大臣薛福成英国来电，北洋水师预定的那艘快速巡洋舰，年初开建，即将建成下水，而北洋款银迟迟未能到账，被日本抢先购买，命名为"吉野号"，即将起航驶向日本。

一句"贼娘养的！"，李鸿章痛骂洋鬼子一点交情都不讲！

就在李鸿章为北洋订购的新式战舰让日本人抢先购买而恼怒的时候，朝廷谕旨：太后寿宇宏开，花甲昌期，停建关东铁路，缓购战船、火炮，节约库银用作太后六十寿辰庆典之用。

就此，北洋购买新式战舰、更换新式火炮计划全部泡汤。

西医学堂

爱妻赵小莲和唐廷枢因没有得到及时救治而死，让李鸿章下定决心于天津创办北洋西医医院及北洋西医学堂。一番酝酿后，李鸿章将天津西医医学馆并入该院，医学合一,一方面为天津百姓治病，另一方面给北洋培养西医人才。

李鸿章把这一任务交给了周馥，建设经费通过捐款筹集。轮船招商局股东朱其诏率先捐出天津购买的土地四十亩和银五千两，李鸿章个人捐资五千两。在李鸿章、朱其诏的带领下，周馥、盛宣怀、于式枚、丁汝昌、林泰曾、刘步蟾、张文宣、叶志超、聂士成、卫汝贵、卫汝成等军政官员，天津商人踊跃捐款，合计筹集款银十五万两。

周馥用这笔银子建起了天津储药施医总医院，并在医院盖起新校舍，委托法国军医梅尼在北洋医学馆的基础上扩建成北洋西医学堂。

李鸿章向朝廷上奏创设北洋西医学堂时，奏请朝廷为北洋医学堂办学筹发经费，并委任医学馆第一届优秀毕业生林联辉出任北洋医学堂总办，天津税务署欧士敦医官监督一般医学事宜，获得了批准。

按照李鸿章向朝廷奏折的要求，医学堂延用已故的马根济开办医学馆时制定的章程，章程规定：

一、肄业生徒必须听从教习医生的约束；

二、学堂经费、生徒膏火皆由教习医生发给；

三、肄业生徒必须按期去施医处、养病院处学习医务，无故不准请假；

四、每日医病换药、配药等事，肄业者皆必动手襄助，不准推托；

五、肄业者读书习医、早晚两餐，每日皆有一定时刻，由教习医士酌定；

六、每日由教习医士酌定数刻，肄业生可以出门散闷，以舒郁结；

七、学堂门户每日开锁皆有定时，每晚锁门后不准任意出入；

八、肄业中有骄惰不服约束者，当量加警惩，或罚减其膏火，或在放学时不准出门，可随教习医士酌定，如仍不服约束，即禀明中堂斥革；

九、每年考试二次，将考定名次呈与中堂，其优者酌与奖赏，以示鼓励；

十、每年放假三次，端阳、中秋各放学三日，岁终放学半月；

十一、肄业者以三年为满，学成后由教习医生禀明中堂，请发给执照，俾行其术。

学员的招募李鸿章也提出要求：选募聪颖生徒入堂，分班肄业。聘天津税务署英国医官欧士敦监督一般医学事宜，延请中外医生任教习，按照西方医学校的标准设置课程。所选头班、二班学生分习洋文医理。一切经费由海防经费中开支。

学堂开设化学、生物、物理、解剖学、生理学、内科学、外科学、产科、儿科、五官科、皮肤科和药物学。教学内容集中在生理、解剖、化学、外科和医药学，以中国社会流行且中医较难医治的疾病为教学重点。

临床教学集中在皮肤科、眼科及儿科。任课教师由天津海关总医官埃尔文和停泊在天津港口的英美海军军医官承担。学制三年，学生每年要经过三次考试，主考人由一名与医学馆没有关系的西医担任，监考人则为李鸿章、天津海关道和一名李鸿章指定的会讲英语的地方官员。

除此之外，学生三年学业届满，并取得执照，方允许为人治病，但是年限未满或已满而医学未精、未得执照者，除按日轮班随医官在医院临症为人诊治外，不得胡乱诊治。

1893 年 12 月 8 日，北洋西医院、北洋西医学堂同时挂牌成立。

派兵入朝

1894 年（光绪二十年，甲午马年）3 月，多事的朝鲜又爆发了由东学道领袖全琫准领导的反朝鲜王朝统治、反帝国主义侵略的农民起义。起义农民在全琫准等东学党领袖率领下，攻占全罗道古阜郡府，打开粮仓，释放被关押罪犯，一时间闹得风起云涌。

国王李熙派国防大臣闵泳骏前往大清国驻韩通商事宜大臣行馆向袁世凯求助。事体重大，袁世凯急电李鸿章，电文中说：东学党叛匪攻占古阜郡君衙，抢劫衙门财物，释放牢犯，朝鲜国王请求我派兵戡乱。

接到袁世凯电报，李鸿章也为难了，根据中日签署的《中日天津条约》规定，中国向朝鲜派兵，日本也可向朝鲜派兵。李鸿章担心若中方单方派兵，中日之间将会再生纷争。遂命吴永电报朝廷，并请旨慈禧。

出兵朝鲜戡乱事体重大，光绪接到李鸿章的电报后也感到棘手难办。召开几次王公大臣廷议也拿不出最后意见，光绪只能前往颐和园请旨慈禧。

慈禧告诉光绪道：“琉球被日本强占，越南藩属也已名存实亡，若朝鲜再被乱党篡位，皇上岂不愧对祖宗？”

慈禧这句话让光绪有了主张，懂得该怎么做了。可这么来回一耽搁，直到6月3日李鸿章才接到光绪电谕：着李鸿章选派劲旅若干，星驰朝鲜，相机堵截，为避日国猜疑，一俟事竣，班师回国，不再留防！

李鸿章给聂士成下达命令：令所统芦台练军马步军九百一十人，为前锋入朝。电令丁汝昌遣派济远、扬威二舰驶入仁川口，策应陆师登陆。令直隶提督叶志超作为第二批入朝部队，率领榆防各营共一千零五十五人，以及弹药、粮饷等，搭乘“海宴”“定海”二轮开赴朝鲜。令直隶总兵夏青云率马队百名、旱雷兵百名及步队三百名，同乘定海轮开赴朝鲜。电令北洋留守各军，各边防要塞，进入临战状态。同时，李鸿章电告驻日公使汪凤藻，照会日本国，大清国应朝鲜国之请，已派兵入朝平乱，一俟事竣，即班师回国。

与此同时，日本国首相伊藤博文也收到了日本国驻朝公使杉村濬朝鲜发生农民起义的电报。一直等待时机出兵朝鲜的伊藤博文接到电报后，召集外交大臣陆奥宗光、参谋次长川上操六、陆军大臣大山岩、海军大臣西乡从道会议，密谋乘机出兵朝鲜计划。同时，展开外交活动。

日本驻天津领事馆领事荒川巳次前来直隶总督行馆拜访李鸿章，探寻中国都派出了哪些部队，准备如何戡乱。李鸿章含糊其词予以答复，但已经窥探出日本有意乘机出兵朝鲜的图谋，遂电报军机处、海军衙门“日国有出兵朝鲜图谋”。

6月5日，日本已经在参谋本部成立了战时大本营。6月12日至18日，日本第九混成旅团第一批先头部队在仁川完成登陆。6月28日，日军总兵力增至八千人，全部驻扎于汉城。而此时中国屯驻牙山的清军总兵力仅有2465人。两军相比，日军入朝兵力已经是清军的三倍有余。

战和之争

原本是大清国对藩属国出兵戡乱，却变成了中日剑拔弩张的一场军事较量。这不能不说是李鸿章外交上一大失误。失误在于《中日天津条约》，该条约规定，大清国要向朝鲜国派兵，必须告诉日本；同时，日本也可向朝鲜派兵。白纸黑字，盖上两国印玺的国家文件，那是不容反悔的。当下，亟待解决的问题是与日本开战，还是与日本谈和？

以翁同龢、光绪亲政后恢复原职的李鸿藻等为代表的主战派及载濂、载漪等满贵少壮派主张于朝鲜国土对日开战，而年轻的光绪皇帝也想通过一场战争展示自己的执政能力，摆脱慈禧的影子和束缚。对于李鸿章来说心里清楚，中国现有的陆海军实力已经无法与日本抗衡。而更清楚的是，一旦与日本开战，首当其冲的就是他的北洋。今天的北洋陆师已经不再是当年所向无敌的淮军，软弱涣散缺少战斗力。水师方面，自 1885 年从德国、英国定购的经远、来远、靖远、致远号四艘战舰后，再没有购置新的战舰；原有的战舰不仅武器落后，设备也严重老化。与此相反，日本一方面大量购买新式战舰，一方面本国大量建造战舰。两国海军实力相比，日本的战舰数量、总吨位、战舰上配置武器的先进程度都远超中国，北洋水师亚洲第一已经不复存在。

李鸿章不愿开战的因素还有，北洋水陆两师是他立足直隶总督、北洋大臣宝座的家底。二十多年来，正是有了这个家底，朝廷才不敢轻易动他的职位。若一旦战败，失去北洋根基，也就意味着他将退出直隶总督、北洋大臣的尊贵职位，甚至还要承担战败的罪责。

在充分考虑“开战”风险后，李鸿章就当下朝鲜局面致电朝廷“静守勿动，和局可保”“反对厚集兵力”的消极态度。他在发给朝廷电报中称：“日性浮动，若我再添兵厚集，适启其狡逞之谋。因拟必战，殊非伐谋上计。”提出“撤兵，解倭急”，“约定各自撤兵”的建议。寄希望于通过美、英、俄向日施加压力，促成双方朝鲜撤兵。

光绪认为：倭人肇衅，挟制朝鲜，倘致势难收束，中朝自应大张挞伐。

以翁同龢、李鸿藻等为代表的主战派提出“能守而后可以言战，能战而后可以言和”，竭力怂恿光绪下旨向朝鲜增兵与日军开战。

在翁同龢、李鸿藻的鼓噪下，光绪给李鸿章下旨：议恐不足恃，亟应速筹战备，以杜狡谋。前经迭谕李鸿章先事预筹，毋致落人后。

进入 7 月后，日本终于露出狰狞面目。首先日本外务省照会大清国驻日公使汪凤藻呈递“中日两国绝交书”。因事情紧急，汪凤藻命译电员明码拍发李鸿章。这个愚蠢的外交家，一次疏忽让日本破译了中国的密码。因而，在随后的整个甲午战争中，中国军队处处被动。

李鸿章接到汪凤藻日本的“绝交书”电报后，迅速电报光绪。光绪知晓这是日本挑衅升级，意在逼迫中国朝鲜与日开战，而是否与日本直接开战不敢擅自做主，再次赶往颐和园请示慈禧。慈禧询问情况后，给光绪下达懿旨："不准示弱。"

有了慈禧的态度，光绪更有底气了。

光绪见李鸿章按兵不动消极应付，再下谕旨："现倭韩情事已将决裂，如势不可挽，朝廷一意主战。着懔遵前旨，将布置进兵一切事宜迅筹复奏。若顾虑不前，徒事延宕，驯致贻误军机，定惟该大臣是问！"

接到光绪这份电谕后，李鸿章不敢再消极拖延了，复电海军衙门并军机处："查汉城、仁川附近一带，倭兵水陆分布严密，历来中国进兵朝鲜皆由平壤北路进发。现派总兵卫汝贵统盛军马步六千人进平壤，提督马玉崑统毅军两千进义州，均雇商局轮船由海道至大东沟登岸，节节前进，相机妥办。所需军火、器械、粮饷转运各事，均克日办齐，俾无缺误。并电商盛京将军派左宝贵统奉军马步八营，副都统丰升阿统奉天练军一千五百人，建威将军总兵江自康率领的仁字虎勇正副两营一千人等部陆路进军朝鲜，厚集兵，图援汉城。添增芦榆马步及天津练军两千五百员，交通永镇总兵江自康统带，俟其复准。"

朝廷很快批准了李鸿章的派兵请求。

接着李鸿章下令：周馥为前敌营务处总办驻扎盛京，盛宣怀、胡燏芬等筹运饷械；封存于大沽、威海卫、旅顺军港的蚊子炮艇、国产兵船全部启用，用于防护威海、旅顺等重要港口；直隶各州、府、县署衙，北洋通商、洋务、海防、关道、铁路、电报、军械各部门进入临战状态。同时，为了加强北洋舰队实力，应对日本海军挑衅，李鸿章奏请朝廷借调广东水师"广甲""广乙""广丙"三艘国产巡洋舰入列北洋，获得批准。

致傅相书

就在中日两国剑拔弩张准备开战之际，两名来自广东的年轻人，为了改变中国积弱积贫受人欺侮的命运，携带《上李傅相书》前来天津。这两名年轻人一位姓孙叫孙文，一位姓陆叫陆皓东。两人乘坐的洋轮抵达天津港后，前往法租界的佛照楼旅店（今天津市和平区哈尔滨道 48 号）入住。入住后，才知道天津已经进入战争状态，他们仰慕的李鸿章大人正在大沽口忙于派兵开赴朝鲜。

两人商议后决定去天津海关找盛宣怀，呈交其弟盛宙怀的信札，请他安排拜会李鸿章。

盛宣怀看到弟弟信札后，虽然忙于战事但还是热情接待了两个爱国年轻人，答应将《上李傅相书》呈交李鸿章。并允诺待李鸿章大沽口调兵回天津后，便设法安排接见二人。

两天后，李鸿章在大沽口军营看到了盛宣怀送来的洋洋八千言的《上李傅相书》。听了盛宣怀对广东来的两位爱国年轻人的介绍后，白天没有时间，夜晚在油灯下认真拜读了孙文精心撰写的文章。

文章中写道：窃文籍隶粤东，世居香邑，曾于香港考授英国医士。当今风气日开，四方毕集，正值国家励精图治之时，朝廷勤求政理之日，每欲以管见所知，指陈时事，上诸当道，以备刍荛之采。鄙见国家奋筹富强之术，月异日新，快舰、飞车、电邮、火械，昔日西人之所恃以凌我者，我今亦已有之，其他新法亦接踵举行。草野小民，生逢盛世，惟有逖听欢呼、闻风鼓舞而已。窃尝深维欧洲富强之本，不尽在于船坚炮利，垒固兵强，而在于人能尽其才，地能尽其利，物能尽其用，货能畅其流，此四事者，富强之大经，治国之大本也。我国家欲恢扩宏图，勤求远略，仿行西法以筹自强，而不急于此四者，徒惟坚船利炮之是务，是舍本而图末也……

李鸿章看完孙文的文章后很受感动，告诉盛宣怀让他转告两位忧国忧民的爱国年轻人，待安排好入朝部队，回天津后抽空会见并与晤谈。

盛宣怀将李鸿章这一口信告诉孙文、陆皓东。两人商议后，陆皓东陪同孙文前往唐山开平煤矿探望家乡香山左步村的孙氏宗亲。

香山翠亨村和左步村孙氏同为一宗，见有本族至亲自家乡来到唐山，都非常高兴，在唐山的广东会馆盛情接待孙文和陆皓东。而后，引领两人唐山煤矿、水泥厂等地参观，介绍家乡人唐廷枢的创业事迹。听了对同乡唐廷枢的创业事迹介绍，使孙文对唐廷枢产生由衷的敬仰，唐山的煤矿、水泥厂更是给孙文留下深刻印象。

然而，两位年轻人唐山返回天津后，盛宣怀告知，中日大战在即，中堂奉旨入京领旨部署朝鲜战事不知何时能回。捎带口信，对阁下图强报国之志由衷敬佩，期待日后有机会相约晤谈。

孙中山面见李鸿章无望，很是懊丧。从此，由改良走向了武力推翻清王朝的革命道路。

成欢交火

为攻击牙山清军，日军驻朝第九混成旅团旅团长大岛义昌少将，统领步兵第十一联队，步兵第二十一联队，骑兵第一中队，炮兵第三大队，工兵第一中队，卫生队及野战医院各一队，共四千人马，兵分左右两翼向牙山进发。

由于仁川被日军占领，海路被日军阻断，入朝的清军分扎牙山、成欢。驻扎牙山的清军有：建威将军通永镇总兵江自康率领的仁字虎勇正副两营一千人，叶玉标率领的义盛营两哨和芦防队共四百人；直隶提督叶志超所部榆防各营共一千零五十五人，总兵力为三千九百人。驻守成欢的清军仅有聂士成所统芦台练军马步九百一十人。

成欢驿位于朝鲜忠清道平泽县东南，为通往天安、全州的南北咽喉要地。此处，丘陵环绕，流入牙山湾的安城川河两岸沼泽密布，地势复杂，为易守难攻的要隘之地。

面对来犯的日军，聂士成做出部署：令哨长尹德胜带炮队驻扎西南山顶，见敌便开炮轰击。令帮带冯义和带精锐两百至三百人伏河旁树林，日军若渡河即出击。令哨官徐照德率百人伏山侧，并在山顶设瞭望哨，发现日军即悬灯为号。令帮办聂鹏程领兵四哨伏大道西沟畔，营弁魏家训领两百至三百人为接应。令营弁许兆贵率约两百人扎成欢东角为后援。

获悉日军向牙山而来，驻守牙山的清军也做好了迎敌部署，江自康、叶玉标率所部设伏于成欢至牙山道路两侧，叶志超则率部退守公州作为后援。

7月28日，日军右翼部队进入成欢驿附近的旗钦村、安城渡，遭遇聂士成所部顽强阻击，击毙日军二十余人。随后日军发动反攻，清军不敌被迫撤走，成欢驿外围清军阵地被突破。日军集中兵力攻击成欢驿主营垒，双方展开激战。清军在聂士成指挥下一场激烈战斗后，击退日军多次进攻，并占领日军两座营垒。

大岛义昌急令主力前来增援，日军迅速夺回被清军占领的营垒。聂士成则指挥清军进行反击，试图夺回营垒，但兵力悬殊，加之日军士兵作战英勇，炮火凶猛，聂士成只得下令撤退。与此同时，设伏于成欢至牙山道路两旁的江自康，见聂士成部已从成欢撤退，遂率部跟随撤退，成欢被日军占领。

成欢之战清军击毙日军三十九人，击伤四十九人。而叶志超报告李鸿章“倭兵死一千数百名，我军幸先占地势，亦阵亡哨弁数员，伤亡勇丁数百名”。

丰岛海战

成欢交战的时候，李鸿章正遵朝廷谕旨雇用英籍商船爱仁、飞鲸、高升号商船及操江号继续向朝鲜增兵。为防日舰攻击，下令丁汝昌派战舰护航。

丁汝昌接到李鸿章电令后，下令以副将、济远管带方伯谦为队长，率济远、广乙、威远号担任护航任务。

7 月 22 日一早，爱仁、飞鲸、高升三只商船依次起锚，在济远、广乙、威远三艘战舰护送下，运送大清国军队赶赴朝鲜牙山。本来，丁汝昌担心日舰袭扰，电请李鸿章率定远、镇远等主力战舰随后，李鸿章来电否定了丁妆昌的计划。

23 日，济远、威远、广乙三舰抵达牙山。

24 日晨，爱仁号商船抵达牙山开始卸船。下午，飞鲸号商船也抵达牙山，因飞鲸所载杂项较多，除四个营的粮米八百石，军马四十七匹外，还装有大量的炮械、子药等笨重物品，所以卸船比较费时。

通达汉城电报线被日军切断，方伯谦派林颖启驾驶威远舰赶赴仁川，送袁世凯给留守朝鲜的唐绍仪信札。完成任务后，林颖启从驻泊仁川的英国军舰亚细亚号舰长罗哲士那里获悉，日本舰队将向中国舰船发起偷袭的重要情报。下午，威远舰回到牙山后，林颖启将这一重要情报报告方伯谦。方伯谦立即做出部署，一面命容易受攻击的木船威远舰先行回国；一面下令济远和广乙全体官兵随时做好战斗准备，并继续护卫飞鲸号商船卸船。

25日晨，飞鲸号商船所载官兵、战马、粮米、炮械、子药等已大部分上岸，方伯谦不敢再耽搁，便率济远、广乙起碇返航。当两艘战船航行至丰岛时，即遭遇日舰吉野、秋津洲、浪速的攻击，日本干起了不宣而战的勾当。

为了这次偷袭，日本早就开始预谋。日本特工石川武一通过天津守卫营哨官汪开甲结识了在天津机器局当文书的李鸿章外孙刘芬。在金钱和美色诱惑下，刘芬向石川武一提供了许多北洋情报，也包括中国向朝鲜运兵计划。

日本大本营接到石川武一清军租借英国商船运兵的详细行动计划后，日本联合舰队司令伊东祐亨，下达了以吉野、秋津洲、浪速为第一游击队驶入牙山湾，巡击中国舰船的命令。

丰岛是牙山湾外群岛中的一个岛屿，最长处 1388 米，高 174 米。岛北水深，可航巨轮，为进出牙山湾的必经之路。

25 日上午 6 时半许，吉野、秋津洲、浪速三艘日舰行抵丰岛西南的长安堆附近。是日，晴朗无云，海上能见度甚好。日舰遥见丰岛方向有两艘轮船喷烟而来，随后即判断为中国军舰。常备舰队司令官兼第一游击队司令官坪井航三命令各舰准备战斗，以每小时 15 海里速力前进，向目标接近。

7 时 22 分，日舰看清迎面而来的中国两艘军舰济远和广乙。于是，坪井航三即下达战斗命令。随后，吉野便对北洋舰队发射了第一炮。济远、广乙二舰开炮还击，丰岛海战就此打响。

日舰拥有二十二门速射炮，而济远和广乙则只有老旧的后膛炮，并无速射炮。但是，济远官兵英勇顽强奋力抗击。

吉野、秋津洲、浪速向济远发起围攻。当三艘日舰聚攻济远之际，广乙赶来支援立即投入战斗。秋津洲、浪速开始合击广乙。在敌舰强大火力的连续进攻下，广乙舰船体严重受伤，官兵多人牺牲难以支撑，便向右转舵逃离战场。

广乙号逃离至朝鲜西海岸十八家岛搁浅，管带林国祥下令焚烧广乙号，而后率残部前往牙山。济远号也是伤痕累累，悬挂白旗仓皇而逃。吉野号开足马力追赶，水手王国成、李仕茂等待吉野追近时，用尾炮向吉野炮击。四发炮弹三发命中，吉野中弹受伤不敢再追，转舵返航。

济远号逃离后，正运送清军驶往牙山的英国商船高升号与运送军饷枪械的操江号成为日舰的攻击目标。日舰竟然不顾国际惯例，向高升号发射鱼雷，致高升号被炸沉没大海。

高升号沉没后，日军惨无人道地开枪射击，被闻讯赶来的法舰利安门号、德舰伊力达斯号、英舰播布斯号阻拦，营救外籍顾问，而八百七十一名北洋陆军官兵则全部壮烈殉国。

操江号兵船上的 83 名官兵连同二十万两饷银，三千支步枪及弹药全部被日军俘虏，由日舰八重山号押送至佐世保军港。这些中方被俘人员，除了北洋雇请的丹麦人弥伦斯被释放，其余中国官兵一直关押到 1895 年 8 月才被遣返回国。

第三十三章

中日宣战

丰岛海战结束后，李鸿章很快收到丁汝昌拍来的战况报告："倭舰首先开炮，方伯谦下令济远、广乙还击，大副沈寿昌、二副柯建章、弁兵十三人阵亡。方伯谦下令济远、广乙转舵逃避。广乙于牙口搁浅焚毁。济远之奔，吉野追急，吉野为新式快船，每四刻能行二十三海里。势将及，水手王国成、李仕茂发尾炮四响，三发命中，吉野中弹受伤转舵逃遁。时，高升、操江驶至，倭舰秋津洲逼降操江；高升被倭舰浪速所截，船上官兵宁死不降。倭舰浪速发射鱼雷并火炮，高升被击沉。英舰舰长、众水手及我千名赴朝官兵全部落水，生死不明。查，济远号保船而归，全恃水手李仕茂、王国成为功魁，余帮放送药送弹之人亦称奋勇，昌已传令为首功李、王赏银一千两，余众共一千两，告谕全军，以为鼓励。另，倭不宣而战，北洋全体官兵义愤填膺，请命对日开战！"

李鸿章接电后，气急败坏，一连骂了几个"贼娘养的！"后，给丁汝昌复电："统铁、快各船驰赴朝鲜洋面，相机迎击。"

给海军衙门发电："查华日并未宣战，日船队攻扑我巡护之船，实违公法，已饬令丁汝昌统铁、快各船驰赴朝鲜洋面，相机应击。另，倭先开战，自应布告各国，俾众皆知衅非自我开。似宜将此案先后详细情节据实声叙，钧署拟稿必臻周妥。内属国一节，朝鲜与各国立约时均声明在先，各国虽未明认，实已默许，可否于文内轻笔带叙。斯我先派兵非无名，后来各国调停议结亦暗伏其根。汪使应撤回，倭驻京使及各口领事应讽令自去。"

给朝鲜牙山的叶志超、聂士成等前线将领发电：做好迎击日本陆军进攻平壤的准备。召见英国驻天津总领事宝士德，告知日本战舰发射鱼雷击沉英国商船高升号事件。同时，下令盛宣怀、于式枚、张佩伦调查运兵泄密事件。

日战舰击沉英国商船的事传到了日本总理府，伊藤博文斥责海军大臣西乡从道，大日本帝国战舰向中立国商船开炮，这是一起极端野蛮事件，我国民无不惊骇！海军部必须严加约束海军官员！同时，安排外务省就击沉英国商船高升号事件迅速展开外交斡旋。

光绪接到李鸿章丰岛战事急电后，前往颐和园请旨慈禧。慈禧听取光绪汇报后，懿旨：日国肆意挑衅，我大清即当不能示弱；若我示弱，倭人将愈发嚣张。

得到慈禧懿旨后，光绪下达谕旨：第一，谕令四川提督宋庆率毅军五营自旅顺，提督刘盛休率铭军十二营自大连湾，黑龙江将军依克唐阿以镇边等军十二营自黑龙江，皆赴九连城集结，以为入朝诸军后继。第二，诏令出使日本国大臣汪凤藻回国。第三，着兵部草拟宣战书，诏告各国大清国对日开战！第四，着李鸿章统筹北洋水陆两师，发现日军即予痛击。

李鸿章接电谕后，奏请朝廷批准，委任汉纳根为北洋水师副提督。

8 月 1 日，兵部奉旨发布大清国对日宣战战书：兵部光绪二十年七月初一日内阁奉上谕：朝鲜为我大清藩属二百余年，岁修职贡，为中外所共知。近十数年来，该国时多内乱；朝廷兹小为怀，迭次派兵前往戡定，并派员驻扎该国都城，随时保护。本年四月间，朝鲜又有叛匪变乱，该国王请兵援剿，情词迫切；当即谕令李鸿章拨兵赴援，甫抵牙山，匪徒星散。乃倭人无故派兵突入汉城，嗣又增兵万余，迫令朝鲜更改国政，种种要挟，难以理喻。我朝抚绥藩服，其国内政事向令自理；日本与朝鲜立约，系属与国，更无以重兵欺压，擅令革政之理。各国公论，皆以日本师出无名，不合情理，劝令撤兵，和平商办；乃竟悍然不顾，迄无成说，反更陆续添兵。朝鲜百姓及中国商民日加惊扰，是以添兵前往保护。讵行至中途，突有倭船多只，乘我不备，在牙山口外海面开炮轰击，伤我运船。变诈情形，殊非意料所及！该国不遵条约，不守公法，任意鸱张，专行诡计，衅开自彼，公论昭然。用特布告天下，俾晓然于朝廷办理此事，实已仁至义尽；而倭人渝盟肇衅，无理已极，势难再予姑容。着李鸿章严饬派出各军，迅速进剿，厚集雄师，陆续进发，以拯韩民于涂炭；并着沿江、沿海各将军督抚及统兵大臣，整饬戎行，遇有倭人轮船驶入各口，即行迎头痛击，悉数歼除，毋得稍有退缩，致于罪戾。将此通谕知之。钦此！

光绪下达谕旨对日宣战的同日，日本天皇颁布诏书，对中国宣战，中日甲午之战序幕拉开。

中日开战后，李鸿章紧急请奏购买价格便宜的智利国鱼雷快船六艘，德国伏尔铿、英国阿姆斯特朗鱼雷快船各两艘。

光绪召见翁同龢，命筹划银子。

翁同龢向光绪诉苦，户部拿不出银子，奏请停修颐和园，节约银子购买鱼雷快船。事关老佛爷的庆寿大事，光绪不敢擅自做主，携带翁同龢一起前往颐和园请旨停修颐和园。慈禧当面应允，并高调道："中日兴师之际，自当以大清江山社稷为重，停修颐和园，节省款银以充军费！"然而，背后却放话："今日令吾不欢者，吾亦将令彼终身不欢。"

布防平壤

平壤位于朝鲜半岛西北部，大同江横跨其中，为平安道首府，山环水抱，城墙高大坚固。全城共有城门六座：南为朱雀门，西南为静海门，西北为七星门，北为玄武门，东为长庆门，东南为大同门。玄武门跨牡丹峰修筑，由于牡丹台紧靠城墙，因而成了守卫平壤的关键，城东又倚大同江为天险。总之，平壤城地势险要易守难攻，对清军十分有利。

从7月21日开始，清军分南北两路分批登陆朝鲜，主力北路军为盛军、毅军、奉军和奉天练军，驻扎朝鲜北部重镇平壤。按照李鸿章总体作战部署"会合各军，图援汉城"。

根据这一部署，盛军统领宁夏镇总兵卫汝贵率领的盛军，毅军统领太原镇总兵马玉昆率领的毅军，通永镇总兵江自康统领的仁字营等部，于8月4日入驻平壤。随后，奉军统领高州镇总兵左宝贵，奉军总兵聂桂林率领的奉军，盛字练军总统镶白旗汉军副都统丰升阿率领的奉天练军，于8月9日赶到平壤，各军共计32营，合计13526人。

8月21日和28日，聂士成奉命回国后，叶志超率成欢战败归来的残兵进入平壤。朝廷根据李鸿章提议任命直隶提督叶志超为平壤诸军总统，代表北洋负责前线战场总指挥。此时，清军驻守平壤的总兵力，计步、马、炮约一万五千人，拥有野炮四门、山炮二十八门、速射炮六门，贮存足够全军一个月食用的军粮。

李鸿章给叶志超定下"先定守局，再图进取"的作战总方针。根据李鸿章的作战总方针，叶志超对平壤防务做出部署。马玉昆率领所部毅军四个营及盛军一部驻扎城南，于大同门外大同江面搭浮桥一座，以通往来，并江南岸构筑堡垒五处，由毅军及盛军共同防守，前线作战统归马玉昆指挥。城南（含西南）外廓筑堡垒及兵营十五处，其南端由大同江北岸修筑长六百丈胸墙一道，墙下布雷，为南面第一道防线，由卫汝贵所统盛军、丰升阿所统奉军练军驻守，前线作战归卫汝贵指挥。城北牡丹台筑堡垒一处，牡丹台外侧沿丘陵高地自东北向西北修堡垒四处，奉军及仁军驻守，由左宝贵统一指挥。内城之景昌门至七星门一线，由叶志超率芦榆防军及聂桂林所统奉军驻守。

李鸿章在部署平壤防务的时候，日本大本营也制定出总体作战方针。即：第一期，派陆军攻占朝鲜；第二期，出动海军寻求与中国海军进行决战，夺取黄海及渤海制海权；第三期，根据战争进展情况，制订入侵中国方针。并任命陆军大将山县有朋为陆军司令官，指挥朝鲜境内各军作战。

为发动这场有计划有预谋的战争，6月初，日军便开始陆续向汉城增兵，至平壤战役前，日军参战部队仅陆军即达一万六千余人。

根据大本营的作战方针，山县有朋下达进攻平壤的命令：大岛义昌率领的第九混成旅团，自汉城出发，循汉城至平壤大道至平壤大同江南岸，牵制、吸引清军，便利友军由平壤左、右翼及背后进行包围攻击；野津道贯的第五师团自汉城发兵，出江西县进攻平壤西南攻击清军马玉昆所部；立见尚文的朔宁支队自汉城发兵，出江西县进攻平壤南及西南外廓清军卫汝贵、丰升阿所部；佐藤正的元山支队，由元山出发，渡大同江进至平壤西北之顺安，切断清军向义州的退路，并与朔宁支队会合，共同担当平壤北面的牡丹台攻击任务。以上各部，由第五师团司令野津道贯统一指挥。

天津直隶总督行馆一片忙碌景象。丁汝昌来电，请求率舰队出海寻找日舰队发起攻击，为丰岛死难弟兄报仇。中日正式开战后，李鸿章却变得谨慎了，电令丁汝昌敌情未明，不许妄动。

叶志超平壤给李鸿章来电，建议“俟兵齐秋收后合力前进”。

李鸿章接叶志超电报后，认为是“老成之见”，不加重视。直到平安道监司闵丙奭电告日军正向平壤扑来，才意识到事态严重性。于是，急电叶志超“预备进占”。

盛宣怀、于式枚前来报告，泄露运兵计划的奸细查出来了。让李鸿章震惊的是，内奸竟然是自己的外孙，在天津机器制造局当文书的刘芬。

原来，盛宣怀通过从天津电报局向日本拍发电报查起，很快查出日本间谍石川武一，并将其抓捕入狱。严刑拷打下，石川武一交代他是通过金钱加女色诱惑天津守卫营哨官汪开甲，再通过汪开甲结识天津机器局当文书的刘芬，从而轻松获取到清军调兵的情报。

李鸿章听完汇报，气得吹胡子瞪眼。下令，将石川武一枪毙，汪开甲、刘芬斩首，祭奠高升号沉船罹难的清军将士。

平壤战役

光绪对李鸿章的“优柔寡断，只守不攻”的保守作战方针十分不满，电谕李鸿章“不得以兵未全到，束手以待敌人之攻。而于敌之分兵修道，听其自由往来，不思半济而击之术也”。

李鸿章接光绪电谕后，电令叶志超要求前线各军立即派出探哨探敌行踪，遇有战机即可开战。

9月6日，左宝贵奉命派奉军哨官傅殿魁率骑兵一哨出营侦察敌情，进至黄州东五里时，与日军第九混成旅团先头部队第十一联队第一大队遭遇。双方试探交火后，奉军以敌我悬殊太大即撤退回营并报告前线敌情。

当天，叶志超以总统身份召集卫、左、马、丰、江等诸将领会议，决定各军抽调八成兵力，合计七千余人，酌带干粮，于9月7日晨渡江至中和郡相机迎击日军。在中和郡境内，因夜黑看不清，竟自相残杀。结果死二十人，伤一百余人。叶志超接报后，命前敌调各军回防。从此，各军坚守阵地等待日军攻城。

9月13日，四路日军均已逼近平壤。元山支队一部进至顺安，切断了清军退往义州的后路。

9月14日晨，城北战斗首先打响。元山、朔宁两支队伍一起向奉军营垒发起攻击。日军不仅炮火凶猛，士兵作战更是奋不顾身勇往直前，迅即攻占城北山顶清军营垒数座。左宝贵只得率部撤退，于玄武门外构筑工事阻击日军。

15日晨，城南的大同江战斗打响。大岛义昌指挥的日军第九混成旅团分左、中、右三路向南岸的守垒清军发起进攻。马玉昆指挥的清军立即进行还击，北岸卫汝贵指挥盛军炮队火炮隔江炮击予以火力支援，给日军以重创，致多人伤亡。

大岛义昌见状手持战刀亲自督战，下令“宁死勿退”，驱赶士兵拼死冲击。士兵被迫冒死向清军堡垒发起冲锋。守卫在大同江渡口桥头堡及江北各垒的盛军、毅军互相配合夹击日军，日军死伤惨重。

卫汝贵见状，下令士兵冲出堡垒，向日军发起冲锋。日军在清军冲击下纷纷后退。大岛义昌挥刀督战，不许后退！于是，两军展开白刃格斗。

在双方步兵进行鏖战的同时，两军炮兵也展开激烈的炮战。对射不久，日军不敌清军，被迫将炮位后撤。同时，清军派出增援部队补充了弹药，士气大振，火力愈强。而日军疲劳作战，早餐未进，饮水全无，士兵饥疲不堪，弹药亦将用尽，已无力再战。

至午后 1 时，大岛义昌只得下令撤退。这次进攻，日军混成第九旅团“将校以下死者约一百四十名，伤者约二百九十名”。

后来，史学家评论：大同江南岸（船桥里）战斗被评价为清军在“甲午战争的陆战中打得最好的一次战斗”。

玄武门、牡丹台一线是日军的主攻方向，参加攻城战斗的日军兵力最多，是奉军、仁军全部兵力的 2.7 倍。

15 日晨，朔宁支队向玄武门外东北方牡丹台外侧清军堡垒发起进攻，元山支队向牡丹台外侧西北方清军堡垒发起攻击，守垒清军进行顽强抵抗，战斗异常激烈。左宝贵不顾个人安危站立城墙上指挥，奉军官兵在左宝贵的鼓励下英勇杀敌，日军伤亡惨重。元山下令集中炮火向牡丹台外西北方最外堡垒猛烈炮击。凶猛的炮火很快将清军好几处堡垒摧毁，奉军失去堡垒完全暴露在日军火炮攻击下，为减少官兵伤亡，左宝贵只能下令撤退。

7 时许，元山支队占领了牡丹台西北方向两处清军堡垒后，又摧毁江自康统领的仁字营防守的箕子陵阵地，直趋牡丹台下。

元山支队进攻时，朔宁支队也向牡丹台东北方向的二处清军堡垒发起攻击，清军凭垒据守。战至 7 时半，清军放弃堡垒撤回牡丹台。至此，从外侧掩护牡丹台、玄武门的清军多处堡垒及箕子陵阵地全部落于日军之手。这时，元山、朔宁两个支队合兵一处，从东、北、西三个方向对牡丹台的清军实行合击。与此同时，日军用排炮向牡丹台清军据点集中轰击，掩护步兵进攻。清军在左宝贵、江自康的指挥下，凭险拒守，顽强战斗击退日军一次次冲锋，攻守战陷入僵持。

日军调来多门火炮，向牡丹台发起猛烈炮击。堡垒胸墙被毁，清军死伤甚重。日军乘势发起冲锋，晨8时30分许，牡丹台陷落。

正在玄武门指挥作战的左宝贵见牡丹台失守，为表示誓与平壤共存亡的决心，身穿黄马褂继续指挥战斗，身中两枪仍在指挥，最后中炮阵亡，英勇殉国。

日军占领牡丹台堡垒后，立即列炮于垒上，向玄武门轰击。不久，玄武门城楼被击毁，守卫玄武门的清军向城中溃退。

日军攻陷玄武门后，即组织兵力向城内推进，但遭到城内清军的顽强阻击。日军不知城内虚实，不敢贸然深入。立见尚文见一时难以攻进内城，命进入城中的日军全部撤离至城北高地，以观清军动静。这样，玄武门的战斗就此停了下来。

同日展开战斗的还有西南战场，进攻这一线的日军为野津道贯率领的第五师团本队，防守的是丰升阿部。日军于晨7时到达平壤西南之山川洞，立即列炮于丘陵上向清军射击。并出动步兵向清军堡垒发起冲锋，但未能得手。丰升阿派出马队进行反击，但被占据有利地形的日军击退。

由于这一线清军堡垒多而坚固，日军山炮无力摧毁。至中午，两军进入休战状态，等待明日再战。

至午后2时，平壤的三个战场战况是：大同江战场，卫汝贵、马玉昆所部击溃了日军进攻获得胜利；西南战场，野津道贯与丰升阿胜负未分；只有城北玄武门战场各垒均被日军攻陷。牡丹台、玄武门失守，但日军尚未入城，对清军来说战事犹有可为。而且当时日军已伤亡数百人，且清军弹药、粮食足以守城一个月，而日军弹药、粮食即将告罄，加上当时平壤已经开始下雨，日军冒雨露宿，处境极为困难。当时，若清军决心坚守，战局很可能发生转机。但是，牡丹台、玄武门的失守和左宝贵的阵亡，让叶志超吓破了胆，遂召集众将商议，决定弃城逃走。马玉昆提出异议，但叶志超坚持己见。

下午4时许，叶志超以朝鲜平安道监司闵丙奭的名义，派一朝鲜人冒雨送撤离书于日军元山支队营帐，表示愿意弃城撤退。

负责攻占平壤战斗总指挥的司令野津道贯接立见尚文“清军弃城”报告后激动不已，随即安排伏击、追杀撤退清军。

9月15日夜8时，清军开始撤退。叶志超先已密传各营，轻装持械，趁夜而退。因事出匆忙，未能周知，加以大雨倾盆，清兵冒雨结队成群，或自七星门、静海门蜂拥而出，或由城墙攀越而去；或取甑山大道而走海岸，或由义州大道而向北奔。而日军元山支队埋伏于义州大道，第五师团本部则埋伏于甑山大道，截击撤逃的清军。

晚间8时至翌日拂晓，清兵络绎不绝，急奔直冲，结果进入日军伏击圈遭日军伏击。此夜，清军在逃跑路上被击毙者达一千五百多人，并有六百八十三人被俘。其中，有一百一十九人系因伤被俘，二十五人伤重而死，四十七人因企图逃跑而被日军枪杀。清军被日军虏获的军火、弹药食及其他各种物资不计其数。

次日晨，日军元山支队和朔宁支队率先进入平壤城，官兵山呼“天皇万岁！”。

清军退至顺安时，又遭日军追击、拦击，又损失部分兵员。而叶志超则马不停蹄，一夜狂奔五百里，于16日逃至安州。到了安州后，竟然向朝廷谎报军情称：“倭人遽以三四万之众猛扑环攻，我军苦战五昼夜，弹尽粮绝，退出平壤。”

至9月24日，叶志超命盛军、铭军各留分部担任警戒掩护，其余入朝陆师全部过鸭绿江，进入中国境内。

甲午海战

1894年9月17日上午，平壤陷落的第三天，丁汝昌奉李鸿章之命率定远、镇远、经远、来远、致远、靖远、济远、平远、超勇、扬威、广甲、广丙等战舰及鱼雷艇定一、定二、镇一、镇二等船到达大连湾，护送铭军乘船前往大东沟（今辽宁省东港市）。

凌晨1时许，铭军的十二个营五千余人在刘盛休的率领下分乘五艘运兵船，在北洋水师舰队护送下由大连湾向大东沟进发。中午，商船抵达大东沟，兵员开始下船登陆。至次日晨，兵员下船完毕。8时许武器、弹药等作战物资卸载完毕。至此，护航运兵任务完成，丁汝昌下令各舰艇悬挂龙旗返航。

10时23分，日本联合舰队第一游击队发现北洋水师舰队，挂出“东北方向发现三艘以上敌舰”的信号旗。10时30分，北洋舰队镇远号桅楼上的哨兵发现西南方向有多艘日本舰船，遂报告丁汝昌。丁汝昌接报，下令各舰升火、实弹，准备战斗！中日甲午大海战序幕即将拉开。

日本参与海战的战舰有第一游击队的吉野、高千穗、秋津洲、浪速；本队旗舰松岛、千代田、严岛、桥立、比睿、扶桑、西京丸、赤城等十二艘战舰。

12时05分，日本联合舰队第一游击队在先，本队在后，呈单纵阵快速接近北洋水师舰队。

12时20分，北洋舰队在行进中由双纵阵改为横阵，旗舰定远号位于中央，其余各舰船在其左、右依次展开，舰队呈楔形梯队。丁汝昌发出命令：“各小队须协同行动，始终以舰首向敌，诸舰务于可能之范围内，随同旗舰运动之。”

12时50分，双方舰队相距5300米，北洋水师旗舰定远舰首先开炮，接着镇远舰也发射炮弹。此后，经远、来远、致远、靖远、济远、超勇、扬威等各舰一齐发炮轰击。三分钟后，日本各舰也开始向北洋舰队展开炮击。

开战不久，北洋舰队旗舰“定远”舰由于下水十二年，七年未修，舰桥竟然被本舰发射火炮给震塌后失火，丁汝昌被烧伤，信旗被毁（一说为被日军舰炮击中）。刘步蟾、汉纳根跑上前来，要救丁汝昌回船舱，被丁汝昌拒绝，坚持带伤坐在甲板上督战。

日舰第一游击队吉野、高千穗、秋津洲、浪速利用航速优势绕攻北洋舰队右翼的超勇、扬威。这两艘舰均为1881年下水，舰龄已达十三年的老舰，且速度迟缓，炮火不济，防御力极弱。二舰虽竭力抵抗，但在四艘快速航行的日舰猛烈火力攻击下，不久便中弹起火。而日舰“吉野号”也被北洋舰队击中起火，少尉浅尾重行及水兵一名被火炮炸死，伤九名并引起火灾，但很快被扑灭。同一时间，浪速右舷一号炮台下水线部被打穿，海水翻腾浸入甲板。

13时零9分，高千穗右舷后部水线处中弹，阵亡士兵二名。与此同时，秋津洲被中方舰炮击中，大尉永田廉平及水兵五人被打死，另伤九人。

13时14分，定远舰所发炮弹打穿西京丸上甲板，军官室及附近房间。

13时30分左右，超勇沉没，管带黄建勋落水。落水后，管带黄建勋仰天长叹：“我泱泱大清，有银子修颐和园，却无钱购买战舰，为什么，为什么呀！”

“左一”鱼雷艇发现超勇沉没，快速驶来相救。士兵于艇上抛出绳索，被黄建勋拒绝，从容赴死，舰上官兵也大部壮烈牺牲。

14时，交战双方短暂休整后，战斗继续进行。

此时，停在大东沟口外的平远号防御铁甲舰、广丙巡洋舰及“镇一”“镇二”“定一”“定二”“左二”等鱼雷艇，应召前来助战。驶到北洋舰队右翼后方，适与日舰本队相遇，各舰立即向日舰发起攻击。

14时34分，平远发射二十六毫米炮弹一发，命中松岛左舷军官室，贯穿鱼雷用具室，炸死左舷鱼雷发射员四人。

15时10分又中平远舰一炮，炮弹打穿左舷中央鱼雷室上部，在大樯下部爆炸，炸死左舷鱼雷发射员两名。

15时15分，“严岛”又被平远击中两炮。但同时平远亦被日舰击中起火，被迫退出战斗。这时，日舰本队已驶过北洋舰队右翼，继续向右转舵，绕至北洋舰队背后，与第一游击队各舰形成对北洋舰队夹击之势。北洋舰队虽腹背受敌，但参战官兵毫不畏缩，反而愈战愈奋，始终不懈。提督丁汝昌身受伤不下火线，置个人生命安危于不顾，裹伤后坐于甲板上鼓舞士气，激励将士同心抗敌。右翼总兵定远管带刘步蟾在丁汝昌负伤后，代为督战，指挥进退。广大士兵顽强奋战，毫无恐惧之态。

致远号官兵在管带邓世昌率领下纵横海上，与敌舰周旋炮战，船体中弹累累，受伤欹侧。在激烈的战斗中，炮弹全部打完。这时，恰与吉野号相遇，邓世昌见吉野恃其船捷炮利横行无忌，遂鼓快车向吉野猛力冲撞而去。日本官兵见状大惊失色，集中炮火向致远舰射击，致远舰右侧鱼雷发射管被击中，引起爆炸。

15时30分，以右舷倾斜海面，不久沉没，全舰官兵除七名被救外，全部壮烈牺牲。邓世昌坠海后，随从刘忠跳入海中以救生圈援救，使之浮出水面。邓世昌以“阖船俱没，义不独生”，仍复奋掷自沉。邓世昌平时饲养一只叫“太阳”的爱犬，游至主人身边，以口咬住邓世昌臂膀，使之不沉。邓世昌抱与全舰将士同生死、共存亡的决心，将“太阳”头摁入海水中，自己也沉没于汹涌的波涛之中，牺牲时年仅四十五岁。

致远沉没后，在致远附近的济远见状立即逃离战场，途中误撞扬威号。扬威先已搁浅不能转动，再遭济远撞击，裂出一大口子，水渐汩汩而入，不久沉没。管带林履中跳海殉命报国，舰上官兵除被赶来助战的鱼雷艇救出六十多人外，其余官兵均壮烈牺牲。

广甲管带吴敬荣见济远撤退，随之跟着逃跑。因惧敌舰追及，慌不择路，逃至大连湾三山岛外触礁搁浅，吴敬荣率众官兵弃船登岸逃命。

日本第一游击队见济远、广甲撤退，快速追击。但因相距太远，追之不及，遂折回集中火力围攻位于北洋舰队右翼阵脚之经远。日舰先以鱼雷，继以炮击，经远在多艘日舰攻击下很快中弹起火。管带林永升临危不惧，指挥全舰奋勇抗敌，发炮还击。不久，被炮弹炸伤头部，壮烈牺牲。林永升牺牲后，官兵继续坚持战斗，直到战舰沉没大海。全舰除十六人获救外，近二百名官兵殉国。

由于北洋舰队先后失去扬威、超勇、致远、广甲、经远、济远（逃跑），因而在最后阶段的海战中，还能坚持战斗的只有定远、镇远、来远、靖远四舰。日本则尚有吉野、高千穗、秋津洲、浪速、松岛、千代田、严岛、桥立、扶桑等九舰。日本舰队舰船数量超过北洋舰队一倍以上。如此困境之下，来远、靖远因被日舰多发炮弹命中，暂时退出抢修，可以作战的就剩下定远、镇远两艘铁甲战舰了。

日舰集中围攻定远、镇远两舰，但官兵毫无惧色坚持战斗。定远舰管带刘步蟾作战果敢，指挥灵活，战舰海中船姿不断变换，致日舰炮弹难以击中。镇远管带林泰曾、大副杨用霖指挥镇远舰始终与定远保持着互相依恃的犄角骈列阵形，与多艘日舰周旋。

不久，靖远、来远简单抢修后返回投入战斗，平远、广丙及鱼雷各艇都折回参与战斗。靖远号管带叶祖珪，帮带刘冠雄知定远桅楼被毁，无从指挥，遂主动代替旗舰定远升旗集队。舰船集合后，镇、靖、来、平、丙六舰相距各八九十米，鱼贯东行尾追敌舰十余里，准备与敌再战。

此时，天色渐晚，日舰队惧怕定远、镇远诸舰会合鱼雷艇进行袭击，不敢再战。开足马力向西南一带飞驶去。丁汝昌下令，北洋舰队也收队驶回旅顺军港。

历时五小时的黄海大海战宣告结束。此战，北洋水师致远、超勇、经远被日舰击沉，扬威搁浅后被仓皇逃跑的济远号撞击沉没，广甲逃至大连湾三山岛外触礁搁浅，后被日军舰队击毁。此战，北洋全队伤亡及英勇就义官兵八百余人。日本舰队松岛、吉野、比睿、赤城、西京丸等五舰受重创，死伤官兵三百余人。

第三十四章

避战保船

残余舰船抵达旅顺后，丁汝昌顾不得治疗创伤，便给李鸿章发电："17 日，护航诸舰自大连护航至大东沟，18 日返航。午时，遭遇日舰队，遂与日舰开战。尔时炮烟迷漫，各船难以分清，现逐细查明，当酣战时，自致远冲锋击沉后，济远管带方伯谦首先逃回，各船观望星散，日舰分队追赶济远不及，折回将经远拦截击沉，余船复回归队。超勇舱内被敌炮击入火起，驶至浅处焚没。扬威舱内火起，又为济远拦腰碰坏，亦驶至浅处焚没，广甲管带吴敬荣随济远逃至三山岛东搁礁，两军战至酉时方收军。我军损致、经、扬、超、广甲五舰，死伤官兵八百名，日舰亦有三艘被我击沉，官兵伤亡不详。致远管带邓世昌、经远管带林永升、超勇管带黄建勋殉国，扬威管带林履中在超勇遭撞击后，愤然蹈海自尽……"

接到丁汝昌的电报后，李鸿章无力地坐到椅子上，掩面哭泣。少顷，有气无力地吩咐于式枚、吴永道："将丁汝昌黄海战报电报海军衙门。复电丁汝昌，济远管带方伯谦应速撤任，派人看管，查明实情速奏参。又，所损战船限十日内修复。给军机处发电，宋提督谢北洋帮办折已缮发在途。叶提督奉恩旨后，朝战事方殷，未遑奏谢，今既溃退，又有宋帮办前去，原奉总统之命似应奏请撤销。又，平壤溃撤损兵两千，黄海海战损船五艘将兵八百，鸿章难辞其咎，并所部叶志超请求朝廷议处。"同时，吩咐于式枚将黄海海战详细战况文字奏报军机处。

光绪接到海军衙门报送的黄海海战电报后，愤怒至极，谕旨：济远管带副将方伯谦临阵退缩，着即行正法；着李鸿章即拔去三眼花翎，褫去黄马褂，以示薄惩。着北洋提督丁汝昌、直隶提督叶志超革职留营戴罪立功。

几天后，光绪收到李鸿章的黄海海战详情奏报，看完奏报，光绪被邓世昌、林永升等将领壮烈事迹所感动，御笔写下“此日漫挥天下泪，有公足壮海军威”的挽联。谕旨：赐北洋中营副将致远管带邓世昌谥壮节公，追封太子少保衔，入祀京师昭忠祠。北洋左营副将经远管带林永升，照提督例从优议恤，追封太子少保衔，世袭骑都尉兼云骑尉。超勇号管带黄建勋予以优恤，追赠总兵衔，世袭云骑尉。其他阵亡将领，着李鸿章予以优恤。

很快，李鸿章又接朝廷责罚谕旨：自倭夷入侵朝鲜以来，李鸿章奉旨统筹全局总统军务，责任至为重大。然该大臣用人不当，调度无方，致朝鲜重镇尽失，北洋水师又遭重创于黄海，屡屡贻误戎机，辱国丧师，罪莫大焉！该大臣应力图振作，督率各路将领奋力进击，将功赎罪。钦此！

1894 年 9 月 23 日，方伯谦于旅顺黄金山被斩首正法，时年四十二岁。

颐和园赋闲的慈禧看到了对李鸿章责罚的皇上谕旨，老佛爷开始为这场战争结局而担心，于是开始提前谋划。一道懿旨下达，翁同龢被单独请来颐和园乐寿堂领旨。慈禧交给翁同龢一项特殊差事，前往天津转达她的口谕，让李鸿章与俄国驻大清公使喀西尼晤谈，请俄使出面压制日本与我停战议和。

先前同意对日开战，这会儿又要与日本议和，离开颐和园后，翁同龢一头雾水，但老佛爷的懿旨胜过皇上谕旨，翁同龢不敢不从。

冤家路窄

吴永来报，户部尚书翁同龢奉太后懿旨前来拜访。李鸿章接报很是诧异，这个时候慈禧差遣他来天津干什么？李鸿章一时想不清楚，但钦差大人登门拜访不敢怠慢，亲自前往行馆门前迎接。

翁同龢走下马车，李鸿章便接上前去抱拳道：“鸿章迎候钦差翁大人！”

翁同龢连忙抱拳还礼道：“中堂亲自出门相迎，司农愧不敢当！愧不敢当啊！太后知李中堂忙于战事张目而卧劳苦功高，更因平壤溃败，海战失利受皇上责罚，特差叔平前来慰候。”

李鸿章淡淡一笑道：“鸿章何能何德敢让太后牵挂，更是不敢当啦！”

几句闲话后，李鸿章将翁同龢引入行馆会客厅，分宾主入座，随从端上茶水后，翁同龢不无讥讽地道：“黄海海战，想不到北洋水师输得如此之惨呀！”

李鸿章一笑道："翁大人是否很想知道北洋输的原因？"

翁同龢道："叔平不谙战事不敢妄言。"

李鸿章道："输在舰炮都不如人。"

翁同龢故作惊讶道："不会吧，记得当年李中堂曾吹嘘北洋亚洲第一世界第四，怎么会是舰炮都不如人了呢？"

李鸿章道："此话鸿章确实说过，可那已经是八九年前的事了。而这八九年中，北洋未曾添购一艘新舰。说起来，翁大人或许不会相信，丁汝昌的旗舰定远号老旧到舰桥竟然被本舰发射火炮给震塌后失火，可谓世界海军奇闻！"

翁同龢惊诧地问道："舰桥竟然让自己火炮震塌！"

李鸿章道："旗舰舰桥被炸塌无法发出作战号令，丁汝昌又被火烧伤无法指挥舰队。舰队失去旗舰，各舰各自为战，一场混战。翁大人掌管户部，北洋屡屡请旨添购新舰，翁大人一毛不拔。即至中日开战之际，北洋申请拨款购买四艘快舰，更换火炮，结果一舰一炮未见，反倒是北洋从英国预定下的那艘快舰，因为款银迟迟不到，让日本人抢购。此次黄海海战击沉我致远、经远、超勇战舰的正是那艘吉野号，翁大人此时才来关心北洋军备，岂不觉得为时已晚了吗？"

翁同龢诧异道："原来一艘战舰就能决定一次海战胜负，叔平真是不晓利害。倘若当年议定每年四百万两海军军费足额拨付又当如何？"

李鸿章道："北洋自筹建购买炮艇算起，总共才用到户部拨银七百七十八万两，若当年议定的每年四百万两银全部下拨到位，那北洋至少可添购类似吉野号那样的快速战舰十五至二十艘，加之原购战船，无论在数量上还是吨位上先进程度上，都是倭舰队的三倍以上，倭舰断不敢向我肆意寻衅！"

翁同龢道："既然事体如此重大，中堂为什么不再三奏请朝廷言明利害呢？"

李鸿章冷冷一笑道："朝廷疑我跋扈，台谏参我贪婪，清流赶我下台，李鸿章要是再不识时务点，喋喋不休索要海军军费，还能坐在这儿和翁大人说话吗？"

翁同龢"哈哈"一笑道："言重，言重，仁兄言重，在我大清国谁不知道李中堂朝廷股肱重臣。"

李鸿章苦涩一笑道："什么股肱重臣，鸿章不下牢狱了此余生，算是菩萨保佑了。"

翁同龢道："中堂言重，中堂言重，叔平此次来津，还带来太后口谕。太后懿旨李中堂再请俄国公使喀西尼出面调和，罢战和谈。"

李鸿章一怔道："言和？"

翁同龢道："这就是叔平此来天津本意。"

李鸿章道："不不，中日朝鲜开战之初，鸿章备战稍怠，朝野谓我贪生怕死保兵求和，故而积极备战，现战事正殷，鸿章岂能出尔反尔。烦请翁大人转达慈圣，鸿章实不能从命。"

翁同龢："叔平只是奉太后懿旨前来转达，何去何从，还望中堂三思。"

重兵江防

为了减轻北洋战败罪责，李鸿章致电军机处提醒"日军占领朝鲜后，下一个目标便是辽东"。建议将撤退回国的各路清军于鸭绿江西岸布防，得到了朝廷的批准。

李鸿章的预判是正确的。中日朝鲜开战前，日本大本营制定的第三个目标正是向中国本土发起进攻，进而迫使大清国投降议和。

为实现这一目标，征清大总督、陆军大将小松宫彰仁亲王下达了由渤海湾输送陆军，在直隶平原寻求与清军主力决战，迫使大清国投降议和的作战命令。命令参谋次长川上操六率领的征清第一军，乘势西进渡过鸭绿江与清军决战，直取满洲；命令筹建征清第二军，陆军大臣、陆军大将大山岩为司令官，由渤海湾登陆，开辟辽东西线战场！命令军令部长、海军中将桦山资纪，海军大臣海军大将西乡从道率领联合舰队开赴渤海，寻机歼灭北洋水师残余舰船，为第二军渤海湾登陆扫清海上障碍。

鸭绿江发源于吉林省长白山南麓，干流流经现在的吉林和辽宁两省，并在辽宁省丹东市东港市附近流入黄海北部的西朝鲜湾。

1894 年 9 月 23 日晨开始，在叶志超的指挥下，朝鲜撤退回国的清军分批由义州过江。至 26 日，入朝各部全部撤离朝鲜国境。

清军各军过江后，叶志超下达驻防鸭绿江防线命令：芦榆及北塘各营并仁字虎勇营，由聂士成、江自康统领驻扎安东县与九连城之间的老龙头、土城子一线；毅军由马玉昆统领驻扎大沙河右岸至元宝山附近；盛军由卫汝贵统领驻安东县附近；铭军由刘盛休统领驻扎九连城；奉军、盛军、黑龙江齐字营练军，由聂桂林、丰升阿统领，与刘盛休的铭军同驻九连城与安平河口一线。

此时，宋庆已被授任帮办北洋军务统领前线各军，叶志超知自己被免职，并不积极筹备战守，下达驻防鸭绿江防线命令后便在九连城等待宋庆到来。

9月25日毅军总统四川提督宋庆率部赶到九连城，完成与叶志超交接后，即命毅军分统总兵宋得胜率毅军四营开赴凤凰城。

为加强鸭绿江防务，10月8日，朝廷再命黑龙江将军镶黄旗汉军都统依克唐阿，率靖边军马步十三营增援鸭绿江江防。至此，鸭绿江防线集结兵力有盛军十八营，铭军十二营，毅军十营，芦防淮勇及古北口练军四营，仁字虎勇四营，及奉军、盛军、黑龙江齐字营练军计八十营，马步约三万余人马。而日军第10旅团、第5旅团、第9旅团、骑兵大队等部及山县有朋率第一军司令部机关，总兵力也达三万人马，由山县有朋指挥从平壤出发向义州而来。鸭绿江江防大战即将展开。

慈禧召见

朝鲜战场一败涂地的时候，光绪下旨请恭亲王奕䜣出山收拾败局。

香火缭绕，木鱼声声。奕䜣发须花白，端坐于佛毡上，微闭双目，转动佛珠，念念有词。光绪派载漪前来宣旨："恭亲王奕䜣病体虽未痊愈，精神尚未见衰，着任总理衙门大臣，并总理海军，会办军务，内廷行走。"

奕䜣叩首谢恩，高呼："罪臣谢主隆恩，吾皇万岁！万万岁！"

就在光绪忙着启用老臣调兵遣将布防鸭绿江防线，试图将日军阻止在国门之外的时候，慈禧却又开始上演中法战事议和闹剧。

一道懿旨将李鸿章请来颐和园，督促议和面授机宜。李鸿章接到慈禧懿旨后，携带李经方、于式枚、伍廷芳赶往颐和园。

慈禧一见李鸿章就拉下脸责问道："李鸿章，中日之战刚刚开打，北洋水陆两师怎么就连吃败仗啦？"

李鸿章连忙道："臣无能！臣已耄耋之岁，实感力不从心，已奏请另简重臣督办北洋军务。"

慈禧慢条斯理道："这个时候，李中堂可不能撂挑子。你打算如何结束这场战争，是继续打下去，还是转圜俄法出面调停？"

李鸿章道："回禀太后，中日朝鲜纷争之初，臣知晓我北洋战船及陆师已经无法与倭兵匹敌，故而力请不敢轻言与日开战。然，朝廷严词饬令，臣不得不整饬各军赴朝应战。"

慈禧问道：“现在呢？”

李鸿章回答道：“回太后，通过平壤、黄海水陆两师交战，倭战船兵器战法远超于我，更我北洋一隅之力难搏倭人全国之师。”

慈禧一声哀叹道：“既知不可取胜，为何又不愿遵本宫懿旨与喀使商洽联俄议和呢？”

李鸿章道：“倭国虽为蕞尔小国，却狼子野心，若与议和，战争赔款将会惊巨，或有割地之求，臣实担待不起。”

慈禧道：“李鸿章，若鸭绿江防线抵挡不住日军进犯，中国战败你将承担什么样的罪责？”

李鸿章叩首道：“臣辱国丧师罪该万死！”

慈禧道：“既知罪责，当毋负哀家为大清江山社稷用心良苦，哀家既委你去办，自然为你撑腰，若继续抗旨不遵，当知我大清王法。”

李鸿章连忙叩首道：“臣，遵旨！”

离开颐和园，李鸿章不敢稍有迟疑，携李经方、于式枚、伍廷芳赶往俄国公使馆拜会喀西尼。

到了俄国公使馆，见到俄国公使喀西尼后，李鸿章便对喀西尼道：“日本虽为蕞尔小国却野心勃勃，俄朝山水相连，一旦日本占据朝鲜，日后必将危及俄国。”

喀西尼表态道：“朝鲜毗邻俄滨海省，与俄密切关系，俄初意不改，不愿倭占据朝鲜。中日战争爆发后，俄政府一直密切关注韩战事，俄皇召集大臣商议，已增派舰船游弋太平洋，使之强于日本。同时，谋求欧洲列强特别是俄盟友法国，通过外交途径向日施压，迫使日罢兵言和。我政府也要求大清朝廷与欧洲列强联络，以求共制日本。”

得到喀西尼的口头表态后，李鸿章便迅速电报慈禧，意思是，李鸿章已经遵懿旨与俄国公使接触了，算是交差了，至于什么结果，不得而知。接着，电令丁汝昌：各国探报，均称日派大队分路北犯，尤注意金州各岛左右，欲窜旅后路，毁我船坞。定、镇、靖、济、平、丙六船，务当日夜抢修早日出海游弋，使彼知我船尚能行驶，其运兵船或不敢放胆横行，不必与彼寻战，彼亦虑我蹑其后。

致电海军衙门并军机处：委龚照玙以道员任旅顺前敌营务处总办，代北洋大臣节度旅顺各要塞，获得批准。

众矢之的

北洋朝鲜战败，一时间李鸿章成了众矢之的，如同过街老鼠人人喊打。

翁同龢借机上奏光绪：李鸿章身为内阁首辅朝廷重臣，专横跋扈，袒护属下，昏庸骄蹇，任人唯亲，北洋水陆军营官以上多为皖人。此次平壤溃撤黄海惨败辱国丧师，仅拔去李鸿章三眼花翎褫去黄马褂，难平朝野义愤，应将李鸿章革去一切官职交部议处。这道用心叵测的奏折，光绪没有理睬。

翰林院修撰张謇、编修志锐联络翰林三十余人签名上奏光绪：直隶提督叶志超谎报军情，倭军修筑鸭绿江江岸工事兵弁半系叶志超、卫汝贵等溃散之卒。卫汝贵平日待兵刻薄寡恩，纵兵抢掠毫无约束，此次统带盛军临敌退缩贻误大局，并有克扣军饷，纵兵抢掠情事，罪状甚重，若不从严惩办，何以肃军律而儆效尤。

御史端良上奏：李鸿章之婿罪臣张佩纶干预北洋军政，张扬跋扈，言词不逊，当驱出天津。

一道道针对李鸿章及北洋的奏折雪片一样呈递到光绪手中，光绪不能再置之不理了。谕旨很快下达北洋：叶志超谎报军情，卫汝贵待兵刻薄，临敌退缩贻误大局，着革职拿问，交刑部治罪；罪臣张佩纶不思悔改，干预公事，驱逐出津，回籍终老，永不招用。

李经方向李鸿章道："这一定又是翁叔平幕后操纵。"

吴永道："翁同龢自知弹劾不了大人，便从大人部下入手。先是丁汝昌革职，现在又将叶志超、卫汝贵革职拿问，连幼樵也不放过。"

于式枚道："这就叫得罪一人祸害全军啊！"

李鸿章慢慢起身，一声哀叹道："罢了，罢了，这样也好！本堂倒是希望把我淮军那些老部下统统抓去蹲大牢或者弹劾掉，这样我李鸿章就成了北洋光杆司令，也就不用再为辽东战事、渤海边防担惊受怕了。"

这边，叶志超、卫汝贵两位戴罪立功之人还在鸭绿江边指挥修筑防御工事，被戴上枷锁押上木笼囚车送往京城。

叶志超、卫汝贵、张佩纶后话：叶志超押送京师后，刑部定斩监候，后经李鸿章斡旋赦归家乡，1899 年 1 月 8 日家乡病逝。卫汝贵则没有保住性命，1895 年 1 月 15 日被斩杀于菜市口，当了甲午战败的替罪羊。而受牵连的李菊藕，只能含泪告别父亲，陪同丈夫离开天津。在李鸿章安排下，携儿子张廷重移居南京。

后来李菊藕又生一女取名张茂渊。张佩纶 1903 年病死于南京，终年五十六岁。

江防告破

鸭绿江江防分东、中、西三段，其中，以九连城一带为清军主要防御地段，在此共有清军马步两万人马。

9 月 24 日，日军第 10 旅团、第 5 旅团、第 9 旅团、骑兵第 5 大队，为先遣队从平壤陆续向义州进发，第 3、第 6 旅团及骑兵第 3 大队跟进。

义州为朝鲜北境重镇，以石为城，呈三角形，西北临鸭绿江，与九连城隔江相望，东南则有南山岘丘陵环绕。义州城建有两道门，临江的叫静波门，东北的叫镇北门，可通水口镇。城东北角小山最高处建有亭阁，名曰统军亭。登亭遥望，鸭绿江两岸景致一览无余。

日军抵达义州后，第 10 旅团驻扎城内，第 3 旅团与第 5 旅团驻扎城南，第 9 旅团驻扎铁山和宣川口，第 6 旅团驻扎顺安和肃川，骑兵第 5 大队在义州城内，第 3 大队驻扎在城南所串馆附近。山县有朋下令严禁日军先锋旅团挑战，要求收起军旗，减少炊烟，尽量隐蔽兵力，充分养精蓄锐，并加强侦察活动，以便选择最有利的进攻时机和进攻地点，从而一举突破清军鸭绿江防线。

10 月 24 日午后，佐藤支队到达水口镇东面的杜武谷，开始向安平河口涉渡。

佐藤正令炮兵小队列炮于徒涉点南面的高地，步兵一小队迅速占领通往徒涉点道路两侧的高地，以为掩护。然后，又命一个中队擎枪探水渡河，大队随后继进。当日军将达江心洲姜甸时，防守河口的齐字练军春字营开枪射击，阻击日军渡河。南岸高地的日军炮兵小队开始炮击，安平河口的清军炮垒发炮回击，东面鼓楼子的清军炮垒也发炮支援。于是，双方展开了一场炮战，日军则在硝烟弥漫中向北岸猛进。

接探马报告，小股日军已攻占安平河口，宋庆命吕本元马队二百余骑前往支援。吕本元马队赶至江岸后，向日军先渡之部队发起攻击，试图将其击退。但是，佐藤支队后渡各部又陆续到达，力量大为增加，吕本元马队仅有两百骑，败逃而去。

午后 1 时许，日军占领了安平河口的清军两座炮垒。大批清军丢盔弃甲望风而逃。重兵防守的鸭绿江防线，就这样轻松让日军突破。

激战虎山

10月24日夜，日军在虎山架设浮桥，次日晨浮桥架好。山县有朋命桂太郎率第3旅团首先渡江，命大迫尚敏率第5旅团占领虎山东面的高地，命立见尚文率第10旅团攻占中江台之税关局，而后渡江至虎山西面。

虎山位于瑷河与鸭绿江交汇处，西隔瑷河与九连城相望，南隔鸭绿江与统军亭相对。虎山拔地百余米，山形似乳虎蹲伏，故名虎山或虎儿山。

虎山也是江防重点防御阵地，早在日军渡江前，宋庆便携聂士成、宋得胜、马金叙三将亲往虎山察看进行布防。马金叙明知此任艰巨，但抱定与虎山共存亡的决心，自愿驻守虎山，遂率部于虎山山顶修筑堡垒。

宋庆接报大批日军开始过江后，除已命马金叙驻守虎山外，又令聂士成选精锐赶赴山边栗子园；又命宋得胜继其后为游兵策应；再命刘盛休所部于瑷河西岸埋设旱雷阻击日军。

为了便于往来，宋庆下令在瑷河上搭造浮桥以接应虎山驻军，本人居中调度，哪路吃紧，即率马玉昆所部应援。这样，清军在鸭绿江防线的兵力便分为三路：马金叙四营守虎山为前锋，聂士成四营守栗子园为接应，刘盛休所部铭军十二营驻九连城，是为中路，依克唐阿所部分守宽甸、安平河口、长甸各隘，为东路；丰升阿、聂桂林所统练军分守安东县、大东沟、大孤山为西路。

日军桂太郎所部第3旅团主力完成渡江后，即用火炮向虎山清军营垒发起炮击。马金叙率部顽强抵抗，尽管日军炮火凶猛，但他仍指挥部下官兵英勇还击。在接应未到之前先独自力战，日军多次发起攻击皆被打退。

日军右翼部队在大迫尚敏指挥下，通过浮桥过江后抢占了虎山东面的高地，从侧面向清军俯射。此时，聂士成一面与马金叙相互配合，一面率部奋勇抗敌。宋庆见马、聂两部均陷入日军围困，令宋得胜、马玉昆率步骑三千前往支援，令铭军炮队策应。铭军炮队携山炮四门赶到参与战斗，宋得胜趁势率队力夺三座山丘，马玉昆由虎山南侧向日军发起攻击，日军乱了阵脚，死伤甚众。

山县有朋接前线战报，命立见尚文率第10旅团赴虎山支援。日军见援兵前来，士气大振。宋庆急令刘盛休的铭军赴援，但敌众我寡，且被日军分割围歼，各自为战。宋庆见状，令宋得胜、马玉昆撤至瑷河以西，聂士成也率部突出重围撤退至瑷河西岸。此时虎山，仅有马金叙仍在坚持战斗，因援兵不至，马金叙只能率残部突围渡瑷河西撤。至此虎山陷落。

此战，清军各军战死四百九十五人，日军也付出惨重代价。虎山之战，也成为日军入侵中国后，遭遇清军顽强阻击的一战。

不战而逃

虎山既失，九连城便是日军攻击的下一个目标。

九连城城池建在一座小山丘上，瑷河流过丘下，老龙头和虎山耸立于城之东西，颇具形势。从虎山至九连城须通过瑷河，瑷河自栗子园分为两条支流，水面都不宽，水深一米多，渡河难度不大。

10月26日晨，山县有朋下达了攻击九连城的作战命令。第9旅团在旅团长大岛义昌带领下，分三路成扇形逼近九连城。是时大雾弥漫，日军不敢擅自发起攻击，采取炮击试探，但清军营垒毫无反应，唯见鸟雀惊飞。大岛义昌命步兵第11联队攀城墙而入城池，发现城内已无清军一兵一卒。原来，刘盛休已在夜间带领铭军弃城而逃，日军轻松占领九连城。

上午10时，山县有朋进入九连城，以旧税关局为第一军司令部，野津道贯亦率第5旅团进驻城内。与此同时，奥山义章少佐率第21联队向安东县城发起攻击。

安东县城为盛军驻防地，驻有清军六千人马，让奥山义章开心的是安东与九连城一样，城里早没有了清军一兵一卒。原来，盛军获悉日军前来攻城，也在夜间悄悄撤走，日军又轻松占领安东县城。

日军占领安东后，设立民政厅，以原驻华临时公使小村寿太郎为长官。山县有朋为此发布“安民告谕”，告谕称“我军所敌清国军队而已，至尔农商民无辜，毫不加害，却抚恤之如慈母视子”，以此笼络民心。

日军所到之处，还张贴一种《告十八行省豪杰书》。告示写道：“满清氏原塞外之一蛮族，既非受命之德，又无功于中国，乘朱明之衰运，暴力劫夺，伪定一时，机变百出，巧操天下。当时豪杰武力不敌，吞恨抱愤以至今日，盖所谓人众胜天者矣。今也天定胜人之时至焉。”并宣传，满清氏之命运已尽，而天人与弃之固也。我日本应天从人，大兵长驱，以问罪于北京朝廷，特陈清主面缚乞降，尽纳我要求，誓永不抗我，而后休矣。意思是号召民众支持日军，参与推翻满清朝廷的军事行动。

日军占领安东县城时，聂桂林和丰升阿所率奉军、靖边军及练军各营尚驻大东沟西，获悉日军大迫支队来袭，同样是仓皇而逃。至此，三万重兵设防的鸭绿江防线全线崩溃。

对于鸭绿江防之败，光绪皇帝以“强弱不敌，犹予谅之”。电谕宋庆“以全局为念，择地稳扎，相机雕剿”，“毋得株守一隅，不思变计”。

在鸭绿江防之战中，清军不仅伤亡惨重，而且各种武器、弹药及军用物资也损失严重。据日方公布的数字，日军缴获各类火炮 74 门，步枪 4401 支，炮弹 30684 发，枪弹 4320661 颗，精米 2590 石，杂谷 2000 余石，以及马粮和其他杂物无数。

清军不战而逃，日军轻松占领了鸭绿江沿岸各清军营垒要塞。

慈禧大寿

已经站上大清权力顶端的慈禧开始不满足于享受到女子最高的尊崇，她的目标是康熙、乾隆这样流芳千古的帝王。她以二人为榜样并非要达到其功绩，而是盯上了他们的排场，要将生日宴的场面盖过清朝所有帝王，要仿康熙、乾隆年间成例，自大内至颐和园沿途设彩棚经坛，这样才够气派。

年初开始，慈禧就降旨，要好好准备自己在颐和园内的六十大寿的庆祝活动，各地督抚将军及京城的王公大臣都要煞费心思为慈禧准备一份寿礼。

正值清军与日军辽东交战之际，李鸿章也为慈禧准备了一套精美漆器作为祝寿贺礼，并把电报线架到贤良寺，而后携儿子李经方、罗丰禄、于式枚、吴永及电报机、译电员赶往京城，入住贤良寺。一边等候参加慈禧六十大寿庆典，一边指挥前线作战，贤良寺俨然成了李鸿章的作战指挥部了。

九连城失陷、安东失陷、凤凰城失陷、大东沟失陷……电报雪片一样飞来。

吴永手持电文来报：“丁汝昌来电，现水师在旅亦有三难：一、湾有失，敌兵必捣旅后路，我师船在口内，不能施展，无以为力；二、敌船来攻，口门窄小，不能整队而出，且定、镇必须候潮，若遇急，冲出不易；三、口外寄泊敌舰过多，夜间来攻，我船尤少快炮，尤难防备。候示遵行。”

李鸿章指示：“旅本水师口岸，若船坞有失，船断不可全毁。口外有无敌船？须探明再定进止。故自妥酌。”

同样前来参加慈禧六十大寿的两广总督张之洞走入客房，打趣道：“李中堂客房好热闹啊！之洞见过中堂大人！”

李鸿章连忙道："免礼，免礼！快快请坐！"

张之洞环顾客房道："战报纷至，号令频出，中堂大人将北洋司令部搬来贤良寺了。中堂坐镇京师，遥指辽东，运筹帷幄，之洞佩服之至。"

李鸿章道："贤弟有所不知，倭军大举来犯辽东战事吃紧，恰太后花甲昌期，圣寿庆典朝廷无暇顾及，愚兄焦头烂额呀！"

张之洞问道："中堂意欲如何御敌？"

李鸿章回答道："遵上谕，先成守势，一俟太后圣寿庆典，再图破敌之策，别无他策。"

张之洞焦虑道："倭人图我大清，蓄谋已久，当下唯倾国之力，购快船、购军火、借洋款、结强援、明赏罚，或可御敌。"

李鸿章摇摇头哀叹道："事不经己不知难啊！鸿章老了，报国时间短矣，甲午这场灾难恐怕是躲避不了啦。日后，我中华中兴就只能指望阁下你们了。"

第三十五章

大寿庆典

慈禧六十岁生日庆典定在 1894 年 11 月 7 日（光绪二十年十月初十）。

庆典的这天，颐和园寿仁殿内外披红挂彩，宫灯、黄色绸缎高悬，鼓乐阵阵，一派喜庆气氛。奕䜣、奕劻、世铎、徐桐、载漪、载勋、载濂、李鸿章、翁同龢、李鸿藻、孙毓汶、徐用仪、孙家鼐、张之洞、刘坤一、荣禄等王公大臣，督抚将军，公主、福晋，文武百官跪拜在仁寿殿台阶下道路两旁，各国使臣也应邀前来参加慈禧大寿庆典。

光绪率裕隆皇后、瑾妃、珍妃走出大殿，跪地迎接，慈禧身着盛装在李莲英搀扶下走下大轿，走上台阶步入殿堂，端坐于大殿上方，接受光绪、皇后及众王公大臣祝寿。

首先光绪为慈禧发表祝寿词，接着，率裕隆皇后、瑾妃、珍妃叩拜道："恭祝太后，寿宇宏开，万寿无疆！"

众王公大臣叩拜道："恭祝太后，寿宇宏开，万寿无疆！"

慈禧道："今儿是哀家的六旬大寿，此时此刻愿我大清江山永固，国运长盛，特设宴款待众卿，赏戏三天，普天同庆。"

祝寿结束后，三天大戏在颐和园德和园拉开序幕。看戏厢房一角，奕䜣、李鸿章、翁同龢、张之洞、刘坤一、荣禄等大臣正聚精会神看戏，一名太监走至李鸿章身旁，呈递上几份电报小声道："中堂，部下呈来紧急电文！"

李鸿章接过电文，戴上金丝眼镜稍加浏览，猛然站起，行走至奕䜣身边，小声报告道："周馥前指急电，日军第二军大连花园口登陆，金州失陷，大连湾炮台失守！"

奕䜣闻报一怔，一把接过电报，稍加浏览后，对李鸿章道："请中堂随本王陛见太后、皇上。"

一幕《翠屏山》刚唱完，奕䜣便领着李鸿章走入慈禧、光绪所在的二层看戏厢房，两人一起跪拜道："恭请皇上、太后圣安！皇上万岁！万万岁！太后万寿无疆！万寿无疆！"

慈禧道："都起来吧！两位大臣前来，定是有要事禀奏了？"

李鸿章奏报道："启禀太后，太后万寿盛典举国欢庆，臣等实不该打搅。然，前方战报，倭军第二军大连湾花园口登陆，现已攻占大连湾，军情紧急不敢稍迟瞒报。臣防守不力，调度无方，罪该万死。"

慈禧漫不经心道："中堂不必自责，本宫知晓海军费绌，北洋的战船，陆军火器都不如人，中堂也尽力了，本宫怨不得你。起来吧。"

李鸿章起身道："谢太后！"

慈禧看了看光绪道："皇上知晓吗？"

光绪连忙下跪道："鸭绿江防线失陷，儿臣知晓。"

慈禧责备道："既知晓，为何不报？"

光绪道："儿臣不忍打搅圣母太后万寿盛典。"

慈禧淡淡一笑道："难得这份孝心。六王爷。"

奕䜣应道："臣在！"

慈禧问道："依你看，日军三日之内能打到北京城来吗？"

奕䜣稍加思考后道："应该不会。"

慈禧漫不经心道："既然日本人已经打进国门了，挡又挡不住，那就再让他嚣张几日，待本宫三天庆典结束了，再商议对策。"

奕䜣目瞪口呆地站立慈禧面前，忽然弯腰道："嗻！"

戏台上，锣鼓响起，帷幕缓缓开启，一幕《玉堂春》开场……

旅顺陷落

三天祝寿大戏唱完，李鸿章率领幕从返回天津，前线战局已经到了不可收拾的地步。继鸭绿江防线失守后，大连湾失陷，日陆军在海军配合下向北洋旅顺基地发起攻势。

旅顺口位于辽东半岛最南端，与威海卫隔海相望，共扼渤海的门户。1880

年清政府在此构筑船坞、炮台、厂房、仓库和电报局等军事设施，作为北洋舰队的辅助基地。旅顺口炮台林立，至甲午战争时，东西海岸新旧炮台共计十二座，安设各种海岸炮七十余门，另有依山建筑的陆路炮台十七座，大小火炮近八十门，李鸿章重点打造的防御基地。

大连湾失陷后，光绪对李鸿章已经彻底失去了信心，干脆甩开李鸿章亲自调兵遣将。谕旨拱卫军统领正定镇总兵徐邦道部，桂字军统领临元镇总兵姜桂题部，嵩武军统领胶澳镇总兵章高元等部，加上原驻守旅顺的赵怀业、程允和、张光前等部总兵力达万余人保卫旅顺。

日军方面，花园口登陆的第二军由第 1 师团、第 2 师团、混成第 12 旅团组成，总兵员 24049 人，战马 2740 匹，军长为日本陆军大臣、陆军大将大山岩。这支部队除去后勤、守备队与支援部队，能投入战斗的兵力并没有多少，而且后续部队还没有完成花园口登陆，如此少的兵力想要攻破坚固的旅顺要塞，对日军来说无疑是一个十分大胆的举动。

但这并非日军一时的头脑发热，日军第二军在占领金州后就展开了情报收集工作，其情报显示驻守旅顺的清军部队包括从金州、大连湾败退下来的残部，增调来的各部大多也是新募兵勇，战斗力不强。

大山岩决心在后续部队赶到之前，即命第 1 师团及混成第 12 旅团对旅顺发起攻击，时间定于 1894 年 11 月 14 日。

反观中方，虽然在旅顺部署了七位统领，光绪希望他们同心合力对抗日军，但没有明确统帅。战前，李鸿章仅委龚照玙以道员任旅顺前敌营务处总办，代北洋大臣节度旅顺各军。而诸将却各怀心思、各自为战。只有徐邦道、姜桂题、程允和力主抗击日军，赵怀业、张光前等将领则畏敌如虎，消极防守。更要命的是，被赋予代北洋大臣节度各军的龚照屿又临阵脱逃，直接造成了清军“有将无帅”的被动局面。最后，诸将公推姜桂题担任临时指挥。姜桂题并非将帅之才，领命后无所作为，坐待敌攻。这时，只有徐邦道率领残军主动迎战。

19 日，徐部在土城子南面与日军先头部队遭遇。徐邦道指挥所部将敌截为数段，重创日军，一直追击至营城子西南的双台沟。由于日军不断增援，徐邦道兵力薄弱，又没有后援，激战了一天，士兵饥饿疲乏，只得退回土城子。

卫汝贵的胞弟总兵卫汝成率领的盛军土城子打了一场胜仗，他们伏击了日军秋山好古率领的搜索骑兵队，一路凯歌的日军在此战中死伤了大约六十名士兵，清军也得以稍稍阻遏了日军的进军速度。但是打了这场胜仗后，卫汝成竟然也偷偷逃离了战场，当了逃兵。

卫汝成逃跑后话：卫汝成前线逃跑后，乘坐一艘渔船过海逃往烟台。上岸后装扮成百姓逃往家乡。清廷下旨捉拿，却始终没有被抓获，如同人间消失一般。

土城子战斗后，日本第二军继续向旅顺进逼。19日晨，日军各部从营城子出发，20日已全部到达集结地石嘴子。徐邦道再次主动出击，当日下午，清军分两路向石嘴子进袭。但由于日军占据了有利地形，清军的进攻受阻。日军在高地架起野炮和山炮，据高猛轰山谷里的清军。双方战至日落西山，暮色朦胧，徐邦道见已寡敌众，终难取胜，下令撤退。

21日，日军舰队在港外游弋，牵制旅顺东西炮台的清军，陆军则集中兵力向旅顺口各炮台发动总攻。是日，椅子山炮台为日军攻占，接着，案子山、松树山、二龙山等各炮台相继失陷。清军东岸守将黄仕林不作任何抵抗，弃炮台而逃，日军轻易占领黄金山炮台。东岸之摸珠礁、老砺嘴等炮台守兵见主将逃走，跟着不战而奔。此时，西岸炮台守将张光前率部坚守不退，直到夜幕降临，西岸炮台还在清军手中。是夜，张光前率队循西海岸向北撤退。至此，旅顺陷落。日军占领旅顺烧杀抢掠三天三夜，制造了惨绝人寰的旅顺大屠杀，两万多名手无寸铁的百姓遭日军残忍屠杀。

龚照玙逃跑后话：龚照玙乘坐“广济”轮烟台刚下船，便被抓捕押送京城，交刑部议处。刑部以“统兵将帅失守要港罪”判处斩监候。后来，龚照玙家人重金贿赂刑部官员，死刑没有执行。1900年八国联军入侵北京，龚照玙被开释出狱。

镇远触礁

旅顺陷落前，停泊于旅顺军港的镇远、定远、来远、靖远、平远、广丙等战舰，部分“蚊子炮艇”及“左一、左二、镇一、镇二、乾一、乾二”等鱼雷艇撤往威海卫基地。当镇远号驶入威海港入口时，因甲午海战中船体多处受伤，导致操纵不灵至船底触礁损坏漏水。林泰曾率领帮带杨用霖等部下跑入船舱，不顾海水冰冷刺骨，脱去战袍堵塞船底破裂处。经过一番堵漏后，坚持将镇远号开入海港。

镇远舰与北洋旗舰定远舰都是同期从德国伏尔铿造船厂定制，为当时世界最先进的铁甲战舰，也是北洋仅有的两艘主战战舰。镇远舰管带林泰曾是大清第一批派往欧洲学习驾驶战船技术的学员。

林泰曾，字凯仕，福建侯官（今福州）人，林则徐胞弟孙子。1867 年考入福建船政学堂，学习船舶驾驶。1871 年毕业，1874 年任建威号大副。次年随福建船政学堂总教习日意格赴欧游历，入英国海军实习。1879 年回国，升任游击。1880 年调入北洋先任炮艇镇西号管带，之后赴英国接超勇、扬威舰。1886 年改任镇远舰管带。1888 年北洋海军成军，林泰曾为左翼总兵加提督衔。

镇远舰在黄海海战中配合旗舰定远号，与日军五舰拼杀，重创日舰西京丸号，表现尤为突出，但战舰自身也千余处受伤。

镇远舰触礁返港后，因无处修理使得林泰曾痛不欲生。这位访日时被日本海军界誉为北洋水师"宝刀"的大清海军将领，以"战局方棘，损伤巨舰"引咎含恨自杀，年四十四岁。林泰曾死后，帮带杨用霖接任镇远管带。

定远、镇远、来远、靖远、平远、广丙号及炮艇、鱼雷艇驶入威海港后，日舰筑紫、鸟海、赤诚、摩耶、爱宕、武藏、葛城、大和等战舰便将威海基地出海口封堵。

丁汝昌向北洋电报，报告镇远触礁，出口被日舰封堵情况。李鸿章很快复电：威海必固守，铁舰不可失！

接到李鸿章电报，丁汝昌召集刘步蟾、张文宣、戴宗骞、杨用霖及水陆营务处提调牛昶昞等将领商议对策。

张文宣表态道："北洋护军誓死保卫威海卫！"

戴宗骞表态道："人在炮台在！"

刘步蟾表态道："镇远触礁，凯仕以身殉，步蟾身为北洋水师总兵，定远管带，苟丧舰，将自裁，誓与战舰同存亡！"

叶祖珪道："与其坐守待敌，不如冲出去，与日舰决一死战，若不成，舰队亡则人亡；若成，或可脱离险境。"

杨用霖道："敌我舰船对比敌强我弱，出海口被封，船台依附合力作战是唯一可行之法。"

听取各位将领意见后，丁汝昌下令张文宣、戴宗骞加固各炮台，将所有存储在弹药房的炮弹分送给各炮台，做好与日军决一死战的准备。同时，再给李鸿章发电："汝昌决意水陆依附誓保战船，至海军如败，惟有船没人尽而已。恳请朝廷重兵堵截威海陆路。陆路不失，威海必可固守，铁舰亦会万无一失。"

山东登陆

日军攻占旅顺后，鉴于渤海湾冬季封冻，登陆困难，日本大本营决定暂停辽东作战，代之以进攻威海摧毁北洋残余舰船，为直隶平原决战做准备。为此，决定以大山岩上将指挥的第二军第二师团及在国内的第六师团编成“山东作战军”，两万五千人由海路运输，在山东半岛登陆。令联合舰队协同山东作战军作战，并以陆军第1军辽东战场进行佯攻，迷惑、吸引清军主力。

威海卫为北洋主基地，海军公所设在该基地刘公岛上，北洋水师各舰艇于旅顺失陷前即集结于此。此时，日本联合舰队拥有二十五艘主力战舰和十五艘鱼雷艇，而北洋水师仅有定远、来远、靖远、平远、广丙及炮艇、水雷艇十三艘。敌我舰船实力相比，无论在数量上，还是战力上，日军已占压倒性优势。但威海卫港湾陆上筑有炮台二十三座，岸炮一百六十余门，守军十八营；烟台、酒馆（今牟平东）、荣成等处另有河防、巩军等驻军四十一营，兵力共计六十营三万多人，由北洋大臣李鸿章和山东巡抚李秉衡统辖。

就在大清国举国上下喜迎光绪二十一年兔年新春佳节之际，1895年1月19日（腊月二十四），借助雪天的掩护，日军联合舰队从大连湾分三批载运日军陆续向山东荣成湾龙须岛进发。

20日拂晓，北风呼啸，大雪纷飞，日舰八重山、爱宕、摩耶三艘先遣舰到达荣成湾掩护运兵船的士兵登陆，随后日舰筑紫、鸟海、大岛、赤城、天城也赶来龙须岛增援。日军第一艘运兵船抵达，借助雪天掩护，开始从龙须岛登陆。

日军登陆行动被驻守龙须岛清军发现后开枪阻击，日舰八重山、爱宕、摩耶、筑紫、鸟海、大岛、赤城、天城等舰排成一字横阵，向清军营垒发起炮击。凶猛的炮火让守卫龙须岛的清军吓破了胆，纷纷逃窜而去。

驻扎大西庄、成山头的巩军，听到龙须岛方向的炮声，也吓得丢弃营垒逃往威海。这样，日军便在毫无干扰的情况下顺利登陆。日军的登陆活动共进行了五天，先后驳运日本官兵、夫役三万余人及三千八百匹战马登陆。

在日军龙须岛登陆的当天下午，日军第二师团以步兵第四联队为前锋，向荣成县进犯。荣成县本无防军驻守，知县杨承泽曾令县内绅民筹建防团，称荣成县海防总团。日军西犯的消息传到荣成后，守城的团勇纷纷逃离。知县杨承泽于县城百姓家中躲藏起来，几天后化装逃往济南。日军没有遇到任何抵抗，便占领了荣成县城。

山东巡抚李秉衡接大批日军龙须岛登陆的战报后，给李鸿章发去急电："倭军昨日乘雪天已从荣成湾龙须岛登陆。"李鸿章接报，手中的茶杯跌落地上，摔得粉碎。接着，颤抖的声调吩咐李经方，立即电报朝廷，电告丁汝昌固守待援。

光绪接到李鸿章的急电后，电谕贵州古州镇总兵丁槐统苗兵五营、徐州镇总兵陈凤楼统淮军马队五营、皖南镇总兵李占椿统练勇五营；记名提督万本华统常胜军五营、总兵张国林统健胜军五营驰援山东威海，力保北洋威海卫海军港不失。同时，电谕云贵总督王文韶帮办北洋事务大臣。

光绪哪里知道，全国各地调遣的救援威海各军，他们走走停停，唯恐早一步赶到威海，早一步成了日军的靶子，这样的仗不败才怪呢！

南帮炮台

当年建造北洋威海军港基地时，为保护基地，修筑有南帮、北帮、刘公岛、日岛炮群四处。海湾南端设有杨枫岭、摩天岭、莲子顶、皂埠嘴、鹿角嘴等六座炮台，叫南帮炮台；海湾北端设有北山嘴、黄泥沟、祭祀台等炮台，除此之外，陆地还修筑有合庆滩、老母顶等五座炮台。

1 月 25 日，大山岩下达了进兵北洋威海军港的命令。命第六师团为北路，由陆军中将黑木为桢为指挥，辖步兵第十一旅团，其任务是沿荣威大道前进，经屯侯家、九家疃、崮山后等地，由东路进逼威海卫南帮炮台，担任主攻；第二师团为南路，由陆军中将佐久间左马太指挥，辖步兵第三旅团、第四旅团，其任务是沿荣烟大道前进，经桥头、温泉汤、虎山等地，绕至威海南帮炮台西侧，切断清军退路，并与右路纵队形成夹击之势。

日本山东作战军大部队西犯之前，首先与孙万龄军于白马河发生了一场遭遇战。由于孙万龄军寡不敌众，战力更是无法与日军抗衡，很快败逃而去。

1895年1月29日，两路日军对威海卫之南岸炮台形成包围，次日发起总攻。

这天拂晓，日军右路军左翼支队进至摩天岭南山脚下，向南帮炮台发起攻击。清军在丁汝昌指挥下，各炮台以巨炮发起炮击，停泊港湾的北洋各舰开炮助战。此时，离摩天岭东面较近的杨枫岭炮台的守军，也发起炮击予以支援。北洋护军营官周家恩率军奋力抗击，士兵们用枪击炮轰，日军伤亡惨重。

日军进攻受挫后即改变战术，先占领摩天岭西侧的山头，然后向摩天岭炮台发起冲锋。炮台守将周家恩指挥全营官兵连续打退了日军的多次冲锋。随后，日军步兵第二十三联队绕至邵家庄，在野战炮兵第六联队的掩护下，开始向杨枫岭炮台进攻。与此同时，日军步兵第十三联队，工兵第六大队也从摩天岭向杨枫岭发起攻击。

杨枫岭炮台的守军为巩军左营，由副将陈万清指挥。面对日军的进攻，陈万清奋勇督战，打退了日军一次又一次的冲锋，给日军造成了重大的伤亡。这时，南岸皂埠嘴、鹿角嘴、龙庙嘴三座海岸炮台，皆掉转炮口向日军所到之处轰击。定远、来远、靖远、平远、广丙等舰及部分炮艇也从港内驶近南岸展开炮击，支援南帮炮台。

得到舰炮和岸炮火力支援后，摩天岭、杨枫岭等炮台的清军士气倍增，奋力抗击，日军少将大寺安纯被击毙。终因敌我兵力悬殊，清军顽强阻击并付出重大牺牲后，摩天岭、杨枫岭炮台陷落。不久，百尺崖、龙庙嘴、鹿角嘴等海岸炮台亦相继失守。

为避免日军利用海岸炮台轰击港内的舰艇，丁汝昌下令将皂埠嘴炮台炸毁以免资敌。至此，威海港南岸炮台全部失守。

陷入困境

一直在直隶总督行馆议事厅等候前线战报的李鸿章，接丁汝昌拍来的南帮炮台全部失陷，北洋水师被困刘公岛的电报后，手中捧着的烟壶“哐当”一声跌落在地上。

李经方连忙捡起，担心的目光看着疲惫的父亲问道：“大，你没事吧？”

李鸿章接过烟壶，语调低沉地吩咐李经方道：“电令丁汝昌、戴宗骞、张文宣务当倾力合作力守北帮诸炮台，不得有误。电令李秉衡敦促山东陆路各军火速驰援威海。电报海军衙门并军机处，陆路未能阻止日军，南帮诸炮台虽各守营及水师奋勇抗击，终寡不敌众，南帮炮台全部失守，请求敦促各路援军火速驰援威海。”

因刘公岛通往岛外电报线路被日军切断，丁汝昌没有收到李鸿章的电报。面对险恶的困局，丁汝昌一面下令戴宗骞向北帮炮台增调兵力，一面安排两名水性好的水兵潜水出海口，前往烟台，通过登莱青道刘含芳转报李鸿章，请求速派援兵救援刘公岛。

日军开始进攻北岸炮台，戴宗骞率部英勇抗敌，誓死保卫炮台，终因势单力孤，无力守住炮台。丁汝昌派水兵前来掩护其撤离，戴宗骞不愿离开炮台。最终被丁汝昌派来的水兵连劝带拉护离炮台，护送到刘公岛。

戴宗骞回到刘公岛后，自知炮台失守罪不可恕，当晚便吞金自杀于军营。

次日，丁汝昌下令将北岸的北山嘴、黄泥沟、祭祀台等炮台全部炸毁，以免资敌。

2 月 4 日，日舰松岛、千代田、高千穗、吉野、浪速向北洋水师战舰停泊的军港发起炮击。丁汝昌登上定远舰指挥来远、靖远、平远、广丙等舰及部分炮艇驶往海口迎战日舰。

大炮轰鸣，一发发仇恨的炮弹射向日舰，日岛炮台也参与炮击。一时间，海面上硝烟弥漫，海水沸腾，水柱冲天。

一发炮弹命中松岛号，将桅杆炸断，几名水兵被炸身亡。伊东祐亨急令松岛后退整修，第一游击队继续攻击，第二游击队继续展开炮击。就在此时，两艘日本鱼雷快艇在炮火掩护下向定远号飞驰而来，快接近定远号时放出鱼雷。

刘步蟾猛然发现，急令“右满舵！”然而，为时已晚，一枚鱼雷击中定远左舷，轰然一声巨响，腾出一团火焰。

刘步蟾见状，扑通跪倒甲板上，哀号道：“定远完了！”

丁汝昌跑上前来看着被鱼雷炸出一道大裂口的战舰，哀叹道：“这是北洋的劫数啊！”

刘步蟾猛然站起，下令道：“传令，定远舰驶向浅海搁浅，用定远号充当炮台与倭寇决战到底！”

第二天，伊东祐亨又派十多艘鱼雷艇队进入港湾偷袭，来远、威远、差船宝筏及停泊于港内的拱北、日新、泰安等国产兵船均被鱼雷击中沉没。

定远舰搁浅，来远、威远及部分炮艇、鱼雷艇被击沉，使北洋舰队的战力削弱殆尽。伊东祐亨认为全歼北洋舰队的时机已经成熟。2 月 6 日下午，下令向刘公岛发动进攻。日本陆军预先在北岸架设速射炮与舰队配合，夹攻刘公岛及港内的残余舰船。

面对日军的强大攻势，丁汝昌命尚存的靖远、济远、平远、广丙及部分炮艇与刘公岛、日岛各炮台配合，严密封锁威海南北两口。一场炮战，终将日军联合舰队击退。

2 月 9 日，日舰再次向港湾发起攻击，丁汝昌以靖远为临时旗舰，率平远、广丙及诸炮艇、鱼雷艇至日岛附近，与日舰展开炮战。靖远舰被日军占领的鹿角嘴炮台发射的两发炮弹击中后搁浅，为免资敌，丁汝昌下令实施自沉。

宁死不降

发去刘公岛的电报迟迟没有回复，李鸿章预感情况不妙，正准备吩咐吴永给登莱青道刘含芳发电，令其派快船赶往威海卫打探，于式枚持电报来报：海口被封，陆路被堵，电报线路被日军切断，丁提督派人浮水登岸赶赴烟台，由登莱青道刘含芳致转电北洋，请中堂火速派兵救援，否则刘公岛不保。

李鸿章吩咐吴永道：“电令陈凤楼、李山椿由沂、莒迅赴威海卫驰援。电令刘含芳，派人浮水入刘公岛传达本堂令。”

终于等来了刘含芳派人潜水送来的李鸿章指令：丁、张、刘、杨、戴诸将，迭饬水陆将领力图保威，坚持静伏，固守待援，再坚持几日，外省必有援兵前来救援。

对于李鸿章“画饼充饥”的允诺，丁汝昌似乎已经不再相信，只能靠自己拼死一搏了。命令左一鱼雷艇管带王平率鱼雷艇队向敌舰船出击，尽可能击沉敌舰。岂料，这家伙不但没有袭击敌舰，反而率鱼雷艇集体出逃。使得北洋海军陷入更艰难的困境。

伊东祐亨抓住这一有利时机，一面以主力战舰攻击刘公岛，一面以辅助舰队的第二、第三、第四游击队合攻日岛。与此同时，陆军也从威海南岸发炮配合。

驻守日岛的是练习舰康济号管带萨镇冰及三十名水手，面对日舰猛烈的炮击，萨镇冰沉着应战，直到炮弹打完，才毁炮弃岛撤退至刘公岛上。

到了 2 月 10 日，日岛被日军占领，刘公岛成了北洋水陆两军最后的依托。

伊东祐亨派人给丁汝昌送来劝降书，让丁汝昌率部投降。水陆营务处提调牛昶昞携英籍洋员马格禄、泰莱，美籍洋员浩威，德籍洋员瑞乃尔前来海军公所，劝说丁汝昌向日军投降。

丁汝昌对他们道：“汝昌决意誓死报国，尔等若有苟且偷生之念，可先行离去，丁某绝不为难。”

刘步蟾、张文宣、杨用霖等将领获悉牛昶昞携带洋员游说丁汝昌投降后，纷纷表示“舰亡与亡，绝不投降”！

10 日夜，刘步蟾下令广丙管带程璧光开炮击沉靖远，安装炸药炸毁定远号后，于当夜服毒自杀。

12 日，岛上数十居民在牛昶昞怂恿下前来海军公所向丁汝昌跪求请愿，让他答应向日军投降。

丁汝昌劝说岛民道：“父老乡亲们！丁某无能，不能保护你们，但绝不会牵连你们，都回去吧，日本人要的是我丁汝昌的脑袋，汝昌愿以一人性命，保全大家性命！”

当日夜晚，牛昶昞再次来公所劝降，丁汝昌命牛昶昞将北洋提督关防印截角作废，而后服毒自杀。杨用霖持短枪登上千疮百孔的爱舰镇远号，开枪自杀。

张文宣给舅舅李鸿章写下遗札，也服毒自杀。

遗札写道：“此次战事，有守一月而不支者，有守数月而不支者，有守半年不支而至死不屈者。相座当付泰西各国观战武员评其得失勇怯，不能以成败论！文宣不孝，日后不能侍奉你老人家了，就此诀别。”

北洋覆灭

丁汝昌等北洋将领自杀后，牛昶昞携带并没有截角的北洋提督关防印，找到广丙管带程璧光及马格禄、泰莱、浩威等洋员一番商议后，由浩威假借丁汝昌的名义，草拟了一份《威海降约》，并加盖上北洋提督关防印戳。

降约共十一项，其中包括：海陆军无论清朝将士还是雇佣的洋员，必须把自己的国籍、职衔、姓名报给日方，以便分别遣还；文武官员发誓今后不再参与军事之事；刘公岛的一切器械集中一处，岛上兵士由日军护送离开威海卫；个人的私有物品全部由个人带走，所有军器悉数留岛，不得带走；老幼妇残愿意离岛者，乘坐清船自行离去；运载丁汝昌灵柩的“康济舰”不在受降之列，以供北洋海军及威海陆路各官乘坐撤退。最后一条是清朝军队如有违反，日军必仍开炮，本协约即刻作废。

2 月 12 日，牛昶昞乘坐“镇北号”炮艇，前往日舰旗舰松岛号抛锚地，以北洋海陆代表身份携《威海降约》登上日舰松岛号，与日本联合舰队司令伊东祐亨签订《威海降约》十一条，并将北洋舰队残余之战舰、炮艇、鱼雷艇共十一艘，刘公岛炮台及军资器械，全部移交日军。

两天后，牛昶昞、程璧光再次登上日舰松岛号，交出中国将弁、洋员名册及陆军编制表，并告以担任武器、炮台、舰船委员姓名。

第二天，牛昶昞代表清军在投降条约上签字，刘公岛沦陷。

2 月 17 日上午 10 点 30 分，清军兵士退到日军前哨线外，日本联合舰队一字排开进入威海军港，宣布甲午战争除台湾军民抗争之外，以日军大胜清军而结束。接着，日本联合舰队占领了威海港，举行捕获仪式。

北洋海军镇远、济远、平远、广丙及残余的炮艇、鱼雷艇全部作为日军战利品插上日本国旗。北洋练习舰康济号被解除武装，交还中国。全岛海陆军官兵 5124 人被日军遣返离开军港。

下午 4 时，康济号载运着丁汝昌、戴宗骞、刘步蟾、杨用霖、张文宣的灵柩在悲哀的汽笛声中，缓缓驶离刘公岛。

此时，刘公岛上，威海港内，北风呼啸，汽笛哀鸣，渐隐渐去的夕阳下，清王朝的黄龙旗被日军士兵扯下，升起了日本国旗。

一直在催促援兵火速赶往威海，等待刘公岛传来消息的李鸿章，终于等来刘含芳于烟台发来的急电：丁军门服毒自杀，刘公岛失陷！李鸿章一把接过电文，颤抖的手戴上眼镜，边阅读电文，边喃喃自语："北洋，北洋水师，北洋水师呀！"一口鲜血喷涌而出，身体一歪，晕倒在地上……

3 月 12 日，朝廷下旨裁撤海军衙门及海军内外学堂，从大清国军队建制上抹掉了北洋水师。

第三十六章

赴日求和

李鸿章还在为北洋水师全军覆没输光了全部“家底”而悲痛欲绝的时候，圣旨送达：着李鸿章钦差大臣赴日议和，克日赴京陛见请训。钦此！

关于与日本议和的事，早在1894年10月初，中日还在交战的时候，奕䜣便奉慈禧之命出面请求英国联合美、俄、德、英共同调停中日战争。由于列强各有各的打算，并没有真心实意去向日本施压促成中日停战和谈，加上日本的拒绝，奕䜣的活动没有得到任何结果。

去年11月初，日军侵入辽东，将战火烧入中国。慈禧十分恐慌其“龙兴之地”遭到兵燹之灾，李鸿章又在慈禧威逼下，请美国驻华公使田贝出面调停。这时，美国政府认为对清政府进行讹诈的时机成熟，表示愿意居间调停。得到田贝的允诺后，李鸿章委派天津海关税务司德璀琳前往日本，摸一摸日本政府议和的条件。德璀琳赶赴日本后，日本外务省以非大清朝廷要员而拒绝接洽。同时，通过田贝转告大清总理衙门，若和谈，需派“具有正式资格的全权大臣”方予接洽。

旅顺失守后，慈禧害怕日军进犯京津，于1895年1月14日，派户部侍郎张荫桓、湖南巡抚邵友濂为全权大臣，并聘美国前国务卿科士达为顾问，国际法专家伍廷芳随同赴日求和。当时日军正猛攻北洋威海军港，由于军事上的胜利，日本的侵略胃口愈来愈大，气焰也更为嚣张，觉得迫使清政府无条件投降的机会还未成熟。借口“全权不足”，广岛将清政府派的两位求和大臣侮辱一番后，驱逐回国。同时，日本首相伊藤博文通过伍廷芳向清政府转达日方和谈要义两条：1. 指名要恭亲王或李鸿章充当全权大臣；2. 议和将涉及割膏腴（国土）、偿巨款。

回国后，伍廷芳及时将日方提出的和谈要义两条报告总理衙门及李鸿章。对于日本提出的议和条件，李鸿章早已料到，所以才不敢轻易领旨与日本议和。

关于选派赴日和谈大臣，在光绪的心目中，安排恭亲王，显然他不会答应，也不合适；安排败将李鸿章前往，虽然很不乐意，但别无选择。

李鸿章接旨后，致电总理衙门大臣张荫桓，请代筹聘熟悉公法条约，知悉日文者襄助。张荫桓复电“不用请洋人，伍廷芳、李经方两人前往即可”。

李经方、李经述劝说父亲以病不能前往，推掉这桩官差。

李鸿章连连摇头对儿子道：“大身为北洋大臣，北洋水师全军覆没，大若不去，也是死路一条；大只能卖出这张老脸去向伊藤乞求，能为大清争回一点是一点吧。”并吩咐李经方抓紧找伍廷芳搜集有关国际公法、条约、国际惯例等资料，做好赴日求和的准备。

陛见领旨

议和事体重大，作为罪臣，李鸿章不敢耽搁，携于式枚、李经方、罗丰禄、伍廷芳、吴永等进京入住贤良寺。入住后，李鸿章便马不停蹄奔走于英、法、美、德、俄各使馆，请求他们支援。可洋鬼子们要么避而不见，要么含糊其词，连日奔波却毫无收效。

洋鬼子们不帮忙，李鸿章只能希望面见慈禧，得到慈禧允诺不至于事后被追究。可等了好几天，李莲英才前来宣旨：“太后口谕，凤体不适，不能面见李鸿章，着一切遵上旨可也。”

李鸿章知道慈禧是在有意躲避，把这种赔款割地丧权辱国的事推给光绪，不免感到心中阵阵凄凉，只能硬着头皮陛见光绪。

陛见光绪前，李鸿章先去总理衙门拜访恭亲王奕䜣。

奕䜣问道：“闻悉中堂连日奔走于英、法、美、德、俄各国使馆，可有收效？”

李鸿章回答道：“列强虽对我抱有同情之心，却无压制日本切实之举，毫无收效。列强们各有各的小九九，甚至还想乘中日议和之机，坐收渔翁之利。”

奕䜣一声哀叹道：“可想而知，可想而知啊。割让土地，上意不允，若不割让土地，和约难成，真是难为中堂了。”

李鸿章道：“疆土生存之本，祖宗留下基业，历朝历代不惜兵戎相向，寸土必争，若上意不允，鸿章誓死不能画押。”

奕䜣淡淡一笑道：“中堂贤达之士，皇上一国之君，割让国土丧权辱国，金口难开。”

李鸿章道：“微臣亦背负不起割让国土丧权辱国之千古骂名啊。”

奕䜣稍作思考后道：“当下，辽东，倭军兵临奉天；山东，北洋已亡；直隶平原无险可守，倭军兵锋直指京畿，我大清已无力抗衡。情急之下，若苟利于大局，图谋于国计，何暇更避怨谤？中法之战，边境便互有割让，虽区域狭小，亦不违先例。皇上、太后心中早已有数，不割地难成和约，只是金口难开而已。以老臣之见，为了早日与日国罢战言和，早晚皇上金口会开的。中堂啊，我等身为朝廷重臣，国之危难之际，当挺身而出，责无旁贷。”

李鸿章道：“家父临终遗言，李家世受皇恩，具有天良，既当苟利于国，何暇更避怨谤？鸿章若能身负罪名，挽大清江山社稷，愿不嫌暂屈，以求神知。”

奕䜣感慨道：“中堂，大清栋梁也！”

在奕䜣安排下，光绪在乾清宫接见了李鸿章，并让奕䜣、翁同龢等大臣作陪。

李鸿章首先向光绪奏报道：“臣闻悉，日国提出割膏腴、偿巨款之无理要求。而割地有损大清江山，臣更不敢前往。更，臣年老体迈，老眼昏花，恐有违圣恩。若皇上一定要臣前往，臣恳请翁师傅一同前往。”

翁同龢一听，连忙叩拜道：“皇上，这，这，万万不可呀！”

李鸿章冷冷一笑道：“当初，翁师傅不是一味主战，难道现在改变主意了？”

翁同龢吞吞吐吐道：“太后已懿旨李中堂钦差大臣赴日议和，臣断不敢前往。”

李鸿章再提美国前任国务卿科士达为顾问同往日本，得到光绪批准。

光绪御台上来回踱步良久，回坐龙椅后对李鸿章道：“朕思考再三，权衡于利害之轻重、情势之缓急，为统筹全局，朕决意即与日国定议条约，以纾宵旰之忧，而慰中外之望。为我大清江山社稷，朕授你为头等全权大臣，予以署名画押之全权，并商让土地之权。”

听了光绪这番话，李鸿章眼睛一亮，瞟一眼低头不语的奕䜣，连忙叩拜道：“臣李鸿章领旨，臣定会拟就形势方略，斟酌轻重，力与辩争，除此之外，日国所求，亦当相机迎拒。”

光绪道：“李爱卿年岁已高，朕准携子李经方一同前往。”

李鸿章叩拜道：“谢皇上！”

光绪道：“中日能否尽快罢战言和，为我大清江山社稷，朕就全指望你了！”

李鸿章叩首道："臣自当为我大清江山社稷肝脑涂地，在所不辞。"

很快，大清赴日议和代表团组成，头等全权大臣李鸿章、参议官李经方、参赞官罗丰禄、参赞官伍廷芳、参赞官马建忠、参赞官卢永铭、翻译官罗庚龄、谈判顾问美国前国务卿科士达，译电员、郎中、伙夫等一行三十多人的代表团乘坐租用德国的"公义号"客轮，离开天津前往日本马关。

抵达马关

1895年（光绪二十一年）3月19日，"公义号"客轮鸣响汽笛，在几艘日本战船护卫下缓缓靠向码头。客轮停稳后，李鸿章身穿官袍拄着拐杖率伍廷芳、马建忠、李经方、罗丰禄、科士达等众随员走下客轮。日方翻译陆奥广吉、内阁书记官伊东巳代治率领轿车车队前来码头迎接。一番寒暄问候后，陆奥广吉请李鸿章一行乘坐轿车前往下榻旅店春帆楼。

车队到了春帆楼时，日本首相伊藤博文、外相陆奥宗光等官员已经楼下等候。李鸿章刚走下轿车，伊藤便热情接上前来寒暄道："欢迎李中堂！"

李鸿章回应道："谢谢伊相前来迎接！"

伊藤博文道："中国圣人孔子有云，有朋自远方来，不亦乐乎嘛！"

李鸿章回应道："人不知而不愠，不亦君子乎。"

伊藤博文上下打量一下李鸿章道："中堂像是老了些许，不过精神尚且饱满。"

李鸿章苦涩一笑道："伤心最苦人易老，哪堪西风吹暮年啦。"

伊藤博文道："有道是，人世几回伤往事，山形依旧枕寒流。"

李鸿章道："人道无常，谁人可变？"

伊藤博文"哈哈"一笑道："扯远了，中堂此来一路顺风否？"

李鸿章道："一路顺风，谢谢！"

伊藤博文道："此间地僻，并无与头等钦差相宜馆舍，甚为抱歉！"

李鸿章抱拳道："岂敢，岂敢！"

一番寒暄后，伊藤博文引领李鸿章一行步入会议厅。入座后，伊藤博文道："本日应办之第一要事，当互换全权国书。"

李鸿章道："那是自然。"接着，吩咐李经方与陆奥宗光相互交换国书，而后，介绍中方谈判代表团成员。伊藤博文看了看中方国书后道："此次敕书甚妥。贵国未派中堂之先，派张、邵大人来此，似未有诚心修好之意。中堂位尊责重，此次奉派为头等全权大臣，实出至诚，但望贵国既和之后，所有此事前后实在情节必须明白。”

李鸿章道：“我国若非诚心修好，必不派我；我无诚心议和，亦不来此。”

伊藤博文道：“记得十年前在天津，博文与中堂晤谈，敝人曾进言，贵国之现状实有改进之必要。但尔后贵国晏然依旧，不图改进以至今日，实深感遗憾。”

李鸿章哀叹道：“鸿章身单力薄，虽致力于洋务强国，无奈国人囿于习俗，未能如愿以偿。”

伊藤博文道：“中堂眼中只见树木不见森林，只见皇上不见国民，故而难有作为。”

李鸿章淡淡一笑道：“君为臣纲，君叫臣死，臣不得不死。”

伊藤博文道：“一皇独尊，中国若不彻底变革维新，难以自强。”

李鸿章赞许道：“贵国维新变法，效法西制，兵将悉照西法训练，甚精；各项政治，日新月盛。此次本大臣来日前，进京陛见圣上与士大夫晤谈，也深知我国必须改变方能自立。”

伊藤博文道：“华夏五千年灿烂文明，今日却萎靡于此，甚感惋惜！”

李鸿章道：“我大清积弊沉疴习俗难改，十年过后依然如故，老夫自惭心有余而力不足。不过，中日一战，中国得以从长夜之迷梦中觉醒，此实为日本促成中国发奋图强，帮助其将来之进步，可谓得益巨大。”

伊藤博文不解，问道：“中堂此言何意？”

李鸿章回答道：“痛定思痛，方能奋发图强。”

伊藤博文赞许道：“天道无亲，惟德是亲。贵国如愿振作，皇天在上必能扶助贵国如愿以偿。不过，就目前大清国力，若不彻底革新除弊，数十年内难与我大日本抗衡。”

李鸿章道：“中国有句古话，叫冤家宜解不宜结。中日两国一衣带水最为邻近，今暂时相争，总以永好为事。庶我亚洲黄种之民，不为欧洲白种之民所侵蚀。”

伊藤博文赞许道：“中堂所言，甚惬我心。”

李鸿章道：“首相既赞赏中日永好，而今和谈已始，依照国际公例，双方陆海军当立即停战。”

伊藤博文连忙道：“不不，日中代表首次见面，尚未涉及和约事项，停战之事明日作答。敢请中堂一行先前往引接寺客房入住，明日再谈，可否？”

李鸿章风趣道：“鸿章客居贵邦，敢不从命？”

艰难谈判

3 月 20 日，中日谈判在春帆楼会议厅举行。

李鸿章率伍廷芳、马建忠、李经方、罗丰禄、卢永铭、罗庚龄、科士达等中方代表；伊藤博文率领陆奥宗光、内阁书记官伊东巳代治、外务书记官井上胜之助、外务大臣秘书官中田敬义、外务省翻译官陆奥广吉、外务省翻译官楢原陈政等参加谈判。

谈判前，陆奥宗光告诉李鸿章道："为保证此次日中和谈安全保密，首相下达四条命令，除谈判人员外，不论何人有何事，一概不得踏入会场；拒绝各国记者采访，本土各报报道经新闻检查后方可付印；除官厅外，任何人不得携带凶器；各客寓旅客出入，均须由官厅稽查。"

伊藤博文告诉李鸿章道："清政府议和专使的密码密电均可拍发，公私函牍概不检查。"

第一次谈判的议题就是停战。

日方提出：若停战，需等日军占领大沽、天津、山海关三处地方，天津至山海关铁路交日方管理，否则，不予停战。

中方辩驳：现日军并未至大沽、天津、山海关等处，何以所拟停战条款内竟欲占据？中方断不能接受！

日方强词夺理：凡议停战，两国应均沾利益，清军以停战为有益，故日军应据此三处为质。

中方反驳：中、日系兄弟之邦，所开停战条款未免凌逼太甚！

作为特邀代表，科士达对日方的蛮横无理要求表示不满，斥责日方强权压迫，与国际公理所不允！

中方提出：议和则不用兵，故停战为议和第一要义，如两国继续战争，议和岂非诚心？

日方要挟强调：必须以三处为质，如不能允许，不妨搁置。

中日第一次谈判，没有达成任何结果，便不欢而散。

3 月 21 日，中日举行第二次会谈。

日方继续提出休战条件：中国必须交出大沽、天津、山海关及铁路、军需，限三日答复。

对于日方蛮横要求，李鸿章乞求道："昨日初次会议，我已说明，鸿章向来说话不作虚假，你我既是多年朋友当诚心相待，今日所议停战之款实难照办，我两人忠心为国，亦须顾全大局。"

伊藤博文道："局面竟至于此，非中堂之过，若要日方停战，中方必须满足日方提出要求。"

李鸿章道："日方所质大沽、天津、山海关三地，乃大清京畿要冲，容老夫电奏朝廷再与答复。"

3月24日中日进行第三次谈判，因为朝廷拒绝日方提出的交出大沽、天津、山海关及交出铁路、军需等苛刻条件，本次谈判不再提停战之事，而是商谈媾和条件。

日方抛出媾和条件：1. 确认朝鲜独立；2. 中国向日本赔偿军费白银三亿两；3. 割让台湾本岛及澎湖、辽东半岛；4. 中国向日本开放北京、沙市、重庆、苏州、杭州、湘潭和梧州七处通商口岸；5. 长江、西江、吴淞江及运河等内河的日船航行权；6. 日本驻军地点及军需费。

李鸿章被日方提出的无理要求惊呆了，当场被气得语无伦次，浑身直哆嗦，会谈无法进行，只能停止。

街头遇刺

下午四时许，李鸿章乘坐的轿车在几名日本警察护送下返回引接寺，路过马关街头一杂货铺门前时，早已埋伏在门前的日本右翼分子小山丰太郎忽然冲上前来，迅速掏出手枪，对准车后排的李鸿章"砰砰"就是几枪。几枪中有一发子弹击中李鸿章的左眼下方。顿时，鲜血迸涌，血流满面，鲜血染红了李鸿章的官帽、官袍。坐在轿车上护送的陆奥广吉惊恐地叫喊道："刺客！抓刺客！"

行刺后，小山丰太郎撒腿便跑，随车护送的警察边尾随追赶，边叫喊："抓刺客！"街头行人见状四下逃散，现场一片混乱！坐在后面轿车上的李经方、伍廷芳、马建忠、罗丰禄、科士达等人纷纷下车跑上前来。

李经方钻入车内，看着满身是血的已经晕厥的父亲哭泣道："大！"接着吩咐驾驶员道："快把车开去引接寺！"

陆奥广吉跳下车道："我去报告首相！"

李鸿章被送到引接寺客房后，随队前来的中国郎中立刻展开救治。在郎中清洗伤口、止血、复苏等一番紧急救治下，李鸿章渐渐苏醒过来。

李鸿章苏醒后，伍廷芳、马建忠、罗丰禄、科士达等赶来客房探视。

科士达告诉李鸿章道：“大人，科士达已将日本浪人刺杀大清国谈判使臣的消息电告美、英、法、德、俄驻日公使，很快全世界都会知道马关血案！”

李经方告诉父亲道：“经方也给几位日本报界好友写了信札，将马关血案告诉他们，请他们公布于众。”

听了科士达、李经方的话，李鸿章苍白的脸露出一丝微笑，有气无力地道：“鸿章的鲜血可以报国矣！”

谈判尚无任何结果，中国使臣便街头遇刺，伊藤博文接报慌了手脚。伊藤知道，李鸿章长期从事洋务工作，在西方发达国家拥有很高的知名度，而且已经古稀之年，代表战败国大清前来日本谈判遭刺客谋害，头部中枪伤势严重，势必会引起美、英、法、德、俄等国的同情，日本的开明人士也会抓住这件事向政府发难。除此之外，伊藤博文更担心如果李鸿章死了，谁有这个能力继续谈判？倘若死不了，以此为借口回国，并利用各国同情心请求列强进行干预压制日本，那么日本在谈判中将不得不做出重大让步。要是哪个国家想找机会干涉中日战事，李鸿章遇刺事件无疑也是一个最好借口。因此，在李鸿章遇刺之后，伊藤博文、陆奥宗光就立刻赶到引接寺慰问。

明治天皇接报后，也感到震惊与羞耻，一面下令严惩凶手，以保护日本的国际声誉；一面命侍从武官中村大佐担任特使，带着军医总监石黑忠惠等人赶赴马关，为李鸿章疗伤。皇后一条美子知道后，赠送绷带，并派遣两名护士前去照顾。

几天后，中国代表团日本马关遇刺的消息，由科士达传出后，世界舆论哗然！纷纷谴责日本发动战争欺侮弱国，表达对中方的同情，对李鸿章伤情的关心。日本国内报纸也报道了中国谈判代表遇刺血案，遇刺事件也在日本引起不小轰动。国际、国内舆论的喧嚣使得伊藤内阁处于十分不利的地位。与此同时，侵华战争的前方，因战线拉长，物资保障上也出现了困难。

李鸿章也抓住这一事件，一边上奏朝廷，一边采用拖延战术，对日方提出的六条，除允许朝鲜独立这一条外，其他各条进行逐条驳斥，逼迫日方做出妥协。

舆论压力，中方拖延战术起到了作用。3 月 28 日，陆奥宗光前往引接寺向中方通报日本政府决定，同意无条件停战，并约定双方进入正式和谈阶段。由此，李鸿章遇刺事件告一段落。

3月30日，中日停战条约成立，二十一天内，中日在奉天、直隶、山东境内暂停战斗行动。

颐和园乐寿堂寝宫的慈禧，接到李鸿章日本发来的“用鲜血和生命换来的停战”电报时，感动得老泪纵横。

屈辱签约

4月1日，应日方要求，中日恢复谈判。因李鸿章枪伤尚未痊愈，电请朝廷批准后，委派儿子李经方为中方全权代表与日方谈判。

日方依然提出：朝鲜自主，割辽东、台湾、澎湖，赔款三亿，重订商约等和谈条件。

中方答复：日方所列议和条款，中方可认明朝鲜国确为完全无缺之独立自主一项，其他各项中方均不能接受。

日方强硬提出：中方必须接受！

中方反驳：割让台湾及辽东，赔款白银三万万两，简直是强盗行径，中方断不能接受！

日方威胁：若中方不能接受，待停战期限届满，日方将继续开战。

中方回应：日本蕞尔小国，我中华十八省，久战，日必不可支。

日方威胁：日军将会攻入北京城，大清朝廷将亡国！

中方回应：若日军进攻北京，皇都将迁往西安，举全国之力与日军作战！欧美各国不会坐视中国沦为日本殖民地。

因双方和谈条件过于悬殊，第四轮谈判依然没有任何结果。

会谈结束后，李经方将会谈结果向李鸿章做了汇报。李鸿章指示儿子，将日方提出条件电报朝廷。同时，因枪伤短时间难以痊愈，请旨朝廷另派大臣前来日本接替谈判，自己回国治疗枪伤。并在病榻上一只眼睛、颤抖的手，拿起墨笔给伊藤写信，劝说日方做出让步。

信上写道：伊相阁下大鉴，割地、赔银、开放商埠实难应允。日与我开战之时，令其公使布告各国曰：我与中打仗，所争者朝鲜自主而已，非贪中国之土地也，现何出让地之求？日国所索赔款，既名为兵费，似即指此次用兵之费而言，其迄今所费详细数目，未睹官中簿籍，虽非外人所能周知，何出三万万之巨？中国如准日商在华造货，势必尽夺小民生计，各国皆援一体均沾之例，则华商之制造厂所立即挤倒矣。日国自称文明之邦民生为本，何能倚强凌弱，商侵中华庶民……

伊藤博文接到李鸿章这封措辞锋利的信札后，电令大本营，日中谈判陷入僵局，日本舰队可择机登陆澎湖。

终于等到了朝廷复电，电文写道：该大臣若能坚持，望继续完成和谈，让地以一处为断，赔费以万万两为断。李鸿章吩咐儿子给朝廷复电：不敢轻允割弃台湾，让地限一处，不知将来能否办到？敌所已据处，争回一分是一分，未据处丝毫不放松。赔费一层，竭力争取。

因为早在甲午战争开战前，日本特工便破译了中方密码。李鸿章与朝廷联络的所有电文，伊藤博文很快知晓。伊藤博文最担心的是李鸿章借枪伤回国，通过破译电报，李鸿章已经向大清朝堂提出更换谈判大臣的请求。伊藤博文知晓大清国除了李鸿章没有第二位能够胜任这样的谈判，所谈结果也不会得到大清最高领导人慈禧的认可。于是，紧急召集阁僚商议，为挽留下李鸿章，尽快促成和约签字，日方做出让步。

4 月 10 日，中日第五次会谈时，日方提出割地划出辽阳，赔款减为两亿，限三日内答复。

李鸿章迅即吩咐儿子将日方提出的新条件电报朝廷。两天后，朝廷回电李鸿章：“若实无回旋余地，该大臣可照此条件酌定签约。”

得到朝廷回电后，4 月 17 日上午 10 时，李鸿章拄着拐杖带伤率领中方代表团出席《马关条约》（草案）签字仪式。

历时 24 天，经七轮谈判，中日全权大臣在马关春帆楼正式签订《中日马关条约》，又称《中日讲和条约》。条约主要内容为：中国认明朝鲜国确为完全无缺之独立自主；中国割让辽东半岛、台湾全岛及所有附属各岛屿给日本；中国赔付日本战争军费库平银二万万两；日本臣民得在中国通商口岸城邑，任便从事各项工艺制造，又得将各项机器任便装运进口，只交所定进口税；开放沙市、重庆、苏州、杭州为商埠，日船可以沿内河驶入以上各口，搭客载货等。

含恨归国

1895年4月18日上午九时许，李鸿章率领的中国谈判代表团，在伊藤博文、陆奥宗光等官员护送下徒步前往马关码头。

伊藤博文假惺惺地道："中堂与余此身，恰似连结两国之一缕丝线，即将断绝之两国脉络，仅赖此一缕丝线才得保持。"

李鸿章语调低沉地回答道："恐怕自今日起，这缕丝线已经扯断。日后，你我两国唯遵循和约行事，已无民族之情感。"

伊藤博文问道："中堂为何出此绝情之言？"

李鸿章道："中国人最怕伤心，此次日本谈和，太让老夫伤心，也伤了我四万万同胞的心。从今之后老夫绝不再踏贵国国土。"

伊藤博文问道："也不欢迎老朋友前往中国？"

李鸿章道："中华乃礼仪之邦，老夫随时恭候。"抱拳道："就此一别！"晃动拐杖，大步登上停泊在港口的德国"公义号"客船。

登上客船后，李鸿章回望马关，感叹道："日本，一个贪婪强盗一般的民族；马关，一个让老夫切齿痛恨的海岛。"

4 月 20 日，李鸿章一行抵达天津。途经大沽口时，李鸿章命马建忠将《中日马关条约》文本，即附奏折禀报议和详情，送往总署交奕䜣呈光绪、慈禧。

"公义号"停靠天津港时，署北洋大臣王文韶、周馥、盛宣怀、于式枚、吴永等官员前往码头迎接。

李鸿章下船后，一到家顾不上还未痊愈的脑部枪伤，命于式枚致电俄、德、法公使。电文写道："本堂奉旨赴日，忍辱签约，痛不欲生，恳望看在往日交情上，游说本国政府出面干预。"给总理衙门致电："敌焰方张，得我巨款及沿海富庶之区，如虎傅翼，后患将不可知。臣昏耄实无能为，深盼皇上振励于上，内外臣工齐心协力，及早变法求才，自强克敌。"

接到李鸿章呈递的条约文本及奏折，奕䜣入宫陛见光绪。割地赔巨款，事体重大，光绪不敢当家，命奕䜣、奕劻、翁同龢、孙毓汶、徐用仪等一干大臣携带条约文本及李鸿章奏折，前往颐和园请旨慈禧。

慈禧却耍了个滑头，让李莲英传达口谕："今日偶感不适，不能见。和战重大，两者皆有弊，不能断，令枢臣妥商一策以闻。"

条约风波

朝廷批准《马关条约》当日，御史易顺鼎奏劾李鸿章父子丧权误国，不可姑容，请罢和议，提出迁都、拒守二策，被光绪否决。

京城松筠庵为文人集会的场所，也是各省进京参加殿试的莘莘学子学习交友的地方。时值割地、赔款的丧权辱国的《马关条约》签署期间，以梁启超、康有为、谭嗣同、林旭、刘光第、杨深秀等一大批进京赶考学子聚集一起，声讨日本侵略罪行，抨击清廷和李鸿章的卖国行径。

更有康有为、梁启超等联络各地进京赶考学子，发起上书请愿，提出“迁都定天下之本，练兵强天下之势，变法成天下之治”的口号。

次日，学子们高举“拒和、迁都、练兵、变法”标语，高喊口号聚集在都察院门前，高喊“惩治卖国贼！诛杀李鸿章！”“拒绝卖国和约，变法图强！”口号，许多民众也积极参与，造成一场声势浩大的请愿爱国活动，史称公车上书。

面对朝野一片反对声，光绪下旨：“明发朱谕，昭告天下。自和约定议，廷臣交章论奏谓地不可弃，费不可偿，仍应废约决战。其言固皆发于忠愤，而于朕办理此事兼权审处，万不获已之苦衷。自去岁仓猝开衅，征兵调饷不遗余力，而将少宿选兵非素练，纷纭召集不殊乌合，以致水陆交绥，战无一胜。至今日，而关内外情势更迫，北则近逼辽沈，南则宜犯畿疆，皆意中事。天心示警海啸成灾，沿海防营多被冲没，战守更难措手。一和一战两害孰权，而后幡然定计。此中万分为难情事，乃言者章奏所未详，而天下臣民皆应共谅者也。兹当批准定约，特将前后办理缘由明白宣示。嗣后我君臣上下，惟当坚苦一心，痛除积弊，于练兵、筹饷两大端，尽力研求，详筹兴革，勿存懈志，勿骛虚名，勿忽远图，勿沿故习，务期事事覆实，以收自强之效。朕于中外臣工有厚望焉！”

5月2日，光绪批准了李鸿章签署的《中日马关条约》。

5月8日，谕旨伍廷芳、联芳与日本代表伊东美久治在烟台互换和约。至此，丧权辱国的《马关条约》生效。

5月25日，台湾民主国宣布成立，唐景崧为总统。国旗蓝地黄虎，年号定为永清。5月29日，日军在台湾澳底开始登陆。同日，李电告伊藤，台湾已为自主岛国，中朝实难遥制，仅能照约交出，余均无从过问。

6月2日，李经方与日本桦山资纪会于基隆口外三貂湾，签订台湾交接文据，台湾岛完成交接手续。

6月4日，唐景崧逃离台北赴沪尾，日军进占台湾。

7月6日，中俄于圣彼得堡签订借款合同，又俄法合借款四亿法郎，即一亿两白银，用以偿还日本战争赔款。

8月28日，朝廷谕旨：革去李鸿章直隶总督、北洋大臣之职，入住贤良寺候旨听命。王文韶为直隶总督、北洋大臣。李鸿章接旨后，携妾莫氏，儿子李经方、李经述、李经迈，老仆人刘斗斋及幕僚于式枚、吴永等入住贤良寺。

日本国的贪婪行径引发俄、德、法的不满，侵害了他们的利益，遂三国共同压制日方归还中国辽东半岛。10月7日，日本外相西园寺公望与俄、德、法三国公使商定交还中国辽东半岛事宜。11月8日，李鸿章奉旨与日本公使林董，于北京签订《日本国归还奉天省南边地方条约》。条约规定，清朝以白银三千万两赎回辽东半岛，日本军队从辽东半岛撤出。

周馥接受不了甲午战败，《马关条约》丧权辱国，以“咳病加剧”自请开缺，乘船南归寓居扬州。刘含芳也愤然以病辞官返乡，1898年病逝于家乡贵池。

辞官回老家休养的刘铭传获悉台湾割让日本后，哀叹道：“台湾啊，我刘铭传不惜冒死抗法保台，呕心沥血筹建台省，修铁路建码头、架电线办邮局、办学堂开民智、开矿山富民生，到头来，宝岛台湾却沦落倭人之手！”于是，忧愤至极，一病不起，于1896年1月12日病逝于刘氏庄园，时年六十岁。死后，朝廷追封太子太保，谥壮肃，生平事迹付史馆立传，家乡建专祠。

《马关条约》批准后不久，伍廷芳奉旨赴任大清国驻美国、西班牙、秘鲁三国公使。

第三十七章

宰相出访

戎马四十余年的李鸿章终于可以消闲了。他让吴永到鸟市买回一只画眉，每天清早提着鸟笼在吴永陪同下，在贤良寺大院子里遛遛鸟，听听鸟叫；上午临帖练练毛笔字，看看圣贤书；下午起床后，要么请郎中做做按摩，要么泡上一杯茶，找来吴永倾诉自己的心声。

李鸿章向吴永倾诉道："老夫办了一辈子的事，洋务也，练兵也，海军也，都是纸糊的老虎，朝廷何尝实在放手让老夫办理过？不过勉强涂饰，虚有其表，不揭破犹可敷衍一时而已。这就如一间破屋，由裱糊匠东补西贴，居然成了一净室。虽明知为纸片糊裱，然究竟决不定里面是何等材料。即有小小风雨，打成几个窟窿随时补葺，亦可支吾对付。乃必欲爽手扯破，又未预备何种修葺材料，何种改造方式，自然真相破露不可收拾，但裱糊匠又何术能负其责？"

吴永道："恩师对大清国忠心耿耿，近乎愚忠。"

李鸿章"哈哈"一笑道："当年老夫恩师，你外公爷不也是如此吗？自古君臣之道，君之视臣如犬马，则臣视君如国人。"

吴永道："然亦有，君臣之道，恩义为报。"

李鸿章道："君可负臣，臣则不可负君。鸿章少年科第，壮年戎马，中年封疆，晚年洋务，一路扶摇，坐镇北洋，遥执朝政，那是何等风光啊！"

李鸿章虽然赋闲贤良寺，可也关心进京赶考学子们京城请愿的事，对康有为、梁启超等学子提出的"练兵、变法"主张，创办的"强学会"很感兴趣，竟然吩咐李经方携银两千两，替他报名申请加入了强学会。

这样休闲的日子没过几个月，圣旨送达：着李鸿章为正使、邵友濂为副使，出使俄国参加俄皇加冕盛典。

原来俄皇尼古拉二世加冕典礼，邀请中国派团前往祝贺。光绪派湖北布政使王之春出使俄国，被慈禧否决，改派李鸿章为正使，在家养病的邵友濂为副使，出使俄国参加俄皇加冕盛典。参加完俄皇加冕典礼后，顺访欧美。

接到光绪这道圣旨，李鸿章顿然有一种“柳暗花明又一村”的感觉。但是，老谋深算的李鸿章却有意回复一道婉言谢绝奏折。奏折写道：罪臣李鸿章跪奏，现下中外大臣，通知洋情，娴习仪节，堪膺专对者，尚不乏人。微臣以七十有四之衰龄，涉三万有余之海路，时逾数月，地隔三洲。凡风涛寒暑之交侵，实疾病颠连之莫保。即使凭仗威灵，长途无恙，亦岂能以残躯暮齿，从事于樽俎之间。倘陨越于礼仪，殊有伤于国体。请求皇上收回成命，别简贤员。

吴永对李鸿章的这道奏折很是诧异，问道：“钦差头等出使大臣，正是恩师一扫阴霾重新出山极好机会，老师怎么能恳辞了呢？”

李鸿章得意地一笑道：“该是你的，别人拿不去，不是你的，想争也争不来。”

果然，很快光绪圣旨又到：李鸿章耆年远涉，本深眷念，惟赴俄致贺，应派威望重臣方能胜任。该大学士当体仰朝廷慎重邦交之意，勉效驰驱以负委任，无得固辞。并允携子同行。钦此！

接着，李莲英送来慈禧懿旨，着李鸿章颐和园乐寿堂觐见。皇上、太后相继下旨，“卖国贼”李鸿章这会儿才真正眉开眼笑了。

颐和园乐寿堂，李鸿章三叩九拜跪拜后，慈禧破例给李鸿章赐座。

慈禧问道：“李鸿章，本宫多日未见，倒是气色好了许多。”

李鸿章道：“回太后，蒙皇上、太后圣恩，罪臣闲散贤良寺，读书以养性，养鸟习字以消时，徒步以健体，养生以延年，养尊处优，气色岂能不好？”

慈禧淡淡一笑道：“倒是很会消闲。本宫要你停止消闲日子，出使俄国，参加俄皇加冕庆典，并与俄国晤谈联俄制日之事，你意下如何？”

李鸿章道：“老臣谢太后圣恩，只是马关和约谤议缠身千夫所指，举国谓李氏父子该千刀万剐，如此罪臣出使，恐有损大清国威。”

慈禧道：“什么国威，本宫知道，马关签约对李氏父子多有谤议，皇上、本宫何尝又能置身事外？身为朝廷倚重大臣，当以国事为重，何故小鸡肠子？”

李鸿章连忙道：“臣谨遵懿训。”

慈禧道：“日本亡我之心不死。当下，唯联俄制日，联西制东，乃我大清救急要策。窥俄之意亦有与我结盟之意，我正可借俄皇加冕之际，促成中俄结盟。如此救国救民重任，非你莫属。”

李鸿章道：“罪臣遵旨！臣勉竭愚诚，敷宣德意，以期永敦于和好，仰答朝廷隆遇之恩。”

返回贤良寺后，李鸿章向朝廷递交《感恩李经方随行片》。谢称他衰年远使异域，朝廷特命李经方随侍前往，体恤周至，感恩莫名。不久，朝廷谕旨李经方以二品衔充当李鸿章的随员。除此之外，谕旨还写道：念及李鸿章年高远役，特降旨令李经述与李经方随侍在侧。李经方同时兼翻译，李经述则加三品衔，以参赞官的名义随行。接到这道谕旨，李鸿章由开心变为感激了。

很快，为李鸿章出访俄国及欧美各国准备的赠送各国皇帝、总统的礼品及国书送来贤良寺。

1896 年（光绪二十二年）3 月，李鸿章、邵友濂、李经方、李经述、于式枚、罗丰禄等一行，及厨师、郎中，吃的、用的、穿的几十件箱包，连饲养的画眉鸟也带着一起出国。为防意外，李鸿章还吩咐李经方带上一口上等木材打制的棺材。

陪同一起出访的有天津海关税务司德璀琳、俄国公使柯乐德、法国公使施阿兰、赫政（赫德弟弟）、美国公使杜维德、署英国驻大清公使宝克乐等，一起乘坐法国邮船“爱纳斯脱西蒙号”，由上海出发，开始了李鸿章的欧美访问之行。由此，李鸿章成为大清国宰相出访欧美第一人。

访问俄国

“爱纳斯脱西蒙”自上海出发，经东海、南海、马六甲、印度洋、红海、苏伊士运河。经过近一个月的航行，1896 年 4 月 27 日抵达奥德赛港。

李鸿章作为当时世界政坛的风云人物，不仅受到欧美重视，更受沙俄的重视。因为在西方国家政客心目中，中国只有两个人，一个女人，一个男人，女人便是慈禧，男人便是李鸿章。而李鸿章更有“东方的俾斯麦”美誉。因此，俄国政府除了安排俄国驻中国公使柯乐德全程陪同外，还专门安排中国通的财政大臣谢尔盖·尤利耶维奇·维特伯爵，乌赫托姆斯基公爵，前往奥德赛迎接李鸿章一行。

大清国驻俄公使兼德国公使许景澄也率领使馆人员前来奥德赛迎接李鸿章

一行。

李鸿章一行下船后，即有马车车队护送前往圣彼得堡。到了圣彼得堡，维特伯爵将李鸿章一行安排在巴劳辅私邸下榻，等候俄皇尼古拉二世召见。

当李鸿章拄着拐杖在威特的陪同下走入客厅，只见一面大清国国旗悬挂墙上，偌大客厅中桌椅、茶具，各种器具一应中国式的陈设，就连李鸿章离不开的痰盂都摆在了墙角处，顿然让李鸿章有一种宾至如归的感觉。

下榻后，李鸿章与维特伯爵、俄外交大臣罗拔诺夫等俄国官员就俄中签署密约共同防御日本等议题达成初步共识。

俄皇尼古拉二世召见中国使团谕旨下达，李鸿章率中方访问团前往圣彼得堡尼古拉二世行宫拜访俄皇。

李鸿章一见俄皇便道："大俄罗斯帝国横跨欧亚大陆，国土世界第一，万国敬仰！今岁，适逢大皇帝加冕盛典，蒙邀前来致贺，三生有幸！至敝国去年之祸，托赖贵国联络法、德干预，俾辽东失而复得，此情此恩没齿难忘！中俄两国山水相连，唇齿相依，民间往来甚密，俄中人民友谊源远流长。我朝廷仰大皇帝皇威，仗依庇护，愿俄中睦邻友好，万古长存！"

尼古拉二世道："祈愿俄中睦邻友好，万古长存！"

李鸿章呈递国书后道："大清国皇帝为感谢俄皇压制日本归还中国辽东，遥赠大皇帝头等第一双龙金宝星勋章一枚、巧制大烛奴一对、白璧一双、色丝顾绣大红地毯一幅、青铜古瓶一对、镶宝砝蓝瓶碟若干。"接着吩咐李经方道："陈礼品清单。"

李经方等随从呈上礼品。礼品交接后，李鸿章与尼古拉二世就修筑远东铁路，俄中签订密约共同防御日本进一步交谈后，中俄双方共同草拟《俄中御敌互助条约》草案。草案拟定好后，李鸿章将草案电报朝廷等待批准。

1896 年 5 月 14 日，尼古拉二世加冕盛典在莫斯科乌斯宾斯基大教堂举行，李鸿章率领大清代表团参加了尼古拉二世加冕盛典。参加完加冕典礼后，李鸿章奉朝廷电谕，于 1896 年 6 月 3 日，于莫斯科与俄外长罗拔诺夫签署了《御敌互助条约》，又称《中俄密约》。

访问德国

结束对沙俄访问，李鸿章一行在许景澄陪同下乘坐火车前往德国。

德国对李鸿章的访问也是非常重视，专门安排德璀琳、汉纳根这两位李鸿章的老朋友全程陪同。接待上也是细致入微，连李鸿章喜欢抽的雪茄烟，随身携带画眉鸟的鸟食都做了安排。

李鸿章一行在柏林火车站下车后，德国皇家马队在车站迎接中国使团，安排柏林凯撒大旅馆入住。

德皇威廉二世在皇宫耐芝堂接见了李鸿章。照例呈递国书，赠送礼品后，李鸿章向威廉二世道："使臣仰德皇皇威，已历年所。今来贵国，亲见朝野上下之德行教化尽善尽美，衷心羡慕莫可言宣。至敝国去年之祸，托赖德国干预俾辽东失而复得，五中铭感至今不忘。使臣在国久任直隶总督，意欲别练新军，早知贵国陆军雄冠五洲万国，曾蒙恩遣数武员航海而东，训练华兵，重以敝国频年购械铸船，皆蒙慨助，此情此意，山高海深！"

威廉二世道："朕今年迎大清国头等聘使，大才能、大名望、老大臣，中怀欣悦，匪言可喻。又知老大臣之来德意志奉有新美文凭，表明贵国皇帝与我国益敦亲爱之意。朕亦愿披露真诚，自此之后，中德友谊匪特不减于昔日，抑将更增于他年！朕愿借老大臣回国之便，传谢大清皇帝之盛意。遥祝大清国江山永固，宝祚绵长，并颂老大臣，旅途骈蕃，多福多寿。"

为表示对李鸿章的敬重，威廉二世亲自授予"德国红鹰十字头等宝星"。

会见时，威廉二世向李鸿章提出希望大清政府批准租借中国山东胶州湾，供德国海军做停泊军港。租借国土事体重大，李鸿章不敢擅自做主，婉言谢绝。

会见结束后，威廉二世亲自陪同李鸿章检阅德国皇家卫队。看着装备精良、军纪严整、士气高昂、训练有素、兵法有章的德国皇家卫队操演，李鸿章感叹道："当年，我北洋若有这样军队十营，就不会败给倭军了。"

威廉二世道："中国亟须仿照西方国家练兵，经图自强，对此我深愿帮助。再是宜办武备学堂，此为练将根基，尤望加意。"

李鸿章道："陛下所言甚是，中国政府已聘德国教习，于天津重练新军，过不了多久，一支装备精良、军纪严整、士气高昂的中国新式陆军便会诞生。"

观看皇家卫队操演结束后，威廉二世于皇宫设国宴招待大清国访问团。

李鸿章德国之行，还有一个心愿就是拜访被西方称为"铁血宰相"的俾斯麦。于是，在德璀琳、汉纳根、许景澄等陪同下乘坐火车前往俾斯麦居住的庄园。俾斯麦在自己的庄园接待了被称为"东方俾斯麦"的大清国宰相李鸿章。

李鸿章向俾斯麦求教强国强军之道，俾斯麦告诉李鸿章，"强国先强军"，"一国之兵，不必逾五万，特年必以少为贵，技击必以精为贵"。听了俾斯麦的话，李鸿章深有感触。

访问德国期间，根据俾斯麦建议，李鸿章还接受了 X 光检查，找到了残留脑部子弹的位置。俾斯麦试图利用德国先进医术取出李鸿章脑壳中的那颗子弹。遗憾的是，子弹位于脑部要害部位，手术风险极大，李鸿章只能放弃。照 X 光，李鸿章也是中国人中的第一个。

李鸿章陛见威廉二世，观看皇家卫队操演，拜访俾斯麦，参观了来复枪厂、克虏伯炮厂，伏尔铿造船厂，顺访荷兰、比利时后，前往法国。

访问法国

1896 年 7 月 13 日，李鸿章结束对德国、荷兰、比利时的访问后抵达法国。法国外交部长汉诺威，驻中国公使施阿兰等官员，大清驻法国公使庆常也前往巴黎火车站迎接李鸿章一行。简单寒暄后，李鸿章一行便登上总统府马车队前往罗浮宫大饭店下榻。

次日，李鸿章在庆常、施阿兰等陪同下前往爱丽舍宫陛见法国总统福尔。

中国代表团车队进入爱丽舍宫后，依照法国礼仪，检阅仪仗队前，司令官下令军乐队奏唱法国国歌《马赛曲》。

汉诺威、施阿兰等法国官员一起唱起马赛曲："前进，前进！祖国的好儿郎，那光荣的时刻已经到来，专制暴政在压迫着我们，我们的祖国鲜血遍地……"

庆常下意识地拉了拉李鸿章官袍，小声道："中堂，大清至今尚无国歌呀！"

李鸿章小声问庆常道："何为国歌？"

庆常小声回答道："代表一个国家的歌曲。方才，法国人唱的《马赛曲》就是法国的国歌。"

李鸿章小声问道："不唱行吗？"

庆常小声回答道："那就有点失礼了。"

就在此时，汉诺威通过翻译要求中国代表团唱大清国国歌。

李鸿章就是李鸿章，听完翻译的话后，不紧不慢正了正身体，清了清嗓子，高昂地唱道："三河镇十字路开了门面，东边卖的是瓜子，西边卖的是香烟，中间卖的酒和面，针头线脑样样全。到春天，茶叶是六安瓜片；到夏天，绸缎客州乌眉；到秋天，骡马客湖广福建；到冬天，皮货客西口北边……"一口气唱完。

听完李鸿章唱的"庐州小调"，邵有濂、李经方、于式枚、罗丰禄、庆常等随员目瞪口呆。

施阿兰向李鸿章跷起大拇指道："请中国使臣检阅仪仗队！"

接下来李鸿章在汉诺威的陪同下检阅法兰西马、步、海三军仪仗队。

检阅结束后，李鸿章前往爱丽舍宫，觐见了法国总统福尔，递交了国书，献上礼品。

李鸿章恭维道："使臣早闻大总统聪明睿智，深得民心。即位以来，利国利民，声播四海！去岁日本夺我辽东，贵国附和俄、德鼎言压日光复故物，不胜感激！蒙大清皇帝恩命授为额外大臣，慕谊贵国。伏愿欧亚两大邦互庆升平，同跻隆盛！"

福尔道："余甚贵大臣之远来，深愿竭诚尽敬以相迎，更愿代余及敝国转奏贵国皇上，深冀贵国升平隆盛之微意。贵大臣此来，正值敝国改立民主节期，可以多走走，多看看。涉及中法两国贸易、邦交等诸事宜，本总统已授权外长汉诺威与使臣晤谈。"

听完福尔的表态，李鸿章很是高兴。随后，李鸿章参加法国国庆活动，法军为国庆举行的军事表演，并于国庆当晚在汉诺威、庆常、施阿兰等中法官员陪同下，乘坐游船游览塞纳河，观看烟火表演。

礼节性的事宜结束后，李鸿章与汉诺威等法国官员开始就中国向法国借款、中法贸易等商务事宜进行谈判，并签订了备忘录。

汉诺威安排李鸿章一行参观了法国巴黎银行，参观了法国武备学院，观看了学生们操演的阵法。李鸿章看到了法国拥有完整的军事工业体系，看到了能够与英国海军一决高下的法兰西海军。这也是曾经在马尾海战中击败大清福建水师的法国海军，联想到全军覆灭的北洋水师，李鸿章感慨万端。

接下来的时间里，李鸿章在庆常、施阿兰的陪同下参观考察了法国的报社、学校、博物院、动物园等公共机构，考察了织绸厂、棉纺厂、煤矿、铁矿等厂矿企业。

访问英国

8 月 2 日，结束法国二十一天的行程后，李鸿章率领的代表团乘坐法国政府派出的专轮渡过英吉利海峡前往英国。当客轮进入南安普敦海港时，六艘英国战舰前来护航。客轮停靠南安普敦码头后，鸣礼炮十九响，迎接尊贵的东方客人。英国海军提督脱来西，署英国驻大清公使宝克乐，前任英国驻大清公使欧格讷爵士，中国驻英国公使龚照瑗，中国驻英使馆参赞李鸿章的老朋友马格里，赫政、英驻汕头领事师古德等中英官员登上客轮迎接中国访英代表团。

脱来西脱帽向李鸿章鞠躬道："大英国海军提督，奉女王御遣前来迎候中国使臣！"

一番礼节性的介绍寒暄后，李鸿章一行乘坐火车前往伦敦。

火车到站后，身穿黄马褂，戴三眼花翎官帽的李鸿章从火车站走出来，走向停在车站附近的马车。伦敦的社会各界人士听说李鸿章来访，都希望一睹这位中国使臣的风采。于是早早地伫立街头，脱帽向李鸿章及其随行人员行礼，李鸿章则不住地向人群点头还礼。

英国政府将李鸿章一行下榻的地方安排在伦敦市中心一幢豪华的行馆。行馆院内，一根高耸的旗杆上飘扬着由李鸿章设计的"青龙望日"大清国旗，行馆内的装饰古色古香，摆设的家具都是中国样式的家具，茶具、洗漱等其他用品也都是中国人家里常用的，让李鸿章和代表团的人有异国他乡宾至如归的亲切感。

行馆内稍事休整后，龚照瑗、马格里、赫政、欧格讷爵士、宝克乐、师古德等陪同李鸿章及其随行人员一起游览了温莎城堡。当晚，宴请李鸿章一行。

8月4日，李鸿章与英国首相兼外交大臣索尔茨伯里就中英两国经贸、关税等事宜进行会谈，达成不少共识。

8月6日，李鸿章一行前往阿斯本宫陛见维多利亚女王。

阿斯本宫金碧辉煌，维多利亚女王端坐于金漆御椅，头戴王冠，肩披白纱，雍容华贵，亲王等皇族成员陪坐一旁。首相兼外交大臣沙士勃雷引领李鸿章、邵有濂、李经方、罗丰禄、李经述、于式枚、龚照瑗、赫政、马格里、欧格讷爵士、宝克乐、师古德等步入大殿，女王欠身表示迎接，李鸿章摘帽三鞠躬，吩咐李经方用英语朗诵颂词。

颂词为：上启大君主，使臣奉本国大皇帝钦命，航海至大英国，敬候大君主起居万福，万寿无疆！今日使臣得觐见玉容，更蒙礼接，实属三生有幸，更愿两国之交，永敦辑睦。

女王道："卿跋涉长途远遁我国，朕甚喜卿之至，卿言中英辑睦，正合朕意。"

颂词朗读完后，呈交大清国国书，向女王赠送礼品。礼品有博古奇瓶一对、麻姑仙相一尊及丝绸、刺绣、漆器等精美礼品。作为回敬，女王赏赐李鸿章维多利亚头等大十字宝星一枚，特制可升降轮椅两把。

沙士勃雷要求李鸿章题词，并让侍卫捧来中国的文房四宝。李鸿章拿起墨笔，稍加思考，挥笔题词，“西望瑶池降王母，东来紫气满函关”。

李经方用英语将父亲的题词解释给女王听。“把陛下比喻为中国神话中的王母娘娘”，女王听后十分高兴。

接下来便是女王与大清国访问团合影留念，结束一上午的王宫活动。

李鸿章一辈子的洋务梦最终梦断北洋，因此，参观英国皇家海军战舰操演是李鸿章访问英国的一大心愿。在龚照瑗的安排下，满足了李鸿章这一心愿。

操演在朴茨茅斯港口展开，但见海面上烟尘滚滚，水花四溅，数十艘不同型号的英国皇家海军战舰展开演习。

李鸿章一行在脱来西、龚照瑗、赫政、马格里等陪同下，乘坐一艘设施豪华的快艇，海面观看操演。看到眼前的英国舰队，想到自己一手缔造的北洋水师，李鸿章感慨万千。希望通过此次考察向英国水师取得真经，回国后，请奏光绪、慈禧，重建北洋水师。

参观大英博物馆，也是李鸿章此行英国的一大心愿，他要亲眼看看这里究竟陈列了多少件被列强抢走的中国国宝。

这天，李鸿章手拄拐杖，在邵有濂、李经方、李经述、于式枚、罗丰禄、龚照瑗、赫政、马格里、师古德等陪同下观瞻中国馆。进入馆内，首先映入李鸿章眼帘的是一幅敦煌壁画。画面上，三尊菩萨面相丰腴，仪态万千。壁画前三尊中国古代雕塑一字排开，左为道教造像、中为炻质罗汉、右为弥勒佛。接着看到的是一排排展橱中摆满各种瓷器、玉器、铜器、漆器、菩萨雕像、名人字画、铜币、丝绸、刺绣、珐琅雕塑、景泰蓝、竹编等国宝，件件精美绝伦。

邵有濂道：“中堂，这都是我中国稀世珍宝啊！”

于式枚道：“一天，两个强盗闯入圆明园，一个掠夺，一个纵火。”

李鸿章忽然停下脚步，手中拐杖猛地向地上一戳道：“不看了！”

常胜军先后三任管带，戈登是最让李鸿章敬重的一位，尤其是他离开中国前给李鸿章的赠言二十条，对后来李鸿章从事洋务及外交事务帮助很大。

常胜军解散后，戈登回到英国，先是负责指挥皇家工兵团在泰晤士河附近修筑防御要塞，后前往埃及担任上校。1885 年 1 月 20 日战死在异国沙场。

前往戈登墓地凭吊是李鸿章访英的一项重要议程。可以说，没有戈登率领的常胜军配合，李鸿章率领的淮军不会那么快就打败了李秀成，收复吴中。

这天上午，李鸿章手拄拐杖在戈登夫人、马格里、邵有濂、李经方、李经述、于式枚、罗丰禄、龚照瑗、赫政、师古德等一行陪同下走向戈登墓地，向树立在墓地后面的戈登雕塑鞠躬作揖、敬献花圈，深情表达对这位洋朋友的怀念。

此后，李鸿章一行在龚照瑗的安排下，拜访了伦敦中国会，访问银行、邮局、下议院后，8 月 22 日结束了英国访问前往美国。

访问美国

一声船笛长鸣，美洲航运公司圣路易斯号客轮，在纽约号客轮及数艘美国战舰护卫下缓缓停靠到纽约美洲航运公司码头。

纽约号鸣礼炮十九响，欢迎李鸿章一行。圣路易斯号停稳后，美国东部陆军司令卢杰、助理国务卿诺克赫尔、美国海军提督邦斯，大清国驻美国、西班牙、秘鲁公使伍廷芳，美国驻华公使杜维德等官员，一起登上圣路易斯号客轮迎接李鸿章一行。

杜维德告诉李鸿章，克利夫兰总统获悉尊贵的中国客人访美，中断度假，赶来纽约接见中国访问团。接着，向李鸿章介绍前来迎接他的卢杰、诺克赫尔、邦斯等军政高级官员。李鸿章按照西方礼节一一与前来迎接他的官员握手后，通过翻译表示感谢。

作为曾经的幕僚，伍廷芳对李鸿章访美格外热情，安排周到。

李鸿章一行下船后，乘坐马车由码头出发，在骑警队开道护卫下，从西街尽头穿过炮台公园到百老汇大街，再从第四街进入华盛顿广场，然后沿第五大道到达他下榻的华尔道夫饭店。

中国使团车队途经百老汇大街时，热情的美国百姓纷纷站立街头，呼喊“中国！”“中国！”，李鸿章激动地从马车上站起，频频向热情的美国百姓招手致意。

车队经过纽约证券所门前时，众多经纪人手举大清国龙旗，跑出证券交易所高喊“李鸿章！”“李鸿章！”。

李鸿章询问伍廷芳道：“文爵（伍廷芳字），这些人都是干什么的？”

伍廷芳回答道：“回中堂的话，他们是纽约证券交易所经纪人。”

诺克赫尔询问李鸿章道：“请问中堂大人，中国也有股票和股票交易所吗？”

李鸿章回答道：“有！中国第一只股票就是本堂创办的轮船招商局，在中国上海也有股票买卖场所，只是中国商人初不知公司之名，自轮船招商局获利以来，风气渐开。”

车队经过邮电、保险等高楼时，李鸿章问道：“如此高的大楼，中国那儿可是造不了，台风一来会吹倒，这么高怎么爬得上去呀？”

诺克赫尔道：“中堂大人，这样的大楼十二级台风都吹不倒的。另外，大楼里安装有多部电梯，客人可以乘坐电梯上下楼，不用爬楼梯的。”

李鸿章听完解释后称赞道：“美国人就是有智慧。”

李鸿章一行车队来到入住的华尔道夫饭店门前时，国务卿理查德·奥尔尼，前任国务卿约翰·佛斯特等美国官员于饭店门前等候。

次日，美国总统克利夫兰于纽约57街2号前国务卿惠特尼的寓所接见了李鸿章。克利夫兰与李鸿章握手拍照后，李经方用英语宣读颂词：“使臣奉大清国皇帝钦命，航海至大洋彼岸，拜谒大民主总统阁下。蒙贵国隆遇礼接，三生有幸！更愿两国之交，永敦辑睦。”

李鸿章亲自向克利夫兰呈递国书，邵有濂陈礼品单，惠特尼接礼品单后，克利夫兰与李鸿章进行礼节性的晤谈。晤谈结束后，克利夫兰设宴款待中国访问团。

当日，李鸿章与奥尔尼就中美两国贸易、关税等事宜进行会谈。会谈结束后，奥尔尼设宴款待中国访美代表团。

拜谒美国前任总统格兰特的陵墓是李鸿章访美的一项议程，伍廷芳将李鸿章这一活动通知了格兰特的遗孀朱莉娅。

8月30日，李鸿章一行在杜维德、伍廷芳、朱莉娅等陪同下前往格兰特陵墓。此时，格兰特陵墓尚未竣工，李鸿章献上花圈后，深深鞠躬表示哀悼。祭奠结束后，还种下一棵象征中美友谊的橡树。

离开陵园前，朱莉娅捧出丈夫使用过的那柄珍贵拐杖，郑重地捧献至李鸿章面前道：“十七年前，朱莉娅与夫君游历中国天津，蒙中堂盛情款待，夫君曾言，中堂既然喜欢这根手杖本当奉赠，只是这根手杖是夫君卸任时，全国工商各界赠予留作纪念，它代表国民公意不便私自送人，等回国征得大家同意后，当奉寄致赠。现夫君已逝十载，朱莉娅遵夫君遗言，将这柄手杖赠送中堂！”

李鸿章郑重地接过拐杖，激动地道：“美国人言而有信，令鸿章感动万分！”

答记者问

为了让美国人民进一步了解中国，在伍廷芳、杜维德的策划下，9月2日李鸿章在下榻的华尔道夫饭店举行了一次规模盛大的记者招待会。

记者问道："尊敬的大清国使臣，您刚从英国来美，请问英国与美国相比，存在何种优绌？"

李鸿章淡淡一笑，用外交辞令回答道："君本隶英籍，美国之人才皆自英出，孰优孰绌，用不着老夫来回答了吧？"

记者问道："尊敬的大清国宰相，您能否告诉我们，您在这个国家的所见所闻中什么使您最感兴趣呢？"

李鸿章还是用外交辞令回答道："本使臣对在美国见到的一切事物都很喜欢，所有事体都让我高兴。"

记者问道："中堂阁下，您期待对现存的排华法案进行任何修改吗？"

李鸿章回答道："美国又将进行选举了，新政府必然会在施政上有些变化。因此，不敢在修改法案前发表任何要求废除《格利法》的言论。美国是一个民主自由的国家，只是期望美国新闻界朋友，拿起你们的笔，为维护中国侨民自由民主权伸张正义，呼吁废除排华法案，或至少对《格利法》进行较大修改。"

记者问道："请问中堂阁下，美国资本在中国投资有什么出路吗？"

李鸿章回答道："当今世界，只有将货币、劳动力和土地结合起来，才会产生财富。大清国政府非常高兴地欢迎任何资本到我国投资。我的好朋友、你们已故总统格兰特曾对我说，你们必须要求欧美资本进入中国以建立现代化的工业企业，帮助清国人民开发利用本国丰富的自然资源。但这些企业的管理权应掌握在清国政府手中。我们欢迎美国商人来华投资，资金和技工由你们提供。但是，对于铁路、电讯等行业要由我们自己控制。我们必须保护国家主权，不允许任何人危及我们的神圣权利。我将牢记格兰特先生的遗训，所有资本，无论是美国的还是欧洲的，都可以自由来华投资。"

记者问道："中堂阁下，您赞成将美国的或欧洲的报纸介绍到贵国吗？"

李鸿章回答道："中国办有报纸，但遗憾的是中国的记者编辑们不愿将真相告诉读者，他们不像你们的报纸讲真话。中国的记者编辑们在讲真话的时候十分吝啬，他们只讲部分的真实，而且我们的报纸也没有你们报纸这么大的发行量。"

记者会结束后，李鸿章用中国带来的燕窝、鱼翅、烤鸭、香肠、腊肉等菜肴招待记者朋友。可是，洋鬼子们却吃不惯中国口味，十几桌美味佳肴基本没有动。随从在收拾餐桌时准备全部倒掉，被李鸿章制止，并批评厨师伙计道：“这都是不远万里从中国带来的，怎么能随便倒掉呢？”吩咐厨师，将剩下的山珍海味放在一起加热了再吃。由此，一道别具风味的菜肴“李鸿章大杂烩”便出了名。

结束纽约访问，李鸿章前往费城，参观了美国独立厅、自由钟，接着前往华盛顿，参观了美国国会、图书馆。

9月5日，中国使团结束美国之行，前往加拿大多伦多、温哥华稍作逗留。9月14日搭乘美国太平洋轮船公司客轮回国，结束欧美之行。

美国太平洋轮船公司的客轮抵达日本横滨港后，换乘轮船招商局“广利号”客轮驶往中国天津。在换船时，李鸿章为了兑现曾经说过的“从此再不履日地”的誓言，坚决不登岸换船。李经方只能安排随从在美国客轮与“广利号”之间架上几块木板。就这样，李鸿章在儿子李经方、李经述的搀扶下，颤颤巍巍登上“广利号”。

出访归来

李鸿章一行刚从天津港口下船，王文韶、袁世凯、盛宣怀、聂士成等官员便在码头等候迎接。下船后，李鸿章乘坐盛宣怀安排的马车前往北京，入住贤良寺，候旨光绪、慈禧召见，汇报欧美之行。

没过几天，太监小德张便来传旨，光绪召见。

这次召见，光绪不再像以前那样板着脸，而是和颜悦色与李鸿章交谈。

光绪道：“爱卿与俄所签密约甚合朕意，朕已御批。”

李鸿章道：“中俄有此密约，十年无事总可得也。”

光绪道：“依照密约，朕已谕旨驻德、俄公使许景澄与华俄道胜银行代表在柏林会签中俄合办东北铁路公司合同章程。”

李鸿章道：“皇上圣明。”

光绪道：“爱卿此次出访，经四洲渡三洋，水陆行程九万里，遍访欧美，给朕带回什么强国富民之道的真经？”

李鸿章回答道：“大清国唯变法图新而不能自强。我国之贫弱，列强之强富，纵观五洲列国，变法者兴，因循者殆。”

光绪感慨道：“甲午战败割地偿款，国力渐衰，民怨沸起，朕日夜忧愤，益明中国致败之故，若不变法图强，社稷难资保守！”

陛见结束前，李鸿章为罗丰禄、于式枚、吴永请赏。不久，谕旨下达：罗丰禄以二品顶戴记名海关道，升任太仆寺卿；道员于式枚授礼部主事；吴永为怀来县知县，李鸿章本人也作为大臣总理衙门行走，当起了“伴食宰相”。

刚陛见完光绪，慈禧召见懿旨送达：李鸿章颐和园仁寿殿陛见。

陛见慈禧时，一番感激话语后，李鸿章向慈禧禀报游历沙俄、德、法、英、美等国所见所闻，向慈禧敬言“变法”建议。

慈禧道：“当年，曾国藩、左宗棠还有你，造枪炮、造火轮、办学堂、开矿山、修铁路，派学童出国学艺，架电线，建海军，凡此本宫皆力排众议一应照准。洋务也好，变法革新也罢，无非是想让我大清国富强，从此不再受列强欺辱，是也不是？”

李鸿章连忙道：“太后圣明！”

慈禧道：“甲午战败，割让台湾，大清山河破碎，内弱外辱，哀家愈发感到，大清非联络西洋不足以制日，不变法不能图强。听说，广东举子康有为接连上书皇上，还成立什么强学会，鼓动民众开风气，开知识，富民、养民、教士、练兵，皇上亦有变法图强之意，这些哀家都已知晓。”

李鸿章道：“变法图强民心所向，大清求富求强必由之路。”

慈禧淡淡一笑道：“那就变吧。但，唯我大清祖宗大法不可变，只要不变我大清祖宗大法，随皇上和那帮举子怎么闹腾。”

出了颐和园，途经圆明园废墟时，李鸿章想到昔日万园之园，今日断垣残壁，联想到在大英博物馆见到的那些稀世珍宝，便想顺道入圆明园凭吊一番。于是，让随从停车，拄着那柄镶嵌多枚宝石的珍贵拐杖在儿子李经述、于式枚、吴永等陪同下进入园内。

李鸿章感叹道：“多么秀美的一座皇家花园，却让列强给彻底毁了！此次老夫访问欧美，特意去了法国枫丹白露皇家园林，英国海德皇家园林看了看，联想起当年圆明园万园之园秀美景色，列强焚烧的不仅是中华文明，也焚烧了世界文明啊！”

正当李鸿章凭吊圆明园废墟时，几名守园士兵前来阻拦，告知李鸿章皇上下旨，圆明园废墟为闲杂人员禁入。听了士兵的话，李鸿章赶紧离开废墟。

李鸿章一时心血来潮误入皇家禁地，却被翁同龢、李鸿藻等政敌抓住了把柄，上书光绪，要求惩处李鸿章。最后，光绪下旨，李鸿章擅闯皇家禁地扣罚俸禄一年。

第三十八章

租地条约

中日《马关条约》签订后，俄、德、法三国联合压制日本，归还辽东三万平方公里国土给中国。在列强心目中，这个“忙”不能就这样白帮，尤其是德国，李鸿章访德时，德皇威廉二世就向李鸿章提出租借胶州湾作为德国海军军港的请求，被李鸿章婉言谢绝。

李鸿章结束欧美访问后不久，德国政府便正式向清政府提出租借胶州湾建造军港的请求，还美名帮助中国制衡日本、俄国。吃过多次亏的大清朝廷，自然知晓列强们的狼子野心，拒绝了德国的请求。

德国人虽然不乐意，但也没有办法，他们需要寻找机会。

终于机会来了。1897 年（光绪二十三年）11 月 1 日，山东巨野大刀会的成员乘着夜色杀死了磨盘张庄村德国天主堂神父能方济和、韩理迦略。

11 月 7 日，德国两名传教士被杀电报发往德国，正在德国休假的山东地区主教安治泰，立即前往皇宫陛见威廉二世。安治泰激动地对威廉二世说：“陛下，这是德国侵占胶州湾的绝佳时机！”

威廉二世当即下令，德国远东舰队离开上海驻地，向胶州湾进发。

13 日，德海军“德皇”“威廉亲王”“鸬鹚”等十多艘战舰接近胶州湾，驻防清军将领章高元乘坐渔船前往拦截并询问德舰此行目的。德军表示只是为了“游历”，并无他意。由于当时朝廷叮嘱各地守军，不要违逆洋人意志。这样，德舰便在不受任何干扰的情况下，顺利进入了胶州湾。

14 日凌晨，德国海军士兵突然登陆，并迅速占领了胶州湾附近的炮台、营垒及险要地带，之后便蛮横要求清军海防部队退到女姑口和崂山之外。

清军胶澳守将章高元当时麾下有四营人马，但是他们已经很久没有得到补给，许多士兵甚至连一发子弹都没有，加之朝廷早有谕令不许违逆洋人意志。无奈之下，章高元只得一边按照德军的要求不断后撤，一边报告上级胶州湾发生的情况。

15日，德军将领底尔匹兹对外宣称德军已经接管了胶州湾及周边的所有海岛和属地。

光绪接报慌了手脚，找来奕䜣、奕劻、翁同龢、许桐、孙毓汶、徐用仪、载漪、载勋、载濂、载澜、刚毅、钱应溥、荣禄等大臣商议对策。而这些平日里指手画脚夸夸其谈的王公大臣，关键时刻都成了哑巴。最后，还是奕䜣给光绪支招，处理这样的棘手事体，唯有李鸿章。

因擅闯皇家禁地被罚了一年俸禄，正在贤良寺读书、练字、遛鸟的大清国裱糊匠被光绪紧急召见入宫陛见。

养心殿西暖阁，李鸿章听完御前大臣对胶州湾战事前因后果讲述后，向光绪提出了"驱虎吞狼"处置胶州湾之计谋。

光绪不解，询问李鸿章何为"驱虎吞狼"之计？

李鸿章禀告光绪道："当下列强中按各国势力划分，英日为一方，俄法为另一方，两方相争不能相合。俄法之力仅能与英日同争，但无法在其上，须视德国所向，为两局之强弱。当下，我欲抗衡俄法，抑制英日，惟联德为上策。"

奕劻、翁同龢、许桐、孙毓汶、徐用仪、载漪、载勋、载濂、载澜、刚毅、钱应溥、荣禄这些大臣听了李鸿章的一番讲述，个个低下头自愧不如。

光绪下旨：着李鸿章、张荫桓与德国公使海靖商谈胶州湾租用事宜。

李鸿章接旨后，即与张荫桓与德国公使海靖就德国租地事宜进行会谈。经过艰苦谈判，1898年（光绪二十四年）3月6日，中德《胶澳租界条约》在北京签署。条约规定，德国有权在山东修筑铁路，有权在铁路沿线开矿，租期九十九年。

德国人占到了便宜，俄国人不乐意了。于是，以压制日本归还辽东为由头，向大清朝廷提出要挟，俄国也要租借大连旅顺。腐朽无能的大清朝廷只能答应。同年3月27日，李鸿章奉旨与俄国公使巴布罗福，签署中俄《旅大租地条约》。

变法图强

列强瓜分大清国土，山河破碎之际，为图自强，光绪决意变法！

而恰在此时，历经大清国道光、咸丰、同治、光绪四代帝王，终生为奴的恭亲王病逝于王府，光绪失去了可信赖可依附的后盾。处理完奕䜣丧事，光绪谕旨：李鸿章、翁同龢、荣禄、廖寿恒、张荫桓等大臣就变法之事集体晤谈康有为。

总理衙门西华厅，李鸿章、翁同龢、荣禄、廖寿恒、张荫桓正襟危坐于大厅上方，如同考试一般向康有为发问。

荣禄问道："康有为，你屡屡上书朝廷要求变法，可你知不知道大清祖宗之法是不可变的？"

康有为回答道："大清祖宗之法是用来治理祖宗创下基业的，现在祖宗创下的领土都保不住了，死守祖宗之法还有什么用呢？即以总理衙门而论，也并非祖宗之法规定而有！法律因时制宜，诚非得已。若再不变法，恐怕在座的诸位大臣，连一日三餐饱饭都不可得。"

翁同龢问道："阁下以为当如何变法？"

康有为回答道："采法俄日变法以定国是，大集群才而谋变政，开制度局而定宪法。设法律、度支、学校、农局、工局、商局、铁路、邮政、矿务、游会、陆军、海军等十二局，分别推行各项新政。"

李鸿章问道："若六部尽撤，则例尽弃哪？"

康有为回答道："今为列国并立之时，非复一统之世。今之法律官制，皆一统之法，弱亡中国，皆此物也，诚宜尽撤。即一时不能尽去，亦当斟酌改定，新政乃可推行。"

张荫桓问道："如此，大清祖制岂非彻底颠覆？"

康有为回答道："变则能全，不变则亡；全变则强，小变仍亡。若以我华夏广土众民，十倍于日，皇上乾纲独揽，号令如雷霆，无封建之强侯，更无大将军之霸主，片纸涣汗，督抚贯行，四海无虞，民罔异志，畅民意，开新风，万众一心，发愤图强，中华富强之日可期。"

总理衙门大臣廖寿恒猛然起身，轻蔑道："狂言无忌！"拂袖而去。

廖寿恒走后，其他的大臣相继离开西华厅。李鸿章离开时，小声对康有为道："变法图强，乃老夫一以素志，我中华欲图强，非经一次乃至数次伤筋断骨大变革而不能成其志。好自为之吧！"

请旨慈禧

变法前，光绪携带变法诏书前往颐和园请旨慈禧。

慈禧看完变法诏书后，告诉光绪道：“皇上变法，只要不违祖宗大法，无损满洲权势，哀家不会阻止。古人云，成事在天，谋事在人，你懂吗？”

光绪道：“上敬天法祖，保泰持盈；首重尊养慈闱，以隆圣治；尤宜经武整军，力图自强之策。”

慈禧道：“既然皇上决意变法，那就变吧。只是近日朝中传出不少有关翁师傅的闲言碎语，说康拜翁为师，翁幕后策划试图效法英国、日本变法君主立宪。中国是中国，洋人是洋人，哀家担心这一套在中国未必行得通。即便可行，变法图强乃惊天动地之大事，若朝廷不能全局掌控，听信翁叔平与那几个书生摆布，皇上是否觉得身边的这个翁师傅别有什么用意呀？”

听了慈禧的警告，光绪连忙叩拜道：“儿臣明白了。”

6月11日，光绪下达变法诏书：世有万古不易之常经，无一成不变之法，穷变通久。今日时局如此，国势如此。若仍以不练之兵，有限之饷，士无实学，工无良师，强弱相形，贫富悬绝，岂真能制梃以挞坚甲利兵乎？朕维国是不定则号令不行，极其流弊，必至门户纷争，互相水火，徒蹈宋明积习，于是政毫无补益。自王公以及士庶，各宜努力向上，发愤为雄。以圣贤义理之学植其根本，又须博采西学之切于时务者，实力讲求，以救空疏迂谬之弊。专心致志，精益求粹，毋徒袭其皮毛，毋竞腾其口说，总期化无用为有用，以成通经济变之才。京师大学堂为各行省之倡，尤应首先举办。着军机大臣、总理各国事务王大臣会同妥速议奏。所有翰林院编检，各部员司员，大内侍卫，候补候选道府州县以下及大员子弟，八旗世职，各省武职后裔，其愿入学堂者，均准入学肄业，以期人才辈出，共济时艰。钦此！

变法诏书宣布后，光绪又下达一道令朝野许多人都感到十分震惊的谕旨：协办大学士翁同龢着即开缺回籍，以示保全。钦此！

帝后之争

翁同龢被开缺回籍，预示着帝后权力之争暗潮开始涌动。

这天，自称为伴食宰相的李鸿章正为翁同龢开缺回乡而高兴时，李莲英送来慈禧给他的赏赐，几盒御用糕点，还带来慈禧口谕：李鸿章忠心报国，虽年老体迈，仍勤勉国事，恩赏糕点数盒，以示奖赏。

李莲英走后，李经迈捧着几盒糕点调侃道：“老佛爷也真有意思，金银珠宝不赏，却赏赐给大几盒破糕点。”

李鸿章淡淡一笑对儿子道：“时值大清国变法图强，帝、后暗斗，潜流涌动之际，这糕点也不是好吃的。迈儿，备车，大要去颐和园向太后谢恩。”

当李鸿章乘坐马车赶到颐和园仁寿殿的时候，担任直隶总督、北洋大臣的荣禄已经于门前等候了。慈禧懿旨，李鸿章与荣禄一起觐见。

慈禧询问荣禄道：“哀家听说你对康有为变法深为反感？”

荣禄回答道：“回太后，康有为乱法非制，必伤大清国体，若听任康有为这般变法，大清未必是福。”

慈禧道：“直隶总督乃京畿首辅，拱卫京畿，你知道该怎么做吗？”

荣禄连忙回答道：“臣担负京畿安危重任，定不负太后厚望。”

慈禧对李鸿章道：“李爱卿历经大清四朝老臣，德高望重，若变法果真出现差池，宜为本宫言。”

李鸿章连忙回答道：“臣谨遵懿训。”

这天，李鸿章正在书房里摹字帖，于式枚前来看望，告诉李鸿章，慈禧直接下旨授荣禄文渊阁大学士，刚毅任兵部尚书协办大学士，并管理健锐营。光绪针锋相对，裁撤詹事府、通政使司、光禄寺、鸿胪寺、太常寺、大理寺；接着以堵塞言路、阻碍变法为由，革去礼部尚书怀塔布、许应骙，侍郎堃岫、徐会沣、溥颋、曾广汉六堂官之职。撤销湖北、广东、云南三省巡抚，若干非产盐省份的盐道，非运粮省份的粮道，以及无地方行政责任而专管水利、盐场、巡捕的同知、通判等均予裁撤。随后又下诏，赏内阁侍读杨锐、中书林旭、刑部主事刘光第、江苏知府谭嗣同四品卿衔，在军机章京上行走参与新政。

就在于式枚来访后的第二天，光绪谕旨送达贤良寺：着即革去李鸿章总理各国事务衙门行走一职。

李鸿章接到圣旨后“咚个隆咚锵！咚个隆咚锵！”高兴得手舞足蹈，像个老顽童，开心地对小儿子经迈道：“大终于可以逃脱帝后之争旋涡了！”

李经迈不解，问父亲道：“大已是赋闲之人，皇上为何还要革去总理各国事务衙门行走一职？”

李鸿章道：“维新党人疑大为后党。”

李经迈道：“可大是支持变法的呀。”

李鸿章道：“他们可不是这么想的。这样更好！大已想好了，过些时日，便奏请开缺，和你大伯一样告老还乡，去庐州新宅颐养天年去。”

伊藤访华

就在以光绪为代表的改革派、以慈禧为代表的保守派明争暗斗进入关键时刻，卸任日本首相的伊藤博文以个人身份访问中国。

给中国人民带来深重灾难的甲午战争罪魁伊藤，本该受到各级官员的冷遇，甚至仇恨。然而，却恰恰相反。1898年9月10日，伊藤抵达天津时，直隶总督、北洋大臣荣禄设宴招待，袁世凯、聂士成作陪。

康有为获悉伊藤来访中国激动不已，建议光绪召见伊藤。光绪采纳了康有为的建议。两天后，传来光绪谕旨：请日本国卸任首相伊藤入京。

伊藤到京后，首先想到的是被罢免官职的老对手、赋闲贤良寺的李鸿章。

9月14日，伊藤在日本驻华公使林权助陪同下乘坐马车前来贤良寺，专程拜访李鸿章。李鸿章在他的练字房接见了伊藤。入座后，李鸿章便风趣道：“阁下不是又来割地索赔的吧？”

伊藤道：“非也！非也！伊藤已是卸任日本首相，帝国军政已与伊藤无涉。”

李鸿章风趣道：“那本堂就放心了。”

伊藤博文道：“听说中堂巡历欧美八国回国途中，于我境横滨换船就是不肯再踏上日本国土？听来，令伊藤感佩！”

李鸿章道：“老夫言而有信，从不食言。老夫所签《马关条约》，赔付日本两万万库平银军费也已如期清偿。至此，《马关条约》所有各条，中国全部兑现。”

伊藤博文赞许道：“是的，日方同样撤出驻扎威海卫的日军。”

李鸿章道：“伊爵狮子口大开，索我大清两亿两白银，有了这笔战争横财，想必帝国百姓日子过得一定很是滋润吧？”

伊藤博文道：“未竟使然。”

李鸿章道：“可我四万万同胞心头仍在流血。”

林权助一笑道：“中堂至今还在记伊相的仇？”

李鸿章一本正经地道：“中国人有句古话，人怕伤心，树怕伤皮，伊爵太伤中国人的心了。”

伊藤博文哈哈一笑道：“中堂请见谅，伊藤身为内阁首相，上有天皇陛下，下有阁僚，更有两院议员钳制，伊藤不得不为之呀！”

李鸿章道：“中国还有句古话，打死会拳的，淹死会水的。日本地小势薄，若不改侵略之心，早晚会遭灭顶之灾！”

伊藤博文道：“伊藤已预感军国主义将给日本带来潜在危机，故而断然解散内阁，宣布罢相。近日，欣闻大清国皇帝颁发国书变法维新，伊藤特以私访来华，拜访中堂，试图能为大清做点什么。”

李鸿章一笑道：“那伊爵算是找错人了，鸿章已是无官无职赋闲之人。”

伊藤博文道：“即便如此，凭中堂的国际国内声望，足以影响朝政。中堂以为中国当否变法？”

李鸿章道：“所谓不在其位，不谋其政，皇上已经邀请伊爵前来北京，等候陛见，还是请伊爵向大清国皇上献计敬言吧。”

伊藤在京时，康有为、梁启超等维新派向伊藤请教变法经验，光绪召见了伊藤，并聘任为变法总顾问。

伊藤在大清皇城的活动惊动了慈禧，慈禧担心光绪在伊藤帮助下，会夺去她手中大权，便决定先下手为强。

9 月 21 日，慈禧由颐和园赶往紫禁城，宣布训政。接着，囚禁了光绪，开始抓捕维新党人。康有为、梁启超在伊藤博文、林权助的帮助下逃亡国外，维新志士谭嗣同、康广仁、林旭、杨深秀、杨锐、刘光第被杀害，史称戊戌六君子。

伊藤博文下场：1909 年 10 月 26 日，伊藤博文前来中国哈尔滨度假，在火车站下车时，被朝鲜爱国志士安重根刺杀身亡。

履勘黄河

一场轰轰烈烈的维新革命仅仅持续百日，便告失败，大清国政权重回慈禧手中，曾被光绪革职的老臣一个个被重新起用。

慈禧懿旨送达贤良寺：山东黄河多处决口，水患成灾，田庐漂没，浮尸蔽水，难民号哭连天。朝廷体恤万民之苦，决意疏浚黄河。着李鸿章前往山东履勘河工。钦此！

接到慈禧懿旨，李鸿章哭笑不得。此时，他已是七十五岁高龄，走路已经离不掉拐杖。而且，时令正值冬季，北方的冬天寒风刺骨，沙尘蔽日，别说勘探河堤了，就是沿着黄河岸边走一走都有些困难。于是，李鸿章给慈禧复奏："臣已将八十，精力衰颓，步履蹇滞。全河工段过长，处处必须亲历……可否吁恳圣慈，责成山东巡抚一手经理，抑或另行简派大臣前往会勘之处。"

这次慈禧可没给李鸿章面子，勘探黄河治理水患的任务就交给你李鸿章了，乐意得去，不乐意也得去！

推辞不掉，李鸿章只能奏请朝廷调扬州赋闲的老部下周馥一同前往，电报局借调比利时工程师卢法尔，天津武备学堂挑选八名测量学生随行。李鸿章的这三项请求都得到了朝廷批准。于是，李鸿章带上老仆人刘斗斋赶往济南。

到达济南，与扬州赶来济南的周馥，天津赶来济南的卢法尔及八名武备学堂测绘学生聚集后，面见山东巡抚张汝梅、河道总督任道镕及山东布政使毓贤等地方官员后，开始了徒步勘探黄河的任务。

通过一段河道勘察后，李鸿章在给朝廷的奏章里写道：山东黄河改道以来，初因河槽深通，又当军务顿兴，未遑修治。同治十一年（1872）以后，渐有溃溢，始筑上游南堤。光绪八年（1882）以后，溃溢屡见。遂普筑两岸大堤，尺寸初不高宽，乃民间先就河涯筑有小埝，随湾就曲，紧逼黄流大堤。成后劝民照旧守埝，后又有改归官守之处，于是堤久失修，有残缺而不可守者。守埝之民有因河滩淤高渐将埝身加高，每遇汛涨埝决，水遂建瓴而下，堤亦因而随决，此为历来失事之根也。综计全河之险，中游以下极多，计南岸近百里近埝之险有二十三处。北岸自长清官庄至利津以下盐窝止，四百六十八里之间有险五十四处，二十年来已决三十一次……

对此，李鸿章在奏章中提出"大治办法"十条：一是大培两岸堤身以资修守；二是下口尾闾应规复铁门关故道，以直达归海；三是建立减水大坝；四是添置机器浚船；五是设迁民局；六是两岸堤成，应设厅汛武职官缺；七是设立堡夫；八是堤内外地亩给价除粮，归官管理；九是南北两堤设德律风（电话）传语，并于险工段内酌设小铁路，以便取土运料；十是两岸清水各工，俟治黄粗毕，量加疏筑，以竟全功。此外，他还附上了比利时水利工程师卢法尔勘察黄河的一份调查报告和施工方案。

1899 年（光绪二十五年）4 月，从严冬到春暖花开历时五个多月终于到达黄河入海口，完成自济南以下黄河河道勘察任务，李鸿章返回京城向慈禧复命。

回到贤良寺后，才知道告老还乡的大哥李瀚章病逝于庐州城家宅。长兄如父，李鸿章安排李经方返回庐州代为吊唁并守孝数日。

慈禧懿旨送达：李鸿章入宫陛见。

紫禁城仪鸾殿，慈禧召见了李鸿章。一见面慈禧便夸奖李鸿章“劳苦功高”。

李鸿章连忙道：“臣不敢言功，只是黄河水患之重让臣备感忧虑。根治黄河水患非三年五载之功，当分治标与治本两策，先培修堤岸、购地迁民、疏通海口此为应急治标之法；大培两岸堤身，疏浚下口，建立减水大坝，添置机器浚船，设迁民局，两岸堤成应设厅汛武职官缺，设立堡夫等。臣等通盘筹划，悉心妥议，胪列应办之事，应急治标，估工需费除官俸兵饷不计外，约需银九百三十万三千两。”

李鸿章提出的治理方案，得到了慈禧的批准。自此，持续大规模的治理黄河工程开始动工。

两广总督

1900年（光绪二十六年）1月，替大清国背了几十年黑锅的李鸿章，七十六岁高龄还被委任两广总督，算是朝廷对他的报偿。铁杆幕僚周馥也因勘探黄河有功，擢升为四川布政使。

李鸿章接到慈禧懿旨后，入宫前往仪鸾殿陛见，听候训示。

一见面，慈禧便调侃道：“李鸿章，哀家听说你是康党，是也不是？”

李鸿章听后，连忙道：“回太后，变法图强一直是老臣夙愿，若旧法能强国，大清早已强大；若变法则为康党，罪臣无可逃，臣实是康党，请太后治罪。”

慈禧淡淡一笑道：“好一张伶牙俐嘴，本宫要是治你的罪，还会有你今天待在这大殿之上？哀家何尝不愿变法，何尝不想大清强大，可康党并非真心变法，而是别有用心，意欲毁我大清江山，哀家岂能应允！”

李鸿章道：“这个人就是个书生，亦如市井中喜欢争强好胜打官司的俗人。”

慈禧问道：“那洋人为什么支持康党呢？”

李鸿章回答道：“那是洋人们不了解中国国情，把中国的书生们都当成他国的优秀知识分子了，等洋人了解了他们都是些什么角色之后，别说支持，就是躲避，怕也来不及了。”

慈禧赞许道：“有些道理，只是哀家要提醒你，康党多为两广人士，赴任后当多加留意，彻底铲除乱党余孽。”

李鸿章领旨请训后，请奏礼部主事于式枚随同前往，获得慈禧批准。

在履探黄河时就已经耳闻，山东、直隶等地已经出现的喊着“扶清灭洋”口号的义和团，或许又要给大清造成一场兵燹。因此，出发前，李鸿章让李经述前往涿州密切关注北方拳民发展动向及朝廷对拳民的态度，及时密电向他报告；安排李经迈携刘斗斋护送莫氏前往庐州，电令在庐州老家为大哥守孝的李经方，稍过些时日便可前往上海听从盛宣怀安排。

家事安排好后，李鸿章于天津搭乘轮船启程前往广州。途经香港时，与香港总督卜力会面，商讨鸦片管制、打击海盗、九龙寨城管治权等问题。而后，自香港乘船抵达广州天字码头。

广东巡抚署两广总督德寿、道员刘学询、海南知县裴景福等官员前来码头迎接李鸿章一行。简单寒暄后，李鸿章、于式枚一行乘坐马车前往两广总督衙署。到了衙署，李鸿章与德寿交接关防及相关文件后，自 1900 年 1 月 16 日起，李鸿章正式就任两广总督。

道员刘学询，广东人，能文能武，亦官亦商，更因为思想进步，与孙中山、康有为都是好朋友，因此被李鸿章收为幕下。

李鸿章刚上任，便接到朝廷电谕：康有为及其死党梁启超先已逋逃，稽诛海外，犹复肆为簧鼓，刊布流言，其意在蒙惑众听，离间宫廷。近闻康、梁等乱匪狼子野心未改，沿海一带倏来倏往，着海疆各督抚悬赏购线，无论绅商士民，有能将康、梁及其乱党余孽缉拿到案者，定必加以破格之赏，务使逆徒明正典刑，以申国宪。钦此！

李鸿章吩咐于式枚，回电总署“李鸿章领旨”。

儿子李经述从涿州发来密电，拳民在朝廷暗中支持下于直隶多地焚烧教堂，杀害传教士、洋教徒，占领城邑，哄抢洋人商铺。

对于拳民迟早会酿成国家灾难，李鸿章早有预测，但想不到会如此之快，如此疯狂！作为见识过西方文明的李鸿章接李经述的密电后异常愤怒，给总理衙门发电：“惊闻京畿乱象横生，鸿章心急如焚，如此暴行有辱中华帝国数千年之文明，有损大清国威。上意虽有助民泄愤之意，亦应宸衷独断，先定内乱，再弭外侮。”

然而，让李鸿章更加料想不到的是义和团的暴行愈演愈烈，他们拆毁涿州、保定一带铁路，剪断电线，涌入京城。拳民涌入京城后，疯狂杀害教民，滥杀无辜，抢劫店铺财物，奸淫妇女，已经演变为拳匪叛乱。

对于义和团的野蛮暴行，洋人终于到了忍无可忍的地步，英、美、法、德、意、日、俄、西、比、荷、奥等国的战舰，向大沽口发起炮击。

慈禧似乎被义和团的“扶清灭洋”口号冲昏了头脑，以为正可借此机会，发泄这些年受洋人欺凌的怨恨！竟然不顾大臣们的劝阻，不自量力下达懿旨：我朝二百数十年来深仁厚泽，凡远人来吾国者，列祖列宗罔不待以怀柔。迨道光、咸丰年间，俯准彼等互市，并乞在我国传教，朝廷以其劝人为善，勉允所请。初亦就我范围，讵三十年来恃我国仁厚，一意拊循，乃益肆嚣张，欺凌我国家，侵犯我土地，蹂躏我人民，勒索我财物。我朝稍加迁就，彼等负其凶横，日甚一日，无所不至。小则欺压平民，大则侮慢神圣。是可忍孰不可忍，与其苟且图存，殆羞万古，不如与列强一决雌雄。

1900 年（光绪二十六年）6 月 2 日，慈禧下旨大清同时向英、美、法、德、意、日、俄、西、比、荷、奥等十一国宣战。6 月 14 日，德国驻华公使克林德，下令枪杀拳民约二十人。20 日，克林德乘轿赴总理各国事务衙门，途经东单牌楼时，被清军虎神营士兵击毙。

江南自保

李鸿章接到朝廷电谕后，吩咐于式枚等幕僚道：“此为乱命，粤不奉诏！”

李经述从涿州发来密电：“俄已据榆关，日本万余人已出广岛，英法德正准备出兵中国。”

盛宣怀从上海给李鸿章发来密电：“朝廷已向英、美、法、德、意、日、俄、西、比、荷、奥等十一国发宣战诏书。为大清国计，宣怀与伯行（李经方字）商议后，决定暂扣下电谕不发。疑朝政恐已为拳匪把持，文告非出太后，如此以往，必如咸丰十一年故事。今为疆臣计，各省若奉旨集义团御侮，必同归于尽。欲保东南一方平安，各督抚联络一气，以保疆土。乞裁示，速定办法。”

李鸿章给盛宣怀复电：此电转发张之洞、刘坤一，速商应策。同时，统一南方各省督抚口径，对外就说不是慈禧亲自下旨，都是假的。

盛宣怀很快复电：两江总督刘坤一已派员与上海各国领事议定《东南互保约款》九条和《保护上海城厢内外章程》十条。

两江总督刘坤一致电李鸿章，已电商闽督许应骙、川督奎俊、苏抚鹿传霖、赣抚松寿、皖抚王之春、湘抚俞廉三、鲁抚袁世凯、浙抚刘树棠共同抗旨，求东南互报，企两广相应。

两湖总督张之洞给李鸿章致电:“已与英国驻汉口总领事法磊斯达成保境安民协议。闽督许应骙、川督奎俊来电，拥护东南互保。”

李鸿章复电刘坤一、张之洞、许应骙、奎俊，并苏、赣、皖、湘、鲁、浙各抚，两广拥护东南互保，倡导凡加入互保地区宣布中立，不集义团御侮，亦不派兵北上勤王。

朝廷发来急电:命李鸿章速回北京。

李鸿章指示于式枚给总署复电:康、梁余孽来往港粤活动猖獗，俟两广大局辅定，鸿章即遵旨北上。

两广独立

正在日本好友宫崎寅藏家中的孙中山，获悉北方乱局及李鸿章、刘坤一、张之洞等正策划的“东南自保”消息后，异常激动，以为这是推翻清朝的一次极好机会。于是，一面派人前往广州，通过好友刘学询给李鸿章送去两广宣布独立脱离朝廷，进而鼓动苏、赣、皖、湘、鲁、浙也宣布独立脱离清廷，就此推翻清朝，建立西方式的民主国家的亲笔信札；一面请日本好友宫崎寅藏安排轮船，由日本横滨赶往香港，等候刘学询通知，前往广州面见李鸿章当面晤谈。

刘学询接到孙中山派人送来的亲笔信札后，便游说李鸿章接受孙中山建议，脱离大清宣布两广独立。

对于孙中山，李鸿章虽然没见过面，但早在六年前写给他的《上李傅相书》他认真拜读了好几遍，其中的“人能尽其才，地能尽其利，物能尽其用，货能畅其流，此四事者，富强之大经”等富国强民政治主张十分赞赏。然而，背叛朝廷宣布两广独立，这种谋反、大逆、谋叛、恶逆、不道……十恶不赦的罪责，李鸿章承担不起，也不愿承担。

经过几天考虑后，李鸿章叫来刘学询，告诉他可以支持经费三万元，帮助孙中山实现他的富国强民宏大理想，但对两广独立问题则予拒绝。

就在孙中山在宫崎寅藏，兴中会会员郑士良、杨衢云等人陪同下，乘船前往香港的时候，驻日公使李盛铎接到跟踪孙中山的密探“孙文乘船前往香港”的报告。李盛铎迅即给李鸿章拍去电报:“逆犯孙文，前日由横滨赴港，恐谋滋事，乞严防。”

刘学询一直等待孙中山前来广州，面交李鸿章为其革命提供的光绪通宝三万元，而孙中山出于安全考虑，指派宫崎寅藏等人赴粤，自己则乘船前往西贡。

宫崎寅藏抵达广州之后，与刘学询密谈，刘学询告知李鸿章对两广独立的态度，及为孙中山提供的三万元。

香港港督卜力，也派人给李鸿章送来密札，希望李鸿章能够以两广为基地，在中国南方建立一个新政府。然而，孙中山、卜力的建议，都被这位大清国忠实奴仆给拒绝了。

奉旨北上

慈禧见自己的懿旨不起作用了，南方督抚不听他的，心里发了慌，电谕李鸿章速回北京。

李鸿章自然知晓慈禧的电谕背后的用意，不用说是让他回京后去向洋人乞求，停止进攻北京，保住大清江山。这次，李鸿章才不会再当大清国的裱糊匠。于是，以身体不适，康、梁余孽正在港澳，不敢擅离广州等各种借口拖延。

直隶这边，联军正在天津与清军展开激战，直隶提督、武卫前军总统聂士成战死于天津八里台，英军西摩尔率领的联军二千多人强占火车站，由天津乘火车开赴北京。

消息传来京城，慈禧更加慌张，一天一份电谕，催促李鸿章尽快返京。李鸿章还是以种种借口拖延不愿动身。

慈禧似乎估摸出李鸿章的心思"从哪跌倒，从哪爬起"。于是再发电谕："着裕禄革职留用，李鸿章接任直隶总督、北洋大臣，即刻北上返京候旨，不得再有稍延迟缓。钦此！"

联军的攻势越来越猛烈，西太后明白自己的狂妄与无知捅下了一个天大的娄子，难以收拾了。而大清国的裱糊匠李鸿章又一次成了她的救命稻草，一道又一道圣旨接踵而来，催促他北上，替帝国去擦屁股。而对于李鸿章来说，想要的终于到手，没有理由再拖延塞责了。

北上前，李鸿章携带于式枚、刘学询去了一趟香港，面见港督卜力，摸一摸列强对拳民北方制造的乱局如何收场的底牌。卜力将李鸿章单独领入码头上的一间密室，两人一番外交辞令后，继续劝说李鸿章支持孙中山两广率先宣布独立脱离大清的主张。

李鸿章则岔开话题，询问卜力道："英国政府希望北方这场闹剧如何收场？"

卜力回答道："那要看结局如何。"

李鸿章问道："如果中国政府愿意和谈，贵国希望谁做皇帝？"

卜力稍加思考道："光绪算是一位可以接受西方民主的进步思想的皇帝，如果光绪对拳民暴乱的事没有责任的话，英国对他继续统治中国不会特别反对。"

李鸿章继续道："本堂听说洋人们有这样一个说法，如果义和团把北京的所有公使都杀了，列强就有权进行干预，并宣布中国推选一个新皇帝来领导中国。如果事态真的变成这样，贵国将又会做何选择？"

卜力不加思考地回答道："大清王朝已经腐朽没落，我们希望有一名汉人来领导这个国家。比如中堂您、康有为、孙中山其中任何一位，大英帝国都会支持。"

李鸿章问道："阁下是说当皇帝？"

卜力道："总统，或首相也可以，但这只是称谓不同而已！"

李鸿章心里思忖道：在中国人的心目中，谁都想当皇帝。自满人入关之日起，这种隐痛已经折磨了汉族知识分子数百年，也许皇帝的恩宠会让它暂时收起自己蜇人的芒刺，但它却从未消失过，也包括他自己。然而，君臣之道、忠孝之道，还有自己的年龄，使得李鸿章不敢再有这个念想。

卜力道："中国有句古话叫人各有志，既然中堂不愿为中国的民主作贡献，那我就不强求了。只是卜力提醒中堂，眼下天津已被联军攻陷，料想联军不日便会围攻北京。"

李鸿章道："这个本堂知晓。"

卜力问道："中堂以为京城还能挺多久？"

李鸿章道："论联军兵力，危急当在八九月之交。"

卜力问道："如果联军攻下北京，结果将是如何？"

李鸿章道："无非三点，一是剿灭拳匪以示威；二是惩办首祸官员以发泄愤怒；三就是索要兵费赔款。"

卜力感慨道："中堂为大清国的奉献精神，令卜力感佩！"

李鸿章道："当一日和尚撞一日钟，钟不鸣了，和尚也死了。"

第三十九章

滞留上海

上海十六铺码头，李鸿章手拄格兰特夫人朱莉娅赠予的那柄极其珍贵的拐杖，在于式枚、刘学询等人陪同下走下客轮。盛宣怀、李经方、马建忠及上海地方官员前来码头迎接。新任苏淞太道、曾国藩的小女婿聂缉椝，专门从洋人那里借来两辆轿车迎接李鸿章一行。

聂缉椝道："中堂官复原职，可喜可贺！"

李鸿章道："无杏荪当机立断扣发朝廷乱命电谕，左右串联，上通下达促成东南互保，迫使主战派屈服，老夫恐怕也无今日。"

盛宣怀道："这主意是宣怀和伯行共同商量的。为四万万大清国百姓计，斗胆做了件大事而已。"

聂缉椝夸奖道："这件大事做得好，做得妙呀！"

刘学询道："上海乃中堂的福地呀！"

李鸿章道："当年，老夫率六千淮军进驻上海，被上海阿拉称为叫花子兵，这一转眼就快四十年啦。"

一番寒暄后，李鸿章在众人簇拥下登上轿车，向当年上海居住的行辕而去。

到了行辕，京城消息陆续传来：太常寺卿袁昶、礼部侍郎许景澄因反对向十一国宣战已被绑赴菜市口斩首；兵部尚书徐用仪、内阁学士联元、户部尚书立山因不满拳民暴行而被捕入狱。

李经述从涿州拍来密电："联军攻占廊坊后两万人马正向北京进发，伏望留身卫国，万勿冒险北上。"

接到李经述的密电后，李鸿章吩咐马建忠致电总署，李鸿章抵沪，枪伤复发，疼痛难忍，待伤痛稍逝即北行。

机器织布

现名为华盛机器纺织总厂，原名为上海机器织布局，是中国第一家机器棉纺织厂，于1878年(光绪四年)由李鸿章委实业家郑观应主持筹建。1884年(光绪十年)，郑观应应粤防大臣彭玉麟之请前往广东，李鸿章委龚照瑗接办，1890年建成。织布厂在经历亏损与火灾之后，1893年(光绪十九年)李鸿章拨借官款，派盛宣怀在上海机械织布局原址重建。建成后的新厂，纱锭六万四千余枚，布机七百五十台，为当时上海最大的纺织厂。

机器声隆隆，忙碌的员工来往穿梭，一派繁忙景象。李鸿章手持拐杖在盛宣怀、李经方、于式枚、刘学询、马建忠等陪同下走入厂区。看着整齐高大的厂房，李鸿章感慨道："记得那是光绪十九年，一场大火将老夫精心筹划的上海机器织布厂焚烧殆尽。"

刘学询风趣道："旧的不去，新的不来嘛。这不，一座规模更大，设备更先进的织布厂重新建起来了。"

李鸿章夸奖盛宣怀道："这都是杏荪的功劳啊！"

盛宣怀谦逊道："中堂过奖，宣怀只不过遵照中堂的吩咐，具体操办而已。"

视察完纺织厂，李鸿章回到行辕，总理衙门催促尽快动身前往北京的电报，一份接着一份，而李鸿章还是以各种托词拖延不愿动身。

慈禧急不可待了，亲自给李鸿章拍来电报："着李鸿章全权大臣便宜行事，朝廷不予遥制，即与列强电商停战。钦此！"

李鸿章复电慈禧："保护使节世界公法所规定，欲电商停战，必先遣各国公使平安出京，朝廷罪诏天下安定国是。请奏四川布政使周馥赴京襄助议和。"接着，李鸿章以钦差大臣的名义，给英、法、德、俄、日等国公使发电，电商停战议和。

英、法、德、俄、日公使很快给李鸿章复电："中国政府若不下令清剿拳匪，惩办战争祸首，绝不停战，也绝不与中方和谈！"

接到列强公使电报后，李鸿章指示马建忠密电回电总署：欲与列强议和，朝廷当效法禹汤，先下"罪己诏"(古代帝王做错了事检讨自己的过错下发的承认错误的诏书)，惩办祸首，方可开启和谈，否则鸿章即便赴京亦是徒劳。

就在这关键时刻，李鸿章的得力幕僚马建忠因日夜拍发电报翻译电文劳累过度，突发疾病，猝死于译电房，终年五十五岁。

慈禧西逃

1900年（光绪二十六年），对于大清王朝来说是个生死攸关的年头。以英、俄、日、法、意、美、德、奥等国派出的联军，8月4日自天津出发，先后攻占北仓、杨村、河西务、通州等战略要地，兵临北京城下。

其实，联军合起来还不足两万人，其中日军八千人，俄军四千八百人，英军三千人，美军二千一百人，法军八百人，奥军五十人，意军五十三人。可悲的是，从大沽口到天津，再从天津到北京，几十万所谓“刀枪不入”的义和团拳民，什么红灯照、蓝灯照，还有十几万清军，这么多的人却打不过不足两万人的洋鬼子军队，大清国的腐朽无能可见一斑。

8月14日，联军攻破北京城外防御，城内的达官贵人携家带口纷纷逃向城外。慈禧接报联军攻破北京城后惊慌失措，准备携光绪出逃。但，是留还是走，一直处于犹豫中。

15日凌晨，联军在火炮掩护下进攻至紫禁城东华门，慈禧终于下决心出逃。

出逃前，慈禧担心被洋人和义和团认出来，吩咐太监给光绪和自己找来百姓衣服。而后，携光绪、皇后、瑾妃及宫中随从，从紫禁城的西华门外逃出宫，乘坐侍卫找来的几辆马车，混入逃难的百姓之中仓皇逃出北京。

为了维护大清体面，慈禧给此次出逃定名为“西狩”。意思是她和皇帝出城狩猎去了。

由于慈禧、光绪出逃非常仓促，皇城里的王公大臣们都不知情，慈禧唯一密诏告知的就是庆郡王奕劻，叮嘱协同李鸿章与列强议和。

当时，京城中甚至有人谣传，慈禧和光绪已经在皇宫自杀了。按照规矩，皇帝外出狩猎，会先给沿途的地方官员通知，官员要沿途迎接，并做好安全保卫和生活起居保障。因为是出逃，沿途地方官员无人知晓。后来，王公大臣们知道慈禧携光绪西逃西安后，赶紧紧随其后追赶而去。

慈禧担心联军派骑兵追捕，大路不敢走专门选择偏僻小路艰难西行。

一天后慈禧到达北京昌平的贯市村，一天没吃饭的慈禧吃了顿老百姓送来的玉米面馍馍，居然津津有味，连称“好吃！”。

三天后，慈禧、光绪一行来到了怀来县。知州秦奎良获悉后，立即给怀来县知县吴永下令，出城十里迎接御驾。

慈禧、光绪一行刚进入怀来县境，吴永便率领一大帮部下携带鸡鸭鱼肉、油盐酱醋大米白面及厨师、伙计跪地迎接御驾。

吴永叩首道："怀来县知县吴永，接驾来迟，罪该万死！我皇万岁，万万岁！"

光绪撩开车帘，小声嘀咕道："这个节骨眼上，难得还有人呼朕万岁！"

慈禧撩开车帘，探出头来道："起来吧，难得你这份孝心。小德张！"

张祥斋连忙跑上前来应道："奴才在！"

慈禧道："吩咐下去，就在怀来县先歇脚打尖。"

张祥斋应道："嗻！"走至吴永身旁道："怀来县知县接旨，太后懿旨，怀柔县歇脚打尖。"

吴永领旨后，就近找了一个村落安排慈禧、光绪一行进入农户家中休息，同时，安排厨师、伙计赶紧生火做饭。

不一会，一顿有鱼有肉丰盛的饭菜做好了，香喷喷的饭菜摆在了慈禧、光绪面前，两人顾不得那么多规矩了，端起饭碗拿起筷子便狼吞虎咽地吃了起来。这一顿，也是两位至尊出逃以来最好的一顿餐食。

此后，吴永带着这支保障队伍一直跟随服务至山西阳高县境，直到王公大臣率领卫兵赶到阳高县，慈禧、光绪有了侍卫保护，也有了生活保障，才率部下返回怀来。

阳高县衙里，慈禧给李鸿章发电：庚子之乱，罪在朕躬，悔何可及。为大清江山社稷，万民祸福，本宫决意效法禹汤下罪己诏。请旨惩办祸臣之事，议定即复。盼速北进，会商各使迅速开议。不特安危系之，抑且存亡系之，旋乾转坤，匪异人任。勉为其难，所厚望焉。

启程赴京

慈禧终于对自己的愚蠢行为认错了，并同意惩办引发这场灾难的祸臣。李鸿章接到这份电谕后不再担忧了，与盛宣怀、刘学询等官员告别后，携李经方、于式枚乘坐轮船启程赶往北京，充当人生最后一次大清国的裱糊匠。

联军攻陷北京后，纵兵抢掠三天，对北京实行分区占领。此后，继续增兵，自京、津出兵四向攻掠，控制了南至正定、北至张家口、东至山海关、西至娘子关的京津四周要隘。联军初期没有成立联合指挥部，作战时通过司令官联席会议分配任务。8月17日，决定由德国陆军元帅瓦德西任联军总司令。

10月17日，瓦德西设总司令部于紫禁城，并成立军事殖民机构“北京管理委员会”于大清国的总理衙门。

李鸿章携儿子李经方、于式枚从天津下船，换乘天津至北京火车，至丰台火车站刚下车，周馥便迎上前来，铁杆幕僚赶来北京让李鸿章感到些许欣慰。

周馥道：“接到朝廷谕旨，便匆匆从四川赶来北京，兰溪已经为中堂贤在良寺安排好客房，还是中堂以往住的那套。”

李鸿章点点头道：“谢谢！此次与列强议和棘手多多，非兰溪襄助不成啊！”

周馥道：“慈圣把纰漏捅得太大了，恐怕兰溪也帮不了中堂太多的忙。”

李鸿章一声叹息道：“尽力去补吧，补成什么样就是什么样了。”

于式枚问道：“目前京城情况如何？”

周馥一声哀叹道：“一言难尽！进城后就知道了。”接着，指了指由几名俄国士兵看守的几辆马车后，对李鸿章道：“为了保证中堂安全，俄国公使格尔斯安排来保护中堂的俄国士兵。”

李鸿章向几名俄国士兵挥挥手道：“谢谢俄公使，谢谢你们！”

李鸿章一行乘坐上马车，在俄国士兵护卫下从西直门进入北京城。进入城门后，李鸿章撩开车帘举目看去，昔日繁华的都城已是满目疮痍，几乎看不到行人，偶尔见到的是街头收拾尸骸往板车上抬运的壮工。目睹眼前惨景，李鸿章忍不住流下了辛酸的泪水。

马车车队在俄国士兵的护卫下一路顺畅抵达临近皇城的贤良寺。进入寺内，走入先前居住过的客房，李鸿章环顾房舍，一声哀叹道：“老夫又回来了！”接着吩咐李经方道：“方儿，快去泡子河吕公堂官电局，给陕西发电，李鸿章已抵京入住贤良寺。请奏赐祭德国公使克林德，并俄、法、英、德、日致歉国书以表诚意，促成尽快议和。奏荣禄增议和大臣。给庐州迈儿发电，让他携母来京。”

安排妥帖后，李鸿章让周馥说说京城的情况。

周馥汇报道：“六月二十（8月14日），北京失陷。二十五日晨，慈圣携皇上仓皇西逃。联军占领北京后，四处攻城略地扩大征伐。七月，俄军在攻占秦皇岛、山海关的同时，调集庞大兵力，分五路对我东北地区实行军事占领。八月，德军统帅瓦德西率兵三万来华，攻占保定、张家口等地。现在的仪鸾殿成了联军的司令部。”

李鸿章颤抖的手不停地用那柄珍贵的拐杖捣着青砖铺成的地面骂道：“贼娘养的，造孽呀，真是造孽呀！完了，大清国完了！”

拜访庆王

李鸿章等待已久的电报终于从西安发来。

慈禧在给李鸿章的电报中写道：准李鸿章所奏，赐祭德国公使克林德，并向俄、法、德、日致送致歉国书，希尽捐嫌隙，早定和议。议处首祸诸臣之奏，朝廷发上谕将载勋、溥静、载濂、载滢革去爵职；载漪撤去一切差使；载澜、英年、赵舒翘交部议处；毓贤革职流放新疆；大学士徐桐府邸自缢身亡，协办大学士刚毅病死侯马庄无以追究。奏荣禄增议和大臣，荣禄已任首席军机大臣实难兼顾。着李鸿章即与各国议和，盼早日成约，恢复大清国都。

有了慈禧的这份电谕，李鸿章觉得与联军及各国的使臣的和谈可以开始了。

接触各国使臣前，李鸿章决定拜访庆郡王奕劻，因为他是慈禧密诏指定与列强和谈的王爷。

当李鸿章携周馥、于式枚、李经方等人乘坐的马车在几名俄国士兵护卫下赶到庆王府，却被几名日军士兵拦下。一名俄国士兵向日军士兵出示了证件“叽里呱啦”说了一阵后，马车才被允许进入王府。

奕劻一见李鸿章，便像是见到了救星，声泪俱下道：“李中堂啊，本王终于把你盼来了呀！哦，周大人也从四川赶来了，还有于大人、李公子也来了。”

周馥风趣道：“中堂说过，这辈子我们俩就是一根线上拴着的两只蚂蚱，谁也挣脱不了谁。”

奕劻抹去欣喜的泪水，风趣道：“看来本王这只蚂蚱，也和你们拴到一起了。”

于式枚道：“王爷，大清皇城如入外国辖境，真是可悲呀！”

“可悲！可悲！”说着，奕劻领着李鸿章一行进入书房，入座后，侍女端上茶水。

奕劻介绍道：“中堂来京前，议和调停人税务司赫客卿领着老夫挨个拜会各国在京使臣，求爹爹拜奶奶总算有了点眉目。”取出议和大纲对李鸿章道：“法国公使鲍渥代表十一国提出的议和六条，请中堂过目。”

李鸿章接过文稿，掏出金丝眼镜，稍加浏览后道：“惩处各国公使指定叛乱首犯；禁止军火进口；赔款；建立永久使馆卫队；拆毁大沽炮台；允许各国在大沽至北京一线驻军……”

奕劻问道：“中堂以为如何？”

李鸿章道：“惩治首祸大臣，慈圣已允诺，赔款，列强所图自然不可缺失，但鸿章以为，按国际公例，既已和谈，停战为先。”

奕劻唯唯诺诺道：“中堂精熟洋务，与各国公使情感甚笃，凡事均须借重，本王恭听调遣便是！”

李鸿章一笑道：“岂敢，岂敢啊！王爷过谦啦。为保大清渡过难关，大家伙合计着一起想办法吧。”

于式枚道：“下官以为我朝亦当提出相应议和纲略，并串通各使，促成共识，尽快议和。”

李鸿章赞许道：“此意甚好。不过，得先向各国致送大清国歉意国书。”

奕劻道：“如此，那本王即令总署抓紧草拟，而后与中堂分别致送，中堂以为如何？”

李鸿章谦逊道：“鸿章听从王爷安排。”

乞求停战

按照分工，李鸿章负责给俄国、德国、法国、西班牙使馆呈递《大清国歉意》国书。俄国公使格尔斯，法国公使鲍渥，德国公使穆默，西班牙公使葛络干对李鸿章都非常客气。因为早先，李鸿章联络刘坤一、张之洞等开明大臣，拒绝执行大清朝廷命令，实行“江南自保”，避免了中国更大规模的动乱，也保护了各国在中国南方各省的利益，各国使臣对李鸿章的善举都表示感谢。但，对李鸿章提出的谈判之前先停战之事，全部都推给了联军总指挥德国将军瓦德西。

送完致歉国书后，李鸿章相约奕劻一起前往联军司令部设立的地点中南海。

仪鸾殿（今怀仁堂），曾几何时还是慈禧颐指气使指挥天下的办公地点，现今成了联军总司令的指挥部，这既是对狂妄无知的慈禧的嘲弄，更是胜利者对大清国当权者狂妄无知的报复！

奕劻向瓦德西乞求道：“瓦将军，大清国已遣散拳民，捉拿杀人凶犯，已将山西巡抚毓贤、端郡王载漪、庄亲王载勋、刑部尚书赵舒翘及载澜、英年等多名大臣革职问罪，将军是否可以下令联军先予停战？”

瓦德西通过翻译向奕劻蛮横道：“抓了几名拳匪，革了几名小臣就想停战，那是不可能的！”

奕劻道：“瓦将军，这几人可都是大清国重臣啊！”

瓦德西取出一张名册，通过翻译告诉奕劻道：“上自大清国太后、王爷、大学士、文武大臣，下至指挥作战的提督、总兵，八旗都统，凡名册上有的统统都该惩处。否则，本将军将指挥联军，继续西进，挺进陕西，捉拿真正的祸首慈禧！”

奕劻听完翻译的话，吓得连忙跪地求饶道：“瓦将军，万万不可呀！”

李鸿章上前一步通过翻译告诉瓦德西：“瓦将军，本中堂曾受邀访问贵国，有幸陛见德皇。仰慕贵国文明之邦，我中华灿烂文明，两国息息相应。中国人以孝为本，以忠治国，太后贵为一国之母，母仪天下，即便有过，亦在赦免之列。”

瓦德西通过翻译告诉李鸿章道：“瓦德西一介武夫，不与你论礼谈道，就知道打仗，告诉大清国朝廷，不同意各国提出的条件，绝不停战！”

瓦德西态度强硬，奕劻、李鸿章碰了一鼻子灰，只好悻悻离去。离开皇宫，奕劻、李鸿章、周馥、李经方、于式枚等一行前往总理衙门商议对策。

奕劻向李鸿章哀求道：“中堂啊，本王爷可是没辙了，全指望您拿主意了。”

李鸿章稍加思考后提出几点处置办法：第一，密令直隶各军，无论联军如何挑衅滋扰，均不许接战，同时，各州、知，凡联军所到，当优礼劳军；第二，请王爷与鸿章连署奏请太后，将惩办祸首加重至圈禁发遣为止；第三，欲保太后，必求俄、美、日出面转圜。

听了李鸿章提出的三条，奕劻连连道：“一切按照中堂意见办！只要能保住联军不再西犯，保住太后性命，保住大清江山，别说圈禁发遣，就是砍十个八个一二品大臣脑壳也不足为惜。”

奕劻、李鸿章联名密电发去陕西后，很快慈禧便有了复电：着将端郡王载漪、庄亲王载勋均暂交宗人府圈禁，俟军务平定后再发往盛京永远圈禁；溥静、载滢、载濂、载澜、英年、赵舒翘亦圈禁反省思过。并电谕奕劻、李鸿章：“凡事当极力蹉磨，如有万难应允之事，先为驳去。”

抱病斡旋

接到慈禧发来密电后，已经七十七岁高龄的李鸿章，为了大清国的江山，抱病携周馥、于式枚、李经方奔走于美、俄、日公使馆，拜会美国公使柔克义，日本公使小村寿太郎，俄国公使格尔斯，乞求停战议和。

三国公使还是给了李鸿章一点面子，答应尽快召开公使团会议予以答复。

此后的几天时间里，李鸿章待在贤良寺客房等候公使团的停战议和答复。

时间一天天过去，贤良寺里的李鸿章度日如年般等待公使团的消息。

终于等来了公使团的答复照会：大清朝廷毓贤流放新疆，端郡王载漪、庄亲王载勋处以圈禁之刑，实为拖延塞责偷梁换柱避重就轻，各国政府极为不满。除了赦免西太后，祸首除已自缢大学士徐桐、病死山西的刚毅外，载漪、载勋、载澜、赵舒翘、英年、董福祥、毓贤、启秀、徐承煜等罪犯，必须斩首正法，否则，联军将继续西进直捣西安。

看完公使团的照会，李鸿章气得浑身哆嗦，一阵干咳后，一口接着一口的鲜血口中吐出，边吐血边骂："贼娘养的！一帮贼娘养的洋鬼子呀！"

周馥见状惊恐地叫道："中堂！中堂！快来人啦！"

刚从庐州赶来贤良寺的莫氏听说丈夫吐血，连忙带领丫头冬梅赶来书房，李经方、李经述、李经迈、于式枚、刘斗斋等闻讯都赶来书房探望。

李鸿章手捧那份被鲜血染红了的照会对众人道："五年前，老夫日本马关挨了日本浪人一颗子弹，为大清国省下一万万两银子。这次，老夫这几口鲜血，可以保住大清江山了！"接着，吩咐周馥、李经方、于式枚道："先去庆王府报告王爷。而后，携带这份老夫血染的照会，前往美、日、俄、德、法、西、比等各国公使馆，告诉他们，就说大清国全权谈判大臣李鸿章口吐鲜血，快不行了，请他们抓紧商议停战和谈，否则，就再没人和他们谈判签约了。到时候，各国想在中国得到的利益都将成为泡影。"

奕劻得知李鸿章咯血吓坏了，赶紧赶来贤良寺探视。李经方告诉奕劻，刚请郎中把过脉，开了方子，并无大碍。

李鸿章在卧房接待了奕劻，告诉他道："连日奔波，却未见成效，加之接到公使团答复照会，一时心急，肝火上冲，才出现口吐鲜血。王爷来得正好，鸿章连日奔波，虽无成效，但隐约察觉出列强态度正发生微妙变化。俄国出兵东北，日、英、美、法极为不满。美国表面上同情中国，究其根源因其后来，少占利益，故而强调门户开放，与七国都不和。甲午之战，日本得益巨大，因与俄国争夺我东北，两国裂痕已深。英国在中国经济利益最大，最不希望中国政局动荡，影响英国利益。德国意图再占烟台，扩大在华利益，阻止其他列强涉足山东。故而，英、德背下已达成默契，主张维持中国领土不使变更。中国江河、沿海各口岸自由开放，这也与美国门户开放主张相近。法国既不满俄独占东北，也不满英国在华众多既得利益，更不满德国独占山东。正好，可借这次老夫口吐鲜血，卧床不起，吓唬各国公使，迫使他们尽快停战和谈签约。"

奕劻哀叹道："中堂啊，你这是在拿命为大清朝廷效命啊！"

李鸿章淡淡一笑道："有王爷这句话，鸿章就是累死了，也值了！"

辛丑条约

李鸿章这一招果然奏效。美、日、俄、德、法、西、比等国公使，听说李鸿章吐血，快不行了，纷纷前来探视，有的还带来西医替李鸿章看病。李鸿章故作病入膏肓的样子，床边痰盂里有意放入些带血的痰液，加上莫氏与丫头冬梅的哭哭啼啼，更增添一份生死离别般的悲凉情景。

大清国邀请的和谈调停人税务司客卿赫德也来看望，李鸿章一番授意，赫德心领神会。接下来，在赫德游说下，一次由美国公使柔克义提议召开的各国公使参加的特别会议，在西班牙公使馆举行，作为调停人赫德也应邀参加了会议。

赫德首先发言："诸位公使大人，作为大清国和谈调停人，我要提醒各位还是尽快拿出切实可行的议和大纲吧！否则，李鸿章一死，将无人与各国议和，大清国必将陷入更大的内乱，南方各省督抚不会坐视不管，被遣散的拳匪必会卷土重来，大清国将陷入混战，各国在华利益将会受到更大的损害。"

柔克义道："本公使也要提醒各位，如此重大和谈签约，除了李鸿章，大清可再无第二人啊！"拿出大纲，对众公使道："本公使提议，请法国公使鲍渥先生，对这份议和六条纲要重新修改后，由赫德先生转交大清国总署，尽快开始和谈，务必赶在李鸿章毙命前完成和谈并签约。"

柔克义发言后，俄、德、日、西等公使纷纷表示赞同。

很快，奕劻在赫德陪同下携带公使团修改后的《议和大纲》前来面见李鸿章。

奕劻汇报道：“修改后的纲要，包括惩办祸首、赔款；派大员赴德、日谢罪；为蒙难德国公使克林德建碑；炸毁大沽炮台；各国使馆允永设卫队；天津至北京沿途允许洋兵设卡；更改各公使观见礼节等。以上各条全部照允照办后，联军才会撤军。”

赫德补充道：“公使团仍然要求将载漪、载勋、载澜、赵舒翘、英年、董福祥、毓贤、启秀、徐承煜全部处死，否则，拒签和约。”

李鸿章戴上金丝眼镜，打开新的议和大纲稍加浏览后道：“鸿章意见，将公使团修改后的议和大纲，全文电报慈禧。”

几天后，慈禧电谕发来北京：着流放新疆山西巡抚毓贤就地正法；端郡王载漪、辅国公载澜定斩监候，发往新疆永远监禁；庄亲王载勋、都察院左都御史英年、刑部尚书赵舒翘赐自尽；礼部尚书启秀、刑部左侍郎徐承煜斩立决；陕甘提督董福祥护驾有功，革职降调。

收到慈禧电谕后，李鸿章即吩咐周馥、于式枚、李经方携带慈禧电谕，在赫德陪同下前往各国领事馆游说。游说得到公使团认可后，由奕劻代表中方与各国公使在议和大纲上签字画押。至此，联军停止一切军事行动，和谈正式开始。

经过一番艰苦谈判，1901 年（光绪二十七年）9 月 7 日，奕劻、李鸿章代表大清国与德、奥、比、英、美、法、意、日、俄、荷、西十一国公使，在北京西班牙使馆签署《北京议定书》，亦称《辛丑条约》。条约规定，清政府赔偿各国军费 4.5 亿两白银；各国留兵驻守北京至山海关铁路沿线重要城镇；在北京划定使馆区，允许各国派兵保护；拆毁大沽炮台及有碍京师至海通道的各炮台；永远禁止中国人成立或参加反帝组织和运动；将总理衙门改为外务部，班列六部之首。

落日旌旗

和约签署后，大清国的裱糊匠真的病倒了。然而，病卧在榻的李鸿章，心里还在想着大清国的国事，向李经方口述发往西安给慈禧的电文：“鸿章遵旨，业同庆郡王会各国使臣已在《北京议定书》签字画押。臣等伏查近数十年内，每一次构衅，必多一次吃亏。今虽议和已成，大局辅定，仍望朝廷坚持定见，外修和好，内图富强，或可渐有转机。譬诸多病之人，善自医调，犹恐或伤元气，若再好勇斗狠，必有性命之忧矣……”

莫氏心疼丈夫责备道：“性命之忧矣，性命之忧的是老爷您，瞧都病成这个样子了，还在为大清国操劳。”

李鸿章淡淡一笑道：“哎，老夫不止一次说过，我们这些当臣子的，当一日和尚需撞一日钟，钟不鸣了，和尚也死了。”

当慈禧收到李鸿章这份报喜电报后，竟然情不自禁地流下了泪水，哽咽着对身边太监道：“李鸿章力疾从公、忠爱性诚，为签和约口吐鲜血，让哀家悲感落泪！”

看完报喜电报，慈禧下达谕旨：行在所在的巡抚衙门燃放鞭炮，以示庆贺！于是，巡抚衙门内外鞭炮齐鸣，如同过年一般热闹！

这天，李鸿章病情稍有好转，正端坐书房书案前审阅官文，华俄道胜银行驻京代表波兹德涅耶夫前来求见。见了面李鸿章才知道，波兹德涅耶夫是奉俄国公使格尔斯之命，来逼迫李鸿章在一份《东三省矿产开采权协议书》条约上签字的。

李鸿章愤然道：“北京议和条约业经各国签署，贵国本应遵照条约，先行东北撤军，何故又炮制出我政府与贵行订立什么私方协定，还要将我东三省各矿开采权让归贵行，是何居心？”

波兹德涅耶夫道：“公使交代贵国必先签让地协定，然后再订撤军条约，否则俄不撤军。”

李鸿章一气之下，率领周馥、于式枚、李经方赶往俄国公使馆面见格尔斯。李鸿章一见格尔斯便道：“议和条约业经各国签署，俄国即应遵约撤兵，何故抛出私方密约？”

格尔斯解释道：“中堂不必恼怒，你我都是多年老朋友了，凡事好商量嘛。”

李鸿章道：“协定把满洲全境交给俄方支配，无疑会引起别国的抗议，招致难以收拾的局面。这种违背合约，强加给中国的协定，老夫断不敢签。”

格尔斯威胁道：“那本公使也告诉中堂，若这份协定中方拒不签字，那俄军将不会从东北撤军！”

李鸿章恼怒道：“言而无信，不可理喻。告辞！”

这次与格尔斯理论可真是把李鸿章气坏了，回到贤良寺卧房便咯血不止，身体稍好后，挥笔写下人生最后一首诗：

劳劳车马未离鞍，临事方知一死难。

三百年来伤国步，八千里外吊民残。
秋风宝剑孤臣泪，落日旌旗大将坛。
海外尘氛犹未息，请君莫作等闲看。

李鸿章病入膏肓之时，慈禧谕旨送达：李鸿章为国宣劳，忧勤致疾，着赏假十日，安心调理，以期早日就痊，俟大局全定，荣膺懋赏，有厚望焉。钦此！

李鸿章颤抖语调让儿子李经述记录，电报复旨：和议新成，京师初复，銮辂未归，东事尚棘，根本至计，窃念多难兴邦，殷优启圣，举行新政，力图自强，臣在九泉，庶无遗憾……

1901 年 11 月 7 日，李鸿章走完了他七十八岁人生，病逝于贤良寺。从一介儒士，到晚清第一重臣，这位叱咤晚清四十年又颇具争议的人物，在苟延残喘的清王朝政坛上，留下浓墨重彩的一笔，后人对他的评价也褒贬不一。

据有关资料统计，李鸿章一生写下奏折、信札、电文、诗词、文章计两千六百万字，可见他多么废寝忘食地为大清王朝操劳。从政期间，被弹劾多达几百次，创造了大清王朝官吏遭弹劾次数的纪录！

李鸿章死后，清廷特旨谥文忠，追赠太傅，晋封一等侯爵，入祀贤良祠，原籍及立功省建立专祠，并将生平战功政绩宣付国史馆立传。

1903 年，李鸿章遗骸被安葬于合肥东乡大兴集夏小郢。

2023 年 6 月 26 日（定稿）

后记

小的时候，经常听大人们说我们的家乡肥东出了个大卖国贼李鸿章。由此，儿时的记忆里就深深地烙下了关于李鸿章的印记。

1976 年，高中毕业后的我应征入伍，成为一名解放军空军战士。入伍后考入军校，毕业后担任广州军区空军某基地参谋。百万大裁军，我从部队转业至检察机关工作。但是，这些年来，无论在部队还是在地方，搜集“卖国贼”李鸿章卖国罪证的业余爱好一直没有停歇。随着搜集到的“证据”越来越多，渐渐发现，李鸿章竟然是一个被错骂了的“中兴名臣”，一个充当了清朝替罪羊的忠实奴仆！

由卖国贼转变为中兴名臣，洋务先驱，我也从内心深处对李鸿章由憎恨转变为敬仰。同时，觉得作为他的家乡人，应当还原一个我所了解的历史上的李鸿章！于是，从 2005 年开始，我用了五年时间，写出了九十集一百万字的电视连续剧剧本《李鸿章》。

2020 年开始，又用了三年时间完成了这部传记的创作。

本书涉及咸丰、同治、光绪三代帝王，掌控大清政权四十多年的慈禧，奕䜣、奕譞、奕劻、文祥、沈桂芬、李鸿藻、翁同龢、曾国藩、左宗棠、吕贤基、李瀚章等众多王公大臣；涉及刘铭传、张树声、潘鼎新、吴长庆、张遇春、周盛波、周盛传、唐殿魁、唐定奎、李鹤章、周馥、程学启、曾国荃、鲍超、丁汝昌、叶志超、聂士成、袁世凯等众多淮湘军将领；涉及李秀成、陈玉成、赖文光、张宗禹等众多太平天国、捻军将领。

本书记述了李鸿章返乡创办团练，团练失败后投奔老师曾国藩，湘军攻克安庆，组建淮军开赴上海，打败李秀成平定吴中，攻克金陵，剿灭捻军，中法战争，创建北洋，甲午战争，《马关条约》，出访欧美，《辛丑条约》等晚清一系列重大事件。

本书创作过程中，参阅了《李鸿章全集》《淮军志》《曾国藩日记》《清日战争实记》等众多文献和著作，搜集获取了大量网络公开发表的历史人物历史事件的文章。得到了清史专家翁飞、全国金牌电视剧制片人李潮洋、著名导演尹勇、资深出版人刘正功等专家学者们的指导；得到了贾旭光、王兵、袁同云、李飞、李平、聂培、卢谞洽、张唯一、靖凯、戴毅、李博平、朱守胜、翟新建等同志给予的相关图书、资料馈赠及帮助文本修改校对。

本书由安徽合肥李鸿章故居“李府”、安徽励志影业有限公司、安徽绿城科技发展有限公司联合策划编撰。

感谢李鸿章故居“李府”馆长吴大胜先生、安徽励志影业有限公司总经理于辉先生、安徽绿城科技发展有限公司董事长薛跃龙先生，在本书编撰及出版过程中给予的支持和帮助！

由于作者学识浅薄，书中一定会出现这样那样的缺点和错误，敬请广大读者批评指正！

姚传华

2023年9月

图书在版编目（CIP）数据

晚清重臣李鸿章 / 姚传华著 . -- 北京：作家出版社，2025. 3. -- ISBN 978-7-5212-3274-5

Ⅰ. K827=52

中国国家版本馆 CIP 数据核字第 2025SB9343 号

晚清重臣李鸿章

作　　者：姚传华
责任编辑：张　平
装帧设计：书游记
出版发行：作家出版社有限公司
社　　址：北京农展馆南里 10 号　　**邮　　编：**100125
电话传真：86-10-65067186（发行中心）
86-10-65004079（总编室）
E-mail:zuojia @ zuojia.net.cn
http://www.zuojiachubanshe.com
印　　刷：唐山嘉德印刷有限公司
成品尺寸：170 × 240
字　　数：545 千
印　　张：30.5
版　　次：2025 年 3 月第 1 版
印　　次：2025 年 3 月第 1 次印刷
ISBN 978-7-5212-3274-5
定　　价：79.00 元
